国家社科基金
GUOJIA SHEKE JIJIN HOUQI ZIZHU XIANGMU
后期资助项目

鄂尔浑文回鹘碑铭研究

Orkhon Inscriptions of the Uyghur Kaghanate

米热古丽·黑力力　著

中国社会科学出版社

图书在版编目（CIP）数据

鄂尔浑文回鹘碑铭研究 / 米热古丽·黑力力著. —北京：中国社会科学出版社，2022.2
ISBN 978-7-5203-9829-9

Ⅰ. ①鄂… Ⅱ. ①米… Ⅲ. ①回鹘语 – 碑铭学 – 研究 Ⅳ. ①H211.4 ②K877.42

中国版本图书馆 CIP 数据核字（2022）第 038327 号

出 版 人 赵剑英
责任编辑 宫京蕾
责任校对 郝阳洋
责任印制 李寡寡

出　　版 中国社会科学出版社
社　　址 北京鼓楼西大街甲 158 号
邮　　编 100720
网　　址 http://www.csspw.cn
发 行 部 010–84083685
门 市 部 010–84029450
经　　销 新华书店及其他书店

印刷装订 北京君升印刷有限公司
版　　次 2022 年 2 月第 1 版
印　　次 2022 年 2 月第 1 次印刷

开　　本 710×1000 1/16
印　　张 21.5
插　　页 2
字　　数 375 千字
定　　价 118.00 元

凡购买中国社会科学出版社图书，如有质量问题请与本社营销中心联系调换
电话：010–84083683

国家社科基金后期资助项目

出 版 说 明

后期资助项目是国家社科基金设立的一类重要项目，旨在鼓励广大社科研究者潜心治学，支持基础研究多出优秀成果。它是经过严格评审，从接近完成的科研成果中遴选立项的。为扩大后期资助项目的影响，更好地推动学术发展，促进成果转化，全国哲学社会科学工作办公室按照“统一设计、统一标识、统一版式、形成系列”的总体要求，组织出版国家社科基金后期资助项目成果。

全国哲学社会科学工作办公室

目　　录

导　论

兰司铁于1913年发表了有关《希纳乌苏碑》的文章，这标志着鄂尔浑文回鹘碑铭研究的开始。20世纪70年代，《塔里亚特碑》和《铁兹碑》的发现引起了世界各地学者的广泛兴趣。各国学者在该领域的研究也不断深入和丰富。其中，蒙古国的Šinehüü、Qarjaubay和Bazılhan等学者多次进行实地考察，反复研究碑铭，发表了很多重要的研究成果。Qarjaubay和Bazılhan对这些碑铭的研究是基于现代哈萨克语的语言知识，所以在他们的研究中存在一些问题。Malov、Aydarov等学者的著作也表现出利用哈萨克语的语音特点来解读碑文的倾向，例如在回鹘文š和s的读音等问题上，他们偏向以s转写。克里亚施托尔内和Tekin等学者的研究为鄂尔浑文回鹘碑铭的正确解读提供了许多新的重要看法。20世纪90年代后期，日本学者赴蒙古国实地考察，对碑文进行采拓及摄影，通过将碑铭中的历史信息与汉文文献结合相互印证的方法，推进了解读碑铭研究的深入。Mert利用现代高科技技术对碑铭进行了更细致的测绘，为往后的研究提供了更加精确的第一手资料。其间，Berta、Ölmez、Aydın和耿世民、张铁山、洪勇民、白玉冬、艾尔肯·阿热孜等学者的论著促进了鄂尔浑文回鹘碑铭的研究。

还有一些学者研究鄂尔浑文回鹘碑铭所记载的历史事件。对于我们研究8世纪中期的漠北回鹘历史来说，考证鄂尔浑文回鹘碑铭中记载的历史事件意义重大。为此需要首先对碑文进行正确的转写和释读工作。鄂尔浑文回鹘碑铭损毁严重，诸多部分难以释读。虽然通过这三座碑铭中的信息可对残缺部分进行一定的补充，但还是无法恢复全貌。Qarjaubay等学者在其研究中填补了不少残缺铭文，但都没有给出可靠的填充依据，这导致他们所做的补充内容难以被学界所接受。无论是从历史学还是从语言学角度对鄂尔浑文回鹘碑铭进行研究，第一个任务是要最准确地释读碑文。本书研究的目标也是为国内外学者的研究提供更精确、更可靠的第一手资料。

鄂尔浑文回鹘碑铭中保存较好、内容较为丰富的《希纳乌苏碑》《塔里亚特碑》《铁兹碑》三座石碑是本书研究的主要对象。

实地考察是获得精确第一手资料的最佳途径，但由于条件限制，我们只能用另一种方式对碑文展开研究：从既有研究入手，先一一对照前辈学者对这三座碑铭的转写和译本，再逐字逐句对照和分析其他学者跟我们不同的读法和解释，找出学者之间的各种研究差异和共同点。我们根据实地考察者提供的录文，参考丰富的回鹘文文献和回鹘语的直系衍生语言西部裕固语和维吾尔语中的丰富语料，利用回鹘语语法和规律对回鹘碑铭进行较为科学的再译。我们对残缺部分不硬作补充，无法补充的部分则列出碑文原文。

一 鄂尔浑文回鹘碑铭的语言文字特点

本书所指的鄂尔浑文在不同学者的著作中被称为“鄂尔浑—叶尼塞文”“突厥鲁如尼文”“如尼文”“古突厥文”“蓝突厥文”等。鄂尔浑文被使用于蒙古国、南西伯利亚、图瓦、哈卡斯等地区发现的数百座碑铭文献和敦煌、吐鲁番、米兰等地出土的数百页写本残片中。其中“蓝突厥”这一称呼本身是有争议的，学界还未有公认的定义，而且这种文字不仅在突厥汗国通用，在回鹘汗国也一度流行，所以我们很难接受“蓝突厥文”这一称呼。“如尼文”（runik）一词来自“如尼”（rune），意为“神秘的”或“隐蔽的”。更早来自德语 raunen，其含义是“密谈”。“如尼”一词用在此处更不恰当，因为如尼文是德国、丹麦、瑞士、挪威的南部、英国的东部地区发现的中世纪碑铭中用来书写部分北欧日耳曼语族的语言，特别是在斯堪的纳维亚半岛与不列颠群岛通用的一套文字系统。

鄂尔浑文石碑最早是由流放到西伯利亚的芬兰人和瑞士人发现。在他们看来，此类碑文中的文字与他们曾在北欧见过的文字相似，故认为这些石碑也是由他们的先祖所刻写，所以他们把这种铭文称为“如尼”（rune）。他们归国后将收集到的石碑材料寄给了芬兰语专家汤姆森。汤姆森成功解读了这些碑文，并在其著作中沿袭了“如尼”（rune）这一叫法。汤姆森的著作是用法语撰写的，而在法语中 rune 转音为 runique。这里提到的文字是突厥人最早使用的文字，厄达尔（2015：120）认为，这是唯一由突厥人创造的文字系统，从语音和谐以及体现突厥语词汇虚化为词缀等方面来讲，是最适合记录突厥语的文字系统。这种文字和北欧人的古文字并无任何关系，所以不能称之为“如尼”（rune）。

鄂尔浑文回鹘碑铭中所使用元音字母见表 1。

表 1 鄂尔浑文回鹘碑铭中所使用的元音字母

	展唇元音（低）			展唇元音（高）			圆唇元音（低）			圆唇元音（高）		
	转写	换写	鄂尔浑文字母	转写	换写	鄂尔浑文字母	转写	换写	鄂尔浑文字母	转写	换写	鄂尔浑文字母
后元音	a	A	𐰀	ï	I	𐰃	o	w	𐰆	ö	ẅ	𐰇/𐰈
前元音	ä	A	𐰀	i	I	𐰃	u	w	𐰆	ü	ẅ	𐰇/𐰈

厄达尔（2015：125）指出，鄂尔浑文中的元音/ä/、/a/用同一个字母表示，除了词首是长元音 a:的 16 个词语以外，首音节中的字母 A 在其他词中不写出，换句话说，只有短元音开头的词语中/ä/、/a/不写出。此外，鄂尔浑文中虽然出现带长元音的 a:ra，但该词的第一个元音同样没写出。

元音 ė 在部分词中用字母/I/书写，但在大部分词语中跟/ä/、/a/一样不写出：如 tė-“说，讲”，ėt-“组织，派遣”，ėl“国，国家”，tėril-“组合，组装”，yėr“地”，bėš“五”，ėki“两”等。

元音字母 ẅ 在《塔里亚特碑》和《铁兹碑》中多用𐰈刻写，部分情况用𐰇刻写。

鄂尔浑文有相对的辅音/k/和/g ~ γ/，/t/和/d ~ δ/，/p/和/b ~ β/。γ 和 g，D 和 d 能表示爆破辅音和（元音后）擦辅音，同样 B 和 b 也在不同情况读作爆破辅音和擦辅音，如“兔子”在鄂尔浑文文献中应读作 tavïšγan，而非 tabïšγan。厄达尔（2015：123）认为，这几种辅音在音节首位置读作爆破辅音，而元音后读作擦辅音。

S 和 Š 在第二突厥汗国碑文中用𐰽和𐱁表示，在《希纳乌苏碑》《铁兹碑》中用𐱁表示，而在《塔里亚特碑》中用𐱂表示。

鄂尔浑文回鹘碑铭中以下辅音字母各用两个不同的字母表示，即 B（或 b^1），D（或 d^1），γ（或 g^1），q（或 k^1），L（或 l^1），N（或 n^1），R（或 r^1），T（或 t^1），Y（或 y^1），S（或 s^1/$š^1$）只和后元音拼在一起；b（或 b^2），d（或 d^2），g（或 g^2），k（或 k^2），l（或 l^2），n（或 n^2），r（或 r^2），t（或 t^2），y（或 y^2）只和前元音拼在一起。

表 2 鄂尔浑文回鹘碑铭中相对的辅音字母

与前元音拼在一起的字母	换写	与后元音拼在一起的字母	换写
𐰌𐰋	b	𐰉	B
𐰓	d	𐰑	D
𐰏	g	𐰍	γ

续表

与前元音拼在一起的字母	换写	与后元音拼在一起的字母	换写
𐰚𐰜	k	𐰴	q
𐰠	l	𐰞	L
𐰤𐰥	n	𐰣	N
𐰼	r	𐰺	R
𐱅	t	𐱃𐱄𐱄	T
𐰘	y	𐰖	Y
		𐰽 𐰽	S，Š

注：1. 三座碑铭中没有出现𐱄，但本书因技术原因，用𐱄代替表示 T 的两个字母𐱄和𐱄。

2.《塔里亚特碑》中没有出现𐰽，但本书因技术原因，用𐰽代替《塔里亚特碑》中字母𐰽。

3. 表示 T 的字母𐱃只在《希纳乌苏碑》中出现。

4. 表示 n 的字母𐰥只在《塔里亚特碑》中出现。

鄂尔浑文回鹘碑铭中部分 č，m，p，z 等辅音不分与前后元音相拼的语境，均只用一个字母表示。

第二突厥汗国碑文中字母𐰾与前元音拼在一起，而鄂尔浑文回鹘碑铭中字母𐰾与前元音和后元音相拼均可。

表 3　　　　鄂尔浑文回鹘碑铭中与前后元音相拼均可的辅音字母

鄂尔浑文字母	转写
𐰲	č
𐰢 𐰢	m
𐰯	p
𐰔	z
𐰾	s，š
𐰭	ŋ
𐰪	硬腭鼻音 ń

注：本书因技术原因，用𐰢代替表示 m 的字母𐰢。

鄂尔浑文回鹘碑铭中常见的 lt，nč，nt 等辅音丛只用一个字母来表示。在《希纳乌苏碑》中有 13 处用𐱅𐰤表示辅音丛 nt，59 处用𐰦表示辅音丛 nt。在《塔里亚特碑》中有 3 处用𐱅𐰤表示辅音丛 nt，28 处用𐰦和𐰦表示辅音丛 nt。在《希纳乌苏碑》中有 4 处用𐰞𐱄 表示辅音丛 nt，11 处用𐰡表示辅音丛 lt。

表 4　　鄂尔浑文回鹘碑铭中表示辅音丛的字母

鄂尔浑文字母	辅音丛转写
𐰡	lt，ld
𐰨	nč
⊛ ⊙	nt

注：《塔里亚特碑》和《铁兹碑》中⊙和⊛混用，本书因技术原因，用◡代替表示⊛。

鄂尔浑文回鹘碑铭中𐰜、𐰱、𐰶、𐰸等字母表示一个音节。ẅk，kẅ（即 ök，kö，ük，kü）在《希纳乌苏碑》中有 23 处用𐰚𐰇表示，14 处用𐰜表示；在《塔里亚特碑》中有 11 处用𐰚𐰇表示，16 处用𐰜表示；在《铁兹碑》中有 3 处用𐰚𐰇表示，3 处用𐰜表示。ïq，qï 在《希纳乌苏碑》中有 16 处用𐰃𐰴表示，8 处用𐰶表示；在《塔里亚特碑》中有 4 处用𐰃𐰴表示，7 处用𐰶表示；在《铁兹碑》中有 2 处用𐰃𐰴表示，2 处用𐰶表示。在《希纳乌苏碑》中有 1 处用𐰶表示 q，在《塔里亚特碑》中有 6 处用𐰶表示 q。ič 在《希纳乌苏碑》中有 2 处用𐰲𐰃表示，6 处用𐰱表示；在《塔里亚特碑》中有 3 处用𐰲表示，3 处用𐰱表示。wq，qw（即 uq，qu，oq，qo）在《希纳乌苏碑》中有 17 处用𐰆𐰴表示，46 处用𐰸表示；在《塔里亚特碑》中有 7 处用𐰆𐰴表示，32 处用𐰸表示。此外，在《塔里亚特碑》中有 3 处用𐱈表示 baš 一词，另外 15 处则用𐰉𐱁表示。

表 5　　鄂尔浑文回鹘碑铭中表示音节的字母

鄂尔浑文字母	转写
𐰜	ẅk，kẅ，k
𐰱	ič
𐰶	q，ïq，qï
𐰸	wq，qw
𐱈	baš

二　鄂尔浑文回鹘碑铭建立时间

《希纳乌苏碑》东面 7—10 行有如下记载：ančïp bars yïlqa čik tapa yorïdïm ėkinti ay tört yėgirmikä kämdä toqïdïm ol … [t]äz bašïnta qasar qurïdïn örgin anta ėtitdim čït anta toqïtdïm yay anta yayladïm yaqa anta yaqaladïm bälgümün bitigimin anta yaratïtdïm ančïp ol yïl küzün ilgärü yorïdïm tatarïγ ayïtdïm tavïšγan yïl bėšinč ayqa tėgi [ulu yïl]qa [ötükän yïš bašïnta … as] öŋüz bašïnta ïdoq baš kėdin⟨in⟩tä yavaš toquš bältirintä [anta] yayladïm örgin anta yaratïtdïm čït anta toqïtdïm biŋ yïllïq tümän künlük bitigimin bälgümün anta yasï tašqa yaratïtdïm“之后，在虎年（750 年），我向鞠（族）进军。二月十四日，在剑河（河畔）我攻击（他们）。在那……在铁兹（tez）河源，在 qasar 之西，我令人在那里建了牙帐。我令人在那里扎篱笆。我在那里度过了夏季。我在那里划定了边界。我令人在那里制作了我的印记和碑文。之后，那年秋天，我向东进军。我让达靼（族）提心吊胆。兔年（751 年）五月……在[龙年]（752 年）……我在于都斤山峰……在 as öŋüz 山峰，在 qanïdoq 山峰之西，在 yavaš 与 toquš 的结合处，在那里，我度过了夏天。我令人在那里建了牙帐。令人在那里扎篱笆。我已使人将我千年万日之碑文和印记刻于扁平的石板之上。”

这一段给我们提供了另外两座碑文的创立信息，即《铁兹碑》和《塔里亚特碑》。

对应《希纳乌苏碑》的内容在《塔里亚特碑》西面 1—3 行出现：täz bašïnta örgin [anta ėtitdim čït] anta yaratïtdïm bars yïlqa yïlan yïlqa ėki yïl yayladïm ulu yïlqa ötükän ortosïnta as öŋüz b... ïdoq baš kėdinintä yayladïm örgin bonta yaratïtdïm čït bonta toqïtdïm biŋ yïllïq tümän künlük bitigimin bälgümin bonta yasï tašqa yaratïtdïm tolqu tašqa toqïtdïm“铁兹河上游，我令人在那里建了牙帐。我令人在那里扎篱笆。虎年（750 年）、蛇年（753 年）两年我（在此）度过了夏季。龙年（752 年），我在于都斤（山）间，as öŋüz 和 ïdoq baš 的西面度过了夏天，我令人在那里建了牙帐。我令人在这里扎篱笆。我已使人将我千年万日之碑文和印记刻于扁平的石板上，令人刻在平直的石头上，令人刻在一整块石头上。”

Róna–Tas（1983：127）认为《塔里亚特碑》提到了两个定居点的名称，其中第二个定居点 as öŋüz 山峰西面就是《塔里亚特碑》所立之处。《希纳乌苏碑》中的铭文 anta“那儿”跟《塔里亚特碑》中的铭文 bonta“这儿”相互印证此点。第一个定居点在铁兹河上游或者源头。《塔里亚特碑》中的副词 anta“那儿”描述的就是第一个定居点的位置。

关于《希纳乌苏碑》的立碑时间，芮跋辞（Rybatzki 2011：65）认为《希纳乌苏碑》的建立与颉・翳德密施・毗伽可汗（ėl ėtmiš bilgä qaγan）之死有关。按照习俗要先建造墓地，之后才立碑纪念。所以可推测该碑应是 760—761 年所立。克里亚施托尔内（1982：338）也认为，《希纳乌苏碑》是 759—760 年所立。

关于《塔里亚特碑》的立碑时间，根据碑文中的内容记载了741—753年发生的事件、该碑东面和北面记述的诸多历史事件，以及标有的年表，芮跋辞（2011：65）认为石碑所立时间应为754—755年。Róna–Tas（1983：128）根据碑文西面2行的bars yïlqa yïlan yïlqa ėki yïl“虎年蛇年两年”等内容认为，《塔里亚特碑》从752年开始刻写，由于各种原因一直持续到753年。753年可汗在铁兹河上游或者源头度夏。入冬时碑文刻写完毕后，可汗返回了铁尔痕河流域。

学术界对《铁兹碑》的立碑时间有争议。《铁兹碑》西面5行铭文ėl ėtmiš qanïm yasï tägip učdï被克里亚施托尔内、杨福学、耿世民、Berta、张铁山、Aydın、洪勇民等学者译作“我的颉•翳德密施（可）汗年迈逝世了”。根据此段铭文，克里亚施托尔内（1985：152）提出，该碑文应在761—762年刻写。芮跋辞（2011：65）则提出，该碑应在760—761年创立。张铁山（2010：256）根据汉文史料中的信息得出761—762年立碑的结论。

大泽孝（1999：162）认为，该碑铭是750年所立。Mert（2009：113）根据碑文西面4行的“鸡年”相对应的是745年而非757年，推断该碑铭立于750年的可能性较大。Róna–Tas（1983：128）认为，《铁兹碑》是虎年所立，比《塔里亚特碑》早两年。按照Róna–Tas的说法，可以确认《铁兹碑》是750年所立。综上所述可得出如下结论：《铁兹碑》《塔里亚特碑》《希纳乌苏碑》三座石碑分别于750年、752—753年、760—761年立碑。

三 三座碑铭之关系

克里亚施托尔内（1985：144）认为，《铁兹碑》和《塔里亚特碑》立碑原因、语言风格、正字法和文本结构基本相同。《希纳乌苏碑》中的部分字母虽然有别于《铁兹碑》和《塔里亚特碑》，但总体来说差异不是很大。在此问题上，芮跋辞（2011：65）反对克氏的说法。芮氏认为，之所以其语言和文法有一定的差异，是因为三座石碑所创立的背景和理由不尽相同；他还认为，与《铁兹碑》和《塔里亚特碑》不同，《希纳乌苏碑》记载的是墓志铭，而《铁兹碑》和《塔里亚特碑》记载的是磨延啜可汗和牟羽可汗的事迹。这三座碑铭谈及磨延啜可汗的事迹最多，但没有直接提及牟羽可汗之名。

《塔里亚特碑》记载的主要内容包括回鹘汗国建立初期的开疆拓土，汗国的边界，可汗的丰功伟绩，属部分布和权贵名号及贵族头衔。芮跋辞（2011：66）认为，该碑为边界石碑（boundary stone）。

《铁兹碑》受损十分严重，无法完整而准确地获取铭文内容，但根据《铁兹碑》南面2行铭文čït tikdi örgin yaratdï“扎篱笆，建了牙帐”，可推断该碑跟《塔里亚特碑》一样同属边界石碑。

《塔里亚特碑》和《希纳乌苏碑》二者有关击败突厥汗国，征讨葛罗禄部的相关内容基本一致，甚至部分用词完全相同（《塔里亚特碑》东面7行铭文，《希纳乌苏碑》北面8行铭文），只是《塔里亚特碑》的记录较为详细。除此之外，两座石碑并无相似的内容。

《希纳乌苏碑》主要记述可汗进行的战事和他为了保卫汗国统一而作出的努力。芮跋辞（2011：66）认为，虽然三座石碑具有刻写时间以及个别内容的共性，但这种共性还不如《毗伽可汗碑》和《阙特勤碑》二者的相似度那样高。张铁山（2010：256）认为，《铁兹碑》主要记述了牟羽可汗的事迹，特别是其助唐平定"安史之乱"，可以说是牟羽可汗的记功碑。

四 历史背景

回鹘部族建立了与之前的突厥部族完全不一样的汗国。回鹘征服拔悉密和葛罗禄两个部落之后，又在平等的基础上将其余的部落变成了自己的盟友。回鹘与葛罗禄之间的边界在不断的冲突中才渐渐定了下来。自突厥部落衰落之后，虽然葛罗禄部与突骑施部联合，形成了反回鹘联盟，但最终还是失败了。葛罗禄部失败后成了回鹘属部当。

后突厥汗国时期，突厥人坚决反对城市和定居生活，维护其游牧风俗。回鹘汗国时期，情况有变。回鹘人不仅容许了这种生活方式，还动员人力新建了几座城池，同时与周边的农耕文化保持了友好往来。

漠北草原上的回鹘人为了图存而归附唐朝。他们向西南方向的扩张都不太顺利。回鹘可汗的权力受其他部落首领的制约，可汗的军权更是如此。此时的各部首领厌战情绪较大，渴望建立和平秩序，享受安逸的生活。因此为了适应这种需要，也为了避免一些不必要的麻烦，阙•毗伽可汗（骨咄禄•毗伽•阙可汗）承认了自己是唐王朝的附属国。公元747年，其子磨延啜继承汗位，他每年都会向唐王朝派出使节，也得到了不少赏赐，接受了唐朝的封号。

阙•毗伽可汗过世之后，正统的汗位继承人磨延啜不知为何遭到了群众的反对。诸部分两路分别投奔大毗伽都督和磨延啜的门下。从有关与磨延啜征战的九姓达靼、鞠诸部的记载可得，上述部族是支持大毗伽都督的。《希纳乌苏碑》屡次提到磨延啜的敌人达靼部，可知磨延啜最大的敌人是投奔大毗伽都督的达靼部。大毗伽都督（tay bilgä tutuq）被阙•毗伽可汗封为叶护。他对磨延啜的继位心存不满，并举兵造反。兰司铁（1913：48）认为，据汉文史料，阙•毗伽可汗的长子因扰乱朝纲，危于社稷而犯了死罪。有可能这里的长子就是大毗伽都督，当时很多民众也支持他继位。造反者中有八姓乌古斯、九姓达靼等，于是联盟之中出现了各种声音。可汗身边的亲卫军的将领当中也有人支持大毗伽都督。刚刚凯旋的亲卫军斗志高昂。两天的战争之后，磨延啜将矛头指向了八姓乌古斯和九姓达靼两部，虽然他取得了胜利，但是并不能够尽灭两部。双方在天将黑之时在 bükgük 一地展开了激战。磨延啜的部队沉重打击了叛军，迫使他们撤退。然而对方在破晓之时，又阻止了一次进攻。磨延啜说道："天神、地祇把我的男仆、女婢和百姓（对我）赐予了，在那里我刺杀了。将有罪的首领……（上）天捉给了（我）。我没有抹杀普通民众。我没有掠夺他们的住房和马群。我惩罚（他们）。我原谅并释放他们了。我说道：'你们是我自己的人民啊！'我（又）说道：'你们追随（我）吧。'我留下（他们）走开了。"（东面 1—2 行）至此他肃清了内部的敌人，处死了投奔叛党的将领们。平民则被饶恕了，并没有受到惩罚。事情并没有就此结束。不久叛军重整旗鼓，集结八姓乌古斯和九姓达靼残众。磨延啜仅用一个多月时间就平定了他们，并且为了以示惩戒而劫掠了他们的部众。敌军之中依旧有着乌古斯和达靼两部，磨延啜与这些敌人在色楞格河畔的西北部又一次交战。回鹘将这两部打得人仰马翻，毫无斗志。两部的人马唯有背水一战，然而这并没能改变他们惨败的命运。他们败北逃走之后，磨延啜派人告诉他们，"你们还是可以选择像之前那样为我效忠"。与此同时，磨延啜还需要镇压在各地出现的新的造反者。值得注意的是，磨延啜会想尽办法来达成协议。他释放了因造反而被抓的俘虏，他用充满热情的声音告诫他们："因为大毗伽都督的卑鄙，因为一两个首领的卑鄙，我的普通人民，你们遂遭死亡和苦痛。倘若重新服属（于我），你们将不会遂遭死亡和苦痛！"他又以平易近人的语气恳求道："你们像之前那样为我效忠吧。"两个月之后，他又一次领兵亲征，敌军也率众顽抗。接连发生的这两场战争中，磨延啜可汗都取得了胜利。他与造反者在 ačïγ altïr 河畔发生激战，重挫敌军。虽然八姓乌古斯成功逃脱，"该月十五日，在 käyrä baši 及 üč birkü，我和达靼打了几次仗。一半人民服属于我，另一半人民逃入……了"（《希纳乌苏碑》东面 6—7 行），由此可知，达靼部一部分军士在 käyrä baši 和 üč birkü 河畔的战役中选择了归顺，其余部分则选择了迁徙。至此，磨延啜可汗统治区域的核心迎来了久违的和平，但达靼的威胁尚未完全解除。虎年（750 年），磨延啜于 käm 河附近打败鞠部，并在可萨西面建立牙帐和营地。他命令手下在营地周围筑墙固守。

然而他并未因此而满足，他继续向北方扩张。回鹘之北有称鞠（čik）

的部族。“之后，在虎年（750 年），我向鞠（族）进军。二月十四日，在剑河（河畔）我攻击（他们）。在那……在铁兹（tez）河源，在 qasar 之西，我令人在那里建了牙帐。我令人在那里扎篱笆。我在那里度过了夏季。我在那里划定了边界。我令人在那里制作了我的印记和碑文”（《希纳乌苏碑》东面 7—8 行）。在与鞠人的战争中，参与者不仅有与他们相邻的部落，更有一些与他们存在友好关系的部落。在之后的一年里，萨彦、阿尔泰等地的部落中也出现了反对回鹘汗国的新的联盟。它的主要组成成员中有居于额尔齐斯河畔的葛罗禄部落以及留居该地的突厥和黠戛斯残众。黠戛斯人与鞠部联手派遣了一支威武之师，但被回鹘击败。其中一部分鞠人发动了反对回鹘的起义，葛罗禄人、拔悉密人、突骑施人和其他起义部落的战争旷日持久，公元 755 年，葛罗禄和拔悉密被彻底打败。据记载，磨延啜曾被父汗（阙・毗伽可汗）封为 bilgä tarqan。父汗卒后他才继承汗位。他击败了许多敌人。据文献记载，阙・毗伽可汗还有一个叫 qutluq bilgä yavγu 的儿子。磨延啜的妻子叫 ėlbilgä qatun，是个勇敢的女子，当时坊间传闻称，她也是像磨延啜一样的神选之人。公元 758 年末，回鹘人重创了黠戛斯人，黠戛斯人虽有五万兵马，但仍惨败。黠戛斯人不得不向回鹘人称臣纳贡。磨延啜刚被封为叶护的长子因为犯了未知的错误而被处死，于是他的次子 bilgä tarqan 登上了汗位。

757 年，唐朝向回鹘借兵平定安禄山叛军。回鹘军队由颉・翳德密施・毗伽可汗的长子率领。他的名字在唐书当中记为“叶户”；在《塔里亚特碑》中则作 qutluq bilgä yavγu。758 年，回鹘军队援助唐军平定叛乱后班师回朝。同年远征黠戛斯。远征军首领——可汗长子叶户班师回朝后就被可汗所杀。次子磨延啜成了新的汗位继承人。远征黠戛斯回来后，颉・翳德密施・毗伽可汗与唐公主成亲。758 年唐朝再次向回鹘借兵，回鹘人派骨啜特勤（qutluq čor tėgin）率回鹘军援唐。回鹘军曾被叛军大败，但这次失败在石碑中并未提及。

颉・翳德密施・毗伽可汗的继承人是王子移地健（idigän）。他的名字在《塔里亚特碑》中分别作 bilgä tarqan，qutluγ tarqan säŋün。他是《塔里亚特碑》的作者。克里亚施托尔内（1985：145）认为，idigän（idi+känč，即小贵人）是该王子的小名，他的全名应为 qutluγ bilgä tarqan säŋün。他于 758 年被封为叶护。《塔里亚特碑》北面 5 行铭文记有 qutluγ bilgä tarqan säŋün 击败不少敌人的战绩。根据汉文史料可得，新可汗登基后采用了牟羽可汗的封号。《哈喇巴拉哈逊碑》的粟特文部分中，他的名字也作 bögü qaγan（牟羽可汗）。

牟羽可汗于 762 年和 765—766 年，两次远征唐朝。762 年，他在洛阳受粟特摩尼僧的影响，改信摩尼教。763 年，他把摩尼教定为回鹘国教。第二次远征是为了援助其岳父仆固怀恩，但途中仆固怀恩死去。这时牟羽可汗与仆固怀恩的生前盟友吐蕃人交战，以此举再次援助唐朝。这次远征中统帅回鹘军的是牟羽可汗之弟磨咄莫贺达干（alp uluγ tutuq yaγlaqar）。他的名字在《塔里亚特碑》西面 7 行中作 alp ïšbara säŋün yaγlaqar。克氏以此推论，根据游牧民族幼子守炉灶的传统，牟羽可汗之弟 alp išbara säŋün yaγlaqar 被封为 yaγlaqar 部的族长。因此，他在回鹘和汉文史料中的封号均缀加族名 yaγlaqar。

第一章 《希纳乌苏碑》

一 碑铭概况

1909年，阿尔泰语言学家兰司铁于蒙古考察期间，在Moγoyto河和Šinausu湖流域发现该碑铭。石碑高达3.8米，有石龟地基，已碎成两大块。上半部分短于下半部分，北面底部和西面顶部严重受损。附近地上还有各种装饰物以及之前驮着石碑的赑屃雕像，石碑顶部刻有碑额。

二 研究概述

最早对该碑铭进行研究的是著名的阿尔泰语言学家兰司铁（Ramstedt）。兰氏在其考古报告《外蒙发现之二回鹘古突厥文碑铭及其校译》（Zwei uigurische Runeninschriften in der Nord-Mongolei. Helsinki. *Journal de la Société Finno-Ougrienne*, 30/3, 1–63, 1913）中详细介绍了碑铭的所在地，探讨了铭文的拼写规则，对铭文进行转写、录文和翻译工作，并比较了《毗伽可汗碑》和《暾欲谷碑》。国内则有王静如在1930年《突厥文回纥英武威远毗伽可汗碑译释》（载林幹编《突厥与回纥历史论文选集》，中华书局1987年版）中根据兰氏的德文翻译，将铭文转译成了汉文。

兰氏之后，森安孝夫对该碑铭进行了系统研究。森安氏在1999年刊布的《希纳乌苏遗迹、碑文》［“Site and Inscription of Šine-Usu”. eds. T. Moriyasu - A. Ochir (The Society of Central Eurasian Studies). In: *Provisional Report of Researches on Historical Sites and Inscriptions in Mongolia from 1996 to 1998*. Osaka. pp. 177–195, 1999］中，对《希纳乌苏碑》进行了换写、转写以及英文、日文翻译和注释。2009年，森安孝夫、铃木宏节、齐藤茂雄、田村健、白玉冬等学者合作重新刊布了该文修订版（“Šine-Usu Inscription from the Uighur Period in Mongolia: Revised Text, Translation and Commentaries”. Kobe. *Studies on the Inner Asian Languages*, 24, 1–92, 2009）。森安氏的汉文史料功底很深，因此他对《希纳乌苏碑》的研究有很

高的参考价值。

Berta 在其专著《聆听吾等之言——突厥、回鹘碑铭校勘研究》（Szavaimat jól halljátok… A Türk és Ujgur rovásírásos emlékek kritikai kiadása. Szeged: Jate, 2004）中，对《希纳乌苏碑》进行了换写、转写和翻译。与此同时，他还一一比对了其他学者的换写、转写和翻译，这可以说是该领域的一种新的研究方法。

Mert 在其著作《于都斤时期回鹘碑铭：铁兹、塔里亚特、希纳乌苏》（*Ötüken Uygur Dönemi Yazıtlarından Tes, Tariat, Şine Us*. Ankara: Belen. 2009）中对碑铭进行录文时采用了新技术，使铭文更清晰。他用不同颜色标记碑铭字词的现存状况，分别为可清楚认读的字母、早期研究中认读成功但今日因保存不善而磨损严重的字母、正在褪色消失的字母、可认读但磨损严重的字母、残缺不全的字母、自发现之日起就无法认读的字母。研究过程中，他也比对了不同学者的转写文本，并将碑铭原文翻译成了土耳其文。此外，其专著附有碑铭的全清照片。

Aydın 在其《希纳乌苏碑》（*Şine Usu Yazıtı*. Çorum: KaraM, 2007）、《回鹘汗国碑铭》（*Uygur Kağanlığı Yazıtları*. Konya: Kömen, 2011）等专著中，考证了碑铭中出现的地名和历史事件，同时探讨了碑铭研究对突厥语研究的意义。Aydın 在《回鹘汗国碑铭》中先给出录文、转写、土耳其语译文，在脚注中列举了不同学者的解读，然后是索引，最后的章节中对回鹘碑铭中出现的地名、部落和族群名及官号进行了考证。

耿世民在林幹主编的《突厥史》（内蒙古人民出版社 1988 年版）和林幹、高子厚主编的《回纥史》（内蒙古人民出版社 1994 年版）中发表过《希纳乌苏碑》的汉语译文。耿世民在其论著《古代突厥文碑铭研究》（中央民族大学出版社 2005 年版）中，以文献学的方法对铭文进行了相关研究，耿氏的研究包括综述碑铭研究概况、对碑铭进行拉丁文转写、对碑铭进行汉文翻译以及相关注释等内容。

洪勇民在《回纥汗国古突厥文碑铭考释》（世界图书出版公司 2012 年版）中对《希纳乌苏碑》进行过较为系统的研究。洪氏的专著中分别对该碑铭进行了转写、换写和翻译，还指出了碑铭转写中存在的一些问题。洪氏专攻铭文的拼写规则和史料价值，并在此基础上考证了铭文记录的历史事件。洪氏对《希纳乌苏碑》的研究成果可总结为以下几点：第一，介绍碑铭的出土地点和状态，确认碑铭作者和立碑时间，解释碑铭读写顺序以及对碑铭的研究情况进行综述。第二，对铭文进行拉丁字母转写、汉语翻译、注释论证。第三，通过研究碑铭中所记录的历史事件，考证和论述了回鹘覆灭突厥汗国、回鹘联盟的破裂、回鹘内部政权的组成形式、回鹘与黠戛斯以及其他部族的战争（回鹘汗国出兵平息诸部叛乱）、助唐平叛、汗国的管理制度、后突厥和三鬟突厥等一系列重要的政治、军事问题。

洪氏在《古突厥文献西域史料辑录》（世界图书出版公司 2014 年版）中对《希纳乌苏碑》的历史事件进行史料摘录、史料分析。主要研究内容包括回鹘西征 čik 部、回鹘军队远征剑河以及击败拔悉密和葛罗禄部等历史事件。

白玉冬是森安孝夫在 2009 年发表的研究报告的合作作者。白氏在此研究成果的基础上，对《希纳乌苏碑》进行了转写、换写和汉文翻译（载《西域文史》第 7 辑，科学出版社 2012 年版）。白氏的研究代表了国内学者在此领域中的最新成果。

Ölmez 在其《回鹘汗国碑铭》（*Uygur Hakanlığı yazıtları*. Ankara: BilgeSu，2018）一书中刊布了对《希纳乌苏碑》研究的最新成果。他在专著中综述了该领域的既有研究成果，介绍了碑铭的发现和收藏等基本信息，对铭文进行转写、录文、翻译。其专著中长达 57 页的注释部分学术价值很高，补正了碑铭研究的不少问题。

李容成（Yong-Šŏng Li）在《论希纳乌苏碑南面 3 行 BIdgẅčIr》（ON *BIdgẅčIr* In The 3rd Line of The South Side of The Šine-Usu Inscrıption, *Türk Dili Araştırmaları Yıllığı-Belleten*, 2018）和《论希纳乌苏碑西面 4 行 W..GšNG》（On W..GšNG In The 4th Line of The West Side of The Šine-Usu Inscription, *Acta Orientalia Academiae Scientiarum Hungarica*. Volume 72 (1), 25 – 32, 2019）中，分别提出对《希纳乌苏碑》南面 3 行和西面 4 行的新看法。

对于《希纳乌苏碑》的研究还要提到 Orkun、Malov、Aydarov、Bazılhan、Qarjaubay、Jeong Jaehun（丁载勋）、Şine User、艾尔肯 • 阿热孜、艾尔汗 • 阿伊登等学者。以上作者在其关于鄂尔浑碑铭的著作中都刊布过关于《希纳乌苏碑》的相关研究成果。

三 碑文内容

北面：

登里罗 • 没迷施 • 颉 • 翳德密施 • 毗伽可汗，即生于天上的、治国的、英明的可汗磨延啜的事迹。磨延啜的人民生活在于都斤及 tägräs 附近，那里有色楞格河，他们在那里繁荣，富裕。可汗的先祖一百年以来统治着在那里留下来的人们，即在十姓回鹘和九姓乌古斯之上。突厥可汗统治了整整五十年。在磨延啜 26 岁那年（即公元 739 年），他召集了九姓乌古斯人民，和他的父亲阙·毗伽可汗一同出征了，其父亲将他本人作为先锋队长派往东方。在他从 käyrä 东面返回时，敌人成为他的附属之后再次进军。在 käyrä 河源的 üč birkü，磨延啜与他父汗的军队相会了。他到达那里时，路过黑沙（qaraqum），在 kügür 地区、kömür 山与 yar 河，磨延啜与三轟突厥人民对峙了。乌苏米施特勤当上了突厥可汗。于是磨延啜于羊年（即公元 743 年）年初出征，于正月初六打了第二仗，这一战他捉住了乌苏米施。在那里他俘获了乌苏米施特勤的可敦。突厥人民从此以后消亡了。之后，在鸡年（即公元 745 年），三姓葛罗禄部落心怀恶意地向西方逃走了，逃入了十箭。猪年（即公元 747 年）大毗伽都被任命为叶护，之后，磨延啜的父汗在鼠年（即公元 748 年）过世了。

东面：

初一日落晚霞之时磨延啜抵达了 bükgük，月落之时在那里进行了战斗 ，将八姓乌古斯、九姓达靼的势力在此次战斗中消耗殆尽。第二天日出时分，磨延啜又一次发动了进攻。天神、地祇将他的男仆、女婢和百姓赐予了磨延啜。在那里他杀了上天让他捉到的敌军有罪的首领。磨延啜没有屠杀普通民众，也没有抢走他们的住房和马群，磨延啜没有惩罚他们，磨延啜还对这些人说道："你们都是我自己的民众，你们追随我吧。"然后磨延啜留下他们就离开了，可是他们没有（跟）来，于是磨延啜又追击了他们。磨延啜在 burɣu 追上了他们，并且在四月九日与他们交战，杀了其中的一部分，掳走了他们的财产、牲畜、姑娘、妇女。五月剩下的八姓乌古斯、九姓达靼全来了。于是磨延啜在色楞格河之西、yïlun qol 之南，直到 šïp 河源的这一片区域布置了军队。他们从 kärgü、saqïš 及 šïp 河源一路侦查过来，直到到了色楞格河才在那里驻扎了下来。公元 749 年五月二十九日，磨延啜与他们进行了激战，敌人虽然背靠色楞格河而战，但是他们打了败仗，其中大部分沿着色楞格河向下游逃去，于是他渡过了色楞格河继续追击敌军，并且在战斗中俘获了他们，随后从俘虏中挑选了十人去向敌人传话。他让俘虏传话的内容是："你们遭受如此多的苦痛与磨难，只是因为像大毗伽都督这样一两个首领的卑鄙，如果你们可以重新归顺于我，那么以后你们就不用再经历那些苦痛和死亡了，所以你们还是像以前一样为我出力吧。"磨延啜等了他们两个月，但是他们并没有来。于是在公元 749 年八月一日，他决定继续进军。当帅旗招展，正要出征时，前锋部队打探到了消息回来说："敌人就要来了，敌人的首领也一起来了。"八月二日，在从 ačïγ altïr 湖沿着 qasuy 河的这片区域，磨延啜和敌人交战。而到八月十五日的这段时间里，磨延啜在 käyrä bašï 及 üč birkü，和达靼打了几次仗。一半人民选择了归顺，一半的人民则是逃走了。于是，他便在那里驻扎了，在于都斤山南侧过了冬，摆脱了敌人让他感到很安心。于是在那里，他赐予了自己的两个儿子叶护和设的称号，派他们去（统治）达头部落和突利施部落的人民。之后，在虎年（即公元 750 年），磨延啜向鞠族进军。二月十四日，在剑河河畔他向他们发动了进攻。他令人在铁兹（tez）河源，在 qasar 之西建了牙帐，修了篱笆，就在那里度过了夏天。（他）在那里划定了边界，令人在那里制作了他的印记和碑文。之后，兔年（公元 751 年）秋天，磨延啜向东进军。他的进军让达靼族提心吊胆。龙年（公元 752 年）五月，他在于都斤山峰，as öŋüz 山峰 ïdoq 山峰之西，在 yavaš 与 toquš 的结合处度过了夏天，磨延啜令人在那里建了牙帐，扎了篱笆，并且让人将千年不朽的碑文和印记刻在了扁平的石板之上。九姓乌古斯又来了，他们因为诸事不顺而再次和磨延啜成了敌人。安居于 ürüŋ bäg、qara buluq 和 anï 河畔。九姓乌古斯的首领向黠戛斯派人说："你们也派出人吧！你们快让鞠族的兵马和你们一起来吧，我要发动进攻了。"他（还）说："看吧！让我们在 kör budaqalï 中会合于一处吧。"九日，磨延啜以都督为首向鞠族派去了先锋部队。磨延啜还向敌人的同盟者们也派去了少量的部队。当时黠戛斯可汗驻扎在 kögmän 山南麓，黠戛斯可汗同样派出了前锋到其同盟者处。两支部队在那里相遇了，一番激战过后，磨延啜的前锋部队活捉了敌方的探子。

南面：

葛罗禄没来同盟者处。磨延啜渡过了剑河、qarγu、额尔齐斯河、arqar-baš 河源及 är qamïš 的下方。十一月十八日，磨延啜在 bolču 河畔攻打了三姓葛罗禄。于是磨延啜在那里扎营，磨延啜的前锋将被俘虏的鞠族人民驱赶过来了。磨延啜在铁兹河源扎篱笆，在那里度过了夏天，也划定了边界，给鞠族人民任命了都督，赐予了始波罗和达干。在 qazluq 湖看见敌人来了。十五日，磨延啜在 tayγan 湖边集结了军队，并从湖边派人去招收新兵。负责招收新兵的人回来了，随后磨延啜向葛罗禄进军。葛罗禄派了人过去说："我首先让敌人内部发生混乱。"拔悉密与磨延啜为敌，向他的牙帐行去。磨延啜阻挡敌人来到自己的大本营。公元 753 年六月二十一日，磨延啜在 ičüy 河附近和敌人交战。突骑施人抢夺了葛罗禄部落的牲畜、家产之后扬长而去。磨延啜回到了自己的营地。八月，磨延啜去追踪拔悉密、葛罗禄部落，向他们进攻了。后在 ärsägün、yula 湖畔安营扎寨，再从那里继续追赶。

磨延啜在 yoγra yarïš 平原攻击了敌人的军队。然而敌人在遭受攻击前的十天就已经惊慌逃离。于是磨延啜返回了自己的营地。在 irlün、talaqaman 地方磨延啜追上了惊慌逃离的敌人。以前曾在唐朝的乌古斯人和突厥人脱离了唐朝，其中五百名轻装步兵因为产生了恐惧而来到磨延啜的身边。天神、地祇将那里的人民赐予磨延啜当他的奴婢，那些人民都归属于可汗了。于是磨延啜从那里返回，在鄂尔浑河和 balïqlïγ 河的结合处，他在这里立朝治国。

西面：

马年（754 年）八月三日，磨延啜进攻了葛罗禄部落，残余的葛罗禄去了突骑施处。从此以后，侵入边界的葛罗禄部落就此消亡了。羊年（755 年），唐朝皇帝玄宗出逃了，磨延啜安顿了玄宗皇帝的儿子（唐肃宗），后来磨延啜让唐肃宗回到他们的行宫。二月六日，磨延啜回到了自己的牙帐。鸡年（公元 757 年）他驻扎了下来，并获得安禄山被谋杀的消息。后来唐朝皇帝让自己的两个女儿嫁给了磨延啜。磨延啜令人在色楞格河畔为粟特人和唐人建造了富贵城。

四 碑文转写及录文

北面

täŋri[dä b]olmïš①: ėl ėtmiš②: bilgä qaγan③: b[än]④……… töliš⑤…	.1
𐱅𐰭𐰼𐱁𐰓𐰀 𐰉𐰆𐰞𐰢𐰃:𐱁𐰠𐱅𐰢𐰃:𐰍𐰠𐰏𐰀𐰋𐰃𐰣:𐰍𐰣.....𐱅𐰇𐰠𐰃.....	
ö[tükä]n⑥ ėli tägräs ėli⑦: ėkin ara⑧: olormïš⑨ suvï⑩: säläŋä ärmiš⑪ :anta: ėli① …… ………… [är]miš② barmïš③ ………	.2

① M, A, G, H: bolmïs; B: bolmwş; Ba: bolmuš.

② Ra: il itmiš; O, Me: il etmiş; M, Ş: il ätmis; A, G: il etmis; H: il itmis; B: **el** et°miş; Ba: El Et/miş; Sa: el etmis.

③ C: teñri:de: bolmış él étmiş bilge: xağan (331).

④ M, A, Me, Mo, G:…

⑤ Ma, A, Mo, Me, E, G, Sa, H: tölis; B: tẅlẅs; Ba: töles.

⑥ Ra, O: öz[i?]n; M, A, Me, E, Mo, Ö, G, H, BYD: ötükän.

⑦ Ra: tägräsi ili; O: teğresi eli; M: tägräsi äli; A: tegresi eli; B: ẅγrẅsi ėli; G:tägräsi; Ba: ögüres eli; Me: ögres ili; Mo, BYD: ögräš eli; Ş: [te]gres ili; H: tägräsi ikintü; C: tegresī eli (485).

⑧ Ra, O: kintü; M: äkin ara; Mo, Ba, G, BYD: ekin ara; B: ėkin ara; Me: (e)kin (a)ra; E: ėkin ar[a]; Sa: kentü; H: ikintü.

⑨ Ra: o[lurmiš]; O: o[lurmış]; M, A, G, H: olurmıs²; B: olormwş; E: o[lo]rmış; Sa: bodunym ermis.

⑩ M, G, H, Sa: subï.

⑪ M, G, H, Sa: ärmis.

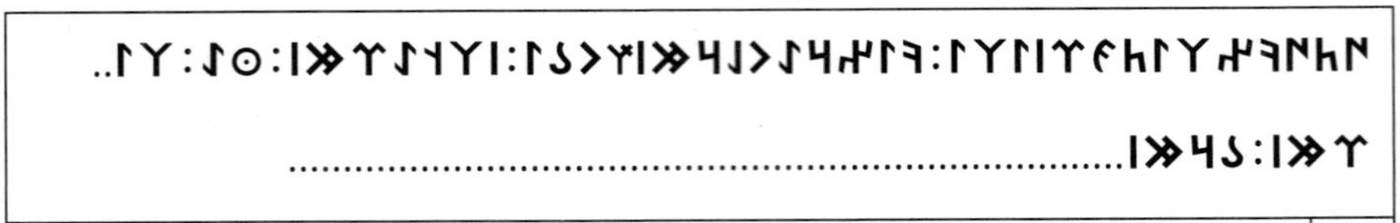	
…[4] anta[5]: qalmïšï[6]: bodun[7]: on uyγur[8] toquz[9] oγuz[10]: üzä[11]: yüz yïl olorup[12]: ……….. A orqun[13]: ügüz[14]:w[15] ……	.3
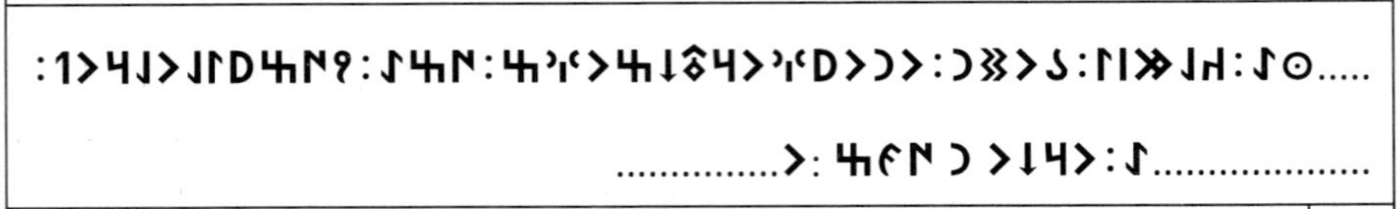	
tür[$^{\ddot{u}}$k qaγan] čaq[16]: ėlig[17] yïl: olormïš[18]: tür$^{\ddot{u}}$k[19] ėliŋä[20]: altï[21]: otuz[22] yašïma[23]:	.4

① Ra, H: ili; M: äli; B, E, Ö: ėli; Mo, G:eli.

② Ra: [är]miş; M, G, H: ärmis; A: ermis.

③ Ra: barmïš; M, G, H: barmïs^{2}; A: barmïs.

④ Ra, O: su[b?]; M, A, Mo, Me, G, BYD: su ... B: suβ; H:subı; Sa: sub abyn.

⑤ Ra, O: nda; M, Mo, G, BYD: –nta; B: nda;H:anta; E: an̲ta; Ö: ạn̲ta.

⑥ Ra: qalmiši̯; M: kalmïs^{2}ı; A: kalmısı; Ba, G, Sa, H: qalmïsï.

⑦ Ra, O, M, Ba: budun; B: boδwn.

⑧ B: uyγwr.

⑨ B: toqwz.

⑩ B: ogwz.

⑪ Ra: özä.

⑫ Ra, O, M, A, Me, Ş, G, H: olurup. Mo (1999): [olurup?]. B: olorwp. Mo, BYD: ///. Sa: olurmys. C: yüz yïl oluru:p (150). üze: ... olurïp (280).

⑬ Ra: orukun; B: orqwn; E: orkon.

⑭ B: ögŵz; Mo, Me, Ş: ögüz.

⑮ Ra: o... M, G: o… Mo, B, Ö, BYD: w... E:o/u. H:oŋ.

⑯ Ra: tör ... ba?ça?k. O: tör... b ç k. M, A: türk kıbčak. B: türk kagan çak. Ba: türük...çaq. Me: türük [kıp]çak. Sa: türük [qy]bčaq. Ş: tür[k] ...b^{1}çk^{1}.

⑰ Ra, M, Mo, Me, E, Ö, G, H, BYD: älig; O: eliğ; B: äl(l)ig; Ba: elig (on?); Sa: elig on; C:el(l)ig (141a).

⑱ Ra: olurmiš; O, Me, Ş, Mo, G, H, BYD: olurmïš; M, A, Sa: olurmïs; B: olormwş.

⑲ O, M, A, B, Ş, G, H: türk.

⑳ Ra, M, Ş, G, H: iliŋä; O, Me: iliŋe.

㉑ B: aldı.

㉒ B: otwz.

㉓ Ra: yašima; C: altī otuz yaşımā (975).

ïdoq ..w① … γ② ... ärti③ anta④ boyla⑤	.4
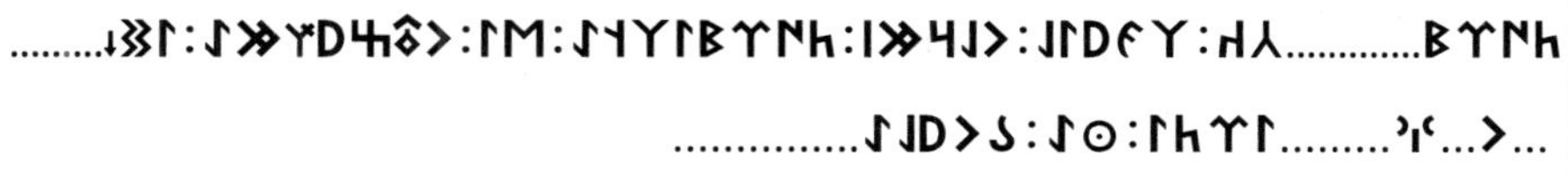	
yana tüšdi⑥: toquz⑦ oγuz⑧ bodunumïn⑨: tėrü⑩ quvratï⑪: altïm⑫: qaŋïm⑬: kül⑭ [bil]g[ä⑮ qaγan] … … … …⑯	.5
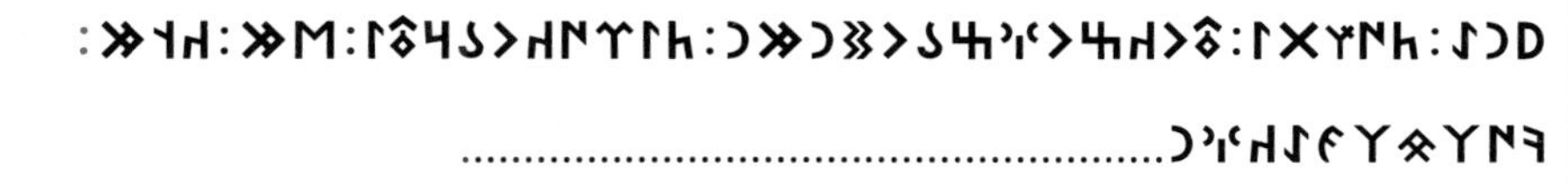	
sü yorïdï⑰: özümin⑱: öŋrä: biŋa: bašï: ïḍtï⑲: käyrädä⑳: öŋdün㉑:	.6

---

① Ra: ıduq [q?]u[t] ; O: ıd(?)uk[k?]u[t]; M, A, Ş, B, G, H:–; Mo, Ba, BYD: enç#; Me ıḍ#; E: ıdok o/u; Sa: yduq bašda; Ö: ıduk kut.

② Sa: žabγu čad at.

③ Ra, O: birti(?); M, A, G: birti; Me, Ö: irti; Ş: –; Mo, Sa, BYD: bärti; H: birdi; E: bėrti .

④ Ra, O: anda; B: anda; Ş: –.

⑤ Ra, O, E: buyr[ukı]; M, A, Me, Ö, G, H: boyla; E: buyla; B, Mo, Ş, BYD: –.

⑥ Ra, O: [tüşd?]i. M, A, Me, Ö, G, H: tüşdi. B: ...I. Sa: tüsdi. Mo, Ş, BYD: –. E: [tüşd]i.

⑦ B: toqwz.

⑧ B: ogwz.

⑨ Ra, O, M, A, Ba: budunımın; B: boδwnwmwn; Mo (1999), G, H: bodunımın.

⑩ Ra, O, M, A, Me, Ş, G, H: tirü; B: tärẅ. Ba: etirü; Mo, BYD: terü; E, Ö: tėrü, Sa: tirü.

⑪ Ra, O, M, A: qobratı; B: kuβratı; Ba, G, H: qubratı; Me, Ş: kubratı; Mo, E, Ö, BYD: quvratï; Sa: qubyraty.

⑫ B: aldım.

⑬ Ba: aqaŋım.

⑭ Ra, O, M, Ş, Ö, G, H: kül; A: küli; B: kẅl; Me, E, Mo, BYD: köl.

⑮ Ra, O, C: [bil]g[ä]; M, Mo, Ö, G, H, BYD: bilgä; A:bilge; E: bilg[e].

⑯ Sa: ...ü...üze...alqu.

⑰ B: yorıδı.

⑱ Ra: özimin; O, M, A, Mo, Ba, Me, Ö, G, H, BYD: özümin; B: özẅmẅn; C: özümin(278); E: özümün.

⑲ Ra, O, M, A, Ba, H: ıtı; B: ıd(d)ı; Mo, BYD: ïdtï; Me: ıt(d)ı; G, Ş: ıt(t)ı; E: ı<d>tı; Sa: yt(t)y.

⑳ Ra, M, Mo, G, H, BYD: käyrädä; B: käyräδä ; Ba: kejrede; E: keyr<e>de; C: keyerde (178).

㉑ Ra, O, M, A: öŋdin; B: öŋδẅn; Ba: öŋden.

yantač[ïm]da① [q]ońluγ② toq.③....	.6
:ꟗXᛦᛁᴺ:ᒍXϒ ᑭ ᖷ:ᒥᛟᒥ:ᒥϒᔑ:ᒍᛦᒥᔑ:ᒍϒᛦᴺ:ꟗ≫ᔦᴺ:ᒥ≋ᒥᑫ>Dᴺᛁ ....ᑫ>ᛟ:ᐣᑊᒧᕒ>ꟗ:ᒍ≋≫⅄⊙D	
ičgärip④: yana⑤: yorïdïm⑥ käyrä⑦: bašïnta⑧: üč birküdä⑨: qan⑩ süsi [birlä]⑪: qatïltïm⑫: anta⑬.... ...	.7
:...ᒥᛁᴺᛁᑐꟗ:ᒍXᴺᖷϒᒥ⋄⅄ᴺ:ᒍ⊙ᒥϒᔑ:ᒍϒ ᑭ ᖷ≫≋ᒥᑫ>D:ᒍᑐD:1ϒᑩ⅄ᒥ ....ᒍ⊙:≫Mᛟꟗ	
ėrtim⑭ qara: qum ašmïš⑮: kügürdä⑯: kömür⑰ taγda⑱: yar ügüzdä⑲: üč tuγluγ⑳: türᵘk㉑ bodun㉒	.8
:ᒍXᔦᑩᴺᑫD:ᒍ≋ᐣᑊᛟϒ≫ᴺᖷ:ᒍXϒᑩᴺᖷ:ᛁ≫ϒ≫>ꟗ:ᒍᑫꟗ≫hϒᒥ ....ᑐ≋>ᔑᛒϒᴺh :ᐣᑊᒧᐣᑊ>ᛟ⅄ᴺ	

① Ra: ya?ndaç...da. O: yandaç...da. M, A, G, H: yantaçı. B: yandaçımδa. Ş: y2ntç.d1a. C: yantaç[ī] (178).

② Ra, H: qoñliγ; O, Mo (1999): qoñlïγ; M, A, G: –; B: qońlwγ; Ba: qoñluγ; Ş: k¹Wny1¹g¹.

③ Ra, O: toq. M, A, G: –. B: twqlılγ. Ba: toqluγ. Mo, BYD: toqlïlïγ. Me, Ö: to... E: tok. Ş: t¹Wk. Sa: ...da tujlyγlyγ tol... H:toqar.

④ Ra, O, M, G, H: içigirip; A: içgirip; B: iç°γärip; Me, E, Ö, Mo, Ba, BYD: içgerip.

⑤ Ba: yanï.

⑥ Ra: yorïdim.

⑦ Ba: kejre.

⑧ O, B: başında.

⑨ B: birkẅδä.

⑩ A: qaγan.

⑪ B: birlä; Me, H: –.

⑫ A: qatïldïm; B: katıldım.

⑬ Ra, O: a<u>nd</u>a; B: anda.

⑭ Ra, O, M, A, Me, G, Sa, H: irtim; B: erϑim; Ş: r²t²m.

⑮ Ra: aşmiş; M, G, H: ašmïs²; C: aşmış (255).

⑯ Ra, O: kü(?)gä?rdä; B: kẅgẅrδä; Mo, Ba, BYD: kögärdä; Me: kögerde; Ş: kügürdä.

⑰ Ra: kömär; B: kẅmẅr, C: kömür (463).

⑱ B: taγδa.

⑲ B: öγẅzδä; Mo, Ş, Ba, BYD: ögüzdä; Me: ögüzde.

⑳ Ra, O, M, A, Mo, Me, G, H, BYD: tuγlïγ; B: twγlwγ; C: tuglıg (469).

㉑ O, M, A, B, Ş, G, H: türk; C: türkü (469).

㉒ Ra, O, M, A, Ba: budun; B: boδwn; Mo, E, Sa, BYD: bodunqa.

ozmïš①: tėgin②: qan bolmïš③: qoń④ yïlqa⑤: yorïdïm⑥: ėkinti⑦: süŋüš⑧ [äŋ il]ki⑨ ay: altï⑩: yaŋïqa: T...⑪ … …⑫	.9
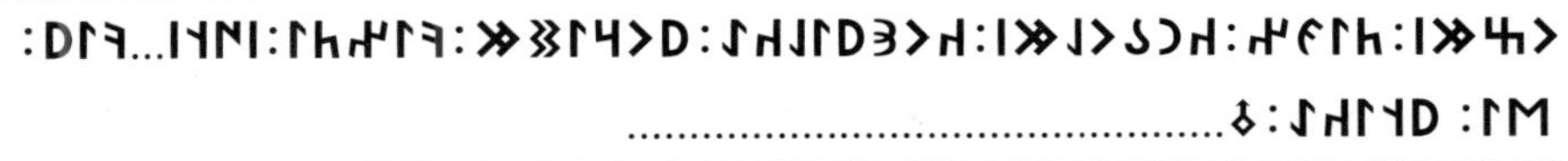	
tutdum⑬: qatunïn⑭: anta⑮: altïm⑯: tür^{ü}k⑰ bodun⑱: anta⑲: ïnγaru⑳: yoq boltï㉑: anta㉒: kėsrä㉓ taqïγu㉔: yïlqa㉕ ……… bodun㉖ ……wN tuyup㉗	.10
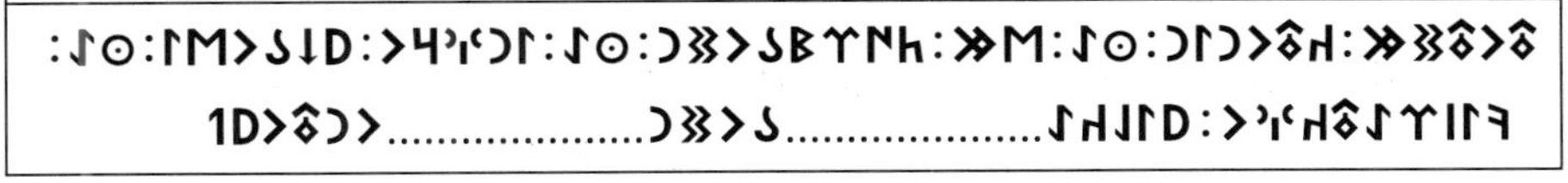	

① Ra: ozmiş; M, G, Sa, H: ozmïs^2; B: ozmwş.

② Ra, O, M, A, Ş, G, H: tigin, B: tėγin.

③ Ra: bolmiş; M, G, Sa, H: bolmïs^2; B: bolmwş, C: xan bolmış (483).

④ O: koy, A: kon, C: koń (631).

⑤ B: yıl°qa.

⑥ B: yorıδım.

⑦ Ra, A, G, H: ikinti; B: ekinᴅi.

⑧ M, A, G, H: süŋüs; B: süŋẅş.

⑨ B: aldınĵ; Mo, Ba, G, H, BYD: altınç; Me: –; Sa: ilki.

⑩ Ra: alti; B: aldı, C: altı (943).

⑪ Ra:O, M, A, G: t[oqïdïm?]; Mo: toqïdïm? B, Me: t... Ba, Sa: toqıtdım.

⑫ M, A, G, H: ozmïš tiginig; Sa: ozmys teginig.

⑬ Ra, O, M, A, Mo, Ba, G, Sa, H, BYD: tutdïm; B: tut°δwm.

⑭ B: katwnın; C: xatunın (602).

⑮ Ra, O: anda; B: anda.

⑯ B: aldım.

⑰ O, M, A, B, Ş, G, H: türk.

⑱ Ra, O, M, Ba: budun; B: boδwn.

⑲ Ra, O: anda; B: anda.

⑳ Ra: ina?garu; O, M, A, G, H: ınagaru; B: ıngarw; C: ınğaru (190).

㉑ Ra: bolti; B: boldı.

㉒ Ra, O: anda; B: anda.

㉓ Ra, M, Ş, G, H: kisrä; O, A, Me, Ba: kisre; B: kes°rä, C: késre (751).

㉔ B: takıgw; Ş: takagu, C: takagu (468).

㉕ B: yıl°qa.

㉖ Ra, O, M, A, Ba: budun; B: boδwn; Mo (1999): bod//; Sa: –.

㉗ Ra, M, A: ...un tujup. B:..wn tuywp. Mo (1999): –ın (?) tuyup. Ba: tuyup. Ş, Mo, BYD: –.

…① üč qarluq②: yavlaq③ saqïnïp④: täzä bardï⑤: qurïya⑥: on oqqa⑦: kirti⑧: layzïn yïlqa⑨: T...⑩ ....⑪ tay bilgä: totoquγ⑫	.11
[illegible]	
… yavγu⑬: atadï⑭: anta⑮: kėsrä⑯: qaŋïm⑰ qaγan: učdï⑱: qara: bodun⑲ qïlïnč⑳: … k[üsk]ü㉑ yïl[qa]㉒...........㉓ ....㉔	.12
[illegible]	

① Sa: yt žylqa.

② B: karlwk; E: karlok.

③ Ra, O, M, A, Me, Ba, Ş, G, H: yablak; B: yaβlak; Sa: žablaq.

④ Ba: ašqïnïp; C:sakınıp (876).

⑤ B: barδı; C: teze bardı (813).

⑥ B: kur°ya.

⑦ Ra, M, B, E, G: on oq(q)a; Ba, Me: on oqa; H: on oq.

⑧ B: kirɒi; C: kirdi (645, 735).

⑨ B: yıl°qa; C: lagzın yılka (764).

⑩ Ra, M, E: to[qidim?]. A, Sa, Ö: tokıdım. B: tokwdwm. Mo (1999) , G: toquz [tatar]. Ba: –. Me: t... H: toquz tatar. Mo , BYD: tokuz [totoq].

⑪ Sa: … bodun.

⑫ Ra, O, Ba: tutukıg; M, A, Me, Ş, G, Sa, H: tutukug; B: twtwqwγ; Mo (1999): totoqïγ; C: totokıg (873).

⑬ Ra, O, M, A, Ba, Me, Ş, Mo, G, H, BYD: yabgu; B: yaβgw.

⑭ B: ataδı; C: atadı (873).

⑮ Ra, O: anda; B: anda.

⑯ Ra, M, Ş, G, Sa, H: kisrä; O, A, Me, Ba: kisre; B: kes°rä, C: késre (751).

⑰ M, A:qanïm; Ba: aqaŋım.

⑱ B: uç°δı; C: uçdı (19, 630).

⑲ Ra, O, M: budun; B: boδwn.

⑳ Ra, O: qılınç[ı?]; M: qïlïnmïs²; A: qïlïnmïs; B: kılınĵ; Sa: qylynmys; C: kılınç[ı?] (623).

㉑ Ra, O: [ö]k[üş s]ü; B: küs°gẅ; Sa: küsgü.

㉒ Ra, O: yıl[kı]; M –; B: yıl°ka; Me: yıl...

㉓ Sa: ...un tujup.

㉔ Ra:[si?]dim. O:[s?]dim. M, A, G, H: sançdım. Mo, Ba, BYD: -dım. B: δm. Me: şdım. Ş: d¹m. E: aştım? Sa: sančdïm…n:s.

东面

tutdum① ......② bir yaŋïqa ③ ... anta④ bükgükkä⑤: yėtdim⑥: kėčä⑦ ay ⑧ batar ⑨ : ärkli ⑩ : süŋüšdüm ⑪ : anta ⑫ : sančdïm ⑬ : kün ⑭ [quvran]mïš⑮: tün tėrilmiš⑯: [bükg]ükdä⑰: säkiz oɣuz⑱: toquz⑲ tatar: qalmadoq⑳: ėki㉑ yaŋïqa: kün toɣuru㉒: süŋüšdüm㉓: qulum㉔: küŋüm㉕: bodunuɣ㉖: täŋri:	.1

① Ra, O, M, A, Mo, G, H, BYD: tutdım; B: tut°δwm.

② Sa: anta sančydym. üčinči aj.

③ Mo, Ş, BYD: –; Ba, E: birl[e].

④ Ra, O: (anda?). Mo (1999), B, G, H: ...bir yaŋïqa. Ba, E, Ö: anta. Mo, BYD: //üčünč ay bir yaŋïqa. Me: …a. Ş: –.

⑤ Ra: (bükägük?)ä; O: (bükeğük)e; M, G: bükägük(k)ä; A: bükegükke; Mo (1999): bükägük [-dä]; B: bẅkẅgẅk°δä; Ba: bükegükde; Me, H: bükegüke; Ş: bü[kägük(k)]ä; Mo, BYD: bükägükdä; Sa: bürgüke; E: bükegük<d>e.

⑥ Ra, M, G, H: yätdim; O, A, Ba, Me: yetdim; B: yet°δim.

⑦ Ra, M, Ş, G, H: kiçä; O, A, Me: kiçe; Ba: keče.

⑧ Ra, O, M, A, Mo, Me, Ş: yaruk; B: yarwk; Sa: žaruq; C: ay (298), yaruk (962).

⑨ Ra, O, M, A, G, H: batur; Sa: tatar.

⑩ Ra, M, Mo, G, H, BYD: ärikli; O, A: erikli; B: ärik°li; Ba: erikle; C: äriklī (695, 962).

⑪ Ra, O, Mo, BYD: süŋüşdim; M, A, Ba, G, H: süŋüsdim; B: süŋẅş°δẅm; C: süŋüşdim (298).

⑫ Ra, O: anda; B: anda.

⑬ B: sanĵδım.

⑭ M, A: kük.

⑮ Ra: (qıb?)miš. O: (kıb ...?) mış. M: kaçmıs[2]. A: kaşmıs. B: arɒatılmış. Mo: [artatılmış?]. Ba: artatılmış? Sa: qačmys.

⑯ Ra, O, A, Me, Ş: tirilmiş. M, Sa: tirilmis. Mo (1999): ö[çü]rilmiş. Ba: öçürilmis? Mo, BYD: öčürilmiš. C: terilmiş (513).

⑰ Ra: (bükäg)ükdä. O: (bükeğ)ükde. M, Mo, G, H, BYD: bükägükdä.A: bükegükde. B: bẅkẅgẅkoδä (?). Ba: bökegükde . Me: bü ...gükde. Sa: bürgükde.

⑱ B: ogwz.

⑲ B: tokwz.

⑳ Ra, O, M, A, Mo, Ba, Me, Ş, G, H, BYD: kalmaduk; B: kalmaδwk.

㉑ Ra, O, M, A: iki.

㉒ Ra, O, M, A, Me, Ş, G, H: toguru; B: togwrw; C: toguru (725).

㉓ Ra, O, Mo, BYD: süŋüşdim; M, A, Ba, G, H: süŋüsdim; B: süŋẅş°δẅm; C: süŋüşdim (472, 575).

㉔ Ra, O, M, A, Mo, Me, G, H, BYD: kulım; B: kulwm.

㉕ Ra, O, M, A, Mo, Me, G, H, BYD: küŋim; B: küŋẅm.

㉖ Ra, O, M, A: budunıg; B: boδwnwg; Mo (1999): bodunıg.

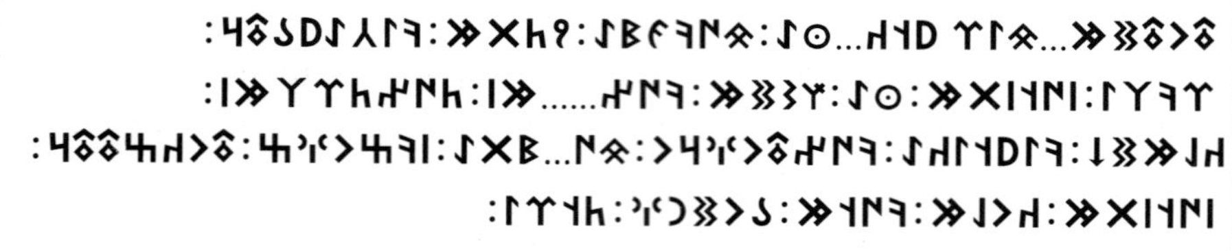

yėr[①]: ayu[②]: bėrti[③]: anta[④]: sančdïm[⑤]: yazuqluγ[⑥] atlïγ[ïγ][⑦].....[⑧] [täŋ]ri[⑨] tuta bėrti[⑩]: qara: ėgil[⑪]: bodunuγ[⑫]: yoq qïlmadïm[⑬]: ävin[⑭] barqïn[⑮] yïlqïsïn[⑯]: [y]ulïmadïm[⑰]: qïyïn: aydïm[⑱]: turγuru[⑲] qoḍtum[⑳]: käntü[㉑] bodunum[㉒]: tėdim[㉓]: udu[㉔]: käliŋ tėdim[㉕]: qodup[㉖]:	.2

---

① Ra jir; O, A: yer; M, G, H: yär; Ba: jer.

② B: ayw.

③ Ra, O, M, A, Me, Ş, G, H: birti; B: berɒi.

④ Ra, O: a<u>nd</u>a; B: anda.

⑤ B: sanĵδım.

⑥ Ra, O, M, A, Ş, Mo, G, H, BYD: yazuklıg; B: yazwklwg; Ba: yazïqlïγ.

⑦ M, A, Me, G, H: atlıg; Ba: atlılıγ, C: atlïγ[ïγ] (986).

⑧ Sa: uz udur.

⑨ B, Mo, G, H, BYD: täŋri. Ş ...r2i.

⑩ Ra, O, M, A, Ş, G, H: birti; B: berɒi; Ba: berti; Me birt#i.

⑪ Ra, O, M, A, Ba, Me, Ş, G, H: igil; C: éğil (306).

⑫ Ra, O, M, A, Ba: budunıg; B: boδwnwg; Mo (1999) , G, H: bodunıg.

⑬ B: qılmaδım; C: kïlmadïm (106, 306, 616) .

⑭ Ra, M, Ş, G, H: äbin; O, A, Ba, Me: ebin; B: eβin.

⑮ B: barkın; C: evin barkïn (360, 919).

⑯ Me: yılkısını.

⑰ M, A, Mo, Ba, G, Sa, H, BYD: yulmadım; B: yulımaδım; Me: urmadım; C: [y]ulımadım (919).

⑱ M: aïdïm; B: ayδım; C: aydïm (631).

⑲ B: turgwrw.

⑳ Ra, O, M, A: kotım; B: koɒɒwm; Mo, Ş, BYD: kottım; G, H: qotdım; Ba: qutum; Me: kot(d)(ı)m; C: kot(t)ım (595).

㉑ B: känɒẅ.

㉒ Ra, O, M, A, Ba: budunım; B: boδwnwm; Mo (1999), Ş, G, H: bodunım.

㉓ Ra, O, M, A, Me, Ş, G, H: tidim; B: teδim, Ba: tedim.

㉔ B: uδw; C: udu (38).

㉕ Ra, O, M, A, Me, Ş, G, H: tidim; B: teδim, Ba: tedim.

㉖ B: koδwp.

bardïm①: kälmädi②: yičä③:	.2
[illegible]	
ėrtim④: burγuda⑤: yėtdim⑥: törtünč⑦ ay: toquz⑧ yaŋïqa⑨: süŋüšdüm⑩: sančdïm⑪: ⑫ yïlqïsïn: barïmïn⑬: qïzïn: qoduzïn⑭: kälürtüm⑮: bėšinč⑯ ay: udu⑰: kälti⑱: säkiz oγuz⑲: toquz⑳ tatar: qalmatï: kälti㉑: säläŋä: kėdin㉒: yïlun㉓: qol: bėrdin㉔: sïŋar: šïp bašïŋa㉕: tägi čärig ėtdim㉖	.3

① B: barɒım.
② B: kälmäδi.
③ B: äyiçä; C: yiçe (822).
④ Ra, O, M, A, Me, Ş, G, H: irtim; B: erɒim.
⑤ B: bwrgwδa; C: burguda (822) .
⑥ Ra, M, G, H: yätdim; O, A, Ba, Me: yetdim; B: yet°δim.
⑦ B: törtẅnĵ.
⑧ B: tokwz.
⑨ B: yañıqa.
⑩ Ra, O, Mo, BYD: süŋüšdim; M, A, Ba, G, H: süŋüsdim; B: süŋẅşdẅm.
⑪ B: sanĵδım.
⑫ Sa: anda.
⑬ C: barïmïn (366).
⑭ Ra, O: kudazın; M, A, Ba, G, H: quduzın; B: koδwzın; C: koduz (608).
⑮ Ra, M, Mo, G, H, BYD: kälürtim; O, A: kelürtim; B: kälẅrɒẅm; Ba, Me: kelirtim; C: kelürtim (608).
⑯ Ra, O, Me: bişinç; M, A, G, H: bisinç; B: beşinĵ; Ba: besinč; C: béşinç (383).
⑰ B: uδw.
⑱ B: kälɒi.
⑲ B: ogwz.
⑳ B: tokwz.
㉑ B: kälɒi.
㉒ Ra, O, M, A, Me, Ş, G, H: kidin; B: keδin; Ba: keden.
㉓ Ra: yilun; B: yılwn; Sa: žylan.
㉔ Ra, O, M, A, G, H: birdin; B: bärδin; Ba: berden; Me: berdin; Ş: biridin.
㉕ C: sıp bašï (375).
㉖ Ra, O, M, A, Ba, Me, Ş, G, H: itdim; B: et°δim.

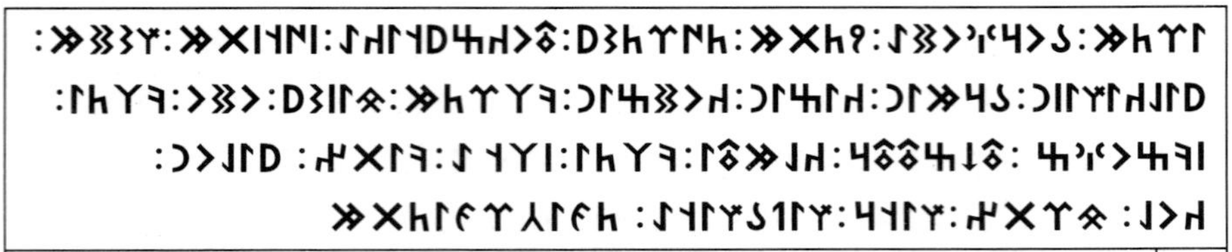

kärgün[1]: saqïšïn: šïp bašïn: körä[2] (?): kälti[3]: ... [4] učï[5]: säläŋäkä: tägi: čärig ėtdi[6]: bėšinč[7] ay: toquz[8] otuzqa[9]: süŋüšdüm[10]: anta[11]: sančdïm[12]: säläŋäkä: sïqa[13]: sančdïm[14]: yaza qaltïm[15]: üküši[16]: säläŋä: qudï[17] : bardï[18]: bän: säläŋä: käčä: udu[19]: yorïdïm[20]: süŋüšdä[21]: tutup[22]: on är ïdtïm:[23] .4

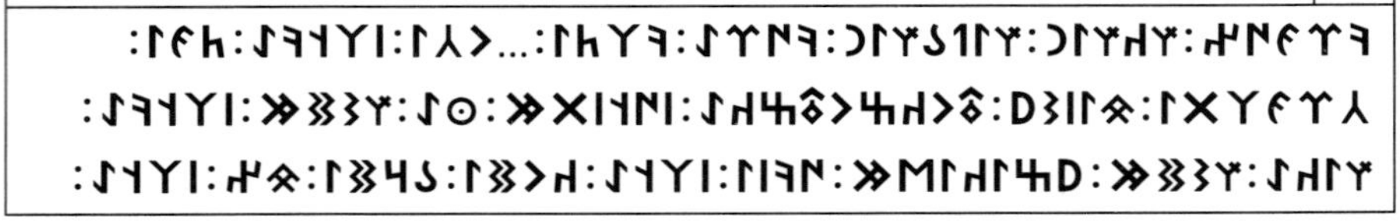

---

① B: kärgẅn (?); Ba: kerügün; Me: keregün; Sa: körügün.

② Ra, O, M, A, Ş: yürä; B, Me, H: yörä.

③ B: kälɒi.

④ Sa: altun.

⑤ M, A, Mo (1999) , G, H: –; B: sü uçı; Ba: altı uçı; Mo, BYD: ayγučï.

⑥ Ra, O, M, A, Ba, Ş, G, H: itdi; B: et°δi; Mo, BYD: čär[ig]lädi; Me: çerig#ledi; C: čärig ėtdi (37).

⑦ Ra, O, Me, Ş: bişinç; M, A, G, H: bisinç; B: beşinĵ; Ba: besinč.

⑧ B: tokwz.

⑨ B: otwz°qa.

⑩ Ra, O, Mo, BYD: süŋüšdim; M, A, Ba, G, H: süŋüsdim; B: süŋẅş°δẅm.

⑪ Ra, O: a<u>nd</u>a; B: anda.

⑫ B: sanĵδım.

⑬ Sa: šyqa.

⑭ B: sanĵδım; C: säläŋäkä sïqa sančdim (804).

⑮ B: qıldım; C: yazï qïltïm (984).

⑯ Ra, O, Me, Ş: öküşi; M, A, Ba: üküsi; B: ükẅşi; C: üküši (118).

⑰ Ra, O, M, A, Mo, Ba, Me, Ş, G, H, BYD: kodı; B: kuδı; C: qodï (596).

⑱ B: barδı.

⑲ B: uδw.

⑳ B: yorıδım; C: udu yorïdïm (38, 693).

㉑ M, Ba, G, H: süŋüsdä; A: süŋüsde; B: süŋẅş°δä.

㉒ B: tutwp.

㉓ Ra, O, M, A, H: ıtım; B: ıd(d)ım; Ba: itim; G: ıt(t)ım; Me: ıt(d)ım; Ş: ıt(tı)m.

[illegible]	
tay bilgä: totoq[1]: yavlaqïn[2]: üčün[3]: bir ėki atlïγ: yavlaqïn[4]: üčün[5]: qara: bodunum[6]: öltüŋ[7]: yėtdiŋ[8]: yana: ičik[9]: ölmäči: yėtmäči[10]: sän tėdim[11]: yičä[12]: išig[13]: küčüg[14]: bėrgil[15]: tėdim[16]: ėki[17] ay küdtüm[18]: kälmädi[19]: säkizinč[20] ay: bir yaŋïqa: sü[21] yorïyïn: tėdim[22]: tuγ: tašïqar[23]: ärkli[24]	.5
[illegible]	

① Ra, O, M, A, Ba, Me, Ş, G, H: tutuk; B: twtwk.

② Ra, O, M, A, Ba, Me, Ş, G, H: yablakın; B: yaβlakın.

③ B: üçẅn.

④ Ra, O, M, A, Ba, Me, Ş, G, H: yablakın; B: yaβlakın.

⑤ B: üçẅn.

⑥ Ra, O, M, A, Ba: budunım; B: boδwnwm; Mo (1999) , G, H, Ş: bodunım.

⑦ Ra, O, M, A, Ba, Mo, G, H, BYD: öltiŋ; B: ölɒẅŋ.

⑧ Ra, E, Ö, G, H: yitdiŋ; O, A, Me: yetdiŋ; M: yätdiŋ; B: yit°δiŋ, Ba, Sa: jetdeŋ.

⑨ Sa: išik.

⑩ Ra, E, Ö, G, H: yitmeçi; O, A, Me: yetmeçi; M: yätmäçi; B: yit°mäçi; Ba: jetmeçi.

⑪ Ra, O, M, A, Me, Ş, G, H: tidim; B: teδim, Ba: tedim.

⑫ B: äyiçä; C: yiçe.

⑬ M, A, Ba, , G, H: isig; B: eşig.

⑭ Ra, O, M, A, Me, G, H: küçig; B: küçẅg.

⑮ Ra, O, M, A, Me, Ş, G, H: birgil; Ba: bergil.

⑯ Ra, O, M, A, Me, Ş, G, H: tidim; B: teδim; Ba: tedim.

⑰ Ra iki; O, A, Ba: eki; M äki.

⑱ Ra, O, M, A, Ş, Ba, G: kütdim; B: küt°δẅm; Mo, BYD: küttim; C: küt(t)im (701).

⑲ B: kälmäδi.

⑳ B: säkizinĵ.

㉑ Sa: šu.

㉒ Ra, O, M, A, Me, Ş, G, H: tidim; B: teδim; Ba: tedim.

㉓ Ra, M, Ba, E, G, H: taşıkır;C: taşıkar (464).

㉔ Ra, M, Mo, Ba, G, H, BYD: ärikli; O, A: erikli; B: ärik°li; C: erikli (464).

yėlmä: äri: kälti①: yaγï: [kälü]r②: tėdi③: yaγïn bašï: yorïyu④: kälti⑤: säkizinč⑥ ay: ėki⑦ yaŋïqa: ačïγ altïr⑧: költä⑨: qasuy⑩: käzü⑪: süŋüšdüm⑫: anta⑬: sančdïm⑭: anta⑮: udu⑯: yorïdïm⑰: ol ay: bėš⑱ yėgirmikä⑲: käyrä: bašï⑳: üč birküdä㉑: tatar: birlä: qata㉒: toqïdïm㉓: sïŋarï: bodun㉔	.6
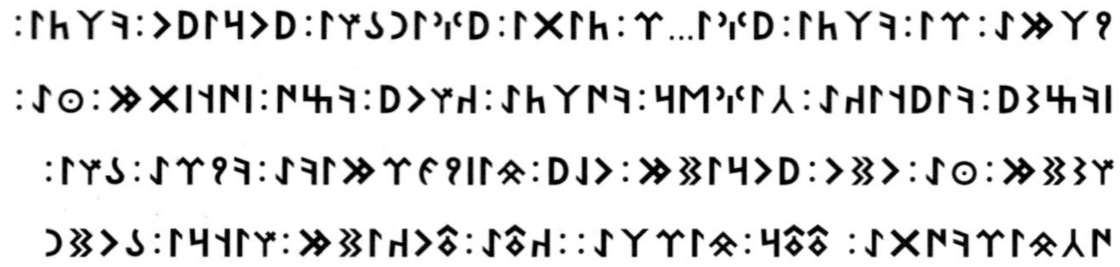	

① B: kälɒi.

② Ra: [kälü?]r. O, A: kelür. M, Ş: [kelü]r. B: kälẅr. Me: ...ir.

③ Ra, M, A, Me, Ş: tidi; B: teδi; Ba: tedi; C: yagı [keli]r tédi (898).

④ B: yorıyw.

⑤ B: kälɒi.

⑥ B: säkizinĵ.

⑦ Ra, H: iki, M: äki; Ba: eki.

⑧ Ra: a?çıgı?lt?r; M: açıg=altır; A, Sa: açıg altır; B: çıgıldır (?); Ba: čïγïltar; Mo, G, E, H, Me, BYD, Ö: čïγïltïr; C: çıgıltır (715).

⑨ B: kölɒä (?).

⑩ B: kaswy; Mo: qašuy; Ba, Sa: qaşuy; Ş: ak sub; E,:kanyuy.

⑪ B: käzẅ.

⑫ Ra, O, Mo, BYD: süŋüšdim; M, A, Ba, G, H: süŋüsdim; B: süŋẅş°δẅm.

⑬ Ra, O: anda; B: anda.

⑭ B: sanĵδım.

⑮ Ra, O: anda; B: anda.

⑯ B: uδw.

⑰ B: yorıδım.

⑱ Ra, O, Me, Ş: biş; M, A, G, H: bis; Ba: bes.

⑲ Ra, G, H: yigirmikä; O, A: yegirmike; M: yägirmikä; Me: yigirmike; Ba: jegirmike.

⑳ Ra: başi; C: keyre başı (375).

㉑ B: birkẅdä; Sa: bürküde.

㉒ Ra, M, O, A, Mo, B, Ba, G, Me, E, H, Sa, BYD: qatï; Ba: aqtï.

㉓ B: toqıδım; C: katï tokïdïm (365).

㉔ Ra, O, M: budun; B: boδwn.

ičikdi①: sïŋarï: bodun② [...q]a③: kirti④: anta⑤: yana: tüšdüm⑥: ötükän⑦ irin⑧: qïšladïm⑨: yaγïda⑩: bošuna: bošnuldum⑪: ėki⑫: oγluma⑬: yavγu⑭: šad⑮ at bėrtim⑯: tarduš⑰: töliš⑱: bodunqa⑲: bėrtim⑳: ančïp㉑: bars: yïlqa㉒: čik tapa: yorïdïm㉓: ėkinti㉔ ay: tört yėgirmikä㉕: kämdä㉖: .7

:𐰲𐰚𐰓𐰃:𐰽𐰃𐰭𐰺𐰃:𐰉𐰆𐰑𐰣.......𐰴𐰀:𐰚𐰃𐰼𐱅𐰃:𐰦𐰀:𐰖𐰣𐰀:𐱅𐰇𐱁𐰓𐰇𐰢:𐰇𐱅𐰜𐰤𐰃𐰼𐰃𐰤:

:𐰶𐱁𐰞𐰑𐰃𐰢:𐰖𐰍𐰃𐰑𐰀:𐰉𐰆𐱁𐰆𐰣𐰀:𐰉𐰆𐱁𐰆𐰣𐰆𐰡𐰆𐰢:𐰚𐰃:𐰆𐰍𐰞𐰢𐰀:𐰖𐰉𐰍𐰆:𐱁𐰑𐰀𐱃𐰋𐰼𐱅𐰃𐰢:

:𐱃𐰺𐰑𐱁:𐱅𐰇𐰠𐰃𐱁:𐰉𐰆𐰑𐰣𐰴𐰀:𐰋𐰼𐱅𐰃𐰢:𐰨𐰯:𐰉𐰺𐰽:𐰖𐰃𐰞𐰴𐰀:𐰲𐰃𐰚𐱃𐰯𐰀:

:𐰖𐰆𐰺𐰃𐰑𐰃𐰢:𐰚𐰃𐰤𐱅𐰃𐰖:𐱅𐰇𐰼𐱅:𐰘𐰏𐰼𐰢𐰚𐰀:𐰚𐰢𐰓𐰀:

---

① B: içik°δi.

② Ra, O, M: b[udun]. A, Ba: budun. B: boδwn. Me: b...a.

③ BYD: [kögmän yïšqa].

④ B: kirɒi.

⑤ Ra, O: anda; B: anda.

⑥ Ra, O, Mo, BYD: tüşdim; M, A, Ba, G, H: tüsdim; B: tüş°δẅm.

⑦ B: ötẅkän.

⑧ Ba: yışın; C: ötüken irin (954).

⑨ B: qışlaδım; C: kışladım (158, 954).

⑩ B: yagıδa.

⑪ Ra: boşana boşanaladim; O, M, A: boşana boşanaladım; B: boşwna boşwnwlδwm; Mo, Me, BYD: bošuna. bošunïldïm; Ba: boşuna boşuna aldım; G, H: bošana bošanaldïm, Sa: bosanaldym.

⑫ Ra, G, H: iki; O, A, Ba: eki; M: äki.

⑬ Ra, O, M, A, Mo (1999), Ba, Ş, G, H: oglıma; B: oglwma; C: oglıma (84).

⑭ Ra, O, M, A, Mo, Me, Ş, G, H, BYD: yabgu; B: yaβgw.

⑮ B: şaδ.

⑯ Ra, O, M, A, Me, Ş, G, H: birtim; B: berɒim; Ba: bertim.

⑰ B: tardwş.

⑱ Ra, O, M, A, E, Mo, Me, G, H, BYD: tölis; B: tẅlẅs; Ba: töles.

⑲ Ra, O, M, A, Ba: budunka; B: boδwnka.

⑳ Ra, O, M, A, Me, Ş, G, H: birtim; B: berɒim; Ba: bertim.

㉑ Ra: ançip; B: anĵıp.

㉒ B: yıl°qa; C: bars yïlqa (173, 386).

㉓ B: yorıδım; C: čik tapa yorıdım (436).

㉔ Ra: ikinti; O, A, Ba: ekinti; M: äkinti; B: ekinɒi.

㉕ Ra, G, H: yigirmikä; O, A: yegirmike; M: yägirmikä; Me: yigirmike; Ba: jegirmike.

㉖ B: kämδä.

toqïdïm[1]: ol …[2]…[3]…:[4] [t]äz[5] bašï:nta[6]: qasar qurïdïn[7] örgin[8] anta[9]: ėtitdim[10]: čït anta[11]: toqïtdïm[12]: yay anta[13]: yayladïm[14]: yaqa: anta[15]: yaqaladïm[16]: bälgümün[17]: bitigimin[18]: anta[19]: yaratïtdïm[20]: ančïp[21]: ol yïl: küzün[22]: ilgärü[23]: yorïdïm[24]: tatarïγ: ayïtdïm[25]: tavïšγan[26]: yïl:	.8
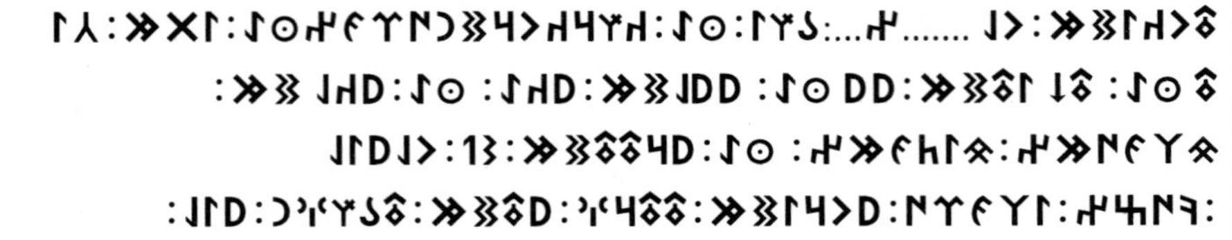	

① B: tokıδım.

② Ra, O: y[ıl?]. M, Me, Ş: y(ıl). A, Sa: jıl. B: y... Mo, Ba, G, H, BYD: ay. E: y[ılka].

③ Ra, O: [içi] kd^2. M, G, H: içikdi. Mo, BYD: ötükän kädin. B: ...kd. Me: ...d.n... E: [içi]kd[i]. Sa: ötüken kidin. Ba, Ö, Ş: –.

④ M, Ş, Ö, G, H: –. Mo: uçınta. B: ç.nt… Ba: ...nta. Me: ...nt... E: ç ... ant[a]. Sa: učy anta.

⑤ Ra, O, Ş: ... z. M, A: –. G: tez. Me, H: tiz.

⑥ Ra, O: anda; B: anda; Me, Sa: anta.

⑦ Ra, O, M, A: aksırak ordu; B: kur°δwn; Me: kurıd#ın; Sa: aqsaryq ordu; C: kasar kurıdın (645).

⑧ B: ör gẅn; Ba: örügen.

⑨ Ra, O: a<u>nd</u>a; B: anda.

⑩ Ra, O, M, A, Me, Ş, G, H: ititdim; B: etit°δim; Ba: itetdim.

⑪ Ra, O: a<u>nd</u>a; B: anda.

⑫ B: toqıt°δım, Ba: toqıtıdım; C: tokïtdïm (401).

⑬ Ra, O: a<u>nd</u>a; B: anda.

⑭ B: yaylaδım.

⑮ Ra, O: a<u>nd</u>a; B: anda.

⑯ B: yakalaδım.

⑰ M, A: bärgümin; B: bälgẅmẅn; Mo, Me, Ş, G, H, BYD, Ö: bälgümin; Ba: bilgümen.

⑱ Ba: bitigmen.

⑲ Ra, O: a<u>nd</u>a; B: anda.

⑳ B: yaratıt°δım; Ba: yarattıdım; C: yaratïtdïm (340).

㉑ B: anĵıp.

㉒ B: küzẅn; Mo, Me: küzin; Sa: küzini; C: küzün (173), küzin (757).

㉓ B: ilgärẅ.

㉔ B: yorıδım.

㉕ Ra, O, M, A: aytdım; B: ayıt°δım; Ba: yatıdım.

㉖ Ra, O, M, A, Me, Ş: tabışgan; B: taβış°gan; Ba, G, H: tabışγan.

bėšinč①: ayqa②: tėgi③ [ulu yïl]qa④ [ötükän⑤ yïš⑥ bašïnta⑦ … as]⑧ öŋüz⑨ bašï:nta⑩: ïdoq⑪ baš⑫: kėdin[in]tä⑬: yavaš⑭ toquš⑮: bältirintä⑯: [anta]⑰ yayladïm⑱: örgin⑲: anta⑳: yaratïtdïm㉑: čït anta㉒: toqïtdïm㉓: biŋ㉔ yïllïq: tümän: künlük㉕: bitigimin: bälgümin㉖ anta㉗: yasï tašqa:	.9
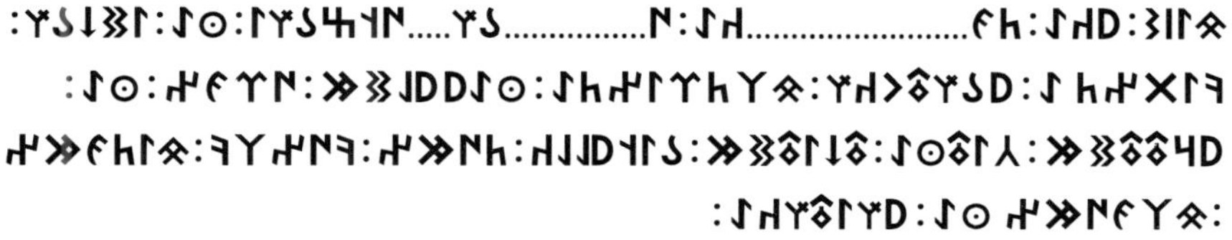	

① Ra, O, Me, Ş: bişinç; M, A, G, H: bisinç; B: beşinĵ, Ba: besinçi.

② B: ay^{o}ka.

③ Ra, M: täg; O: teğ; A, Me: teg; Ö: t^2g^2; Sa: tegtim.

④ Ra, Ba, G, Me, E, H: ...qa. B: ?ulw yıl^{o}ka. Mo, BYD: [ulu] yïlqa. Ş: [yıl]ka.

⑤ B: ötẅkän. Mo, BYD: –. Me: ö... Ba: ŋiz.

⑥ Mo, Me, BYD: –.

⑦ Me: baş..#; Ra, O, B: başı anda; G, E, H: bašï anta; Mo: baš… Ş: başınt[a]; Ba: –.

⑧ M, A, Me, G, H: –; Mo: aš.

⑨ Ra, O, M, G, Ba, H: ... iŋiz; Sa: süŋüz.

⑩ Ra, O, B: başı anda; G, Ba, Me, E, H: bašï anta.

⑪ Ra: iduq; B: ıδwk; Ba: ıdıq.

⑫ Ba: jer.

⑬ Ra, M, Ş: kidintä; O, A: kidinte; B: keδinɒä; Ba: kedinte; C: ıduk baš kėdin⟨in⟩tä (375).

⑭ Ra, O, M, A, G, Me, Ş, H: yabaš; B: yaβaş; Ba, ajbas.

⑮ Ra, O: tukuş; B: twkwş.

⑯ B: bälɒirinɒä.

⑰ Ra, O: [anda]; M, G: [anta]; B: anda, H: –.

⑱ B: yaylaδım.

⑲ B: örgẅn.

⑳ Ra, O: anda; B: anda.

㉑ B: yaratıt^{o}δım, Ba: yarattıdım; C: yaratıtdım (225, 982).

㉒ Ra, O: anda; B: anda.

㉓ B: tokıt^{o}δım.

㉔ O: biŋ.

㉕ Ra, O, M, A, G, H, Ş: künlik; B: künlẅk, C: künlük (732).

㉖ M, A: bärgümin; B: bälgẅmẅn; Mo, G, Me, Ş, H, BYD, Ö: bälgümin; Ba: bilgümin.

㉗ Ra, O: anda; B: anda.

yaratïtdïm①: toquz oγuz② ...N bägläri③: kälti④: .....⑤ yämä⑥: yaramatïn⑦: yaγïd[u⑧ är]miš⑨: ürüŋ⑩: bägig⑪ qara⑫ buluquγ⑬: anï⑭ olormïš⑮: qïrqïz⑯: tapa: är ïdmïš⑰: siz tašïqïŋ: čikig⑱ tašγarïŋ⑲: tėmiš⑳: män: tašïqayïn㉑: tėmiš㉒: kör㉓ budaqalïda㉔:	.10
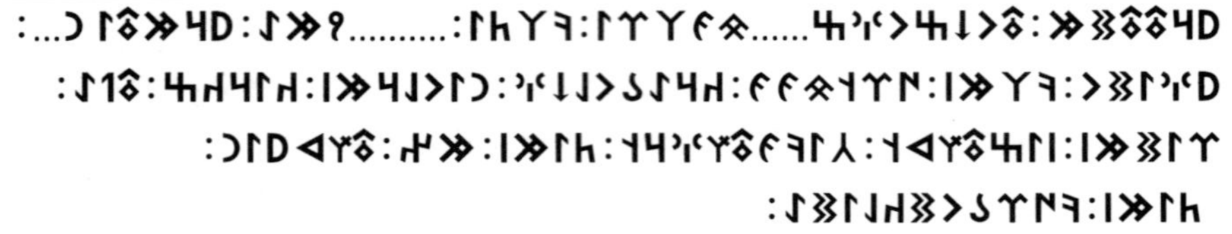	

---

① B: yaratıt°δım, Ba: yarattıdım.

② Ra: took[uz oguz]; O: tok[uz oguz]; Mo (1999), G: –; B: tokwz ogwz; Ba: tol... Mo, BYD: toqïtdïm; Sa: tulqu tašqa toqytdym.

③ M, G: bäglär. Mo, Ba, BYD: –. B: ...n begler. H: barlığın begler.

④ B: kälɒi; Mo, Ba, BYD: –.

⑤ Sa: o ... uq...l.

⑥ M, Ba, G, H: –. Me: ...me.

⑦ M, Mo; BYD: –; Ba: yarımatın; Sa: žurtyn.

⑧ Ra, E, Me: yagıd[u; B: yagıδw; Mo, BYD: –; Ba: yağıd; G: yaγdu; Sa: žaγydyq; C: yağıdu (490).

⑨ Ra, M, B: ermiş; Ba: kelmis; Me: kelmiş; Mo, Ş, BYD: [...]miš; Sa: kelmis; Ö: –; C: yagıd[u er]miş (956).

⑩ Ra, O, M: örüŋ; M, A: ögün; B: ürẅŋ; Ba: örün; G, H:öngün; Ş: –.

⑪ Ş: –.

⑫ Ş: –.

⑬ Ra, O, M: bulukıg. A: buluŋıg. B: bwlwkwg. Mo, Ba, BYD: qulluqïγ. E, Me, Ö: bulukug. Sa: bulaqyγ. Ş: ...g^1.

⑭ Mo, BYD: anı <üzä>.

⑮ Ra, O, M, A, Mo, G, Me, Ş, H, BYD: olurmïš; B: olormwş; Ba: olurmus.

⑯ A: kırk az.

⑰ M, A, G, Sa, H: ïdmïs^2; B: ıδ°mış; Ba: idmis; C: är ïdmïš (37).

⑱ Ş: çigig.

⑲ Ra, O, M, A, B, G, Sa, H: taşıgırıŋ.

⑳ Ra, O, Me, Ş: timiş; M, G, Sa, H: timis; Ba: temis.

㉑ Me: taşıkayıy; Ba. taşıqayıyn; C:men tašïkayïn (562).

㉒ Ra, O, Me, Ş: timiş; M, G, H: timis; Ba: temis.

㉓ Ba, Ş: kür.

㉔ Ra, O, M, A, Mo (1999), G, H: bod kal ıda; B: buδwklıδa; Mo, BYD: budaqal ïda; Ba: budaqa ıda; Me: bodkalıda; Ş: budıklıda; Sa: bud qyl yda; Ö: budakalıda; C: ?Boδuklī (296).

qavïšalïm① tėmiš②: ötü[kän]③ ...④ tėmiš⑤: (...)⑥ [toqu?]z⑦ [ya]ŋï[qa]⑧ .... sü yorïdïm⑨: .....⑩ totoq⑪: bašïn: čik tapa: biŋa: ïdtïm⑫: ėši⑬ yėr⑭ tapa: az är ïdtïm⑮: kör tėdim⑯: qïrqïz⑰ qanï: kögmän: irintä⑱	.11
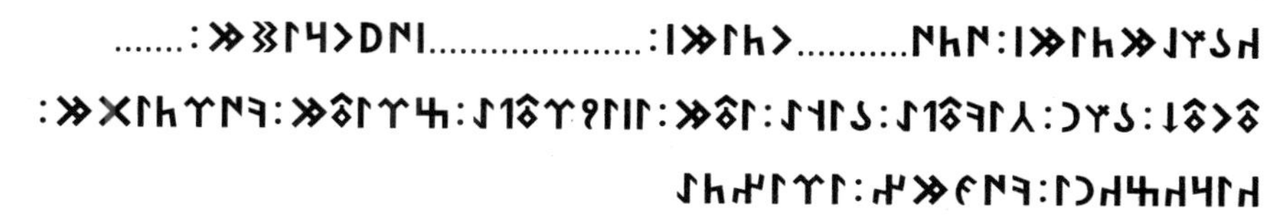	
...⑲...⑳ ärmiš㉑: yėlmäsin: ėš㉒: yėriŋärü㉓: ïdmïš㉔: yėlmäsin㉕: mäniŋ	.12

---

① Ra, O, M, A, Me, Ş, G, Sa, H: qabışalım; B: kaβışalım; Ba: qabışılım; C:kavuşalım (588).

② Ra, O, Me, Ş: timiş; M, G, H: timis; Ba: temis.

③ Ra, O: ötü[kän?]; Mo (1999): ötükän?; A, G, Ba, H: ötükän; B: ötẅ... Me: ötü... Ş, Mo, BYD: –.

④ Sa: lu.

⑤ Ra, O, Me, Ş: timiş; M, G, H: timis; Ba: temis.

⑥ Sa: žana alɣyl ... žylqy žyl üčinč aj.

⑦ B, Me, Ş: –. Ba: ...z.

⑧ B, Me, Ş: –; Ba: aŋï.

⑨ B: yorıδım; Ş: yorı<t>dım.

⑩ Sa: uquq.

⑪ Ra, O, M, A, Me, Ş, G, Ba, H: tutuk; B: twtwk.

⑫ Ra, O, M, A: ıtım; B: ıddım; Mo, H, BYD: ïdtïm; Ba: ıtdım; Me, G: ıt(d)ım; Ş: ıt(tı)m.

⑬ Ra, O: işi; M, A, G, Ba, Me, Sa, H: isi; Ş: is²i.

⑭ Ra: yir; O, A: yer; M, G, H: yär; Ba: jer.

⑮ Ra, O, M, A: ıtım; B: ıddım; Mo, H, BYD: ïdtïm; Ba: ıtdım; Me, G: ıt(d)ım; Ş: ıt(tı)m.

⑯ Ra, O, M, A, Me, Ş, G, H: tidim; B: teδim, Ba: tedim.

⑰ A: kırk az.

⑱ M, A, G, H: içintä; B: irinɒä; C:kögmen irintä (954).

⑲ Ra, O, Ş: [äb]; M, G, H: äb; A: eb; B: äβ; E: ev; Mo, Ba, Me: –; Sa: eb.

⑳ Ra, O: bar[kında (?)]; B: barkında; G, H: barkınta; E: barkınt[a]; Mo, Ba, Me: –; Sa: barqynda olurur.

㉑ A, Sa: ermis; M, G, Ba, H: ärmis.

㉒ Ra, O: iş; M, A, G, Ba, Me, H: is; Ş: is²; Sa: isi.

㉓ Ra: yiriŋärü; B: yeriŋärẅ; Ba: jeriŋerü.

㉔ Ra: ïdmiš; M, A,G, H: ïdmïs²; B: ıδ°mış; Ba: ïtïdım.

㉕ Ba: jelmisin.

är anta: basmïš①: tïl② tutmïš③: qanïŋa ..④	.12
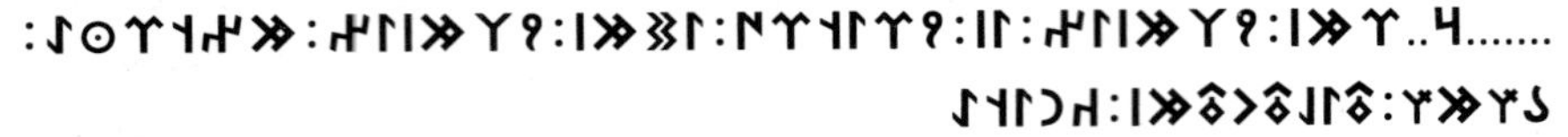	

南面

... ⑤ är kälti ⑥ : qarluq ⑦ : ėšiŋä ⑧ : kälmädük ⑨ tėdi ⑩ : ärän⑪ ...⑫qarluq⑬ tapa⑭ ..γ käm⑮ qarγu⑯ ...di⑰ ėrtiš⑱ ügüzüg⑲: arqar bašï tušï: anta⑳: är qamïš㉑ altïn㉒ anta㉓: s...p ㉔: käčdim㉕:	.1

---

① Ra: basmiş; B: bas°mış; Ba: başmış.

② O: til.

③ Ra tutmiş; M: tutmïs²; A, G, H: tutmïs; B: tut°mwş; C: tïl tutmïš (489).

④ Sa: ž…

⑤ Ra, O: iş[ir̠ä?]; M, G: is(iŋä); A, H: isiŋe; Mo, Me, Ba, BYD: –; Ş: is²ŋe; B, E: ėşiŋe; Sa: basmyl isi(ŋe).

⑥ B: kälɒi.

⑦ B: karlwk; Ξ: karlok.

⑧ Ra, O: işiŋä; M, G, Sa, H: isiŋä; A: isiŋe; Me: işiŋe; Ş: is²ŋ.

⑨ Ra, M, Mo, Ş, G, H, BYD: kälmädük; O, A, Me: kelmedük; B: kälmäδẅk.

⑩ Ra, O, M, A, Me, Ş, G, H: tidi; B: teδi.

⑪ M, G: –; Ra, B, E, Ba: erin; Sa: ötüken irin; H: irin.

⑫ Ra, B, E, Sa, H: sü; M, A, Mo, G, Ba, Me, BYD, Ö: –.

⑬ B: karlwk; E: karlok.

⑭ Ra, O: ta[pa]; M, A, Mo, G, Me, BYD: –.

⑮ M, A, Mo, Ba, Me, BYD: –; Sa: eki.

⑯ M, A, G, Mo, Ba, BYD: –; B: kargw; Mo –; Ş: [kargusın]da, Me: ben r…; Sa: byŋ sü; C: kargūsındā (653).

⑰ O: –di; B: –δı; M, G, Ba, Mo: –; Sa: ytdym; H: udï.

⑱ Ra, Mo, Ş: ärtiş; O: ertiş; M, G, H: ärtis; A: ertis.

⑲ Ra, O, M, G: ü[güzüg]; B: ögẅzẅg; Mo (1999): ögüzig; Me, Mo, BYD: ögüzüg; Ş: ögüzdä.

⑳ Ra, B: tuşı anda; M, G, H: tošï anta; E, Ba, Sa: tuşı anta; Ş: tuşınta; C: tuşında (558a).

㉑ M: ar–kamış.

㉒ B: aldın; Ş: [altı]n[ta].

㉓ Ra, O: [ya]nda; Ra, B: yanda; Mo, E, G, H, BYD, Ö: yanta; Sa: aldynda.

㉔ Ra, O: sa[lla]p. M, Mo (1999), G, Ba, Sa, H: sallap. B: s...p. Mo: –. Me: s...p. Ş: ş[...]p. C: in a damaged passage (I crossed the Ertiş river opposite Arkar Başı:) er kamış altın . nta: s..p, perhaps to be restored as yanta: sallap 'putting the men on rafts below the reeds' (131).

㉕ B: käç°δim.

bir yėgirminč① ay: säkiz yėgirmikä②: …③ yoluqdum④ bolču⑤: ügüzdä⑥: üč qarluqïγ⑦	.1
[illegible] [illegible] [illegible] [illegible]	
anta: toqïdïm⑧: anta: yana: tüšdüm⑨: čik bodunuγ⑩: bïŋam⑪ sürä: kälti⑫ …. …….. tėz⑬ bašï: čïtïmïn⑭ yayladïm⑮: yaqa: anta: yaqaladïm⑯: čik bodunqa⑰: totoq⑱: at⑲ bėrtim⑳: ïšvaras㉑: tarqat: anta: ančoladïm㉒ … anta (…) ks är kälti㉓: qazluq㉔ költä㉕:	.2

① Ra, G, Me, H: yigirminç; O, A: yegirminç; M: yägirminç; B: yegirminĵ, Ba: yegirminçi.

② Ra, G, H: yigirmikä; O, A: yegirmike; M: yägirmikä; Me: yigirmike; Ba: jegirmike.

③ Sa: žolda.

④ Ra, O, Ş: [y]olukd[ım]; M, A, Mo, G, H, BYD: yoluqdïm; B: yolwq°δwm.

⑤ Ra, O, Ş: [bo]lçu; E: bulçu; B: bwlçw.

⑥ B: ögẅzδä; Mo, Ba, Ş, BYD: ögüzdä; Me: ögüzde.

⑦ Ra, O, M, A, Mo (1999), G, Ba, H: karlukıg; B: qarlwqwγ; E: karlokug.

⑧ B: tokıδım.

⑨ Ra, O, Mo, BYD: tüšdim; M, A, G, Ba, H: tüsdim; B: tüş°δẅm.

⑩ Ra, O, M, A, Ba: budunıg; B: boδwnwg; G, H: bodunïγ.

⑪ M, A, G, Sa, H: bıŋım.

⑫ Ra: kält[i]; O: kelt[i]; B: kälɒi.

⑬ Ra: t²siz; O: tsiz; M, A: siz; Me: tiz; E: tez; C: tsiz (401).

⑭ Ra: çıtımın.

⑮ B: yaylaδım.

⑯ B: yakalaδım.

⑰ Ra, O, M, A: budunka; B: boδwnka.

⑱ Ra, O, M, A, Ş: tutuk; B: twtwk; Me: tutuk at .

⑲ Ra, M, B, G, Ba, E, Sa, H:-.

⑳ Ra, O, M, Me, Ş, G, H: birtim; B: berɒim; Ba: bertim.

㉑ Ra, O, Mo, Me, Ş, BYD: ışbaras; M, A, G: ïšbaraš; B: ış°βaras; Ba: ış barış; H: ïšbara, C: ışvaras (175, 257, 540).

㉒ Ra, O: ançulad[ım]; M, A, Mo, G, H, BYD: ančuladïm; B: anĵwlaδım; Ba: ança oldum; Ş: ançuladı[m; C: ançūlad[ım] (175).

㉓ B: kälɒi.

㉔ B: kazlwk; C: kazluk (715).

㉕ B: kölɒä.

[illegible]	
…da ① : körti ② : yaγï ③ [käl]ir ④ tėp ⑤ : ayu ⑥ kälti ⑦ : bėš ⑧ yėgirmikä ⑨ … … tayγan ⑩ : költä ⑪ : tėriltim ⑫ :ävdigüči ⑬ är: anta ⑭ : ïdt[ïm ⑮ är kä]lti ⑯ : qara yotulqan ⑰ : käčip: kälirti ⑱ : bän ⑲ : utru ⑳ yorïdïm ㉑ : …. boltï ㉒ : qarluq ㉓ :	.3
[illegible]	

① Ra, M, G, E: [ta]γda; B: tagδa; Me: ...da; Mo, Sa, H, BYD: taγda; Ba: ïγda.

② B: körɒi; Ba: körtü.

③ Ra, O, M, A: yag ... B: yag ... Ş: y¹g¹[...]l². E: yag[ı](?).

④ Ra, O, H: il. M, G: –. Mo, BYD: kälir. Me: ...ir. E: ėl. Sa: žaγlaqar.

⑤ Ra, O, M, A, Me, Ş, G, H tip; Ba: eltip; Sa: ertip.

⑥ B: ayw; Ba: uyu.

⑦ B: kälDi.

⑧ Ra, O, Me, Ş, G, H: biş; M, A: bis; Ba: bes.

⑨ Ra, G, H: yigirmikä; O, A: yegirmike; M: yägirmikä; Me: yigirmike; Ba: jegirmike.

⑩ Ra, O: [ta]ygan; B: taygan; Ba: tayγan; C: tayγan (715).

⑪ B: kölɒä; Ba: külte.

⑫ Ra, O, M, A, Me, Ş, G, Ba, H: tiriltim; B: terilɒim; C: tériltim (547).

⑬ B: biδgẅçi; Mo (1999): bidigüçi (or äv edgüçi); Ş: b²Id²g²wçI; G, H: eb idgüçi; Ba: bidigüç; Me, Sa, E: bidgüči; Mo, BYD: äv edgüçi; C: bitigüçi (304).

⑭ Ra, O: a<u>nd</u>a; B: anda.

⑮ Ra, O: ıt[ım]; M, G, H: ït(tïm). B: ıd(d)ım. E: ı<d>t[ım]. Me, Ba: ıt... Ş: [ıt(t)]ım.

⑯ B: kälɒi. Me: ...lti.

⑰ M, A, G, H: yotalïq; B: yotwl°kan; Mo, BYD: yotalqan; Ba: yotluqun.

⑱ B: kälirɒi.

⑲ Mo, BYD: [aŋar]; Ba: –.

⑳ B: utrw.

㉑ Ra, O, G: yorïd[ïm]; B: yorıδım; Ba: yorudum.

㉒ B: bolɒı.

㉓ B: karlwk; E: karlok.

<table>
<tr><td>...① är ïdmiš②: b.......... tėmiš③: ičrä④: bän bulγayïn⑤: tėmiš⑥: tašdïntan⑦ ....yïn⑧: tėmiš⑨: basmïl: yaγïdïp⑩: ävimärü⑪ bardï⑫: anï⑬ ičgärmädim⑭: tašdïntan⑮: üč qarluq⑯: üč ïdoq⑰ TTI ⑱ tür[gėš]⑲ ... ...wlt⑳ ... ötükäntä㉑: bän</td><td>.4</td></tr>
<tr><td colspan="2">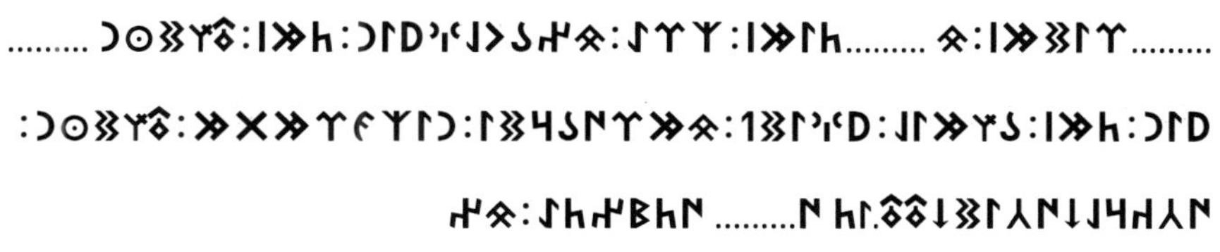</td></tr>
</table>

① Ra, M, G, Mo, H, BYD, E: [tapa].

② M: ïdmïs²; A, G, Ba, H: ïdmïs; B: ıδmış.

③ Ra, O, Me, Ş: timiş; M, A, G, H: timis; Ba: temis.

④ B: içºrä.

⑤ Ra, O: [b?]ulgayın; A: bolgayın.

⑥ Ra, O, Me, Ş: timiş; M, A, G, H: timis; Ba: temis.

⑦ Ra, O: taşdından; B: taşºδından.

⑧ Ra, O: –şayın. M, A, G, Sa, H: qabïšayïn. Mo, BYD: –ayïn. B: şayın. Me: ...yın. Ş: –. E: aşayın.

⑨ Ra, O, Me, Ş: timiş; M, G, H: timis; Ba: temis.

⑩ B: yagıδıp; C: yagıdu (899).

⑪ Ra, M: äbimrü; O, A, Sa: ebimrü; B: äβimrẅ; Ba: ebim erü; Me, Ş: ebimerü.

⑫ B: barδı.

⑬ Ra: an[ı].

⑭ Ra, O: [içi]girmedim; M: içigirmädim; A: içigirmedim; B: içºgärmäδim.

⑮ Ra, O: taşdından; B: taşºδından.

⑯ B: karlwk; E: karlok.

⑰ Ra: iduk; B: ıδwk; Ba: ıdıq.

⑱ Ra, O: ta[tı]. M, A, G: ta(tar). Mo, BYD, Ö: taγ. B: tti/ï. Ba: ta... Me: t. Sa: tatar. H: tuğ.

⑲ Ra: tür ... M, G: türgäs. A: türges. B: türγeş. Ba: –. Me, Mo, BYD, Ö: ötüken. Ş: tür[giş]. Sa: tümen; H: türk.

⑳ Ra: ult? M, Mo, Ba, G, Me, H, BYD, Ö: –. Sa: türges.

㉑ Ra: [ö]tükäntä; O: [ö]tükente; B: ötẅkänɒä.

...ï①:nta②: T ...③ [altïnč④ ay⑤ bir]⑥ otuzqa⑦: süŋüšdüm⑧: anta: sančdïm⑨ ičüy⑩ kä[čip]⑪ ....g⑫ tuγuru⑬: sančdïm⑭: anta: ötrü⑮: türgėš⑯: qarluquγ⑰ tavarïn⑱: alïp: ävin⑲: yulïp: barmïš⑳: ävimä㉑: tüš[düm]㉒	.5
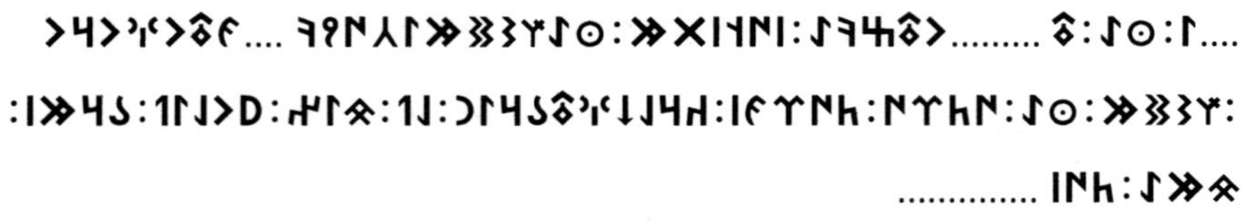	

① Ra: [baş]ı? O, M, G: [baş]ı. B: ?başı. Ş, Ba: –. Sa: žeti.

② Sa: bašïnta.

③ Ra: [toqïdïm]; M, G, E: t(oqïdïm); B: tokıδım; Mo, Ba, BYD: –; Sa, H: toqïdïm; Me: t ...

④ Ra, O, Ş, G, H: bišinč; M: (b)isinç; A: bisinç; B: beşinĵ; Me: –; Sa: bisinj; E: [b]ėşinç.

⑤ Me: –.

⑥ B: altı; Mo: bir; Me: –.

⑦ B: otwz°ka.

⑧ Ra, O, Mo: süŋüşdim; M, A, G, H: süŋüsdim; B: süŋẅş°δẅm; Ba: süngüsdüm.

⑨ B: sanĵδım.

⑩ B: içẅy; Ş: – .

⑪ Ra, O: k ... B, Me: k...g. Ş: –.

⑫ G: (kün); Sa, H: kün; E: [türgėşi]g?

⑬ B: togwrw.

⑭ B: sanĵδım.

⑮ B: ötrẅ; E: ötrö.

⑯ Ra: türgäş; O: türğiş; M, G, H: türgäs; A: türges; Mo, Me, Ş, BYD: türgiş; Ba: türüges.

⑰ Ra, O, M, A, Mo (1999), G, Ba, H: qarluqïγ; B: qarlwqwγ; E: karlokug.

⑱ Ra, O, M, A, Me, Ş: tabarın; B: taβarın; C:tavarın (442).

⑲ Ra, M, Ş, G, Ba, H: äbin; O, A: ebin; B: äβin.

⑳ M, G, H: barmıs².

㉑ Ra, M, Ş, G, Ba, H: äbimä; O, A, Me: ebime; B: äβimä.

㉒ Ra, O: tüş[miş?]. M, A, G, H: tüsmis. B: tüş°δẅm. Mo, BYD: tüšdim. Me: tüş... Sa: tüsirmis.

ya[γï][1] bold[ï][2] ....[3] turup[4]: yėrin[5] tapa: bardï[6]: anï:.. [7]........ γuru[8]: YγrDqN[9]: säkizinč[10] ay: bän: udu[11]: yorïdïm[12]: ävimin[13]: ärsägüntä[14]: yula[15]: költä[16]: qodtum[17]: anta: ėrtim[18]	.6
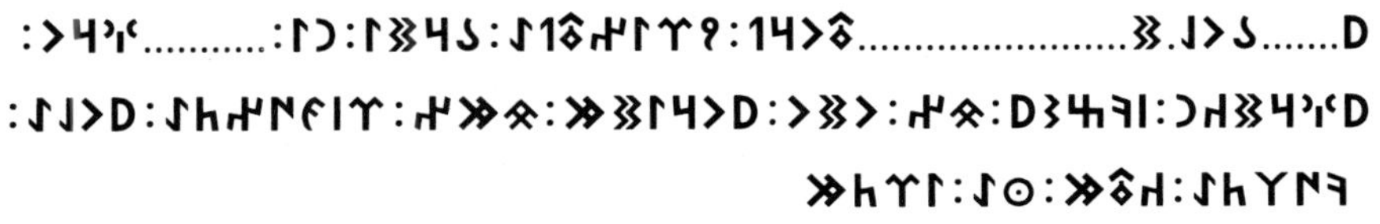	
basmïlïγ[19]: ...[20]... inč[21] ay bir otuzqa[22]: qarluquγ[23]: btnt...di[24]. yoγra[25]:	.7

① Me: y... Sa: žaγγymyz.

② Sa: basmylyγ.

③ Sa: bolčuda.

④ B: turwp.

⑤ Ra, O: yirin; M, G, Ba, H: yärin; A: yerin.

⑥ B: barδı.

⑦ Ra, O, M, A: ud ... G, Sa, H: udu. B: uδw. Mo, Me, BYD: –.

⑧ Mo, BYD: (YG)RW; M, G: uγru; E: ugru?; B: WGR; Ba: yoğaru; Sa: žoγaru; H: toquz uγγur.

⑨ Ra: $y^1g^1r^1d^1k^1an$; O: y g r d kan; M, A, G: –; B: YGRDKN; Mo, BYD: YGRDQN; Ba: yoğradaqın; Me: yagır adakın; Sa: žoγγradqan; H: yağrada qan.

⑩ B: säkizinĵ.

⑪ B: uδẅ.

⑫ B: yorıδım.

⑬ Ra, M, Ş; Ba, G, H: äbimin; O, A, Me: ebimin; B: äβimin.

⑭ B: ärsägẅnɒä; Ba: ersigünte.

⑮ B: ywla.

⑯ B: kölɒä.

⑰ Ra, O, M, A: qotïm; B: koɒɒwm; Mo, Ş, BYD: qottïm; G, H: qotdım; Ba: qutum; Me: kot(d)(ı)m; C: kot(t)ım (595).

⑱ Ra, O, M, G, H, Me: irtim; B: erɒ(ɒ)im; Ba: ertim; Ş: –.

⑲ Sa: basmylγaru.

⑳ Ra: ko–... O: ko ... M, G, E: ko[dup]. Mo, BYD: qodup? B: ?kw. Ba: ğaru. Me: y... Ş: –. Sa, H: qodup. Ö: d^1.

㉑ Sa: toquzynčy.

㉒ B: otwzoka.

㉓ Ra, O, M, A, Mo (1999), G, Ba, H: qarluqïγ; B: qarlwqwγ; E: karlokug.

㉔ M, Ba, G, H, Ö:… Mo, BYD: yaqïnta uddï; Sa: bitindi.

㉕ B: ywgra; Sa: žoγary.

yarïšda①: süsin: anta: sančdïm②: ävi③: on kün: öŋrä: ürküp④ barmïš: anta: yana: yorïp: tüšdüm⑤:……R⑥…	.7
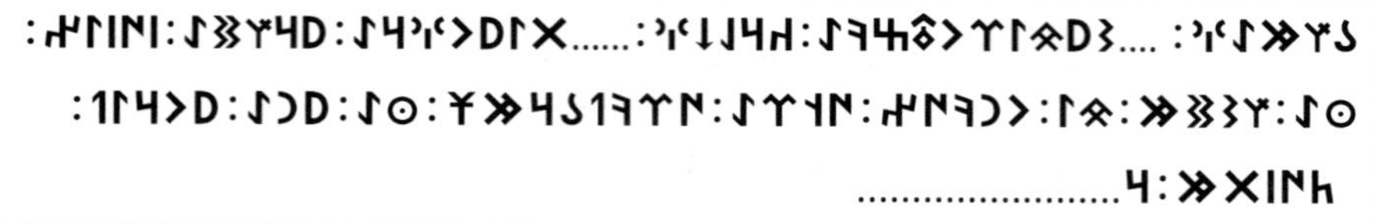	
bir yėgirmi⑦ ……………..⑧: käntü⑨…⑩ bodun⑪ …⑫[k]irtim⑬: irlüntä⑭: talaqamanta⑮: yėtdim⑯ ašnuqï⑰: tavγačdaqï⑱: oγuz⑲: türük⑳: ta[šïq]mïš㉑: anta: qatïlmïš㉒: anta: bäglär ………………	.8
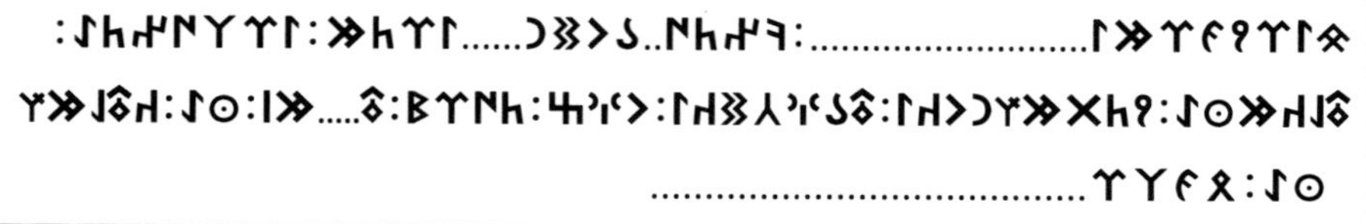	

① B: yarış°δa.

② B: sanĵδım.

③ Ra, M, Ş, G, Ba, H: äbi; O, A: ebi; B: äβi.

④ B: ürkẅp.

⑤ Ra, O, Mo, BYD: tüšdim; M, A, Ba, G, H: tüsdim; B: tüş°δẅm.

⑥ Ra, O: ar ... Sa: rü.

⑦ Ra: yigirmi[kä]; O, G, H: yigirmi[ke]; M: yägirmikä; A, Sa: yegirmike; B, Ş: yegirmi; Mo, BYD: yegirminč [ay]; Ba: yegirminç ; Me: yigirmi.

⑧ Ra, M, G, Mo, Ba, E, H. BYD: sančdïm; B: sanĵδım; Ö: ıd[1].

⑨ B: känɒẅ; Mo, Ba, BYD: –.

⑩ Sa: oγuz.

⑪ Ra, O: budun[ıma?]; M, A: budun(ıma); B: boδwn; Mo, Ba, BYD: bodunïŋa; Sa: bodunym.

⑫ Sa: [tabγačqa].

⑬ M, A, G, Mo, Ba, H, BYD: kirtim; B: erɒɒim; Me: irtim; Sa: kirti; Ş: – .

⑭ B: erlẅnɒä; E: ėrlünte; Sa: irlünti.

⑮ Ra: talaqïmïnda; O: talakamında; M, A, Mo, G, H, BYD: talaqïmïnta; B: talakamında; Ba: talıqımınta; Me: talakamınta; Sa: talqymynda; Ş: t[1]l[1]k[1]mn[1]t[1]a.

⑯ Ra, M, G, H: yätdim; O, A, Ba, Me: yetdim; B: yet°δim.

⑰ B: aşnwkı; C:aşnukī (264).

⑱ Ra, O, M, A, G, Ba, Me, Ş, H: tabγačdaqï; B: taβgaç°δakı.

⑲ B: ogwz.

⑳ O, M, A, B, G, Ş, H: türk.

㉑ Ra: t[ašiq?]mış. M, G: t(ašïq) mïs[2]. A, H: tašïqmïs. Me: t...mış. C: ta [şik]mış (264).

㉒ C: katılmış (601).

mäniŋ süm[1]: üč .....bir[2]......[3] tuγ[4] r[5]...: ...: bėš[6] yüz kädimlig[7]: yadaγ[8]: bir ėki[9] sašïp[10]: kälti[11]: küŋüm [12]: qulum[13]: bodunuγ[14]: täŋri yėr[15]: anta: ayu[16] [b]ėrti[17]: anta: sančdïm[18]	.9
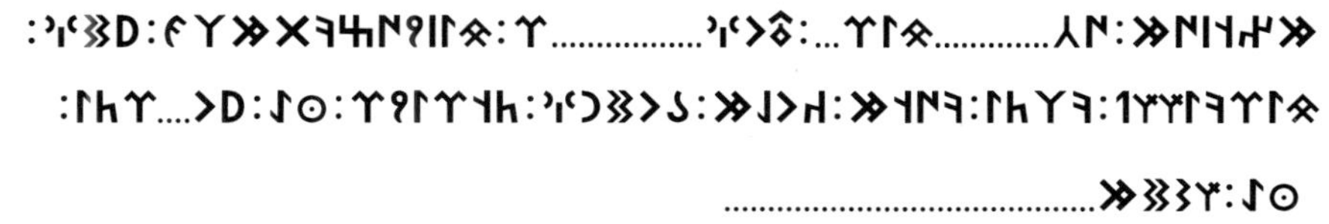	
anta: bodun[19]: ičikd[i][20] ....[21] [qarl]uq[22] tapa: täzip kirti[23]: anta: yana:	.10

① Sa: süim.

② Ra, O, M, A, G: [birti?]; B: berɒi; Mo, Ba, BYD: –; Ş: [birti]; E: bėrti; Sa: ben birtim; H: birti.

③ Sa: tolγaqy.

④ Ra, O: [t]u[g]; Mo, Ba, BYD: –; Me: to/ug; Ö: t¹Ug¹.

⑤ Ra, O, M, G: ...ar. A: er. B: ...ar. Mo, Ba, Sa, BYD: –. Me, Ö: ...r². Ş: –. H: är.

⑥ Ra, O, Me, Ş: biş; M, A, G, H: bis; Ba: bes.

⑦ B: käδimlig; C: kedimlig (704).

⑧ B: yaδag.

⑨ Ra: bir iki; O, A, Me: bir eki; M: bir äki; B: biriki; H: bir iki; Ş birik<i>.

⑩ Ra, M, A, B, G, Ba, Me, E, Sa, H: šašïp. Ş: ...şıp.

⑪ B: kälɒi.

⑫ Ra, O, M, A, Mo, G, Me, Ş, H: küŋim; B: küŋẅm.

⑬ Ra, O, M, A, Mo, G, Me, Ş, H: qulïm; B: qulwm.

⑭ Ra, O, M, A, Ba: buduniγ; B: boδwnwg; Mo (1999), G, Ş, H: boduniγ.

⑮ Ra jir; O, A: yer; M, G, H: yär; Ba: jer.

⑯ B: ayw.

⑰ Ra, O: [bi]rti; M, A, G, H: birti; B: berɒi; Ba: berti; Me ...rti.

⑱ B: sanĵδım.

⑲ Ra, O, M, A, Ba: budun; B: boδwn.

⑳ B: içik°δi; Mo, Ba, BYD: ičikti; Me: içikd...

㉑ Ra, O: yar…r. idgülük.l. Me: …begük... M, B, G, Ba: –; E: <...> y1r1<...> ri . d²g²l²ö/ük.l². Sa: begledük. H: yär…är. idgülük.l. Mo: //r//dg//. Ö:…b²g².

㉒ B: karlwk. Me: ...uk. Ş: [kar]luk. E: karlok. Sa: üč qarluq.

㉓ B: kirɒi.

tüšüp①: orq^{u}un②: balïqlïγ: bältirintä③: ėl④ örginin: anta: örgipän⑤ ėtitdim⑥ č............⑦	.10
[illegible]	
......................⑧ bir yėgirminč⑨ ay⑩: yėgirmikä⑪: qara: buluq⑫ öŋdün⑬: su^{u}qaq⑭: yulï⑮:nta⑯: čigil totoq⑰ ......⑱	.11
[illegible]	
..................n⑲: toγurγuγ⑳: käčürü㉑: ..b..yn k...㉒.....㉓ sanč̌dïm㉔:	.12

---

① Ra, O, Mo (1999), Ba: tüşip; M, A: tüsip; B: tüşẅp; G, H: tüsüp.

② Ra: orukun; B: orkwn; Me: orkuun; E: orkon.

③ B: bälɒirinɒä.

④ Ra, H: il; M: äl.

⑤ B: örgẅpän; Sa: örügin.

⑥ Ra, O, M, G, Me, Ş, H: ititdim; A: igitdim; B: etit^{o}δim; Ba: etdim; C: örgipen étitdim (226).

⑦ Ra: il äbi[n]; O: el ebi[n]; M, G, Sa, Ş, H: äl äbin; B: ėl äβin; Mo, Ba, BYD: –; Me, Ö: ç...

⑧ Ra, H: säläŋäk[ä] t. M, A, B, Mo, Ba, Me, BYD, Ö: –. Ş: säläŋä. E: seleŋek[e] tl<...>. Sa: sleŋi kidin … öŋden...qad.

⑨ Ra, G, Me, H: yigirminč; O, A: yegirminç; M: yägirminç; B: yegirminĵ, Ba: yegirminçi.

⑩ M: mï.

⑪ Ra, G, H: yigirmikä; O, A: yegirmike; M: yägirmikä; Me: yigirmike; Ba: jegirmike; Sa: üč žigirmike.

⑫ B: bulwk.

⑬ Ra, O, Ş: öŋ[di]n; M, A, G, H: öŋdin; B: öŋδẅn; Ba: öŋden.

⑭ Ra: sooqaγ; O, M, A, G, H: sokak; B: sokwk; Mo, Ba, BYD: suqaq; Sa: šoquq.

⑮ Ra, O, M, A, B, Ba, Sa, H: yolï.

⑯ Ra, O: anda; B: anda; C: yūlīndā (918).

⑰ Ra, O, M, A, Me, Ş, G, Ba, H: tutuk; B: twtwk.

⑱ Sa: qanda.

⑲ Ra, O, E, H: <...>–miş <...> r^1n^1. M, A, Mo, B, Ş: –. Me, Ö: …n^1. Sa: kün.

⑳ B: togwrgwg; Mo, BYD: tuγruγuγ; Ba: tuğur ağuğ; Sa: toγuruγγγ.

㉑ B: käçẅrẅ; Sa: kečrü; C: toğruğuğ keçürü (698).

㉒ Ra, O:b^2t^2.j^2n^2. ul...u.g. M, Mo, G, Ba: –. Me; Ö: ..b^2..y^2n^2 k^2… E: b^2<...>n^2 o/ul^1 ... o/u . g^2. Sa: ebine üjinke.

㉓ Sa: žorydym.

㉔ B: sanĵδım.

qa[r]luq①: basmïl ……④ : ……③ tėrilip ②	.12

南面附 1

…….γa⑤: bamïš atï⑥: ol Twm-⑦ ……..bilm⑧////…IN …..: ………….. barča: tükäp⑨: täzä:	.1⑩

……….g: T⑪…… dm⑫ bonča⑬: bitigig… ………⑭	.2⑮

---

① Ra, O: [karluk]; B: karlwk; M, Mo, G, H, BYD: karluk; Ş [karluk].

② Sa: bodun.

③ Ra, O, M, A, Mo, G, Me, Ş, H, BYD: tirilip; Ba: terilip.

④ Sa: utun tyšy ... tusdim. bašmylqa.

⑤ Ra: …qıj...gr^2.k.t^{1}iŋil kie^{2}t.m apa. M, Mo, BYD: –. B: …qıy … sγr.k.tıňl kiδ.m.apA. G: ...apa. Me, Ö: ...ğa. E: <...> k^{1}ıy^1 ... s^{2}g^{2}r^2 . k^2. t^{1}ıngıl^2 k^{2}id^{2}t^2 –m? . apa (?). H: ...qıy...sgr k tıŋla kidt mapa.

⑥ Ra: b^{2}a ms^{1}t^{1}ı. O: ba m s tı. M, Ş: –A: tumıs ... B: bA mstı. Me: bamıştı. H: bamştı.

⑦ M, G, H: tumıs. B: tumwş. Mo, Ş: –. Me, Ö: t^{1}um... . E: tumış. H: oltumıs.

⑧ Ra, O, M, G: bilmä[z?]. A: bilmez. B: bilmäδ ... Mo, BYD: bilmäz(?) Me: bilm... Ş: –. E: bilmed[ök]. H: bilmed...

⑨ Ra, O, M, A, G, H: tüküp; B: tükẅp; Ş: töküp.

⑩ Ra: S.a; M, A, G, H: 38; Mo: Extra–a; Ba: 46; BYD: 附属文 a.

⑪ Ra: ŋ ...–lqan. O: ŋ ... lk n. M, A, B: …s lrn... . Mo, Me, Ş: –. E: <...> [kara yotu]lkan. H: ...s...lrn...

⑫ Ra: - z [^{j2}]gürügmä$^?$. gr^2 ... bägnig bän1... r^{1}γm ... ^{t1}γ ... –nçig ben itdim. M, G: …ben itdim. B: zyü/ögẅrẅgmä gr^2 ... bägnig bän... r^{1}γm ... t^{1}γ ... –nçig ben ėtdim. E: <...>–z yügürügme? g^{2}r^2 ... begnig(?) ben <...> r^{1}g^{1}m <...> t^{1}g^1 ... –nçig ben ėtdim. Mo, Ba, BYD: …bägnig(?) bän…-dim. H: z ygürügmä. gr ... bägnig bän... rγm ... ^{t1}γ ... nçg men itdim.

⑬ Ra, M, Mo, Ba, G, H, Me, BYD: bunča; B: bwnĵa.

⑭ Ra, E: bitig [biti]dim. M, G, H: bitig bitidim. B: …δim. Ba: bit…

⑮ Ra: S.b; M, A, G, H: 39; Mo: Extra–b; Ba: 47; BYD: 附属文 b。

南面附**2**

sü: bašï bän …………….① tümän: qoń: bän: artaγ②…ẅ..m......③	.1④
....𐰾𐰇:𐰉𐱁𐰃𐰋𐰤..........𐱅𐰇𐰢𐰤:𐰸𐰆𐰭:𐰋𐰤:𐰺𐱃𐰍..................𐰇..𐰢......	
………….-dim⑤ l... tm	2⑥
......𐰓𐰢....𐰠...𐱅𐰢	

西面

………….kälti⑦… qarluq⑧ …⑨ …⑩ …m⑪… … …I: qan B… …p⑫ säkizinč⑬ ay üč yaŋïqa yor[ïdïm]⑭ … …[qar]luq⑮: tirigi bar[ï]p⑯: türgėškä⑰: k… ⑱… [anta] yana tüšüp⑲	.1

---

① Ra: b²<...> [il]täbär biŋ jont. M, A, G: … biŋ jont. Mo, Ba, BYD: biŋ yunt. B: <...> ėltäβär biŋ jund. E: b²<...> [ėl]tever biŋ yunt. Sa: žüz tebe byŋ žunt. H: ältäbär biŋ jont.

② Ra, O: [t]ut[dım]. M, A, G, H: tutdïm. B: WT. Mo: …sančdïm… tüšdim… Ş: –. Sa: ebin tutdym uquruqyan artaγyš.

③ Sa: ebime … di tüsdim… basmylqa.

④ Ra: westseite am rande; M, A, G, H: 50; Mo: Extra–c; B: Batı derkenar yazıt a; Ba: 48; E: Batı Ek 1; Sa: 41; BYD: 附属文 c.

⑤ Ra, O, G: [kä]lürtim. M, H: kälürtim. B: kälẅrɒẅm. Mo, Ba, BYD: –dim kälürtim. E: [ke]lürtüm, Ş ...l2wr2t2m. Sa: ymγym kelirtim.

⑥ Ra: westseite am rande; M, A, G, H: 50; Mo: Extra–d; B: Batı derkenar yazıt b; Ba: 49; E: Batı Ek 2; Sa: 42; BYD: 附属文 d.

⑦ Ra, O: k[älti?]; B: kälɒi.

⑧ B: karlwk; E: karlok…

⑨ Ra, O, M, A, Ş: bod. B: boδ. Mo (1999), Me: –. E: boduyn? Sa: basmyl bodunyγ. Mo, BYD: bodun.

⑩ M, A: q(almadï).

⑪ Sa: myš …yq.

⑫ B: anĵıp; Mo, Ba, Me, BYD, Ö: –; Sa: mdIp any ančyp.

⑬ A: sekinç; B: säkizinĵ.

⑭ B: yorıδım; Me, Ö: yor…

⑮ Ra, M, G, Ba, H: (kar)luk; Mo, Sa, BYD: qarluq; B: karlwk; E: [kar]lok; Sa: –.

⑯ Ra, O, M, A, G, B, H, Sa, Ö: barï; Mo, Ba, BYD, E: barï<p>; C: barïp (?).

⑰ Ra, Mo, Ş, BYD: türgişkä; O, Me: türgişke; M, G, H: türgiskä; Ba: türügeske; Sa: tügeske.

⑱ Ra: k[älti?]; O: k[etli?] (yazım yanlışı?); M, G, Sa, H: kälti; B: kälɒi?; Mo, Ba, BYD: kirti; Ş: k[irti] ; Sa: kelti; C: k[irti:?].

⑲ Ra, O, Mo: tüşip; M, A, G, Ba, H: tüsip; B: tüşẅp.

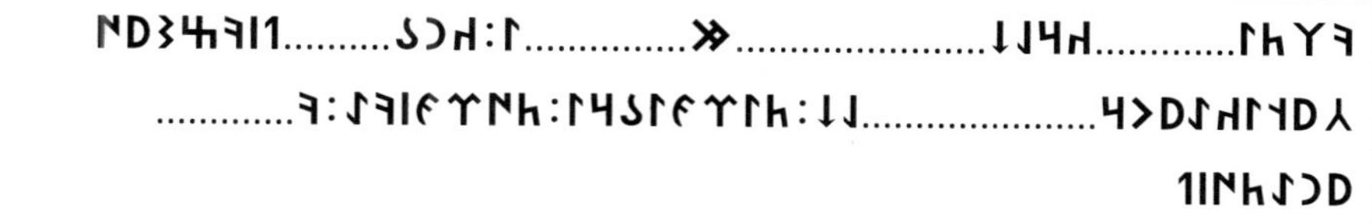	
onunč① ay ėki② yaŋïqa: bardïm③: … …A: tėmiši④ ẅ… … … … … L… … yėr……s lč… …A: tap … …R ⑤… … tüšdüm⑥: anta: [ya]qaγaru ⑦: basmïl⑧: qarluq⑨: yoq boltï⑩: q°oń⑪: yïlqa⑫	.2
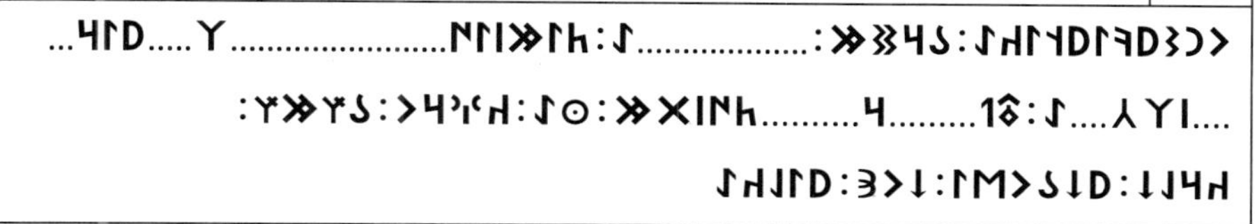	
…⑬ o[lor]tum⑭: [yay]ladïm⑮: … …I⑯: tavγač⑰ qanï: I…⑱: täzip⑲	.3

---

① A: onınç; B: onwnĵ.

② Ra: [iki?]; O: [eki?]; M: äki; A: eki; Ş: [iki], Mo (1999), Ba: –.

③ Mo, Ba, BYD: –.

④ Ra, O, Me, Ş: timişi; M, A, G, H: timisi; Ba: temişi; Sa: el etmisi üč.

⑤ Ra, O: üç …w…l…yıld… m...r o...γ üs?l?çä tok[ıdım?]. M, A, G, H: üč... toqïdïm. Mo (1999). Ba: üç (?)... B: /ü[ç] l ...yı ld... m ... rl o/u <...> γö/üslçe toqıδım. E: ö/ü<...> l^{2} ...y^{1}ı lt<...> m ... rl o/u <...> g^{1}ö/üs^{2}l^{2}çe tokıdım. Mo, BYD: üč(?)...kälti yïrïya…-miš…

⑥ Ra, Mo, Ba, BYD: tüšdim; O: düşdim; M, A, G, H: tüsdim; B: tüş°δẅm; Sa: [alyp toquzynčy ajqa tüs]dim; H: toquzïnč ay.

⑦ Ra, O, M: [ya]qγaru. A: yakgaru. B: yak°garw. Mo, E, Ba, H, BYD, Ö: yaqaγaru. Me: kagaru. Ş: ...k^{1}garu; Sa: toγuru.

⑧ Ra, O, M, B, Mo, G, Ba, E, Sa, H, BYD: basmïl.

⑨ Ra, M, G, Ba, H: (kar)luk; B: karlwk; E: [kar]lok.

⑩ B: boldı.

⑪ O: koy.

⑫ B: yıl°qa.

⑬ Sa: …čyda.

⑭ Ra, O, M: b^{2}ç.u. tlm. M, G, Ba: –. Mo (1999): …tïm. B: bç.o/utm. E: b^{1}ç . o/u . t^{1}m. Mo, BYD:-dä olurtïm; H: bçu tım.

⑮ M, A: ayladım; B: yaylaδım; Me, Ş: ...ladım.

⑯ Ra, O, E: b2<...>–miş. Mo, BYD: …–miş. H: basınmış.

⑰ Ra, O, M, A, G, Me, Ş, H: tabgaç; B: taβgaç.

⑱ Ra, O, M, G, B, H: qaγan; Mo (1999): –; Mo, BYD, Ö: qurïya; Sa: qaγanyma.

⑲ Ra, B, E, H: ö/üt^{2} . l^{1}; Mo, G, BYD: täzäp.

barmïš①: oγ… …I… … si②: bir③ täzä④ … …⑤: oγlïn⑥: qotdum⑦: I… …Y…⑧ …ki⑨ bodun⑩ … ……⑪ …nig⑫: toqïdïm⑬: anta: olorup⑭: äviŋä⑮: ïdtïm⑯: q^{u}u t⑰ yaratïγ⑱ tuγïn⑲	.3
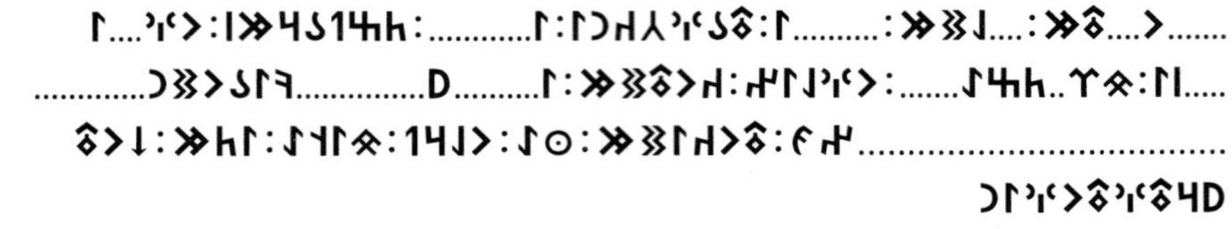	
ävim⑳ … … anta㉑ … …㉒ bodunuγ㉓: q^{u}ut㉔… …D㉕…: Lγč㉖…	.4

① M, G, H: barmıs^{2}; Ba: bermiş.

② Sa: inisi.

③ R:a s^{2}i b^{2}r^{2}. O: s i b r. Mo, Ba, G, BYD: –. H: o… isi bir; Sa: ebrü.

④ Ra, M, B, G, E: [qï]z.

⑤ Sa: kelti.

⑥ Ra, E, sek[iz urı] oγlïn. M, G: sek[iz urı] oγlan. Ba: … oğulın. H: sekiz urı oγlan.

⑦ Ra, O, M, A, G, Ş, H: tutdïm; B: tut°δwm; Mo, BYD: qotdïm; Ba: qotıdım; Sa: qutuzyn.

⑧ Ra, O [tüş]d[im]; M, A, G, H: tüsdim; B: tüş°δẅm; Ş: [tüş]dü[m]; Sa: šeber qyz [uryn oγlyn tutdym] žana.

⑨ Ra: iki; M: äki; B, E: ėki; G: eki, Sa, H: iki.

⑩ Ra, O, M, A, G, Sa, H: budunïγ; B: boδwnwg; E: bodunug.

⑪ Ra: [tokuzunç ay]; O: [tokuzınç ay?]; M, G: –; B: tokwzwnĵ ay; E: tokuzunç ay.

⑫ M, A, G: ötükän. B: ẅkng. Mo, BYD: –g. E: ükenig? Sa: [ötük]enig.

⑬ B: tokıδım.

⑭ Ra, M, G, Ba, Me, Ş, H: olurup; A, Mo, BYD: olurïp; B: olorwp.

⑮ Ra, Ş: äbiŋä; O, A, Me: ebiŋe; M, B, G, E, H: biŋe; Sa: byŋa.

⑯ Ra, O, M, A, H: ıtım; Mo, BYD: ettim; B: ıd(d)ım; Ba: itim; G: ït(t)ïm; Me: ıt(d)ım; Ş: ıt(tı)m; Sa: itim.

⑰ E: kut (kotay?).

⑱ Ra: jartağ; O, G, H: yartaγ; Mo (1999), E: yartağ (?); B: ywrtwg; Ş y^{1}r^{1}t^{1}g^{1}; C: kutyar? tag (464).

⑲ Ba: tuğun; C: toğın (464).

⑳ Ra, H: b^{2}m... M, G: – .Mo, BYD: ävim keŋ. B, E: b^{2}md^{2}. Ba: ebim ken. Me: ebim. Ş: b^{2} ...

㉑ Mo (1999), Ba, Ş: –; Mo, BYD: bardïm.

㉒ Sa:qara bulaqyγ toqsyγynta.

㉓ Ra, O: [b]udunıg; M, A, G, Ba, H: budunïγ; B: boδwnwg; Mo: bodunıg; Ş: –.

㉔ Mo, BYD: kut; Ş: –; Ö: k^{u}ut; Sa: qoodyp.

㉕ Sa: ...dym.

㉖ Sa: alγčyn.

bo: bäg① … …② [ävi]mä③: ėkinti④ ay: altï yaŋïqa: tüšdüm⑤: taqïγu⑥ yïlqa⑦: w⑧ … …γ⑨…ivirmiš⑩: … [ro]γšanïγ ⑪ yo^{o}q qïlmïš⑫: ančïp⑬: kälti⑭: ėki⑮ q^{ï}ïzïn	.4
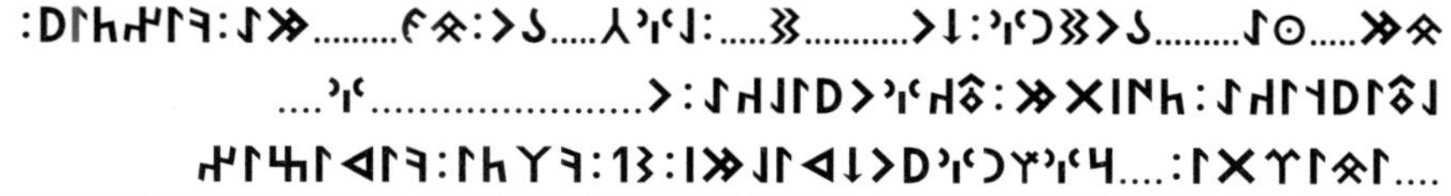	
tapïγ bėrti⑯ …r …I⑰ …⑱ ol …… …söziŋä⑲: yazmayïn tėdi⑳: yaŋïlmayïn: tėdi㉑: yičä㉒ boltï㉓: … …㉔ k ……čgn ㉕ soγdaq㉖:	.5

---

① Sa: buj[ruq].

② Ra, O: …dim algaçka buyl ... M, G, Ba: Me, Sa, Ş: –. bu beg. H: alğaçqa buyla.

③ Ra, O, M, A, G, Ba, Me, Ş, H: äbimä; B: äβimä.

④ Ra: ikinti; O, A, Ba: ekinti; M: äkinti; B: ekinϸi.

⑤ Ra, O, Mo, BYD: tüšdim; M, A, G, Ba, H: tüsdim; B: tüş^{o}δẅm.

⑥ B: takıgw; Ş: takagu.

⑦ B: yıl^{o}ka.

⑧ Mo, BYD: olurtïm; Ş: –; Ö: olortum; Sa: žorydym.

⑨ Sa: üč oγuly.

⑩ Ra, O: bir[miş(?)]; M, G: (birmis); A, H: birmis; Mo, BYD:-γalï berdi; Me: ibirmiş; B, Ş: –; Ba: berti; E: bėrmiş; Sa: berim.

⑪ Ra, O, H: o ... γ s^{1}nγ. M, A, G, Ş, Ba: –. Mo (1999): …-γ. B: W…GšNG. Me: .ṛġ(a)ș(a)ṇ(ı)ġ. E: o/u ... g^{1}s^{1}n^{1}g^{1}. Mo, BYD:onč uγuš añïγ yoq qïlmïš. Me: ...rgasanıg. Sa: uruγšyn. Ö: …rgasanıg.

⑫ M, A, G, H: kılmıs^{2}.

⑬ B: anĵıp.

⑭ B: kälϸi.

⑮ Ra, H: iki; O, Ba: eki.

⑯ Ra, O: bir[ti?]; M, A, G, Me, H: birti; B: berϸi; Ş b^{2}... Ba: berti; Sa: bertim.

⑰ Ra, B, E, H: s^{2}r^{2}s^{2} <...> b^{1} ...–çi. Mo (1999), Ş: –. Mo, BYD: -p bartačï. Sa: ...tir ... kim barmyš. isin.

⑱ Ra, O: [ba]rm[ış?]. M, G, H: barmış. Mo (1999), Ba: –. Mo, BYD: ävim. Sa: barmys. Ş: ...r^{1}mIş.

⑲ Mo, BYD, Ö: qutïŋa.

⑳ Ra, M, A, G, H, Me: tidi; O, Ba: tedi; B: teδi.

㉑ Ra, M, A, G, H, Me: tidi; O, Ba: tedi; B: teδi.

㉒ Sa: aγyčy.

㉓ Ra, M, G, H, E: içikmädi; B: içik^{o}mäδi; Mo, BYD: bolayïn; Sa: bu aγyn..ekü.

㉔ Ra, M, B, H, E: ...m. Mo: bolayın.

㉕ Ra, E, H: ançıp; O: [ançı]; B: anĵıp; Sa: čigin.

㉖ Ra: sogdık; B: swg.k; Mo, G, BYD: sugdak.

tavgačqa①: säläŋädä②: bay balïq: yapïtï bėrtim③:	.5
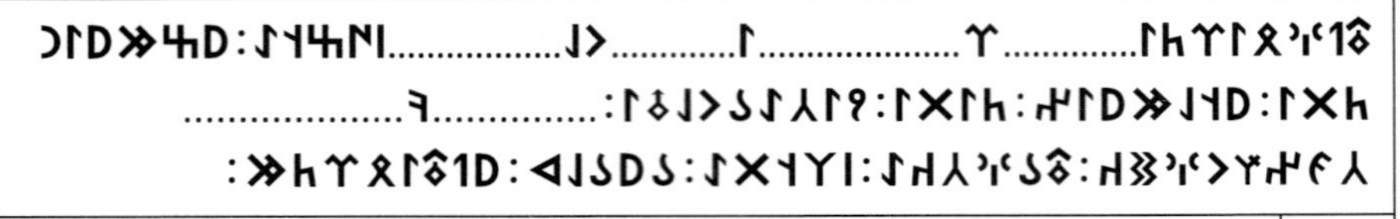	
I… …g④… … … ⑤ YN ⑥… … …Tm……⑦ tuγïn … ⑧… qavïša⑨: kälti⑩ …n… … … bir otuzqa⑪ … … …n ⑫… … …⑬ anta: sančdïm⑭: yarïš aγuluγ⑮ ara: yėtük⑯ bašïnta ara⑰:	.6
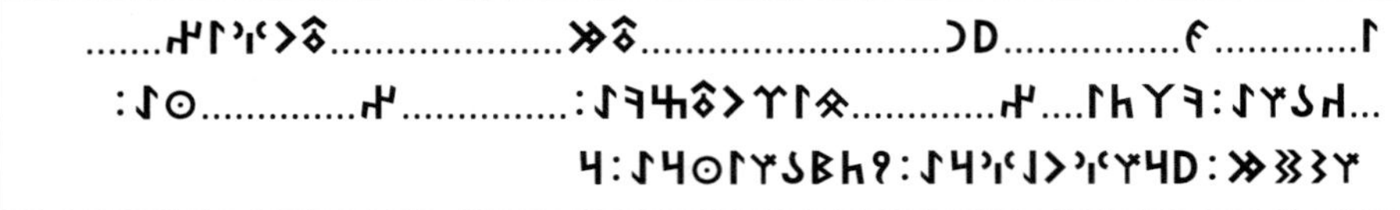	
…⑱ tümän … …Rq … … sančdoq⑲ yėrdä⑳ … …㉑ …čü ėkinti㉒	.7

---

① Ra, O, M, A, Me, Ş: tabgaçka; B: taβgaçka.

② B: säläŋäδä.

③ Ra, O, M, Me, Ş: birtim; B: berɒim; Ba: bertim.

④ Ra, O, H: i...uq...b^1… y[igi]r[mike]. B: ı...yėgirmike. E: ı/i <...>s^2<...> y[ėgi]r[mike]. Sa: ud žyl bisinči aj eki žigirmike.

⑤ Ra, O: anda; B: anda; M, G, E, Sa, H: anta.

⑥ Ra, M, G, E, Sa, H: [ya]na; Mo, Ba, Me, BYD:–; Ş: n^{1}a.

⑦ Ra, H: i ... m...–de [üç?]. M, B, G: …üç. E: ı/i <...> s^2 <...> m <...> –de tugın^2. Sa: želmisi tezip kelti.

⑧ Ra, Ş: t^{1}l^{1}g^1. O: t ^{1} g. M, A: –. B, H: tlg. E: tılıg. Sa: ...da uč tuγlyγ atlyγy.

⑨ Ra, O, M, A, Ba, Ş: kabışıp; B: kaβışıp; G: qabışım; Me: kabışa; H: qabışıpı; Mo, E, BYD: kavışıp; Sa: qabysyp.

⑩ Ra, B, E, H: m <...>–in.

⑪ B: otwz^{o}ka.

⑫ Ra, E: ör[gin]? B: örgẅn. Sa: men uγ… bertim. örügin öŋden…ančyp. H: örgin.

⑬ Ra, E: [ü]ç o[tuz]ka; B:üç otwzoka; Sa, H: üč otuzqa.

⑭ B: sanĵδım.

⑮ Ra: a?gulı?g; O, M, G, Ba, Me, H: agulıg; A: agulık; B: agwlwg; C: agulıg (196).

⑯ Ra, O: y[i?]t; M, A: –; Mo: yätük; Me: yetük; Ş: y2[.]; B, E: yėt; Sa: žeti; H: yit.

⑰ Ra, O, H: başındara; M, A: –; B: başı anda ara; C: başınta ara (196).

⑱ Ra:... [ü]ç; M, G, Sa, H: üč; E: <...>l2 . <...> [ü]ç.

⑲ Ra, O, M, A, Mo, G, Me, H, BYD, Ş: sançduk; B: sanĵδwk; Ba: sançıduq; Sa: sančydym.

⑳ Ra: yird[ä]; M, G, H: yärdä; B: yerδä.

㉑ Ra, B, G, E, H: saqïnmïš; M: saqïnmïs^2; A: saqïnmïs.

㉒ Ra: ikinti; O, A, Ba: ekinti; M: äkinti; B: ekinɒi.

ay: altï①: yėgirmikä②: üč tuγluγ③	.7
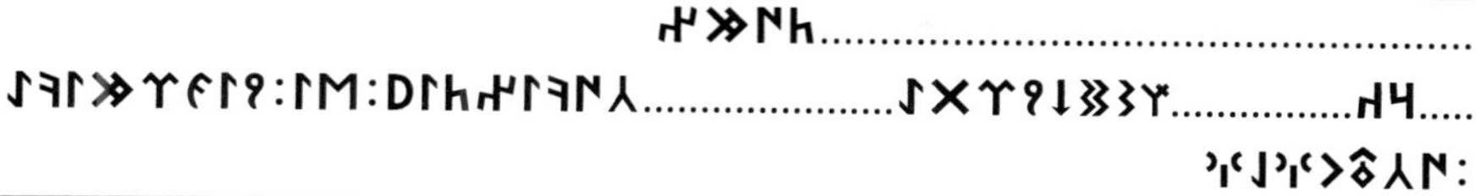	
..........türük④ bodunuγ⑤ … …b… … … …⑥ … g⑦: …⑧ …⑨ …⑩ qatun⑪ yėgäni⑫: öz bilgä: büńi⑬	.8
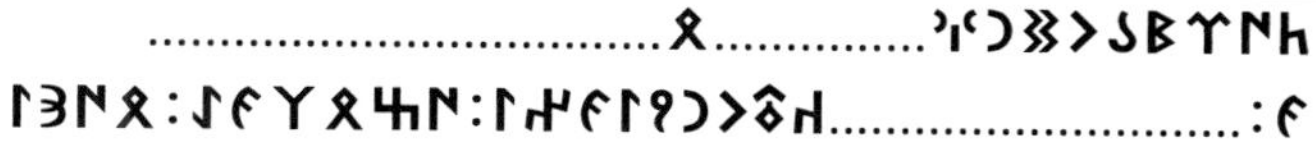	
… quy⑭ … … … …⑮ biŋ⑯ yunt⑰: qalmïš⑱ tümän: qoń⑲: qalmïš⑳	.9
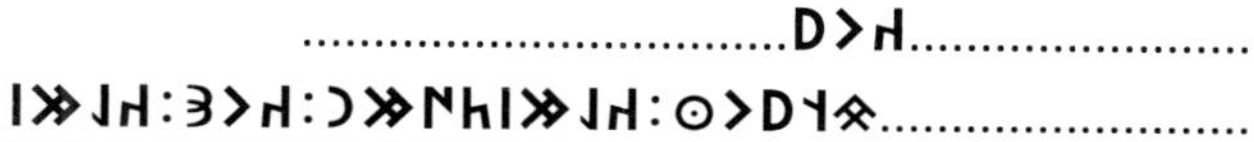	
… … … …… … … …… … … …	.10
… … … …… … … …… … … …	

① B: aldı.

② Ra, G, H: yigirmikä; O, A: yegirmike; M: yägirmikä; Me: yigirmike; Ba: jegirmike.

③ Ra, O, M, A, Mo, Me, G, H, BYD: tuglıg; B: twγlwγ; C: tuglıg(469).

④ O, Ş: tü[rk]; M, A, B, G, H: türk.

⑤ Ra, O: b]u[dunıg?]; M: bu(dunïγ); A: buduniγ; B: boδwnwg; Mo, Ba, BYD: –.

⑥ Ra, E: n¹ı <...> [sekiz]; M, G: (säkiz); B, Sa: sekiz; H: nï...säkiz.

⑦ Ra, E: og[uz]; M, G, Sa, H: oγuz; B: ogwz.

⑧ Ra, E: [t]ok[uz]; M, G, Sa, H: toquz; B: tokwz.

⑨ Ra, O: tatar? M, G: (tatar). A, B, H: tatar. E: tatarıg? Sa: oγuz.

⑩ Mo, Ba, BYD: anta.

⑪ B: katwn.

⑫ Ra, M, G, Ş, H: yigäni; O, A, Me: yigeni; Ba: yegeni; Sa: žigeni.

⑬ Ra, B, E, H: büńin. M, G: (büńin). O: büyin. Ş: b¹w... Sa: büyün.

⑭ Sa: qunčuy.

⑮ Sa: sü bašy ben jüz tebe.

⑯ Ra, O: [biŋ]; E, Ş: [bi]ŋ.

⑰ Ra, O, M, A, G, H: yont; B: yund.

⑱ M, A, G, H: qalmïs; Ş: k¹...

⑲ O: koy.

⑳ M, A, G, H: qalmïs; Sa: qylyšdym.

五 汉语译文

北面：

1. 我是登里罗·没迷施·颉·翳德密施·毗伽可汗（生于天上的、治国的、英明可汗）……突利施……①

2. 生活在于都斤及 tägräs 附近之间。其河流是色楞格。在那里……繁荣、富裕……②

---

① **Ra**：我（是）登里罗·没迷施·颉·翳德密施（teŋride blmış il itmiş bilge qaγan，汉言大意应为"自天所立，安邦治国，圣智皇帝"）……此突利失。**G（1994）**：天生的、建国的英明可汗，我突利施…… **B**：[Ben] Tengride Bolmuş El Etmiş Bilge kağan… Tölüs. **G**：我登里罗·没迷施·颉·翳德密施（直译：天生的、建国的英明可汗）……突利施…… **Ba**：Тәңірде болған：Ел Ет/міш：Білге қаған：б…//… Төлес... **Me**：Tanrı'ının iütfuyla kağan olmuş. devleti düzenlemiş Bilge Kağan …Tölis. **Mo**：Täŋridä Bolmiš (lit.:having come into existence from heaven, or heavenly-born) El Etmiš (lit.:having organized the realm, or state-founder) Bilgä (wise) Qaγan /////Tölis(?) /// **E**：(ben) Tengride Bolmış El Etmiş Bilge Kağan'ım. <...> Tölis <...> **Sa**：Тәңірден болған Ел-етміш Білге қаған мен ... (83 см-дегі әріптер өшкен) ... Төлес ... (165 см-дегі әріпмер өшіп кеткен) ... **H**：我登里罗·没迷施·颉·翳德密施是突利斯的首领…… **BYD**：登里罗·没迷施·颉·翳德密施·毗伽可汗（天生立国英明可汗）////突利施（？）/// **Ö**：İlahi göğün yarattığı, Ėlėtmiş Bilge Kağan'nım … Töliş ... **C**：the wise xağan who came into existence in (or from?) heaven and organized the realm（122）.

② **Ra**：（他们自己?）……他们的国家，他们自己（家乡的?）河流便是仙娥河（Salanga），他们的人民……古代即游牧而生活在那里…… **G（1994）**：在于都斤国家及其周围地区，（在那里回纥可汗）第二次（建国）登位。其河流是色楞格。在那里其国……灭亡了…… **B**：Ötüken eli [ve] Ögrüs eli, ikisinin arasında hüküm şürmüş ([tahtta] oturmuş). Irmağı (suyu) Selenge imiş. Orada (o zaman) eli ... imiş ve ... harekette imiş. **G**：他在于都斤（山林）及其附近之间（建国）登位。其河流是色楞格。在那里其国存在着…… **Ba**：Өтүкен Елі:Өгүреш Елі:екі ара:отырған:суы:Селеңге:еді:сонда:ел... //...болған еді:бар еді:... **Me**：Ötüken ve Ögres yurdu arasında hüküm sürmüş. Suyu Selenge inmiş. O zaman devleti ... refah içinde imiş. **Mo**：I heard that he had been sitting on the throne (or had reigned) between the two lands, i.e., land of Ötükän and that of Ögräš. I heard that the river (in question) was Säläŋä //// There that country ///// I heard that they lived and behaved in an independent state /////. **E**：Ötüken yurdu (ile) Tegres yurdu, (bu) ikisinin arasında hüküm sürmüş, suyu Selenge imiş. Orada yurdu <...> imiş, gitmiş <...>. **Sa**：Өтүкен елі оның айналасындағы ел өзімнің (1) халқым еді ... (81 см-дегі әріпмер өшкен) ... үстіне барды . (163 см-дегі әріптер өшін кеткен) ... **H**：它（突厥）位于于都斤国家及其邻近地区二者间，其水源是色愣格河，那里有其国。**BYD**：于都斤地方和于格利施地方，在那两地之间进行了统治。其河流是色楞格河。在那里，其国家////独立生存////。**Ö**：Ötüken ve çevresinde yaşamış, (kullandığı) suyu Selenge imiş. Orada ... refah ve bolluk ...

3. 在那里留下来的人们在作为民众的十姓回鹘及九姓乌古斯之上，统治一百年……鄂尔浑河①

4. 突厥可汗统治了整整五十年。在突厥汗国，在我 26 岁（739 年）时吉祥……在那时裴罗……②

---

① **Ra**：……残留在此河流域而被控制的人民，有十姓回鹘（On Uyghur）与九姓乌古斯（Toquz Oghuz）等已经有百年了。与……在嗢昆河（Oruqun-Orkhon）…… **G（1994）**：（在）留下……的人民，在十姓回纥及九姓乌古斯之上他们（外族）统治了百年……鄂尔浑河…… **B**：irmak (su) ...orada (o zaman) kalmış bodun On-Uygur ve Dokuz-Oğuz [konfederasyonu] üzerinde yüz yıl hüküm sürmüş ...Orhon irmağı... **G**：（在）留下……的人民，在十姓回纥及九姓乌古斯之上，他们（外族）统治了百年……鄂尔浑河……**Ba**：...су... сонда.қалғаны:бүтін (халық):Он Ұйғыр Тоғыз Оғыз:үсті:жүз жыл:отырып:... Орхон өзен:... **Me**：orada kalanlar On Uygur (ve) Dokuz Oğuzlara yüz yıl hükm ederek... Orhun nehri... **Mo**：(some Yaylaqar noble) men who had remained (or survived) at ***** ////over the people of On-Uyγur ("Ten-Uyγurs") and Toquz-Oγuz ("Nine-Oγuz") for a hundred years //// //// the river Orqun；E:su <...> o sırada, geri kalan halk (ile) On Uygur(lar), Dokuz Oğuz(lar)a yüz yıl hükmedip <...> Orhon Irmağı <...>. **Sa**：Баба суында (2) қалған он-уйғур, тогыз-оғыз жүз жыл бойы билік жүргізді ... (53 см-дегі әріптер өшіп кеткен) ... Орхон дариясында ... (156 см-дегі әріптер өшкен) ... **H**：在色愣格河他们留下了人民，其部族在十回鹘九乌古斯之上，并在鄂尔浑河的右边统治达百年。**BYD**：在***留存的人们（或：残存的人们）在作为民众的十姓回鹘及九姓乌古斯（九姓铁勒）之上，一百年间。//// 鄂尔浑河///。**Ö**：… orada kalmış olan halk On Uygurlar ve Tokuz Oguzlar ile yüz yıl (birlikte) yaşayıp ... Orkun nehri ...

② **Ra**：统治者已有五十年了。当我二十六岁的时候，我做了突厥国（Türük-Turk）之亦都护（Iduq-qut）……于此梅录（Buyruq）（?）…… **G（1994）**：突厥和钦察人（又）统治了五十年。……当我二十六岁，为突厥汗国……那时裴罗…… **B**：Türk kağanı tam elli yıl hüküm sürmüş ([tahtta] oturmuş). Türk eline yirmi altı yaşımda ... Orada (o zaman)... **G**：突厥可汗整整统治了五十年……当我二十六岁时（739 年），为突厥汗国……那时裴罗…… **Ba**：Түрік...чақ:елу (он?) жыл:отырған:Түрік Елінде:алты:отыз (26) жасымда:... берді:сонда:бойла... **Me**：Türk [Kıplçak elli yıl hüküm sürmüş. Türk devletine yirmi altı yaşımda iken.... orada Boyla... **Mo**：I heard that the Türük Qaγans had sat on the throne (or had reigned) exactly for fifty years. At my（磨延啜）age of twenty-six (A.D. 739), during the reign of the Türüks, one ***ed peacefully //// There ///. **E**：Kök Türk kağanının (yönetimi) zamanında elli yıl hüküm sürmüş. Kök Türk yurdunda yirmi altı yaşımda kutsal <...>–verdi. Orada komutan(ları). **Sa**：Түрік-кыпшак бес жүз жыл (3) билік жүргізді. Түрік еліне жиырма алты (4) жасымда Ыдук баста ... (70 см-дегі әріптер ошкен) ... жабғу, шад атақ берді. Осында Бойла (157 см-дегі әріпмер өшіп кеткен). **H**：突厥可汗坐上王位已经五十年。在我二十六岁时给突厥汗国……裴罗从那里……**BYD**：突厥的可汗（们）统治了整整五十年。在突厥统治时代，在我 26 岁（739 年）时，在和平里，给予了（或：进行了）////。在那里///……**Ö**：Türk hakanı (orada) tam elli yıl hüküm sürmüş, Türk topraklarında yirmi altı yaşımda (739) iken kutsal ...

5. 又返回，我召集了我的九姓乌古斯人民，我的父亲阙·毗伽可汗……①

6. 军队出征了。他将我本人作为先锋队长派往东方，在 käyrä 从东面返回时，有羊的②

7. 使[他们]附属[我]之后，我再次进军。在 käyrä 河源的 üč birkü，

---

① **Ra**：当他返回的时候……我召集我的人民九姓乌古斯；吾父阙毗伽可汗［Kül Bilgä Qaghan］…… **G（1994）**：他们（从那里）返回了，我集合了我的九姓乌古斯人民。我父亲阙·毗伽可汗（Kül Bilga Qaghan）…… **B**：yine ... (?) Dokuz-Oğuz bodunumu derip toplayıp yönettim (aldım). Babam Köl Bilge kağan... **G（2005）**：他们（从那里）返回了，我集合了我的九姓乌古斯人民。我父阙·毗伽可汗…… **Ba**：Тоғыз Оғыз бүтін (халық)ымды:итере қопсытты:алдым әкем:Күл /Білге қаған/... **Me**：Yine döndü. Dokuz Oğuz halkımı derleyip bir araya getirdim. Babam Köl Bilge Kağan... **Mo**：Having come back (or Once again) ///I collected and assembled my people, the Nine-Oγuz, and took (control of) them. My father Köl Bilgä Qaγan ///. **E**：yine geri döndü. Dokuz Oğuz halkımı derleyip topladım. Babam Köl Bilge Kağan <...>. **Sa**：Қайта айналып келді. Тоғыз-оғыз халқымды жинап алдым. Әкем Күл Білге қаған ... (45 см-дегі әріп өшкен) ... жоғарыдан алқады... (161 см-дегі әріп өшкен)... **H**：又返回，我集合起九姓回鹘人民，我的父亲骨力·毗伽可汗。**BYD**：返回（或：再次）///我把我的九姓乌古斯人民集合起来。我父阙·毗伽［可汗］///。**Ö**：yine ... Tokuz Oğuz halkımı derleyip toplayarak egemenliğim altına soktum. Babam Kül Bilge Kağan ...

② **Ra**：他带领军队出征，派我作了先行队的千夫长。在棕山［Käyra］的东方，便教我转向……（羊?）**G（1994）**：率军出征了。派我本人作千夫长，到前方（东方），从东方 Käyrä 那里回来的…… **B**：ordu gitti. [Kağan] beni, doğuya (ileriye) öncülerin başı olarak gönderdi. Keyreden, doğudan (ileriden) döndüğüm zaman koyunlarla ve toklularla… **G**：大军出征了。派我本人到东方作千夫长。从东方 käyrä 那里回来的…… **Ba**：сүңгі (әскер) жорытты:өзімді өңірге:мыңның:басы:етті:Кейре (өзен)де:өңден:жанысып келгенде:... қойлық:тоқтық:... **Me**：Ordu sefere çıktı. Beni doğuya binbaşı olarak gönderdi. Keyre’de doğudan döneceğim zaman koyunlu… **Mo**：The army started a campaign. He sent me as a leader of a regiment consisting of a thousand men to the east. When I return back from the east to Käyrä, ////with sheep and lambs///. **E**：ordu sevketti. Beni doğuya, süvari birliğinin başı (olarak) gönderdi. Keyre’nin doğusunda, dönüşte (dönemeç?) koyunlu ? <...> **Sa**：Қол жорыққа аттанды. Өзімді алдыңғы мыңбасына тағайындады. Кейде оң жақтан қабырғалас (қосымша қол) [қслді]... қаһарланған қалың топ... (222 см-дегі мәтін өшіп кеткен)... **H**：军队出征，派我自己做千户长。在 Käyrä，我使从东面返回的富有的 toqar 部族…… **BYD**：军队进军了。他将我本人作为千夫长派往东方，当我从东方返回 Käyrä 时，有羊的///…… **Ö**：ordu hareket etti. Beni doğuya süvari (?) komutanı olarak gönderdi. Keyre’de doğudan koyunlu …

我与我（父）汗的军队相会在一起。在那里……[①]

8. 我到达了。他们（已经）越过了黑沙（qaraqum），在 kügür 地方，在 kömür 山，在 yar 河，对三纛突厥人民……[②]

9. 乌苏米施特勤当上了汗。我于羊年（743 年）出征。打第二仗于正

---

① **Ra**：我征服了他们以后，我方再出征。于棕山和三苾俱 Üç Birku（即三 Birx）地方，我与诸汗车队遭遇。于此…… **G（1994）**：使……内属后，我又出征了。在 Käyrä 泉（或山岭）及三 burkü（地方）我与汗的军队相会了。那里…… **B**：[onları] (devlet sınırları içine) alarak tekrar [orduyla] yürüdüm. Keyre-başında, Üç-Birküde hanın ordusuyla karşı karşıya geldim, orada (o zaman). **G**：使……内属后，我又出征了。在 käyrä 河源（或山岭）及三 bürkü（地方），我与汗的军队相会了。那里…… **Ba**：Ішке енгізіп:жаңа жорыттым Кейре:басында үш Біркүде:хан сүңгісін (әскерін)://бірлесе қатыстым:сонда:... **Me**：Kendime bağlayıp yine yürüdüm. Keyre Başı'nda Üç Birkü'de han ordusu...katıldım. Orada... **Mo**：having subdued /// I marched (with my army) once again. At Üč-Birkü in the river-head area of Käyrä, I joined up [with] the qan (= my father)'s army. Then ///. **E**：tâbi kılıp yine ilerledim. Keyre (Irmağı'nın) kaynağında, Üç Birkü'de kağanın ordusuna katıldım. Orada <...> **Sa**：Ішкері кайта жорык жасадым. Кейде басында үш Бүркүде (5) хан колымен осында шайқастым (224 см-дегі мәтін өшіп кеткен)... **H**：内属后，又出征了。在 käyrä 河源的 üç birkü，我加入汗的军队。在那里…… **BYD**：将（九姓达靼？）征服之后，我再次进军。在 Käyrä 河源的三比尔库（Üç Birkü），我和我（父）汗的军队汇合在一起。在那里///…… **Ö**：teslim alıp yine devam ettim. Keyre başında Üç Birkü'de hanın ordusu ile birleştim. Oradan ...

② **Ra**：我追逐他们；他们越过黑沙（Qara-Qum）逃走了。在伽屈（Kägür）、肯讷山（Könür-tagh）与拽（yar）河，我参与战争。三旗突厥（üç tughilgh türük）的人民…… **G（1994）**：我追了（他们）。他们越过了黑沙（Qaraqum）。在 Kögür，在煤山（Kömür tagh），在 yar 河，三旗（üc tughliq）突厥人民…… **B**：[onları] takip ettim, [fakat] Karakumu aşmışlar. Kögürden (Kögürde?), Kömür dağından (dağında?), Yar ırmağından (ırmağında?) Üç-Tuğlu Türk bodunu... **G**：我追上了（他们）。他们越过了黑沙（qaraqum）。在 kögür，在煤山（kömür taγ），在 yar 河，三旗（üč tuγliq）突厥人民…… **Ba**：еді Қара Құм:асқан: Көгерде:Көмір тауда:Йар өзенде:Үш Ту /лы/:Түрік бүтін(халық):... **Me**：Yetiştim. Kara Kum'u aşmış, Köger'de, Kömür Dağı'nda, Yar Irmağı'nda üç tuğlu Türk boyu... **Mo**：I reached /// Towards the Türük people with three standards who had (already) passed over the Qara-Qum (i.e. Black-sand desert) and settled at Kögär, mount Kömür, and the Yar river ///. **E**：ulaştım. Kara Kum'u aşmış, Kögür'de, Kömür Dağı'nda, Yar Irmağı'nda Üç Tuğlu Kök Türk halkına <...> **Sa**：келдім. Қаракум астық, Көгүрде Көмір тауда, Жар өзенінде Үш тулы Түрік халқымен [6] [соғыстык] ... (222 см-дегі мәтін өшіп кеткен). **H**：我追赶上他们。我越过 qara qum。在 Kögür、Kömür 山、yar 河…… **BYD**：我到达了（某地）。他们（已经）度过了黑沙，在开格尔（Kögär）地方，在库姆尔山（kömür tag），在亚尔（yar）河，对三纛突厥人民…… **Ö**：ulaştım. Kara Kum'u aşmış Kügür'de, Kömür Dağı'nda, Yar Irmağı'nda Üç Tuğluğ Türk halkı...

月初六（日）……[①]

10. 我捉住了[乌苏米施]。在那年里我俘获了他的可敦。突厥人民从此以后消亡了。之后，在鸡年（745 年）……人民……听到……[②]

---

① **Ra**：乌苏米施特勤（Ozmiš tegin）做了汗。羊年（天宝二年癸未，743 年）我出征。正月（?）之第二次战役乃为月之初六日（我战?）…… **G（1994）**：乌苏米施特勤（Ozmis tigin）做了汗。羊年（即 743 年）我出征了。我打第二仗于元（?）月初六（日）……把乌苏米施特勤…… **B**：Ozmuş tegin kağan olmuş. Koyun yılında [orduyla] yürüdüm. İkinci savaşta altıncı ay altıncı günde. **G**：（突厥）乌苏米施特勤（ozmis tigin）做了汗。羊年，我出征了。我打第二仗于六月初六（日）……把乌苏米施特勤…… **Ba**：Озмыш Тегін:хан болған:қой жылға:жорыттым:екінші:сүңгілес (соғыс):... /алтыншы///ай алты жаңасына тоқытдым:... **Me**：Ozmış Tigin Han olmuş. Koyun yılında (MS 743) ordu sevk ettim. İkinci savaş...ay altınc gününde… **Mo**：I heard that Özmiš Tegin had become qan (of the Türüks). In the Sheep Year (A.D. 743), I marched (with my army). On the 6th day of the 6th month, [I] beat (the enemy)[in] the second battle. ///(A.D. 744). **E**：Ozmış Tegin han olmuş. Koyun yılında (743) (üzerlerine) ordu sevkettim. İkinci savaş, birinci ayın altıncı gününde (idi), (onları) bozguna uğrattım <...> **Sa**：Озмыш-тегін хан болған кой жылы (743 ж) шабуылдадым. Екінші шайкас (осы жылы) бірінші айдың алты жанасында болып талкандадым... (222 см-дегі мәтін өшіп кеткен) ... Озмыш-тегінді. **H**：Ozmis tigin 成为三旗突厥人民的可汗。我于羊年出征，六月初六打第二仗。**BYD**：乌苏米施特勤当上了（突厥）汗。在羊年（743），我出征了。在第二次战斗，即六月六日，[我]打败了（敌人）////（744 年）///。**Ö**：Ozmış Tėgin han olmuş. Koyun yılında hareket geçtim (743). İkinci çarpışma ilk ayın altıncı gününde (oldu, onları) ezdim... (744) ...

② **Ra**：我俘虏了他，并且把他的可敦（Qatun 后妃之意）纳为我的嫔妃。突厥的人民完全（?）被消灭在那里。以后于鸡年（天宝四载乙酉，745 年）人民……经验了。**G（1994）**：我俘虏了，并在那里取其可敦。突厥人民从那以后就消灭了。以后，鸡年（即 745 年）……人民……感觉到…… **B**：tuttum. Hatununu orada (o zaman) aldım. Türk bodunu orada (o zaman) ondan sonra mahvoldu (kk. yok oldu). Ondan sonra Tavuk yılında ... bodun... duyup... **G**：我俘虏了，并在那里获取其可敦。突厥人民从那以后就灭亡了。以后，鸡年……人民感觉到…… **Ba**：тұтдым:қатұнын:сонда:алдым:Түрік бүтін (халық): сонда: осылай: жоқ болды сонда кейін://тауық:жылға:... бүтін (халық):... **Me**：(Ozmış Kağan'ı) ele geçirdim. Hatununu orada aldım. Türk halkı bunun üzerine yok oldu. Ondan sonra Tavuk yılında (MS 745) …halk… duyup… **Mo**：I seized (Özmiš Qaɣan). There I captured his qatun (his wife). Thereafter the Türük people has ceased to exist. Thereupon in the Hen Year (A.D. 745), ////(A.D. 746) ///. **E**：(Ozmış Kağan'ı) tuttum. Hatununu orada ele geçirdim. Kök Türk halkı ondan sonra (bunun üzerine) yok oldu. Ondan sonra tavuk yılında (745)<...> halk <...>–ını duyup. **Sa**：ұстап алдым. Ханумын осында алдым. Түрік елі осылайша жок болды. Осыдан кейін тауык жылы (745 ж) ... (220 см-дегі мәтін өшип кеткен) ... содан кейін сезіндім. **H**：捉住了 ozmis tigin，俘获他的可敦。从那以后，突厥人就不存在了。在那之后，人民于鸡年感觉到他们的罪恶。**BYD**：我捉住了[乌苏米施可汗]。在那年里我俘获了他的可敦。突厥人民从此以后消亡了。之后，在鸡年（745 年）///（746 年）///。**Ö**：(Ozmış'ı) yakaladım. Hanımını orada (tutsak) aldım. Türk halkı ondan sonra yok oldu. Daha sonra Tavuk yılında (745) ... halkı ... (746) ...

11. 三姓葛罗禄心怀恶意地逃走了。在西方，逃入了十箭。在猪年（747）……将大毗伽都督①

12. 任命为叶护。之后，我的父汗去世了。普通百姓行为……鼠年（748年）……②

---

① **Ra**：存了恶意的三姓葛罗禄（Qarluq），他们逃到了西方十箭部落（On oqa，即西突厥之十姓）。于猪年（天宝六载丁亥，747年）（我击伐他们）……他任命大毗伽都督（Tay-Bilga Tutuk）…… **G（1994）**：三姓葛罗禄（üc qarluq）心怀恶意地逃走了。他们在西方进入了十箭（人民）（即西突厥）（地方）。猪年（即747年）我打造了……把大毗伽都督（tay bilgä tutuq）…… **B**：Üç-Karluk [konfederasyonu] kötü düşünerek kaçtı (kaçıp gitti). Batıda On-Ok [konfederasyonuna] katıldı (girdi). Domuz yılında [onları] vurdum… Bilge Tutuku ... **G**：三姓葛罗禄（üč qarluq）心怀恶意地逃走了。他们在西方进入十箭（人民）的（地方）……猪年，九姓（鞑靼）……把大毗伽督都（tay bilgä tutuq）……**Ba**：Үш Қарлұқ: жабайы (жаман)асып тежей барды:кері Он Оққа:кірді:до//ңыз жылға:...Тай Білге Тұтұқды:... **Me**：Üç Karluklar kötülük tasarlayıp kaçıp gitti. (Onlar) batıda On Oklara katıldılar /sığındılar. Domuz yılında (MS 747)…Tay Bilge Tutuk'u. **Mo**：the Üč-Qarluq ("Three-Qarluqs") contemplated evil (or indulged in hostile thoughts against us), and escaped (or ran away) (from my rule). They entered into (or took refuge in) (the land of) the On-Oq ("Ten-Arrows", i.e. Western Türüks) in the west. In the Pig Year (A.D. 747), nine [totoqs] /// people(?)///Having perceived ///. **E**：Üç Karluk(lar) kötülük düşünüp kaçıp gitti. Batıda On Oklara katıldılar. Domuz yılında (747) bozguna uğrattım <...> (Babam), Tay Bilge Totok'u. **Sa**：Ит жылы үш-қарлук жаман ойлап бөліне кашып. кетті. Батыстағы Он-оққа кірді. Доңыз жылы (747 ж) басып алдым... 112см-дегі мәтін өшіп кеткен) ... халық (104 см-дегі мәтін өшіп кеткен) Тай Білге Тұтүкты. **H**：三姓葛罗禄心怀叵测地逃走，往西进入十箭之地。猪年，九姓鞑靼把大毗伽都督…… **BYD**：三姓葛罗禄心怀恶意（从我统治下）逃走了。在西方，逃入了十箭（之地）。在猪年（747），九位都督///民众///将（某事）觉察后…… **Ö**：... Üç Karluk kötülük düşünüp kaçıp gitti. Batıda On Oklara katıldı (yani Batı Türkleri). Domuz yılında (onları) ezdim (747). Tay Bilge Totok'u ...

② **Ra**：为叶护（Yabghu）。此后吾父可汗死了，平民的行动（?）……多数的军民和马等（?）我把……**G（1994）**：称为叶护（即任为叶护）。以后，我父可汗去世，普通人民做了……我刺杀了…… **B**：[kağan] yabgu olarak atadı. Ondan sonra babam kağan öldü (uçtu). Avam halkının (kara bodunun) tavrı (davranışı?) ... Sıçan yılında… **G**：任为叶护（yabγu）……以后，我父可汗去世，黑民被作为……了。鼠年我刺杀了…… **Ba**：Йабғұ атанды сонда:кейін:ағайыным:қаған:ұшды:қара бүтін (халық):қылын?//тышқан жылға... дым... **Me**：Yabgu atadı. Ondan sonra babam Kağan öldü. Halkın hareketleri … Sıçan yıl(ında) (MS 748)… **Mo**：he (my father, Köl Bilgä Qaγan) nominated (me) as yabγu. After this, my father, the Qaγan, died. /// the actions of(?) the common people, in the Mouse Year ////[We expect around here a(AD.748), ////description of the accession to the throne of Moyanchuo.]///// Tay Bilgä Totoq... **E**：yabgu atadı. Ondan sonra babam kağan öldü. Halkın yaptıkları <...> sıçan yılında (748) <...> aştım? **Sa**：жабғу атады. Қара халык бас коскан тышкан жылы (748 ж) Әкем-каған кайтыс болды. (1 см-дегі мәтін өшіп кеткен). (90см-дегі мәтін өшіп кеткен) сонда сезіндім(18 см-дегі әріп өшкен) ... найзаладым. **H**：任命为叶护。在这之后，我的父王去世了。普通百姓被做……鼠年，我刺杀并抓住了…… **BYD**：他（即磨延啜之父第一代可汗骨力裴罗）任命（我）为叶护。之后，我父可汗去世了。普通民众[进行了//]行动[或：民众的行为的//]。在鼠年（748年），///[该处应为叙述磨延啜可汗即位之内容]///。**Ö**：Yavgu atadı. Daha sonra babam hakan vefat etti. Ona bağlı halkın âdeti ... Sıçan yılında (748) ...

东面：

1. 我捉住了……（初）一…… 抵达 bükgük。月落时，我战斗了，在那里我刺杀了。日落晚霞之时在 bükgük 地方八姓乌古斯、九姓达靼势力[被我]消灭殆尽。初二，日出时分我战斗了。天神、地祇把我的男仆、女婢和百姓[①]

---

① **Ra**：俘虏…囚禁了……连同（?）……那里（?）……在仆角谷（Bukaguk?Burguk?）旁，我追上了他们。晚间阳光沉落的时候，我便作战，并且战胜了。昼间……（他们被冲散了，）可是在夜间又集合起来。于仆角谷地方再没有残留的八姓乌古斯（Sekiz Oghuz）及九姓达靼（Toquz Tatar，即九部室韦）了。月之初二日，日升之时，我战斗，蒙天地之恩宠，我号令着我的人民、我的仆隶与奴婢。**G（1994）**：我俘虏了……（那时）我抵达 buköguk（地方）。晚间，日落时我打了仗。在那里我刺杀了。他们白天逃去，夜间集起。在 bükagük 未留下八姓乌古斯、九姓鞑靼。初二（日）日出时我打了仗…… **B**：tuttum... İlk günde Bükügükte yetiştim. Gece, ışık aşağı inerken (batarkėn) [onlarla] savaştım. [Onları] orada (o zaman) mızrakladım (sançdım). Gündüz bölünmüş [bodun yığını] akşam toplanmış. Bükügükte Sekiz-Oğuz, Dokuz-Tatar [konfederasyonu] kalmadı. [Ayın] ikinci gününde bütün gün [onlarla] savaştım. Köleye, cariyeye [dönmüş] bodunu Tengri ... Güney. **G**：我俘虏了……（初）一……我抵达 bükagük（地方）。晚间，日落时分我打了仗。在那里我刺杀了。他们白天逃去，夜间集起。在 bükägük 未留下八姓乌古斯、九姓鞑靼。初二，日出时我打了仗。天地保佑了我的奴、婢，人民。**Ba**：тұтдым:...бірлесе:...сонда:Бөкегүкде: жеттім:кеше жарық:батар:еркінмен:сүңгілестім (соғыстым):сонда:шаньшдым:күн:/аттырып?:/ түн /өшкілей өшіріліп?/:Бөкүгүкде:Сегіз Оғыз:Тоғыз Татар:қалмады:екі жанаса:күн туысына:сүңгілестім:құлым күңім:бүтін (халық)ды:Тәңірі. **Me**：tuttum...bir… Bükegük'te yetiştim. Akşam hava kararırken savaştım ve (onları) orada yendim. Gündüz ..gece toplanmışlar. Bü[ke]gük'te Sekiz Oğuzlar ve Dokuz Tatarlar kalmadı. İkinci gün tan vaktinde savaştım. Kölelerim, cariyelerim ve milletimi Tanrı… **Mo**：I took /////////on the 1st day of the third month (A.D. 749), I overtook (the enemy) at Bükägük. In the evening when the sun was setting, I fought and defeated (them) there. At Bükägük where the day was [destroyed] and the night was extinguished, the Säkiz-Oγuz ("Eight-Oγuz") and the Toquz-Tatar ("Nine-Tatars") did not remain (or survive). At the dawn of the 2nd day, I started the battle. The heaven-god. **E**：Tuttum. <...> ile <...> o anda (onlara) Bükegük'te yetiştim. Gece, hava kararana kadar savaştım (ve) orada mızrakladım. Gündüz <...>–miş gece (tekrar) toplanmışlar. Bükegük'te Sekiz Oğuz (ve) Dokuz Tatar(lar) kalmadı. İkinci gün güneş doğar doğmaz savaştım. Kullarım, hizmetçilerim ve halkım (için) gök (ve). **Sa**：басып алдым. Осында найзаласып жендім:Үшінші айдың бір жаңасында осында Бүркүге жеттім. Кешке күнбатар алдында татарлармен шайкастым. Осында найзаласып жендім. [Олар] күндіз кашып түнде [есін жинап] топтасып жиналды. Бүркүде сегіз-оғыз, тоғыз-татар [екі ж а қта] қалмады. [Осы айдын) екі жаңасында күн шыға (таңсәріден) шабуылды жалғастыра соғыстык. Тәңірі құлым, күңім халқыма. **H**：当月初一，我到达 bükgük，夜晚时分，我交战、刺杀了。他们白天分散，夜间集中。在 bükgük，八乌古（接下页）

2.（对我）赐予了。在那里我刺杀了。将有罪的首领……（上）天捉给了（我）。我没有抹杀普通民众。我没有掠夺他们的住房和马群。我惩罚（他们）。我原谅并释放他们了。我说道：“你们是我自己的人民啊！”我（又）说道：“你们追随（我）吧。”我留下（他们）走开了。（可是）他们没有来。（我）又①

（续上页）斯、九鞑靼没有留下。当月初二日出时分，我交战了。天地庇护我的男仆、女婢和百姓。**BYD**：我捉住了。///在（749 年）三月一日，在 Bükägük 地方，我追赶上了（敌人）。傍晚日落时分，我战斗了，在那里，我获胜了。在白昼被划破，夜晚被淹没的 Bükägük 地方，未留下八姓乌古斯、九姓达靼。在（那个月）二日，日出时分我战斗了。民众（就）是我的奴婢一天。**Ö**：yakaladım ... bir ... oradan Bükgük'e ulaştım. Akşam güneş batar iken savaştım. Orada mızrakladım. Güneş toplanmış, akşam (da) derilmişti. Bükgük'te Sekiz Oğuz, Tokuz Tatar'dan (eser) kalmamış. Ayın ikinci günü güneş doğar iken savaştım. Kölelerim, cariyelerim, halkım (adına) gök.

① **Ra**：我在此战胜了。那有罪的武士们，天交付于我，把他们囚禁起来，但是一般平民百姓，我则未加毁灭，即便他们的房舍园庭和马群，我亦不搜劫侵掠的。我命令人们责罚他们，并且使他们生存着。于是我就撇开了他们。我说“你是我自己的人民。随我来吧！”随后便离开了他们而上路了。可是他们并没有跟着来。又一次…… **G（1994）**：上天及大地（神）保佑了我的奴婢、人民。我在那里刺杀了。（把）有罪的首领……上天捉给了（我）。（但）我没有消灭普通的人民。我没有抢掠其住房和马群。我惩罚（他们），（但）让他们（如以前一样地）生活。“（你们）是我自己的人民，“——我说——”随（我）来吧！”——我说。我留下（他们）走了。（但）他们没有来。我又…… **B**：toprak (yer(i)?), durum(u)? yönetmeye izin verdi (berdi). Orada (o zaman) [onları] mızrakladım (sançdım). Suçlu soyluları (atlıları?) ... Tengri tutmaya izin verdi (verdi). Avam halkını (kara bodunu) mahvetmedim (yok etmedim). Evini, barkını, at sürüsünü yağmalamadım, fakat ceza verdim (söyledim). [Onları] ayağa kaldırdım, kendi bodunum[sunuz] dedim. [Onlara] "[beni] izleyerek gelin! dedim. [Onları] bırakıp gittim. [Onlar] gelmediler, [onları] öncekiler" gibi. **G**：我在那里刺杀了。（把）有罪的首领……上天捉给了（我）。（但）我没有消灭普通的人民。我没有掠夺其住房和马群。我惩罚了（他们），（但）让他们（如前一样地）生活。“（你们）是我自己的人民，——我说随（我）来吧！”——我说。我留下（他们）走了。（但）他们没有来……我又…… **Ba**：жер:білік:берді:шанышдым:жазықты атты... Тәңірі:ұстай берді:қара:иілген:бүтін (халық)ты жоқ қылмадым:үйін барықын жылқысын:жұлмадым: қиындық айттым:тұрақты құтым:өз бүтін (халық)ым:дедім: сөйтіп:келсін дедім:қозып бардым:келмеді:тағы. **Me**：Yer emretti. Orada mızrakladım. Günahkâr adlı Tanrı tutuverdi. Sade İ(z)gil halkını yok etmedim. (Onların) yurtlarına, at sürülerine dokunmadım. Cezalarını emrettim. (Sonra) (onları) oldukları gibi bıraktım. (Onları) kendi haikım olarak kabul ettim. "(Ey halkım) gelin" dedim. (Onları) yalnız bırakıp gittim. (Ama) (onlar) gelmediler. Tekrar. **Mo**：and the earth-god deigned to tell (me) that the (Turkic) people were my (i.e. the Qaγan's) slaves. There I defeated (them). The ***** heaven-god deigned to catch the sinful notables (for me). I did not extinguish (or destroy) the（接下页）

3. 追赶（他们）。在 burγu 地方，我追上了（他们）。在四月九日，我交战，刺杀了。我掳走他们的家畜、财产、姑娘、妇女。五月，（剩下的）跟着他们来了。八姓乌古斯、九姓达靼全来了。我在色楞格（河）之西、在 yïlun qol 之南，直到 šïp 河源，我布置了军队。①

（续上页）ordinary common people. I did not pluck out (or take up) their tents, household goods or live-stock. I prescribed (their) punishment. (However) I made (them) stand up and settled (them in daily life). I told (them), "(You), my own people!" and "Come and follow (me)". I left (them) alone and went away. (But) they did not come. I pursued (them) as before. **E**：yer buyruk verdi, orada mızrakladım. Günahkâr süvarileri <...> (ebedî) gök tutuverdi. Sade halkı (avam) yok etmedim. Evini, barkını (ve) at sürülerini yağmalamadım. Cezalarını söyledim (tebliğ ettim). Oldukları gibi bıraktım. "Kendi halkım" dedim. "Gelin (bana katılın)" dedim. (Öylece) koyup bıraktım. Gelmedi(ler). Tekrar. **Sa**：аян береді. Осында шайкасып жендім. [Олардың] құрметтісі (басшысы) жазыкты Ұз-Ұ дырды Тәңір менің колыма берді. Қарапайым халыққа тиіспедім. Ебін (кауымдаскан үлкен база), гибадатханасын, жылкыларын талқандап тартып алмадым. [Оларға] қатты ескерттім. [Аягынан] тік тұрғыздым (7). Менің өз халкым дедім. Артымнан ертіп келіндер дедім. [Өзен бойлап] ылдилап кеттім. [Артымнан] келмеді. [Содан] кайта кайрылып. **H**：在那里我刺杀了。我抓住有罪的头领。我没有毁灭普通的人民。我没有掠夺他们的住房和马匹。我惩罚他们，让他们在原地。我说："你们是我自己的人民，追随我来吧。"我留下了，但他们没有来。**BYD**：地（神灵）（对我）指示说。在那里，我获胜了。将有罪的首领，///（上）天捉给了（我）。我没有抹杀普通民众。我没有掠夺他们的帐幕、家财、家畜。我命令给（他们）肉体惩罚。（但）我扶持了他们。我说道："我自己的人民啊！"我（又）说道："你们跟（我）来吧。"我留下（他们）走开了。（可是）他们没有来。（我）和以前一样。**Ö**：(ve) yer (öyle) emretti, (onları) orada mızrakladım. Yoldan çıkmış (= kabahatli) süvarileri ... Tanrı yakaladı. Ahaliye dokunmadım, malını mülkünü, sürüsünü yağmalamadım. Onlara ceza verdim, affettim, "kendi halkım" dedim, "(beni) takip edin" dedim. Bırakıp gittim. Gelmedi(ler). (Oraya) tekrar.

① **Ra**：我追逐他们，并且在不尔护（Burghu）遇上了他们。四月初九日，我战胜了。我俘获了他们的马，他们的家畜，他们的女儿和少女，我把他们带走了。在五月的时候，他们才跟随我来。八姓乌古斯与九姓达靼全都一起来了。那末便自仙娥河之西伊伦（Yilun qol）河之南，直到习泉（Šip-baš），都设置我的军队。**G（1994）**：追赶。在 Burghu（地方）我追上了（他们）。四月初九（日）我打了仗，在那里刺杀了。我抢来了他们的马群、财物、姑娘、妇女。五月，他们跟来了。八姓乌古斯、九姓鞑靼全都来了。在色楞格（河）西，yilun 河南，直到 šip 泉，我布置了军队。**B**：peşlerinden gittim. Burguda [onlara] yetiştim. Dördüncü ayın dokuzuncu gününde [onlarla] savaştım. [Onları] mızrakladım. At sürüsünü (sürülerini), varlık(lar)ını, kız(lar)ını, kadın(lar)ını getirdim. Beşinci ay[da beni] izleyerek geldi(ler). Sekiz-Oğuz ve Dokuz-Tatar [konfederasyonu] geride kimse kalmaksızın geldi. Batıda (arkada) Selengadan, güneyde Yılun-Kol'dan Sıngar-Şıp başına（接下页）

4. 他们侦查着到 kärgü、saqïš 及 šïp 河源而来。他们布置军队直到色楞格河。（749 年）五月二十九日我交战了。在那里刺杀了。我将（敌人）挤到色楞格（河）战胜了。我错过了（敌人）。他们的多数沿着色楞格（河）向下方（逃）去。我渡过色楞格（河），追踪进军。在战斗中俘获（敌人），

（续上页）kadar çeri düzenledim. **G**：追赶（他们）。在 burγu（地方）我追上了（他们）。四月初九日，我打了仗，在那里刺杀了。我获得了他们的马群、财物、姑娘、妇女。五月，他们跟来了。八姓乌古斯、九姓鞑靼全都来了。在色楞格河西，yïlun 河南，直到 šïp 河源，我布置了军队。**Ba**：едім:Бұрғұда жеттім:төртінші ай:тоғыз жаңасына:сүңгілестім:шанышдым:жылқысын:барлығын:қызын:әйел -құтанын:келтірдім:бесінші ай:ұтқылай келді:Сегіз Оғыз:Тоғыз татар:қалмады:келді:Селең+геден:Йылұн: -қол:бірден:сыңар:Шып басына:тие:шерік (жауынгер) итердім. **Me**：Burgu'da yetiştim / ulaştım. Dördüncü ayın dokuzuncu gününde savaştım；mızrakladım. At sürülerini, mallarını, kadınlarını kızlarını getirdim. Beşinci ay takip ederek geldiler. Sekiz Oğuzlar, Dokuz Tatarlar tümüyle (bana) geldi. Yılun Kol'un (Irmak) güney yanındaki Şıp Başı Selenge'nin batisından bölgesine kadar asker yerleştirdim. **Mo**：and caught up (with them) at Burγu. On the 9th (or 29th) day of the 4th month (A.D. 749), I fought and defeated (them). I carried off their livestock, movable posessions, (unmarried) girls and widows. In the 5th month, they came to follow (me). (The people of) the Eight-Oγuz and the Nine-Tatars came entirely over (to me). I set the army in the west of (the river) Sälänä as far as the river-head area of Šip on the south side of Yilun-Qol. **E**：Ulaştım. (Onlara) Burgu (Irmağı)'da yetiştim. Dördüncü ayın dokuzuncu gününde savaştım, mızrakladım. At sürülerini, varlıklarını, kızlarını ve karılarını getirdim. Beşinci ay, izleyerek geldiler. Sekiz Oğuz (ve) Dokuz Tatar(lar)dan herkes geldi. Selenge'nin batısında Yılun–Kol'un güney ucundan Şıp (Irmağı'nın) kaynağına kadar asker konuşlandırdım. **Sa**：келдім. Бұрғуда (8) куып жеттім. Төртінші айдын тоғыз жанасында шайқастым. Сонда жендім. Жылкысын, дүние-мүлкін, қызын, кодасын (сарлык) тартып алдым. Бесінші айда [олар] еріп келді. Сегіз-оғыз (9), тоғыз-татар (10) [бірі де] калмастан барлығы келді. Селенгі солтустігіндегі Жылан-қолдың алдыңғы жағындағы [тау бөктерінен] Шып-басына дейін шеріктерді орналастырдым. **H**：我再次追赶他们，来到 burgu。四月初九我交战，刺杀了。我掳走他们的马匹、财富、姑娘和妇女。五月他们都追随我而来，连八乌古斯、九鞑靼也未留下来。从色愣格以西 yïlun qol，直到南边之一的支流源头，我都派了军队。**BYD**：追赶（他们）。在 burγu 地方，我追上了（他们）。在（749 年）四月九日（或：二十九日），我战斗了，我获胜了。我带来了他们的家畜、财产、姑娘、妇女。五月，他们跟来了。八姓乌古斯、九姓达靼一个不剩地来了。在色楞格（河）之西、在 yïlun qol 之南，直到 šïp 河源，我布置了军队。**Ö**：döndüm. Burgu'da (onlara) yetiştim. Dördüncü ayın dokuzunda (onlarla) savaştım, mızrakladım (749). Sürüsünü, malını, kızlarını, hanımlarını alıp getirdim. Beşinci ay, geri kalanları da bunları takip edip geldiler. Sekiz Oğuz, Tokuz Tatar'dan (geride hiç kimse) kalmaksızın geldi. Selenge'nin batısında Yılun Kol'un güney tarafına, Şıp Başı'na kadar asker yerleştirdim.

（从中）派遣十人（到敌方传话）。①

① **Ra**：他们越过契俱（Kergü）、索结什（Saqiš）（?）及习泉而来。……遣战士直上仙娥河，五月之二十九日，我战斗而且获胜了，压迫敌人回到了仙娥河，把他们全部冲散了，还有大多数人沿着仙娥河向下流逃去。我渡过了仙娥河，便追在他们后边。在战斗中，我擒住十个人并且又送还他们。**G（1994）**：他们经 Kirgü、Saqïš 及 šïp 泉而来……直到色楞格河，他们布置了军队。五月二十九日我打了仗。在那里刺杀了。我（把他们）挤到色楞格河并刺杀了。我击溃了（他们）。他们中的大多数沿着色楞格河下游逃去。我渡过色楞格河继续追赶。在战斗中俘获了十人。我派（他们去传达我的诏谕）。**B:** Kergüyü, Sakışı, Şıp başını dolanıp geldi. [Ordunun] ucu Selengaya kadar [ulaştı]. Savaş düzenine soktum. Beşinci ayın yirmi dokuzunda [onlarla] savaştım. Orada (o zaman) [onları] mızrakladım. [Onları] Selengaya sıkıştırarak mızrakladım, dağıttım. Çoğu Selenga boyunca aşağıya doğru gitti. Ben Selengayı geçerek [onları] izleyerek hareket ettim. Savaşta yakalanmış on eri [yanlarına?] gönderdim. **G**：他们经 Kirgü、Saqïš 及 Šïp 河源而来……直到色楞格河，他们布置了军队。五月二十九日我打了仗。在那里刺杀了。我（把他们）挤到色楞格河并刺杀了。我击溃了（他们）。他们中的大多数沿着色楞格河下游逃去。我渡过色楞格河继续追赶。在战斗中俘获了 10 人。我派（他们去传达我的诏谕）。**Ba**：Керүгді:Шақышты:Шып басы:көре:келді:алты ұшы:Селеңгеге тие:шерік - (жауынгер) итерді:бесінші ай тоғыз:отызға:сүңгілес:тім:сонда шанышдым:Селеңгеге:сыға шанышдым: жазаладым:өңшең көбі:Селеңге:қозып:барды:мен:Селеңге:кеше:ұтқылай:жорттым:сүңгілесте: тұтып:он ер (батыр) жібердім. **Me**：Keregü'yü, Sakış'ı, Şıp Başı'nı yürüyerek geldi(ler)... Selenge'ye kadar asker yerleştirdi(ler). Beşinci ayın yirmi dokuzunda savaştım. Orada mızrakladım. Selenge'ye sıkıştırarak mızrakladım. (Orayı) dümdüz / yerle bir ettim. Çoğu Selenge boyundan aşağı doğru gitti. Ben Selenge'yi geçerek takip ettim. Savaşta on eri tutarak gönderdim. **Mo**：They (the enemy) came ***** and calculatively scouted the river-head area of Šïp. The ayγuči deployed(?) the army up to (the river) Säläŋä. On the 29th of the 5th month (A.D. 749), I fought and defeated (the enemy) there. I drove (the enemy) into the (edge of the river) Sälänä, and I defeated (them). I supressed (them) (lit.:made flattened). Many of them went down the Säläŋä. I crossed the Säläŋä and marched pursuing (them). I captured (some of them) in a battle, and I sent ten men (out of them as messenger). **E**：(Düşman), Kergü, Sakış ve Şıp (Irmağı'nın) kaynağını görerek? geldi <...> ucu, Selenge'ye kadar asker konuşlandırdı. Beşinci ayın yirmi dokuzunda savaştım. Orada mızrakladım. Selenge'de sıkıştırıp mızrakladım. (Orayı) dümdüz ettim. Birçoğu Selenge'nin aşağısına doğru gitti. Ben Selenge'yi geçip izleyerek ilerledim. Savaşta (onlardan bazılarını) ele geçirip, (bunların içinden) on adamı (haberci (elçi?) olarak) gönderdim. **Sa**：Көріп келділер (ізшілер), сакшылар Шып-басын сүзіп келді. Алтын ұшынан (тұмсығынан) Селеңгіге дейін шеріктерді орналастырдым. Бесінші айдың тоғыз жаңасында соғысып, сонда жеңдім. Селеңгі дариясына карай камап кысып талкандадым. [Осылайша] Селенгіде жазым еттім. Көбісі Селенгіні ылдилай кетті. Мен Селеңгіні кешшіп өтіп, артынан куа жорық жасадым. Соғыста оларды тұткындап, он азаматын (ерін) [о дүниеге] жібердім.（接下页）

5. 我说道："因为大毗伽都督的卑鄙，因为一两个首领的卑鄙，我的普通人民，你们遂遭死亡和苦痛。倘若重新服属（于我），你们将不会遭到死亡和苦痛！"我（还）说道："（你们）和以前一样，（为我）出力吧！"我等了两个月，（可是）他们没有来。（749年）八月一日，我说："进军吧！"当帅旗正要出征时，①

（续上页）**H**：他们从 kärgün、saqïšïn、šïp 源头出征……直到色愣格河都派了军队。五月二十九日我交战了。在那里我刺杀了。我冲向色愣格河，将此夷为平地。多数人沿着色愣格河跑了。我渡过色愣格河追赶他们。在战斗中，我派人俘获十个敌人。**BYD**：他们（敌人）*****心怀叵测，侦查着到 šïp 河源而来。（我的）顾问官直到色楞格（河）布置好军队。(749年）五月二十九日，我战斗了。在那里，我获胜了。我将（敌人）挤到色楞格（河）战胜了，我平定了（敌人）。他们的多数沿着色楞格（河）而下。我渡过色楞格（河），追踪进军。在战斗中俘获（敌人），（从中）派遣十人（到敌方传话）。**Ö**：Kergü, Sakış ve Şıp Başı üzerinden bakınarak geldiler .....uçı Selenge'ye kadar asker yerleştirdi. Beşinci ayın yirmi dokuzunda savaştım, orada mızrakladım (749). Selenge'de kıstırıp mızrakladım, dümdüz ettim. Çoğu Selenge'den aşağı doğru (kaçıp) gitti. Ben Selenge'yi geçip takip ederek gittim. Savaştım (onlardan bazılarını) esir alıp on kişiyi (tekrar onlara) yolladım.

① **Ra**：我令人向他们晓谕着说："因为大毗伽都督是恶劣的人，因为一个或两个武士是恶人，我的平民，你们，遂遭死亡和苦痛。你们转来服从我吧!你们是不应受死伤的!"并且更说："再给我以你们的帮助和力量吧!"我这样等待了有两个月，然而他们并没有来。我说："在八月初一日，我将要和你们开战。"到了军旗应当出动的时候…… **G（1994）**："由于大毗伽都督的恶劣，由于一两个首领的恶劣，我的普通人民，你们死亡了。重新内属（于我）吧!（那时）你们就不会死亡!"——我说了。"你们重新（为我）出力吧!"——我说了。我等了两个月，（但）他们没有来。八月初一日，我决定出兵攻打。当帅旗正要出发时…… **B**：Tay Bilge Tutuk kötü (niyeti) nedeniyle, bir-iki soylunun (atlının?) kötü niyeti nedeniyle avam halkım mahvoldun (öldün), yittin. Yine [devlet sınırlarının içine gir!] Ölmeyecek, yitmeyeceksin! dedim. Daha öncekiler gibi işini gücünü (eşliğini ve gücünü) ver! dedim. İki ay bekledim. Gelmedi(ler). Sekizinci ayın birinci gününde ordu yürüsün!, dedim. Tuğu açarken (?)... **G**："由于大毗伽都督的恶劣，由于一两个首领的恶劣，我的普通人民，你们死亡了。重新内属（于我）吧!（那时）你们就不会死亡!"——我说了。"你们重新（为我）出力吧!"——我说了。我等了两个月，（但）他们没有来。八月初一日，我决定出兵攻打。当帅旗正要出发时…… **Ba**：Тай Білге:Тұтық:жабайын (жаман):үшін:бір екі атты:үшін:қара:бүтін(халық)ым:өлдің:жеттің:жаңа іші өлмеші:жетпесі:сен дедім:игі (жетерінше):істі:күшті:бергей:дедім:екі ай күттім:келмеді:сегізінші ай:бір жаңасы:сүңгі жорытайын:дедім:ту:тасушы тасқыр:ерікті. **Me**：Tay Bilge Tutuk'un ve bir iki ün sahibi kişinin kötü uygulamaları yüzünden (ey) halkım! öldün, mahvoldun. Bana yeniden tabi olun! (O zaman) ölüp yok olmazsınız dedim. Önceden olduğu gibi bana hizmet edin dedim. İki ay bekledim (ama) gelmediler. Sekizinci ayın birinci günü "Ordu sevk edeyim" （接下页）

6. 先锋回来了。他说："敌人将至。"敌人与首领一起进军而来。八月二日，在 ačïγ altïr 湖沿着 qasuy（河）和敌人交战，刺杀。从那里，我继续追击。该月十五日，在 käyrä bašï 及 üč birkü，我和达靼打了几次仗。一半人民①

（续上页）dedim. (Tam ordumun) sancağı çıkarılırken. **Mo**：I said, "Because of the wickedness of Tay Bilgä Totoq, and because of the wickedness of one or two notables, my common people!, you hadt o die or got lost, submit (to me) again. (Then) you will not die or get lost." I said, "Serve me as before." I waited for two months but they did not come. On the 1st day of the 8th month (A.D. 749), I said, "I will set out with the army." At the very moment when the standard (of my army) was going to set out. **E**：Tay Bilge Totok kötülük düşündüğü için, bir iki süvari de kötülük düşündüğü için (ey) halkım! "Öldün, mahvoldun. Tekrar tâbi olursan, ölmezsin, mahvolmazsın" dedim. "İşini gücünü ver" dedim. İki ay bekledim (ancak) gelmedi(ler). Sekizinci ayın birinci günü "asker sevkedin" dedim. Tuğu dışarı çıkaracak iken. **Sa**：Тай Білге тұтұктың опасыздығы үшін бірнеше атактыларының ұждансыздығы. үшін карапайым халык өлдін, жіттің, қайта өлмеші, жітпеші дедім. [Маған] кайтадан ісінді, күшінді бергейсіндер дедім. Екі ай күттім келмеді. Сегізінші айдың бір жаңасында қол аттандырай ы н дедім. Дәл осы кезде ту толкытып. **H**：因为大毗伽都督的居心叵测，因为一两个首领的邪恶用心，我的普通百姓们，你们死去了。我说："倘若重新内属，你们将不会死去，你们重新为我出力吧。"等了两个月，他们没有来。八月初一，我说："让我们出征吧。"当帅旗正要出发时…… **BYD**：我说道："因为大毗伽都督的卑鄙，因为一两个首领的卑鄙，我的普通人民，你们死亡，你们迷途。重新服属（于我），你们（就）不会死亡，不会迷途!"我（还）说道："和以前一样，你们（继续）服侍我吧!"我等了两个月，（可是）他们没有来。（749 年）八月一日，我说："进军吧!"当帅旗正要出征时…… **Ö**：Tay Bilge Totok ile önde gelen bir iki kişinin hatası yüzünden halkımdan kayıplar verildi, ölenler oldu. "Sen yine bağımlı olsan da ölmeyecek, yok olmayacaksın" dedim. "Tekrar hizmet et" dedim. İki ay bekledim, gelmedi. Sekizinci ayın ilk günü orduya hareket edin dedim(749). Tuğ çekilir iken.

① **Ra**：他们的前锋队来到了。他们说"我们是来作敌人的"。他们的指挥官在对面向着我作敌意的出动而来。八月二日，在职乙至（Cighiltir?）湖我渡过了可须（Qasuy），便战斗起来，并且在此得胜。在这里我尾随着攻击他们。同月十五日，棕山三苾俱傍我与达靼作遭遇战，击溃了他们。**G（1994）**：探马一人前来报告说："敌人将至。"其首领充满敌意地到来。八月初二日，在咸湖（Altïr），我越过 Qasuy 作了战。我在那里刺杀了。我在那里继续追击。该月十五日，在 Käyrä 泉及三 birkü（地方），我与鞑靼人打了一大仗。一半人民…… **B**：atlı [öncü kuvvet(ler)] geldi[ler]. Düşman geliyor, dedi[ler]. Düşman ile baş [lar]ı [da] geldi (ilerleyerek geldi). Sekizinci ayın ikinci gününde Çïgïldïr gölünde Aksuy [Kasuy?] [yanından] dolanarak [onlarla] savaştım. Orada (o zaman) [onları] mızrakladım (ançdım). Orada (o zaman) [onları] izleyerek dolaştım. O ayın on beşinde Keyre başında, Üç-Birküde Tatarlarla sert bir savaş yaptım. Bodunun yarısı. **G**：探马一人前来报告说："敌人（接下页）

7. 服属（于我），（另）一半人民逃入……了。我还是在那里驻扎了。我在于都斤山南侧过冬。（我）摆脱敌人而安心了。我赐予我的两个儿子叶护和设的称号，派他们去（统治）达头（部）和突利施（部）人民。之后，在虎年（750 年），我向鞠（族）进军。二月十四日，在

（续上页）将至。”其首领充满敌意地到来；八月初二日，在 čïɣïltïr 湖，我越过 qasuy 作了战。我在那里刺杀了。我在那里继续追击。该月十五日，在 kayra 河源及三 birkü（地方），我与鞑靼人打了一次乱仗。一半人民……**Ba**：Желме:ері:келді:жауы:келер:деді: жаудың басы:жорып: келді:сегізінші ай:екі жаңасы: Чығылтар:көлде:қарсы кезіге: сүңгілестім: сонда:шанышдым:сонда:ұтқылай: жорытттым:ол ай:бес жиырмасына: Кейре: басы Үш Біркүде:Татар:ірлесе:ақты: тоқытдым:сыңары:бүтін (халық). **Me**：keşif birliğinin eri geldi. “Düşman…” dedi. Düşmanın komutanı yürüyerek geldi. Sekizinci ayın ikinci günü Çıgıltır Gölü’nden Kasuy (Irmağı boyunca) yürüdüm ve orada (onlarla) savaşıp yendim. Oradan (onları) kovaladım. Aynı ayın on beşinci günü Keyre Başı’nda Üç Birkü’de Tatarlarla şiddetli bir şekilde savaştım ve (onları) yendim. Halkın yarısı. **Mo**：reconnoitring men came in. They said, “The enemy is coming.” The commander marched with the enemy and came near. On the 2nd day of the 8th [month], I marched along (the river) Qasuy from the lake čïɣïltïr, and fought and defeated (them) there. From there I chased (them). On the 15th day of the same month, we (lit.:‘I’) fought a jumbling battle with the Tatars and beat (them) at Üč-Birkü in the river-head area of Käyrä. Half of the people. **E**：Öncü birliğin askeri geldi. “Düşman geliyor” dedi. Düşmanın başı ilerleyerek geldi. Sekizinci ayın ikinci gününde Çıgıltır Gölü’nden Hanuy(?) Irmağı (boyunca) ilerlerken savaştım, orada mızrakladım (ve onları) kovaladım. O ayın on beşinde Keyre (Irmağı’nın) kaynağı (ile) Üç Birkü’de Tatarlarla şiddetli bir savaşa tutuştum. Halkın yarısı. **Sa**：тыңшылар келді. Жаулар келе жатыр деді. Жаудын баскы легі шабуылдап кслді. Сегізінші айдын скі жанасында тұзды Алтыр көлде (11) каша соғыстым. Сонда найзаласып, сонда өкшелей куалап соғыстым. Сол айдын он бесі күні Кейре басында (Керулен дариясының басында) Ү-Бүркүде татарлармен катты соғысып жендім. Халқының жартысы маған. **H**：前锋来到，他说：“敌人将到。”充满敌意的敌酋来了。八月初二，我在 čïɣïltïr 湖渡过 qasuy 和敌人交战，刺杀。我在那里追击敌人。当月十五日我在 Käyrä 源头 birkü，和鞑靼人一起狠狠地打击敌人。**BYD**：探子回来了。他说：“敌人将至。”敌人首领兵丁一同进军而来（原文为“其首领与敌人一起进军而来”）。八月二日，自 čïɣïltïr 湖（或：ačïɣ altïr köl“盐碱地带的延侄伽湖畔”）沿着 qasuy（河）前进，我战斗了。在那里，我获胜了。从那里，我追踪进军。该月十五日，在 Käyrä 河源的三毕尔库（Üč-Birkü），我和达靼（族）混（战），我打败了（他们）。一半人民…… **Ö**：öncü askerler geldi, “düşman geliyor” dedi. Komutanları ile ilerleyerek geldi. Sekizinci ayın ikisinde Çıgıltır Gölü’nde Kasuy boyunca ilerleyerek savaştım, orada mızrakladım. Oradan takip ederek devam edip ilerledim. O ayın onbeşinde Keyre Başı ile Üç Birkü’de Tatarlar ile çok şiddetli bir şekilde çarpıştım. Halkın yarısı.

剑河（河畔）①

---

① **Ra**：人民的一半投降了；其他一半来到……此次战后，我便转回休息。我在乌德犍（Otükan）旁过冬。我完全摆脱敌人而心中自由了。我赐给我两个儿子以叶护和设（šad）的称号。我给他们以达头设（Tarelus）与突利失（Tölis）的人民。作此完毕，我便于虎年（天宝九载庚寅，750 年）出征炽俟（čik）人。二月十四日，我在剑河（käm）作战。**G（1994）**：内属了，一半人民进入，从那里我返回了。我在于都斤山麓过了冬，我摆脱了敌人，过着自由（生活）。我赐予我的两个儿子以叶护和设的称号。我让他们统治达头及突利失人民。这以后，在虎年（即 750 年）我出兵打 čik 人。二月十四日，我作战于剑河。**B**：bağımlı oldu ([devlet sınırlarının içine] girdi), bodunun [öbür] yarısı ... [devlet sınırlarının içine] girdi. Oraya (o zaman) yine yerleştim. Ötükenin kuzey bölümünde kışladım. Düşmandan kurtulmuştum (?). İki oğluma yabgu ve şad ünvanlarını verdim. [Onları] Tarduş ve Tölüs bodununa atadım ([onları] verdim). Böylece Kaplan yılında Çike oğru hareket ettim. İkinci ayın on dördünde Kem [irmağında][devlet]. **G**：内属了，一半人民进入……从那里我返回了。我在于都斤山北麓过了冬，我摆脱了敌人，过着自由（生活）。我赐予我的两个儿子以叶护和设的称号。我让他们统治达头及突利施人民。这以后，在虎年我出兵攻打 čik 人。二月十四日，我们作战于剑河。**Ba**：бүтін (халық):... кірді:сонда:жаңа:түстім Өтүкен:Йышыны:қыстадым:жаудан:босана:босана алдым:екі ұлыма:Йабығу:Шад ат -(атақ) бердім:Тардұш:Төлес:бүтін (халық)қа:бердім:сөйтіп:барыс:жылға:Чек таман:жорыттым:екінші ай төрт:жиырмасына:Кемде. **Me**：tabi oldu. Bir kısım... girdi. Oradan yine döndüm. Ötüken'in güney (yakasında) kışladım (kışı geçirdim). Düşmanımı savıp kurtuldum. İki oğluma "Yabgu" ve "Şad" unvanı verdim. (Onları) Tarduş ve Tölis boylarına (yönetici olarak) görevlendirdim. Bundan sonra Kaplan yılında (MS 750) Çiklere doğru yürüdüm. İkinci ayın 14. günü (onları) Kem'de (Kem Irmağı'nın kıyısında). **Mo**：surrendered (to me) and half of the people entered [into] *****. I turned back from there and dismounted (to settle down). I spent the winter on the north side of the Ötükän (mountains). I got rid of the enemy and became free. I gave my two sons the title of yabɣu and šad. I gave them to the people of the Tarduš-section and of the Tölis-section (as their leaders). So much for that, in the Tiger Year (A.D.750), I marched towards the Čiks. On the 14th day of the 2nd month, I beat (them) at the (riverside of) Käm. **E**：Tâbi oldu. (Diğer) yarısı da <...>–a girdi. Oradan yine geri döndüm. Kışı Ötüken'in kuzeyinde geçirdim. Düşmandan kurtulup rahatladım. İki oğluma yabgu (ve) şad unvanları verdim. (Onları) Tarduş ve Tölis boylarına (yönetici olarak) tayin ettim. Sonra pars yılında (750) Çiklere doğru yürüdüm. İkinci ayın on dördünde Kem (Yenisey) Irmağı'nda. **Sa**：берілді, жарты халкы [Кытанга] (Киданға) кірді. Сөйтіп, согыстан қайтып келдік. Өтүксн шебін (12) қыстадым. Айналамыздағы жаулардан босана азат болдык. Екі ұлыма жабғу және шад атак бердім. Тардуш (оң қанат), төлес (сол канат) халкына басшылык етуге бердім. Сөйтіп, барыс жылы (750 ж) Чиктерге карай жорык жасадым. Екінші айдың он төртінші күні Кемде. **H**：其人民中的一部分内属于我，另一部分人进入……qa。在那里我又返回，我在于都斤山麓过冬。摆脱敌人，我自由地生活。我把叶护、设的名号给了两个儿子。我把达头、突利斯人民给了他们。就那样，虎年我向 čik 人征战了。二月十四日。**BYD**：服属（于我），一半人民逃入曲漫山林（接下页）

8. 我攻击（他们）。在那……在铁兹（tez）河源，在 qasar 之西，我令人在那里建了牙帐。我令人在那里扎篱笆。我在那里度过了夏季。我在那里划定了边界。我令人在那里制作了我的印记和碑文。之后，那年秋天，我向东进军。我让达靼（族）提心吊胆。兔年（751 年）①

（续上页）里了。我从那里返回下马（歇了兵）。在于都斤山北侧，我越了冬。（我）自敌人解放了自己，我自由了。我给我的两个儿子叶护和设的称号，我（把他们作为最高统帅）赠予达头（部）和突利施（部）人民。之后，在虎年（750 年），我向鞠（族）进军。二月十四日，在剑河（河畔）。**Ö**：tabiyetime girdi, halkın diğer yarısı ... girdi. Oradan tekrar geri döndüm. Ötüken'in güneyinde kışı geçirdim. Düşmanlardan kurtulup rahat bir nefes aldım. İki oğluma Yavgu ve Şad unvanları vererek onları Tarduş ve Töliş halklarına gönderdim. Böylelikle Kaplan yılında Çiklere doğru sefer ettim (750). İkinci ayın ondördünde Kem'de.

① **Ra**：同年（?）……（他们投降了?）……我于此令人们修葺我的伟丽的宫殿，我令人们树立了界石，并且我在那里过夏。我定了界限，令人们编制皇室徽号及我的手泽。作此以后，于同年秋季我出发东境。我令人们向达靼人那里颁发我的旨意（?）。兔年（天宝十载辛卯，751 年）五月…… **G（1994）**：同年，我令人（在于都斤山西麓），在铁兹（Täz）河上游建立了 Qasar Qordan 汗庭，并命人建造了围墙。我在那里过了夏天。我在那里确立了疆界。我命人制作了我的印记和诏谕。这以后，那一年秋天，我向东出兵，我问罪于鞑靼人。兔年（即 751 年）。**B**：[onları] vurdum. Tez başında orada (o zaman).. Kasar[dan] batıda, tahtı [karargahi] orada [o zaman] kurdum. Çiti orada (o zaman) çevirdim. Orada (o zaman) yayladım. Sınır[ı] orada (o zaman) çektim. Damgamı ve yazıtımı orada (o zaman) hazırlattım. Böylece o yılın güzünde doğuya (ileriye doğru) [orduyla] hareket ettim. Tatar[lar]ı konuşturdum. Tavşan yıl[inda] ... **G**：同月……内属了，我令人（在于都斤西麓），在铁兹（täz）河源，在 qasar 西方建立了汗庭，并命人建造了围墙。我在那里过了夏天。我在那里祭了天。我命人制作了我的印记和诏谕。这以后，那一年秋天，我向东出兵，我问罪于鞑靼人。兔年。**Ba**：ұрыстым:ол ай ... сонда:Тез басында:Қашар кері жақтан: орданы:сонда:еттірдім:чыт (құрылыс)? сонда:тоқытдым:жаз сонда:жағаластырдым: білгенімнен:бітігімнен сонда:жараттырдым:сөйтіп:ол жыл:күзден ілгері:жорыттым: Татарды:жапырдым:қоян:жылы. **Me**：yendim. Aynı y[ıl]. tahtımı Tes Başı Bölgesi ve Kasar'ın batısında kurdurdum. Çit(im)i (orada) yaptırdım. Yazın orada yayladım (yazı geçirdim). Sınırı orada tayin ettim. Damgamı ve yazıtımı orada yazdırdım. Bundan sonra aynı yılın güzünde doğuya doğru yürüdüm. (Daha önce bana tabi olmayan) Tatarları(n diğer kısmını) cezalandırdım. Tavşan yılı(nın) (MS 751). **Mo**：[On the ***th day] of the same month, I had (my) throne set up there at the western extremity of the Ötükän (mountains), at the river-head area of the Tez, and to the west of Qasar. I had a stockade driven into the ground. In summer, I settled our summer camp there. I fixed the frontier (of my realm) there. I had my sign and memorial record inscribed there. So much for that, in the autumn of that year, I marched eastwards. I compelled the Tatars to inquiry. **E**：Bozguna uğrattım. O yıl içinde <...> tâbi oldu. Orada <...> Tes Irmağı'nın kaynağında (ve) Kasar'ın batısında tahtımı kurdurdum, çiti orada vurdurdum. Yazı orada geçirdim. (Karargâhımın) sınırlarını（接下页）

9. 五月……在[龙年]（752 年）……我在于都斤山峰……在 as öŋüz 山峰，在 qan ïdoq 山峰之西，在 yavaš 与 toquš 的结合处，在那里我度过了夏天。我令人在那里建了牙帐。令人在那里扎篱笆。我已使人将我千年万日之碑文和印记刻于扁平的石板之上①

（续上页）belirledim. Damgamı (ve) yazıtımı orada meydana getirdim. Ondan sonra o yıl güzün doğuya doğru yürüdüm. Tatarları korkuttum (tehdit ettim). Tavşan yılının (751). **Sa：** жаулап алдым. Ол жылы Өтүкен жынысының солтүстік ұшындагы Тез [өзенінін] басында аксары Ордамды, Сарайымды сонда тіктім. Сонда Чыт (хан Ордасының тұтыр фундаменті) жасаттым. Жазда сонда жайладым. Елімнің шекарасын белгіледім. Елтанбамды(белгі), бітігімді осында жасаттым. Сөйтіп, сол жылы күзде ілгері жорыққа аттандым. Татарға нұскау жібердім. Қоян жылы (751 ж). **H：** 我在剑河攻击他们。当月，他们内属了。在铁兹河源头的 qasar 西面，我修建了王座。在那里我修筑了围墙。夏天，我在那里渡夏，并祭拜天地。我让人刻下印记和文字。就那样，这年秋天，我向东方进军教训了鞑靼人。兔年。**BYD：** 我打败了（他们）。在那个月[某日]，在于都斤（山）西端，在铁兹（tez）河源，在 qasar 之西，我令人在那里设置了王位。我令人在那里打立了围栅。我在那里过了夏。我在那里划定了边界。我令人在那里制作了我的印记和碑文。之后，那年秋天，我向东进军。我讯问了达靼（族）。直到兔年（751 年）。**Ö：** çarpıştım. O ... Tes başında, Kasarların batısında tahtımı orada kurdurdum, çitleri orada çaktırdım. Yazı orada geçirdim. Sınırı orada çektim. Nişanımı, yazıtımı orada hazırlattım. Bu şekilde o yıl güz mevsiminde doğuya hareket ettim. Tatarlar'ı sordum. Tavşan yılının.

① **Ra：** ……那里，乌德犍森林的泉……鹰吉（...ingiz）的泉，于圣泉的西面连接叶拔设（Yabaš?）与吐骨设（Tuqus）结合的地方，我在那里过夏；并且也命令修葺宫室，立出边界，因为要把皇室徽号流芳千年万日，乃至文字把他记载于一平滑而光明之石头上。**G（1994）：** 一直到五月……在龙年（即 752 年）我在于都斤山中，在 Süngüz Basqan 圣峰之西，在 yabaš 及 toquš（河）汇合处，渡过了夏天。在那里我命人建立了汗庭，命人在那里建造了围墙。我命人在那里把我的千年万日（即永垂不朽）的诏谕和印记刻写（直译则作"建造"）在平滑的石头上。**B：** beşinci ayda ...? Ejderha yılında Ötüken platosunun başı[nda] orada (o zaman) … As Öngüz başı[nda] orada (o zaman) Kutsal-baş[ının] batısında (arkasında) Yabaş ve Tukuş kavşağında orada (o zaman) yayladım. Tahtı orada (o zaman) hazırlattım. Çiti orada (o zaman) çevirdim. Bin yıllık [ve] on bin günlük yazıtımı, damgamı orada (o zaman) yassı taşa. **G:** 一直到五月……我在于都斤山林，在……圣峰之西，在 yabaš 及 toquš（河）汇合处，度过了夏天。在那里我命人建立了汗庭，命人在那里建立了围墙。我命人在那里把我的千年万日（即永垂不朽）的诏谕和印记刻写（直译：建造）在平滑的石头上。**Ba：** бесінші айға:тие...қа:... //нүз:басы:сонда:Ұйғыр Жер:кейінде: Айбас:Тоқыш:белесінде:сонда жайладым:орданы сонда:жаратттырдым:чыт (құрылыс) сонда:тоқытдым:мың жылдық:түмен күндік:бітігімді:білігімді:сонда:жазық (бекем)тасқа. **Me:** beşinci ayına kadar baş... Öngüz Başı (ve) orada Iduk zirvesinin batısında Yabaş ve Tokuş (ırmaklarının) kavuştuğu yerde yayladım. Tahtımı orada kurdurdum. Çitimi orada çaktırdım. Bin yıllık, on bin günlük yazımı ve damgami düz bir taşın üzerine. **Mo：** Until the 5th month of the Hare Year (A.D. 751), /////// In the [Dragon] Year (A.D. 752), （接下页）

10. 建造了。九姓乌古斯……匐……来了……不幸反目成仇。安居于 ürüŋ bäg、qara buluq 和 anï 河畔。他向黠戛斯派人说："你们发动吧！你们快让鞠（族）发动吧！""我要出动！"他说。他（还）说："看吧！让我们在 kör budaqalï 中①

（续上页）I spent the summer at the confluence of the Yavaš and Toquš (rivers), in the west of Iduq-Baš (which is) in the river-head areas of /////-Baš and /// Aš Önüz. I had (my) throne set up there. I had a stockade driven into the ground. I had my monumental record and sign to last for a thousand years and ten thousand days inscribed on a flat stone there. **E**：beşinci ayına kadar <...>–a Ötüken (ormanlı) Dağı zirvesi, As–Öngüz Baş (ile), Iduk Baş'ın batısında Yavaş ve Tokuş (ırmaklarının) birleştikleri yerde yazı geçirdim. Tahtı orada kurdurdum, çiti orada vurdurdum, bin yıllık on bin günlük yazıtımı ve damgamı orada yassı taşa. **Sa**：бесінші айда аттандым. Ұлу жылы (752 ж) Өтүксн жыныс басында Сүніз басында, Ыдұкбастың солтүстік жағындағы Айбас, Токуш [өзендерінін] құйылысында осында жайладым (13). Хан Ордасын осында тұрғыздырттым. Чыт (орда фундамент) орнаткыздым. Мынжылдық түмен күндік бітігімді, Елтанбамды осында ұстын тасқа. **H**：直到五月，于都斤山林源头，在那里，在 öŋüz 源头和 ïduk 源头以西的 toquš 的汇合处，我度过夏天。我让人在那里兴建王庭，修筑围墙，并把千年万日的文字和记号刻在平滑的石头上。**BYD**：五月，///////////[龙] 年（752 年），//////////河源///，在 aš öŋüz 河源，在 ïduq 河源之西，在 yavaš（河）与 toquš（河）的合流处，在那里，我度过了夏天。我令人在那里制造了宝座。我令人在那里打立了围棚。将保持千年万日的我的碑文、我的印记，我令人在那里打造在了平滑的石头上。**Ö**：beşinci ayında (751) ... ejderha yılında ötüken ormanın zirvesinde ... As Öngüz başında, Idok Baş'ın batısında Yavaş ve Tokuş ırmaklarının birleştiği yerde, orada yazı geçirdim (749). Otağı orada kurdurdum. Çitleri orada çaktırdım. Bin yıllık, on bin günlük yazıtımı, nişanımı orada düz taşa.

① **Ra**：九姓乌古斯（?）……他们的匐（Big）亦……因为他不令人喜欢（?），他在远（?）方敌意的占领圣匐及・哈喇步录（Qara Bulug）。他遣人到黠戛斯（Qirgiz）。他说："你们都走出来吧!并且出去压迫炽俟去，教他亦出来。"他又说："我走了，你们要仔细着，不要失掉你们的独立!在森林里，我们要会聚起来，在乌德犍（?）……我们应当连合起来。"**G（1994）**：九姓乌古斯……官员来了……成为敌人。住在 Ogün bäg 及 Qara buluq，并往黠戛斯派人说："你们出征吧!你们也叫 čik 人出征吧!""我将出兵!"——他说。"你们注意，让我们在林中…… **B**：hazırlattım. Dokuz-Oğuz ... beyleri geldi[ler]... yine uyumsuz düşman olmuş. Ürüng beyi ve Kara Buluku, onu [o] hüküm sürmüş [?]. Kırgızlara r[ler] göndermiş [aşağıdaki sözlerle]: "Siz çıkın, Çik(ler)i çıkarın!. Ben [de] çıkayım", demiş. Dikkat et(iniz) (gör(ünüz)!) Buduklide ... **G**：……官员来了……成为敌人，住在 ögün bäg 及 qara buluq，并往黠戛斯派人说："你们出征吧!你们也叫 čik 人出征吧!""我将出兵!"——他说。"你们注意，保存肌体，让我们在林中……**Ba**：жараттырдым:тол... //...жаулай... келген:өрен ақ бекті:қара құлықты:сол отырған:Қырғыз таман:(батыр) ер жіберді:Сіз тасындар:Чекті тасытыңдар:деген:мен тасиын:деген:Көр Бұдқа ықта. **Me**:kazıttım. Dokuz Oğuz… beyleri geldi… uygunsuz bir şekilde düşmanlaşarak gelmiş. Ürüng Bey'i, Kara Bulukug'u Anı'da oturtmuş. Kırgızlara adam gönderip "Siz yola çıkıp（接下页）

11.（与你们）会合！”他说。“于都斤……”他说。……[九日]我进军了……以……都督为队长，我向鞠（族）派遣了先锋队。向他的同盟者（驻扎）的地方，我派去了少数人。我说：“看吧！（或：听从我吧！）黠戛斯可汗在 kögmän（山）南侧[①]

（续上页）Çikleri çıkarın, ben de çıkayım” demiş. Bakın /çabuk olun Bodkalı’da. **Mo**：I had (the memorial stone) driven into the ground. /////////// and I heard that //////////Iheard that he (the Yabγu of the Qarluqs?) ruled <over> white (noble) Bägs and black (common) slaves. I heard that he sent a man (as messenger) to the Qirqïz and said, “You, set out and bring out the Čiks! Then I will set out myself.” I heard that he said, “Look!... **E**：hâkkettirdim. Dokuz Oğuz <...> beyleri geldi. <...> (Onlar) yine zamansız (uygunsuz?) düşmanlaşmıştı. (Onlar) Ürüng Beg, Kara Buluk (ve) Anı (Irmağı)’da otururlarmış. Kırgızlara doğru adam göndermiş, “siz savaşa çıkın (yola çıkın), Çikleri dışarı çıkarın (savaşa ıkarın)” demiş. “(Ardından) ben de yola çıkayım” demiş. “Bak, Bodkal ormanında?... **Sa**：кашаттым тұғыр тасқа орнаткыздым (3 әріп өшкен) бектері келді ... (6 әріп өшкен) жеме жұртын жаулап алып келдік. Игі бектіктер Қарабұлақта бақылап дайындалып (14) жатты. Қырғызга карай адам жіберіпті. «Сіздер көтеріліңіздер, Чіктерді көтеріңіздер», — депті. «Мен де көтеріліске аттанайын», - депті. Осылайша, коресін көрсетіп, бұтарлап талкандайык. Орманда… **H**：九姓乌古斯所有的官员都来了。逃到十箭的葛罗禄不安分，他们成为敌人，öngün bäg 和 qara buluq 的人住在那里，他们向黠戛斯部落派出人员。他们说：“你们出征吧。你们也让 čikig 出征吧”，黠戛斯汗说：“我将出兵。”“注意，保存体力。” **BYD**：（并）令人竖起。/////////也////////（葛罗禄叶护?）君临白（高贵）匐和黑（低贱）奴之上。他向黠戛斯派人说：“你们快出动吧!你们快让鞠（族）出动吧！”“我要出动!”——他说。他（还）说：“看吧!让我们在 budaqal 林中…… **Ö**：hakettirdim. Tokuz Oğuz ... beyleri geldi ... de faydalı olmayıp düşmanlardan Ürüng Beyi, Kara Buluk ve Anı Irmağı’nı mesken tutmuşlar. Kırgızlara adam göndermiş. “Siz isyan çıkarın, Çikleri dışarı atın” demiş. “Ben (de) isyan edeyim” demiş. “Kör Budakalı’da.

① **Ra**：……初九日那一天，我和军队出发，越过了……都督泉（Tutug-Baš），我送出了一千夫长至・炽俟，于他们同盟的国家，我遣派了少数人去了。我说，试看，黠戛斯汗在曲漫（Kögman）森林里，他…… **G（1994）**：（与你们）会合!”——他说。“于都斤……”——他说。……初九（日）我出征了……经都督泉，我往 čik 那里派去千人，往其同盟者地方派去了少数人。“你们注意!”——我说。黠戛斯在曲漫（山）。**B**: bir araya gelelim”, demiş. “Ötüken platosunda ... [bir araya gelelim!]” demiş...Ordu[yla] yürüdüm. O tutuk başını Çik(ler)e doğru öncü [olarak] gönderdim. Birlik toprağına doğru az er gönderdim. “Dikkat! (kk. gör!)” dedim. Kırgız[ların] hanı Kögmenin kuzey bölümünde. **G**:（与你们）会合!”——他说。“于都斤（山）……”——他说。初九日，我出征了……我往 čik 人那里派去了以……都督为首的千人（部队），往其同盟者地方派去了少数人。“你们注意!”——我说。黠戛斯汗在曲漫（山）。**Ba**：қапсырамыз деген:Өтүкен:... деген:...сүңгі жорыттым:...Тұтық:басын:Чек таман:үйіне итердім:Есі жер таман:Аз ер (батыр) итердім:көр дедім:Қырғыз ханы:Көгмен:жерінде. **Me**：birleşelim” demiş...demiş...ordu sevk ettim… Tutuk kumandasında bin adamlık bir birliği Çiklerin üzerine （接下页）

12. 是……他差遣前锋到其同盟者处。我的部下在那里袭击了（敌人）的前锋，抓住了舌头（探子）。他（探子）说："向他们汗所在之处……"①

（续上页）gönderdim. Müttefiklerin bulunduğu yere az adam gönderdim.754 "Bakın/çabuk olun" dedim.Kırgız kağanı Kögmen Dağlarının güney yakasında. **Mo**: Let's assemble together at the Budaqal forest!" ////// I heard that he said ////////// on the 9th day, I marched with my army. I sent to the Čiks a regiment of a thousand men with **** Totog as (their) commander. I sent a few people (as messengers) to the land of his comrade. I said, "Look! (or, Obey me!)" I heard that the Qirqïz Qan ///// on the north side of the Kögmän (mountains). **E**: birleşelim" demiş. Ötüken <...>–m demiş <...> dokuzuncu gün asker sevkettim. <...> Askerî valinin komutasında Çiklere doğru atlı birlik gönderdim. Müttefiklerin yerine doğru az adam gönderdim. "Bak" dedim. Kırgızların kağanı Kögmen'in uzeyinde. **Sa**：жолығайык деп келістік. Өтүкен шебін ... (7 әріп ошкен) ... дестік. Қайтадан алғын ... (14 әріп ошкен) жылкы жылы (754 ж) үшінші айдың тоғыз жанасында қол аттандырдым. Үкұк-тұтүқты бас етіп, Чікке карай мындықты жібердім. Шөл жерге карай Аз ерін аттандырдым. Көр дедім. Қыркыз ханы Көгмен шебінде. **H**："让我们在林中会合" 他说。"让我们在于都斤会合" 他说。八月初九，我出征了。我向 čik 族派出以都督为首的千人。我向其同盟处派出少数人。我说："注意。黠戛斯汗在曲曼山内。" **BYD**：会合吧！说////////。九日，我进军了。以////都督为队长，我向鞠（族）派遣了千人队。向他的同盟者的地方，我派去了少数人。我说："看吧!（或：听从我吧!）黠戛斯可汗在曲漫（山）北侧。**Ö**：birleşelim" demiş. "Ötüken..." demiş. "... dokuzunda ... orduyu hareket ettirdim ... Totok'un önderliğinde Çiklere süvari (?) gönderdim. Müttefik topraklarına az sayıda adam gönderdim. "Bak!" dedim. Kırgızların hanı, Kögmen'in kuzeyinde.

① **Ra**：在他的房屋里（?），并且派他的快探（?）到他们的同盟国家里去了，我的军队已经在那里把他的探兵战败了，我们的人马逮捕他们，而且获得了一个使者。**G（1994）**：里边，在其牙帐那里。他差遣快探到其同盟者处，（但）我的人在那里袭击其快探，并捉到了"舌头"。他（指"舌头"）说。**B**: evinde (evinde-barkında) imiş. Atlı kuvvetleri birliğin bulunduğu yere göndermiş. Benim erlerim atlı kuvvetleri orada (o zaman) basmış ve dil tutmuşlar. **G**：里边，在其牙帐那里。他差遣快探到其同盟者处，（但）我的人在那里袭击其快探，并捉到了"舌头"他（指"舌头"）说。**Ba**：екен:желкелеуші Ес:жеріне:итедім (жібердім):желкелеуші:менің ер сонда басқан:атылу тұтқан:ханына:... **Me**： …imiş. Keşif birliğini müttefiklerin yurduna göndermiş. Keşif erlerine benim erlerim orada baskın düzenlemiş；esirleri tutmuş. Kağanına. **Mo**：I heard that he sent his reconnoitring soldiers to the land of his comrade. I heard that my men made a surprise attack on his reconnoitring soldiers there and captured a soldier who informs: "***** men came to his (Qirqiz's) Qan. **E**: <...> evinde barkında imiş. Öncü birliğini, müttefiklerin (bulunduğu) yere göndermiş. Öncü birliğine benim askerim orada saldırmış, muhbirleri ele geçirmiş. Hanına. **Sa**：өз жерінде Ебі мен баркында (ғибадатханасында) отырған болар. Шабуылшыларды (алдыңғы топ) шөл жерге карай жібердім. Менің шабуылдаушы адамдарым сонда [оларды] басып калды. Тіл ұстап, ханыңа... **H**：他在牙帐里。他把前锋派到同盟处。我的人在那里袭击了他的前锋，并抓住一个舌头（探子）。**BYD**：进行了////他将自己的侦察队派往同盟（接下页）

南面：

1. ……来了人，葛罗禄没来同盟者处。兵人向葛罗禄……我渡过了剑河、qarγu…我在 arqar-baši 河对岸，är qamïš 下方……渡过了额尔齐斯河。十一月十八日，我遭遇了……在 bolču 河，我将三姓葛罗禄[1]

（续上页）者的土地。我的部下在那里袭击了他的侦察队，抓住了舌头。他（舌头）说："向他们（黠戛斯）汗处。" **Ö**：imiş. Öncülerini müttefik topraklarına göndermiş. Öncülerini benim askerlerim orada baskına uğratmış, bilgi alınacak esirler almış. Hanına.

① **Ra**：他[使者]说有人们来到他们的汗与他们同盟分子地方去，可是葛罗禄（Qarluq）并没有到他们同盟分子地方来。他要遣送他的人们和葛罗禄开战呢。他说……剑河……我用筏渡过了伊尔哈米失（är-Qamiš）之下流阿尔葛尔泉（arqar-baš）地方之伊尔的失河（ärtiš）。十一月十八日……我遇见了他们：我便于此时在没楚（Bolču）河击败三姓葛罗禄人。**G（1994）**：已有人来到其可汗及其同盟者处，（但）葛罗禄还没有来到其同盟者处……葛罗禄……剑河……我在 Arqar 泉处 ärqamiš 下方乘筏渡过了额尔齐斯河。十一月十八日，我遇到了（他们），我在 bolča（地方）把三姓葛罗禄。**B**：birliğine erler geldi. "Karluklar birliğe gelmediler", dedi. Erleri ile orduyu Karluk(lara) doğru ... Kem gözetleme kulesi[nde]. İrtiş ırmağında, Arkar başının ... karşısında orada, Er-Kamış altında [sal ile] geçtim. On birinci ayın on sekizinde ... [onlarla] karşılaştım. Bölçu ırmağında Üç-Karluk [konfederasyonunu] Batı. **G**：已有人来到其可汗及其同盟者处，（但）葛罗禄还没有来到其同盟者处……葛罗禄……剑河……我在 Arqar 河源处，är qamiš 下方乘筏渡过了额尔齐斯河。十一月十八日，我遇到了（他们），我在 bolču 河把三姓葛罗禄。**Ba**：...ер келді:Қарлық:Есіне:келмелдік деді:ерлерін:Қарлық...Ертіс өзенді:Арқар басы тұсы:сонда: Ер Қамыш Алтын жанай салмен кештім:бір жиырманшы ай:сегіз жиырмаға...жолықтым: Болчұ өзенде:Үш Қарлықты. **Me**：…adam geldi. Karluk ittifakı için gelmedik dedi. Adamlar... Karluklar... ben...İrtiş Irmağı'nı, Ark[ar] Başı'nın karşısındaki Er Kamış'ın altından … geçtim. On birinci ayın on sekizinde... karşılaştım. Bolçu Irmağı'nda Üç Karlukları. **Mo**：(However) the Qarlugs did not come to their comrade (or, they did not come to the comrade of the Qarluqs). (Thus) he (the informer) said. The men /// the Qarluqs //////I crossed the Ärtiš river at the pool? (or pond?) of the river-head area of Arqar, [because] men [spread?, or supported?] reed (raft?, or bridge?) at the lower side. On the 18th day of the 11th month, I met ***** on the way. There I beat the (troop of) Three-Qarluqs (situated) around the river Bolču. **E**：Müttefiklerinden adam geldi. "Karlukların müttefiklerinden (kimse) gelmedi" dedi. Ordusunu Karluklara doğru <...> Kem (ve) Kargu(?) . (?) İrtiş Irmağı'(nın), Arkar başı (denilen) birleşme(?) yerinde, orada kamıştan yapılmış, altta <...> geçtim. On birinci ayın on sekizinde <...> karşılaştım. Bulçu (Urungu) Irmağı'nda Üç Karlukları. **Sa**：Басмыл одактастыкка ер келтірді. Қарлұқодактастыкқа [адам] келтірмеді деді. Азаматы [мен] колды қарлұкқа қарай [аттандырдык] (30 см-дегі әрін ошкен) екі мың қолды жібердім. Ертіс өзенін Аркарбасы тұсы сондағы Еркамыстың алдыңғы жағынан салмен кешіп өттім. Он бірінші айдың он сегізі күні жолықтым. Болчу өзенінде Үш-карлұкты. **H**：他说有人来到他的可汗及其同盟处，葛罗禄没有到其同盟处。追击葛罗禄的军队都能看见剑河了。就在那里，额尔齐斯河 arqar 的源头的冰丘处，我在 ärqamïš 的（接下页）

2. 在那里攻打了。在那里我扎营了。我的前锋将鞠（族）人民驱赶来了。……我以铁兹河源的篱笆地过夏。我在这里划定了边界。我给鞠（族）人民任命了都督。我在那里赐予了始波罗和达干。……人来了。在 qazluq 湖……[①]

（续上页）下游返回乘筏渡过了。十一月十八日，我遇到了。在 bolču 河。**BYD**："来了///人，葛罗禄没来到其同盟者处（或：他们没来到葛罗禄的同盟者////处）。"男人们////葛罗禄////arqar 河源的湖沼（?），在那里，男人们将芦苇（垫?）在下方，我渡过了额尔齐斯河。十一月十八日，我遭遇了///。在 bolču 河，我将三姓葛罗禄。**Ö**：... er geldi. Karluklar müttefiklerine "gelmemiş" dedi. Askerler Karluklara doğru (?) ...Kem, Kargu ... Ėrtiş Irmaklar, Arkar başının çıktığı yerde ... asker kamış ... geçtim. On birinci ayın on sekizinde ... karşılaştım. Bolçu ırmağında Üç Karlukları.

① **Ra**：我复从那里转来休息。炽俟人被我的千夫长驱逐而来。……即斯（tsizbaš）泉，我在界牌那里过夏，更于此地修定了边界，并且又在那里给炽俟人民设置了一个都督（Tutuq）及一些沙钵略（Išbara）与达干（Tarqan）等。……其后……又来了些人民。于•可苏禄湖（Qazluq）。**G（1994）**：击败了。当我从那里返回时，我的一千人把 čik 人民赶来了……我在 Siz 泉，在我的汗庭那里过夏。在那里我划定了疆界。我给 čik 人民委派了都督，（同时）在那里委派了（?）始波罗和达干……人来了。在 Qazluq 湖。**B**：orada (o zaman) [onları] vurdum. Oradan yine (? dönüp) yerleştim. Çik bodunu(nu) öncülerim sürüp geldi ... Tez başı(nda), sınırımda yayladım. Sınırı orada (o zaman) çektim. Çik bodununa tutuku önerdim (kk. verdim), ve işvaraları, tarkanları görevlendirdim. Orada (o zaman) er(ler) geldi(ler). Kazluk gölünde. **G**：击败了。当我从那里返回时，我的一千人把 čik 人赶来了……我在铁兹河源，在我的汗庭那里过夏，在那里我划定了疆界，做了祭祀。我给 čik 人民委派了都督，（同时）在那里我献给了始波罗和达干……人来了。在 qazluq 湖。**Ba**：сонда:жеңдім:сонда:жаңа түстім:Чек бүтін (халық)ты:мыңдығым сүрте:келді:...Тез басы:чытымды (құрылыс):жайладым:жағасын (шетін)сонда жағаластырдым:Чек бүтін (халық)қа:Тұтық бердім:Ыс Барыс:Тархат:сонда:соншалықты болдым:...сонда:ер келді. Қазлұқ көлде. **Me**：orada yendim (ve) oradan tekrar döndüm. Çik halkını bin kişilik birliğim sürerek geldi… Tes Başı'ndaki çitle çevrili konağımda yayladım. Sınırı orada sabitledim. Çik halkına Tutuk unvan(lı kişi) tayin ettim ve orada Işbara ve Tarkan unvanlarını sundum... adam geldi. Kazluk Göl'de. **Mo**：I turned back from there and dismounted (to settle down). My regiment of a thousand men came driving the Čik people. ///////I made the summer camp within(?) my stockade of(?, or built at?) the river-head area of Tez. I fixed the frontier (of my dominions) there. I nominated a totoq for the Čik people and then /////presented (them with the titles of) 1šbaras and tarqans. //////a man (a scout) came. **E**：Orada bozguna uğrattım. Oradan tekrar döndüm. Çik halkını, süvari birliğim önüne katıp geldi <...> Tes (Irmağı) kaynağında çitimi (vurdurup) yazı geçirdim. Karargâhın sınırlarını belirledim. Çik halkına askerî vali tayin ettim. (Onlara) ışvara (ve) tarkan unvanlarını orada takdim ettim. Orada <...> adam geldi. Kazluk Gölü'nde. **Sa**：сонда жаулап алдым. Содан жорықтан қайтып келдім. Чік халкын қолым жаулап келді . (21 см-дегі әріптер өшкен) ... Тез басын Чытымда жайладым. Шекараларды белгіледім. Чік халкына тұтұк (өкіл басшы) бердім.（接下页）

3. 在……看见了。“敌人来了。”他们就这样说着就来了。十五日……（我的军队）集合在 tayγan 湖，我从那儿派遣了招兵的士官。（那个）人回来了。……渡过 qara yotalqan 带来了。我迎面[向其]进军。成了……向葛罗禄[①]

（续上页）Сонда ышбара, тархан атақтарды сыйға тарттым ... (45 см-дегі әріп өшін кеткен)... Сонда ер келді. Қазлуғ көлде. **H**：我在那里攻打三姓葛罗禄。我又从那里返回。我的千人军队把 čik 人带来了。我在铁兹河源头的汗庭过夏。我在那里祭天。我给 čik 人委派都督，在那里献给始波罗、达干。此后，人民就来了。**BYD**：在那里打败了。从那里，我返回下马（歇兵）。我的千人队将鞠（族）人民驱赶来了。//////我以铁兹河源的围棚（地）为夏营地。我在这里划定了边界。我给鞠（族）人民任命了都督。我在那里赐予了始波罗和达干（称号）。//////人来了。在 qazluq 湖。**Ö**：orada ezdim. Sonra oradan yine döndüm geldim. Çik halkını süvarilerim (?) önlerine katıp getirdi ... Tes başında çitimi çakıp yazı geçirdim, sınırlarımı orada çektim. Çik halkına Totok tayin ettim. İşvara ve Tarkat rütbelerini orada (onlara) bağışladım ... o sırada k..s askeri geldi. Kazluk gölünde.

① **Ra**：从山上……他们看见了敌人的……那么他们这样说着就来了。十五……在大汗（Tayqan）湖，我招集我的人民，我从那里遣发兹俱支（Bidguči）人出去。这些人民来了。他们渡过了黑越突尔汗（Yotulqan）河，他们已经把敌人压迫的渐近了，我便迎头击打他们。然而［拔悉密（Bas-mil）的指挥官］变成（敌人?），他遣发人士到葛罗禄那里去。**G（1994）**：（在山上）他们看见，敌人……叫喊着来了。十五日……在 Tayghan 湖，我集起了（军队），我在那里派去了前锋。人来了，他们渡 qara yotaliq（迫使敌人）来到。我则迎上前去……成了……他（按：指拔悉密人）往葛罗禄。**B**：dağdan gördü(ler). Düşman el (?) diye emir verdi. On beşinde Taygan gölde toplandım. Yazıcı (? asker yazan) er[lerji oraya (o zaman) gönderdim. [Haberci] er(ler) geldi(ler). Kara-Yotulkanı geçip [orduyu] getirdi(ler). Ben [onlara] karşı [ordumla] yürüdüm... oldu (idi). Karluk[lara]. **G**：（在山上）他们看见，敌人（?）……（叫喊着）来了。十五日……在 tayγan 湖，我集结了（军队），我在那里派去了建房人。人来了，他们渡过 qara yotaliq（使其）来到。我则迎上前去……成了……他（按指拔悉密人）往葛罗禄。**Ba**：көрді:жауы...еріп:қуалай келді:бес жиырмаға... Тайғұн:көлде:терілдім (жиналдым):тілші ерді:сонда:жібердім... Қара:Йотлұқты:кешіп:келтірді:Мен қуалай (ұтқылай) жорыттым:...болды:Қарлық. **Me**：…gördü. Gelip “düşman”…diye söyledi. On beşinci gün...Taygan Gölü yanında toplandık. Oradan keşifçi / öncü er gönderdim …Kara Yotalkan’ geçip (onları) getirdiler. Ben (Onları) karşılamak için dışarı yürüdüm… oldular. Karluklar. **Mo**：He saw from the mountain *** near the lake Qazluq. He came, saying “The enemy is coming.” On the 15th day,///////I (and my army?) assembled at the lake Tayγan. I dispatched a royal tent-maker (as entourage) from there. (The?) [man] came. Passing over Qara-Yotalqan, he brought (them). I marched against [them]. ///////they became /////. **E**：<...> Dağı’nda gördü. “Düşman (?) <...> yurt” deyip söyleyerek geldi. (O ayın) on beşinde <...> Taygan Gölü’nde (tekrar) toplandım. Yazıcı (nişancı?) adam gönderdim. O (geri) geldi. Kara Yotulkan’ı geçip getirdiklerini (söyledi). Ben karşılarına (doğru) ilerledim. <...> oldu. Karluk(lara). **Sa**：... тауда көрді. Амандасуга Иағлакар ертіп келді. Он бесінде ... (24 см-дегі әріптер өшкен) ...（接下页）

4. 他派去了人。他说……他说："我为在内部制造混乱而来。"他（还）说："从外部，进行……"拔悉密与我为敌，向我的牙帐（大本营）行去。我不让他们进来。从外部，三姓葛罗禄，三姓 ïdoq……突骑施……在于都斤，我……①

（续上页）Тайғын көлде жиналдық. Бітімші ер сонда жібердім. Қайтадан ер келді. Қара жаталығын кешіп келтірді. Мен алдынан қарсы жорық жасадым ... (60 см-дегі әрін өшін кеткен) ... болды. Қарлұқка. **H**：在 qazluq 湖，在山上，他们看见。敌人叫喊着来了。十五日，我在 tayγan 湖集结部队。我在那里派了毡房装饰工（或先锋），人来了，他们让人渡过 qara yotulqan，我迎着他们进军，他们成为。**BYD**：//他（们）从山上张望。他（们）边来边说敌人正在过来。十五日，////我集结在 tayγan 湖，我从那里派去了宿营官。（那个?）人回来了。////渡过 qara yotalqan 带来了。我迎面[向其]进军。成了////////。向葛罗禄。**Ö**：... gördü. "Düşman geliyor" diye söylenerek geldi. On beşinde ... Taygan Gölü'nde toplandım ... adamı orada gönderdim. Adam (geri) geldi. Kara Yotulkan'ı geçip geldi. Ben (onlara) karşı hareket ettim ... oldu. Karluklar.

① **Ra**：他说："我将在内部叛变。我将要从外面和你们连合起来。"拔悉密人民以敌意的迫近到我的住所，我没有压服了他们。三姓葛罗禄及三圣旗（?）（突厥人?）从外面来了。于乌德犍。**G（1994）**：那里派去了人……他说。"让我们里应外合。"他说。拔悉密（与我们）为敌，攻打了我的住地。我未能使其内属。从外部三姓葛罗禄、三圣鞑靼……突骑施……在于都斤山，我……**B**：doğru er(ler) göndermiş. demiş. "İçeride ben karışıklık çıkarayım, demiş, dışarıdan ... [yoluyla] aşayım, demiş. Basmıl(lar) düşman olup evimin üstüne gittiler. Onu (onları) tutsak bağımlı kılmadım (devlet sınırlarımın içine almadım). Dışarıdan Üç-Karluk, üç kutsal ... Türgeş ... Ötükende ben. **G**：那里派去了人。……他说。"让我们里应外合（直译：让我们在内部制造混乱，从外部让会合）。——他说。拔悉密（与我们）为敌，攻打了我们的住地（直译：去了我的家）。我未能使其内属。从外部三姓葛罗禄、三圣鞑靼……突骑施……在于都斤山，我…… **Ba**：...ер жіберген... деген: ішкі:біз бұлыңғырлатайын:деген:тысындан:...//...деген:Басмыл:жаулатып:үйіме қарай:барды:соны ішке енгізбедім:тысында:Үш қарлық:Үш Ұйық т... Өтүкенде:мен. **Me**：adam göndermiş...demiş. Ben içeride bir düzensizlik çıkarayım demiş. Dışarıdan…demiş. Basmıllar düşmanlık edip evime doğru geldi. Onları alt edemedim. Dışarıdan Üç Karluklar üç kutsal ... Ötüken… Ötüken'de ben. **Mo**：I heard that he (a man of the Basmils?) sent men (soldiers or scouts?) towards the Qarluqs. I heard that he said ////////. I heard that he said, "Inside, I will produce a state of disorder," and "From outside, I will *****." Becoming my enemies, the Basmils went towards my (royal) tent. I could not subdue them. From outside, the Three-Qarluqs /// //the three sacred mountains, i.e. (Mt.) Ötükän, (Mt.) *****, and (Mt.) ***//// At Ötükän, I. **E**：(doğru) adam göndermiş. "t<...>" demiş. "İçeriyi ben karıştırayım (isyan edeyim)" demiş. "Dışarıdan <...> aşayım" demiş. Basmıl(lar)ı düşman edip karargâhıma (doğru) vardı(lar). Onları tâbi kılmadım. Dışarıdan Üç Karluk(lar) üç kutsal <...> Türgeş(ler) <...> Ötüken'de, ben. **Sa**：карай адам жібердім ... (4 әрін өшкен) депті. Ішінен мен көтеріліс жасайын депті. (20 см-дегі әріп өшкен) Сыртынан косылып кол жасайык депті. Басмыл жауласып ебімізге келді. Оларды ішке енгізбедім. Сырттан үш-карлук, ақсүйек үш-татар,（接下页）

5. ……（753 年）[六月二十一日]，我（和他们）交战、在那里刺杀。渡过 ičüy（河），我将……刺杀。因此，突骑施人袭掠葛罗禄之牲畜、家产而去。我返回我的牙帐……①

（续上页）түмен. (74 см-дегі әріптер өшкен) ... түргеш Өтүкенде мен. **H**：他们向葛罗禄派人，他们说……他说："让我在内部作乱，让咱们里应外合。"拔悉密人成为敌人，离开家，向我的汗庭进发。我没有把拔悉密内属，脱离联盟的三姓葛罗禄、三旗突厥，在于都斤，我……**BYD**：他（拔悉密一方?）派去了人。他说//////。他说："在内部，我制造混乱!"他（还）说："从外部，我进行////。"拔悉密与我为敌，向我的帐幕（大本营）行去。我未能使其服属。从外部，三姓葛罗禄（向?）三座圣[山]——于都斤山///在于都斤山，我。**Ö**："... adam göndermiş ..." demiş. "İçeriden ben nifak çıkarayım" demiş. Dışarıdan ... [karıştır]ın" demiş. Basmıllar düşman olup karargahıma doğru yöneldiler. Onları içeri sokmadım. Üç Karluklar, üç kutsal dağ, Ötüken ... Ötüken'den ben.

① **Ra**：（有泉水的）我开始攻击他们，五月二十六日，我激战，并且获胜了。……日升的时候我战胜的。以后他们曾夺了突骑施（Türgäš）、葛罗禄的财产，并且劫掠了他们的房舍，他们走了，并且安营在我的房舍的旁边。……此（?）…… **G（1994）**：在那里攻打了（他们）。五月二十六日我打了仗，我在那里刺杀了。渡过 ičüy（河）……在（日）出时我刺杀了。之后，突骑施抢夺了葛罗禄及其财物、住地而去，并来到了我的住地。**B**：?başı[nda] orada (o zaman) (onları) vurdum ... beşinci ayın yirmi altısında onlarla savaştım. Orada (o zaman) (onları) mızrakladım. (onları) tümüyle mızrakladım. Sonra Türgeşleri ve Karlukları [yenip] davarlarını alıp, evlerini yağmalayıp gitmişler. [Ben] evime kondum. **G**：在那里攻打了（他们）。五月二十六日我打了仗，我在那里刺杀了。渡过 ičüy（河）……在（日）出时，我刺杀了。之后，突骑施抢掠了葛罗禄及其财物、住房而去。我回到家中。**Ba**：.сонда:...алтыншы ай:бір отызға:сүңгілестім сонда:шанышдым: Ічүйді кешіп://...тура шанышдым сонда:өткен:Түргеш:Қарлықты:тауарын алып:үйін: жолдап барып үйіме:түсдім. **Me**：…orada ...yirmi ... savaştım. Orada mızrakladım. İçüy… mızrakladım. Bundan dolayı Türgişler Karlukların mallarını alıp evlerini yağmalayıp gitmişler. Evime dön... **Mo**：***ed //////// there. On the 21st day of the 6th month (A.D. 753), I fought and defeated (them) there. Passing over Ičüy, I routed ***** straightly. I heard that the Türgiš thereupon took the movable property (mainly livestock?) of the Qarluqs and pillaged their dwellings and went away. I dismounted (to settle down) at my (royal) tent. ////. **E**：<...>–i orada bozguna uğrattım. <...> Beşinci ayın yirmi altısında savaştım, orada mızrakladım. İçüy Irmağı'nı geçip <...> Türgeş(ler)i? doğrudan (dosdoğru) mızrakladım. Bundan ötürü Türgeş(ler), Karluk(lar)ın varlıklarını alıp evini barkını yağmalayıvermiş. (Daha sonra) karargâhıma geri döndüm. <...>. **Sa**：Жетібаста жауладым. Бесінші айдың жиырма бірінде соғыстым. Сонда жендім. Ічүй (Шүй) өзенін кешіп өтіп (18 см-дегі әріп өшкен) ... Күн шыға соғысып жендім. Содан кейін, түргеш, карлүктардың табарын (дүние-мүлкін) жаулап алып, ебін бұзып талкандап кеттік. Ебі м е түсірдім. **H**：在那里攻打了他们的首领，我于五月二十六日和他们交战、在那里刺杀。我渡过珍珠河，在日出时刺杀。在此之后，突骑施拿走葛罗禄的财物，掠夺其毡房而去。返回我的家…… **BYD**：在那里/////（753 年）六月二十一日，我战斗了。我在那里获胜了。渡过（接下页）

6. 成了敌人……站起来，朝着他们的土地去了。……八月，我追踪进军了。我在 ärsägün、yula 湖（畔）安营扎寨。我从那里追赶了①

7. 将拔悉密……[某]月二十一日，将葛罗禄……在 yoγra yarïš（平原?），我攻击了其军队。他们的帐幕（群）在十天之前惊慌而去。我从那里返回……②

（续上页）İçüy（河），我将/// 直接击败了。之后，突骑施将葛罗禄的财物和帐幕掠夺而去。我在我的帐幕（大本营）下马（歇兵）。**Ö**：... [altıncı ayın] yirmi birinde savaştım, orada mızrakladım (753). İçüy (ırmağını) geçip ... aşıp mızrakladım. Bu sebeple Türgėşler, Karlukların mallarını yağmalayıp, çadırlarını söküp gitmişler. Karargahıma geri döndüm ...

① **Ra**：又成（敌人?）……他们反叛，后而回归于自己的地方，随着他们……八月的时候，我出发追踪着他们。我随后把我的房舍撤开在伊尔塞群（ärsagün）与干罗（Yula）湖，从那里我跟随着他们…… **G（1994）**：成了敌人……住着，朝其地去了。追击他们……八月我出发追击。我把我的家留在 ärsägün 地方，在 Yula 湖畔。从那里，我追击…… **B**：[düşman] oldu (?) ... Kalkıp (?) toprağına doğru gitti. Onu (onları) izleyerek . sekizinci ay[da] ben izleyerek yürüdüm. Evimi Ersegünde, Yula gölünde yerleştirdim. Oradan [onları] izledim. **G**：成了敌人……住着，朝其地去了。追他们……八月我出发追击。我把我的家留在 ärsaigün 地方，在 yula 湖畔。从那里，我追击…… **Ba**：жауы бол...п жерін таман бардыжоғары жоғарладың:сегізінші ай:мен қуалай (ұтқылай) жорыттым үйімiдi ер:Есiгүнте:Йола:көлде:құтым:сонда:едім. **Me**： … kalkıp kendi yurtlarına gittiler. Onu … ağır ayakla / istemeye istemeye sekizinci ay peşlerinden yürüdüm. Ersegündeki Yula Gölü'nün yanında otağımı kurdum. Orada yetiştim. **Mo**：becoming enemy/// //////standing up, they went towards their land. //////////// in the 8th month, I marched out pursuing (them). I set up my (royal) tent at the lake Yula in Ärsägün. I pursued (them) from there. **E**：düşman ol–<...> kalkıp kendi topraklarına doğru vardı. Onu izleyip <...> Ugru? (ve) Yagradkan'da? sekizinci ay (onları) izleyerek ilerledim. Karargâhımı Ersegün'de Yula Gölü'nde bıraktım. Sonra (onlara) ulaştım<...>. **Sa**：Жауымыз басмылдарды Болчу [өзенінде] ... (31 см-дегі əріп өшін кеткен) тұрып өз жеріне барды. [Оларды] бакылап арты нан қуа (31 см-дегі əріптер өшкен) ... Ығыр болғанша жауласкан сегізінші айда мен артынан куа жорық жасадым. Ебімді (далалык, косын базасын) Ерсеген көлінде жолай калдырып келдім. **H**：成为敌人的拔悉密朝其居住的地方进发，追击他们的是九姓回鹘的药罗葛汗。八月，我继续追击他们。我在 ärsägün 的 yula 湖安营扎寨。我在那里追赶。**BYD**：成了敌人，///站起来，朝着他们的土地去了。将他们////八月，我追踪进军了。我把我的帐幕（大本营）设置在了 Ärsägün 的 yula 湖（畔）。我从那里追赶了。**Ö**：düşman oldular ... durup topraklarına yöneldiler ... (?) sekizinci ay ben takip ederek hareket ettim. Karargahımı Ersegün'de, Yula Gölü'nde kurdum. Sonra (da onlara) yetiştim.

② **Ra**：拔悉密部（我置之不理了?）……于……月三十一日，在……追上了葛罗禄，越过约罗曳利施（Yaghra-Yariš）草原，在那里我战胜了他们的军队，他们的房舍已经在十天前迁走了。我从那里转回去休息。**G（1994）**：留下拔悉密……在第……月二十一日，把葛罗禄……在 yoghra 平原，我把其军队在那里刺杀了。其家已于十天前惊慌而去。我从那里回师……我回到了（直译则作"进入"）。**B**：Basmıl(lar)ı ... -incı ayın yirmi birinde Karluk(lar)ı ... Yogra-Yarışta ordusunu orada (o zaman) mızrakladım (sançdım).（接下页）

8. 十一……我进入……自己的人民…… 在 irlün、在 talaqaman（地方），我追上了。以前曾在唐朝的乌古斯人和突厥人与其脱离。他们在那里会合了。在那里匐们……①

（续上页）Ev halkı (evi) on gün önce ürküp gitmiş. Orada (o zaman) yine [orduyla] yürüyüp eve döndüm ... **G**：留下拔悉密……在第……月二十一日，把葛罗禄……在 yoγra yariš 平原，我把其军队在那里刺杀了。其家已于十天前惊慌而去。我从那里回师…… **Ba**：Басмылға қарай:...ай бір отызға Қарлықты... Йоғра Йарышда:сүңгісін:сонда шанышдым үйі:он күн өңірге үркіп барған сонда:жаңа:жортып:түстім. **Me**：Basmılları..ayın yirmi birinde Karlukları... Yogra Yarış'ta ordusunu orada mızrakladım. On gün öncesinden korkup kaçmışlar. Oradan yine yürüyüp döndüm. **Mo**：(Leaving?] the Basmils [alone?], //// ////on the 21st day of the **th month, he [defeat]ed the Qarluqs near at hand. I routed the army at (the plain of) Yoγra-Yariš. I heard that ten days ago they had gone off with their tents in a fright. I marched back from there and dismounted (to settle down). /// **E**：Basmıl(lar)ı bırakıp (terkedip) <...>–nci ayın yirmi birinde Karluk(lar)ı <...> Yogra–Yarış'ta ordusunu orada mızrakladım. Karargâhı (karargâhtaki halkı) on gün önceden ürküp kaçmışlar. Sonra yine ilerleyip geri döndüm. <...>. **Sa**：Басмылдарга қарай шабуылдап тоғызыншы айдың жиырма бірінде карлүкпен бітімге келдім [15]. (8 см-дегі әріп өшкен) ... Жогарғы Жарыс [алкабында] колын жеңдім. Ебі (косын базасы) он күн бойы күркінді болды. Содан тағы да жорык жасап барып кайтып келдім. **H**：我留下拔悉密，（八）月二十一，我使葛罗禄受到袭击，我在 yoγra：yarišd 那里攻击他们的军队，他们早在十天前就惊慌地离家而去，我从那里返回。**BYD**：[丢掉?]拔悉密////[某]月二十一日，他从近处[追赶]了葛罗禄。在 yoγra yariš（平原？），我击败了其军队。他们的帐幕（群）在十天之前惊慌而去。我从那里回师（或再次）、进军、下马（歇兵）。////**Ö**：Basmıllar ... ayın yirmi birinde, Karlukları ... Yogra Yarış'ta, ordusunu orada mızrakladım. Karargahını on gün öncesinden korkup taşımış. Orada yine yürüyüp geri döndüm ...

① **Ra**：二十一……我战胜他们，我返回我自己人民那里，我达到伊伦及达洛淹（Talaq-am?）地方。第一支中国（Tabghač 桃花石）的乌古斯（Oghuz）和突厥人出发了，以后他们又连合起来，在那里他们的亲王（匐 Bäg）…… **G（1994）**：十一日……我刺杀了。我回到自己……人民中。在 irlun 及 talaqimin 我追上了。先前属于中国的乌古斯、突厥人（脱离他们）走出来了，在那里会合了。在那里官员们…… **B**：on birinde [onları] mızrakladım (kk. sançdım). Kendi ... bodun[uma?] ulaştım. Erlünde ve Talakaminde [onlara] yetiştim. Önceki, Tabgaçtaki Oğuz(lar) ve Türk(ler) çıkmış (sonra] orada (o zaman) [düşmana?] katılmışlar. Orada (o zaman) beyler. **G**：十一日……我刺杀了。我回到自己……人民中。在 irlün 及 talaqimin 我追上了（他们）。先前属于唐朝的乌古斯、突厥（都脱离他们）走了出来，在那里会合了。在那里，官员们…… **Ba**：Бір жиырманшы...шанышдым ...бүтін (халыққа) //кірдім:Ірелүнте:Талықымда:жеттім:?Табғачдағы:Оғыз:Түрік:тасыған:сонда:қатысып:сонда бектер. **Me**：on bir… kendi ... halkım… yetiştim. İrlün'de Talakımın'da yetiştim. Daha önce Çin'de olan Oğuz (ve) Türk halkı… orada katılmış…Orada beyler. **Mo**：In the 11th [month] (or, On the 11th day of the **th month), I [routed the enemy?] ////////// / I entered among the people of *****. I overtook (the enemy) at Talaqïmin in Irlün.（接下页）

9. 我的军队三……一……旗帜……五百名轻装步兵产生了恐惧，而来到（我的身边）。地祇在那里把人民赐给我当我的奴婢。我在那里刺杀了……①

（续上页）I heard that the Oγuz and the Türük people who had formerly been in China came out and joined up (with the enemy) there. The Bägs there ///// **E**：on birinde <...> mızrakladım. Kendi <...> halk <...> ulaştım. İrlün'de ve Talakımın'da yetiştim. Önceden Çin'de bulunan Oğuzlar (ve) Kök Türkler ayrılmış daha sonra katılmışlar. Orada beyler <...>. **Sa**：Он бірінде (31 см-дегі әріптер өшкен) ... жендім. Менің өзімнін оғыз халкым [табғачка] кірді. Ірленті Талкымда (Табғач корганы) [артынан] куып жеттім. Ең алдымен табғачдағы оғыз-түрік карсы көтерілді. Сонда соғыстык. Сонда, бектер (100 см-дегі әріптер өшіп кеткен). **H**：十一月十一日我刺杀了，我进入到自己的人民当中，我到达 irlün 的 talaqïmïn，先前亲唐朝的突厥、乌古斯部族与其脱离，在这里他们加入到我的队伍中。在那里官员们。**BYD**：十一月（或：某月十一日），///// [我获胜了?]////我进入////人民之处。在 Irlün 的 talaqimin（地方），我追上了（敌人）。以前曾在唐朝的乌古斯族和突厥族出来了。在那里会合了。在那里。**Ö**：on birinde ... kendi halkım ... girdim. İrlün'de, Talakaman'da (onlara) yetiştim. Önceden Çin'de bulunan Oğuzlar ile Türkler isyan edip orada (bize ?) katılmışlar. Orada Beyler ...

① **Ra**：我的战队三……（给?）（旗?）……五百余甲胄武装军士和步兵，曾有一两次陷入了恐惧。蒙天与地之恩宠，我统治着我的人民、我的仆隶以及我的奴婢，那里他们臣服于我。…… **G（1994）**：我的军队三……旗……五百装备齐全的步兵一两次慌乱（?）来了。那时天地保佑了我的奴婢(及)人民，我在那里刺杀了…… **B**：benim ordum üç …verdi. Tuğ[u açıp] beş yüz zırhlı ve yaya birleşip karışıp (?) geldi. Cariyem ve kölem olan bodunu Tengri [Gök]-Yer orada (o zaman) [bana] buyurdu (verdi). Orada (o zaman) [onları] mizrakladım (sançdım). **G**：我的军队三……旗……五百装备齐全的步兵一次两次地警恐地来了。那时天地保佑了我的奴婢（及）人民，我在那里刺杀了…… **Ba**：Менің сүңгім (әскерім) үш... // бес жүз кежімлік жаяу бір екі қаруланып келді:күңім:құлым: бүтін (халықты):Тәңірі:Жер сонда:айқай берді:сонда шанышдым. **Me**：Benim ordum...beş yüz kişilik özel giyimli / zırhlı piyadeden bir iki kişi şaşıp geldi. Gök ve Yer (Gök ve yerin ruhu) halkın benim kullarım ve hizmetçilerim olduğunu söyleyi[ve]rdi. Orada (onları) mızrakladım... **Mo**：my army /// three /////500 lightly-armoured infantries, counting one or two each other, came (to me). Then the heaven-god and the earth-god deigned to tell (me) that the (Turkic) people were my (i.e. the Qaγan's) slaves. Then I defeated (them). ////// **E**：benim ordum üç <...>–verdi. Tuğu (dışarı) çıkaran beş yüz zırhlı piyadeden bir ikisi (birkaçı) ayrılıp geldi. Hizmetçilerim (ve) kullarım, halkı(m) (için) gök (ve) yer öyle buyurduğu için (onları) orada mızrakladım <...>. **Sa**：Менін қолым үш ... (32 см-дегі әріптер ошіп кеткен) ... мен бердім. Толкыған ту(6 см-де 3 әріп өшкен) бес жүз жаяу жатақ бірнеше канатка белініп қаптап келді. Тәнірі, жер күңім, құлым халкыма аян берді (колдады). Сонда, шайқасып жеңдім. **H**：向我的军队三次（膜拜?），（举着?）旗帜的五百人身穿轻装铠甲一个、二个地散开、步行而来。天地在那里把这些人民赐给我做女婢、男奴。我在那里刺杀了。**BYD**：我的军队三//////五百名轻装步兵口念一、二而来。天地（神灵）在那里（对我）指示说：人民（就）是我的奴婢。在那里，我获胜了。**Ö**：benim ordum, üç ... bir ... beş yüz zırhlı yaya askerden birkaçı şaşırıp (geri) geldi. Kutsal güçlerin, göğün ve yerin buyruğuyla onları cariye ve köle yaptım. Orada mızrakladım ...

10. 在那里，人民服属（于我）了。……朝着葛罗禄逃去了。我从那里返回，驻在鄂尔浑（河）和 balïqlïγ（河）的结合处，我建政治国于此。①

11. ……（753 年）十一月二十日，在 qara buluq 东面的 suqaq yulï（羚羊泉），čigil 都督……②

---

① **Ra**：那里他自己臣服于我的人民……逃到葛罗禄去了。此时我举行休息。于嗢昆河与繁鱼河（Biliqligh）交叉的地方，我建立了大统一的朝廷及皇宫……（造成）…… **G（1994）**：在那里，人民内属了……逃进了葛罗禄。从那里回来，我在鄂尔浑（河）与 Balïqlïgh（河）汇合处，在那里命人建立了汗庭，把汗庭…… **B**：orada (o zaman) bodun tutsak oldu (devlet sınırlarımın içine girdi). Karluk[lara] doğru kaçıp girdiler [Karluk yönetimi altına]. Ondan sonra yine (geçici olarak) Orkon ve Balıklıg kavşağında yerleştim. Orada (o zaman) taht kurdum. elin evini... **G**：在那里，人民内属了……（有些人）逃进了葛罗禄。从那里回来，我在鄂尔浑（河）与 Balïqlïγ（河）汇合处，在那里命人建立了汗庭。把汗庭…… **Ba**：Сонда бүтін (халық) ішіне енді: ...Қарлық таман тежей кірді:сонда жаңа:түсіп:Орқүн: қалалық жайылымда:Ел ордасын сонда:ордалай еттім. **Me**：orada (insanlar) itaat etti...bey… kaçıp [Karlu]kların (yurduna) girdi. Oradan geri dönüp devletimin tahtını Orhun ve Balıklı ırmaklarının birleştiği yerde (tahtın kurulduğu alanı) biraz yükselterek kurdurdum... **Mo**：There the people submitted (to me). /// They ran away and entered into (the land of) the Qarluqs. Having turned back from there and dismounted, I had the throne of the realm set up at the confluence of the Orqun and Balïqlïγ (rivers). /// **E**：Halk o anda tâbi oldu. <...> Karluklara doğru kaçıp gitti. Oradan yine geri dönüp Orhon Irmağı (ile) Balıklıg Irmağı'nın birleştiği yerde ülkenin tahtını (yönetim merkezini) orada kurdurup düzenlettim. Ülkenin karargâhını <...> **Sa**：Сонда, халкы бағынды ... (38 см-дегі әріптер өшіп кеткен)... биледік (бектік еттік). (3 әріптің орны бар) ... Үш-карлұкка карай кашып барып кірді. Осыдан қайта кайтып келіп Орхон қаласының алкабына [16] Ел ордасын осында [хан] ордасын (сарайын) орналастырдым. Ел ебін (98 см-дегі әріптер өшіп кеткен). **H**：就是在那里，人民内属于我。idg 部族的人逃进葛罗禄。在那里我又返回鄂尔浑 Balïqlïγ 汇聚地，并派人在那里建立汗庭。汗国大帐。**BYD**：在那里，人民服属（于我）了。////朝着葛罗禄逃去了。我从那里回师下马（歇兵），在鄂尔浑（河）和 Balïqlïγ（河）的合流处，令人营造了国家的宝座。/// **Ö**：orada halk bana bağlandı ... Karluklara doğru kaçıp onların arasına girdiler. Oradan yine dönüp Orkun ile Balıklıg ırmaklarının birleştiği yerde, devletin tahtını orada kurup düzeni tesis ettim ...

② **Ra**：……十一月二十日，自哈喇步禄之东索各（Soqaq）路之上，处月都督（čigil-tutuq）。**G（1994）**：十一月二十日，在 qara buluq 东，在 soqaq 路那里 čigil 都督…… **B**：Selengaya doğru (?) on birinci ayın yirmisinde Kara-Buluk'un doğusunda (önünde) Sokuk yolu, orada [o zaman] Çigil tutuk... **G**：十一月二十日，在 qara buluq 东，在 soqaq yuli（冷泉）那里，čigil（处月）都督…… **Ba**：бір жиырма ай жиырмаға:Қара:Бұлақ өңірден:Сұқақ жолы:сонда:Чігіл Тұтық... **Me**：on birinci ayın yirminci günü Kara Buluk'un doğusundaki Sukak Yulı'nda Çigillerin askerî valisi...Çigillerin askerî valisi... **Mo**：//// On the 20th day of the 11th month (A.D. 753), at Suqaq-Yuli in the east of Qara-Buluq, the totoq of Čigil //////. **E**：<...> Selenge'ye <...> on birinci ayın yirmisinde Kara Buluk'un doğusundaki （接下页）

12. ……使……越过 toɣurɣu……我刺杀了。葛罗禄和拔悉密……集合起来……①

南面附 1：

1.② ……拴住的马（?）……全部被消灭而逃走了③

（续上页）Sukak Yulı (Ceylan Pınarı, Geyik Pınarı) (mevkisinde), orada Çigil(lerin) askerî valisi <...> **Sa**：(Ескерткіштің жалпы пішіні трапец іспеттес болгандықтан жоғарғы жағы сәл жіңішке жасалған. Ұстынның жогарғы жагындагы көлденең сызықтан төмен қарай 70 см тастап мәтін қашалган. Соның 70 см-дегі әріптер өшіп кеткен) Селенгінің солтүстік алдынан ... (21 см-де г і әріinmep өшіп кеткен) ... Он бірінші айдың он үші күні Қарабұлақтың алдыңғы жағындағы Шоғук жолында Чігіл тұтұқ (4 әріп өшкен) ... qanta ... (100 см-дегі әріпmep өшin кеткен)... **H**：……色愣格……十月十一日，qara buluq 东面的 suuqaq yulï，在那里处月都督…… **BYD**：///（753 年）十一月二十日，在 qara buluq 东面的 suqaq yuli，在那里 čigil 都督//////。**Ö**：... on birinci ayda (753) Kara Buluk’un doğusunda Sukak Pınarı’nda Çigil Totok ...

① **Ra**：……他已……我令人涉渡吐纥尔护（Toghurghu）河，而战胜了[葛罗禄部]及拔悉密部……他们又结合起来以后…… **G（1994）**：渡过 Toghurghu（河）……我刺杀了，葛罗禄、拔悉密……集合起来…… **B**：Togurguyu [ordu ile] geçip ... [onları] mızrakladım (sançdım). [Karluk[lar] ve] Basmıl[lar] ... toplanıp... **G**：渡过 toɣuryu（河）……我刺杀了，葛罗禄、拔悉密……集合起来…… **Ba**：тұ әмір кешірі:...шанышдым:Қарлық Басмыл:... теріліп (жиналып)... **Me**：Togurgu’yu geçirerek … mızrakladım. Ka[r]luklar ve Basmıllar… toplanıp... **Mo**：///making (my army) cross over Tuγruγ//////// I defeated (them). The Qarluqs and the Basmils ////////being alive //// **E**：<...>–miş <...> Togurgu Irmağı’nı geçirip <...> mızrakladım. <...> Karluk(lar) (ve) Basmıl(lar) <...> toplanıp... **Sa**：(Ұстынның жоғарғы жағындағы көлденең сызықтан төмен қарай 70 см тастап мәтін қашалған. Қашалған мәтіннің тағы 70 см-дегі әріптер өшіп кеткен) ... күн шыкканнан (таңертеңнен) кешке дейін ебіне үйіне [17] шабуылдап жендім. Қарлұк, басмыл халкы жиналып ұятсыз атын [18] ... (70 см-дегі әріптер өшкен) ... түстім (кайтып келдім). Басмылка... **H**：……我渡过 rn Tuγuruγ，这时葛罗禄不能和拔悉密会合…… **BYD**：///[让我的军队]越过 toγurγu，//// 我获胜了。葛罗禄和拔悉密///残存下来///…… **Ö**：... Togurgu’yu geçirip ... mızrakladım. Karluk ve Basmıllar ... toplanıp ...

② **Ra**：S.a；**M, A, G, H**：38；**Mo**：Extra–a；**Ba**：46；**BYD**：附属文 a。

③ **Ra**：…… 阿波（apa）……（升?）他（吐米施 Tumis）不知（?）……一切被冲散而逃走了。**G（1994）**：apa……阻塞住了……不知道……所有都逃散…… **B**：... bilmedi (?)... herbiri tükenip, kaçarak... **G**：apa……阻塞住了……不知道……所有都逃散…… **Ba**：...ған аты...білмес... барша:түгесіп:Тезге... **Me**：...bağlanmıştı...(onların) tamamı yok olup kaçarak... **Mo**：///his horse that was tied ////not knowing(?) ////exhausting all ***, running away... **E**：<...> (o) atı bağlamış, orası kapanmış <...> bilmediği (için) (onların) tamamı yok olup kaçmışlar (?)... **H**：听说他们想从西面进入色愣格，想抓住我。不知道什么原因，他们（拔悉密）全都逃跑了。**BYD**：////拴住的他的马//////不知道（?）///////付出所有的////，逃跑…… **Ö**：... bağlamış (?) ... tamamı tükenip (kırılıp?) kaçıp.

2.① ……把这么多的碑文……②

南面附 2：

1.③ 我是[军队的]首领。……我把万只羊……④

2.⑤ ……⑥

---

① **Ra**：S.b；**M, A, G, H**：39；**Mo**：Extra–b；**Ba**：47；**BYD**：附属文 b。

② **Ra**：……尔汗（……lqan）……于经历之中奔波（?）。……我匐……我令……我按这样多的手泽我写了碑文…… **G（1994）**：……我建立了。把这样多的碑文……我写了碑文。**B**：... ben düzenledim. Bunca yazıtı ... yazı[tı] [yazdır]dım… **G**：……我建立了。把这样多的碑文……我写了碑文…… **Ba**：... бектің мен:... бұнша бітікті (жазуды) біт... **Me**：…dim bunca yazıyı… **Mo**：///// the beer (acc.)////// I***ed. Thus //////// inscription (acc.)///. **E**：<...> Kara Yotulkan (?) . koşan? <...> Begni'yi (?) ben <...> düzenledim. Bu kadar yazıtı <...> yazıtı yazdırdım… **H**：我没有把 bägän，我派……ncg 在……rγm 山写下这样的文字…… **BYD**：////把麦酒////////我进行了/////这样把碑文///…… **Ö**：... bunca yazıtı ...

③ **Ra**：westseite am rande；**M, A, G, H**：50；**Mo**：Extra–c；**B**：Batı derkenar yazıt a；**Ba**：48；**E**：Batı Ek 1；**BYD**：附属文 c。

④ **Ra**：（军队?）领袖，我……颉利发（Iltäbär），我捕获了千匹马万只羊并且…… **G（1994）**：（统帅）我 ……颉利发，我拥有一千匹马，一万只羊…… **B**：ordunun başı, ben elteber bin atı, on bin koyunu, ben ... **G**：我是（统帅）……我拥有一千匹马，一万只羊……**Ba**：түстім:...сүңгі басы мен:...мың жылқы түмен:қойды:мен... шанышдым... **Me**：ordunun başı ben … on bin koyunu ben … **Mo**：I was the [army] commander. ///// I*****ed one thousand horses and ten thousand sheep //// I defeated (them). ///////// I dismounted (to settle down)... **E**：<...> ordunun başı ben(im) <...> İlteber, bin at (ile) on bin koyunu ben <...> ele geçirdim… **Sa**：(Ұстынның жогаргы жагындагы колденең сызықтан төмен қарай 120 см тастап, тастың қырына мәтін қашалган) ... Қолбасымен жүз түйе, мың жылқы, түмен (он мың) кой, ебін жаулап алдым. Осылайша жендім. Құрықтап (күшпен басып) [19] артынып, тартынып (28 см-дегі әрinmep өшіп кеткен) ... ебіме ... (40 см-дегі әріптер өшкен) ... да түсірдім. (14 см-дегі әріптер өшin кеткен) басмылқа… **H**：是统帅，我是……ältbär 俘获千匹马、万只羊……我使拔悉密、葛罗禄…… **BYD**：///我是[军队的]首领。////我把千（匹）马和（万只）羊////我获胜了。////我下马（歇兵）了…… **Ö**：Ordunun komutanı ben ... on bin koyun, ben (?) ...

⑤ **Ra**：westseite am rande；**M, A, G, H**：50；**Mo**：Extra–d；**B**：Batı derkenar yazıt b；**Ba**：49；**E**：Batı Ek 2；**BYD**：附属文 d。

⑥ **Ra**：我把他们送到这里来。**G（1994）**：我弄来了…… **B**：…getirdim. **G**：……我带来了…… **Ba**：...дім:келтірдім. **Me**：... **Mo**：////I*****ed and brought. **E**：<...> getirdim. **Sa**：(Ұстынның жоғарғы жсағындағы көлденең сызықтан төмен қарай 120 см тастап, ұстынның қырын бойлата мәтін қашалған. Мундагы әріп кескіндері түгелімен өшіп кеткен. Жолдың соңында 8 әрin қалган) ... келтірдім. **H**：回到联盟。**BYD**：我进行了/////。我让带来了。**Ö**：...

西面：

1. 他们来了……葛罗禄……汗……（754 年）八月三日，我进军了……残存的葛罗禄去了突骑施处。……从那儿返回[①]

2. 十月二日到达了……他们说的……我到了……从此以后，侵入边界的葛罗禄消亡了。羊年（755 年），[②]

---

① **Ra**：他们来，葛罗禄……自立（他们自己）不（投降?），此汗……于八月三日我出发……凡是葛罗禄部尚活着的人民及其残余的，从他那里全数到突骑施那里去了。因此我再举行休息后…… **G（1994）**：来了……葛罗禄不再是（?）独立的……这样，八月初三（日）我出征了……葛罗禄，所有活着的都来到了突骑斯那里。回来后…… **B**：geldi[ler]... Karluk bodunu ... kalmadı ... Böylece sekizinci ayın üçüncü gününde [?orduyla] yürüdüm. . Karluk[lar arasında] dirileri Türgeş[ler]e geldiler. Yine yerleşip… **G**：他们来了……葛罗禄不再是（?）独立的……这样，八月初三日，我出征了……葛罗禄，所有活着的都到了突骑施那里。回来后…… **Ba**：келді:...Қарлық:...сегізінші ай:үш жаңасы:жорыттым:... Қарлық тірегі барып:Түргешке:кірді:жаңа түсіп… **Me**：geldi... Karluk(lar)...han… sekizinci ayın üçüncü günü yür[üdünm.] [Kar]luklardan hayatta kalanların tamamı Türgişlere yine dönüp… **Mo**：they came. //// the Qarluq people //////on the 3rd day of the 8th month (A.D.754), I marched. ////// those of the Qarlugs who had survived went away and entered into (the land of) the Türgiš. //// again dismounting… **E**：Geldi <...> Karluk halkı <...>–miş <...>–medi hanı <...> sonra sekizinci ayın üçüncü gününde ilerledim. <...> Karluklardan hayatta kalanlar Türgeş(ler)e geldiler. Yine geri dönüp… **Sa**：(4 әріп өшіп кеткен) келді. Қарлұк, басмыл халқын (73 см-дегі әрinmep өшіп кеткен. Одан кейінгі 78 см-дегі әріптер үзік-үзік фрагмент, оқылмайды) Сойтіп, сегізінші айдын үш жаңасында жорыкка аттандым. (105 см-дегі әріптер өшіп кеткен) ... Дым… **H**：他们来了，葛罗禄部族的可汗没有走错路，就这样可汗内属于我。八月初三，我进军了，其他活着的（没有内属的）的葛罗禄进入突骑施，又返回。**BYD**：他们来了。///葛罗禄人民////////////(754 年）八月三日，[我]进军了。////葛罗禄的残存（人员）出逃，窜入突骑施处。///再下马（歇兵）。**Ö**：geldi … karluklar … han … sekizinci ayın üçüncü günü hareket (754) … malı canı Türgėşlere … oradan yine geri dönüp.

② **Ra**：十二月（?）日我出发……他说了的……三葛罗禄的……我打击……我举行休息。从此时起，拔悉密及葛罗禄完全被消灭了。羊年（天宝十四载乙未，755 年）。**G（1994）**：在十月初二（日）我去了。……他们说的……三……我打击了……我（回）来了，从那以来，拔悉密、葛罗禄被消灭了。羊年（即 755 年）。**B**：Onuncu ayın ikinci gününde vardım ... Söylediği üç ... vurdum. Yerleştim. Orada (o zaman)… Basmıl[lar ve] Karluk[lar] mahvoldu [lar] (kk. yok oldu[lar]). Koyun yılında. **G**：在十月初二日我去了。……他们说……三……我打击了……我（回）来了，从那里（一直）到边界，拔悉密、葛罗禄都消失不见了。羊年。**Ba**：Оныншы ай:жаңасы:... үш...түсдім сонда жағасына (шетіне) қарай: Басмыл: Қарлық:жоқ болды:қой жылға. **Me**：Onuncu ayın ikinci gününde gittim... dediği ...döndüm. Orada ...Basmış / Basmıl(lar), Karluk(lar) yok oldu. Koyun yılında (MS 755). **Mo**：on the 2nd day of the 10th month, /////////He came. I heard that //// ***ed to the north. //// I dismounted (to settle down). From there to the frontier (of my realm), （接下页）

3. 我在……安营，度过夏天。……唐朝（玄宗）皇帝……出逃了。……我安顿了他的儿子（即肃宗）。……人民……我攻打了。我住在那里，我让他们（即肃宗）返回（他们的）行宫，将其福旗……①

（续上页）the Basmil and Qarluq people disappeared. In the Sheep Year (A.D. 755). **E**：Onuncu ayın ikinci gününde vardım. <...> dediği <...> bozguna uğrattım. <...> geri döndüm, orada (yurdun) sınırında Basmıl(lar) (ve) Karluk(lar) yok oldu. Koyun yılında (755). **Sa**：Онынщы айдың скі жаңасында бардым (52 см-дегі әріптер өшіп кеткен) ... el etmis үш (30 см-дегі әріптер өшіп кеткен) өтіндім (28 әріптің орны үзік-үзік фрагмент боп қалған. Сез құрап аудару мүмкіндік жоқ. Одан кейінгі 30 см-дегі әріптер түгелімен өшin кеткен) өштесе шабуылдадым ... (46 см-дегі әріптер өшіп кеткен) қарлүктардың тірі қалғандары түргешке кірді. Содан [еліме] кайтып оралып. **H**：十月初二我去了。同罗说马年三月……我在……狠狠打击了突骑施。从那里直至边界，都不再有拔悉密和葛罗禄。羊年。**BYD**：十月二日/////他来了。他在北方进行了//。////我下马（歇兵）。从那里直到边界，拔悉密和葛罗禄不存在了。羊年（755 年）。**Ö**：onuncu ayın ikinci günü ulaştım … dediği … geri döndüm. Ondan sonra sınırları basan Karluklar yok oldu. Koyun yılında (755).

① **Ra**：我已…… 我过（夏?）……已……中国汗已经到那个可汗那里……去了。……我俘囚（?）一个女儿及八个（男儿）……于是再休息。葛罗禄部及……（我）俘获两部民族。于九月（?）……我击战……干（-Kan）我住在那里，我已到他的房舍，圣（旗）? **G（1994）**：我过了夏天……中国皇帝可汗……去了……我……俘获（其）一女、八子……我返回了……我带两（部）人民于都斤山……我打了……住在那里，我派出千人的队伍（?）把其福旗…… **B**：... yayladım... Tabgaç[ların] hanı kağan ... gitmiş ... bir kız[ını ve] sekiz bey olacak oğlunu tuttum ... Yine yerleştim ...iki bodunu aldım. Dokuzuncu ay ... vurdum. Orada (o zaman) kalarak (kk. oturarak) (atlı) öncü kuvvetleri (veya:[onları] oradaki konaklama yerine) gönderdim. (Hana eşlik edenlerin) kutsal tuğunu. **G**：……我渡过了夏天……唐朝皇帝……（从长安）……逃走了……我俘获（其）一女、八子……我返回了……我带两（部）人民……于都斤山……我打了……住在那里，我派出千人的队伍（?）把其福旗…… **Ba**：...жайладым... Табғач ханы... тежей берген:...ұлын:қойдым:...бүтін (халық)... жеңдім сонда отырып:үйіне:жібердім:құт жаратқан:туын. **Me**：... Tabgaç Kağanı... kaçıp gitmiş... bir …kaçıp … oğlunu bıraktım... halkı … yendim. Orada oturup evine gönderdim. kut sağlayacak tuğunu. **Mo**：I settled down at ///// and spent the summer. /////[In the Monkey Year (A.D. 756)] /////// I heard that the emperor of China (i.e.玄宗 Xuanzong) ran away to the west (from the capital Chang- an). /////// I put (or abandoned?) his son (i.e.肃宗 Suzong)////////// people ////////// I had (it) driven ///// Staying there (= Setting the headquarters), I made an ornamental flag of fortune for the (royal) tent (or encampment). **E**：<...> yayladım <...>–miş Çin kağanı <...> gitmiş. <...> bir kız (ve) sekiz erkek çocuğunu ele geçirdim. <...> yine <...> iki halkı alıp dokuzuncu ay <...> bozguna uğrattım. Orada oturup süvari birliği gönderdim. Kutsal (kotay?=Çin ipeği) ? tuğunu. **Sa**：... чыға келіп коныстанып, жайладым ... (60 см-дегі әріптер өшin кеткен) ...дым. Табғач (Табғач) ханы қағаныма қашып келді [біздің] ебке қашып келді. Ұлдарын, ханшаларын [20], сұлу қыз,（接下页）

4. 我的牙帐……在那里……把人民福气……这个匐……二月六日，我到了我的牙帐。鸡年（757 年）我驻扎了。……给了……杀了安禄山。这样他来了。把两名女儿①

（续上页）эулет ұлын тұттым. Жəне ... (4 əріп өшкен). халкын бағындырып, тоғызыншы айда [еліме] кайтып келдім. Сонда тоғуру, басмыл, қарлұқ жоқ болды. Қой жылы (755 жылы). **H**：五次打击后，我度夏了，唐朝皇帝去了。我把他的族人一个女儿、八个儿子安顿了。我又从远方（i…q…）返回。我带着二部人民于九月攻打安禄山。我在那里向唐朝皇帝的行宫派出人，为他竖立福旗。**BYD**：我在//安营，度过夏天。//// ［猴年（756 年）］////唐朝（玄宗）皇帝（从首都长安）向西方出逃了。////我搁置（设置?或放置、默认?）了他的儿子（即肃宗）。////人民//////我打立了///。我住在那里，我为那顶帐幕，装饰了幸运之纛。**Ö**：… yerleştim, yazı geçirdim … (756) Çin hanı (yani 玄宗 Xuanzong；başkent 長安 Chang-an'dan) batıya kaçıp gitmiş …kaçıp …oğlunu (yani 肃宗 Suzong) serbest bıraktım …halk …yendim. Ondan sonra evlerine gönderdim. Bahtımı açacak olan tuğu.

① **Ra**：……那里……人民我已……阿尔葛支（alghac）……裴罗（Buyla）（?） ……二月六日我到家休息。于鸡年（至德二年丁酉；757 年）他予以（?）……他消灭了，事后他来到此地，他给两个女儿。**G（1994）**：在那里……把人民……二月初六日我到了家中……鸡年（即 757 年）他给了……消灭了，于是他来了，把其二女（作为献礼）。**B**：... orada (o zaman) ... bodunu ... evime ikinci ayın altıncı günü yerleştim. Tavuk yıl[ının] ... yok etmiş. Öylece geldi [ve] iki kızını. **G**：在那里 把人民……二月初六日我到了家中。鸡年……他……（给了）……把其人消灭了。于是他来了，把其二女（献）…… **Ba**：Үйім кен:...бүтін халық құт:... үйіме екінші ай алты жаңасы:түсдім:тауық жылға: ... берді:...жоқ еткен: сөйтіп:келді екі. **Me**：evim ... orada … halkı ... bu bey... ikinci ayın altıncı günü evime döndüm. Tavuk yılında (MS 757) … vermiş … yok etmiş. Böylece gelip iki kızını. **Mo**：My (royal) tent is wide //////////I went ////////// people (acc.), fortune ////////////On the 6th day of the 2nd month, I dismounted (to settle down) at my (royal) tent. In the Hen Year (A.D. 757), I settled down //////////[In the Dog Year (A.D. 758)] /////////he gave in order to //////I.I heard that he annihilated **** clan thoroughly. Thus, he came and gave (me) the two daugh-ters (Princesses 宁国 Ningguo and 小宁国 Xiao Ningguo). **E**：a<...> orada <...> halkı <...>–dım <...> Buyla? <...> karargâhıma ikinci ayın ltıncı gününde geri döndüm. Tavuk yılında (757) <...> –dim <...>–vermiş <...> yok etmiş. Böylece, geldi. İki kızıyla. **Sa**：Ебім Қарабұлақтың құйғанында (30 см-дегі əріп өшіп кеткен) ... дым. Алағчын қолбасшы(20 см-дегі əріп өшіп кеткен) ... Ебіме екінші айдың алты жаңасында қайтып келдім. Тауық жылы (757 ж) жорыққа аттандым ... (76 см-дегі əріптер өшіп кеткен) ... Өтүкенді шабуылдадым. Сонда отырып мындығымды жібердім. Құт жараткан (дарыған) туын. **H**：在大帐，就在q……那里，我安置了二部人民。使臣来到我的大帐，我于二月初六返回了。鸡年三月初（ ），他给了（我）官号。他把（叛军的）氏族消灭了。这样他来了。他把两个女儿……**BYD**：我的帐幕宽阔，////我去了。////把人民////// 二月六日，我下马（歇兵）在我的帐幕（大本营）。鸡年（757 年）我住下了。//// ［狗年（758 年）］////为了////他给了。他?彻底消灭了（onč）一族。这样，他来了。把两名姑娘…… **Ö**：karargahım …orada … halkı kut … karargahıma ikinci ayın altısında geri döndüm. Tavuk yılında (757) … (758) … yok etmiş. Öylelikle geldi, iki kızını (prenses 宁国 Ningguo ile prenses 小宁国 Xiaoningguo'yu).

5. 奉送给了（我）。……他说："我将不违背你的命令（直译：我对你的命令不会犯错误）。"他说："我将不会犯错误。" ……我令（人）在色楞格河畔，为粟特人和唐人建造了富贵城。①

---

① **Ra**：作为见面礼物……已去（?）了，他说我对于你的话将不违犯，将不会错误，虽然他自己并非投降，我……以后我给粟特（Soghdiq）与中国在仙娥河旁建筑了一座富贵城（Bay-baliq）。**G（1994）**：给了……他去了……"我将不违背你的话。"——他说。"我将不做错事。"——他说。……（但）并没有内属。……我让粟特人和中国人在色楞格河建造了富贵城。**B**：hizmet verdi … gitmiş. Sözüne karşı (sözüne) hata yapmayayım dedi... yanılmayayım dedi ... Tutsak olmadı ([devlet sınırları içine] girmedi) … öylece … Soğd[lara ve] Tabgaç[lar]a Selengada Bay-balık yapısına izin verdim ... **G**：给了……他去了……"我将不违背你的话。"——他说。"我将不做错事。"——他说。……（但）并没有内属……我让粟特人和中国人在色楞格河处建立了富贵城。**Ba**：...берді:…сөзіне жазаламайын дедім:жаңылмайын:деді:жақсы игі:болды:...Соғдық:Табғач Селеңгеде:Байбалық жасауды (бұйрықты) бердім. **Me**："hizmetime verdi … emirlerine karşı gelmeyeceğim" dedi. "Yanlış davranmayacağım / sözüne karşı çıkmayacağım" dedi. Öyle de oldu... Selenge de Soğdlulara ve Çinliere Bay Balık'ı inşa ettirdim. **Mo**：for (my) serve. ///////////////will **** and go /////////my (royal) tent / ///////He (presumably an ambassador from Suzong) said, "I will not commit a sin to His Majesty." He said, "I will not make mistakes (or misbehave). We should become as before."/////////////Ihad Bay-Baliq built on the Säläŋä for the Sogdians and Chinese (who had probably come or been brought from China because of the 安禄山 An Lushan and 史思明 Shi Siming Rebellion). **E**：hizmet etti. <...>–varmış. O <...> "sözüne inanmayın, yanılmayın" dedi. <...> Tâbi olmadı. <...> sonra <...> Soğdlu(lar) (ve) Çinli(ler)e Selenge'de Bay Balık (kentini) yaptırıverdim. **Sa**：47:табынып тәу еттім(18 см-дегі әріптер өшіп кеткен) . бардық. Одактасын (25 см-дегі әріптер өшіп кеткен) бардык. Ол ... (36 см-дегі әріптер өшin кеткен) ... Сөзімнен жазбайын деді, жаңылмайын деді. Қазынашы мұндағы казынасын (100 см-дегі әріптер өшіп кеткен) ... үш ұлы берім (салык) астығын жоқ қылды. Осыдан кейін [олар] келді. Екі қызын (16 см-дегі әріп өшкен). 48:Ит жылы (758 ж) бесінші айдың он екісінде сонда тағы да ... (3 әріп өшкен) алдыңғы шабуылдаушылары кашып келді (56 см-дегі әріптер өшіип кеткен) ... үш тулықтардың (түрік-қыпшақтардын) беделді адамдары бірігіп келді ... (28 см-дегі әріптер ошіп кеткен) жиырма бірінде мен ... бердім. Орданың алдыңғы жағынан (26см-дегі әріптер өшіп кеткен) ... Осыдан кейін (4 см-дегі әрin ошіп кеткен) ... Согдылар мен табғачтарга Селенгі [бойына] Байбалық каласын орынатуға [рұқсат] бердім. **H**：作为礼物给了。使臣去了，唐朝皇帝说：我不违背你的话。他说我不犯错。他没有内属于（我）。名声大起，就这样，我派萨玛尔罕的粟特人和唐朝人在色愣格河建造了富贵城。**BYD**：奉送给[了?]（我）。会进行////而去吧。/////我的帐幕，那个? //////他（指肃宗派遣的使者?）说："我不会背叛[可汗?] 他说："不会犯错误。"（他说?）："让我们变得和以前一样吧。"/////////我令（人）在色楞格河畔，为粟特人和唐人建造了富贵城。**Ö**：hizmetime verdi… "…kutsallığına karşı hata işlemeyeyim" dedi, "yanılmayayım" dedi, yine (öyle) oldu … Soğdlar ile Çinlilere Selenge'de Bay Balık'ı yaptırdım.

6. ……他们合在一起来了。……二十一日……我在那里刺杀了。在 yarïš 和 aγuluγ 之间，在 yėtük bašï 间……①

7. ……万……在刺杀的地点……二月十六日，把三纛②

---

① **Ra**：……（二十日?）从那里回去……于……他的三旗及……已连合起来了……他的……第二十一日（?）……已（?）宫室（?）……第二十三日（?）于・曳利施（Yaris）及阿护勒（aghuliq）之间・乙将（?）（Yit）泉我战胜了。**G（1994）**：……（二十日?）从那里去……把其三旗……联起……二十一日宫廷……二十二日在那里，我刺杀了，在 yarïš 及 aghuligh 之间。**B**：yirmisinde. Orada (o zaman) yine... üç tuğunu ... birleşip .yirmi birinde ... taht ... yirmi üçünde orada (o zaman) mızrakladım (sançdım) Yarış [ve] Agulug arasında. **G**：……（二十日?）从那里回来……把其三旗……联起……二十一日……二十三日在那里，我刺杀了，在 yarïš 及 aγulïγ 之间。**Ba**：...берді:... сөзіне жазаламайын дедім:жаңылмайын: деді:жақсы игі:болды:...Соғдық:Табғач -қытай Селеңгеде:Байбалық жасауды (бұйрықты) бердім. **Me**：tuğ ile ... birleşip geldiler...(ayın) yirmi birinde… orada (onları) bozguna uğrattım. Yarış (ve) Agulig arasında Yetük Başı'nda. **Mo**：////the flag////////////// they assembled and came. //////////on the 21st day [of the *th month], //// [on the **th day of the *th month], I defeated (them) there. Between Yariš and Aγuluγ, within the river-head area of Yätük. **E**：<...> yirmisinde orada yine <...>–de tuğunu <...> muhbirleri <...> birleşip <...> yirmi birinde ben <...>–miş <...> yirmi üçünde orada mızrakladım. Yarış (ve) Agulug arasında, Yit(?) (Irmağı'nın) kaynağında. **Sa**：(113 см-дегі әріптер өшіп кеткен) үш түмен (30 мың) ... (30 см-дегі әріnmер өшіп кеткен) . жендім. Жерде (121 см-дегі әріптер өшіп кеткен) жиырма үшінде онда жендім. Ярыш пен Агулығ арасындағы Жетібас (Жетісу өзені). **H**：（ ）月二十在那里，三旗突厥余众在 i...m 再次集中，二十一日他们从 amγi 城堡向我的汗庭发动进攻，为我所动摇。二十三日我在那里刺杀了，yariš 和 aγulïγ 之间的 yit bašïnta。**BYD**：////把那面露//////他们合在一起来了。//// [某月] 二十一日//// [某月某日]，在那里，我获胜了。在 yarïš 和 Aγuluγ 之间，在 Yätük 河源间。**Ö**：… tuğunu … birleşip geldiler … yirmi birinde … orada mızrakladım. Yarış (ile) Agulug arası, Yetük Başı'nda, arada.

② **Ra**：……三万……于选举场上（Saneduq Yirda）……他想起来了……二月十六日，我击战三旗突厥…… **G（1994）**：……三万……在刺杀之地……他想到……二月十六日把三旗…… **B**：... üç tümen ... mızrakladığımız yerde … düşünmüşler… ikinci ayın on altısında üç tuğlu… **G**：三万……在刺杀之地，他想到……二月十六日，把三旗…… **Ba**：...түмен... шанышқа жерде:... екінші ай:алты жиырмаға:Үш тулық. **Me**：...on bin … yendiğimiz yerde … ikinci ayın on altıncı günü üç tuğlu. **Mo**：/// ten thousand ///// at the place where (we) defeated (the enemy) /////on the 16th day of the 2nd month (A.D. 759), the Türüks with three standards. **E**：<...> otuz bin (kişiyi) <...> mızrakladığımız yerde <...> düşünmüş <...> ikinci ayın on altısında, Üç Tuğlu. **Sa**：(275 см-дегі әріптер өшіп кеткен) ... екінші айдың он алтысында үш тулы... **H**：三旗突厥的（ ）万人在刺杀的地方想……二月十六把三旗突厥人民…… **BYD**：///万////在获胜的地点 ////二月十六日，三纛…… **Ö**：… on bin … mızraklanan yerde … ikinci ayın on altısında (759) Üç Tuğluğ.

8. 突厥人民……可敦的侄子 öz bilgä büñi…… ①
9. ……留下[千]（匹）马。留下万（只）羊……②
10. ………………………………………

六　注释

北面 1 行 täŋri[dä b]olmïš ėl ėtmiš bilgä qaɣan：从 täŋri[dä b]olmïš ėl ėtmiš bilgä qaɣan 这一词组就能看出碑文主人公的身份。Ölmez（2018：132）指出，该词组有以下三种解释：①登里罗・没迷施・颉・翳德密施毗伽可汗；②由天所立的翳德密施毗伽可汗；③由天所立安邦治国的毗伽可汗。《阙特勤碑》和《毗伽可汗碑》中词组 täŋridä bolmïš 尚未表示一种封号。根据碑文中的 ėltävär、ėltėriš 等爵号（封号）的使用，可以推测 ėl ėtmiš 有可能也是一种封号。王静如首次提出，täŋri[dä b]olmïš ėl ėtmiš bilgä qaɣan 与汉文《哈喇巴拉哈逊碑》中的“登里罗・没迷施・颉・翳德密施毗伽可汗”相同，惟“登里”后的“罗没”二音（dä bol-）残缺而已，并提出这里的毗伽可汗是汉文史料中的磨延啜，号葛勒可汗，于唐肃宗乾元元年册为“英武威远毗伽可汗”，“登里罗・没迷施・颉・翳德密施毗伽可汗”应译为“自天所立、安邦治国、圣智皇帝”，与唐朝册封之号无关（林幹 1987：

---

① **Ra**：……八姓乌古斯（?）及九姓达靼（?）乌苏米施可敦之侄乌苏毗伽步入（Oz-Bilga-Bunin）……**G（1994）**：突厥人民……八姓乌古斯、九姓鞑靼妻侄 Ozbilgä (bünyin?) …… **B**：Türk bodununu ... sekiz ... Oğuz, Dokuz-Tatar ... hatunun yeğeni, Öz Bilge Bünyin... **G**：突厥人民……八姓乌古斯、九姓鞑靼……妻侄 öz bilgä (büinyin?)…… **Ba**：Түрік... сонда:қаты:жиені:Өз Білге:Бөні... **Me**：Türk halkını.. hatunun yeğeni Öz Bilge Bünyi... **Mo**：//// there, the nephew of the qatun, Öz Bilgä Büñi... **E**：Kök Türk halkını <...> Sekiz Oğuz (ve) Dokuz Tatarları <...>–miş hatunun yeğeni Öz bilge Bünyi ile(?)... **Sa**：Түрік халкына ... (60 см-дегі әрinmep өшіп кеткен) ... сегіз-оғыз, тоғыз-оғыз (195 см-дегі әріптер өшіп кеткен) қатын (ханум) жиені өз-Білге Бүйүн... **H**：……八姓乌古斯、九姓鞑靼可汗、可敦的侄子 öz bilgä bünyin…… **BYD**：突[厥]////在那里，可敦的侄子 Öz Bilgä Büñi…… **Ö**：Türk halkı … hanımın yeğeni, Öz Bilge (?) …

② **Ra**：（于室中?）……余留有千匹马及万只羊。**G（1994）**：…… 留下一千匹马，留下一万只羊。**B**：bin at kalmış, on bin koyun kalmış. **G**：……留下一千匹马，留下一万只羊。**Ba**：...мың жылқы қалған түмен қой қалған. **Me**：… bin at … kalmış. On bin koyun kalmış. **Mo**：/// I heard that [one thousand] horses remained and ten thousand sheep remained (to be with me). **E**：<...> bin at kalmış <...> on bin koyun kalmış. **Sa**：... ханша ...(250 см-дегі әріптер өшіп кеткен) ... колбасшы мен жүз түйе, мың жылқы түсіріп алдым. Түмен (он мың) қой, ебін олжаладым. **H**：quy 留下数千匹马、万只羊。**BYD**：////留下[千]（匹）马。留下万（只）羊。**Ö**：… bin at kalmış, on bin koyun kalmış.

675）。《哈喇巴拉哈逊碑》的粟特文部分出现于该封号[tn]kryδ’ pwṛmyš ‘yṛ ‘ytmyš p[yṛ-k’ γ’γ-‘n]（Rybatzki 2000：234）。紧跟第一句中的词组 ėl ėtmiš 后面而来的第一人称代词 bän 可能是第二句的主语，因为这种相似的语序也曾出现在《暾欲谷碑》中：bilgä tońuquq bän özüm tabγač ėliŋä qïlïntïm“我是谋臣暾欲谷，本人成长于唐朝”（耿世民 2005：94）。

北面 1 行 töliš：该词在和阗塞文写本中也曾出现过：ttudīsä，ttūdīsa，ttūdisām（Bailey1949：48）。早期学者根据该词最后一个字母l[s²]，而读作 tölis。Ölmez（2018：132）提出该词应读作 töliš，他的依据是：（1）若该词表示的是部落名，那么古突厥语词语一般不以辅音 s 结尾；（2）突厥碑铭中很多词用l[s²]来表示 š；（3）今图瓦人仍有 töliš 的部落。所以该词应作 töliš。

据 Henning 对编号为 Stael-Holstein Ⅱ 27—31 的和阗塞文写本的研究，可知十姓回鹘联盟由五个 tarduš 部落和五个突利失部落组成。对此写本 Hamilton（1977：516）按 Henning 的说法进行了翻译：enču（诸侯）：yaγlaqar、alpaγut“战士”、boqu、*bosqot、küräbir、qorbar，以上部族是 töliš；enčü:sıqar、ttaugara、*ayabır、čarıq、yabutqar，以上部族是善战的勇士，居住在 qara taγ 山脉，被世人称为 tarduš。solmi，突厥、bayarqu 以及 čuŋul。从此可知，这些部落都在十姓回鹘联盟当中，十姓回鹘联盟由五个 tarduš 部落和五个突利失部落组成。tarduš 以及突利失各自都是由五个部落组成的联盟体。Henning（1938：558）认为，ttaugara 和 tarduš 都出现在与 Tohar 部落没有关系的突厥部落名单中。因此如果可以将 ttaugara 看作是一个突厥部落的话，那么可以确切地说 toŋra=ttaugara，即同罗是九姓乌古斯中的一个重要部落。

Hamilton（1977：517）认为，这是甘州回鹘的部落体系中由 tarduš 以及突利失两部分组成的回鹘以及九姓乌古斯的部落名单。

对于在和阗塞文写本中 ttarädūsa 一词等同于 tarduš 这一点，Hamilton（1977：518）认为，由于这里没有使用字母 š 而是用到了 s，因此这一点还有待考证。和阗塞文写本中，töliš 这一词语是用 ś 书写的，例如 ttuḍīśä、ttūḍīśa，而在鄂尔浑碑铭中 š 等于 s，因此有不少的学者将 TWls/š 读作 tölis。在汉语文献中，可汗为了治理东部事务而派遣的儿子的名字记载为突利失（töliš），公元 930 年可汗派往甘州的官员的名字则记载为突律似。据 Hamilton（1977：518）的看法，töliš 可能是在词语 töl“羔”后面缀接构名词的附加成分-š 构成的。如：uluš“领土，土地，地区”，就是由词语 ul“领土”缀接构名词附加成分-š 构成的。

北面 2 行 ö[tükä]n ėli tägräs ėli：Thomsen（2002：99）写道：“今天

的 erdenso 大寺所在地蒙古古都哈拉和林是 1235 年由窝阔台汗修建的。它与坐落在鄂尔浑河西岸，erdenso 西北 35—40 公里处的回鹘汗国都城哈喇巴拉哈逊遗迹不能混淆。”他认为，这个地方位于杭爱山或阿尔泰山东面。根据夏德（2017：65）的引用可知，Radlov 认为 ütükän yïš/ütükän yär 不仅指代山体本身，还包括山周围的地区，至少是整条鄂尔浑河流域（包括土拉河）。这一点正表明，于都斤地区是突厥汗国和早期游牧汗国的中心所在。于都斤是一个专门地名，指北起鄂尔浑河源直至科索戈尔湖的整条山脉（破塔波夫 1998：232）。Radlov（1897：165）还认为，ötükän 一词来自回鹘语动词 ötü-，其意为“被选中的”。从这个意义上来讲，ötükän 应该含有“被选中的山林”之意。夏德（2017：65）认为，鄂尔浑河、土拉河和 chara-gol 流域的“于都斤山林”位于肯特山和杭爱山之间的地区，可能还包括杭爱山北部地区，但是似乎也不能认为鄂尔浑河东岸的整个地区都属于都斤山林地区。夏德（2017：65）引证 Schlegel 的意见说：“《新唐书》中‘乌德鞬山左右嗢昆河、独逻河皆屈曲东北流’中的‘左右’根本不是方位上的左右，而是 ‘附近’的意思。”Melioranskiy 认为，ütükän yïš 无疑是一处山林的专称，在铭文上指突厥汗国的中心和突厥可汗的驻跸地，是鄂尔浑上游与科索戈尔湖间的地方（破塔波夫 1998：234）。Thomsen（2002：223）认为，这个词从具有“横穿，穿过，锋利”之意的 ütkin/ötkin 演变而来。伯希和（1956：124）认为，“此于都斤山（《隋书》作都斤），与嗢昆河碑文之草木繁殖之 ötükän 山（ötükän yïš）或 ötükän 地（ötükän yer）同为一山一地，绝无可疑”。Bang（1980：18）认为这个词的结构应该被分解为 ötü+kän 的形式，意为“经行之山”，类似于回鹘文写本中的词语 täŋrikän 的构词结构。ötükän 由动词 öt-“路过，穿过”而来，所以 ötükän 应为“穿过的地方”。Gabain（1950：34）认为，杭爱山脉在一百年前未必被森林覆盖，因此 yïš 一词可译为“gebirgsweide”（高山牧场）。她又认为 ötükän 地区范围很广，南部的杭爱山脉和北部的 tamïr 河是它的天然屏障，并把 ötükän 一词与蒙古语 etügen“Erdgöttin”相提并论。Hamilton（1997：197）把这一词分解为 ötüg（祈祷）+qan。Jisl（1963：388）认为 ötüken 位于鄂尔浑河在杭爱山脉间的流域。Czeglédy（1962：61）认为 ötükän 并非杭爱山脉之西，而是杭爱山脉本身。Roux（2011：111）认为 ötükän 一词源自“祈祷，劝告”之意的 öt 一词，ötükän 则具有山林之意。此外他还对伯希和的观点提出异议，认为 ötükän 在 8 世纪还只是一座圣山。回鹘汗国时期，此山被誉为保佑他们战胜敌人的圣山。这个词后来可能被蒙古人借用专指地祇，即蒙古语中的 Etiigen 和 itugen。Tekin（1983：834）认为 ötükän

位于杭爱山脉西北的鄂尔浑河与铁兹河之间。厄达尔（1991：77）则认为，ötükän < ötüg“prayer”+kAn 的这种结构跟 qadïrqan 一词的结构同属一类。Golden（2002：107）认为 ötükän 是鄂尔浑河流域和杭爱山脉间的高山区。Aydın（2011：133）认为，ötükän 的位置应为蒙古国 Zavhan-Aymak 境内海拔 4021 米的 Otgon Tenge 附近。Qarjaubay（2012：228）认为，其可以理解为 ötü+-γan/-qan/-gän/-kän“祈祷之地”，即向上苍虔诚祈祷而得到的地。

Vladimirtsov（2010：208）认为鄂尔浑文 ötükän 一名在蒙古语中的对应形式是 etügen 或者 otugen“土地、土地圣母、地祇”。蒙古语的 ötügen 是萨满的神，它“所指的是地祇和土地，土地本身被称为是神圣的”。突厥语 ötükän 和蒙古语 ötügen 一为地名，一为地祇之名，都是萨满信仰、概念和称谓（破塔波夫 1998：235）。伯希和对 ötükän 则指出，蒙古人称土地女神为 ätügän 或 itügän。itügän 就是 13 世纪传教士与旅行家所著《迦宾尼游记》中的 ytoga 和《马可 •波罗游记》的 natigay，对应《元朝秘史》第 113 节出现的 atügän，汉译作“地”。在 1362 年未刊本汉、蒙碑文中作 ütügän。伯希和列举吐鲁番出土的摩尼教文献中出现的 ėl ötükän qutï“国土之女神”，即“民族女神”。他还举例一份未被公布的回鹘文写本中的相关记载认为，ötükän 指地祇之名。伯希和列举的回鹘文文书的原文如下：ötükän [w](a)hšiqanč qutluγ tapmïš ky-a küyü küzädü tuṭzu[n]，可译为“愿保护神 öt ükän 和 qutluγ tapmïš qaya 保佑”。伯希和（1956：126）由以上文献得出结论：设 ötükän 为一女神，殆为鄂尔浑河突厥时代之同一女神。破塔波夫（1998：244）详细论述对于 ötükän 的研究概况后总结道，从 Vladimirtsov 和伯希和的论著中人们已经知道，于都斤是古代鄂尔浑突厥人的地祇，又是蒙古人的地祇。其原因大概源一些古突厥部落和氏族被同化成了蒙古的族属。各个古突厥部落和氏族转用蒙古语后，也就难免会把特有的世代相传的文化和生活因素，尤其是古老的宗教迷信和旧俗带入蒙古。但是这些礼俗的突厥起源被遗忘了。ötükän 按突厥语来解释意义，称为“土地女神”。古代突厥人把意义为“地祇”的专称“于都斤”传入在萨彦山岭附近居住的部落和氏族民间。吉罗根据《新唐书 • 回鹘传上》中出现的“东有平野，西据乌德鞬（于都斤）山，南依嗢昆水（鄂尔浑河），北六七百里至仙娥河（色楞格河）”这一记载认为，平野肯定是指鄂尔浑河流域和寇克清——鄂尔浑河流域南北走向的山凹地。也就是把于都斤山林的具体位置确定在比哈喇巴拉哈逊的纬度更偏南的地区，靠近鄂尔浑河与塔米格河发源的地方，其坐标大致为东经 101° 北纬 47° 。形象比喻的话，兴安岭山脉的东部大致为掌心向下的左手的样子，拇指是最南边的分支。在这只手的拇指和食指之间有一片森林，鄂尔浑河就从那里发源，塔米格河从两侧流经这一森林。这一地区完全不受从南北两个方向呼啸而来的风暴之侵袭。在植物和气候方面都有得天独厚的优势，而且是一个重要的战略要塞。由于这三大有利条件，它才在该地区民族史上起过非常重要的作用。突厥人和蒙古人皆因此而赋予了该山一种神圣性（吉罗 1984：234）。20 世纪中期在蒙古国进行考察的 Schubert（1964：214）提出，ötükän 的地望跟杭爱山脉海拔最高的山峰（4021 米）otgon tenger 如出一辙。今天的 otgon tenger 位居 Zavhan-Aymak 旗东部，山上树林枝繁叶茂。重要的是此处还有大量突厥汗国时期的考古遗迹。

tägrä 在察合台语中有“围，绕”之意，据此兰司铁把 öz[i?]n tägräsi ili käntü 译读为“他自己的地方（附近）及国家”（Ramstedt 1913：48；林幹 1987：701）。但是，由于兰司铁无法解读 tägrä 前面的词语而误解了这句话。Malov（1951：34）纠正了他的读法，并首次提出这个词语应该是 ö[tüken]。Tekin（1983：812）和 Aydın（2011：137）认为 tägräs ėl 是个地名。Aydın（2011：137）认为，tägrä 的结构是蒙古语 terge“车，车子，车辆”（Lessing 1960：805）加粟特语复数后缀+s。“铁勒”是北魏时期的“高车”之别名“敕勒”的讹化形式，因使用大轮车而得名“高车”。若此说成立，tägräs ėli 可能是指“铁勒”部所居的，位于于都斤南面的一个地望。Ölmez（2018：132）则认为，若这个词语能读作 tägräs，那么 tägrä“周围”和 ėli 二者之间应该有属格 si，即 tägräs 最后一个辅音 s 后面应该还有一个 i。Ölmez（2018：83，121）将《塔里亚特碑》东面 3 行和西面 4 行的 tägräs 看作地名，因此没有翻译，但这里的 tägräs 则译为“周边”。森安孝夫、Berta、Bazılhan、Mert 和白玉冬等学者也将此词看作地名。但是他们的转写与别的学者有所不同，如森安孝夫（2009：9）、白玉冬（2012：82）：ögräš eli；Berta（2010：274）：ẅgrẅsi eli；Bazılhan（2005：131）：ögüres eli；Mert（2009：215）：ögres ili。

北面 2 行 ėkin ara：森安孝夫（2009：44）认为 ėkin 后面的词语无法辨认，他建议读作 ėkin ara。其依据是回鹘文《玄奘传》中出现的词组[iki] taġ ėkin ara“在雨山间”。

北面 3 行 on uyγur toquz oγuz：Orkun（2002：920）提出，toquz oγuz 是位居蓝突厥北部的，后来取名“回鹘”的人群。古突厥石碑中的 toquz oγuz 和“回鹘”是否为同族关系？在此问题上学界争论已久。Thomsen（2002：219）认为，二者为同族关系。根据夏德（2017：73）的引用可知，Radlov

认为，九姓回鹘与九姓乌古斯是否是一回事，还是一个问号。要么是由于一个巧合，回鹘和乌古斯这两个部族都有九姓；要么乌古斯不是一个族名，仅仅表示“部族”的含义；或者这是一个大的部落联盟，有不同的名称。Radlov 较倾向于第一种和第三种可能性，不支持第二种可能性的原因是碑铭中经常出现的“乌古斯伯克们”“乌古斯人民”等词。无论是何种情况，九姓回鹘与九姓乌古斯这两个名号都是指代大型的部落联盟，而回鹘似乎也属于九姓乌古斯。而且晚期的九姓回鹘在数量上占九姓乌古斯的很大比重。但也有可能乌古斯和回鹘只是各自部落集团里的领导角色。夏德（2017：68）认为，骨咄禄时代的“九姓”（toquz oγuz）由铁勒诸部落构成，回鹘只是其中之一。巴尔托德（2010：93）认为，鄂尔浑碑铭中出现的族名 türk、oγuz、türk oγuz、toquz oγuz 均指同一个族体；第二突厥汗国的汗族也出自 tuquz oγuz；同时，鄂尔浑碑铭中提到 toquz oγuz 也是与可汗为敌的部族，为此可汗与他们进行了持久的战争。Laszlo（1950：41）则反对巴氏的观点，认为碑文中 bilgä qaγan 所说的“toquz oγuz 原是我的属部”一句反映的仅是政治上的藩属关系，并不能说明 toquz oγuz 是 bilgä qaγan 的族人。此外，史书中也未曾提到突厥有过九姓部落组织。所以，很难推断 toquz oγuz 和突厥为同族关系。在碑铭文献中被称为“toquz oγuz、on uyγur”“on uyγur、toquz uyγur”的回鹘人，从部落组织结构来看与 toquz oγuz 确实有渊源；鄂尔浑碑铭中对 adïz、toŋra 诸部的征战与对 toquz oγuz 的征战经常相提并论，可推测 adïz、toŋra 两部是 toquz oγuz 的属部；同时，在汉文文献中提到，这两个部落也是回鹘之先祖铁勒的属部。从中可得，toquz oγuz 有可能与铁勒同源。Vásáry（2007：129）认为，oγuz 和突厥虽属一个语言和文化的共同体，但属于不同的政治团体。在此基础上 Vásáry 进一步提出，碑文中提到的 toquz oγuz 和回鹘实为同族，具有九姓部落组织结构的 toquz oγuz 在汉文史料中指代“九姓”的铁勒联盟；回鹘在此部落联盟中一直占有举足轻重的地位。自从突厥汗国建国，toquz oγuz 诸部屡次起兵反抗其统治，第二突厥汗国时期也与其征战不休，导致毗伽可汗五次亲自讨伐。后来 toquz oγuz 与拔悉密、葛罗禄一同最终推翻了第二突厥汗国，建立了回鹘汗国，其可汗还有“九姓回鹘可汗”的封号。汉文文献中的“九姓”专指 toquz oγuz 各部。很显然，回鹘人在建立其独立政权之前一直处于九姓部落组织结构中。745 年回鹘汗国建立后，回鹘成了此部落同盟的领导者；他们在维持以往的 toquz oγuz 一名的同时，也采用 on uyγur 的族名，《希纳乌苏碑》中出现的 toquz oγuz、on uyγur 可印证此说。on uyγur 包括 toquz oγuz 各部和占统治地位的回鹘。从中还能看出，回鹘本身也由九个小部落组成，因此回鹘—乌古斯部落集团中共有 18 个属部（Vásáry 2007：130）。Hamilton（1983：131）对九姓乌古斯和十姓回鹘问题探讨得较细，其看法如下：即使不用完全肯定鄂尔浑碑铭中的 oγuz 与回鹘文文献中的 oγuš（oγus）完全相同，但是在 toquz 和 oγuš 之间必定产生了一种非常巧妙的结合。与古突厥语中无数对合韵词一样，此二者也都有一个共同的半谐音，所以从此可推，toquz oγuš>toquz oγuz>oγuz。正如 toquz oγuz 在汉文文献中记为“九姓”，九姓部落联盟是由属于同一个部族的许多部落组成的，在 6—8 世纪期间，“特勒”或“铁勒”就是一个九姓部落联盟。到了 744 年左右，九姓部众最强大的部落韦纥（即回鹘）人结束了突厥人的统治，而又以“九姓”（即 toquz oγuz）的名义建立了一个新的联盟和新的汗国。《希纳乌苏碑》中提到过 säkiz oγuz，即“八姓”。从前后文的联系中便可清楚地看到，“八姓”始终处于“九姓”的范畴之内，只是上文的“回鹘可汗（在其父汗国的创建者去世后）曾竭力企图建立自己对回鹘人之上统治”中所提到的“回鹘”之外的部落。伊斯兰作者们从 8 世纪末也都普遍使用了 toquzγuz 这一术语，也就是原来的 toquz oγuz，意为“九姓”，指由回鹘人创建的九姓联盟。Gumilёv 的看法近似于 Hamilton 的观点。他认为，无法与大的部族形成同盟的相邻小部众往往会彼此间形成部落同盟关系，以图生存，这些由若干部落组成的同盟通常被称为“oγuz”；toquz oγuz 和 üč oγuz“三姓”也源于此；oγuz 一词由表示“部落”之意的名词 oγ 后缀接复数词缀-z 固化而来，即表“诸部落”之意。oγuz 一词后来演变成了族群的特指名词（Gumilёv 2002：85）。陈浩（2018：49）认为，回鹘人夺取政权之后为了表示自己显赫的地位，用 uyγur 一名取代了以往的 Oγuz，Toquz Oγuz 等名称。

北面 3 行 anta qalmïšï bodun：碑铭中动名词附加成分-mIš 后缀接领属附加成分，尤其是缀接第三人称附加成分的例子有以下几个：《阙特勤碑》南面 9 行：anta qalmïšï ；《暾欲谷碑》第一石碑西面 4 行：ïda tašda qalmïšï；《暾欲谷碑》第二石碑西面 3 行：kälmiši alp tėdi。

北面 4 行 tür[ük qaγan] čaq ėlig yïl olormïš：兰司铁（1913：44）将其中两个词语读作 tör ... ba?ča?q，在注释中提出读作 tür[ük qï]bčaq(?)的可能性。Malov（1951：34）则将这一词组读作 tür[ük qï]bčaq elig yïl olurmïš，并译为“突厥—钦察人生活了 50 年”。克里亚施托尔内（1994：32）认为，兰司铁的读法虽符合语法规则，但碑铭中还未曾出现过两个族名并列的情况，因此这一词组应该看作是两个互不相干的族名，即“突厥人和钦察人”。克氏进一步说，《暾欲谷碑》第一石碑南面 4 行中出现的 türk sir bodun 也应该被理解为突厥和薛（sir）诸部之联盟，因为此处铭文在讲述组成统治阶层的部族同盟。把《希纳乌苏碑》的 tür[ük qïb] čaq elig yïl olormïš 与《暾欲谷碑》中的 türk sir bodun 结合起来可得出，sir 和 qïbčaq 是同一个部族的两种称呼。在还未得到能够印证族名 sir 和 qïbčaq 均指同一个部族的可靠证据之前，克里亚施托尔内提出的这种解读显然是站不住脚的。正如 Ölmez（2018：134）指出的那样，此处碑文叙述的并非是突厥人和钦察人 50 年的联盟，而是突厥汗国在此地 50 年的统治。而且汉文史料中也未发现有关二者联盟关系的记载。由于词语 čaq 前面有一个辅音 b，Malov（1959：34）将其误读成 qïbčaq。Berta（2010：274）首次把这一词组的读法纠正为 tür[ük qaγan] čaq。回鹘文写本中 čaq 有“正好，刚好”或“时代，时间”的意思，如 yazqï čaqdaqï“夏日时”。čaq 在有些写本中还有“恰好是这个时候”的意思，如《金光明经》中的 čaq amtï maŋa uγrayu ät’özümin isig özümin tiṭgülük ïdalaγuluq üḍ qolu soqa kälti“现在与我舍弃自己身体的时间恰好来了”（哈斯巴特尔 2017：145）。《突厥语大词典》中 čaq 释为“同于正好、恰好、恰巧、表示正是某物自身的词”，如：čaq ol atnï tutγïl“正好你就抓那匹马”，čaq amačnï urγïl“你就找准靶子打”（2002：Ⅰ352）。综上所述，森安孝夫和白玉冬等学者的理解是准确的：突厥可汗统治了整整五十年。

北面 4 行 türük ėliŋä：森安孝夫（2009：47）与白玉冬（2012：97）将此处的接尾词+ŋä 与《暾欲谷碑》《翁金碑》中 ėliŋä 的用法进行比较并认为，ėl 接在特定的统治者和王朝之后且后缀-ŋä 是与格，具有“某某的治世或某某统治的年代”之含义。

北面 4 行 boyla：该封号与可汗的封号一起出现。boyla 在回鹘文写本中也出现过。Tezcan（1978：55）认为，该封号属于游牧部落中策划部众和军队转移路线的，确保各部统一有序行动的人。该词原意为鼻栓（一种用来驯服动物的木质器材），其引申意义为“军事长官”。

北面 5 行 qaŋïm kül [bil]g[ä qaγan]：这是第一位可汗的名字，在《哈喇巴拉哈逊碑》的粟特文部分以[kw]ṛ pyṛ-k’ γ’γ-’n 的形式出现（芮跋辞 2000：231），汉文对应是阙・毗伽可汗。在《旧唐书》《新唐书》中，这位可汗的封号记录为“骨咄禄・毗伽・阙可汗”，《新唐书》记载其名为“骨力裴罗”。

北面 6 行 bïŋa bašï：兰司铁（1913：45）读作 biŋa bašï，认为由 biŋ“一千”演化而来，可与蒙古语 mingan“一千”作比较。Doerfer（1975：4-86）认为 bïŋa bašï 的意思是“先锋队”。Berta（1995：16）认为 bïŋa 是一个军事单位，与 biŋ“一千”有关，但同时又认为根据《希纳乌苏碑》西面 3

行中出现的前元音形式 biŋä 可看出 bïŋa 是动词 bin-“骑”缀接-gA 而构成的名词，原始形式为 biŋä，后来其元音受到辅音 ŋ 的影响变成后元音。Sertkaya（2003：28）认为 bïŋa 意思是“骑兵”，同时指出该词的原始形式就是后元音的 bïŋa。Şirin User（2016：362）认为 bïŋa 意思是“千夫长”。厄达尔（2004：210；2017：220）把 özümün öŋrä bïŋa bašï ïttï 译作 sent me forward as captain“遣我作为千夫长而先行”，Myself he sent (*ïd-*) forward (as) captain“他派我为先锋”（2004：420；2017：36）。厄达尔（2004：57；2017：56）还认为，同时存在 bïŋ 和 biŋ 两种读法，或者其实际读音介于两者之间，换言之，/ï:i/对立已经中和。最早的读音可从 bïŋa 这个词以及 miŋγan 的第二个元音找到依据。bïŋa 表示回鹘汗国的一个军事单位（《希纳乌苏碑》中至少出现三次），miŋγan 是蒙古语“千”。耿世民（2005：195）、洪勇民（2012：99）、白玉冬（2012：83）都将 bïŋa 译作“千夫长”；Berta（2010：292）译作“先锋队长”；Aydın（2011：64）、Ölmez（2018：121）译作“骑兵长”。

北面 6 行 käyrädä öŋdün yantač[ïm]da qońluγ toq(…)：兰司铁（1913：15）释读为 k^{ä}yr^{ä}dä öŋd^{i}n y^{a}nd^{a}ç…da # qoñlïγ toq... “在 käyrä 的东方，便教我转向……（羊？）”森安孝夫（2009：24）释读为 käyrädä öŋdün yantačïmda # qońluγ toqlïlïγ /// (...) “……当我从东方返回 käyrä 时，有羊的……” Berta（2010：293）释读为 käyrädä öŋdün yantačïmda # qońluġ twqlïlïg “从 käyrä，从东（前）方返回时，与羊和小羊……” 耿世民（2005：195）释读为 käyrädä öŋdün yantačï “从东方 käyrä 那里回来的”。Aydın（2007：57）释读为 keyrede öŋdin yantaç?...[-da] [q]onylïg toq(…)“Keyre 的东边返回……有羊的”。Mert（2009：218）释读为 k(ä)yr(ä)dä öŋd(ü)n y(a)nt(a)ç(ï)mda # qoñl(ï)ġ to… “从 keyre，从东方返回的时候，有羊的……”Ölmez（2012：274）释读为 keyrede öŋdün… “在 keyre 从东方”。洪勇民（2009：53）释读为 käyrädä öŋdün yantačïmda # qoñluγ toqar “在 käyrä，我使从东面返回的富有的 toqar 部族……”白玉冬（2012：83）释读为 käyrädä öŋdün yantačïmda # qońluγ toqlïlïγ “当我从东方返回 käyrä 时，有羊的……”

兰司铁认为，käyrä 的具体位置尚不能确定。但他提出 käyrä 与蒙古语 kegere“野地、野外、原野”（《蒙汉词典》1976：607）、布里亚特语 xere 和满语 keire“枣骝”（胡增益 1994：477）有关。他还认为，北面 7 行的 käyrä bašïnta üč birküdä“在 käyrä bašï，在 üč birkü”中的 käyrä bašï，üč birkü 是具体位置还未考证过的地名。我们可以将三（üč）birkü 与蒙古之 gurwan tamir，gurwan harkira，gurwau-targan 等比较。在库伦（乌兰巴托）西北

139 公里有一条小河叫 birke（birxe），位于一座大山之北麓，山之阳则为 Gurwan-urtu 之发源。除此而外，我们尚知在中俄边界上渡 Onon，则有 ar-birke 及 üwür-birke。北及南 birke，再加蒙古之 birke，则成为三 birke，但 käjrä 及此 üč birkü 并列，则似乎不太可能（林幹 1987：702）。Clauson（1972：178）将其释读为 keyerde (?)öŋdün yantaçï“在 Keyer 转向东方”。Gömeç（2001：32）认为，keyre 可能位于翁金河流南部。但 Aydın（2007：69）认为，根据兰司铁对 birkü 的考证，käyrä 不可能在翁金河流周边，反而 käyrä bašï 可能是一条小河之名，位于色楞格河东边。白玉冬（2012：98）认为，根据回鹘追击的路线，käyrä 河源之地大体应在色楞格河上中游以北，而据此可以推断当时的九姓达靼驻地在色楞格河中游以北，这里提到的被回鹘征服的民族极可能就是九姓达靼。森安孝夫（2009：48）和白玉冬（2012：98）注意到 öŋrä“向前方”与 öŋdün“在东方，向东方”之间的区别，并将 käyrädä öŋdün 译作“自东方向 käyrä”，并把换写为 Y nt č# (m)D a: (Q)W ń L G T W(Q)[LiLG]的部分读作 yantačïmda # qońlug toqlïlïγ，但这两位学者都没有说明读作 toqlï 的理由。我们考证得知，回鹘文文献中出现 toqlï/toqlu 的词意为“颅骨，头骨”（Kara - Zieme 1976：98；Kara - Zieme 1977：142）；此外还有 toqïlïγ 一词，意为“好看，美”（Kara - Zieme 1976：98；Kara - Zieme 1977：141），但这两种意思都不符合这里的语境。森安孝夫的依据似乎来自麻赫默德・喀什噶里记载的 toqlï“羊羔，六个月的羊羔”（《突厥语大词典》2002：III 454）。Clauson（1972：469）把这个词解释为“比羊羔大一点，比绵羊小一点的羊”，并提出该词除了维吾尔语和西部裕固语没有之外，在其他亲属语言均有出现。但是他忽略了维吾尔语诸方言中能看到这个词，如和田方言皮山话 toqla“没有下过崽的母羊”，和田方言 toqla“未成熟的公羊羔子”（木哈拜提•喀斯木 2013：149）。而且 Clauson 没有指出该词的形容词形式 toqlïlïg。洪勇民（2009：53）把最后一个词读作 toqar，但没有说出其依据。从学术界一致的换写来看，T W（Q）后面没有 r，因此洪勇民的读法是无法成立的。

北面 8 行 qara qum ašmïš kügürdä kömür taγda yar ügüzdä üč tuγluγ türük bodun：兰司铁（1982：695）译作：“他们越过黑沙逃走了。在伽屈（kügür）肯讷山与拽（jar）河，我参与战争。三旗突厥的人民……”Ölmez（2018：121）译作：“穿过了 Karakum，在 kügür，在 kömür tag，在 Yar 河三旗突厥人民……”Berta（2010：293）译作：“穿越了 karakum。从（在？）kügür，从（在？）kömür tag，从（在？）yar 河三旗突厥人民……”白玉冬（2012：83）译作：“他们（已经）度过了黑沙，在开格尔地方，在库姆

尔山，在亚尔河，对三纛突厥人民……”厄达尔（2017：376）认为，这里不加宾格与非特指（non-specificity）无关，如：qara qum ašmïš“他们已经穿过了 qara-qum（黑沙）”。白玉冬（2012：99）认为，“度过了黑沙”指的是从漠北移向漠南，即从蒙古高原本土度过戈壁沙漠到达内蒙古草原，因此 qara qum ašmïš“度过了黑沙”是修饰“三纛突厥人民”的形动词。

（1）qaraqum：夏德（2017：63）提出，qaraqum 在汉文文献里经常以“黑沙碛”出现，即黑色的沙碛。据《大同府志》（《古今图书集成》6，卷 348，第 1 页）黑沙碛位于辽振武县北 70 里，拓跋鲜卑之盛乐古城，汉属定襄，今大同府北。振武县位于今归化城南。既然在呼和浩特南 70 里，黑沙应该位于阴山北麓之可可以力更（kuku ilikung）附近，而此地便是骨咄禄起事之地。夏德（2017：64）又说道：“我很认同 Klementz 基于个人观察而得出的结论，杭爱山南麓，orok-nor 和 tsagan-nor 北岸产黑砂岩，风化的岩石就是史料中所谓的‘黑沙’。”吉罗（1984：229）认为，qara qum“黑沙”应该是指地势较低的地区，或一块气候炎热的高原，虽然有一部分是沙漠，但相当湿润，可以在冬季放牧畜群，也就是冬牧场。芮传明（1998：15）结合《元和郡县图志》等汉文史料，对 qara qum 的位置提出如下看法：若按照史籍所载中原许多边境域池距“黑沙碛”或“黑漠”的距离做一测量，都能大致上交会于同一地区，则显然可以确定该地区即是“黑沙”的所在地。上面已经指出，若将“黑沙”置于白云鄂博的西北方，则与中受降城、天德军治所至黑沙碛的距离均相吻合。芮氏（1998：16）又认为，上引的所有资料均将黑沙碛口置于白云鄂博的西北，易言之，唯有这一地区才能令各个数据不发生重大矛盾。于是，我们可以确定“黑沙”的具体方位就在于此。

（2）kügür：兰司铁（1913：46）以铭文中省略元音的特点为根据，提出此词有读作 kügür、küger、kügir 三种可能性，并指出这些地名可以与 ergenin、ergin、gangin gol 等地名相互比较。Tekin（1983：834）认为，该地名指的是漠北西部的哈拉和林和于都斤间的一个湖泊或者一条河。巴赞（1997：76）把该词读作 köger，并认为这可能跟表示蓝色的形容词 kök 有关。巴氏提出大青山以南有一处青山绿水地，汉文中的“大青山”一词或许是 köger 的译文。Gömeç（1997：22）认为，kügür 位于哈拉和林中部，kömür 山以北的地方。Şirin User（2009：152）认为，被读作 küger 的地名应指在哈拉和林和于都斤间的地方。

（3）kömür taγ：Tekin（1983：834）认为，kömür taγ 位于漠北的西北部，是哈拉和林和于都斤间的一座山。巴赞（1997：77）根据这个地名“黑山”之意，提出 kömür taγ 应为汉文史料中的“黑山”。白玉冬（2012：99）认为，kömür taγ 指满都拉口岸之北的戈壁大漠南入口。对 kömür taγ“炭山”的具体位置，白玉冬认为，白云鄂博矿区西面的达茂旗所属新宝力格苏木一带，山体岩石裸露，岩黑灰色，其中一山名，蒙古语称作 xara dag“黑山”，这极可能来自古突厥语 qara taγ“黑山”，而 qara taγ 或为 kömür taγ“炭山”的另一种表达。

（4）yar ügüz：巴赞（1997：77）认为 yar ügüz 是黄河的北部分支。Tekin（1983：834）认为，yar ügüz 位于戈壁沙漠的西北部，即黑沙和于都斤间。白玉冬（2012：99）认为，《辽史》卷二《太祖》中记载的耶律阿保机在天赞三年（924）出征蒙古高原的九姓达靼之后，回师途中的次年驻扎的“札里河”就是 yar ügüz。

（5）üč tuγluγ türük bodun：Ögel（1951：365）认为，这里提到的“三纛突厥人民”可能就是《文献通考》中提到的“木马突厥三部落”（“东至木马突厥三部落，曰都播、弥列、哥饿支，其酋长皆为颉斤。桦皮覆室，多善马，俗乘木马驰冰上，以板藉足，屈木支腋，蹴辄百步，势迅激。夜钞盗，昼伏匿，坚昆之人得以役属之”）。根据白玉冬（2012：100）的引用可知，谷宪认为该处的“三纛突厥人民”指见于同时代汉文史料（《资治通鉴》卷二一五《玄宗本纪》天宝元年条）的突厥“右厢”。

关于 tuγ，麻赫默德·喀什噶里有以下记载：“纛，旗，旌旗。toquz tuγluγ ḥan‘有九面旗的国王或可汗’。无论国王统治下的领地如何增多，其品衔如何升高，他的旗帜数不得超过九面。因为数字九被认为是吉祥的。国王的这些旗纛是布谷鸟嘴巴的那种颜色的绸布缝制的。这也被看作是吉祥的。”（2002：Ⅲ124）

《希纳乌苏碑》东面 5—6 行：tuγ tašïqar ärkli yėlmä äri kälti“当帅旗正要出发时前锋来到”。从这些铭文记载可得，在可汗牙帐门前竖起汗旗时，依回鹘习俗会有一个专门的盛大仪式。Şirin User（2009：152）认为，所谓“三纛突厥”指的是在被回鹘打败后仅剩下三面旗帜的（三面汗旗的）突厥残众。

这里所说的 türük bodun 指的是前（已灭）突厥汗国之属民。这段铭文提供的信息跟《塔里亚特碑》东面 6—9 行间的内容可以相互印证，并且《塔里亚特碑》的这一段内容比《希纳乌苏碑》的内容更全：[qara qum ašmïš kügürdä] kömür taγda yar ügüzdä üč tuγluγ türk bodunqa ... yėtinč ay tört yėgirmikä ... anta toqtartïm qan ... anta yoq boltï türük bodunuγ anta ičgärtim anta yana ... taqï ozmïš tėgin qan boltï qoń yïlqa yorïdïm “……[（我追踪他们）越过卡拉库姆（Qara qum），在 Kügür 之地]，Kömür 山、Yar 河，于

七月十四日向三纛突厥部众……在那里（那时）我攻击了。俘获了其汗，（他们）在那里亡国了。我使突厥人民归顺了。之后又……另外，乌苏米施（Ozmïš）特勤继位称汗。羊年，我讨伐他了”。

北面 9 行　ozmïš tėgin：ozmïš tėgin，即乌苏米施特勤是后突厥汗国的亡国之君。回鹘可汗骨力裴罗派他儿子磨延啜率部讨伐乌苏米施特勤。双方激战于 Kömür 山、Kügür 和 Yar 河流域，突厥人被打败。不久乌苏米施登基为可汗，743 年（羊年）磨延啜率领回鹘军击溃乌苏米施可汗部众，俘获乌苏米施可汗及其家属。根据《希纳乌苏碑》的记载，这一事件成了后突厥汗国灭亡的标志。又据《希纳乌苏碑》南面 2—3 行中的记载可知，回鹘人分别在 745 年（鸡年）和 746 年（狗年）与 igdir 等突厥残众作战。

北面 9 行　[äŋil]ki ay altï yaŋïqa t…：兰司铁（1913：15）读作 [äŋ il]ki ay“最初正月”，而 Malov（1959：35）承袭兰氏的读法。森安孝夫（1999：192）则认为，该词前面的残缺处能容下两个字母ʒM[ltnč]，所以该残缺部分可以补作 altïnč ay“六月”，而 Berta（2010：275）、白玉冬（2012：83）承袭森安氏的读法。Mert（2009：217）提出北面 9 行上部断片最后一词是 süŋüş≠。《葛啜王子碑》中出现词组 altïnč ay，写法是ʃɦʔʃʒ⩓ɺLTnčAYqA[altïnčï ayqa]（Ölmez 2018：205），而不是ʒMltnč，因此森安孝夫的补充是不能成立的。altï yaŋïqa 这种表达在第二突厥汗国的碑铭中均未出现，但在鄂尔浑文回鹘碑铭和高昌回鹘文献中却出现过。如《希纳乌苏碑》东面 1 行 ėki yaŋï，东面 3 行 toquz yaŋï 等，因此这里只能读作 altï yaŋïqa。这一行最后一个词被兰氏（1913：15）读作 t[oqïdïm?]“我战？”Malov（1959：35）读作 t[oqïdïm]…ozmïs teginig…“打败了……把乌苏米施特勤……”森安孝夫（2009：11）、Aydın（2011：66）、白玉冬（2012：84）、Ölmez（2018：116）读作 toqïdïm（？）“（我）打败了（敌人）”。Mert（2009：216）、Berta（2010：276）读作 t…所有学者的图录都可以看出第一个字母是 t，此后的字母看不清，所以本书承袭 Mert 和 Berta 的读法，不另行补充。

北面 10 行　anta ïnγaru：兰司铁（1913：15）读作 anta ïna?γaru: yoq boltï“完全（？）被消灭在那里”，Malov（1959：35）沿袭兰氏的读法；Clauson（1972：735）读作 anta ıngaru: yok boldı“从此以后消灭了”；森安孝夫（2009：11）读作 anta ınγaru: yoq boltï“从此以后消灭了”；Berta（2010：276）读作 anda ınγarw yoq boldı“在那里（那个时候）从此以后消灭了”；Aydın（2007：58）读作 anta ıngaru yok boltı“从此以后（因此）消灭了”；耿世民（2005：195）读作 anta ïnaγaru yoq boltï“从那以后就灭亡了”。厄达尔（2017：215）把 anta ïnagaru 译作“从那时起，此后”，并对该词进行如下

分析：ïngaru 来自代词词干的一种变体，因为此处与格和方向格形式接于代词性 n，同样的情况在其他文献中均为 ŋ。因此可以推测，这可能是一种古老的形式或者是通过类推形成的新形式。鲍培（2004：242）指出，突厥语中可看出一种与词干（带有一个末尾 n）不同的主格形式（没有末尾 n）的痕迹。可以对照第三人称的领属后缀-i<*i，它在各间接格中的形式为-in<*in（间接格词干）。Ölmez 认为，ıngaru 应该是第三人称的领属间接格词干*in 缀接向格后缀+gArU 构成的。厄达尔（2017：217）考虑到回鹘文献出现的 ïntïn 与 muntïn 以及 ïnaru 与 bärü 的对立，认为 ïn+原来应有“那儿”的指示意义，这符合它与第三人称的关联。

北面 11 行 üč qarluq yavlaq saqïnïp täzä bardï qurïya on oqqa kirti：“三姓葛罗禄心怀恶意地逃走了，在西方逃入了十箭”，这一事件发生于 745 年。从南面 3—5 行的“他向葛罗禄派去了人。他说……他说：‘我为在内部制造混乱而来。’他（还）说：从外部，进行……拔悉密与我为敌，向我的牙帐（大本营）行去。我不让他们进来；从外部，三姓葛罗禄，三姓 ïdoq……突骑施……在于都斤，我……（753 年）[六月十一日]，我（和他们）交战、在那里刺杀”的记述，不难得知向葛罗禄派人的是拔悉密可汗，且这里 tašdïntan“外面”指的是 745 年已向十箭地区迁移的葛罗禄部落。葛罗禄、拔悉密等部落做出了从内部扰乱，从外部接应，里应外合的计划。这次战争于 753 年发生在于都斤地带。这次战争中拔悉密和葛罗禄的计划完全失败，导致葛罗禄举族西迁。正如《唐会要》卷 100 记载的那样：“至德（756—757 年）后，（葛罗禄）部众渐盛，与回鹘为敌，仍移居十姓可汗故地，今碎叶、怛逻斯诸城，尽为所踞，然阻回鹘，近岁朝贡，不能自通。”

北面 11 行 layzïn yïlqa t[...]：在鄂尔浑碑铭和早期回鹘文文献中出现的十二生肖之一 laγzïn“猪”，在大部分回鹘文文献和喀拉汗王朝文献中由 toŋuz 所取代。巴赞（2014：151）指出，关于 laγzïn 词源根本谈不到汉文“猪”，并不是一个突厥语词，在更常见的情况下也不是指出自一个突厥—蒙古语音组词，应将词首辅音 l-开头的词从突厥—蒙古语音组中排除出去。Clauson（1983：45）指出，词首 l-对回鹘人很陌生，但是他们发这个音的时候似乎没有什么困难，有极少的一些早期借词的词首有这种音。动物名称 laγzïn 词源尚不清楚，但不可能是粟特语，因为 l-不符合粟特语的语音。Clauson（1972：764）又指出，此词可能为吐火罗语借词，但没有提供更多的论证。笔者在吐火罗语 A、吐火罗语 B 相关词典中均未找到与 laγzïn 音似的词。对最后一个词学界有争议，兰司铁（1913：39）读作 t[oqïdïm?]“我击伐他们”。Berta（2010：277）读作 tokwdwm“打击了（他们）”。Aydın（2007：36）读作 t[okıdım?]“溃败了”。Ölmez（2018：116）读作 t[okıdım]“击败了（他们）”。森安孝夫（1999：183）读作 tokuz [tatar]“九姓达靼”。森安孝夫（2009：11）读作 toquz [totoq]“九位都督”。耿世民（2005：195）读作 t[oquz tatar]“九姓鞑靼”。Mert（2009：217）读作 t...洪勇民（2009：47）读作 tokuz [tatar]“九姓鞑靼”。白玉冬（2012：101）读作 toquz [totoq]“九位都督”。森安孝夫（2009：51）和白玉冬（2012：101）参照《塔里亚特碑》南面 4 行出现的 üč [qarluq] laγzïn yïlqa toquz tatar 一段重新解读，校正了该处（《希纳乌苏碑》北面 11 行）年代标记后的一个词语。根据《塔里亚特碑》1996 年的拓片，森安氏和白氏认为，十二生肖纪年的 laγzïn yïlqa“在猪年”之前，能见到 D 和 i 的残余笔画，并指出这就是回鹘语动词一般过去时第三人称附加成分-di，这一段可换写为 üč //(Di):LGznYilQa，这表明在年代表记之前文章已经结束。不少学者把 üč 后面的词语补作为 qarluq，即 üč qarluq“三姓葛罗禄”。至于 toquz 之后的文字，森安孝夫（2009：51）和白玉冬（2012：101）的释读是 T(uQ)z T(W)[T](uQ W)[L](YW)TuQ zBWY RuQ≠ [b]is sŋüt：QraBWDN toquz totoq ulayu toquz buyruq beš seŋüt qara bodun“九位都督以及九位梅禄，五名将军和平民”。首先森安孝夫和白玉冬指出的 D 和 i 的笔画痕迹不好识别，因此很难断定年份前的附加成分-di，另外没有任何字母信息的情况下推断[L]（YW）三个字母，即词语 ulayu“以及”需要进一步考证。但对于 toquz totoq“九位都督”的假设是可以接受的。按森安孝夫和白玉冬的看法，《希纳乌苏碑》北面 11 行年份后的词参照《塔里亚特碑》南面 4 行补正为 t[oquz totoq]是能说得通的，但也不能忽视第二种可能性：t[oqïdïm?]“作战了”。综上，本书不做另行补充，沿袭 Mert 的读法 t...

北面 11 行 tay bilgä totoquγ：兰司铁（1913：17）、Malov（1959：35）、耿世民（2005：195）读作 tutuq；森安孝夫（2009：11）、白玉冬（2012：84）、Ölmez（2018：116）读作 totoq；Berta（2010：276）读作 twtwk。Şirin User（2009：115）读作 tutuk，并认同塞诺（1988：148）、捷尼舍夫（1997：567）等学者对该词的看法：tutuq 由动词 tut-“抓，保守，守护”+uq 构成的。该词在吐蕃文献中的形式是 to-dog，因此这里应读作 totoq。

Şirin User（2009：115）对该词解释为“守护边境的军事长官”，并提出 tutuq“守护边境的最高长官”也可以认为由动词 tut-派生。麻赫默德·喀什噶里（2008：I 611）记载了类似的 tutγaq 一词。Şirin User 同时还提出从同一个词根 tut-派生出来的另一个词 tudun“高级管号”。罗新（2009：145）

关于这一词论述前人的一系列观点，并最终提出两种可能性：第一，塞诺所主张的 tutuq 并非借词的观点是可以接受的。退一步说，tutuq 的起源是个借词的话，那么其借入时期一定大大早于柔然。因为 totoq 一职在漠北草原上最早由柔然人（汉文记作：吐豆发）采用，后在草原上广为流传。突厥承袭柔然和鲜卑的政治制度，也保留了这一官职。第二，即便认为 totuq 是借词，也要承认 totuq 的含义明显区别于中原的官职“都督”。回鹘继承突厥旧制保留了很多官职，totoq 就是其中的一种。

在中原的“都督”是一个或若干个郡县之军事统帅或行政首脑，此制度一直沿用至北周。唐朝的都督是都督府（在边疆民族区域设置的特别行政机构）长官的官号。Ecsedy（1965：85）认为，草原上的 totoq 一职授予出身非汗族而无法接受汗族爵号的，具有军事统帅能力的部族将领。而各部 totoq 是可汗的得力干将。totoq 一职在回鹘人当中则指族长。麦克勒斯（2021：310）认为，在回鹘人中，“都督”是部落首领，其中有 11 个“都督”，即回鹘联盟中的 9 个主要部落，以及葛罗禄和拔悉密部每一个“都督”，回鹘人的“都督”通常委任给可汗的近亲。刘志宵（1985：30）认为，“都督还负有为汗国国库征收赋税的责任”，外九族各部都督均为可汗亲属。totoq 虽率众驻在远离可汗斡鲁朵的封地内，但仍在斡鲁朵中有一席之地。各部 totoq 名下还有自己的军队（亲兵）。尚无文献记载说明 totoq 一职是否是世袭的。

兰司铁（1913：48）认为，据汉文史料中的记载，磨延啜的长子因扰乱朝纲，危于社稷而犯了死罪。可能这里的长子就是碑铭中提到的大毗伽都督，当时反对他继任的人很多。

按照伯恩什达姆（1997：70）的看法，封号 tay bilgä totoq 的前一部分隐含来自动词的 tay-，意为“颠覆”“推翻”“推倒”等。封号 tay bilgä totoq 是叛乱者、英明王公的称号。在碑铭中 tay bilgä totoq 以叛乱者的身份出现。如，磨延啜对曾和 tay bilgä totoq 结盟的人民说，“因大 tay bilgä totoq 的卑劣，因一二个名人的卑劣”等。鉴于这一点，伯恩什达姆（1997：70）推测 tay bilgä totoq 可能就是安禄山。因为没有一个动词词根直接名词化用作人名或者封号的例子，伯恩什达姆的这些观点很难成立。而且我们可以确切地说，tay bilgä totoq 和安禄山不是同一个人。

王静如发现，该人作为九姓乌古斯之一的勃曳固部首领“大毗伽都督默每”出现于汉文史料中。《册府元龟・外臣部》之“朝贡”篇中有此称号：“天宝载（749），十月丁卯，九姓勃曳固大毗伽都督默每等十人来朝，并授特进，赐锦袍金枯带鱼袋七事，放还蕃”（林幹 1987：683）。汉文史料中

“大毗伽都督”带有补充词“默每”，目前尚不清楚这词是否也是个人名。Kamalov（2003：84）从这个说法得出两个结论：第一，暴动中支持大毗伽都督的九姓乌古斯的主要力量是勃曳固（拔野古，即 Bayïrqu）部落；第二，八姓乌古斯（Säkiz-Oγuz）的首领在被击败后，向唐朝请求军事援助，但被拒绝。可知大毗伽都督于 749 年八月八日被可汗军队击败，并于同年的十月到达长安城。

北面 12 行 yavγu：yavγu 是仅次于 šad 的封号。Thomsen（2002：217）认为，该词源自动词 yap-“做，造”。Doerfer（1975：124）反对 Thomsen 的说法，因为如果该词确实源自动词 yap-“做，造”，那么其结构应为 yapγu，而回鹘语中并无 p 变 b 的现象，因此该词可能是东伊朗语借词。此外，Frye（1962：356）曾提出阿尔泰诸语中有 davγu 一词，并认为该词应源自动词 daga-“秩序，建立”。

北面 12 行 qaŋïm qaγan učdï：动词 öl-和 uč-表示“死亡”。由 uč-缀接副动词附加成分后，加助动词 bar-而成的 uča bar-也有相同的含义。词组 yoq bol-也表示“死亡”。Nedim Tuna（1960：131）的研究表明，死亡还可以用词组 kärgäk bol-来表示。他认为，该词组中 kägräk 原指一种鸟类，萨满教信仰使人们深信灵魂从死者体内飞出去，而 kärgäk 正好表达了这种比喻。

uč-“飞”的引申义为死亡。Barutçu（1996：380）把该动词与萨满信仰联系在一起，认为灵魂为了与蓝天融为一体而飞向祂。Roux（2005：289）指出，动词 uč-的用法说明鸟兽与死亡有关，uč-的这种含义跟萨满信仰密不可分。萨满为了升天而乘骑一只鸟，就如死者的灵魂。这种形象的比喻立即使人想到了离开躯体的灵魂。据吉罗（1984：149）的记载，巴托尔德曾机警地想到将这一词语同 šuŋqar boltï“他变成了一只大隼”相比较。据吉罗分析，这是西突厥人所使用的一个词语。甚至在他们皈依了伊斯兰教以后仍继续使用之。但是巴氏忽略了 šuŋqar 是波斯语词，而且出现的时间也比较晚，其中包含有转生在世的意思，在 8 世纪初，突厥人尚未接触这种信仰（吉罗 1984：149）。

东面 1 行 bükgük：bükgük 的地望尚不明确。兰司铁（1913：48）曾把这一地名读作 bükägük，并认为是位于乌兰巴托附近的 bükük 一地。而白玉冬（2017：43）认为，考虑到回鹘是从杭爱山出兵追击叛军的，而第一次战斗就发生在土拉河畔的乌兰巴托附近，因此兰氏之说似乎过于勉强。Gömeç（2000：430）则将其读作 bürgük，并提出其位于色楞格河流域。Kormušin（1997：196）指出，兰司铁（1913：48）的读法 bükägük

颇似《Uyuk-Turan 碑》中的 ägük，而《Uyuk-Turan 碑》4 行出现的 ägük 应在 uyuk 河边，因此认为该地名的词源应为：uyuk<*öök<*öük<ägük。Aydın（2007：71）认为，bükägük 可能由两部分组成：bük“森林，密切的树木”+AgU。

东面 1 行 ay bat-：Clauson（1972：298）在其词典中 bat-的一条提出，这句铭文读作 kėčä ay batar ärkli süŋüšdüm“我在月亮下的夜晚战斗”；后在词典的 kėčä 一条（1972：695）中列举 kėče yaruk batar erkli süŋüşdüm“in the evening as the light failed 到了晚上，光芒消失”；在词条 yaruk（1972：962）中则作 yaruk batur。Clauson 提出的这三种读法和两种解释都没交代清楚他的最后结论到底是什么。厄达尔（2004：476；2017：493）认为，Clauson 的第一种解释较为合理：kečä ay batar ärkli süŋüšdüm“I fought at night, when the moon had set 晚间月落之后（或者：月落时分），我作了战”。鄂尔浑碑铭中仅出现一次的 yaruq 一词在后世文书中均有“光明，明亮”之意。《希纳乌苏碑》中的 yaruq 一词是跟其他文书中一样具有“光明，明亮”之意，还是具有“太阳”之意呢？Aydın（2007：73）认为，从东面 1 行可得，与大毗伽都督之间的战争在日落晚霞之时仍持续进行。从此句后面的 kün [quvran]mïš tün tėrilmiš“晚霞后入夜了，次日破晓”又可得，晚霞后入夜，次日破晓时分战争重新开始。也就是说此句谈及的是日光的消失，而并非太阳的落山。Şirin User（2009：117）认为，铭文中的 tün 指的是夜深，所以铭文中的另一词 kėçä 则应被理解为晚上。这样可推 yaruq 一词应为 yaruq kün 的缩写，即 yaruq 一词为“太阳，日光”之意。所以该句可译作：“日落晚上与之交战。”

兰司铁（1913：48）的录文为𐰖𐰺𐰴𐰉𐱃𐰺[YRqBTR]，第一个字母𐰖[Y]和最后两个字母𐱃𐰺[TR]均用粗黑体，而中间的字母则用虚线表示。从中可看出中间的三个字母是由兰司铁添加的。Mert（2009：228）的录文中只有最后一个字母是粗黑体表示，可看出今人能辨认清楚的仅有该词的最后一个字母。正如 Clauson（1972：962）提出的那样，残缺部分的长度过小，不大可能容得下三个字母𐰺𐰴𐰉[RqB]。

yaruq 一词在回鹘文文献里以下三种动词词组中出现：yaruq ün-“照亮，照明”，yaruq bol-“照光”，yaruq käl“透进光来”。现代各突厥语中也没有 yaruq 与动词 bat-组合的现象。因此该词首末字母中间应只加一个字母𐰉[B]最为合理，即𐰖𐰉𐱃𐰺[YBTR] ay batar。虽在现代诸突厥语中有词组 kün bat-“日落”，没有词组 ay bat-“月落”，但在回鹘文文书中出现过 ay täŋri battï“月神已经落下”（Bang-Gabain 1929：40）的例句。这也是我们为什么把这词组读作 ay batar 的依据之一。Gömeç 把 kėçe ay batar erkli 译作“夜深至月落”（Şirin User 2009：117）。这里的 ärkli 表示主语事件发生的环境（厄达尔 2017：493），因此厄达尔（2017：493）的英译 when the moon had set 汉译为“月落之后”不太合适，此处应译作“月落时”，因为 ärkli 的原意为“是”，与此相合。

东面 1 行 kün [quvran]mïš tün tėrilmiš：Şirin User（2009：116）认为，动词 tėril-应来自表示“复活，重生”之意的动词 tiril-，而并非来自表示“聚集，集合”之意的动词 teril-。同时，该句使用隐喻手段，tėrilmiş 和主语 tün 一同表示“入夜”之意。森安孝夫（2009：56）、白玉冬（2012：102）的译文 kün [artatïlmïš?]“where the day was [destroyed]白昼被划破”也不太合适，因为其译文晦涩难懂，且此句实际描述日落晚霞之时。厄达尔（2004：365；2017：379）把 tün terilmiš 译作：“They are reported to have reorganised at night‘据报，他们已经在夜间重新组织起来了’。”Ölmez（2018：144）认为，kün 和 tün 后面的两动词互为同义词，并能组成一个惯用语。根据此说，这里的动词 tėril-“聚集，集合”与 qurvan-是同义词，此处讲述的是磨延啜和大毗伽都督于 bükgük 地区交战情况。

东面 1 行 kün toγuru：Malov（1959：35）、Mert（2009：228）、Aydın（2011：68）均释读为 kün toγuru“日出时分”；Berta（2010：277）释读为 kün togwrw“一整天”；森安孝夫（2009：12）释读为 kün tuγuru“日出时分”；Clauson（1972：472）释读为 eki yañıka kün tuğuru süñüşdim“我本月第二天日出时开始战斗”；厄达尔（1991：730）释读为 ėki yaŋïqa kün toguru süŋüšdüm“一个月的第二天，我全天都在战斗”，并认为鄂尔浑文中 twgur-与 togur-在文字上是一样的。从碑文上下文内容可知，铭文作者不会挑选战争开始的时分，所以若将 kün tuγuru 理解为“日出时分”将与语境不符。这里 tuγuru 的词根应该不是动词 tuγ-“生”，而是 toγ-“跨越、过”，kün twg-更多是表达太阳的升起，所以 kün toγuru 应译作“日出时分”较合适。

东面 1—2 行 qulum küŋüm bodunuγ täŋri yėr ayu bėrti：游牧民族的主神为天神（kök täŋri）。鄂尔浑碑铭中以 üzä kök täŋri“上有蓝天”的形式出现，表示天神的伟大。Roux（2005：275）指出，天神是跟可汗相关的主神，是游牧民族君权神授理念的表现。可汗是天神在大地上的影子，在凡间的代表。据 Roux（2005：277）的研究，在游牧民族的观念当中，当因汗国覆灭而出现社会公德沦丧、律令失效等现象，说明昔日强大无比的天神由新一代天神取而代之了。当社会秩序完好，法律奏效时天神就会逐渐变强大。鄂尔浑碑铭记载道，可汗是由天神所立，没有得到各方圣神

（täŋri umay 女神、ïdoq yėr suv 各种地祇水神等）的许可和支持，新可汗就无法成功即位。可汗的首要任务是保持社会秩序，以天神之道统治四方。由于天神亲自选该汗为其代表，所以天神不会干涉可汗的统治。当可汗因没有作为，诸部不团结而导致社会动乱时，蓝天会惩治他们，并派遣新任可汗做其代表。蓝天与其代表间使用的专称为 yarlïqa-，即下令/诏令。接受 yarlïq 的先是可汗本人，再后是各部大臣。地祇的地位仅次于天神。地祇同天神一样，也会指示可汗。从该碑铭南面 9 行铭文 täŋri yėr anta ayu bėrti “地祇在那里把人民赐给我”可知，在回鹘人的信仰中，地祇跟蓝天一样具有伟大的神力。

东面 2 行 qara ėgil bodun：回鹘摩尼教文献中出现过 ėgil çokan kişilerke“对于普通人”（也就是除国王与可汗之外的人们）的表达（Clauson 1972：106）。Ölmez（2018：145）认为，ėgil 在回鹘文文献的意思为“普通百姓、不属于宗教阶层的百姓、世俗人士、俗人”，鄂尔浑碑铭中就在此出现一次。兰司铁（1913：49）指出，该词在蒙古语对应于 qara egel ulus “普通百姓”。

东面 2 行 qïyïn aydïm：回鹘语 ay-意为“命令、让做、派遣、解释、论述、说话”（Röhrborn 1977：286）。Şirin User（2009：118）认为鄂尔浑碑铭的 qıyın ay-意思为“惩罚、惩治、惩处”。

东面 3 行 burγu：此地名出现于以下文献：《塔里亚特碑》西面 4 行 [ötükän ėli tägräs ėli] ėkin ara ïlaγïm tarïγlaγïm säkiz säläŋä orqun toγla sävi[n] tälädü qaraγa burγu ol yėrimin suvumïn qonar köčär bän“我的土地、草场和农田，有八个支流的色楞格河（säleŋä）、鄂尔浑河（orqun）、toγla、sävin、tälädü、qaraγa 和 burγu（河？）均在于都斤和特格热斯（tägräs）之间的地区。我在这些土地之间游牧而生”；《Ulaangoml 碑》atïm buqan tėgin yėti yėgirmi yašïmta bu[r]γuluqta sülädim“我的名字是 buqan tėgin，十七岁发兵了 burγuluq”（Barutçu Özönder 2007：221）。Barutçu Özönder（2007：221）提出，地名 burγuluq 与《希纳乌苏碑》碑文中的 burγu 指同一个地方，但他没有进一步说明此地的具体位置。Aydın（2007：74）的分析则如下：《塔里亚特碑》中，qaraγa 与地名 burγu 一起出现。qaraγu 与《蒙古秘史》中出现的 karaun 和 haraun 同为一词，指色楞格河附近的蔑儿乞部辖地内的一座山。而 qaraγu、karaun 与《毗伽可汗碑》东面 37 行中的 qaraγan qïsïl 应为一地。《塔里亚特碑》中地名 burγu 和 qaraγa 并列出现，可推测两地相距不远。根据《希纳乌苏碑》《毗伽可汗碑》及《蒙古秘史》中的记载可知，burγu 和 qaraγa 两地均在色楞格河附近。Tekin（1934：834）认为，burγu

指的是一条河流，并提出其名是否与 buruγu gool 有关系的疑问。克里亚施托尔内（1980：94）则认为，burγu 就是 kaakem 河。kaakem 是 qïzïl 附近的河流。若 burγu 在 qïzïl 附近，那么很难说明《塔里亚特碑》中的“sekiz 色楞格”之说。因为 kaakem 河与色楞格河两地相去甚远，而且克里亚施托尔内也未指出其依据，所以可以排除 kaakem 和 burγu 指同一条河流的可能性。Aydın（2007：75）总结其观点，burγu 很有可能是一条汇入色楞格河与土拉河的支流。

东面 3 行 qïzïn qoduzïn：qoduz 一词出现在《暾欲谷碑》中远征粟特地区时掠夺的战利品名单当中：sarïγ altun ürüŋ kümüš qïz qoduz ägri täbi aγï buŋsïz kälürti “他们运回了无数的黄金、白银、姑娘、寡妇、单峰驼、珠宝”（耿世民 2005：105）。厄达尔（1991：326）认为，qoduz 应译为 a women left without a husband“寡妇，无夫之妇”，并指出该词由动词 qod-“离开、离弃”而来。Sertkaya（1980：181）则认为，此句中的词组 sarïγ altun ürüŋ kümüš ägri täbi“黄金、白银、单峰驼”是形容词+名词的结构。包括词组 qïz qoduz 也是这种结构，即 qïz 是 qoduz 的形容词。Sertkaya 举例说明了 qïz 在其他文书中也有类似的功能。他认为，qïz 有“女性的，母性的”等意（《毗伽可汗碑》东面 24 行，《阙特勤碑》东面 7 行 urï oγluŋ qïz oγluŋ）。Sertkaya 把《希纳乌苏碑》中的词组 qïzïn qoduzïn 译为“其女，其寡妇”。他强调 qïz 在《毗伽可汗碑》北面 10 行中是名词，而在《毗伽可汗碑》东面 24 行、《暾欲谷碑》南面 4 行中则作形容词，并写作𐰶𐰃𐰔[$q^{I}Iz$]；在《希纳乌苏碑》和《čakul 碑》中作名词时写作𐰴𐰃𐰔[qIz]。词组𐰶𐰃𐰔𐰸𐰆𐰑𐰔[$q^{I}Izq^{o}odz$] qïz qoduz 在《暾欲谷碑》中的拼写有别于该词在《希纳乌苏碑》中的拼写形式。因此，他认为，此处的 qïz 应为形容词，意“珍贵的”或“女性的”等；而 qoduz 在哈卡尼亚语中的意思为 qoduz “牦牛”（《突厥语大词典》2002：Ⅰ383）。综合上述推理，Sertkaya（1980：181）得出：词组 qïz qoduz 可理解为“珍贵的牦牛”或“母牦牛”。Tekin（1994：49）根据以下两点驳斥了此说：（1）名词 qotuz“牦牛”在任何情况下都未发生变化，有别于 qoduz“寡妇”；（2）词组 qïz qoduz 出现在《希纳乌苏碑》的战利品名单中，所以应译作“妇女”。Aydın（2007：79）认为，《突厥语大词典》中的 qużuz“寡妇”与碑铭中的该词并没有直接关联，该词应理解为“可汗的其他妻妾”。

东面 4 行 kärgün saqïšïn šïp bašïn körä (?) kälti：兰司铁（1913：50）指出 kärgü、saqïš、šïp baši 三地应在 yïlun qol 和色楞格间。Gömeç（2000：430）则认为，kärgü 和 saqïš 应在色楞格之东或贝加尔湖附近。Clauson 把地名 sïp bašï 与《突厥语大词典》（2002：Ⅰ340）中的词语 sïp“快两岁的

马驹”联系在一起，并把该地名译作“马头”。森安孝夫（2009：59）首次提出由于鄂尔浑文字母 𐰖[y]和 𐰚[k]颇为相似，因此多数学者把应读作 körä kälti 的词组误读为 yürä kälti，导致很难解释其意。

东面 4 行 yaza qaltïm：森安孝夫（2009：59）、白玉冬（2012：104）等学者认为，此段中的词语 yazï 可释读为 yasï “平坦的，平缓的”。Ölmez（2018：155）也持此说，并提出 yasï 的引申义为“夷为平地、使平坦、打败、击败”等；该词还有 yapyasï qïl-的形式，表示“击败，打，打击”等意。Bazılhan（2005：133）译为“我惩罚之”；Mert（2009：239）和 Aydın（2011：71）译作“我将那个地方夷为平地”；Qarjaubay（2012：263）译作“我在色楞格杀了”。

yazï 在 Clauson 的词典中解释为“广阔的平原”，语义上接近 yasï。在第二突厥汗国碑铭中通常以地名的形式出现：“şantuñ yazı‘山东平原’，yarış yazı‘yarış 平原’；回鹘碑铭：yazı kıltım‘并击溃了他们’（?）；佛教文献：körkle yazı‘美丽的平原’；世俗文学：sıkap ögenteki yazılar‘在 sıkap（？）溪岸的空旷土地上’；喀拉汗王朝献：yazı‘大平原’，当您想说‘非常广阔的平原’时要用 yap yazı，yazın‘在旷野’，yazıda‘在无水平原’；察合台文献：yazı‘一个没有植被的平原’；花剌子模文献：tarlağusuz bir yazı yér érdi‘这是一个未经耕种的平原’。”（Clauson1972：984）Lewitskaya（1989：73）把 yazï 在各历史时期与各语言中的含义分为以下几类：（1）辽阔；（2）平原、平地；（3）平草原；（4）空旷的地方；（5）宜居耕地；（6）伸展开、蔓延。现代维吾尔语中 yėza 意为“农村、乡村、村庄、屯落”，哈密方言中 yėza 一般只指“田地、田野”，如：yėziɣa čïqïp kiriyniŋ“我们去田地吧”。此外还有“乡下”之意，指“乡下”时一般以对偶词 yėza-yapan 的形式出现。现代维吾尔语罗布方言 yazï yär“宽阔的地、开阔地”；罗布方言 yasïq“峡谷、悬崖、河谷”；罗布方言 däyyanï yasïɣï“河谷”；叶城土语 yazaq“草原、牧场”（木哈拜提・喀斯木 2013：549）。西部裕固语 yazï“平坝、平原、平滩、平坦的”（雷选春 1992：256）。

yaz-在 Clauson 的词典中解释为：“基本上是‘过失’‘犯错或遗漏’，因此更确切地说是‘迷路’‘违抗’‘犯罪’等，例如：yol yaz-‘迷路’，与 az-同义。最初的意思是‘只是（做某件事）失败’，但后来有时却表示‘要（做某件事）’。常常与同义词搭配，如：yaz-与 yañıl-。回鹘碑铭：söziñe yazmayın tedi y[añıl]m[ayım?] tedi‘他说：我不会违抗或违反您的命令？’；佛教文献：tün sayu öd yazmatın（?）muntaγ saqïnč qïlsar‘如果每天晚上都在冥想而不错过（正确的）时间’，ögke kañka baxşılarka yazdım yañıltım…

erer‘如果我对不起母亲、父亲和老师’；世俗文献：yazmış yazukka‘他犯下的罪过’,（我的中国仆人）yazıp‘迷路了’；喀拉汗王朝文献：ol sözinde yazdı‘他在说话中犯了错误’，有人说 ol uru yazdı ‘他差点打他’，ol keyikni yazdı ‘他错过了对那只野兽的射击’；谚语中这样用：yazmas atım bolmas yañılmas bilge bolmas‘世上没有从不错过的猎人，没有从不犯错的哲人’，sözüg sözlegüçi azar ham yazar‘讲话的人有时迷误，有时荒唐’，ködezsü sañar öz tapuğ yazğuka‘愿真主保佑我莫犯过错’，bilig yazmadıñ‘你不缺乏智慧’，ne yazdı ajunka bu şåxib hunar‘手艺人在世界上何罪之有’，yaz-‘违抗，犯罪；失败’。察合台文文献：yaz-‘犯错误’；花剌子模文文献：yaz-‘违抗，失去’；克普恰克文文献：yaz-‘错过’。yaz-在带-a/-e 的名动词之后表示‘几乎要做（某事）’之意，例如：yıkıla yazdı‘他差点摔倒了’，öle yazdı‘他快要死了’。在这种意义上，仅用于有限的短语中：tüşe yazdı‘他差点摔倒’。yaz-还用于‘错过’，特别是射手的‘错过’，而不是其他意义上的‘错过’。”（Clauson1972：983）yazï 在回鹘文《十业道物语》（daśakarmapathaavadānamālā）中出现两次：ol br(a)hmadatı ilig tişi bars birle yazınmışda adın bir tınl(ı)g tişi bars karnınta togum ajun tutdı“国君/君主与一只母老虎作恶，此后一个生物进入了母老虎体内”（Elmali 2009：47）；ne yazdım sañа n[egülük mini] ölürür s(e)n“我做错了什么才招你要杀我”（Elmali 2009：52）。

Bazılhan 把该词读作 yazï，并根据哈萨克语里的 jaza（阿拉伯语借词，有“惩罚、刑罚、处罚”之意）（《哈汉词典》2004：361）一词来解释，这很显然是错误的，是因为碑铭文献中出现阿拉伯语借词是难以服众的。Qarjaubay（2012：262）读作 žazy 并用哈萨克语里的 jazim qil“害死、陷害”一词予以解释，从纯翻译的角度来讲这种解释符合上下文的内容：jazïm“不幸的事故、意外的事故”（《哈汉词典》2004：364）>jaz-“犯错误、犯罪、得罪；迷失、迷路”（《哈汉词典》2004：361），但这与其他学者所理解的 yazï 不是一个词。将 Mert 和 Aydın 的译法“我把那个地方夷为平地”与上下文联系分析，不难发现此段铭文表示的是击败敌人，而非使其平坦，所以森安孝夫等学者的译法较为合理。同时，如果此段铭文的确是 yasï qïltïm“夷为平地”，那么在此为何没用其他回鹘碑铭中已经出现过两次的词语 yasï（𐰖𐰽𐰃）[YSI]，而用 yazi（𐰖𐰕𐰃）[YzI]呢？

Mert（2009：225）对此语段的换写为𐰖𐰕𐰃𐰴𐰃𐰡𐰢[YzIqIltm]，其中第三个字母𐰃[I]和最后一个字母𐰢[m]标注为可认读但磨损严重的字母。笔者认为，由于第三个字母已破损，而且字母𐰀[A]和𐰃[I]的形式神似，所以疑为误读。

该字母可读作𐰀 [A]。除此之外，虽然第五个字母𐰃 [I]是可认读的字母，但是由于𐰀 [A]和𐰃 [I]的形式近似，可推该字母可能是字母𐰀[A]的讹写。如果此说成立，可以推断该段可读作 yaza qaltïm。《希纳乌苏碑》西面 5 行出现的 yaz-的意思为“犯错误”，如：sözü yazmayïn tėdi。yaz-在文献中有“迷失、犯错、违抗、错过、犯罪、差点、快要”等意思，尤其是回鹘文文献中有“犯错误、犯罪、迷失、错过”等意思。根据上下文可推测，第一个词语是由动词 yaz-缀接 a 副动词附加成分后再加助动词 qal-而来。厄达尔（2017：261）指出，回鹘语-U kal-结构表示事件的最后阶段正被亲见。因此，yaza qaltïm 在铭文中有相互关联的两重意义：（1）五月二十九日我交战了。在那里刺杀了。我将（敌人）挤到色楞格（河）战胜了。我错过了（敌人）。他们的多数沿着色楞格（河）向下流逃去。我渡过色楞格（河），进军追击（他们）。（2）五月二十九日我交战了。在那里刺杀了。我将（敌人）挤到色楞格（河）战胜了。我犯了错误。他们的多数沿着色楞格（河）向下逃去。我渡过色楞格（河），进军追击（他们）。

东面 4 行 üküši säläŋä qudï bardï：兰司铁（1913：19）、Malov（1959：35）、耿世民（2005：197）、森安孝夫（2009：13）、Mert（2009：239）、洪勇民（2012：92）、白玉冬（2012：104）等学者将第三个词读作 qodï，但我们认为应该按照厄达尔（1991：341）校正的那样读作 qudï。Bazılhan（2005：133）将这段译为“大部分激怒色楞格”，他用哈萨克语 qoz-“复发、重犯、发作；旺、旺盛；变得复杂、发展；激动、兴奋；重新蔓延、滋长、泛滥”（《哈汉词典》2004：679）来解释 qodï。但是考虑到上下文，这种解释无法成立。耿世民译作（2005：197）“沿着色楞格河下游”，但文本中没有“下游”，所以应按照原文内容译作“他们的多数沿着色楞格（河）向下方逃去”更合适。根据白玉冬（2017：44—45）的引用可知，田直典译作“他们的多数逃到了色楞格河下游”，并以此作为九姓达靼居地在色楞格河下游以东这一结论的根据。对于此说白玉冬（2017：45）认为，仅根据该文并不能肯定九姓达靼的居地应在色楞格河下游以东。

东面 6 行 yėlmä äri：这一军事术语曾在《暾欲谷碑》中出现两次，Clauson（1972：372）译作“侦查巡逻”。兰司铁（1913：19）和 Malov（1959：35）译作“敌人的先锋军”。Berta（1995：10）纠正为“我的先锋军”，认为 yėlmä 指的不仅是一种哨兵，而且也是参与战斗的前锋部队，所以该词组应译作“先锋军”，并提出 yälmä 是动词 yäl-“走溜蹄步”的第二人称命令式否定形式。厄达尔（2017：365）把 yälmä 译作以下两种：yälmä kargu ädgüti urgïl“好好布置探马防哨”；tug tašïkar ärkli yälmä äri kälti“纛旗既出，前军有人来（报）”（厄达尔 2017：493）。Ölmez（2018：156）指出，yėlmä 的第一音节的元音应为 ė 而并非 ä，因为 Clauson（1972：918）在转写时也注意到该元音的读法问题，并在此标记“？”符号，说明这是个难辨字母。这可能是 ä 由于受到前面的辅音 y 的同化而变为 ė。

东面 6 行　ačïγ altïr köl：Malov（1959：35）把该地名读作 ačïγ altïr köl “盐 altïr 湖”。词组𐰲𐰃𐰍𐰞𐱃𐰺[čIγltR]有三种读法：（1）ačïγ altïr，（2）ačïγ altar，（3）čïγïltïr。根据 ačïγ 的原意该词应译作“咸的、苦的”，但 altïr/altar 暂且无从考证。Qarjaubay（2012：272）认为，ačïγ altïr köl “盐 altïr 湖”是今天的克鲁伦（即 käyrä）河边的 avraga tosïn 湖。Aydın（2007：81）假设 altïr/altar 或许跟蒙古语词 aldar“荣誉、声誉、名声、尊姓大名”（《蒙汉词典》1976：51）同源。至于该湖名的第二个成分，白玉冬（2009：157）认为 ltr 首先可读作 altïr，除此之外，理论上也可读作 ïltïr，但这种可能性微乎其微。白玉冬认为汉文史料中出现的“延侄伽水”“延特勒泊”“延特勒那海”可以视为《希纳乌苏碑》之 altïr köl，这个假说极具可能。据此说，如《中国历史地图集》考证无误，则回鹘军队与九姓达靼是在库苏古尔湖一带发生战斗的。白玉冬（2009：161）总结论述 altïr 湖比定为今日之库苏古尔湖无误，参照叛乱发生之前回鹘的居地以及与九姓达靼的战斗地点的分析，可认为回鹘是从杭爱山出军，首先向色楞格河上中游以北的库苏古尔湖一带，之后向库苏古尔湖以北或以东的 käyrä 河源的三 birkü 地方追击九姓达靼的。

东面 6 行　qasuy：Clauson（1972：757）译作 Ak Sub“白水？”；森安孝夫（2009：13）、Bazılhan（2005：134）、Qarjaubay（2012：256）、白玉冬（2012：86）读作 qašuy；Aydın（2011：72）读作 kanyuy；其他学者则读作 qasuy。兰司铁（1913：52）断定 qasuy 河为今日之 khanui 河。Şirin User（2009：119）指出，湖泊、河流由其水面的颜色而得名的情况在碑铭中已有先例，如：yašïl ögüz（《毗伽可汗碑》）、qara sub（《塔里亚特碑》）、qara köl（《阙特勤碑》）等。颜色有时候也指代地理方位：蓝色指代东方；白色为西方；红色为南方；黑色为北方。Gömeç（2001：26）认为，aqsu 指的是塔里木河在今阿克苏一带的一条支流。Aydın（2007：83）提出，不能仅凭𐰖[Y]和𐰉[B]两个字母的相似就肯定 ak sub 这种读法，但是他也没有提出更强有力的证据反驳读作 ak sub 的可能性。他认为，𐰴𐰪𐰆𐰖[qńwY]，即 kańuy 可能被误写成𐰴𐰽𐰆𐰖[qSwY]，并提出𐰴𐰽𐰆𐰖[qSwY]是《塔里亚特碑》西面 5 行中𐰴[𐰪𐰆]𐰖[qńwY]，即 qa[ńu]y 的讹写。《塔里亚特碑》西面 5 行 ka[ńu]y 一词中间一个字母难以辨认，Šinehüü（1975：70）提出该字母应为 nč；

Mert（2009：180）读作 k#...uy，在他的录文中是𐰴...𐰖[q...Y]，这里的第一个字母标注为残缺不全的字母，最后一个字母标注为正在褪色消失的字母。Tekin（1983：819）把该词与今天的 khanuy 河之名联系在一起，认为该词应读作 qa[ńu]y。本书认为根据尚未明确认读的词语来解释另一个词语的方法难以立足。《希纳乌苏碑》东面 6 行的该词在 Mert 的录文中𐰴𐰽𐰆𐰖[qSwY]均用黑体标示（Mert 在其著作中可清楚认读的字母用黑色表示），即这四个字母能够明确辨认。因此本书认为，该词应读作 qasuy，为具体地望尚待考证的一条河流之名。

东面 6 行 sïŋarï bodun：厄达尔对该处出现的 sïŋar 进行了如下分析：鄂尔浑碑铭中 sïŋar 的意思大概是“一半”或“一部分”：[sïŋ]ar süsi ävig barkïg yulgalï bardï, sïŋar süsi süŋüšgäli kälti“他们的一半军队去打家劫舍，一半军队来（同我们）作战。”（《毗伽可汗碑》东面 32 行）sïŋar bodun ičikti, sïŋar b[odun ...]“一半国民内附了，一半……”（《希纳乌苏碑》东面 6—7 行）（厄达尔 2017：232）现代维吾尔语中 sïŋar 有“独个的、一只的、成对物的一件”（《维汉词典》2006：608）等意思，如：sïŋar kepišimni tapalmïdïm“找不到鞋子的一个”。西部裕固语 sïŋar 有“半拉、半个、一半（成对物的一件或完整物件的一半）的意思，如：sïŋar qanadïn tusunupdro‘一个翅膀铺在底下’，sïŋar kun‘半日、半天’，bu sïŋar guanï seler yi‘这半个瓜你吃’”（雷选春 1992：322）。

东面 6 行 qata toqïdïm：Clauson（1972：594）认为，该 qat-没有“搅拌、追加”的意思，而是“坚强、强硬”等意。森安孝夫、白玉冬持相反意见。Mert（2009：180）的录文𐰴𐱃𐰀𐱃𐰆𐰴𐰃𐰑𐰢[qTATwqIDm]中前三个字母都标注为可清楚认读的字母，但转写为 qatï toqïdïm。Ölmez（2018：157）的录文中为𐰴𐱃𐰀[qTI]，但是对该词提出新的读法，他认为古突厥语中没有 qatï 的词语，所以该词应读作 qata。若以 Mert 的录文为标准的话，Ölmez 的读法 qata 应可以接纳。Ölmez 虽把该词读作 qata，但也提出因为该段铭文中出现了具体地名，而一场战役不大可能在同一地点发生多次，且没有其他文献支持这种可能性，所以还不能将其理解为“次数”。兰司铁（1913：21）、森安孝夫（2009：13）、Qarjaubay（2012：256）、白玉冬（2012：86）等学者将该碑东面 6 行的 toqïdïm 理解为“混（战），我打败了（他们）”。耿世民（2005：200）、Bazılhan（2005：135）、Mert（2009：244）、白玉冬（2012：89）等学者把该碑南面 2 行的 toqïdïm 理解为“打败了”。Clauson（1972：594）译作“激烈战斗”，厄达尔（2017：409）译作 tatar birlä tokï-“与鞑靼交锋”。

我们查阅回鹘文文献时可知，toqï-没有“打败”之意，其意义有如下几种，toqï-：“打、敲（某物），因此‘打（敌人）’；‘织（一种织物）’；佛教文献：kazğuk tokıyurmen‘我敲了一个钉子’；（其中一些人扯掉了头发，并）tokıdılar‘打’（他们的乳房）；iki kalå tamırım tokıp‘我的脉搏跳了两次’；tam tokıyu‘筑墙’，（把骨灰拿掉）kara ingek sütiñe tokıp içip‘浸泡黑牛的奶再喝’。喀拉汗王朝文献：ol kapuğ tokıdı‘他敲门了’；在乌古斯语中，有人说 ol kulın tokıdı‘他打了奴隶’；突厥人将这个词当作对偶词用，其形式是 urdı tokıdı；有人说 temürçi kılıç tokıdı‘铁匠打剑了’；有人说 er böz tokıdı‘人编织棉布’（等等）；有人说 anı suv tokıdı‘水淹死了他，并把他带走了’；有人说 erni yél tokıdı‘人中风了，即中邪了’，yorıp tın tokığlı åxir ölgüsi‘世上的任何生命，终有一死’”（Clauson 1972：367）。回鹘文文献中还有以下例子：iki kata tamïrïm tokïp üčünč tokïyu umatïn tïna turur“我的动脉跳了两次，未跳第三次便不动了”（厄达尔 2017：235）；tokï-r“他击打”（厄达尔 2017：252）；tägräsintä tokïp anïŋ ičindä batururlar“把他打到（铁水）里面”（厄达尔 2017：423）等。Tekin（1988：53）把《毗伽可汗碑》南面 8 行的 tegip tokıdım 译作“我攻击了，打仗了”。由以上例子可知，文献中 toqï-并没有出现“打败”之意，因此 toqïdïm 只能译作“打仗，作战”。

总而言之，首先 Mert（2009：180）的录文中前三个字母都标注为可清楚认读的字母𐰴𐱃𐰀𐱃𐰸𐰃𐰓𐰢 [qTaToqIDm]，因此第一个词可以读作 qata。即便不考虑 Mert 的录文，仅仅考虑到字母𐰀[A]和𐰃[I]的拼法之近似，也可以认为这里的𐰃[I]可能是𐰀[A]的讹写形式，由此可得出第一个词语读作 qata 的结论。而 qata 就是回鹘文写本当中的固化副动词：kač kata“数次”，kač(a)n(i)ŋ kata“经常”（厄达尔 2017：235）。虽然 Ölmez（2018：157）认为根据历史原因，qata 并不能理解为“多次、数次”等意，但我们认为此段铭文中的 qata 确是有“多次、数次”等意，那么该词可以理解为“两次及两次以上”。因此完全有可能在 käyrä bašï 和 üč birkü 两处与达靼部最少交战两次。所以我们把该段铭文译作“我和达靼打了几次仗”。

东面 7 行 sïŋarï bodun [...q]a kirti：这句的状语部分损毁严重，只能认读字母 qA，兰司铁（1913：60）、Malov（1959：40）、Qarjaubay（2012：263）等学者译文中该词补作 qïtańqa“向契丹”。Czeglédy（1973：265）、Kamalov（2003：86）等学者考虑到逃亡者逃至与自己同属铁勒系的，居在西部的葛罗禄的可能性更大，因此补作 qarluqqa“向葛罗禄”。森安孝夫（2009：60）、白玉冬（2012：105）则认为，这里 qa 和 bodun 的最后一个字符间有五个字符，并根据兰司铁 1913 年图版认读了这里的五个字符是

(kü)[g](mn) Y[i]š，读作 kögmän yïšqa“向 kögmän 森林”。他们还指出，这里的 kögmän 是西伯利亚南部、蒙古高原北沿的萨彦岭，分东西两支。据两位学者的观点，九姓达靼活跃在色楞格河中游以北、贝加尔湖和库苏古尔湖间的地区，战败后九姓达靼的一部分逃向位于萨彦岭地区的 kögmän 山林。

东面 7 行 ötükän irin qïšladïm：Mert（2009：235）根据《突厥语大词典》和《福乐智慧》中的 ir（南方）一词，提出该句中的 ir 也指南方；冬牧场一般位于冬天气候较为暖和、入冬较晚的蒙古高原南部，也与此相合。麻赫默德·喀什噶里在 qïšlaγ 词条中解释 qïšlaγ“冬窝子，冬牧场”。这个词在谚语中是这样用的：“öz köz ir (?) qïšlaγ 有事不求他人帮，犹如自有冬牧场。善于料理自己的事而不仰赖他人者犹如拥有冬牧场（草多雪少的阳山坡）。”（《突厥语大词典》2002：Ⅰ 490）该段英文翻译如下：If a man does his own job and does not entrust it to someone else，he is like one who takes as his lot the winter quarters that are on the sunny side of the mountains (maşraqa al-jibāl)，for that side keeps green longer and has less snow in the winter.“一个做事能够一己之力者就如在绿丛久许，雪寒少许的山南（maşraqaal-jibāl）获得过冬住所的人。”（Kelly - Dankoff 1982：Ⅰ 348）

ir 还见于《福乐智慧》（2003：646，697）中：

4967:külä baqtï örläp talu qïz yüzi	冉冉升起的美女粲然微笑，
yarudï bu dünyā iri häm quzï	映亮了宇宙间所有的明坡暗角

其英文翻译是：“both the sun-kissed and the shaded slopes.”（Dankoff 1978：201）

5372: ya quzïda yorïγlï qalïn köp qotoz	山阴里布满了成群的牦牛，
ya tüzde yorïγlï ud iŋek öküz	平原上黄牛、犍牛铺天盖地

《福乐智慧索引》中 ir 释为“南面”（Eraslan-Sertkaya-Yüce 1979：119）。Clauson（1972：954）对 yïr 的解释如下：“它最初可能有一些具体的含义，类似于 kuz‘山的阴暗面’。鄂尔浑碑铭：yïrγaru: … ilgerü: … bérgerü‘向北……向东……向南’；回鹘碑铭：ötüken irin‘于都斤以北’。”

碑铭文献：《暾欲谷碑》南面 4 行：tavγač bėrdin yän täg，qïtań öŋdün yän täg，bän yïrdïnta yan tägäyin“唐人，你们从南袭击！契丹人，你们从东袭击，我则从北袭击！”（耿世民 2005：97）《暾欲谷碑》南面 7 行：öŋrä qïtańda, bėryä tabγačda，qurya qurdanta，yïrya oγuzda“东面来自契丹，南面来自唐朝，西面来自和田（？），北面来自乌古斯。”（耿世民 2005：97）《暾欲谷碑》南面 10 行：bilgä tuńuquq，<kälürtüm>. ötükän yärig qonmïš täyin äšidip biryäki bodun，　quryaqï，yïryaqï，öŋräki bodun kälti “暾欲谷住在于都斤地方后，南边的人民及西边、北边、东边的人民都来了。”（耿世民 2005：98）《阙特勤碑》南面 2 行：ilgärü, kün tuγsïqqa，bėrgärü kün ortusïŋaru，qurïγaru kün batsïqïŋa yïrγaru tün ortusïŋaru “前面（东面）到日出，右面（南面）到日中，后面（西面）到日落，左面（北面）到夜中。”（耿世民 2005：117）《阙特勤碑》南面 3—4 行：ilgärü šantuŋ yazïqa tägi sülädim, taluyqa kičig tägmädim; bėrgärü toquz ärsinkä tägi sülädim, tüpütkä kičig [täg]mädim; qurïγaru yïnču üg[üz] kėčä tämir qapïγqa tägi sülädim; yïrγaru yïr bayïrqu yėriŋä tägi sülädim “前面（东面）我征战到山东平原，几乎达到海（滨），右面（南面）我曾征战到 toquz ärsin，几乎达到吐蕃，后面（西面）渡过珍珠河，我曾征战到铁门关，左面（北面）我曾征战到拔野古地方。”（耿世民 2005：117）《阙特勤碑》东面 28 行：yïγaru oγuz bodun tapa, ilgärü qïtań tatabï bodun tapa, bėrgärü tabγač tapa “北面反对乌古斯人民，东面反对契丹、奚人民，南面反对唐人。”（耿世民 2005：128）

摩尼教文献：y(ä)mä q(a)ltï kün ortoda sïŋar yel tursar ötrü ol bulġaqlaraġ irdin sïŋar äl’itir tägirär ... “然后从子夜（南方）刮风，它把混乱运到左（北）方”（Le Coq 1922：8—11）；q(a)ltï y(ä)mä yirdä sïŋarqï yel tursar ol suv bulġaqï köpikläri bulġanmaqï yayqanmaqï äsmäki kün ortodun sïŋar tägirär yanturur “如果还刮北方的风，那水……运到南方，返回”（Le Coq 1922：11—14）；kün ortod(u)n sïŋar; ïrdïn sïŋar; yïrd(ï)n sïŋarkï yel; iki yaranïn bašïnïn bérdinki yırdinki yér suv basa tutar “用两个肩膀……南方和北方的大地占了优势”（Le Coq 1922：7—9）；kün ortodun sïŋar；bïrγarudun sïŋar “从南面、到北面、北风、到南面、在南面”（Le Coq 1922：15）；佛教文献：sın orun itgeli yaratγalï saqïnsar özleri qanta toplasar anta itzün öŋdün kédin ïrdïn bérdin ayïtmazïm uz yérde itzün “选墓葬地时，不管其位置为前（东）面、后（西）面、左（北）面、右（南）面，只要找到了一处中意之地就坐在上面”（Bang-Gabain- Rahmati 1934：291）。

麻赫默德·喀什噶里对 quz 的解释如下：quz “‘阴面，背面’。quz taγ 背阴的山，太阳西斜后才能照射到阳光的山。它在太阳的左侧，那里经常是积雪和严寒。这词在谚语中是这样用的：quzda qar ägsümäs ‘山阴之处不缺雪’”（《突厥语大词典》2002：Ⅰ 346）。《暾欲谷碑》西面 7 行：čuγay quzïn qara qumuγ olurur ärtimiz，此句不同学者有不同的翻译，Tekin（1994：5）、芮跋辞（1996：86）、Ölmez（2012：170）、Berta（2010：84）译作“我们住在 čuγay 之北的 qaraqum 之处”；耿世民（2005：96）译作“我们住在总材山及黑沙（地方）”；Clauson（1972：413）和 Ariz-Aydın（2014：158）译作“我们住在 čuγay quzï 和 qaraqum”；Thomsen（韩如林汉译）译作“吾人住于 chughai quzi 及 qaraqum”（林幹 1987：499）；Aalto（1958：84）译作“我们住在 çuğay quz 和 qaraqum”。此词还出现于《塔里亚特碑》西面 5 行：yaylaγïm ötükän quzï kėdin učï täz bašï“我的夏季牧场北临于都斤北面，西达铁兹河上游。”Tezcan（1995：221）认为，čuγay 应该与图瓦语的 čuγay“石灰石、石灰岩”同属一词。

《突厥语大词典》中描写为“绿丛久许，雪寒少许”的 qïšlaγ 应位于较为温暖之处，因此这里所提到的 ir/yir 指的无疑是南面。《福乐智慧》4967 行中对立的 ir/quz 无法确定是南是北，这里应理解为“向阳面/阴面”，5372 行中 quz 在 Arat（1985：386）的译本中指 şimal“北方”，但维吾尔文和汉文译本中均译作“täskäy，山阴”（《福乐智慧》维吾尔文译本 1984：1101，《福乐智慧》汉译本 2003：534）。《塔里亚特碑》中出现 ötükän quzï 的一句在依次讲述可汗夏牧场的四方，且在此处 ötükän quzï 的语境中已出现东、西两方，而夏牧场一般位于山的向阳北面，因此该处的 quzï 可以判断为“于都斤之北”；但《暾欲谷碑》中的 čuγay quzï 中未出现其他线索，所以很难断定该处的 quzï 指的到底是北还是南，这也导致了学界对此的理解不一致。

Ölmez（2018：158）根据以下两点认为 ir/yir 指的是北方：（1）《希纳乌苏碑》东面 3 行中已出现表示南方的词语 berdin sïŋar；（2）《希纳乌苏碑》之后成文的摩尼教文书当中 ir/yir 均指“北方”。

回鹘语中的方位词是不同文化环境的产物。Arat（1963：179）认为，方位词中的 küntün（南方），tağdın（北方）（胡振华 1984：50）的词源难以考释，因为很难考据证明回鹘人曾用其故地北方的山脉（taγ）表示北方。Kotwicz（1928：68）认为，把 bir/yir 理解为“左/右”更为合理，应根据语境来判断它们具体指的是哪一方位。塞诺（1989：296）认为，“山、山脉”与方位词“北方”之间有关联，这种关联的产生受到当地地理的影响以外，还跟古人所信的“世界最北有巨大山脉”的传统思想有关。他根据蒙古语中的词语 qoyitu 既表示“北方，北方人”，又表示“西方，西方人”的现象分析，该词原意为“后方、背面”，但在当地的语言习惯中也作方位词。在通古斯语族语言中，词语 antaga 指“南方、南边”，但是在 oleminsk 方言中，该词则具有“北方，北面”之意。因此，塞诺指出古突厥语中的 ir/yir 也许跟这种语言习惯类同，在不同方言中既可以表示“北”，又可以表示“南”。根据回鹘摩尼教文献中的“南风吹向北方”的表述可推测，此处的 ir 具有“北方”之意，但 ir 在其他铭文中则没有这种明确的意思。塞诺认为，ötükän irin qïšladïm 一句中的 ir 不能译为“北方”，与此相比，兰司铁（1913：21）和 Malov（1959：40）的翻译“在于都斤旁过冬”更为合理。因为在塞诺（1989：296）看来，就如《突厥语大词典》中记载，该词也有“南方”之意。Räsanän（1969：201）把该词与蒙古语中的词语 iruyar“底、山底”，irada“河流下游”联系在一起。

现代维吾尔语当中，kün pėtiš“西方”和 kün čiqiš“东方”的义域很明确。但是，“北方”和“南方”的义域则不然。方位词 šimal-jänup“北方—南方”在口语中的用处并不多。这是由于 šimal、jänup 均为阿拉伯语借词，在民间还没有被完全消化融入语言习惯当中所致。维吾尔语哈密土语和鄯善土语当中的词语 yoqayni“上面、上方”，töwäyni“下面、下方”根据地理方位的不同指代不同的方位方向，即高处、山脉方面为 yoqayni“上面”，洼、凹形方面则作 töwäyni“下面”。这种现象类似于鄂尔浑碑铭中用 taγdïn“山方”表示“北方、北面”的情况。根据《突厥语大词典》的记载可得，其中的 quz 相当于现代维吾尔语的 täskäy“背阴、阴面”，ora“洼地”等词；其中的 ir/yir 则相当于现代维吾尔语的 küngäy“向阳面、阳面”，öwär“向阳面”等词。现代维吾尔语中的 täskäy、ora/küngäy、öwär 等词也可以用来表示山的背面和阳面。yoqayni、töwäyni、ayaγ、astini 等词除了表示“上方、上面/下方、下面”等意外，还可表示“南/北”等地理方位。在哈密地区位于东天山南面的山区、平原区，yoqayni“上方”表示“北方”，töwäyni“下方”表示“南方”；而在位于天山北面的伊吾县，yoqayni“上方”表示南方，töwäyni“下方”表示北方。在鄯善，位于东边的鄯善镇对连木沁乡、鲁克沁乡、吐峪沟乡而言算 yoqayni 或 üstüni“上面”，位于西边、西南边的吐峪沟乡对鲁克沁乡而言算 töwäyni 或 astini“下面”，鲁克沁乡对连木沁乡而言算 töwäyni，连木沁乡对鄯善镇而言算 töwäyni。在鲁克沁，表示小范围的、相对距离较近的地理方位时所选用的 yoqayni“上方”、töwäyni“下方”，并不能跟地理学意义上的方位词相提并论。综上所述，维吾尔语 yoqayni、üstüni/töwäyni、ayaγ、astini 等词根据地理环境的不同，其所指的具体方位概念有所差异。

从上述分析可推测，无论是 ir/yir 还是 quz，均不能明确表示北方或南方，这种方位词必须放在具体语境和地理环境中予以分析和探讨，根据该词出现的具体语境和上下文来判断出究竟是表示南方还是表示北方。与摩尼教文书相比，《突厥语大词典》的成书年代与《希纳乌苏碑》差得更远。即便如此，《突厥语大词典》中的词条 ir“南方，南部”之意与《希纳乌苏碑》中的该铭文更接近。Mert 的推断合理：入冬较晚而相对较暖和的蒙古草原南部是最理想的冬牧场。

东面 7 行 šad：Clauson（1972：866）指出，该词源自伊朗语系，但没有说明具体是哪个伊朗语系。他把该词与以下词语相较：和阗塞文 Şao；粟特语 ‘γşyδ；巴列维语 şāh。Clauson 认为，šad 是仅次于可汗的封号。Doerfer（1967：321）把回鹘语封号依次排序为 xaqan-tegin-yabγu-šad。Doerfer（1967：324）指出，šad 是带长元音的，但该词的伊朗语形式则是带短元音的，所以该词可能是源自柔然或鲜卑等其他语种。

东面 7 行 tarduš：岑仲勉认为，tarduš 是汉文“大头”的对应，为隋唐时期突厥境内一行政区。王静如（林幹 1987：686）则据《新唐书·薛延陀传》“以二子大度设、突利失分将之，号南北部”一语，谓这两个行政区有可能分居南、北。此外，王氏还认为应该将两突厥名全译作“突利失”和“达头设”，而不该略作“突列”“达头”，以免读者产生错觉。张铁山（2010：252）综合以上两位学者的观点后，指出“突利失”和“达头设”中的“失”和“设”只不过是对 tarduš 或 tardus 不同尾音的忠实翻译而已，s 或 š 正好反映出古突厥语的不同方言差别。对 tarduš 的构词问题，哈密顿（1977：518）认为，其可能就是由动词 tart-“拉，牵引”缀接构名词的附加成分-š 构成的。将动词 tart-作为词根构成的词语还有 tartın“某部落的民众服从自己的首领”（Dankoff 1982：1219）。在《突厥语大词典》维吾尔语和汉语译本中，这个词语被误读成了 tarbin“一群人或一群随从，在酋长的指挥下”（《突厥语大词典》2002：Ⅰ459）。

东面 7 行 käm：此地名所指代的是今天的叶尼塞河，即汉文史料中的“剑河”。Vásáry（1971：482）提出，该词很有可能借自萨摩耶德语。Helimski（1995：82）则反对这种说法，并认为若该词确实是借词，那应该是借自芬乌古尔语系，而并非萨摩耶德语。

东面 8 行 qasar qurïdïn örgin anta ėtitdim：兰司铁（1913：53）虽把这句句首的词组读作 aksirak ordu，并译为“伟丽的宫殿”，但在文末注释部分给予如下说明：该词组也有可能被读作 qasar qurdan，此时可译成“qasar 之西”。Róna–Tas（1983：126）则把该词组读作 qasar qurïdïn，并把该句解释为“我在那建立牙帐时，qasar 人居在西部”。学界一般认为《旧唐书》中记载的九姓回鹘部“葛萨”指的是 qasar 部。Róna–Tas（1983：126）认为，“葛萨”就是后来活跃在黑海附近的可萨人。Sertkaya 认为，这里是两个部族名 kasar、kordan（Mert 2009：231）。Golden（2005：11）则提出非议，认为《希纳乌苏碑》和《塔里亚特碑》文所提到的 qasar 和可萨人并非同种，因为该铭文有关 qasar 人的部分残缺不全，qasar 也有可能是一位回鹘官人之名。Senga（2000：11）进一步提出，qasar 有可能是“思结”部族长之名，而并非一个部族名。Aydın（2007：85）认为，kasar 也有可能是一个地名。

兰司铁（1913：53）把 örgin 一词与蒙古语中的 örgün“宫廷、宫殿、公馆、本大营”（《新蒙汉词典》2002：858）相对应。Clauson（1972：225）提出该词源于动词 örgä-，他虽把该词读作 örgä-，举例时却则写作 orkun balıklığ beltirinte el örgi:ni:n anta: **örgi**pen étitdim“在 Orkon 和 Balıklığ（河流）的交界处设置王国的宝座，并在那里休息（？）”。厄达尔（2017：444）释读为 örgün anta yaratïtdïm，čït anta tokïtdïm “我立牙于此并树篱于此（以为国界）”。Ölmez（2018：163）认为，《希纳乌苏碑》词语 örgin 的词源应为*örg+i-，而并非来自动词 örgä-。厄达尔（2013：194）指出，在契丹文文献中的 u.ur.g.in 可以转写为 örgiŋ“上京”，古汉语中“京”的读音是 king。在回鹘碑铭中出现的 örgin 可能与该词有关，在《占卜书》里此词被翻译为“宝座”。厄达尔还注意到，回鹘碑铭中出现七次的 örgin，有三处写作 ẄrgIn，其他四处则写作 Ẅrgn；三处修饰于动词 yarat-/yaratït-“造，建造”，四处修饰于动词 ėtit-“使修筑”。包含 örgin 的语句中出现 orqun balïqlïγ bältiri“在鄂尔浑（河）和 balïqlïγ（河）的结合处”，täz bašï“铁兹河源”，qan ïdoq baš kėdini“qan ïdoq baš 的西面”等地名；包含 örgin 的四个语句中提到篱笆（čït）。就如厄达尔（2013：295）所指出，回鹘碑铭中提到的 örgin 不能理解为“宝座”，考虑到“建造统治中心，周围扎篱笆”，örgin 应该理解为“可汗的牙帐”。而契丹语中的 örgiŋ“上京”可能借自回鹘语的*örü giŋ，其中 giŋ 借自古汉语的 king“京”，örü“上”也是回鹘人借用汉语的“上”翻译得来的。类似 gi**ŋ** 变为 gi**n** 的另一个例子出现于汉语借词 qunčuy“公主”中。

东面 8 行 čït：Ölmez（2018：70）指出该词在回鹘文文献中以 čït aran“围栏院子”的形式出现。这一词还在《铁兹碑》南面 2 行出现过一次。麻赫默德・喀什噶里记载过 čït：“篱笆，用芦苇或荆棘筑的篱笆”（《突厥语大词典》2002：Ⅰ341）。Clauson（1972：401）把这一词与 Senglax 出现的 čät“边缘，边界”看作是同一个词。但现代维吾尔语中 čät 意为“边缘、边沿”，是下一句出现的 yaqa“边、沿、偏僻”的同义词。在现代维吾尔语中 čït 则与《突厥语大词典》一样意为“棘筑、篱笆”。因此二者无法相提并论。Qarjaubay（1992：51）认为，这是可汗建立汗帐的地方，可汗命人将此地垫高。按照原始信仰，那里还应该点火进行“清洁”仪式。他还将蒙古语中的satı、satu、šatu“梯子”与之比较。对此说法，Ölmez（2018：

71）指出，回鹘语中的 çït～çit，在回鹘语时期跟 šatu“梯子”一起使用，这种用法中的 šatu“绳梯”是从回鹘语借到蒙古语，又借回到回鹘语，因此不能作为上述“把地垫高”仪式的证据。

东面 8 行 yaqa anta yaqaladïm：Clauson（1972：898）译作“我在那里度过了夏天，并在那（我的统治地区）固定了边境”。在现代语言中有如下相关词语：维吾尔语 yaqa“（1）领子，（2）边、沿、偏僻”（《维汉大词典》2006：1211）；哈密方言 yaqa“地租”（木哈拜提•喀斯木 2013：550）；西部裕固语 ya^{h}ɢa“（1）上面的，（2）上座，（3）天神、苍天，（4）礼物、布哈达，（5）上部，（6）南方的”（雷选春 1992：252）。维吾尔语动词 yaqïla-“挨边；沿着、挨着”，哈密方言 yaqïla-“贴近、交往密切、过从甚密、视为心腹”。

东面 8 行 tatarïγ ayïtdïm：Róna–Tas（1983：128）译作“使 tatar 人处于进退无门的地步”；Berta（2010：296）译作“让 tatar 人说话”；Aydın（2007：59）则译作“讯问 tatar 人”；耿世民（2005：197）译作“问罪于鞑靼人”；洪勇民（2012：93）译作“我向东方进军教训了鞑靼人”；白玉冬（2012：87）译作“我讯问了达靼（族）”。Şirin User（2009：121）认为，该动词并不是来自“说话、讲话”之意的动词 ayït-，而是源自“恐吓、吓唬”之意的动词 ańït->ayït-。鄂尔浑碑铭中只用一个字母𐰪[ń]来表示 ny 并不足以说明当时这个音[ń]没有发生变化。在碑铭当中有时会用字母 b 来表示字母 b、v；用字母 d 来表示字母 z、d。因此可推测，字母 ń 也有可能同时表示 y 和 ny 两个音。Şirin User 为了证明此说列举了《翁金碑文》1 行中的动词 y(a)ym(ı)ş“打败了”（Clauson 在其词典中收录此动词为 yan-“溃败”）（Clauson 1972：942ab；Tekin 2000：258）。Şirin User 还认为，鄂尔浑碑铭中动词 yań-已经发生音变，成了 yay-的形式：yań- > yay-，并提出这种现象是由《翁金碑文》作者的语言习惯所致。厄达尔（2010：366）认为，《翁金碑文》中的动词 y(a)ym(ı)ş 的词根 yay-并非 yań-的变体，而是摩尼教文书中常见的动词 yayï-“破坏”。他还强调最晚期的鲁尼文献中也没有出现 ń 替换 y 的现象。Şirin User 在解释(a)nç(ı)p ol yıl küz(ü)n ilg(e)rü yorıd(ı)m 一句中的动词 yorï-时提出，该词有如下四种译法：（1）行走、走路；（2）暴动、反叛；（3）前进、向前；（4）出兵、攻击。她认为，这句当中的 yorï-具有“出兵、攻击”之意。出现在动词 sülä-“进攻”，yorï-“进攻”后面的句子中的谓语动词一般都跟战争有关。而该句后面的句子 t(a)t(a)r(ı)g (a)y(ı)td(ı)m 的谓语恰恰就是 ayït-，该 ayït-与《毗伽可汗碑》中的 ańït-“使恐吓”实为同一词。虽然动词 ańït-在《芬兰版图》中作𐰪𐰸𐱃𐰢

[ńTYn]，但 Radlov 则读作 ïnčïtayïn“我惩罚”。Thomsen 读作(a)ń(ı)t(a)y(ı)n“我要求”，并提出该词还能读作 aytayïn、anïtayïn；Malov 读作(a)ń(ı)t(a)y(ı)“为了惩罚”（Şirin User 2009：122）；Clauson（1957：182）读作 ayït-“询问、要求”；Tekin（2000：224）认为，应读作(a)ń(ı)t(a)y(ı)n“我恐吓”。从碑铭文献中比较早期的《翁金碑文》中出现的字母变化，即 ń 变成 y（yań->yay-）的现象看来，ańït-在较后期的《希纳乌苏碑》中以 ayït-的形式出现并不足以为奇。Şirin User（2009：122）提出 t(a)t(a)r(ı)g (a)y(ı)td(ı)m 应被译作“我们使 tatar 人感到恐吓，我让他们提心吊胆”，我们认同此说。

东面 9 行 as öŋüz bašïnta：该地名曾出现在《塔里亚特碑》南面 6 行和西面 2 行中。Šinehüü（1975：）和克里亚施托尔内（1980：92）分别把这个地名读作 šöŋüz 和 süŋüz。Qarjaubay（2012：273）认为，süŋüz bašqan 的这个地方正是指位于于都斤，即位于杭爱山脉腹地，今天被称为 dulan qayirhan 的山脉。位于此山脉北部作为铁尔痕河起源地的山峰被称为 ïduq baš。750—753 年，可汗在铁兹河流源头，即此山峰北部以土坯夯实而成的地基上建造的行宫坐落于两个土坡之上，行宫遗迹至今仍然保存着。当地民众将这两个土坡其中之一称为 noγoy tolγoy，另一个称为 kök tolγoy。《铁兹碑》正是在 noγoy tolγoy 周围发现的。

Tekin（1983：815）则认为，由于第一个字母是𐰽[S]，而非𐰾[s]，süŋüz 的读法有误；若该词前元音的话，那么第一个字母应为𐰽[s]。因此 Tekin 提议把该词读作(a)s öŋ(ü)z。as“白，鼬”，则 öŋüz“颜色”就可以认为是 öŋ 后面加一个+(ü)z 附加成分的派生词，这可以参照 mäŋ“疵”和 mäŋiz“面颊”的结构得以论证。Tekin（1983：816）认为，as öŋüz baş 意为“白色的山峰”，as öŋüz baş 和 qan ïdoq baş 是位于于都斤地区中部的两个山峰的名称。片山章雄（1999：169）将读作 aš öŋüz bašïnta 的词组译为“在 aš öŋüz 的河头地区以西”。

东面 9 行 yavaš toquš bältirintä：Clauson（1972：334）译作“在 yavaş 和 tokuş（河）的交界处”。Gömeç（1997：27）认为，这两个地名指的是注入 qïrqïz 和 ubsu 湖的两条河流。Gömeç 在另一篇文章（2001：27）中称，该地地名应为 ay baš，而且也是注入 qïrqïz 和 ubsu 湖的河流。Qarjaubay（2011：273）则认为，ay baš 和 toquš 两条河分别位于铁尔痕河的上下游。另一个值得注意的说法是由 Makhpirov 提出的。他认为，yabaš 即 yavaš，出自阿尔泰语系民族古老传说中的恶魔之神 ärlik 的第九个儿子 yabaš 之名（Mert 2009：232）。

东面 9 行 bitigimin bälgümin：bälgü 一般指“印记、标记（目标）”，

为可汗亲属或其所属部落专用印章。bitig 指石碑上的铭文。学界认为 bitig 的词根 biti- 是个借词。古汉语笔 pǐět“古时毛笔笔杆都是以竹制成，故从竹。“笔”，指旧时用的毛笔。bit+回鹘语-i=biti “书写；记载”（Ölmez 1997：180）。另一种看法认为，biti-源于伊朗语：回鹘语 biti-<伊朗语 pati-kar “抄写、誊写”<和阗塞文 pīr/pīḍa/pīdaka “文件、资料”（Aalto1971：36）。还有一种看法将 biti 与梵文 pitaka “书盒”，吐火罗语 pldaka “文件、资料”（<ıplde “书写”），粟特语 pδk “命令、法律” 等词相提并论（Doerfer 1963：263）。5 世纪拓跋语就出现 pji-tək-tɕiĕn “比德真”、*bitikçin “秘书”（Bazin 1950：30），后面的 n 是蒙古语中常见的名词的主格形式。

东面 10 行 tašγarïŋ：taš+ïq- “出去” >taš+γar- “使出去”，这是原动词接使动词缀-ar 构成的（厄达尔 2017：79）。

东面 10 行 yämä yaramatïn yaγïd[u är]miš ürüŋ bägig qara buluquγ anï olormïš：不同学者对第一段铭文 yämä yaramatïn yaγïd[u är]miš 提出了不同的译法。兰司铁（1913：23）译作“不令人喜欢”；Berta（2010：282）译作“不合适的形式下成了敌人”；Bazılhan（2005：135）译作“……一直相互敌对”；Mert（2009：235）译作“一直在不合适的形式下相互敌对”；Aydın（2007：60）译作“一直在错误的时机下成了敌人”；Clauson（1972：956）译作“没有帮助而相互敌对”；Qajraubay（2012：263）把该段读作 žurtyn žaγγydyq，并译作“我们去掠夺了其故乡”。森安孝夫和白玉冬的文本中则没有该段。

兰司铁、Orkun、Malov、Aydarov、Clauson 等先贤学者将此处的第二个单词读作[er]miš。1999 年，森安孝夫在其文中将该词换写成//ms，并读作//kälmiš。此后，Bazılhan、Mert、Qarjaubay 等人亦持此说，将其读作 kälmiš/kelmis，但 Berta、耿世民、洪勇民、Aydın 等一批学者则读作[är]miš。森安孝夫在 2009 年的新文中改称该词的换写应为//ms，转写也应为//miš。丁载勋（2005：439）和白玉冬（2012：88）等人亦先后发文支持此说，并称该词无进一步补充/补读的余地。Ölmez（2012：270；2018：117）亦未提该词。厄达尔（1991：489）分析他的读法后认为，该词应为 yaγï 缀接位格附加成分的形式。Berta（2012：282）虽赞同厄达尔的看法，但没有在自己的研究中收录此说。Ölmez（2018：169）把该词转写为 yaγïda ärmiş，同时他赞同并采纳了厄达尔的说法，把第一段看作修饰第二段的形动词短语，译作“因得不到好处而成敌的”。本书认为，虽未能获悉该词的原始状貌，但从先贤的研究中可见该单词词尾确有 ms 二字母。若将此处二字母读成-miš，那么由于-miš 作为修饰主语的分词，因此可推断该词实为一个段落的结尾。Ölmez 认为这两段组成一个句子，分词-miš 的功能来看，Ölmez 的说法不能成立。因此，此处第一个单词 yaγï 的词缀，就如其他学者提出的那样为副动词附加成分，而并非位格附加成分。综合上述，该段铭文可取兰司铁的读法 yaγïd[u är]miš，即“反目成仇”，并理解为该词组能够组成一个独立的句子。

第二段：Qarjaubay（2012：263）将 ürüŋ bägig qara buluquγ anï olormïš 译作“王公在 qara bulaq 处准备防守”，但他没有说明为何把词组“any olurmys”译作“准备防守”的依据。Thomsen（1916：88-89）认为，《暾欲谷碑》24—27 行中的词语 anï 指的应该是特殊名词——一个地名，指代一条河流，而不可能是指示代词 ol 的宾格形式。Aydın、Mert 和 Ölmez 分别接受了 Thomsen 的观点。北纬 51° 30′—52°，东经 89° 15′—89° 30′范围内有一条名叫 anï 的河流。Thomsen 猜测碑铭中提及的 anï 应该是指该河流。该河位于叶尼塞河以西，流向阿巴干牧场并最终与其他河流相汇合。而这片区域正是黠戛斯部故地，所以回鹘人远征黠戛斯部时曾来过该流域。为了反驳那些以该地与突厥故地相去甚远为理由驳斥此说者，Thomsen 指出突厥人可以通过更短的其他路线前往 kögmän（萨彦山脉）。铭文记载，暾欲谷眼看 kögmän 之路被厚雪掩盖而不得不派人从 az 部中找来了向导，向导带着他们另走一条新路，该新路有可能路径 anï 河流域。他因此指出，铭文中的词语 anï 指代地名更为合理，因为此段铭文跟《暾欲谷碑》一样，也在谈论远征黠戛斯部的情况及黠戛斯部的分布区域。巴托尔德则认为 anï 河就是叶尼塞河（Aydın 2011：109）。Clauson（1976：145）认为，anï 河源自萨彦山脉，应分布在北纬 52° 38′，东经 89° 50′范围内。芮跋辞（1997：97）则认为该河应位于 minusinsk 以南，tannu ola 山以北。吉罗（1984：241）认为：“阿尼（Anï）河是大名鼎鼎的，此名一直沿用至今，在俄文中共有三种不同写法：ani、ana，现在则写作 ona（有关突厥文中 a 变成 o 的问题，请参看 kozak 一词）。阿尼河是阿巴干河右翼的一个分支，而阿巴干河本身又是叶尼塞河的分支，在米努辛斯克附近才注入叶尼塞河。”芮传明（1998：89）也指出，anï 一名一直沿用到今天，汉译可作“阿尼河”。阿尼河发源于西萨彦岭的北麓，它是源于蒙古高原而汇入阿巴干河的所有水流中最大的一条河。

森安孝夫和白玉冬均认为，其他学者均读作 buluquγ 的词应整体作为“白（高贵）匐和黑（低贱）奴”，即相互对立的两大集团的概念组合来处理。将统治集团，即“匐”乃至“贵族”与被统治集团，即“平民”乃至“奴隶”作为对立的概念组合表现，在内亚游牧社会并不罕见。两位作者还注意到，叶尼塞碑文中出现的ürüŋüm qaram 以前被 Malov 和 Clauson 译为“家畜”，而两位作者根据《希纳乌苏碑》提出的这一最新释读有助于正确解释叶尼塞碑文中的类似片段（森安孝夫 2009：64；白玉冬 2012：108）。森安孝夫注意到了有关可萨人的记载当中出现的“白人”们和“黑人”们等语句。从词义的角度来讲，ürüŋ（白）与 qara（黑），bäg（伯克）与 qulluq（奴仆）均为相互对立的概念。Katanov 于 1902 年在吐鲁番收集的语料中也出现过类似的相互对立的结构：tört xotuni bar. čoŋ xotuniniŋ dadesi qara kiši，anesi aq ustuxan；gaŋniŋ anesi jarkänlik qara ustuxan“（鲁克沁王）有四个妻子，大妻子的父亲是 qara 人（平民），母亲是 aq ustihan（贵族）；王的母亲是来自莎车的 qara ustuxan（平民）”（Menges 1943：2 20）。Ölmez 参考森安孝夫的说法后指出，bäg 的反义词应为 qul 而并非 qulluq。所以他对森安孝夫的说法提出异议。清代察合台文文献中词语 bäg 有与词缀-lXG 搭配的形式，也就是说词组 bäglik tä 一般出现在王公贵族名字之后。在哈密抄写的一本察合台文文献的页边上有这样的字样：häzräti ärdäšir waŋ bägliktä janablarï zaman-ï muqäddämdä wilayäti qomulda adalät ilä sältänät sürüp ötkän šahinšah-i muȁzzäm wä mukärräm pašalardur，häzräti ärdäšir waŋ bägliktä janablarï bu dunyada ottuz üč yil sältänät sürgän zat ikän. häzräti ärdäšir waŋ bägliktä ishaq waŋ bägliktä’niŋ oγlïdur. “自古以来尊贵的额尔德锡尔王伯克系以正义之法统治哈密的伟大君主之一。他的统治时间长达 33 年。尊贵的额尔德锡尔王是伊萨克王的儿子。” qul 则没有这种-lXG 词缀搭配使用的情况。所以，如 Ölmez 所提出的那样，若 ürüŋ bäg 也有一个相对应的反义词组，那么它应该是 qara qul，而不是 qara qulluq。再说，Mert（2009：232）将铭文词语𐰉𐰆𐰞𐰸𐰍[BwLᵘqγ]中的字母𐰉[B]列为“正在褪色消失的字母”，把𐰆𐰞𐰸𐰍[wLᵘqγ]列为“可认读但磨损严重的字母”。他还指出，第一个字不像字母𐰴[q]，但有字母𐰉[B]的线条，并且南面 11 行里也曾出现过 qara buluq 的词组，所以该词组应被读作 qara buluquγ。森安孝夫没有说明为什么把第一个字母读作 q 的依据，并把南面 11 行的词读作 qara buluq。Mert（2009：232）认为，前面两个词指代人名，所以他译作“让 qara buluquγ，让 ürüŋ bäg 安居在 anı”。Mert（2009：247）还认为，南面 11 行中的 qara buluq 指代今图瓦共和国中流入 har noor 湖的一条河流。Thomsen（1916：89）将此段铭文译作“居住在 qara buluq，ürüŋ bäg 和 ani 等地，即建立了牙帐”，认为这三个词均指地名（山名）。Aydın（2011：76）译作“他们定居在 qara buluq，ürüŋ bäg 和 anï 等地”，并认为 qara buluq，ürüŋ bäg 为指代地名的词组，两地位于 abaq 市东南部，米努辛斯克以南（Aydın 2011：

121）。ürüŋ 一词在早期文献中出现过多次，如在明代北京编纂的《高昌馆杂字》中出现：ürüŋ“白”（胡振华 1984：51）。作为地名出现在以下文献：ürüŋ qaš“玉龙喀什河，因此地出产透明的白玉，河流也就以此命名。流经和阗城两侧的两条河之一”（《突厥语大词典》2002：Ⅲ145）；ürüŋ qaš/aq taš (Elias-Ross1898：298)；yürüŋ qaš（Akimuškin1976：356）。Ölmez（2018：169）认为，词组 ürüŋ bäg 中的两个词语间有从属关系，同时指出该词组指代的应是一种官名或封号，并译作 ürüŋ beyi“ürüŋ 匐”。ürüŋ bäg 是整个句子的谓动词 olormïš 的主语。所以他把整句铭文译作“……因得不到好处而成敌的 ürüŋ 匐居住在 qara buluq 和 anï 河流域”，看来他没有考虑到词组 ürüŋ bäg 后面的宾格附加成分。

缀接宾格附加成分的 ürüŋ bäg 和 qara buluq 为并列关系，所以不能是一个封号和一个地名的组合。如上所述，ürüŋ bäg 的意思应为指代地位和封号的专属名词，ürüŋ bäg 和 qara buluq 为并列关系，所以可推测二者均指某人的封号或头衔。

除丁载勋（2005：439）外，诸学者对 olormïš 一词的读法并无太大分歧，丁载勋将其读作 olmïš，并认为该词跟后段的铭文应看成一句。但综合学者对石碑铭文的研究可见，碑文中的该词第三个字母确为 r^1。因此丁载勋的说法不可取。

Mert（2009：247）认为，olormïš 中的-or 为使动态附加成分，并改译作“让他安居”。动词 olor-（或 olur-）具有“坐；停留，居住，栖息；继承王位，安定”等意（Şirin User 2009：388–389）。这里的ürüŋ bägig qara buluquγ anï olormïš 中，动词 olor-是要求宾格附加成分的动词。同样的例子出现于《暾欲谷碑》第 7 行：čuγay quzïn qara qumuγ olorur ärtimiz“我们住在总材山及黑沙”（耿世民 2005：96），据此可知，动词 olor-可支配加宾格附加成分的地名组成动词短语，该短语表示“安居在……（的地方）”。因此，将此段铭文中的复合关系的两个宾语 qara buluq 和 ürüŋ bäg 均可视作地名，南面 11 行铭文中的地名 qara buluq 亦支持此说。仅次于上述作为宾语的两个地名之后的第三个地名 anï 应该看作宾语，并带宾格附加成分，但此处却看不到，可能是在铭文刻写时就被省略了。总之，Mert 的译法不能接受。综上所述，这段铭文可译作“安居于 ürüŋ bäg、qara buluq 和 anï”。与此同时，厄达尔（1991：489）对 yaγïda 的解释（即认为该词是 yaγï 后加位格词缀修饰而成的看法）也不可取。Ölmez（2018：167）提出的第一部分是修饰第二部分的形动词短语的说法也站不住脚。yaγïdu ärmiš“成了敌人”为第一部分的谓动词，能组成单句。所以该段铭文句子应当被理解为："不幸反目成仇。安居于 ürüŋ bäg、qara buluq 和 anï 河畔。"

东面 11 行 kögmän：此词曾在《阙特勤碑》和《暾欲谷碑》中出现。根据这些记载可推测，前往黠戛斯之地须经过 kögmän 山。《暾欲谷碑》记载道，原来在杭爱山和 kögmen 山间有一条道路，但是这条路由于被冰雪所覆盖而废弃。吉罗（1984：239）认为，碑铭中所提到的这条道路应该是海拔 1430 米的 čamar 口。Radlov（1899：95）认为，kögmän 山可能就是今天的萨彦山。Thomsen（2002：220）根据碑铭提供的 kögmän 山是去黠戛斯之地的必经之路的信息，提出此山应该是今天的唐努山，也就是汉文史料中的青山。兰司铁（1913：23）跟 Radlov 一样，认为 kögmän 即今天的萨彦山。巴赞（1993：34）把这个词解构为 kök+men，并同样认为 kögmän 即今天的萨彦山。芮传明（1998：90）也赞同此说，认为曲漫山（即 kögmän）当为西萨彦岭；既然"曲漫山"乃西萨彦岭，那么突厥人在进军途中花费十天所绕开的另一雪山障碍便肯定是唐努乌拉山脉了。虽然大多数学者认为 kögmän 山就是今天的萨彦山，萨彦山却地处离回鹘故地相对较远的西部地区，因此本书认为正如吉罗和 Clauson 所提出的那样，kögmän 应为今天的唐努山。

南面 1 行 bolču ügüz: Radlov（1895：430）指出，bolču 位于额尔齐斯河西部突骑施领地，721 年突厥军队在此大败突骑施部，并杀害了其可汗和叶护。Aalto（1958：57）认为，该地名指阿尔泰山脉和额尔齐斯河以西的一条河流。芮跋辞（1997：113）认为，bolču 是乌伦古河，并提到 Róna–Tas 曾把该词与"蒙古语 Bolju-、喀尔喀语 Bolz-、蒙古语 boljuγ–a(n)-、喀尔喀语 Bolzoo-"等词相比较。但由于这些词均为动词，所以很难与地名相提并论。芮跋辞根据 bolču 一词在《希纳乌苏碑》中以 bolču ügüz 的形式出现，提出 bolču 为河流名。后来他又参考该词在《暾欲谷碑》中的形式提出，bolču 也有可能不是河流名。克里亚施托尔内（2004：108）强调与突骑施部的战争发生在 bolču 河附近，故此河应位于准噶尔盆地。吉罗（1984：243）认为，《暾欲谷碑》记载包尔阙（boultchou）与额尔齐斯河之间的距离骑马需要 15 个时辰，即渡河那一天中剩下的时间再加一个夜间。德拉布拉什所引用的一部文献中说："（现代蒙古人）一口气跑上跑下，轻而易举地在马鞍上待了 15 个时辰，高高兴兴地在一天内跑完了 75 公里"。而从额尔齐斯河到乌伦古诺尔高原上的乌伦古河恰恰是 75 公里左右，因此吉罗认为包尔阙就应该位于这个地区附近。他还说，根据各种迹象来看，此地名应该指一座城市，该城市可能相当于现在的波龙托姆（bolun toγu，现代蒙古语的意思是"杯子的手柄"），在乌伦古湖南端稍靠东一点的地方。他还认为，包尔阙（boultchou）这一地名可以由伊朗语解释清楚：伊朗语pul“桥”、ju“河流”加一个i，就成了puliju，即“河流的桥梁”。无重音的i脱落；因为突厥语言在当时还没有以p开头的词，波斯语p在突厥语变成b;，j也变成了ç。这是一个地名，很像是一个渡口的名称。吉氏还说现代的地名bolun toγu中bol就源于伊朗语的bol“桥”，而un是一个动词变格后缀。吉氏还注意到《希纳乌苏碑》中以河名的形式出现的bolču，认为该词可能是河流借用了城市的名字，或反之（就类似于准噶尔盆地的玛纳斯县）（吉罗1984：243）。根据《希纳乌苏碑》中提到的bolču是回鹘可汗与三姓葛罗禄交战处这一信息，Aydın（2011：116）认为altun yïš和额尔齐斯河是前往bolču的必经之地。Gumilëv（2002：370）指出，（黑）额尔齐斯河至bolču（乌伦古）河相距50—80公里。乌伦古河位于humšinggir地区，始于阿尔泰山之西，流入kičilbaši湖（Temir 1995：249）。除了《希纳乌苏碑》外，其他三座碑铭中都出现的地名bolču也有可能指今天的乌伦古河流入的乌伦古湖东面的福海（即清代文献中记载的布伦托海buluŋtuqay，今天的名称为burultoqay）县。由于两地地名近似，buluŋtuqay在古代曾被称为bolču。根据俄罗斯探险家普热瓦尔斯基的记录可知，直到19世纪末当地居民都称乌伦古河为buluntuqa。对于地名bolču较详细的研究当数芮传明。芮氏（1998：105）认为，bolču是塔尔巴哈台南麓平原上额敏河的右翼支流博勒济尔河。按芮氏（1998：106）之说，突骑施军队驻扎的雅里斯平原（yarïš yazï）和bolču都处于一块拥有天然屏障的攻守兼备的根据地里，而塔尔巴哈台南麓的平原就符合这一要求。芮氏进一步提出自己的依据：（1）博勒济尔河西距雅尔旧城（肇丰城，当今乌尔扎尔）约300余里，也就是说它与雅里斯平原相距不远，完全可以相互呼应。因此，博勒济尔流域很可能正是当时突骑施东北阵地的最前线，似乎也是用以对付阿尔泰山另一侧突厥人的最理想驻军地。（2）就语音而言，“博勒济尔河”与bolču也十分吻合。在此以“博勒”对译bol-，完全不成问题，无须再加阐述。不过，若以“济尔”对译“ču”，却显得不甚贴切，因为这里的汉文“尔”字似乎没有来由。芮传明（1998：107）还认为，“博勒济尔”即是突厥语bolču yul的音译。由于ču、yu两个音节发音连接紧密，故读起来犹如一个长元音音节，汉译者遂将yu音节略去不译。所以本应作“博勒济裕尔”的河名便简单化成了“博勒济尔”。芮传明所提到的汉语地名博勒济尔，又作博尔齐尔出现于《大清一统志·塔尔巴哈台》，在今新疆额敏县北（请参看国学大师网：http://www.guoxuedashi.com/diming/53290w/）。bolču与博勒济尔或博尔齐尔确实很相似，但之后对于博勒济尔源于 bolču yul 的看法似乎站不住脚。因为没有史料证明“博勒济裕尔”的河名简化成“博勒济尔”。Aydın（2011：117）认为，《希纳乌苏碑》当中的bolču指的就是乌伦古河，而其他碑铭中的bolču指的则是福海县其地。

南面 1 行 ėrtiš ügüzüg arqar baši̇̈ tuši̇̈ anta är qami̇̈š alti̇̈n anta s...p käčdim：兰司铁（1913：25）译作 die quelle und der wassertümpel (?) des Arkar “Arkar 的水源和水池（？）”。森安孝夫（2009：66）和白玉冬（2012：109）反对兰司铁提出的 är qamïš 是地名的看法，认为 Arqar 是额尔齐斯河源头（pool? or pond?池塘？），并将该段理解为乘芦苇制作的小舟（筏）渡过额尔齐斯河。

ėrtiš ügüz：即额尔齐斯河，发源于中国阿勒泰地区，流向北方的著名河流。Aydın（2011：119）认为，河名 ėrtiš 的结构应为 ert-“越过，翻过”+-Iš。该词由回鹘语传入蒙古语，音位发生变化 t>č，在蒙古语中变成了 erčiš。

arqar bašï：兰司铁（1913：56）译作“阿尔噶尔泉”；Clauson（1972：131）释读为 arkar başı“羊头峰”。麻赫默德·喀什噶里记载过 arqar“母盘羊、雌野羊，其角可制刀柄”(《突厥语大词典》2002：Ⅰ127）一词。Sevortjan（1974：1176）认为，arqar 与动词*arqa-有关，并且将其跟吉尔吉斯语 arqay-“向四方突出；升高”进行对比，如 arqaygan aska menen zoolar“拔地倚天”。Doerfer（1963：121）认为，突厥语 arqarï“母盘羊”<蒙古语 argali“母盘羊”（《蒙汉词典》：94）<满语 Argali“母盘羊”。同时指出，母盘羊栖息于阿尔泰山、杭爱山等高山，但蒙古 hentey 山则没有母盘羊。Berta（2010：308）指出，arqar bašï 一地应位于额尔齐斯河流域。Aydın（2011：110）认为，arqar bašï 指的是额尔齐斯河与另外一条河流的交汇处。若在铭文中紧跟着 arqar bašï 之后的地名 bolču 指的是乌伦古河，那么在额尔齐斯河流经地，北纬 47° 一处，有一座城市叫 sar bulaq，其北有一条小河。该小河与额尔齐斯河的交汇处可能就是 arqar bašï。森安孝夫、白玉冬认为，arqar bašï tošïnta 中 toš“冰、冰水”或为额尔齐斯河源永久冻土层融化形成的高原沼泽地。在可充当 arqar 河源之候补的额尔齐斯河的各上游支流中，只有自东向西的阿拉哈克河附近有阿拉哈克湖等沼泽地带。考虑到回鹘军队越过沼泽地，森安孝夫（2009：66）、白玉冬（2012：109）视 arqar bašï 为阿拉哈克河。

tušï anta är qamïš altïn anta /.../ käčdim：学者们对该段中的𐱃𐰆𐱁𐰃:𐰦𐰀[TwSIntA]进行不同的释读。该词可被读作 tušï anda、tošï anta、tušï anta、tušïnta、tošïnta 等几种形式。麻赫默德·喀什噶里记载过 tuš“对面、正面。

一个东西的对面，ävim tušï‘我家的正面，即我家的对面’”（《突厥语大词典》2002：Ⅲ122）一词；哈萨克语：tus“对面、相对的地方；方向、位置；时期、时代”（《汉哈词典》：1163）；维吾尔语哈密方言、罗布方言：tuš“对面、正面”（木哈拜提·喀斯木 2013：163）；西部裕固语 tus“直的；老实的”（雷选春 1993：133），toš“水池，沼泽”（Clauson1972：557）。

此外，该句有一词严重残缺，无法正确辨认。兰司铁（1913：56）根据上下文，把缺失的该词补作 sallap“在木筏上穿越”。他又指出，该词也可以补作 salïn“用木筏”。Clauson（1972：558）则把该句读作 er kamış altın yanta sallap“把男人放到芦苇树下的木筏上”。

鄂尔浑碑铭中常见的词语 baš 一般指的是位于河流上游的小河或山峰。Aydın（2011：111）认为，baš 也许是两条河流的交汇处，但他没有足够的证据证明此说。然而东面 9 行 yavaš toquš bältirintä“在 yavaš 和 toquš（河）的交界处”中词语 bältir 指的就是两条河流的交汇处，所以 arqar bašï 应理解为与 käyrä bašï、šïp bašï、as öŋüz bašï、täz bašï 等类似的具体河流名称。森安孝夫（2009：66）和白玉冬（2012：109）认为，toš 指湖沼或池塘，根据此说分析可得：“我在 arqar 河口地区的湖沼上越过额尔齐斯河，[因为]男人[在下方散开或支撑？]芦苇（筏或桥）。”也就是说，士兵们在 arqar bašï 湖处过小桥或乘木舟渡过了额尔齐斯河。此段铭文的重点是渡过额尔齐斯河还是湖沼呢？额尔齐斯河上游有几座湖泊的 arqar bašï 一地，也许是今阿拉哈克湖流域的大沼泽地带，也就是今天的科克苏湿地自然保护区。森安氏指出 arqar 河应指（今）阿拉哈克河，额尔齐斯河的源头之一。若把 toš 理解为“湖沼”，那么（他们）的渡河点应是 arqar bašï 湖一处，但这与上述推理相左。若确实从 arqar bašï 湖一处渡河的话就没有必要强调河流之名。此外，如果这样，铭文 är qamïš altïn yanta 中的前三个词语就成为没有任何语法结构所修饰的词堆，而直译则为“男人（士兵）芦苇下方”。这些词又不能被勉强理解为“士兵们把芦苇当作木舟跨河”。

若把该词读作 tušï“正面，对面”而非 toš，并把 är qamïš 当作地名，这句铭文的意思才能一目了然：“我在 arqar bašï 河对岸，är qamïš 下方……渡过了额尔齐斯河。”因为额尔齐斯河的范围广，所以铭文作者尽量详细地描述渡河地点：arqar bašï 河对岸，är qamïš 下方。该句中重复使用的词语 anta 是对照辞格。är qamïš altïn anta 中的词语 anta 虽被其他学者读作 yanta/yanda，但在兰司铁（1913：24）和 Mert（2009：242）的录文中均未见字母 Y，因此该词读作 anta 最为准确。

南面 3 行 tayγan költä：tayγan“猎狗”。Doerfer（1965：446）认为，

该词由动词 tay-“滑”派生而来的。该词后来传入蒙古语作 tayiga，从蒙古语传入满语作 taiha。Aydın（2011：135）认为，tayγan köl 是由动物的名字演变而来的地名。森安孝夫（2009：69）认为，该地名的具体地望大致于今蒙古国 govi altay 旗 Delger 乡附近的 tayγan-noor（北纬 46° 22′10″，东经 97° 23′39″）一地。

南面 3 行 ävdigüči：兰司铁（1913：57）释读为 bidgüči är “轻骑？”，并将雅库特语 bitii-“跳舞、返回”，蒙古语 buji-、buj-“跳舞”与之关联；Malov（1959：93）释读为 bidgüči är“前锋”；Tekin（2000：88）释读为 bidgüçi“作战的男子”(?)< *bidi-“跳舞”，参照《突厥语大词典》（2002: III 254）büdi-“跳舞” < *bidi-；Mert（2009：271）释读为 bidgüçi“勘探者、勘察者、侦查员”；Orkun（1941：29）释读为 bidgüçi er“秘书”；Clauson（1972：304）释读为 bitigüçi“书记、秘书”；Aydın（2011：96）释读为 bidgüçi“秘书”；Berta（2010：285）释读为 biδgẅči är“收集兵马的人员”；森安孝夫（2009：69）、白玉冬（2012：110）释读为 äv edgüči“营帐制作者、营帐设置者”；Ölmez（2018：172）释读为 bdgüçi er: anta: ıdt[ım]“我在那里派人了”。

就如 Ölmez（2018：172）所指处的那样，动词 ät-“做、做事”在回鹘文献中只用其原形，没有出现过第二辅音 t 由 d 代替的现象；而且清辅音 t 替换浊辅音 d 的现象在古突厥语中为“独属乌古斯语的特征”。因此森安孝夫、白玉冬的看法无法接受。

李容成（2018：186）认为，该词应释读为 äbdigüči är“soldier who recruits/drafts soldier 招兵的士官”（< äbdi-“to gather，to pick up 聚集、捡起”加-*güči*“附加在词根构成表示从事某项活动的人的名词的词缀”)。李氏还指出，鄂尔浑碑铭在刻写过程中出现不少字母错位、词语讹写等拼写错误。例如，《阙特勤碑》东北面 4 行第四个词语误写为𐰉𐰆𐰞𐰃𐱃 [BwLIT]，该词可读作 bulït / bolït。Tekin（1988：90）也认为，这是一种拼写错误，并将该词纠正作𐰉𐰆𐰞𐱃𐰃 [BwLTI]=boltï。《塔里亚特碑》西面 5 行倒数第二个词语𐰞𐰃𐰏𐰼𐰇 [LIgrẅ]也出现拼写错误问题，可纠正作𐰃𐰞𐰏𐰼𐰇 [ILgrẅ]=ilgärü；《塔里亚特碑》北面6行第五个词语𐰋𐰃𐰠𐰏𐰀[bIlgA]= bilgä 误写作𐰋𐰠𐰃𐰏𐰀[blIgA]。因此，该处的 𐰋𐰃𐰓𐰏𐰇𐰲𐰃𐰼 [bIdgẅčIr]应看作 𐰋𐰓𐰃𐰏𐰇𐰲𐰃𐰼 [bdIgẅčIr]的讹写，并应理解为 äbdigüči är“招兵的士官”。

麻赫默德·喀什噶里记载过该动词：ävdi-“采集、拾。ol yinčü ävdidi‘他采珍珠了’。采集别的东西或水果也用这个词”（《突厥语大词典》2002：I 294）。回鹘文文献中也可见 ävdigüči 一词：ävdigüči oγlanqyalarqa [tägi]“然后[直到]召集的年轻人”（Molnár - Zieme 1989：142，145）。李容成（2018：187）认为，从 tayγan költä：tėriltim äbdigüči er anta ïḍt[ïm]这两句可知，回鹘可汗和他的军队集合在 Tayγan 湖，他从那儿派遣了召集新兵的人。本书沿袭李容成之说。

南面 4 行　ävimärü：学者们一致读作 äbimrü，但森安孝夫（2009：16）纠正作 ävimärü。厄达尔（2017：185）指出，后缀+(X)mArU 的构成方式和[与格+(X)mA] 相似。

南面 5 行　türgėš qarluquγ tavarïn alïp ävin yulup barmïš：兰司铁（1913：27）、Clauson（1972：442）、Bazılhan（2005：137）、Berta（2010：285）、Qarjaubay（2012：260）等学者认为，türgėš 与 qarluq 是并列关系，宾格附加成分+(X)g 同时管辖这两个词。Clauson（1972：442）把句子译作“没收了突骑施和葛罗禄的牲畜（将他们的房屋掠夺并返回家园）”，而其他学者把 türgėš 看作句子的主语，并译作“于是，突骑施人袭掠葛罗禄之牲畜、家产而去”（厄达尔 2017：380）。

南面 9 行　bėš yüz kädimlig yadaγ bir ėki sašïp kälti：兰司铁（1913：27）和耿世民（2005：202）把 bir ėki 理解为“两次”。但 Bazılhan（2005：137）、Mert（2009：246）、Aydın（2011：84）、Qarjaubay（2012：260）等理解为“一两个人/若干人”。森安孝夫（2009：29）和白玉冬（2012：91）的理解更与众不同，他们认为此处的 bir ėki 或许是士兵们的口号“一二一”。但目前尚未有史料说明回鹘士兵的口号用词，所以这一观点难以成立。

厄达尔（1991：153）指出，kädim 一般指的是“衣服”，但在军事领域指“铠甲”。学者们将动词 saš-与现代乌古斯诸语言中的动词 šaš-“惊讶、惊奇；偏离、偏向、背离；弄混、混淆”相关联。但 Tekin（1995：67，174）从土库曼语的动词 çāş-“混乱、荡析离居；忘乎所以”出发，对此做如下的词源解释：çāş-<*šāš-<*saš-，来自麻赫默德·喀什噶里记载的 saš“性情暴戾的、烈性的、未驯服的，saš at 烈性马、未驯服的马”（《突厥语大词典》2002：Ⅲ147）。Clauson（1972：858）读作 seşür-的一词，正如厄达尔指出的那样在《突厥语大词典》（2002：Ⅱ76）中的形式为 sašurmaq。很明显此词最后一个字母是 qaf，而不是 kaf，因此读作 sašur-“混合、混杂”更合适（厄达尔 1991：719）。这一动词在以下文献中出现过。《金光明经》：üdlär bolusï sašmaz“时不乖序”（吐尔逊·阿尤甫、买提热依木·莎依提 2001：290）；《福乐智慧》：sözüg sözkä tizdim sašurdïm ura“我把词排成一行，把它们混在一起”（《福乐智慧》1984：1382）；《乌古斯可汗传》：

älkünnüŋ qamaɣï munï kördilär saštïlar“全体人民看到后无不感到惊奇”（耿世民 1980：38）。该词在现代维吾尔语中以 šaš-“急躁、着急、慌张：siz tola šašmaŋ 你别太着急”（《维汉词典》修订本：701）的形式出现。Berta（2010：286）对该段铭文见解不同于其他学者。他把其他学者读作 bir ėki 的词语读作 biriki“团结、一致”，该词后面的词则读作 šašïp“混淆”。之后 Aydın（2011：84）把该句铭文译作“（其中）分离的一两个（人）来了”。由此可知，Aydın 可能利用《突厥语大词典》中的词条 saš-来理解此句。《突厥语大词典》记载：saš-“分、分开、分隔；ol yinčüni čäš bilä sašurdï 他把珍珠和蓝宝石分开串了”（《突厥语大词典》2002：Ⅱ76）。

南面 10 行 anta yana tüšüp：Clauson（1972：560）认为，yana tüšüp 的大概意思是“为了定居而撤退”。其他学者的译法分别如下：兰司铁（1913：31）译作“此时我进行休息”；耿世民（2005：202）译作“从那里回来”；Berta（2005：202）译作“从此以后还（过渡）”；Mert（2009：249）译作“从那里返回”；森安孝夫（2009：30）译作“从那里转身下马”；Aydın（2011：85）译作“从那里还要返回”；Qarjaubay（2012：266）译作“从那里重新返回”；洪勇民（2012：102）译作“在那里我又返”；白玉冬（2012：91）译作“我从那里回师下马（歇兵）”；Ölmez（2018：124）译作“从那里还要返回”。

动词 tüš-在《希纳乌苏碑》西面 4 行也出现过：[ävi]mä äkinti ay altï yaŋïqa tüšdüm。学者们对于这一句子也有不同的翻译：兰司铁（1913：35）译作“二月六日我到家休息”；Clauson（1972：560）译作“二月的六日我到了我的家”；耿世民（2005：203）译作“二月初六日我到了家中”；Berta（2005：202）译作“二月六日我安顿了我的家”；Bazılhan（2005：138）译作“二月六日我到了家”；森安孝夫（2009：31）译作“在二月六日，我下马（歇兵）在（牙帐）”；Qarjaubay（2012：267）译作“二月六日我回来了我的家”；白玉冬（2012：93）译作“我于二月初六返回了/二月六日，我下马（歇兵）在我的帐幕（大本营）”；Ölmez（2018：125）译作“二月六日我返回了我的牙帐”。除此之外，词组 ävgärü tüšäyin 还在《暾欲谷碑》第一石碑北面 6 行也出现过。耿世民（2005：101）译作 “我要回家”，应改为“我驻扎营地吧”（Tekin 1994：13）。

麻赫默德·喀什噶里记载，tüš-“下、落、掉下、摔倒；är attïn tüšdi‘人从马上下来了’；är tamdïn tüšdi‘人从墙上摔下来了’；从马背上摔下来也这样说，任何东西从某处掉下来也用这个词 tüšär- tüšmäk。这个词在诗歌中是这样用的：tägrä alïp ägrälim，attïn tüšüp yügrälim. arslanlayu kükrälim， küči anïn kävilsun‘我们团团将敌困，翻身下马猛冲锋，如雄狮激怒吼，以此挫掉敌威风’。我们把敌人包围起来，跳下马来像雄狮一样怒吼着冲锋，以此削弱敌人。谚语中是这样用的：ėvik siŋäk sütkä tüšür 性急的苍蝇会掉进奶里。这谚语教导人们办每件事都不要操之过急”（《突厥语大词典》2002：Ⅱ11）。

Clauson（1972：560）的词典中 tüš-有“定居（某处）、下马、撤退（到某处）、跌倒、掉下来”等意。如摩尼教文献：yérgerü: tüşmişler erti“从天上掉下来了”，（叶子）yérde tüşti“树叶落于地上”，tünerig tamuka tüşmeki bar“他们陷入黑暗的地狱”；佛教文献：yazukka tüşe teginmegey ertimiz“我们将不会冒险陷入罪恶”，alkamakka tüşgelir sen“您即将获得很高的声誉”；《福乐智慧》：tüşti“下马（应译为‘投宿’）”，işiñ tüşse“如果任务落在你身上”，turumaz tüşer“不能站立但跌倒”；《乌古斯传说》：köktin bir kök yaruk tüşdi“从天上照射了一道蓝光”，uluğ ölüg barğu tüşdi“大量的战利品落到了（手中）[意译为：获得了大量的战利品]”，yurtïğa öyige tüşti kétti“到了自己的家乡”；察合台文文献：Senglax：tüš-“下车”和“跌倒”，当作为助动词表示体意义时，其意为“完成”，如 ata tüş-“完成射击”；《Abušqa 词典》：tüšti“降落、掉下、从高处降落/掉下在低处”。

《Drevnetjurkskij Slovar》（1969：600）中动词 tüš-的含义可总结为以下几种：（1）掉落，taš quduɣqa tüšti“石头掉入水井”；（2）坠落，anta oq qïlïčï eki öŋi bolup yerkä tüšti“剑断裂成两部分落地了”；（3）下，attïn tüšti“下马”；（4）下榻、投宿，kėlip qayda tüštüŋ nä ornuŋ nätäg“你住进在何处，是否安宁”（《福乐智慧》：523）；（5）掉下、脱落，azïɣ tišim qoŋurulup tüšüp kälir boltï“我的智齿脱落了”；（6）下（雪、雨），tolï tüšär qar yaɣar“下了雹子和雪”；（7）碰到、跌进，bäg yanɣïnda tüšmä“你别碰伯克的威胁（怒气）”，suvqa tüššä“跌进水里”；（8）跌落、脱漏，tamuqa tüšmätin“不会掉进地狱”。克普恰克文文献：tüš-“跌倒；淹没；住宿；顺路拜访；碰见；夺取；碰巧”（Toparli：288）；《巴布尔传》：bä’zi čadïr vä giläm vä partaldäk nimäläri čirik ėligä tüšti, anïŋ yurtïɣa tüštük“我军得到了一些[敌军留下]帐篷、毛毡和行李之类的东西，我军来到后，就在[敌人]的营地驻扎下来”（间野英二 2006：104）。现代维吾尔语中 tüš-已演变为 čüš-，据《维汉大词典》有以下含义：“下、落、降落、坠、坠落；（雨、雪等）下、降；下降；降低；投射、照射；住、投宿、下榻；（东西的一头往下）垂；落、落入、脱落、跌、跌落、掉”（《维汉大词典》2006：423）。据《维吾尔语详解词典》čüš-有 34 种含义，其中第 10 种含义为“säpärdä közligän jayɣa bėrip toxtimaq 达到目的地停留，过夜，如 mänzilgä čüšmäk ‘住进目的地’，sarayγa čüšmäk ‘住进旅店’ ”（《维吾尔语详解辞典》：Ⅱ723）。tüš-在这里的含义是《希纳乌苏碑》中出现的动词 tüš-的语义滞留。这种含义在以下文献中也出现过：《暾欲谷碑》，ävgärü tüšäyin “我驻扎我的营地”；《福乐智慧》，kėlip qayda tüštüŋ “来这儿住进在哪儿”；《巴布尔传》，yurtïγa tüštük “（我们）驻扎了他的营地”。《希纳乌苏碑》中的[ävi]mä... tüš-、yana tüš-结构中的动词 tüš-只能表示“住进、驻扎”等意，所以不能释作“下马”或“返回”。在目前既有的回鹘文文献中，动词 tüš-没有单独出现表示下马之意的例子，只有跟 at“马”一起组词时其才能表示“下马”的意思。因此森安孝夫和白玉冬的译法“下马”是无法成立的；同样 Mert、Aydın、Ölmez、洪勇民等学者把这句的动词 tüš-译作“返回”的解释也无法成立，因为以上文献中出现的动词 tüš-均没有这种意思，无法证明其说。

从兰司铁、Berta、Aydın、Qarjaubay、洪勇民、Ölmez 等学者的翻译可知，他们认为这里的 yana 是副词，意为“再”。关于副词 yana，厄达尔指出其本为 yan-“回来”的原因副动词，在鄂尔浑碑铭语言属后元音和谐类型，后在回鹘语中变成 yänä 和 yenä；从 yänä ök 可以看到这种新的和谐现象。连词功能形成之前，yana 就已经变成了一个副词，意为“再”，后又增加了“此外”的含义（这个含义也用于 yenä ök 或 yenä ymä 等组合结构）（厄达尔 2017：351）。Clauson、森安孝夫、白玉冬均认为，这里的 yana 是动词 yan-“返回、回”缀接副动词附加成分-a 形成的，本书沿袭此说。因为，正如以上厄达尔指出的那样，yana 还具有连接并列成分的功能，但这里的 yana 没有那种语法意义。

南面 10 行 orqun balïqlïγ bältirintä：兰司铁（1913：60）主张 balïqlïγ 是与鄂尔浑河合流的河，蒙古语喀尔喀方言的 džarmāntɛ“鱼卵”。森安孝夫（2009：71）和白玉冬（2012：111）将之与今 džirmāntu 河比较，并认为回鹘语 balïq 是同音词，既是“城郭”，又是“鱼”，而回鹘语附加成分-lïγ 的功能与蒙古语-tu/-tai 相同。现今的 džirmāntu 河的确与哈喇巴拉哈逊西南方的好屯图北流和鄂尔浑河合流，哈喇巴拉哈逊正位于两河之间。假如兰司铁之说正确，磨延啜所言的鄂尔浑河与 balïqlïγ 河合流处建造的“牙帐”之地，应在此处无疑。另根据白玉冬（2012：112）的引用可知，松井太认为，《元史》卷二《太宗本纪》六年甲午（1234）年秋条目记载的太宗窝阔台的行营地中，与答阑答八思<蒙古语 dalan-daba 并列的有“八里里”。该“八里里”可视为古突厥语 balïqlïγ 的汉语音译。

南面 11 行 suqaq yulï：该词组有 sokak ~sukak ~ şokak yolı ~ yulı 等好

几种读法。兰司铁（1913：60）读作 sookuk yulı，并指出其中第一个词语虽跟奥斯曼语中的 soqaq“街道”近似，但奥斯曼语中的 soqaq 是阿拉伯语借词，故二者无关联。兰氏提出第二个词语 yol/yul 可译作“溪、支流”，而位于蒙古高原西部的科布多之一个老驿道上就曾有过一个叫作 sogok 的邮站。Aydın（2011：134）指出，sukak 应与《突厥语大词典》中的 suqaq 同为一词，指“羚羊”，而 yol/yul 则若与其在《突厥语大词典》中的解释一样指“泉水”的话，那么 suqaq yuli 可理解为“羚羊泉”。Ölmez（2018：176）提出，该词组的结构跟撒拉语中的词组 düye yuli“骆驼泉”相同。参照：麻赫默德・喀什噶里记载的 suqaq“羚羊”（《突厥语大词典》2002：Ⅱ295）；arqar suqaq yomuttï“盘羊羚羊麇集一道”（《突厥语大词典》2002：Ⅰ232）；yul“泉”，čoqrama yul“喷泉、喷水的泉”（《突厥语大词典》2002：Ⅲ3）；Clauson（1972：917）sukak yulı:nda“Gazelle Spring 在瞪羚泉”；厄达尔（2017：115）认为，sukak“公羚羊”（见于《突厥语大词典》等）可能来自*suk-gak<suk-“（以角）刺”。

南面 12 行 toɣurɣuɣ käčürü：这段铭文的破损程度较严重，所以此地名难以考证。Berta（2010：287）把该词读作 togwrgwg，并提出除首音节外的音节中的元音均可以读作 o/u 两种。Clauson（1972：698）则根据词语 käčürü 的组词结构来推测 toguru 也许也是个河流名称。Aydın（2011：138）认为，此句铭文前面提及了色楞格河，所以该地名指的应该是位于色楞格—鄂尔浑—土拉河流域附近的地方，包括动词 käč-“过渡”的该词很有可能是注入色楞格河的一条支流。Qarjaubay（2012：265）释读为 [kü]n toɣuruɣ kečrü“日起至日落（天黑）”，但是由于第一个字母为ↄ[N]，这种读法和译法都不可取。森安孝夫（2009：72）认为，该地大致位于今蒙古国 Govi-Altay 旗 tögrög 乡（北纬 45°49′32″，东经 94°49′8″）。tögrög 乡位于上述 taygan-noor 以南 200 公里处。新疆哈密市伊吾县吐葫芦乡，在清代文献中称图呼鲁克、图古力克、土古鲁、土乎鲁，民国以来便叫吐葫芦了（伊吾县地名委员会编《伊吾县地名图志》1986：63）。察合台文献中出现 ara törüg 的形式，其中 törük 在哈密土语中意为“圆形的、圆的”，如 törük širä“圆桌”、törük ay“圆月”、törük öy“圆屋”。此词源于蒙古语 tögörig“圆的、圆形的”（《蒙汉词典》1999：1099）。Ölmez（2018：176）认为，该处的元音是后元音，而不是 tögrög 那样的前元音。这里也可以对照吐火罗的族名 twγr：回鹘文 twqry [tuγrï ~ tuγri ~ tuγre]（Henning 1938：550），中古波斯文 twγryst’n：“twγr 人居住之处”（Henning 1938：551），回鹘文 twqry<粟特文*twγry<粟特文 twγr<粟特文 twγr’k >回鹘文*toγraq>波斯文

t^{o}γr^{a}q（Aydemir 2013：88）。

西面 1 行 [qar]luq tirigi bar[ï]p türgėškä k…: 此段铭文第一个词语和最后一个词语都在不同程度上受损。除了 Ölmez 之外的其他学者均用把第一个词语补作 qarluq。Ölmez（2018：177）则认为，此处的两个词语 tirigi barï 应该由第三人称领属格所修饰，因此可被理解为“他的财物”。可见 Ölmez 把这两个词认作对偶词。回鹘文写本中虽有几条包括词语 tirig 的对偶词组合：tirig quvraγ“社会公众”，tirig tïnlïγ“生物”，tirig äsän“平安无事”，但 tirig barï 未曾出现过。包括词语 barïm“财产、财富”的对偶词也有几组：aγï barïm“财富”，bay barïmlïγ“富裕”，yïlqï barïm“财产”。这些对偶词中的词语 aγï 表示“丝绸布料、绸缎、珠宝、宝藏、财宝”等意；bay 表示“富有”；yïlqï 表示“家畜、马群、牧群”。aγï 和 barïm 都是 barïm“财富/财物”的同义词或近义词。两个同义词或近义词组成的对偶词能够更加生动地修饰句子。包括词语 tirig 和 barïm 的对偶词均采用了这种修辞手法。但是 tirig bar 中的两个词既不是近义词也不是同义词，而且表示财富之意的词语为 barïm 而并非 bar。因此，将未曾在其他回鹘文写本中出现过的 tirig bar“财富/财物”当作对偶词的说法难以服众。Clauson（1943：543）最早提出，barï 可以补作 barïp。Bazılhan（2005：138）、森安孝夫（2009：73）、Aydın（2011：87）、白玉冬（2012：92）等学者都同意这一补充的可能性。森安孝夫（2009：73）假设 barï 是 barïp 的讹写，字母𐰞[l]和𐰯[p]的拼法近似，因此该词应被读作 bar[ï]p。Clauson、森安孝夫、Bazılhan、白玉冬、Şirin User 把最后一个词读作 kirti，其余学者则读作 kälti。该词语破损严重，仅能认读其一个字母，所以这两种可能性均不能排除。在这种情况下，我们认为该词应算作无法认读的词语。

西面 3 行 äviŋä ïdtïm: Malov（1959：38）、耿世民（2005：203）、Berta（2010：289）、Aydın（2011：88）、洪勇民（2012：97）等学者将第一个词读作 biŋä，并译作“我派出千人的队伍”；森安孝夫（2009：74）和白玉冬（2012：113）则认为，该处下行出现两次 äv“帐篷、帐幕、家”，因此没有必要勉强释读为“biŋä‘千人队’”，该词应读作 äviŋä。对此 Ölmez（2018：178）提出，äviŋä ättim yaratïγ tuγïn“我为那顶帐幕，装饰了幸运之纛”这种倒装句在碑铭文献中从未出现，因此这种说法也无法成立。本书认为，第二个词就如森安孝夫（2009：74）所指出的那样，带前元音的词 ättim 可与带后元音的词 ïdtïm 互换。

西面 4 行 ... [ro]γšanïγ yoq qïlmïš: 对于这一段的读法学者们提出不同的看法。兰司铁（1913：35）释读为 o … γ s^{1}nγ jooq qị̑lmịš “他消灭了”；

Orkun（1941：181）释读为 o ... g s ng yok kılmış “他消灭了”；Malov（1959：43）释读为 yoq qïlmïs “他消灭了”；森安孝夫（1999：185）释读为-γ yoq qïlmïš “他消灭了”；Aydın（2007：63）释读为 o/u ... g¹s¹n²g¹7 yoᵒk k¹ılmış “他消灭了”；森安孝夫（2009：76）和白玉冬（2012：113）释读为 onč uγuš ańïγ yoq qïlmïš “彻底消灭了 onč 一族”；Mert（2009：26）释读为… ṛġ(a)ṣ(a)ṇ(ı)ġ ẏooq q̊ ılm(ı)ş “他消灭了”；Berta（2010：303）释读为… yoq qïlmïš “他消灭了”；Ölmez（2018：178）释读为...rġasanıġ yoq qılmış “……消灭了”。

学界对该句谓语的看法均一致，但此前的部分有争议。森安孝夫（2009：76）、白玉冬（2012：113）的看法与其他学者有所不同：onč uγuš añïγ，该处叙述 757 年以后之事，时值回鹘军队介入安史之乱。onč 说明唐朝或安史二者之一方“一族”为问题之对象，但未能作进一步解释。yoq qïl-作为及物动词需要一个宾语。句子的宾语一般以名词的宾格形式表示，而鄂尔浑碑铭常见的宾格附加成分有-n（缀接于带从属附加成分的名词）和-γ/-g（缀接于不带从属附加成分的名词）（Tekin 2003：107）。因此，李容成（2019：30）认为 yoq 前面的-γ 可以看作宾格附加成分。兰司铁（1913：34）的录文有𐰆..𐰍 𐱁 𐰣 𐰍 [w..γšNγ]的字母，𐰆[w]和𐰍[γ]间有两个字母的空间。Mert（2009：258）的录文则是𐰺𐰍𐱁𐰣𐰍𐰖𐰆𐰸𐰴𐰃𐰞𐰢𐱁[RγŠnγYwᵒqqᴵLmŠ]，Mert（2009：260）和 Ölmez（2018：120）的读法是..rġasanıġ yoq qılmış。李容成（2019：31）认为，这些字符组应读作𐰣[𐰞𐰆]𐰍𐱁𐰣𐰍[n(Lw)γŠNγ]，即 an[lu]γšanïγ，整个句子应为 an[lu]γšanïγ yoq qïlmïš “他谋杀了安禄山”。此前有 taqïγu yïlqa “在鸡年”，对应 757 年，安禄山正好于此年被其子所弑。因此李容成（2019：31）把这一段读作：taqïγu yïlqa … an[lu]γšanïγ yoq qïlmïš “In the Fowl year (= 757) … allegedly he (or they) eliminated Anluγšan (= An Lushan)在鸡年谋杀了安禄山”。蒲立本（2018：280）关于安禄山的非汉文名写道，“安禄山的非汉文名轧荦山或者阿荦山（古语发音：*at-låk-ṣan）。Henning 教授提示我，这两种写法以及禄山（古语发音：*luk-ṣan），都对应粟特文 roxšan ‘光’的一种转写。这在伊朗语中写作 Pwξάνη，是亚历山大大帝的大夏国王后的名字。” Mert 的录文中𐰺𐰍𐱁𐰣𐰍[RγŠNγ]前面有三个字母未能认读，𐰺𐰍𐱁𐰣𐰍[RγŠNγ]中第一个和第三个字母标记为“残缺不全的字母”，其他字母均标记为“可认读但磨损严重的字母”。回鹘人称安禄山之名应用非汉文名，所以将该词读作 roγšanïγ 的可能性是存在的。

西面 4 行　[ävi]mä ėkinti ay altï yaŋïqa tüšdüm：从西面 2 行最后一句提供的信息可得，与葛罗禄之间的战争告一段落。紧接着开始叙述羊年（755

年）唐朝皇帝的逃离。这句后面是由“其儿，其民”等词开头的句子。西面 4 行：[ävi]mä ėkinti ay altï yaŋïqa tüšdüm 记述的应是 756 年发生的事件。后续事件应在该段 taqïγu yïlqa 等词后面残缺不全的铭文里提及。对于这个无法辨认的段落之具体内容，克里亚施托尔内（1984：144）指出，应该是在讲述回鹘远征黠戛斯及其获取的战利品。这段之后的铭文... an[lu]γšanïγ yoq qïlmïš 记述安禄山之死。其后的铭文为“给了我二女”。“二女”指的是唐朝奉送回鹘可汗的唐肃宗之女宁国公主及大将军仆固怀恩之女小宁国公主。鄂尔浑碑铭里一般用 qunčuy 一词指代唐朝远嫁回鹘的公主，但在此铭文中只用 qïz（女儿）来指代二人，其原因值得进一步探讨。

西面 5 行 söziŋä yazmayïn tėdi yaŋïlmayïn tėdi：第二个词在 Mert（2009：258）的录文中为𐰾𐰇𐰔𐰭𐰀[SẅzŋA]，前两个字母标注为“早期研究中认读成功但今日因保存不好而磨损严重的字母”，第三个字母标注为“残缺不全的字母”。兰司铁（1913：34）的录文中鄂尔浑文形式为𐰾𐰇𐰔𐰭𐰀[SẅzŋA]。对此森安孝夫与白玉冬（2012：114）说：“ŋ 前的 T 能够明确判读，另 uQW 的残余笔画也能确认”，并将其释读为 qutïŋa“向福气”，Ölmez（2018：120）沿袭这种读法。我们在此沿袭对碑铭实地考察的兰司铁、Qarjaubay、Mert 等学者的读法。毕竟动词 yaz-在《突厥语大词典》《福乐智慧》等文献中有与 söz 搭配的例子。从句子谓语动词能看出句子的主语是“我”，所以 Aydın（2011：90）的译法“说‘不信他的话，不要犯错’”无法成立。

西面 5 行 soγdaq tavγačqa säläŋädä bay balïq yapïtï bėrtim：从这段铭文中可知，色楞格河流域的 baybalïq“富贵城”是为粟特人和汉人而建的。根据麦克勒斯（2021：323）的研究，757 年磨延啜可汗下令新建 baybalïq 城。

Clauson（1972：872）把该段铭文 soγdaq 和 tavγač 前面的定语读作 [kö]čgän“移民的，移居的”，并认为此城是为粟特和大唐商人及旅行者而建。麦克勒斯（2021：308）提出磨延啜可汗曾下令，让汗国内的一些汉人和粟特人在色楞格河河畔建造一座被称为富贵城的城市，他们可能是监管者而不是劳动者。兰司铁（1913：62）声称，1912 年他在蒙古实地考察时还曾见过 baybalïq 城（遗迹）。据他所述，此城四面环墙，城中有一座高塔，其高度高于城墙。兰司铁指出，该城具有典型的中原城市风格。冯·加班（1950：44）也曾提出鄂尔浑河与色楞格河交汇处有一座寺庙遗迹，名叫 Baybaljin Süme。据考察，此地原为一座古城遗迹。冯·加班认为，该遗迹应为碑铭中所提到的 baybalïq 一城。Rogers（2005：805）报道称，baybalïq 一城位于色楞格河与 Tsagaan 河交汇处，有三座正方形形状的城墙（这些城墙迄今保存完好），但其规模远小于哈喇巴拉嘎斯城。据对鄂尔浑河一带遗迹 egin γol 两地的考古发掘成果可得知，哈喇巴拉嘎斯和 baybalïq 两座城市主要起商贸、农业、军事中心的职能。位于 egin γol 的 baybalïq 一城是重要的经济贸易中心。厄达尔（2017：383）认为，此句既可译为“我使粟特人、唐人建了富贵城”，也可译为“我为粟特人建了富贵城”。对于漠北回鹘城址进行的考古调查，宋国栋（2018：57）具体指出 baybalïq 古城位于布尔干省胡图谷温德尔苏木政府向西 11 公里的色楞格河左岸，其由三个相互独立的子城组成。根据三座古城出土的遗物分析，古城始建于回鹘汗国时期，契丹人又继续长时间地沿用过。

西面 6 行 yarïš aγuluγ ara yėtük bašïnta：词语 yarïš 在《暾欲谷碑》中出现两次，《qochqor 碑》中出现八次，《希纳乌苏碑》中出现一次。Malov（1959：95）认为，yarïš 即 čarïš（河），鄂毕河支流 čarïš 河流经准噶尔盆地。Clauson（1972：196）认为，yarïš 指的是乌伦古河南面的盆地。Alimov（2004：22）根据 yarïš aγuluγ ara 提出 yarïš 指的不仅是一个地方，yarïš 还有“平原，流域”等意。Şirin User（2009：151）认为，《希纳乌苏碑》南面 4 行的 yoγra yarïš 指的是准噶尔盆地的部分地区。由于没有足够的语言材料供我们研究此处铭文中的词语 yoγra，因此学者一般认为该词是地名的一部分。Aydın（2011：141）认为，yarïš 指 qočqor 地区及准噶尔盆地。

Malov 将 yarïš aγuluγ ara 中的 aγu 与《毗伽可汗碑》东面 34 行中的 aγu 比较。但若认为这两个词指的是同一个地方，那么 yarïš 和 aγuluγ 就不能视作位于同一个地区的两地。因为，yarïš 要是在准噶尔盆地一带，那么 aγuluγ 也应该与它位于同一处。而 aγu 指的是与乌古斯人交战的地方，所以该地应该是在蒙古高原而并非准噶尔盆地。九姓回鹘曾联合九姓达靼势力，在 aγu 一地给突厥汗国致命一击。由此 aγu 一地被认为是在鄂尔浑河流域之西北。Aydın（2011：142）认为，根据上述信息可有两种假设：（1）若《毗伽可汗碑》东面 34 行中的 aγu 和《希纳乌苏碑》中的 aγuluγ 同为一地，那么 yarïš 和 aγuluγ 应均在准噶尔盆地一带，因此乌古斯人和突厥人交战的地方应该有另一处名叫 yarïš 的地方；（2）我们假设如果 aγu 和 aγuluγ 两个地名之相似是个不约而同的随机现象（虽地名相似，但二者并无关联），那么《暾欲谷碑》和《qočqor 碑》中的 yarïš 指的是准噶尔盆地，《希纳乌苏碑》中的 yarïš 则指鄂毕河的支流 čarïš 河。若此说成立，那 aγuluγ 就应是一个河流名。

第二章 《塔里亚特碑》

一 碑铭概况

《塔里亚特碑》于1956年由蒙古考古学家道尔吉苏仁（Dorjisuren）在蒙古国Arhangay地区的塔里亚特苏木西部浑铁尔痕河（Khon Terkhin）以北一公里处的Dolon Modni Am附近发现，又称《铁尔痕碑》或《铁尔浑碑》。1969年考古学家对该碑进行了实地考察。参加此次考察工作的伏尔克夫（Volkov）和锡尔欧朝（Sir Odjaw）1970年发现了该石碑其余两个残块。之后该碑运至乌兰巴托蒙古科学院历史学研究所保管。目前收藏在蒙古国考古博物馆。

《塔里亚特碑》碎成三块，长度分别为69厘米、89厘米、75厘米。石碑东、西面上部宽度为28厘米。严重损坏的第一块、第二块上部的宽度为31—32厘米，下部的宽度为36厘米。南、北面平均宽度为21厘米。东、西面各有9行铭文，南、北面各有6行铭文，三块共有30行铭文。每一行铭文的宽度为3—3.5厘米，刻画深度为0—2.6毫米。石碑地基的石龟长度为1.17米，宽度为85厘米，高度为38厘米。除了个别文字保存完整以外，多数部分的文字已被风蚀。

二 研究概述

Šinehüü是最早研究该碑的学者。他在《〈塔里亚特碑〉——新发现的鄂尔浑碑铭》（Tariatin Orhon Bičigiyn Šine Dursgal, *Studia Arheologica*, 6/1, Ulaan-baatar, 1975）一文中刊布了该碑全照，并给出了每一行铭文的录文及拉丁文转写和换写。此稿的录文较为完整准确。Šinehüü把原文翻译成了古典蒙古文、喀尔喀蒙古文和俄文。Šinehüü转写时采用了西—北—东—南面的顺序，但Tekin则认为，东面并非北面的后文，由于碑铭的作者和刻写者的名字出现在北面，可推测碑铭的正确顺序应为东—南—西—北面。

克里亚施托尔内（Klyaštorni）根据《塔里亚特碑》的文字特征指出，

此碑铭风格近似《希纳乌苏碑》和《塞福列碑》两座碑铭。克氏在 1980 年发表的《铁尔痕碑》（Terhinskaya Nadpis, *Sovetskaya tyurkologiya*, 1980/3）一文中用了“初稿”（predvaritel’naya publikatsiya）二字。紧接着于 1982 年又发表了第二篇文章《铁尔痕碑》（The Terkhin Inscription, *Acta Orientalia Academiae Scientiarum Hungaricae*, 36/1–3, 1982：335–366）。他根据铭文语言风格和“蛇年所立”等相关信息，推断出该碑立碑时间不晚于 753 年。同时克氏赞同 Šinehüü 的铭文释读顺序。

对于《塔里亚特碑》研究贡献最大的是 Tekin 的《铁尔痕碑》（The Terkhin Inscription, *Acta Orientalia Academiae Scientiarum Hungaricae*, 37, 1982：43–86）一文。此文中 Tekin 首次对该碑文进行了较为详细的语文学研究，并提出了很多新的释读。

对于《塔里亚特碑》进行实地考察的另一位学者是片山章雄。片山氏在其《塔里亚特碑》（Tariat Inscription. In: *Provisional Report of Researches on Historical Sites and Inscriptions in Mongolia from 1996 to 1998*. Osaka. 168–176，1999）一文中概述日本研究代表团有关《塔里亚特碑》的调查过程后，对碑铭进行了换写和转写，并给出了英文、日文译文。

Berta 在其专著《聆听吾等之言——突厥、回鹘碑铭校勘研究》（Szavaimat jól halljátok…, A Türk és Ujgur rovásírásos emlékek kritikai kiadása. Szeged: Jate, 2004）中，对《塔里亚特碑》进行了换写、转写和翻译。与此同时，他一一对照其他学者的转写、换写，并给出匈牙利语译文。这种比较对勘是该领域的一种新研究方法。

耿世民在林幹主编的《突厥史》（内蒙古人民出版社 1988 年版）和林幹、高子厚主编的《回纥史》（内蒙古人民出版社 1994 年版）中，分别发表过该碑铭的汉语译文。他在其专著《古代突厥文碑铭研究》（中央民族大学出版社 2005 年版）中从文献学的角度对《塔里亚特碑》进行了研究。耿氏的主要研究包括对碑铭的研究概况、对碑铭的拉丁文转写、对碑铭的汉文翻译、对碑铭的简单注释等内容。

张铁山在《古代突厥如尼文“铁尔痕碑”研究》（载《突厥语文学研究》，中央民族大学出版社 2009 年版）一文中首先介绍了碑铭的出土和研究概况，之后对碑铭进行拉丁文转写，最后对碑铭词语进行文献学注释。

Mert 在其著作《于都斤时期回鹘碑铭：铁兹、塔里亚特、希纳乌苏》（*Ötüken Uygur Dönemi Yazıtlarından Tes Tariat Şine Usu*. Ankara: Belen. 2009）中对碑文做了较为详细的录文。录文中用不同颜色分别标记碑铭中可清楚认读的字母、早期研究中认读成功但今日因保存不善而磨损严重的字母、正在褪色消失的字母、可认读但磨损严重的字母、残缺不全的字母、自发现即日起就无法认读的字母，以此较全面地描述了碑铭字母的现存状况。研究过程中他也对照了不同学者的转写文本，并把碑铭原文翻译成了土耳其文。另外他在其专著中附有碑铭的高清照片。

Aydın 在《回鹘汗国碑铭》（*Uygur Kağanlığı Yazıtları*. Konya: Kömen, 2011）中概述了《塔里亚特碑》的情况后，做了录文、拉丁字母转写和土耳其文译文等工作。他也在脚注中列举了不同研究者的解读。

洪勇明在其专著《回纥汗国古突厥文碑铭考释》（世界图书出版公司 2012 年版）中的《塔里亚特碑》研究中，首先介绍碑铭的出土地点和现状，而后确认碑铭作者和竖立时间，解释碑铭读写顺序，并对碑铭的研究情况进行概括。然后对碑铭进行拉丁字母转写，对碑铭的词语进行注释论证。这部分中他对比了先前学者的转写等研究成果。最后，通过文本本体对回鹘汗国的历史、回鹘汗国的统治区域、官职体系、人名特点、回鹘与粟特的交往、回鹘对塔里木盆地的征伐、牟羽可汗修建纪念碑、bilgä tarqan qutluγ bilgä yabγu 的死亡、乌古斯和回鹘的关系等历史事件进行论述。

洪勇明在《古突厥文献西域史料辑录》（世界图书出版公司 2014 年版）这一著作中，对《塔里亚特碑》的历史事件按照史料摘录、史料分析进行研究。其主要研究内容包括回鹘派兵保卫西部疆界（疆土）、回鹘西征焉耆等事件。

Ölmez 在其专著《回鹘汗国碑铭》（*Uygur Hakanlığı yazıtları*. Ankara: BilgeSu，2018）中刊布了《塔里亚特碑》研究的最新成果。他综述了该领域的既有研究成果，介绍了碑铭的发现和收藏等基本信息，并做了碑铭的转写、换写、翻译。其专著后文的注释较为详细，对于我们的研究很有参考价值，补正了碑铭研究的不少问题。

对于《塔里亚特碑》的研究还要提到 Şine User、Qarjaubay、Bazılhan、艾尔肯·阿热孜、艾尔汗·阿伊登等学者，以上作者在自己关于鄂尔浑碑铭的著作中都刊布过对于《塔里亚特碑》的研究成果。

三 碑文内容

《塔里亚特碑》西面的铭文虽记载该铭文于龙年 752 年所立，但后文又提到在铁兹流域度过了虎年和蛇年。Tekin 根据此段认为，碑铭的竖立时间应为 753 年，作者应为回鹘汗国第二任可汗磨延啜。他是回鹘汗国开国大汗阙·毗伽可汗（骨力裴罗）之子，号称颉·翳德密施，即 ėl ėtmiš。

《塔里亚特碑》最后一行的氏族标记跟磨延啜在 759—760 年间所立的

《希纳乌苏碑》中的标记相似。此外，《塔里亚特碑》东面右上角的氏族标记类似于《希纳乌苏碑》北面的三个标记之一。因此可认为《塔里亚特碑》也是磨延啜所立。

《塔里亚特碑》东面的内容以第一人称讲述。由于碑铭东面受损严重，其中至少有 75—80 个字母无法辨认。东面可辨认的部分讲述的是回鹘可汗（Tekin 认为应该是突厥可汗）两百年的统治历史。该部分后文中磨延啜可汗继续讲述其祖父立业统治各部长达 80 年之久，领有于都斤和 tägräs 两地。此后磨延啜表述他在 28 岁时（741 年）击败突厥人的事迹。后面的第 6、7、8、9 行的内容与《希纳乌苏碑》第 6、7、8、9 行的内容基本一致，均讲述阙•毗伽可汗派遣年轻的磨延啜前去攻打突厥王子乌苏米施，磨延啜率军在 kügür、kömür taγ、yar 河等地打败乌苏米施，并使其部众归附等事件。不久，乌苏米施称汗。羊年（743 年），磨延啜再次远征突厥汗国，并在猴年（744 年）打败并俘获乌苏米施可汗及其可敦。《希纳乌苏碑》中表述此段历史时称，乌苏米施可汗和可敦的被俘标志着突厥汗国的灭亡。但根据《塔里亚特碑》南面 2、3 行中的内容，回鹘人击败突厥汗国后还跟突厥汗国的一些属部，如 igdir 部将领 bölük 的残余势力发生了冲突。狗年（746 年），三姓葛罗禄背离回鹘汗国，投奔 on oq 部。猪年（747 年），磨延啜之父阙•毗伽即位称汗。《塔里亚特碑》是这样记述这段历史的：臣服的部族首领，九梅禄、五将军和人民都派代表上奏称："您已经占领了于都斤。为了光宗耀祖，请您登基称汗统治你的子民吧！"阙•毗伽接受了他们的请愿，登基称汗，任命一人为其叶护（《希纳乌苏碑》北面 11—12 行、《塔里亚特碑》南面 5 行）。阙•毗伽可汗卒后，大毗伽和磨延啜争夺回鹘汗位。最终磨延啜大获全胜，夺取汗位。《塔里亚特碑》记载，鼠年（748 年）qara bodun，即民众代表到磨延啜所驻的祖坟之处，向他上奏称："您已管辖祖坟了，汗位是您的。"此后磨延啜获封 täŋri[dä b]olmïš ėl ėtmiš bilgä qaγan，即登里罗•没迷施•颉•翳德密施•毗伽可汗，其可敦获封 ėlbilgä qatun，即颉•毗伽可敦。虎年（750 年）磨延啜被推举为汗后，将其牙帐建立在铁兹河上游，还在此度过了蛇年（753 年）夏日。磨延啜于龙年（752 年）在于都斤的 as öŋüz 山峰，在 qan ïdoq 山峰之西面建立牙帐，并在此立碑纪念祖上和自己的事迹。碑铭西面 3 行中记载，磨延啜在长生天和褐色大地的帮助下成业获封国主（ėl törü）之称，横行天下。磨延啜的活动范围包括于都斤和 tägräs 部之间的色楞格河八条支流、鄂尔浑河、土拉河、sävin、tälädü、qaraγa 和 burγu 河流域。牧场北临于都斤北面，西达铁兹河上游，东至 qańuy 和 künüy（河）的牧场。只属于可汗的牧场是于都斤，其北端临翁金河，南端近阿尔泰山，西端至 kögmän，东端为 költi。《塔里亚特碑》西面 6、7、8、9 行和北面内容是以刻写者毗伽都督达干的口吻写的。西面 6 行提到磨延啜部下有 60 个属部及汗国的贵族权贵，最后又提及 5000 人部队的长官 alp ïšvara 将军 yaγlaqar。Tekin（1983：820）认为，此人很有可能与《苏吉碑》中获得 boyla qutluγ yarγan 封号的黠戛斯人 yaγlaqar qan ata 同为一人。《塔里亚特碑》北面记有两个刺史的名字。该段铭文还记载：磨延啜可汗的亲兵由九姓达靼和十七姓 az 人组成；可汗的指挥官出自同罗和 ädä 部，将军和 bïŋa 出自回鹘部；turγaq bašï 设置了 300 人组成的警卫队。第 3、4 行中还提到了 tarduš 部的叶护和 töliš 部的设之名。第 5 行提到了刻写者之名为毗伽・骨咄禄达干将军，以及帮助他收录相关族谱人名的助手之名。最后一行则提到了下令造这块石碑的人及其封号。

在《塔里亚特碑》北面 3 行提到的 bilgä tarduš uluγ bilgä yavγu 被其父可汗磨延啜封邑 toŋra、ädä、baš qay、ava baš、三姓 qarluq 部族。bilgä tarduš uluγ bilgä yavγu 是 756 年援助唐朝平定安史之乱的回鹘军队大将，汉文史料中其名被记为"叶户"。这位叶户的全名只有在《塔里亚特碑》中可见，《铁兹碑》和《希纳乌苏碑》中只出现其爵号。

从《塔里亚特碑》可看出，磨延啜将两个儿子分别任命为 töliš 和 tarduš 部的族长。由于彼时其他儿子的爵位没那么高，因此未在此碑中提及。

《塔里亚特碑》上被提及的另一个汗子是 čavïš 将军，由于他的爵号前面的碑文严重受损，因而无法进一步释读。由西安出土的《葛啜王子碑》可知，磨延啜的孙子葛啜王子是 yaγlaqar qan atï čavïš tėgin oγlï "药罗葛可汗之孙子、čavïš 特勤之子"；汉文对应为"回鹘葛啜王子，则可汗之诸孙"（Ölmez 2018：206）。芮跋辞、吴国圣（2013：431）提到 čavïš tėgin 的汉文名字写作"车毗尸特勤"。磨延啜封邑于 čavïš tėgin 的部族有：九姓拔野古、aq baš、qay、ava、拔悉密、九姓达靼。

四 碑文转写及录文

东面

… yol[lu]γ①: qaγan: … bumïn②: qaγan: üč qaγan olormïš③: ėki yüz	.1

① K, Z: yolïγ; Ka: yollïγ; B: yol(l)wg; Ba: jolluγ; Me: [yoll]ug; Sa: žol[l]uγ.

② B: bwmın; Ba: [torïjan]; Ş: bumin; Sa: ž[amy]; H: bumnï.

③ K, T, Ka, G, Ba, Z, Me, Ş, H: olurmïš; B: olormwş; Ba: olurmïs.

yïl olurmïš①	.1
.... [illegible]	
...② aqïza③ barmïš: uč[uz④ kö]likä⑤: atlïγïn tökä⑥: barmïš qadïr⑦ qasar ävdi⑧ bärsil⑨ yatïz⑩ oγuz⑪	.2
.... [illegible]	
...l: äčüm⑫: apam säkiz on yïl⑬ olormïš⑭: ötükän⑮ ėli: tägräs⑯ ėli: ėkin ara: orqun⑰: ügüzdä⑱: ...	.3
.... [illegible]	

① K, T, Ka, G, Ba, Z, Me, Ş, H: olurmïš; B: olormwş; Ba: olurmïs.

② K, T, G, Z, E: [bodu]nı.

③ K, G, Ba, Z, Sa, H: qïza; TE: kaza.

④ K, T, G, Z, H: uç[mış]?

⑤ K: eki. TE: bir? eki. G: (bir) eki. Ba: eki. Z: iki. Sa: üküli... bir eki. H: bir iki.

⑥ K, T, G, Ba, Z, H: tükä; Sa: ötüke.

⑦ K, T, G, Z, H: qadïr; B: kaδır; Ba: qadar; Ş: $k^1d^1r^1$; E: kadır (akadır?); Sa: qydyr.

⑧ K, G, Ba, Z, Sa, H: bädi; T, Ka, Me: ebdi; B: äβδi; Ş: b^2d^2I; E: evdi.

⑨ Ba: bersel; Ş, Ö: $b^2r^2s^2l^2$; Sa: beris.

⑩ K, T, Z: yatïz; K: aytaz (?); Ka, E, B, H: yatïz; Ş: y^1t^1z; Sa: il ajtaz.

⑪ B: ogwz.

⑫ B: äçẅm.

⑬ Sa: žyl.

⑭ K, T, Ka, G, Z, Me, H, Ş: olurmïš; B: olormwş; Ba: olurmuiş; Sa: olurmys.

⑮ B: ötẅkän.

⑯ K, G, Z, H: tägiräs; Ka: ögräs; B: ẅgrẅs; Ba: ögüres; Sa: tegiresi; Me: ögres.

⑰ B: orkwn; E: orkon.

⑱ Ka, G, Me, H: ögüzdä; B: ögẅzdä; Ş, Sa: ögüzde.

…… miš① yïl: olormï[š]②: ...m...③ …… yïl barmïš④: atïmïn⑤ üzä kök täŋri: asra⑥: yaγïz⑦ yėr⑧ yana⑨	.4
……………………………………………… [illegible]	
…ntar⑩: atantïm⑪: säki[z otuz]⑫ yašïma⑬: yïlan yïlqa⑭: türük⑮: ėlin anta⑯: bulγadïm⑰: anta⑱: artatdïm⑲:	.5
……………………………………………… [illegible]	
… [atlï]γïn⑳: yumšadï㉑: bïŋa yorïdïm㉒: ozmïš㉓ tėgin㉔: udarγanta㉕	.6

---

① K, T, Ba, Z, Me: –; B: yet°miş; Ka, E: [yėt]miş; G: yetmiş; H: yitmiş.

② K, Ba, Z: olurïnta. T, G: olur<mış>. Ka, H: olurmïš. B: olormwş. Me: olurm#... Ş: olurmı[ş]. Sa: olurmys.

③ T, Ş, G, Sa, H: anta.

④ Ba: barmïs; Sa: barmys.

⑤ K: atamïn.

⑥ B: as°ra; Ba, Sa: aşïra.

⑦ Sa: žaγïz.

⑧ Ba, Sa: jer.

⑨ Ba, Sa: jana.

⑩ B: ndar.

⑪ B: atandım.

⑫ B: otwz.

⑬ Sa: žaşma.

⑭ B: yıloka.

⑮ K, B, G, Z, H, Ş: türk; Sa: türik.

⑯ B: anda.

⑰ B: bulgaδım; Ba: bulğadum; E: bulga<t>dım.

⑱ B: anda.

⑲ B: artat°δım; Ba: artutdum; Sa: yrtatdym.

⑳ K, T, B, G, Z, H: atlïγïn. Me: ...gın.

㉑ B: yamaş°δı; Ba: jamaşdï; Sa: žumşady.

㉒ K, T, G, Z, E, H: yorïdï; B: yorıδım; Ba: yorïtdïm; Sa: žorydy; Me: yorıdım.

㉓ B: wzmwş.

㉔ T, Z, H: tigin.

㉕ K, G, Z, Sa, H: odurganta; B: wδwrgwnda; E: udurganta.

yorïγur①: tėdi②: anï alγïl tėdi③	.6
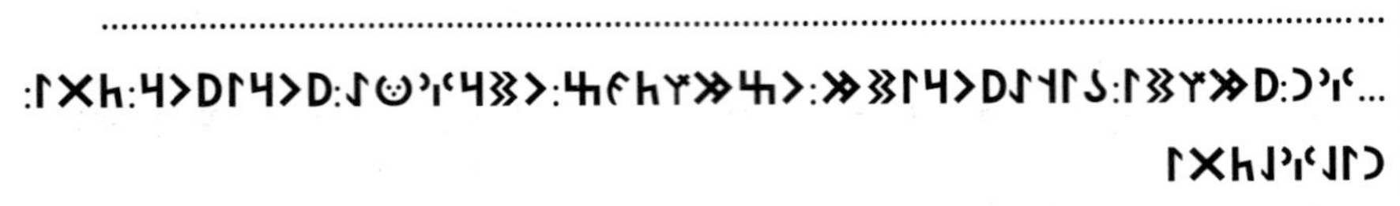	
… [qara qum ašmïš kügürdä]④ kömür⑤ taγda⑥ yar⑦ ügüzdä⑧ üč tuγluγ⑨ türk⑩ bodunqa⑪ … ⑫ yėtinč⑬ ay tört yėgirmikä⑭ …	.7
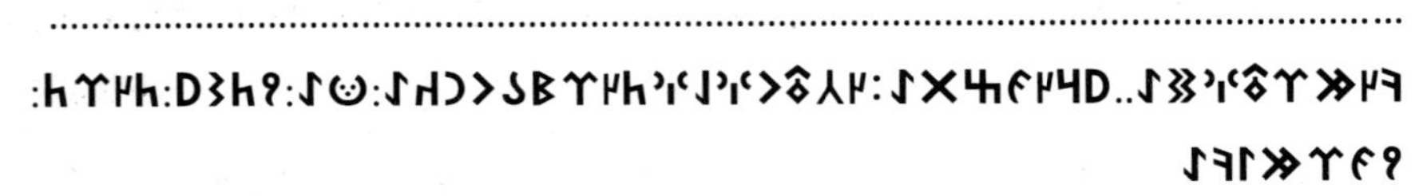	
… anta⑮ toqtartïm⑯: qan …⑰ …⑱ anta⑲: yoq⑳ boltï㉑: türük㉒:	.8

---

① B: yorıywr.

② B: teδi; Z, H: tidi.

③ T, Ş: –; B: teδi; Z, H: tidi.

④ K, G, Z, Sa, H: irtim qara qum ašmïš kögürdä; TE: irtim kara kum aşmış kügürde; Ş: [kara kum aşmış kügürdä]; Ka, Ba, E, Me: –.

⑤ B: kẅmẅr.

⑥ B: tagδa.

⑦ B: yar.

⑧ Ka, Me, Ş: ögüzde; B: ögẅzδä.

⑨ Ka, Me: tuglıg; B: tuglwg.

⑩ K, B, G, Z, H, Ş: türk; Sa: türik.

⑪ B: boδwnka.

⑫ K, Ka, G, Z, Me, E, H; anta; B: anda.

⑬ B: yetinĵ; Z, H: yitinç; Sa: žetinçi.

⑭ Ba, Sa: žigirmike.

⑮ B: anda.

⑯ K, Z, Sa: toqïtïrtïm; T, Ş: toktartım; Ka, G, E, H: toŋtartïm; B: toŋɒarɒım[?]; Me: tookıt(tu)rtım.

⑰ T, Ka, G, E: kan[ın]; B, H: qanïn; Ba: aqanım; Sa: qany.

⑱ T, Ka, G, E, H: altım; B: alɒım.

⑲ B: anda.

⑳ Sa: žoq.

㉑ B: boldı.

㉒ K, B, G, Z, H, Ş: türk, Sa: türik.

bodunuγ① anta②: ičgärtim③: anta④: yana⑤	.8
.... 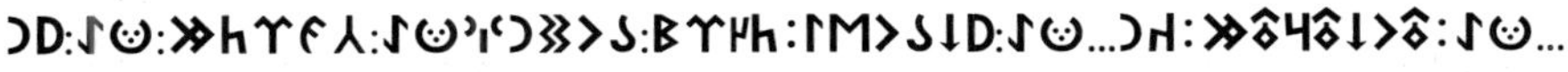	
... taqï⑥ ozmïš⑦: tėgin⑧: qan boltï⑨: qoń yïlqa⑩: yorïdïm⑪:	.9
.... 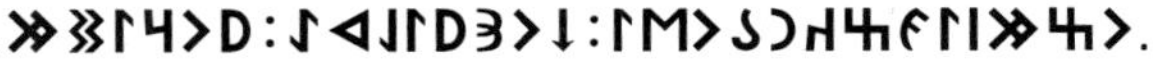	

南面

.ėkinti⑫ ....⑬ bėčin⑭ yïlqa⑮ y[orïdïm]⑯ .... süŋüšdüm⑰: anta⑱: sančdïm⑲: qanïn anta⑳	.1
.... 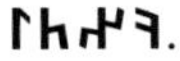 	

① K, Ka, G, Z, Sa, H: bodunïγ; B: boδwnwg.
② B: anda.
③ B: iç°gerɒim.
④ B: anda.
⑤ Ba, Sa: jana.
⑥ K, Ka, B, G, Z, Me, Ba:-; Sa: taq.
⑦ B: wzmwş.
⑧ B: tegin; T, Ş, Z, H: tigin.
⑨ B: boldı.
⑩ T, Ka, B, E: yılıqa.
⑪ B: yorıδım; Sa: žorydym.
⑫ B: ekinɒi.
⑬ K, G, Z, H: süŋüšdim eki ay altï yaŋïqa toqïšdïm; Sa: süŋüs eŋ ilki aj alty žaŋaqa toqystym.
⑭ K, T, , G, Z, H, Me: biçin.
⑮ T, Ka, B, E: yılıka.
⑯ B: yorıδım.
⑰ K, Ka, G, Z, H: süŋüšdim; B: süŋẅş°δẅm; Ba: süŋüstüm; Sa: süŋüsdim.
⑱ B: anda.
⑲ B: sanĵδım; Sa: sançydym.
⑳ B: anda.

tutdum①: …………② taqïɣu③: yïl[qa]④ yorïdïm⑤: yïlladïm⑥: bėšinč⑦ ay: üč yėgirmikä: qalïšdï⑧	.2
[illegible]	
….süŋüšdüm⑨ anta⑩ sančdïm⑪: … bäg⑫ ……..tim⑬: ičgärip⑭ igdir⑮ bö[lük …]⑯ … bän⑰: anta⑱: kėsrä⑲: ït yïlqa⑳: üč qarluq㉑: yavlaq㉒ saqïnïp: täzä bardï㉓: qurïya㉔ on oqqa㉕ …㉖	.3
[illegible]	

---

① K, Ka, G, Ba, Z, Sa, H: tutdïm; B: tut°δwm.

② K, T, G, Sa: [qatunïn anta altïm]… anta kisrä bašï kälti… Z, H: qatunïn anta altïm… anta kisrä bašï kälti… T: ... anta kisre başı kelti. Ba: ...atïştïm... el atamïş… E: ... anta kėsre başı kelti.

③ B: takıgw.

④ T, Ka, B, E: yılıka.; Me yıl#.

⑤ B: yorıδım; Sa: žorydym.

⑥ B: yıllaδım; Sa; žilladym.

⑦ B: beşinĵ; Sa: besinç.

⑧ K, G, Sa, H: aqlašdï; B: qalïš°δı; Me, Ö: kalışda.

⑨ K, G, Z, H: süŋüšdim; Ka: süŋüšd[im?]; B: süŋüş°δẅm, Ba: süŋüsdim.

⑩ Ka, Ba: –; Sa: sançydym.

⑪ Ka, Ba,Sa: –;

⑫ Ba, Ş: –.

⑬ K, Z: uq(oq)tïm; B, Ş: –.

⑭ B: iç°gerip.

⑮ K: igder; B: igδir.

⑯ K, G, Z, H: böl... T: bülük. Ka, Ş: bölük. B: bölẅk. Me: bü/ö... E: böl[ök].

⑰ Ka: –.

⑱ B: anda.

⑲ K, T, G, Z, H: kisre; B: kes°rä; Me: kisr#e.

⑳ T, Ka, B, E: yılıka.

㉑ B: karlwk; E: karlok.

㉒ K, T, G, Z, H, Me, Ş: yablak; B: yaβlak; Ba: jablaq; Sa: žabylyq.

㉓ B: barδı.

㉔ B: kur°ya.

㉕ Ka: on oqqa; Me: on oka.

㉖ Sa: ... di... lt...üç.

kirti①: anta② [ičik]di③ .... [ö]lt[i]④ .... üč [qarluq]⑤: laγzïn yïlqa⑥: toquz⑦ tatar: ....⑧ toquz⑨ buyruq⑩ [b]ė[š]⑪ seŋüt⑫: qara bodun⑬: turayïn⑭ qaŋïm qanqa: ötünti⑮: ečü⑯ apa atï	.4
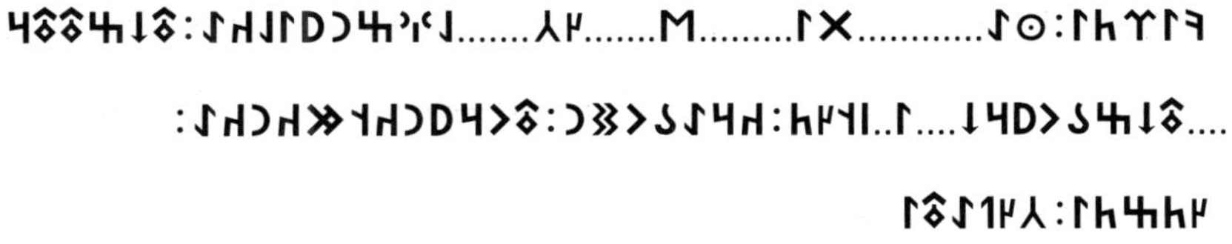	
bar tėdi⑰ [ötükän ėli sizdä ävir tėdi]⑱ ....⑲ anta⑳: yavγu㉑: atadï㉒:	.5

① B: kirɒi.

② B: anda.

③ K, Z: ...di. Ka, G, B, Me, Sa, Ba: –.

④ K: ...et ... Ka, B, G, Ba, Z, Me, Sa, H: –.

⑤ B: karlwk; Me –; E: karlok; Sa: qarluq er.

⑥ B: yılᵒka.

⑦ B: tokwz.

⑧ Sa: [yγ toqïdïm].

⑨ B: tokwz.

⑩ K, Z, Sa: buyuruq; B: buyrwk.

⑪ K, Z: ...iŋ. T: [b]ı[ng]. B: beş. G, H: biş. Me: [b]ıŋ. Ş [b]i[ş]. Sa: ...i.

⑫ B: säŋẅt.

⑬ B: boδwn.

⑭ K, G, Z, H: turyan; B: turwywn; Ba: toryan; Sa: turajyn; Ö: turyın.

⑮ K: ötüntü; Z: ötündü; B: ötẅnɒi.

⑯ B: äçẅ.

⑰ B: teδi.

⑱ K: tägiräs elin ... berti. T: ötüken eli sizde ebir ti[di? özümin?]. G: tägiräs elin ... bärti. Z: bar tidi tägiräs ilin ...birti. Ş: ötükän eli sizdä äbir ti[di]... Sa: ötüken eli tegresi eli kü[ç] berti. H: tägiräs ili ... bärti.

⑲ T: [özümin?]

⑳ B: anda.

㉑ K, T, G, Z, Me, H: yabγu; B: yaβgw; Sa: žabγu.

㉒ B: ataδı.

anta① kėsrä②: küsgü③ yïlqa④: sinlägdä⑤: küč⑥: qara bodun tėmiš⑦: sin: sizdä⑧: küč⑨ qara: suv⑩ ärmiš: qara bodun⑪: turayïn⑫: qaɣan	.5
[illegible]	
atadï⑬: täŋridä⑭: bolmïš⑮: ėl ėtmiš⑯: bilgä qa[ɣa]n⑰: atadï⑱: ėlbilgä qatun⑲: atadï⑳: qaɣan: atanïp: qatun㉑ atanïp: ötükän㉒: ortos[ïnt]a㉓	.6

---

① B: anda.

② K, T, G, Ba, Z, H, Me: kisrä; B: kes°rä.

③ B: küs°gẅ.

④ T, Ka, B, E: yılıka.

⑤ K, G, Z, H, Sa: äsinligdä; T, Me: sinlegde; Ka: sin äligdä; B: sen äligδä; Ba: [esin siz]de; Ş: $s^2In^2l^2g^2$dä; Sa: esenligde.

⑥ Ş: k^2wç.

⑦ K, G: ätmiš. T, Ka: temiş. B: atamış. Ba: ...mis. Z, H: itmiš. Me: temiş. E: [er]miş. Ş: t^2ms^2.

⑧ K, G, Ba, Z, H: äsinsizdä; B: sen sizδä; Ş: $s^2In^2s^2zd^2$ä; E: sinsizde; Sa: esensizde.

⑨ Ş: k^2wç.

⑩ K, T, G, Ba, Z, H, Me, Ş: sub; B: suβ.

⑪ B: boδwn.

⑫ K, G, Z, H: turyan; B: turwywn; Ba: toryan; Ö: turyın.

⑬ B: ataδı.

⑭ B: täŋriδä.

⑮ B: bolmwş.

⑯ B: et°miş.

⑰ B: kagan.

⑱ B: ataδı.

⑲ B: katwn.

⑳ B: ataδı.

㉑ B: katwn.

㉒ B: ötẅkän.

㉓ K, T, Ka, G, Z, Sa, H, Ş: ortusïnta; B: ortwsında; Ba: ortuşunta; Me: ortus#ınta.

a[s öŋ]üz①: baš qan② ïdoq③: baš kėdinin④: örgin: bonta⑤: ėtitdim⑥	.6
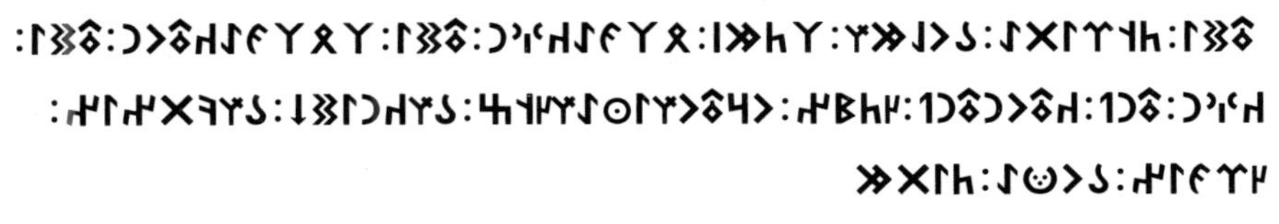	

西面

täŋridä⑦: bolmïš⑧: ėl ėtmiš⑨ bilgä: qaγan: ėlbilgä: qatun⑩ qaγan⑪ atïγ⑫: qatun⑬ atïγ⑭: atanïp: ötükän⑮: kėdin⑯: učïnta⑰: täz bašïnta örgin⑱ [anta: ėtitdim čït]⑲ anta: yaratïtdïm⑳: bars yïlqa㉑ yïlan㉒ yïlqa㉓: ėki yïl	.1

---

① K, G, Z, Sa, H: süŋüz; Ka: aş öŋüz; B: aş öŋẅz.

② K, G, Z, Sa, H: bašqan.

③ K, T, Ka, G, Z, H, Me, Ş: ıduk; B: –.

④ T, Z, H, Me, Ş: kidinin; B: keδinin; Sa: kidinin[te].

⑤ K, T, Ka, G, Ba, Z, Sa, Me, H: bunta; B: bwnda.

⑥ B: etiδim; Ba: etdim; Sa: etitdim; H: itidim.

⑦ B: täŋriδä.

⑧ B: bolmwş; Ba: bolmuş.

⑨ B: et°miş; Sa: etmis.

⑩ B: katwn.

⑪ B: kagan.

⑫ K, G, Sa, H: ataγ.

⑬ B: katwn.

⑭ K, G, Sa,H: ataγ.

⑮ B: ötẅkän.

⑯ T, Z, Me, Ş, H: kidin; B: keδin; Ba, Sa: kedin.

⑰ B: uçında.

⑱ B: örgẅn.

⑲ K, B, G, Z, H: –. Ba: …çït. Sa: örgin itittim... çyt.

⑳ B: yaratıt°δım; Sa: žaratytdym.

㉑ B: yıl°ka.

㉒ Sa: žylqa.

㉓ B: yıl°ka.

[illegible]	
yayladïm[1]: ulu[2] yïlqa[3] ötükän[4]: ortosïnta[5]: as öŋüz[6]: b... ...[7]: ïdoq[8] baš kėdinintä[9] yayladïm[10]: örgin: bonta[11]: yaratïtdïm[12]: čït bonta[13] toqïtdïm[14]: biŋ yïllïq: tümän künlük[15]: bitigimin: bälgümin[16] bonta[17]	.2
[illegible]	
yasï[18] tašqa: yaratïtdïm[19]: tolqu[20]: tašqa toqïtdïm[21]: üzä kök täŋri	.3

① B: yaylaδım; Sa: žajladym.
② B: ulw.
③ T, Ka, B, E: yılıka.
④ B: ötẅkän.
⑤ K, T, Ka, G, Z, H, Me, Ş: ortusınta; B: ortwsında; Ba: ortuşunta.
⑥ K, G, Z, Sa, H: süŋüz; Ka: aş öŋüz, B: aş öŋẅz.
⑦ K, G, Z, H: başkan; Ka:baş#qan; B:baş kan; Ba: ba[şïnta]; Sa: budunu.
⑧ K, T, Ka, G, Z, Sa, H, Me: ïduq; B: ıδwk.
⑨ T, Me, Ş, Z, H: kidininte; B: keδinindä; Sa: bašqanynta.
⑩ B: yaylaδım; Sa: žajladym.
⑪ K, T, Ka, G, Ba, Z, Sa, Me, H: bunta; B: bwnda.
⑫ B: yarat(ıt°)δım; Ba: jaratïdïm; Sa: žaratytdym.
⑬ K, T, Ka, G, Ba, Z, Sa, Me, H: bunta; B: bwnda.
⑭ B: tokıt°δım.
⑮ K, T, Ka, G, Z, Sa, H, Ş: künlik; B: künlẅk.
⑯ B: bälgẅmẅn; E: belgümün.
⑰ K, T, Ka, G, Ba, Z, Sa, Me, H: bunta; B: bwnda.
⑱ Ba: yašï; Sa: žasy.
⑲ B: yarat(ıt°)δım; Ba: jaratïdïm; Sa: žaratytdym; Me: yaratdım.
⑳ K, Ka, G, Z, H, Ş: tolqu; B: twl°kw; Sa: toluku.
㉑ B: tokıt°δım.

ya[rlïqadoq① üčün② asra③ y]aγïz④ yėr: [igittük]⑤ üčün⑥: ėlimin törömin⑦: ėtint[im]⑧ öŋrä kün tuγsïqdaqï⑨: bodun⑩: kėsrä⑪: ay tuγsïqdaqï⑫: bodun⑬	.3
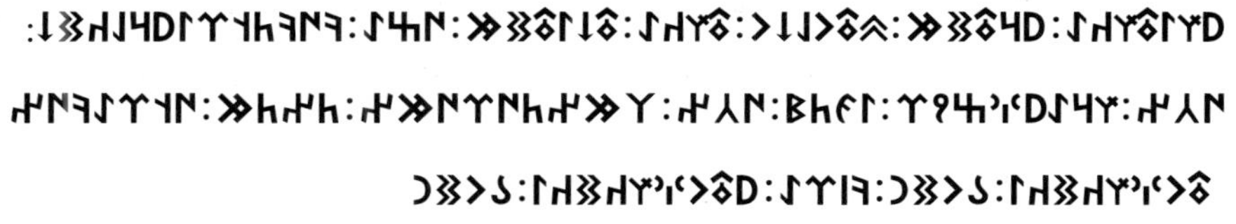	
tört buluŋdaqï⑭: bodun⑮: [iš⑯ k]üč⑰ bėrür⑱ yaγïm⑲: bö[lük]⑳ yoq bol[tï ötükän ėli tägräs ėli]㉑ ėkin㉒ ara㉓ ïlaγïm㉔: tarïγlaγïm: säkiz	.4

---

① K, T, Ka, G, Ba, Z, H, Me, Ş: yarlïqaduq; B: yarlıkaδwk; Sa: žarlyqaduq.

② B: üçẅn.

③ B: as°ra.

④ Sa: žaγyz.

⑤ B: igid(d)ẅk; Ba: igidük; E: igit<d>ök.

⑥ B: üçẅn.

⑦ K, T, Ka, Me, Ş: törümin; B: törẅmẅn; Ba: törümen; E: törömün.

⑧ K, G, Sa: etinti; B: etinɒim; Z, H: itinti.

⑨ K, G, Z, Sa, H: toγsuqdaqï; T: tugsukdakı; B: twg°swkoδakı; Ba: toγušuqtaqï; Me, Ş: togsıkdakı.

⑩ B: boδwn.

⑪ K, T, G, Ba, Z, Sa, H, Me: kisre; B: kes°rä.

⑫ K, G, Z, Sa, H: toγsuqdaqï; T: tugsukdakı; B: twg°swkoδakı; Ba: toγušuqtaqï; Me, Ş: togsıkdakı.

⑬ B: boδwn.

⑭ B: bulwŋδakı.

⑮ B: boδwn; Sa: buduny.

⑯ K, G, Z, Sa, H, Me: –; B: ėş.

⑰ Me: ...üç.

⑱ B: berẅr.

⑲ Sa: žaγym.

⑳ K, G, Z, H: böl... T: bülük. Ka, Ş: bölük. B: bölẅk. Ba: bölüg. E: böl[ök]. Me: bül#...

㉑ K, Ka, B, G, Ba, Z, Sa, H, Me: –.

㉒ K, G, Z, H: säkiz; Sa: –.

㉓ K: aza; Sa: –.

㉔ K, Z, H: ïlγïm; G: ïlïγïm; Ba: ïrïγlaγïm; T, B, Ş: ılgam; Sa: žajlaγ žajlaγym.

säläŋä orqun① toγla②: sävi[n]③ tälädü④: qaraγa⑤: burγu⑥: ol yėrimin⑦: suvïmïn⑧: qonar⑨ köčär⑩ bän⑪	.4
[illegible] [illegible] [illegible]	
yaylaγïm⑫: ötükän⑬: quzï: kėdin⑭ učï: täz bašï: öŋdüni⑮ qa[ńu]y⑯ künüy⑰ bz⑱…⑲ ič ïlaγïm⑳: ötükän㉑ yiri㉒ onγï …㉓ süy㉔: yaγï㉕:	.5

① B: orkwn; E: orkon.
② K, Ka, G, Z, H, Me, Ş, Ö: togla; B: twgla.
③ T, Ka, Ş: säbin; B: säβin; Ba: seben; Me: seb#i[n]; Sa: suby.
④ K, G, Z, H: säbäntürdü; Ba; Sa: teldü; B: ätäldẅ.
⑤ K, G, Z, Sa, H: karga.
⑥ B: bwrgw; Ba: boruγu; Sa: borγu.
⑦ K, G: yer ekin; Z, H: yir ikin; Ba: jerimen; Sa: žermen.
⑧ K, G, Z, H: subımın; T, Me, Ş: subumın; Ka: suvımın; B: suβwmwn; Sa: subymen.
⑨ B: konwr; E: konur.
⑩ B: köçẅr; Sa, E: köçür.
⑪ Sa: bin.
⑫ Sa: žajlaγym.
⑬ B: ötẅkän.
⑭ B: keδin; T, Z, H, Me, Ş: kidin.
⑮ B: öŋδẅni.
⑯ K, G, Z, H: qonar. Me: k#...uy. Ba, Sa: qanuy.
⑰ K, G, Z, H: köčür; B: künẅy; Sa: küünüj.
⑱ K, G, Z, Sa, H: bän. Ka: bäz–?/// Ba: biz. Me: bez.
⑲ Ba: ekin ara.
⑳ K, G, Z, H: čalγïm. T, Ş: ılgam. Ka: ///–laγïm. B: ...lgm. Ba, Sa: qïçlaγïm.
㉑ B: ötẅkän.
㉒ K, Me: yeri; G: yer; Z: yiri; H: yir; B: yeri; Sa: žeri .
㉓ K, G, Z, H: atla[ndï]. B: tar... T, Me, Ö: tarqan. Ka, Ba, E: tar[kan]. Sa: talqym.
㉔ K, G, Z, H: sü iy; B: sẅy; Ba: süjü; Sa: Süy.
㉕ K, G, Z, H: yïγ. Me, Ş: yag... Ka, E: yag<ı>. Sa: žaγï.

bodun[qï][1] qaγanγï[2]: bėrigärü[3]: učï: altun[4]: yïš[5]: kėdin[6] učï[7]: … kögmän iligärü[8] učï költ[i][9]	.5
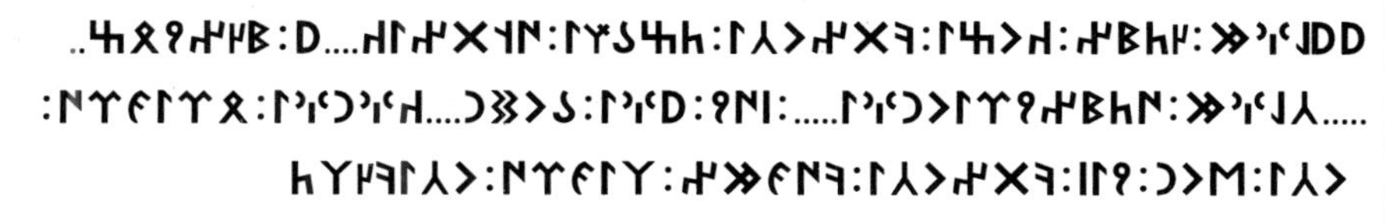	
täŋridä[10]: bolmïš[11]: ėl ėtmiš[12]: bilgä qanïm: ičräki[13]: bodunï[14]: altmïš[15]: ič[16] buyruq[17]: bašï ïnanču[18]: baγa: tarqan[19] uluγ[20] buyruq[21]: toquz[22]: bolmïš[23] bilgä: tay säŋün[24]: oŋï[25] bėš yüz[26]: bašï	.6

① K, G, Z, H, Me: bodun... Ka: bodunk–?#. B: boδwnka. Ba, E: bodunka. Sa: bodun.

② Sa: qaγanyγy.

③ T, Ka, Me, Z, H, Ş: birigerü; B: berigärẅ.

④ B: aldwn; Ş: –.

⑤ Ka: yiş; Ş: –; Sa: žys.

⑥ B: keδin; T, Me, Z, H: kidin; Ş: –.

⑦ Ş: –.

⑧ K, G, Z, H: ilgärü; B: ilgärẅ.

⑨ K, G, Z, H: yölät. B, Me: költ... Ba, Sa: kölün.

⑩ B: täŋriδä.

⑪ Ka: bolmïš; B: bolmwş; Ba: bolmuš; Sa: bolmys.

⑫ B: et°miş; Z, H: itmiš; Sa: etmis.

⑬ B: iç°räki.

⑭ B: boδwnı.

⑮ K, G, Z, H: alïtmïš; B: aldmïš; Ba: altmïs; Sa: alytmys.

⑯ Ka: #; B: –.

⑰ K, Sa: buyuruq; B: buyrwk.

⑱ B: ınanĵw.

⑲ B: tarkan.

⑳ B: ulwg.

㉑ K, Sa: buyuruq; B: buyrwk.

㉒ B: tokwz.

㉓ Ka: [bo?]lmïš; B: bolmwş; Ba, Sa: bolmïš.

㉔ B: säŋẅn.

㉕ K, G, Z: tutuk. E: tay?<...> Ba: tu…

㉖ Sa: žüz.

külüg[①] oŋï: öz ïnanču[②]: bėš yüz: bašï: uluγ[③] öz ïnanču[④]	.6
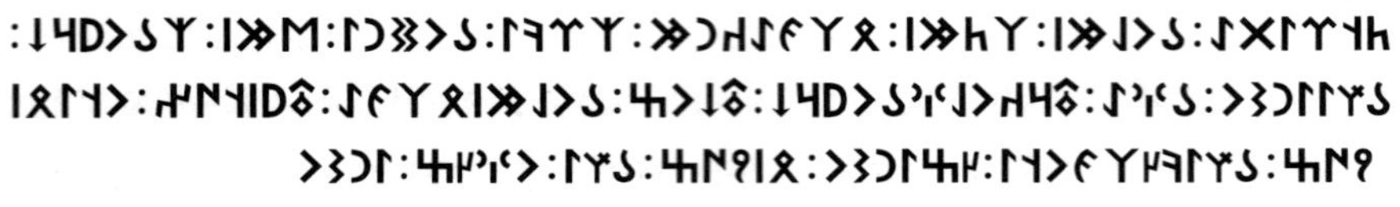	
uruŋu[⑤]: yüz: bašï: uluγ[⑥] uruŋu[⑦]: töliš[⑧] bäglär: oγlï[⑨]: biŋ: baš[ï töliš[⑩] kül]üg[⑪] ärän[⑫] tarduš[⑬] bäglär: oγlï[⑭] biŋ ba[šï] tarduš[⑮]: k[ülüg[⑯] ärän tarduš[⑰]] ïšvaras[⑱] bėš biŋ: är: bašï: alp[⑲] ïšvara[⑳] säŋün[㉑] yaγlaqar[㉒]	.7
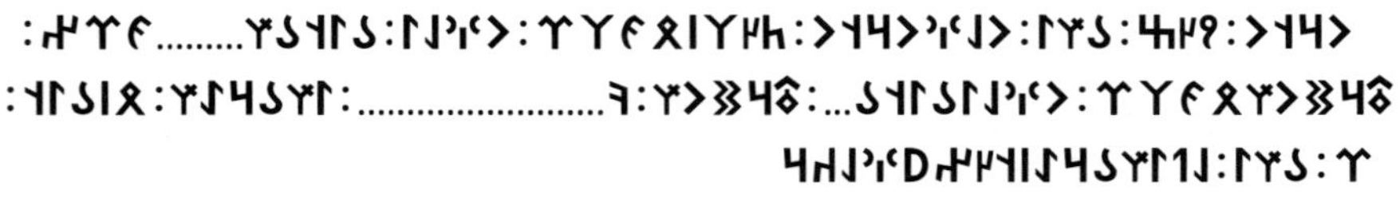	

① B: külẅg.
② B: ınanĵw.
③ B: ulwg.
④ B: ınanĵw.
⑤ B: wrwŋw.
⑥ B: ulwg.
⑦ B: wrwŋw.
⑧ K, T, Ka, G, Z, Me, H, E, Sa: tölis; B: tẅlẅs; Ba: töles.
⑨ B: oglı.
⑩ K, T, G, Z, Me, H, E, Sa: tölis; B: tẅlẅs; Ka: –.
⑪ Ka, B: –.
⑫ Ba: erin.
⑬ B: tarδwş.
⑭ B: oglı.
⑮ B: tarδwş.
⑯ B: külwg.
⑰ B: –.
⑱ K, G, Z, Sa, H: ïšbarïš; T, Ka, Ba, Me, Ş: ışbaras; B: ışβaras.
⑲ T, Ş: –; B: al°p.
⑳ T, Ka, G, Ba, Z, H, Me, Sa, Ş: ışbara; B: ışβara.
㉑ B: säŋẅn.
㉒ Ba, Sa: žaγlaqar.

... toquz① yüz: är: bašï tuyqun②: uluγ③: tarqan: buquγ④: bïŋa … .	.8
…………………………………………………………………………… [illegible]: ……………………	
….. boduni⑤: bïŋa qaγas⑥: atačuq⑦ boduni⑧ bïŋa	.9
[illegible] ……………..	

北面

täŋrim: qanïm tk[m⑨ täg⑩] ėlig⑪: t[utdï⑫ …………..⑬] uluγ⑭ čigši aqïnču⑮ alp⑯ bilgä: čigši⑰ …⑱ oγuz⑲ [bodun⑳ alt]ï㉑ yüz säŋüt㉒: bir tümän: bodun㉓: qazγantï㉔	.1

---

① B: tokwz.

② K, G, Ba, Z, Sa, H: toyqan; B: twykwn; Me: toykun.

③ B: ulwg.

④ B: bwkwg.

⑤ B: boδwnı.

⑥ Ba: qaγan.

⑦ B: ataçwk; Ba: atačïq.

⑧ B: boδwnı; Ba: buduni.

⑨ K, G: tekim. T, Z, H: tikim. Ka: tik–///. Me: tik... Sa: temir.

⑩ Ka, Ba, Me: –.

⑪ K, G, Z, H: täglig; B: lγ.

⑫ Ka: t–///; B, Me: –; Sa: tutun.

⑬ K, G: beš; Z, H: biš; T: [ebirti?]; Ka, B, Me, Ş: –; E: bėş?; Sa: berti.

⑭ K, T, G, Z, H, E: qutluγ. Ka: ///–lıg. B: …lγ. Ba: qan atlïγ.

⑮ K, G, Z, H: kançu; B: akınĵw; Ba: aqunču.

⑯ B: al°p.

⑰ Ba: –.

⑱ K: qan azuk; T, G, Z, H, E, Sa: qan uruq Ka, Me, Ş: –; B: knr; Ba: qan…

⑲ B: ogwz.

⑳ B, Me: – .

㉑ Ka: [alt?]ı; B, Me: –.

㉒ B: säŋẅt.

㉓ B: boδwn.

㉔ B: kazgandı.

[illegible]	
täŋri qanïm: atlïγï toquz①: tatar② yėti③ yėgirmi④: az⑤: buyruq⑥ [toŋra äd]ä⑦: säŋüt⑧ bïŋ[a⑨ uyγur⑩] boduni⑪: tėgitimin⑫: bo⑬ bitidökdä⑭: qanïma: turγaq⑮ bašï [qaγas]⑯ atačuk⑰ bägzäk är⑱ čigši: bïla baγa tarqan: üč yüz: turγaq: turdï⑲:	.2
[illegible]	
täŋrim: qanïm oγlï: bilgä [tarduš⑳: uluγ㉑ bilgä㉒ yavγu㉓ qut]luγï㉔	.3

① B: tokwz.

② Ka: t[atar]; B: tatar.

③ Z, H: yiti; Sa: žeti; Ba: –.

④ G, Z, H: yigirmi; Sa: žigirmi; Ba: –.

⑤ Ka, B, Ba: –.

⑥ K, Sa: buyuruq; B: buyrwk.

⑦ K, G, Z, Sa, H: toŋrada; Ka, B, Ba, Me: –; Ş: [toŋra äd]e; E: toŋrad^{2}a.

⑧ B: säŋẅt; Ba: söŋüt.

⑨ Ka, Ba: bıŋ–; B: bıŋ.

⑩ B: –; Sa: oγuz.

⑪ B: boδwnı.

⑫ T, Z, H, Me, Ş: tigitimin.

⑬ K, T, Me, Ş: bu.

⑭ K, T, Ka, G, Z, Ba, Sa, H, Me, Ş: bitidükdä; B: bitiδẅk^{o}δä.

⑮ Ba: torγaq.

⑯ B: –; Ba: qa…

⑰ B: ataçwk.

⑱ K, G, H, Sa: bägzik är; Ba: begčeker; Z: bigzikir; E: begzeker.

⑲ T, E: turu<t>dı; B: turδı.

⑳ K, G, Z, H: tarqan; Ka, B, Ba, Me: –.

㉑ K, G, Z, H: qutluγ; Ka, Me: –.

㉒ Ka, B, Ba, Me: –.

㉓ K, T, Ş: yabγu; Ka, Me: –.

㉔ K: atlïγ; Ka: ///–lugı; B: lγ; Ba: lïγï…

isig y[ėr① qutluγï② ….] buyruqï③: az sïpa④: tay säŋün⑤: bodunï⑥: toŋra äd[ä⑦ …]ïq⑧ baš qay ava baš⑨: üč qarluq⑩: bonča⑪: bodun⑫: yavγu⑬: bodunï⑭:	.3
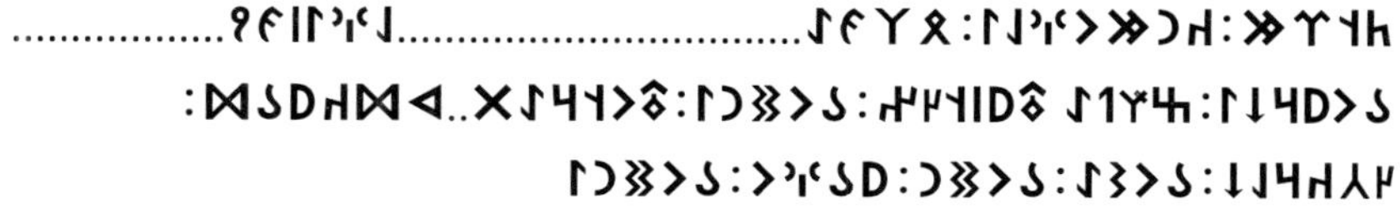	
täŋrim: qanïm: oγlï [bilgä töliš uluγ bilgä čad qutl]uγï⑮ […qutluγ]ï⑯ udarγan⑰ bu[yruqï]⑱ čavïš⑲ säŋün⑳: bodunï㉑: toquz㉒ bayïrqu㉓: aq	.4

---

① K, G, Z, H, Ş: yir. T: y[ir?]. Ka, B, Ba: y... Me: y ... Sa: že[rin].

② K,G, Z, H: atlïγï; Ka: ///–ukı; B, Ba, Me: –.

③ K, G, Z, H: bayarqu bodunï. B: ...wkı. Ba: buyruq. Sa: bajrquu boduny.

④ K, G, Z, Sa, H: ašpa; Ba: sïp.

⑤ B: säŋẅn.

⑥ B: boδwnı.

⑦ K, G, Z, Sa, H: toŋrada; Ka: toŋra (d.)/; B, Ba: toŋra; E: toŋrad^{2}a; Ş toŋra ädä.

⑧ K, G, Z, H: –; T: –ık; Ka, Me, Ş: ık; Sa: [ab]yq.

⑨ K, G, Z, H: baš (?) qaybaš(?); T, Me, Ş: baş kay aba baş; Ka, B: baš qay ab<a> baš; Ba: buyruq.. bašï; Sa: saq ajbas.

⑩ B: karlwk; E: karlok.

⑪ B: bwnĵa.

⑫ B: boδwn.

⑬ K: yalgu; T, Ka, G, Ba, Z, H, Me: yabgu; B: yaβgw; Sa: žabγu.

⑭ B: boδwnı .

⑮ K, B, Ba, G, Z, E, H: –; T, Ş: bilgä tölis ulug bilgä çad kutlugı; Sa: [bilge töles] čad qutluγy .

⑯ K, G, Z, E, H: bodunqa. Ka: [qutlu]γï. B: –. Me: ...gı. Ş: kutlugı. Sa: ...nü boduny.

⑰ K, G, Z, Sa, H: odurgan; B: wδwrgwn; Ba: uduryan.

⑱ K, B, Ba, G, Z, H, Me: bu[yrukı].

⑲ K, T, Ka, Ba, G, Z, Sa, H, Me, Ş: çabış; B: çaβış.

⑳ B: säŋẅn.

㉑ B: boδwnı.

㉒ B: tokwz.

㉓ K, G, Z, H: bayarqu; Sa: bajarquu; B: bayırkw.

baš [qay ava]① basmïl②: toquz③ tatar: bonča④ bodun⑤: čad⑥: bodunï⑦	.4
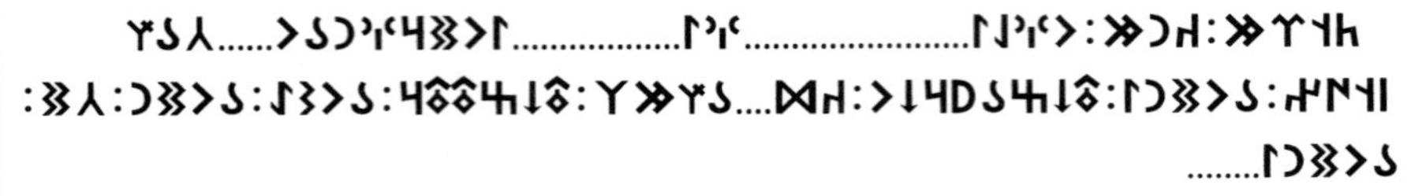	
...⑧ bitigmä⑨: bonï⑩ yaratïγma [bilgä]⑪ qutluγ⑫ tarqan: säŋün⑬ bonča⑭ bodunuγ⑮: atïn: yolïn: yaγma⑯: alum/lum: äčisi⑰: ėki⑱ y[ur ⑲ tėdi⑳:] qutluγ㉑: bilgä: säŋün㉒: urušu㉓: qutluγ㉔: tarqan säŋün㉕: ol ėki: yur ㉖	.5

① K, Z, H: qayra. T, Ş: kay aba. Ka, B, Me: –. Ba: ... bašï. E: ak baş ara. Sa: qas qajas.

② K, Me, Z: basmış; B: bas°mıl; Sa: altymyš.

③ B: tokwz.

④ B: bwnĵa.

⑤ B: boδwn.

⑥ B: çaδ.

⑦ B: boδwnı.

⑧ K, G, Ba, H: anta; Z: nta; B: bwnı; Sa: [bitidim].

⑨ K, G, Ba, Z, H: tägdi.

⑩ B: bwnı.

⑪ Ka, B, Ba: –; Me: [bilge].

⑫ B: kutlwg.

⑬ B: säŋẅn.

⑭ Ka, B, Ba: –.

⑮ K, Ka, G, Ba, Z, Sa, H: bodunıg; B: boδwnwg; E: ayïγma.

⑯ K, T, Ka, B, Me, G, Z, H, Ş, Ö: yaγma; Ba: yaγïma; Sa: žaγma.

⑰ K, G, Z, H: lum čisi; T, Ba, Ö: alum–çisi; Ka, Me: alumçisi; B: alwmçısı; Ş: alumçısı; Sa: alum čigil.

⑱ Z, H: iki.

⑲ T: yur. Ka: y–/#//. B: y... Ba: yorï. Me: y#... E: ayur.

⑳ K, G, Z, H: yorïtdï; B, Me –; Sa: žurtdy.

㉑ B: kutlwg.

㉒ B: säŋẅn.

㉓ B: urwşw; Ba: uršu; Me: urşu/uruşu.

㉔ B: kutlwg.

㉕ B: säŋẅn.

㉖ K, G, Z, H: yor; T, Ka, Me: yur; B: ywr; Sa: žurtdy.

<table>
<tr><td colspan="2">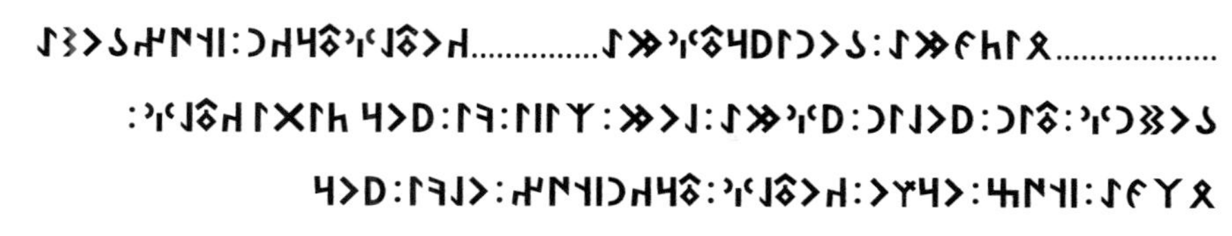</td></tr>
<tr><td>... uqda[1]: bayïrqu[2]: tarduš[3]: bilgä[4]: ta[rqan: qutlu]γ[5]: yaγma tavγač[6]: soγdaq[7]: bašï: bilgä[8]: säŋün[9]: ozu[l][10] öŋ ėrkin[11]</td><td>.6</td></tr>
<tr><td colspan="2">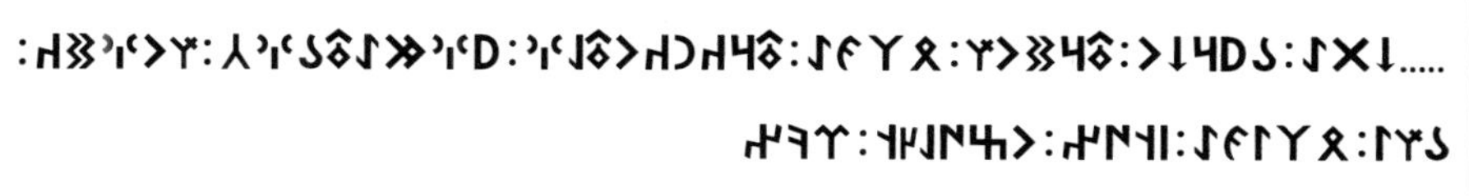</td></tr>
<tr><td>bonï[12]: yaratïγma bökä tutam[13]</td><td>龟座</td></tr>
<tr><td colspan="2"></td></tr>
</table>

五 汉语译文

东面

1：……yolluγ 可汗……bumïn 可汗，这三位可汗成为统治者，统治达

① K, G, Ba, Z, Sa, H: yarlıkadı. B: yarlwkaδı. Me: ...ukda. E: yarlukadı.

② K, G, Z, H: bayarku; Sa: bajarqu; B: bayırkw.

③ B: tarδwş.

④ K, T, Ka, G, Z, E, Sa, H: biligä.

⑤ B: kutlwg.

⑥ K, T, G, Ba, Z, H, Me, Ş, Sa: tabgaç; B: taβgaç.

⑦ Ka: suγdaq; B: swgδak.

⑧ K, T, Ka, G, Z, E, Sa, H, Ö: biligä.

⑨ B: säŋẅn; G, H: sägün.

⑩ K, G, Z, H: ozïl; Me: uz; Ka, T, E: uzal.

⑪ Ka: irkin; B: wzlẅŋrkn; T, Z: ärkin; H: irkin.

⑫ B: bwnı.

⑬ K, T, Ka, Ba, Me, Ş: tutam; B: tutwm.

二百年。①

2：使……流走了……而把他的骑兵（手下）沉到了卑贱之湖。

……征战，骑着骏骁马（追讨）至 učuz 湖边，qadïr（？）、葛萨、ävdi、bärsil、yatïz（也咥？）、乌古斯……②

---

① **K**：... Yolïγ-qaγan... Bumin-qaγan ... (these) three kaghans have sat on the throne. They have sat on the throne for two hundred years. **Kl**：……yolïγ 可汗……布民可汗（这）三个可汗统治了二百年。**T**：... Yollug Kagan ... Bumin Kagan, (all together?) three kagans reigned. They reigned for (about) two hundred years. **Ka**：////I heard that Yollïγ Qaγan, [****Qaγan,] Bumin Qaγan, (these) three Qaγans had reigned. I heard that they reigned for two hundred years. **B**：...Yollug kağan... Bumin kağan. [Bu] üç kağan hüküm sürmüşler (kk. [tahta] oturmuş). İki yüz yıl [boyunca] hüküm sürmüşler (kk. [tahtta] oturmuşlar). **G**：（此处约缺损 75 个字符）药利可汗（yolïγ qaγan）……（此处约缺损 10 个字符）布民可汗（bumïn qaγan），这三位可汗登了位，登位统治了二百年。**Ba**：...Йоллұқ қаған/Торыйан қаған?/ Бұмын қаған:үш қаған отырған:екі жүз жыл отырған. **Me**：... Yolluğ Kağan ... (ve) Bumın Kağan -bu üç kağan- hükümdar olmuşlar. İki yüzyıl hüküm sürmüşler. **Z**：……yolïγ 可汗……布民可汗（这）三个可汗统治了二百年。**E**：<...> Yollug Kağan <...> Bumın Kağan (bu) üç kağan tahta oturmuş, iki yüz yıl hüküm sürmüşler. **Sa**：... (шамамен 76 әріп кескіні бұзылып кеткен). Жоллығ қаған Жамы қаған... Бумын қаған үш қаған (тақка) отырды. Екі жүз жыл отырды. **H**：药利可汗……布民可汗三位可汗坐在汗位二百年。**Ö**：... Yollug Kağan ... Bumin Kagan, bu üç kağan hüküm sürmüş. İki yüzyıl tahtta kalmışlar.

② **K**：... their peoples, having become enraged, perished... because of two high-born (people) it became weary and perished. Qadir Qasar and Bädi Bärsil, the glorious (?) Oγuz. **Kl**：……他们的人民大怒、灭亡。由于两个官员衰弱和灭亡。Kadir，Kasar，Bedi，Bersil……驰名的（？）乌古斯。**T**：... people wandered about ... together with (one or?) two horsemen, they were about to be perished (?). Kadïr, Kasar, Ebdi, Bersil, Yatiz (and) Oguz. **Ka**：///I heard that he (or they) let **** raid and he (or they) poured into the lake Učuz (Uchuz) with the cavalry. Qadir, Qašar, Äbdi (or Bädi), Bärsil, Yatiz and Oγuz (tribes). **B**：sevk etmiş (kk. akıtmış). Atlısını Uçuz göle döküvermiş. Kadır (Akadir?), Kasar, Ebdi, Bersil, Yatız (?Jataz8), Oğuz [kavimleri]. **G**：（此处约缺损 73 个字符）人民因反叛（直译："愤怒"）而灭亡。（此处约缺损 2 个字符）因（一）二贵人之故而衰亡。哈第尔・哈萨尔（qadir qasar）和别第・伯尔西（badi bärsil），光荣的（？）乌古斯。**Ba**：...барды:Ұчұз (?) екі атысын түгей барған: Қадар Қасар Беді Берсел:Ай Таз:Оғыз. **Me**：...hücum ederek varmış. (onu/onları) Uçuz Göl'e atlisıyla dökmüş, yok etmiş. Kadır Kasar, Ebdi Bersil, Yatız Oğuz. **Z**：……人民因反叛而灭亡。……因二贵人之故而衰亡。卡德尔・卡萨尔（qadir qasar）和别迪・别尔西勒（badi barsil）光荣的乌古斯。**E**：<...> halkı bastırmış, (onları) Uçuz Gölü'ne atlarıyla birlikte döküvermiş. Kadır (Akatzir?), Kasar, Evdi, Bersil, Yatız (ve) Oğuz(lar). **Sa**：... (шамамен 74 әріп өшкен)... халық толкыды (қиын жағдайға түсті). Беделді атақтыларының екеуі тілек білдіруге (келісімге) келді. Қыдыр, Қасыр, Беді, Беріш елі, Айтаз оғуз. **H**：……人民因反叛而灭亡，因为他的一两个贵人而消亡。高贵的 qasar、英勇的 bärsïl、光荣的乌古斯。**Ö**：... akın ettirmiş, (onları) Uçuz gölüne atlarıyla beraber dökmüş ... Kasar atlarıyla beraber ... Oğuz.

3：我的诸先祖坐拥汗位八十年，在于都斤和 tägräs 两地间，在鄂尔浑河流域……①

4：……在位七十年。从那……年过去了。上有蓝天，下有褐色的大地，还……②

---

① **K**：... my ancestors have sat on the throne for eighty years. The el of the Ötükän and the adjacent els between the two (rivers ?Selenga and Tola?), at the Orqun river. **Kl**：……我的祖先在位八十年，于都斤的 el（人民——译者）和他周围的 el 在两条（河流色楞格和 Tola）之间，在鄂尔浑河上。**T**：... My ancestors reigned (about) eighty years. (They reigned) in the land of Ötüken (and) Tegres, between the two, on the Orkhon river. **Ka**：////I heard that my ancestors had reigned for eighty years. The land of Ötükän and the land of Ögräs (Ögräš), between these two (lands), around the Orqun (Orkhon) river. **B**：... Atalarım seksen yıl [boyunca] hüküm sürmüşler ([tahtta] oturmuşlar). Ötüken li, Ögrüs eli -bu ikisinin- arasında Orkun ırmağında. **G**：（此处约缺损 80 个字符）我的祖先登位统治了八十年。在于都斤国家（el）及其周围地区，在鄂尔浑河流域，我们的可汗第二次登了位。**Ba**：...әкем: үлкенім:сегіз он жыл отырған:Өтүкен Елі:Өгүрес Елі:екі аралығы: Орхон:өзенде. **Me**：...Atalarım seksen yıl tahtta kalmışlar. (Yurtları) Ötüken yurdu, Ögres yurdu (imiş). (Bu) ikisinin arasında, Orhun Irmağı'nda. **Z**：……我的祖先登基统治了八十年。在于都斤国家及其周围地区，在鄂尔浑河流域，我们的可汗第二次登了基。**E**：<...> ceddim, atalarım seksen yıl hüküm sürmüşler. Ötüken yurdu (ile) Tegres yurdu, (bu) ikisinin arasında Orhon Irmağı'nda. **Sa**：... (шамамен 80 әріп өшіп кеткен) ... Бабаларым сексен жыл билік құрды. Өтүкен елі, Тегіресі елі екеуінің арасындағы Орхон дариясында. **H**：我的祖先统治了八十年。在于都斤国家及其周围地区，可汗于鄂尔浑河第二次登基了。**Ö**：... atalarım 80 yıl tahtta kalmışlar, Ötüken bölgesi, Tegres bölgesi, bu ikisinin arasında, Orkun ırmağında ...

② **K**：... when they sat on the throne for... years... years had passed by. The blue heaven above and the brown earth below... my father again… **Kl**：……当年在台上……年过去了，上面蓝天，下面大地把我的父亲又…… **T**：... They reigned (about)... years. Then ... years passed by. The blue heaven above and the brown earth below ... my title, again ... **Ka**：/// for seventy years [they] had reigned, then **** years passed. By my name the Blue Heaven above and the Brown Earth below ****ed again... **B**：... yetmiş yıl [boyunca] hüküm sürmüşler (kk. [tahtta] oturmuşlar) ... yıl geçmiş (gitmiş). Adımla (adımı/ünvanımla/ünvanımı) yukarıda mavi gök, aşağıda yağız yer yine... **G**：（此处约缺损 82 个字符）统治了七十年。当他们登位统治了……年时……（此处缺损 4—5 个字符）年过去了。当上面的蓝天，下面的褐色大地…… **Ba**：...жыл отырғанда...жыл болған:атым (бас) үсті:көк Тәңірі:асты:нығыз Жер:жаңа... **Me**：yıl hüküm sürmüşler... yıl geçmiş. Adımı yukarıda gökyüzü aşağıda yağız yer/yeryüzü yeniden... **Z**：……统治了七十年。当他们登基统治了……年时……年过去了。当上面的蓝天，下面的褐色大地…… **E**：<...> yetmiş yıl hüküm sürmüşler. <...> yıl geçmiş. Adımı yukarıda mavi gök, aşağıda yağız yer yine... **Sa**：(шамамен 85 әріп өшкен) жылы отырды. Онда (4—5 әріпөшкен) жылы барды. Атамды жоғарыда Көк Тәңірі, төменде Қара жер қайыра (жарылқап]... **H**：……在那里统治了七十年……年过去了，上面的蓝天、下面的褐色土地又把我父亲…… **Ö**：... yetmiş yıl tahtta kalmış. Ondan ... yıl geçmiş. Atımla yukarıda mavi gök, aşağıda kara toprak, yine.

5：……我获得了……爵位。蛇年（741 年），当我 28 岁时，我扰乱了突厥故地，灭了其国。①

6：……以……（他）派了骑兵。1000 骑兵出征了。乌苏米施（ozmïš）特勤道："（他们）在乌都尔汗（udarγan）征集兵卒"，（并）下令："去追捕他。"②

---

① **K**：... I was called. When I was twenty-eight, in the year of the serpent, I put the Turkish realm in disorder, then I destroyed (them). **Kl**：……任命我，在我 28 岁的蛇年我把突厥人民惊忧了，那时把他们击溃了。**T**：... I was appointed... At my age of twenty eight, in the Year of the Serpent, I disturbed and destroyed the realm of the Turks. **Ka**：////I was given the title of ****ntar. At my age of twenty eight, in the Serpent Year (A.D. 741), then I disturbed the realm of the Türüks, then I destroyed (it). **B**：ndar olarak atandım. Yirmi sekiz yaşımda, Yılan yılında' Türk elini o zaman (orada) karıştırdım. Orada (o zaman) [onları] yıktım. **G**：（此处约缺损 80 个字符）我被任命为……当我二十八岁蛇年时，我使突厥国家变得混乱，之后，并把他们摧毁了。**Ba**：...атандым:сегіз отыз жасыма(28):жылан жылы:Түрік Елінде бұрқыраттым:сонда арттырдым(көтердім). **Me**：atandım. Yirmi sekiz yaşımda, Yılan yılında (MS 741), Türk yurdunu o zaman karıştırdım (ve) o zaman bozguna uğrattım. **Z**：……我被任命为……当我二十八岁蛇年时，我使突厥国家变得混乱。之后，并把他们摧毁了。**E**：<...> atandım. Yirmi sekiz yaşımda, yılan yılında (741) Kök Türk yurdunu, o anda karıştırdım (ve) o anda bozguna uğrattım. **Sa**：(шамамен 80 әріп өшіп кеткен)атандым. Жиырма сегіз жасымда жылан жылы (741 жылы) түрік слінде көтеріліс шығардым. Сол жолы [елін] қақ жардым. **H**：被认命为……在我二十八岁蛇年时，我扰乱了突厥汗国，并在那里毁灭它。**Ö**：... unvanın aldım. 28 yaşımda, yılan yılında Türk ülkesini (yönetimini) o dönem karıştırdım, dağıttım.

② **K**：... (he) sent his cavalry. The regiment arrived. "Ozmiš-tegin comes from Oduryan" he said. "Seize him!" he said. **Kl**：……把我的骑兵（也可能指官员）。"乌苏米施王子从 Ondurgan 来了"他说了。"抓住他"，他说了。**T**：... They came and joined (us?) together with... horsemen. The battalion marched forward. (The kagan) said: "Prince Ozmiš is marching off (together whith his forces) from Udargan. Capture him!" he said. **Ka**：////he (or they) patched up with [the cavalry?]. I made the bïña (an army consisting of a thousand soldiers or an advance guard) march on. "Ozmiš tegin is marching from Udarγan," he said, "You! capture him," he said. **B**：... [o, (kağan?)] atlısına katıldı (atlısına yanaştı). Ben öncü birlik(le) yürüdüm. "[Kağan] Ozmuş tegin Udurgundan [asker ile] yürüyor" dedi. [Kağan] "Onu yakala!" dedi. **G**：（此处约缺损 75 个字符）他使用了骑兵。队伍出发了。"乌苏米施特勤（ozmïš tegin）从奥都尔汗（oduryan）来了。"——他说："去捉住他！"——他说。**Ba**：...аттысын жанасты мыңға...жорыттым:Озмыш Тегін Ұдырғанда: жорытты: деді:оны алсын деді:сонда жеңдім хан... сонда жоқ болды:Түрік бүтін (халық)ты сонда ішке енгіздім:сонда. **Me**：… ile (bize) katıldı. Bin kişilik askeri birlik ile yürüdüm. "Ozmış Tigin Udargan'dan (bize doğru) yürüyor" dedi. "(Git ve) onu (tutsak) al!" dedi. **Z**：……他使用了骑兵。队伍出发了。"乌苏密施特勤（ozmïš tigin）从奥都尔汗（oduryan）来了。"他说："去捉住他!"他说。**E**：<...> atlısıyla (bize) katıldı. Süvari birliği <...> ilerledi. "Ozmış Tegin Udurgan'dan (bize doğru) ilerliyor" dedi. "(Onu) yakala" dedi. **Sa**：(шамамен 78 әріп өшксн) Атты қосынын жұмсады. Мындығы жорыққа шықты. Озмыш-тегін Одурғаннан [22] [бізге] жорыққа аттанды деді. Оларды алындар (басындар) депті. **H**：他使用骑兵，队伍出征了。有人报告说："ozmïš tigin 从温都尔汗出发。"他说："抓住他。"**Ö**：... atlı olarak katıldılar. Atlarıyla 1000 kişi hareket etti. Ozmış Tegin "Udargan'dan hareket ediyor" dedi, "onu yakala" dedi.

7：……[（我追踪他们）越过黑沙（qaraqum），在 kügür 之地]，kömür 山、yar 河，于七月十四日向三纛突厥人民……①

8：……在那里（那时）我攻击了。俘获了其汗，（他们）在那里亡国了。我使突厥人民归顺了。之后又……②

---

① **K**：...I followed them. I crossed the Qara-qum at Kögür，and near the Kögür mountain and the Yar river，there I (attacked) the three-flagged Turkish people，on the 14th day of the seventh month... **Kl**：……<我跟踪他们越过 Kara-kum 沙漠而在 Kögür >在煤山和 Yar 河边（进攻了）三旗的突厥人，那是七月十四…… **T**：and Kömür-Tag，and by the Yar river, (I attacked?) the three-bannered Turkish people there, on the fourteenth (day) of the seventh month... **Ka**：//// at the Kömür mountain and by the Yar river，against the Türük people with three standards，on the 14th of the 7th month，then... **B**：Kömür dağında (dağından?)，Yar ırmağında (ırmağından?) Üç-tuğlu Türk bodununa [saldırdım]，o zaman (orada) yedinci ayın on dördünde... **G**：……（此处约缺损 50 个字符）我跟在后面。我在寇古尔（kögür）越过了黑沙（qara qum），并在煤山（kömür taγ）和牙尔河（yar ögüz），我（攻击了）三旗突厥人民，于七月十四日…… **Ba**：...Көмір тауда Йар өзенде үш тулы Түрік бүтін (халық)қа сонда:жетінші ай:төрт жиырмаға... **Me**：... Kömür Dağ'da (ve) Yar Irmağı'nda üç tuğlu Türk halkına o zaman yedinci ayın on dördünde... **Z**：……我跟在后面。我在寇古尔越过了黑沙，并在煤山和牙尔河，我（攻击了）三旗突厥人民，于七月十四日……**E**: <...> Kömür Dağı'nda (ve) Yar Irmağı'nda Üç Tuğlu Kök Türk halkına，orada，yedinci ayın on dördünde... **Sa**：... (шамамен 72 әріп өшкен) ... Қарақұм асып，Көгүрдегі Көмір тауында Жар өзенінде Үш тулы түрік халқы сонда жетінші айдың он төртінде... **H**：我追踪他们越过 qara qum，在 Kögür 、Kömür 山、yar 河，七月十四在那里向三旗突厥人民……**Ö**：... Kara Kum'u aşıp Kügür'de，Kömür dağda Yar ırmağında üç tuğlu Türk halkına yedinci ayın ondördünde.

② **K**：... there I had (a wall?) erected. The khan ... perished there. There I subjected the Turkish people. There again... **Kl**：……在那儿我命令建立可汗……在那儿牺牲了，在那儿我征服了突厥人民，在那儿又…… **T**：... there I had (them) beaten. (I captured) their khan. There they perished，there I subjugated the Turkish people. Then，again... **Ka**：// ///there I overturned (Türük or Türkü people)，[and captured?] the Qan. There he died. There I subjugated the Türük people. Then again and... **B**：... orada (o zaman) [Türklerin elini?] alt üst ettim. Hanlarını yakaladım. [Türk bodunu] o zaman (orada) yok oldu. Türk bodununu (orada) bağımlı yaptım ([devletimin sınırları içine] soktum). Orada (o zaman) yine... **G**：……（此处约缺损 50 个字符）我推翻了突厥（的统治）。其（可）汗没有了……（此处约缺损 5 个字符）。在那里我使突厥人民内属了。在那里又…… **Ba**：...сонда:жеңдім әкем:алдым:сонда жоқ болды:Түрік бүтін (халық)ды сонда:ішке енгіздім:сонда жаңа... **Me**：... Orada dövdürttüm. Han(larını) orada (tutsak aldım.) (Ordusu) orada yok oldu. Türk halkını orada (kendime) bağladım. Oradan tekrar... **Z**：……我推翻了突厥。其可汗没有了……在那里我使突厥人民内属了。在那里又…… **E**：<...> orada devirdim (yıktım). Hanını (tutsak) aldım，orada yok oldular. Kök Türk halkını orada tâbi kıldım. Orada yine... **Sa**：(шамамен 76 әріп өшіп кеткен) Онда бірімен-бірін ұрғыздым. Ханы онда жоқ болды. (21 әріп өшіп кеткен) ... Түрік халқын сол жолы бағындырып алдым. Сөйтіп қайтадан... **H**：在那里推翻了突厥国家，捉住他们的汗，其在那里不存在了。我征服突厥人民，在那里又……**Ö**：... orada (o vakitte) dövdürdüm. Hanlarını tutsak aldım，orada yok oldu. Türk halkını orada bağımlı hale getirdim. Ondan sonra yine...

9：……另外，乌苏米施（ozmïš）特勤继位称汗。羊年（743 年），我向他讨伐了。①

南面

1：第二次……猴年（744 年）我出征了……交战了，在那里我刺杀了。我在那里把他们的可汗②

2：俘获了……鸡年我向他用兵了，（在那）度过了一年。他们五月十

---

① **K**：... Ozmïš-tegin became khan. In the year of the sheep I went. **Kl**：……乌苏米施王子成为可汗，羊年我进军了。**T**：... Prince Ozmïš became khan again. In the Year of Sheep，I (again) marched off. **Ka**：////Ozmiš tegin became the (Türük) Qan. In the Sheep Year (A.D. 743) I marched out. **B**：... Ozmuş tegin han oldu. Koyun yılında [743'te] [sefere] çıktım. **G**：……（此处约缺损 10 个字符）（之后）乌苏米施特勤称（可）汗。羊年我出征了。**Ba**：...Озмыш тегін хан болды:қой жылы:хорыттым. **Me**：...Ozmış Tigin Han oldu. Koyun yılında (MS 743) (üzerine) yürüdüm. **Z**：……乌苏密施特勤称汗。羊年我出征了。**E**：<...> Ozmış Tegin han oldu. Koyun yılında (743) (üzerine) yürüdüm. **Sa**：... (шамамен 85 әріп өшіп кеткен) ... Озмыш-тегін хан болды. Қой жылы (743-жылы) шабуылдадым. **H**：……ozmïš tigin 成为可汗，羊年我出征了。**Ö**：... ayrıca Ozmış Tegin han oldu. Koyun yılında üzerine yürüdüm.

② **K**：for the second time <I encountered him in battle. In the second month, on the sixth day I fought with him.> ... In the year of the monkey，I went ... there I encountered him and gained victory over him. **Kl**：第二次<和他们刺杀了，二月初六与他们刺杀了>猴年我进军了……我（与他们）打了。战胜了。我在那里抓到了他们的可汗。**T**：... secondly ... in the Year of Monkey，I marched off ... I engaged in battle and stabbed (their men) there. Their kan. **Ka**：The second [battle?]///// in the Monkey Year (A.D. 744)，[I marched out?]///// I fought and then defeated (them). There I… **B**：...ikinci (ikinci kez?)200 Maymun yılında [744'te] ([sefere] çıktım). (Onlarla) savaştım. Orada (o zaman) [onları] mızrakladım. Hanlarını orada (o zaman) ... **G**：我第二次与其交战了。二月初六日我与其交了锋……（此处约缺损 70 个字符）猴年我出征了……（此处约缺损约 25 字符）我与之交了战。在那里我刺杀了，我俘获其（可）汗。**Ba**：екінші...мешін жылға жорыттым...сүңгілестім сонда шанышдым ханын сонда. **Me**：ikinci olarak ... Maymun yılında (MS 744) yürüdüm ... savaştım ve orada (tamamını) mızrakladım. Han(lar)ını orada. **Z**：我第二次与其交战了。二月初六日我与其交了锋……猴年我出征了……我与之交战了。在那里我刺杀了，我俘获其可汗。**E**：İkinci <...> maymun yılında (744) (üzerlerine) yürüdüm. <...> savaştım.Orada mızrakladım. Hanını，orada. **Sa**：Екінші [соғыста жылдың ең алғашқы (ілкі) айының алты жаңасында бірге шайқастым]. (шамамен 50 әріптің орны бар) ... мешін жылы (744-жылы) жорыққа аттандым (шамамен 24 әріпөшкен) соғыстым, онда найзаласып шанышдым ханын сол жоль. **H**：我第二次交战。二月初六我袭击了。……猴年我出征了……交战。在那里我刺杀了，我在那里把他的可汗。**Ö**：ikinci olarak ... maymun yılında üzerine yürüdüm ... savaştım orada mızrakladım. Hanlarını orada.

三日叛变了。[①]

3：我交战了，在那里刺杀了（他们）。……匐……igdir 部落的一支……此后的狗年（746 年），三姓葛罗禄心怀叵测地逃跑了。他们在西边，与十箭[②]

---

① **K**：I caught their khan there，<I seized his gatun there>. After them came their commanders... In the year of the fowl I went and lived there. On the thirteenth day of the fifth month they gathered. **Kl**：<我取了他的可敦在那儿 >……此后他们的首领来了……鸡年我进军了并驻扎下来。五月十三他们集中了。**T**：I captured ... After that, they came (over us) again ... In the Year of Hen, I marched off and spent the year (there). On the thirteenth (day) of the fifth month，they uprose (again). **Ka**：captured their Qan ... In the Hen Year (A.D. 745)，I marched out，I spent the year (there). On the 13th of the 5th month，they uprose. **B**：tuttum... Tavuk yılında [745'te] [sefere] çıktım. Bir yılı [o zaman/orada orduyla] geçirdim. Beşinci ayın on üçünde [ordu] ayaklandı. **G**：并俘获其可敦……（此处约缺损 50 个字符）之后其首领来了……（此处缺损 11—12 个字符）鸡年我出征并住在那里。五月十三日他们集结了。**Ba**：...тұтдым...атыстым...Ел атанған тауық жылға:жорыттым жыл ...бесінші ай:үш жиырмаға:шауып кеттік. **Me**：tuttum...Tavuk yıl(ında) (MS 745) sefere çıktım. Bir yıl geçirdim. Beşinci ayın on üçünde Kalış'da. **Z**：……并俘获其可敦……之后其首领来了……鸡年我出征并住在那里。五月十三日他们集结了。**E**：Ele geçirdim. <...> Ondan sonra başları geldi. <...> Tavuk yılında (745) (üzerlerine) yürüdüm. (O) yılı (orada) geçirdim. Beşinci ayın on üçünde baş kaldırdılar. **Sa**：тұтқындадым [катынын сонда олжаладым] (шамамен 42 әріп орны бар) одан сон Тауық жылы (745-жылы) шабуыл жасадым. Бесінші айдың 13 күні олар ақылдасты. **H**：抓住了，在那里我捉住他的可敦。此后，他们的头领来了，鸡年我出征了、过年了。五月十三他们集中了。**Ö**：tutsak aldım ... tavuk yılında ona karşı yürüdüm，yılı geçirdim. Beşinci ayın 13'ünde isyan etti.

② **K**：I fought with them and gained victory over them ... beg ... I subjected the Igder who were di[vided]... Afterwards，in the year of the dog，the Üč-Qarluq became infidel and they fled. They. **Kl**：我和他们刺杀了，战胜了他们……伯克……降服了之后移地干人分裂了……之后在狗年三姓葛罗禄预谋叛变，逃跑了投奔到西边的十箭（人的国土）（即西突厥——译者）。**T**：I fought (against them) and stabbed (their men) there ... I (subjugated them). After subjugating Bü(lük) of the Igdir (tribe) ... Afterwards，in the Year of Hound，the Three-Karluks indulged in hostile thoughts (against us)，they ran away and took refuge in the On-Ok ("Ten-Arrow). **Ka**：[I?] fought ... After subjugating Bölük，the Igdir sub-tribe ...Afterwards in the Dog Year (A.D. 746)，the Üč-Qarluq ("Three-Qarluqs") indulged in hostile thoughts and ran away. In the west they entered the land of... **B**：(onlarla) savaştım. Bağımlı kılıp (devlet sınırlarımın içine alıp) İgdir [boyunun] [bir] bölümü (bölümünü?) ... ben. Sonra Köpek yılında [746'da] Üç Karluk [konfederasyonu] kötü niyetler besleyerek kaçtı. Batıda On-Ok [konfederasyonuna] karşı (doğru?). **G**：我与其交了战，我在那里刺杀了……（此处约缺损 2 个字符）匐（bäg）……（此处约缺损 25 个字符）……我征服……依格达尔（igdar）人分裂了……（此处约缺损 10 个字符）之后狗年三姓葛罗禄心怀恶意地逃走了。他们逃进西方十箭之地。**Ba**：сүңгілесті...ішке енгізіп Игдірбөлек...мен сондакейінгі...ит жылға Үш Қарлұқ:жабайы (жаман)сақтанып:Тезге барды:кері Он Оққа. **Me**：（接下页）

4：会合了。依附了他们。……死了……三姓葛罗禄，于猪年九姓达靼……九梅禄、五将军和人民向我的父汗请求，道："我们的先祖都有名号①

（续上页）savaştım ve orada (hepsini) mızrakladım... Bey..(kendime) tabi kılıp iğdir Bülük.... Ben ondan sonra it yılında (MS 746) Üç Karluklar düşmanca düşünceler besleyip kaçıp gitti ve batıda On-Oklara... **Z**：我与其交战了，我在那里刺杀了……訇……我征服……依格戴尔人（igdar）分裂了……之后狗年三姓葛罗禄心怀恶意地逃走了。他们逃进西方十箭之地。**E**：Savaştım. Orada mızrakladım. <...> bey <...>–dim. Tâbi kılıp İgdir(lerden) Bölök <...>ben，ondan sonra it yılında (746) Üç Karluklar kötülük düşünüp kaçıp gittiler (ve) batıda On Ok(lar)a. **Sa**：Соғыстым，онда найзаладым(2 әріп орны бар) ... бек... (шамамен 26 әріп орны бар) ...дым. Бағындырып，Ігдір [тайпасы] бөлек ... (10 әріп орны бар) одан соң осында Ит жылы (746-жылы) Үш карлук жаман ойлап (сенбей) қашып кетті. Батыстағы Он оқка. **H**：交战了，在那里刺杀了……訇……曾经内属的 igdir 人分裂……我，此后狗年，三姓葛罗禄心怀叵测地逃到西方十箭之地。**Ö**：Savaştım ve (onları) orada mızrakladım ... İğdirlerden Bölük ... Ondan sonra köpek yılında Üç Karluklar kötülük düşünüp kaçıp gitti. Batıda On Okların.

① **K**：went to (the country of) the Ten Arrows. Then ... in the year of the pig，the Üč-Qarluqs，the Toquz-Tatars ... The nine buyuruqs ... the säñüns and the whole people appealed to my father Turyan to become khan. This is the vocation of the ancestors... **Kl**：猪年三姓葛罗禄、九姓鞑靼……九个梅录……将军们和我父亲的百姓们，恭敬地请他当可汗，我祖先的称号（是如此）…… **T**：there they became (subject to them) ... and died ... The Three-Karluks, in the Year of Swine, the Nine-Tatars ... the nine buyruks ... one thousand generals and the common people, having stood up (in front of him), presented a petition to my father, the khan: "You bear the name of (our) ancestors"... **Ka**：the On-Oq ("Ten-Arrows", i.e. Western Türüks). Then ... the Üč-Qarluq, in the Pig Year (A.D. 747), Toquz-Tatar ("Nine-Tatars") ... The nine buyruqs, the five generals and common people stood up and entreated my father, the Qan. "There exists the name of ancestors! **B**：(devlet sınırları içine) girdi0. Orada (o zaman) ... Üç-Karluk Domuz yılında[747'de]... Dokuz-Tatar ... dokuz buyruk, beş sengün, avam halkı ayağa kalkarak babam kağana ricada bulundu (kk. babam kağana yalvardı). "Atalarımızın adı... **G**：之后……（此处约缺损 35 个字符）三姓葛罗禄于猪年，九姓鞑靼……（此处缺损 10—12 个字符）九梅禄……（此处缺损 3—4 个字符）五将军，全体普通人民（qara bodun）请求我父可汗土里燕（turyan）即位为（可）汗"这是祖先的…… **Ba**：Кірді:сонда... /Үш Қарлұқ/доңыз жылға/Тоғыз Татар/...Тоғыз бұйрық Бес Сөңгүтқара бүтін (халық):Торыйан:әкем ханға:өтінді:ата үлкен аты... **Me**：girdi ve orada (onların yönetimi altına gir)diler... Üç (Karluklar) Domuz yılında (MS 747) Dokuz Tatarlar....dokuz buyruk, bin general ve halk(a karşı) ayağa kalkarak babam Kağan'a (şöyle) dilekte bulundular："Atalarımızın ad… **Z**：之后……三姓葛罗禄于猪年，九姓鞑靼……九梅禄……五将军，全体普通人民请求我父可汗吐尔燕（turyan）即位为汗。"这是祖先的…… **E**：katıldılar. Orada <...> tâbi oldular. <...> öldü(ler). <...> Üç Karluk(lar) domuz yılında (747) Dokuz Tatar(lar) <...> dokuz komutan <...> beş general (ve) halk (önünde) ayağa kalkarak babam kağana (şöyle) arz ettiler："Atalarımızın adı... **Sa**：кірді. Сонда ... (шамамен 26 әріп（接下页）

5："于都斤的土地已归您所有了，请您称汗，统治国家吧。"……在那里，赋予叶护的爵位。在之后的鼠年（748 年），从（先祖）陵墓那里（得到）力量的人民说："陵墓归您所有，您的力量就如黑水（洪水）一样大而无比。"人民来到我的牙帐，（把我）拥立为可汗。①

（续上页）өшкен) үш карлук. Доңызжылы (747-жылы) тоғыз-татарды жаулап алдым. (10 әріп өшкен) тоғыз бұйрук (қолбасшы) (4 әріптің орны бар) ... Сенгүндер, кара халықтар Тұр-айын хан әкеме өтінді. Ата-баба аты бар деді... **H**：他们说"这是祖先给的称号"。周围国家……给……在那里，他称作叶护。在那里之后的鼠年，他们说："如果权力掌握在好人手里，普通人民会享福；如果权力掌握在坏人手里，对普通人民来说就是祸水。普通人民把他称作 turyan qaɣan…… **Ö**：arasına karıştı, onlara bağımlı hale geldi ... Üç Karluklar domuz yılında Tokuz Tatar ... dokuz komutan, beş general ve halkı huzura gelip babam hakandan ricada bulundular. "Atamızın dedemizin adı.

① **K**：they said. He caused harm to all adjacent realms... Then he was called yabɣu. Afterwards, in the year of the rat, "If power is in the hand of a sound person, it keeps the whole people in order；if power is in the hand of an unsound person, it becomes spring-water" – (they said and) nominated him as Turyan-Qaɣan. **Kl**：他们说了，把周围（所有）国家（el）他征服了……那时开始任命他为叶护，以后在鼠年（说着）"有福者能治理百姓，无福者的力量好比流水"（这样说着）。人民把他宣布为 Turğan 可汗。**T**：they said, "the land of Ötüken is in your hands, rule (it)!" There, my father appointed (me) yabgu. After that, in the Year of Rat, in the graveyard (of our ancestors), the powerful common people spoke (as follows): "The grave(s) of (our ancestors) are in your possession. The power (you need?) is surely in the Kara-Sub (river)." (Thus), the common people, having stood up (in front of me). **Ka**：they said... then he gave the title of yabɣu. Afterwards in the Rat Year (A.D. 748), "The graves are in your hand. – The strong common people said. The graves are belong to you. There has been the powerful Qara-suv." The common people stood up and gave (me) the title of Qaɣan. **B**：var -dedi … Orada (o zaman) [kağan] yabgu atadı. Sonra Sıçan yılında [748'de Tengri böyle söylemiş]："Senin elinde güç var, [seni] avam halkı (kk. kara bodun) atamış. Aranızda güç sen idin. Kara Su [?] gibi]". Avam halkı [öylece] ayağa kalkarak kağan [olarak]? **G**：意愿！——他们说。他（对）周围的国家给了（此处约缺损 35 个字符）……（此处缺损 8—9 个字符）之后他被任为叶护（yabɣu）。之后，在鼠年，（他们说）"如果权力在好人手中，普通人民得享（平安）……（此处缺损 2—3 个字符）如果权力在恶人手中，对普通人民则是祸水（直译"黑水"）。**Ba**：бар деді...сонда:Йабғұа/тады/...сондакейінгі:тышқан жылға/Есінсіз/ де күш:қарабүтін (халық)...ған:Есінсізде:күш:қара су екен:қара бүтін(халық). Торыйан қаған. **Me**：var" dedi(ler)... orada yabgu atadı. Ondan sonra Sıçan yılında (MS 748) (ecdat) mezarlığında güç(lü) halk (şöyle) demiş：(Atalarımızın) mezarları sizde. (Muhtaç olduğunuz) güç "Kara Su"dur. (Gücün sahibi olan) Halk, ayağa kalkarak (beni) kağan. **Z**：意愿。"他们说。他周围的国家给了……之后，他被任命为叶护。之后，在鼠年，"如果权力在好人手中，普通人民得享（平安）……如果权力在恶人手中，对普通人民是祸水"。**E**：var" dedi(ler). <...> orada yabgu (olarak) atadı. Ondan sonra sıçan yılında (748), "sen varken halk güçlü imiş, sensizken (halkın) gücü（接下页）

6:（把我）封为神圣苍天创造的、汗庭的缔造者毗伽可汗（täŋridä bolmïš ėl ėtmiš bilgä qaγan），把我的妻子封为颉•毗伽（ėlbilgä）可敦。成为可汗和可敦后，我令人在于都斤（山）当中、as öŋüz baš 和 qan ïdoq baš 的西面建立了汗庭（牙帐）。①

（续上页）kara su (gibi) imiş" (diyerek) halk ayağa kalkıp kağan (olarak). **Sa**：Өтүкен елі айналасындағы ел күш берді (көмек қолын созды) (5 әріп орны бар) . сонда жабғу атады. Онда соңыра тышкан жылы (748-жылы) ынтымак бірлікте куатты күшті халық етіп жасады. Ынтымак бірліктен айрылғанда ағынды (күшті) қара су едік. Қара халық Тұр-айын қаған. **H**：他们说“这是祖先给的称号”。周围国家……给……在那里，他称作叶护。在那里之后的鼠年，他们说：“如果权力掌握在好人手里，普通人民会享福；如果权力掌握在坏人手里，对普通人民来说就是祸水。普通人民把他称作 turyan qaγan。**Ö**：var" dediler. Ötüken toprakları sizde, geri ver" dediler ... Orada Yavgu unvanını verdi. Ondan sonra sıçan yılında mezarlıktan (atalardan ?) güç (alan) halk demiş ki: "mezarlık sizde, güç kara su (kaynak suyu) imiş." Halk huzuruma gelip (beni) hakan.

① **K**：They called him the Heavenly-born El-etmiš Bilgä-qaγan, they called her El-bilgä qatun. When he was called qaγan and she was called qatun, I had my residence set up in the middle of the Ötükän, to the west of the sacred elevated grounds of Süñüz Bašqan. **Kl**：宣称他为天生的建国的英明可汗，而把（他妻）封为可敦。称可汗，妻为可敦，我在于都斤中心圣峰 Süngüz Baxkan 以西建立了自己的大营地。**T**：appointed (me) kagan, appointed (me) Tängridä-bolmiš, El-etmiš Bilgä Kagan (=the Heaven-born and the State-Founder Wise Kagan) and (my wife) El-Bilgä Katun (= the Wise Queen of the people). After having been appointed kagan and katun, I had my headquarters established here, on the western (slopes) of the As-Öngüz summit and the Kan-Iduk (=Royal-Sacred) summit amidst Ötüken. **Ka**：and named (me) Täñridä Bolmïš El Etmiš Bilgä Qaγan. They appointed (my wife named) El Bilgä Qatun. After the appointment as qaγan and qatun, I had my throne set up here at the center of the Ötükän, to the west of the river-head area(s) of Aš-Öŋüz and Qan-ïduq. **B**：atadı. Tengride Bolmuş El Etmiş12 Bilge kağan (olarak) atadı ([bana] ünvan verdi). [Eşimi] El Bilge hatun[u da] atadı (ona böyle bir ünvan verdi). Kağan olarak atanıp, hatun olarak atanıp Ötüken ortasında, As Öngüz ırmağının başında (?)... başının batısında bulunan (kk. arkasındaki [bölgede]) kağanlık otağını [tahtını] burada düzenledim (kk. ettim). **G**：他被宣布为土里燕可汗（turyan qaγan），宣布为登里罗•没密施•颉•翳德密施•毗伽可汗（täŋridä bolmïš el etmiγ bilgä qaγan），（其妻为）伊利•毗伽可敦（el bilgäqatun）。当被宣布为可汗和可敦后，我让人在这里，在于都斤（山林）中间，在孙古斯巴石汗（süŋüz bašqan）圣山之西边建立了汗庭。**Ba**：атады Тәңірде:болған:Ел Етміш:Білге қаған:атады:Ел Білге қатұн:атады:қаған:атанып:қатұн атанып:Өтүкен:ортасында:кейінгінің ордасын:бұнда еттім (жасаттым). **Me**：atadı "Tanrı'nın lütfuyla kağan olmuş, devlet kurmuş Bilge Kağan atadı, (eşimi de) İl Bilge Hatun atadı." 10 Kağan atanıp, hatun atanıp Ötüken ortasında, As Öngüz Başı'nın, Kan Iduk Başı'nın batısında, hükümdarlık otağını burada kurdurdum. **Z**：他被宣布为吐尔燕可汗（turyan qaγan），宣布为登里罗•没密施•颉•翳德密施•毗伽可汗（täŋridä bolmïš il itmiš bilgä qaγan），（其妻为）伊利•毗伽可敦（il bilgä（接下页）

西面

1：获得神圣苍天创造的、汗庭的缔造者毗伽可汗和颉•毗伽（ėlbilgä）可敦的爵号之后，于都斤西面、铁兹河上游，我令人在那里建了牙帐。我令人在那里扎篱笆。虎年（750年）、蛇年（753年）两年，①

（续上页）qatun）。当被宣布为可汗和可敦后，我让人在这里，在于都斤（山林）中，在孙古斯巴石汗圣建立了汗庭。**E**：atadı. Tengride Bolmış El Etmiş Bilge Kağan (olarak) atadı. (Eşimi) El bilge Katun (olarak) atadı. Kağan (olarak) atanıp (eşim de) hatun (olarak) atanıp Ötüken'in ortasında As Öngüz Baş ve Kan Iduk Baş (dağlarının) batısında kağanlık otağını burada kurdurdum. **Sa**：атады. Тәңірден жаратылған Ел етуші Білікті қаған атады. Елдің білікті катыны атады. КҚаған [атак] атанып, Қатын [атак] атанып Өтүкен ортасында, Сүнүз-басы тауы [21] мен Ыдук-бастын солжағына Хан ордасын тіктірдім. **H**：称作täŋridä bolmïš il itmiš bilgä qaγanf、把他的妻子称作 il bilgä qatun。称作可汗和可敦后，我让人在这里，于都斤山中间 süŋüz bašqan 的 ïduq baš 的西面修建汗庭。**Ö**：ilan etti. (Beni) ilahi göğün yarattığı, hanedan kurucu Bilge Kağan, (eşimi de) Ėlbilge Katun ilan etti. Hakan ve kraliçe olarak atandıktan sonra Ötüken'in orta yerinde As Öŋüz Baş ve Kan Idok Baş'ın batısında, otağımı orada kurdurdum.

① **K**：I, the Heavenly-born El-etmiš Bilgä-qaγan (together with) El-bilgä qatun, having taken the title of qaγan and qatun ... I had (my) abode set up at the western borders of the Ötükän, on the upper reaches of the Täz. In the year of the tiger and in the year of the serpent... **Kl**：我天生的建国的英明可汗，天生的英明的可敦接受了可汗和可敦的封号。在于都斤西边的 Tez 河上游我命令建立……在那里度过了虎年、蛇年两年…… **T**：I, the Heaven-born and the State-Founder Bilgä Kagan, and (my wife) El-Bilgä Katun, having assumed the title of kagan and the title of katun, I had (my) headquarters (established there) and I had (the fences of my headquarters) built there, at the western end of Ötüken, at the head of the Tez (River). There I spent the summers for two years, (first) in the Year of Tiger, (then) in the Year of Serpent. **Ka**：(I,) Täñridä Bolmiš El Etmiš Bilgä Qaγan and (my wife) El Bilgä Qatun, being appointed as qaγan and qatun, [had my] throne [set up], then I had [my stockade?] built there at the western end of the Ötükän, in the river-head area of Tez. In the Tiger Year (A.D. 750) and in the Serpent Year (A.D. 753), during these two years. **B**：[Ben] Tengride Bolmuş El Etmiş Bilge kağan [ve eşim] El Bilge hatun kağan ünvanını ve katun ünvanını [alarak] atandık. Ötükenin batı (kk. arka) ucunda, Tez irmağının başında?15 taht[ı] orada (o zaman) hazırlattım. Kaplan yılında [750/1'de] ve Yılan yılında [752/3'te] iki yıl [boyunca] ... **G**：我登里罗•没密施•颉•翳德密施•毗伽可汗（täŋridä bolmïš el etmiγ bilgä qaγan，意为"天生的建国的英明可汗"）及伊利•毗伽可敦（el bilgä qatun，意为"国家英明的可敦"）接受了可汗和可敦的称号，我并让人在于都斤（山）西边，在铁兹河上游建立了汗庭……（此处约有14个字符缺损），我在那里度过了虎年和蛇年两个年头的夏天…… **Ba**：Тәңіріде:болған:Ел Етміш Білге:қаған:Ел Білге:катұн:Қаған:атын:Қатұн:атын атанып:Өтүкен кейінгі (батыс) ұшында:Тез басында:орданы...(чыт құрылыс) сонда жараттырдым:барыс жылғы жылан жылғы:екі жыл... **Me**：Tanrı'dan olmuş/ Tanri'ımn lütfuy la Kağan olmuş/ devlet kurmuş Bilge Kağan, El Bilge Hatun, Kağan（接下页）

2: 我（在此）度过了夏季。龙年（752 年），我在于都斤（山）间，as öŋüz 和 ïdoq baš 的西面度过了夏天。我令人在这里建了牙帐。我令人在这里扎篱笆。我已使人将我千年万日之碑文和印记刻于扁平的石板上，①

（续上页）unvanını ve Hatun unvanını alarak Ötüken’in bati tarafında, Tes (irmağı) Başı’nda, hükümdarlık otağını orada yaptırdım. Kaplan yılında (MS750) ve Yılan yılında (MS 753) (orada) iki yıl... **Z**：我登里罗・没密施・颉・翳德密施・毗伽可汗（täŋridä bolmïš il itmiš bilgä qaɣan）（与）颉・毗伽可敦（il bilgä qatun）被称为可汗和可敦称号，我在于都斤（山）西边，在铁兹（河）上游，在那里建立了汗庭。……我度过了虎年（和）蛇年两年……**E**：Tengride Bolmış El Etmiş Bilge Kağan (ve eşim) El Bilge Katun <...> kağan adını, hatun adını alıp Ötüken’in batı ucunda, Tes (Irmağı’nın) kaynağında kağanlık otağını (orada kurdurdum, karargâh çitlerini) orada vurdurdum. Pars yılında (750) (ve) yılan yılında (753) iki yıl... **Sa**：Тәңірдсн жаратылған Ел етуші Білге қаған, Ел Білге катын қаған атак, қатын атак алып (атаныл) Өтүкеннің сол жағының ұшында Тез [өзенінін] басына Хан ордасын тіктім. (10 эріп өшіп кеткен)... Чыт онда орнатып, барыс жылы (750-жылы), жылан жылы (753-жылы) екі жыл... **H**：称作 täŋridä bolmïš il itmiš bilgä 称号的可汗和被称作 il bilgä 称号的可敦，我在于都斤西面铁兹河源头让人修建汗庭，并在此修筑围墙。虎年、蛇年两年…… **Ö**：İlahi göğün yarattığı, hanedanın kurucusu Bilge Kagan, Ėlbilge Katun, hakan ve kraliçe unvanlarını hakettikten sonra Ötüken’in batı ucunda, Tez başında otağı orada kurdurdum, (ordugâh) sınırlarını orada çektirdim. Kaplan yılı ile yılan yılında iki yıl.

① **K**：I spent two years there. In the year of the dragon I spent the summer in the middle of Ötükän, to the west of Süñüz Bašqan, the sacred elevated grounds. Here I had my abode set up and here I had walls erected. Here I had my eternal (lit. of a thousand years and ten thousand days) letters and signs... **Kl**：度过了夏天。在龙年于都斤中心的 Singiz baxkan 圣峰以西度过了夏天，我命令在那里建立我的大营地，建造围墙，我命令把我的永恒的（千年万日的）诏谕和印记撰拟和铭刻在…… **T**：In the Year of Dragon, I spent the summer on the western part of the As-Öngüz summit and the Kan-Iduk summit, amidst Ötüken. I had (my) headquarters established here and I had the fences (of my headquarters) constructed here. Here I had my scripts and (royal) signs which would last one thousand years and ten thousand days inscribed and engraved on (this)... **Ka**：I spent the summers (there). In the Dragon Year (A.D. 752), I spent the summer (here) at the centre of the Ötükän, to the west of the river-head area(s) of Aš-Öñüz and Qan-Ïduq. Here I had my throne set up. Here I had my stockade driven (into the ground). Here I had my monumental record and sign which would last one thousand years and ten thousand days... **B**：yayladım. Ejderha yılında [751/2’de] Ötüken ortasında, As Öngüz ve Kan Idukun üst [bölgesinin] batı (kk. arka) bölümünde yayladım. Tahtı burada hazırlattım, çiti burada çevirdim, bin yıllık, on bin günlük yazıtımı, damgamı burada... **G**：龙年我在于都斤（山）中间，在 süŋüz bašqan 圣峰的西方度过了夏天。我令在那里建立了汗庭并令建立了围墙（或围栏）。我并令把我的永久的（直译：“千年万日的”）诏谕和印记刻写在…… **Ba**：жайладым:ұлу жылғы:Өтүкен:ортасын:Шөңгүз басында:Үйық басында кейінінде:жайладым:Орданы:бұнда:жаратдым:Чыт бұнда тоқытдым:Мың жылдық:түмен күндік.Бітігімді белгімді бұнда... **Me**：Yayladım（接下页）

3：令人刻在平直的石头上，令人刻在一整块石头上。由于上有蓝天的恩赐，下有褐色的大地的养育，我建立了我的国家和秩序。东方太阳升起之地的人民直到西方月亮升起之地的人民①

（续上页）(yazı geçirdim). Ejderha yılında (MS 752) Ötüken ortasında, As Öngüz ... iduk zirvesinin batısında yayladım. Hükümdarlık çadırını burada kurdurdum ve ordugâh çitlerini burada diktirdim. Bin yıllık, on bin günlük yazıtımı ve damgamı burada... **Z**：的夏天。龙年我在于都斤（山）中，在 süŋüz bašqan 圣峰的西边度过了夏天。我在这里建立了汗庭，在这里修筑了围墙。我在这里把我的千年万日（即"永恒"之意）的诏谕和印记…… **E**：yayladım. Ejderha yılında (752) Ötüken'in ortasında, As Öngüz Baş (ile) Kan Iduk Baş (dağlarının) batısında yayladım. Kağanlık otağını burada yaptırttım. Karargâh çitlerini burada vurdurdum. Bin yıllık on bin günlük yazıtımı ve damgamı burada... **Sa**：жайладым. Ұлу жылы (752-бет) Өтүкен ортасында Сүнүз-басы тауы, Ыдұқ-бастың сол жағына жайладым. Хан ордасын осында тігіп, чыт мұнда орнаттым. Мың жылдық, түмен күндік бітігімді (жазуымды), белгімді (елтаңба) мұнда... **H**：过夏。龙年，我在于都斤山中间 süŋüz bašqan 的圣峰的西部度夏。我让人在这里修建汗庭，建造围墙。并把千年万日的文字和符号在这里…… **Ö**：yazı (burada) geçirdim. Ejderha yılında Ötüken'in ortasında As Öŋüz başının batısında yazı geçirip otağımı orada kurdurdum, sınırlarımı orada çektirdim. Binlerce yıl, onbinlerce gün (kalacak olan) yazıtımı, belgemi burada.

① **K**：carved (lit. created) on flat stone, and I had them made on heavy stone. As the blue sky above was merciful (to me) and the brown earth below nourished me, my realm and customary law were founded. The peoples living in the east (lit. forward) where the sun rises, and the peoples living in the west (lit. behind) where the moon rises... **Kl**：平面光滑的石头上，铭刻在沉重的石头上。由于上面有上天的保佑，下面有大地的养育，我建立了我的国家和法制。在前边日出的东方的人民，在后边月亮升起的西方的人民…… **T**: flat stone and single-piece stone. Since the Blue Heaven above granted mercifully and the Brown Earth below provided (generously), I have got for myself my state and my institutions. Peoples living at the sunrise in the east and the peoples living at the moonrise in the west... **Ka**：inscribed on the flat stone, engraved around the plump stone. Since the Blue Heaven above was granting and the Brown Earth below nourishing, I myself organized my state and my institutions. The peoples in the east where the sun is born, the peoples in the west where the moon is born... **B**：yassı taşa hazırlattım, sütun üzerine kazdırttım. Yukarıda mavi gök (Tengri) izin verdiği için, aşağıda yağız yer beslediği için, elimi, töremi düzenledim. Doğuda (ileriye) gün doğusundaki bodun, batıda (kk. arkada) ay doğusundaki bodun... **G**：平滑的石头上，让人把它们刻在重石上。由于上面有蓝天保佑（我），下面有褐色大地养育（我），我的国家和法制建立了。居住在前面（东方）日出方向的人民和居住在后面（西方）日落方向的人民…… **Ba**：жазық тасқа:жаратдым:Тұғыр:тасқа тоқытдым:Үсті Көк Тәңірі жарылқағаны:үшін:Асты нығыз қоңыр жер:кие бергені:үшін:Елімді:төрелігімді иелендім:өңірге күн тумысындағы:бүтін(халық):кейін ай тумысындағы:бүтін(халық)... **Me**："yassı taşa yazdırdım"；müstakil bir taşa kazdırdım. Üstteki Gök Tanrı / Ebedî Tanrı lûtfettiği için, aşağıdaki yağız yer besleyip doyurduğu için, devletimi ve düzenimi（接下页）

4：即四方人民均（为我）出力。我的敌人已到 bölük。我的土地、草场和农田，有八个支流的色楞格河、鄂尔浑河、toɣla、sävin、tälädü、qaraɣa 和 burɣu（河？）均在于都斤和 tägräs 之间的地区。我在这些土地之间游牧而生。①

（续上页）kurdum. İleride gün doğusundaki halklar, geride ay doğusundaki halklar... **Z**：刻写在平滑的石头上，镌刻在重石上。由于上面蓝天保佑，下面褐色大地养育，我的国家和法制建立了。居住在前面（东方）日出方向的人民和居住在后面（西方）日落方向的人民……**E**：yassı taş üzerine yazdırttım, yazıt taşı üzerine hâkkettirdim. Yukarıda mavi gök buyurduğu için, aşağıda yağız yer beslediği için yurdumu (ve) yasalarımı düzenledim. <...> Doğuda güneşin doğduğu yerdeki boylar, batıda ayın doğduğu yerdeki boylar... **Sa**：жасаған таска жараттым, ұстын тасқа шекідім. Жоғарыда көк Тәңірі жарылқағандығы үшін, төменде қара жер қолдағаны үшін елімді, өкіметімді (төрімді) орнатты. Алдыңғы күн шығыстын [елі], одан соң ай туар жактың халқы... **H**：人制作平滑的石头，刻在沉重的石头上。由于上天的保佑，大地的养育，我建立了国家和法制。前方太阳升起之地的人民后方太阳降落之地的人民…… **Ö**：düz taşa yaptırdım, yekpare taşa hakettirdim. Yukarıda mavi gök bahşettiği için aşağıda kara toprak beslediği için devletimi düzenimi kurdum. Doğuda gün doğusundaki halktan batıdaayın doğduğu yöne kadarki halk.

① **K**：(so all the) peoples of the four quarters of the world gave their services (to me), and my enemies lost their fortune ... Among the eight (rivers), there were my cattle and my arable lands. The eight (rivers), the Sälāñä, the Orqun, the Toyla made me happy. In that country, between my two rivers, the Qarya and the Burɣu I (now) settle down, (then) I wander further (nomadize). **Kl**：四方的人民给予了我力量，我的敌人失去了自己的份（应该是失去了自己的部落。——译者）。在八条河流之间是我的牲口和我的耕地，八条（河）色楞格、鄂尔浑、图拉使我愉快。我要去 Karɣa、Burɣa 这两条河流域居住并游牧。**T**：all the peoples living in the four quarters (of the world) are giving (their) services (to me). Bülük, my (chief) enemy, has been annihilated ... between (these) two (boundaries), my arable lowlands and cultivations (are located by and around the rivers of) Eight-Selenga, Orkhon, Tugla, Set in, Teledu, Karaga and Burgu (Burugu ?). I keep nomadizing on these lands of mine and along these rivers of mine. **Ka**：and the peoples in the four quarters are contributing (me) their works and services. My enemy Böl[ük?] has disappeared (?) ... my grasslands and my fields between the two, the Eight-Säläñäs, Orqun, Toɣla, Säbin, Tälädü, Qaraya, Burɣu. These lands and waters of mine are inhabitated and nomadized on by me. **B**：dört taraftaki (kk. dört köşedeki) bodun iş güç (eşliğini gücünü) [bana] verir, düşmanım Bölük yok oldu. İki [durum] arasında vadime, tarlama, Sekiz-Selenga [koluna?], Orkuna, Toglaya, Sebine, Eteldüye, Karagaya, Burguya, bu yer ve suya konar göçerim ben. **G**：以及所有四方的人民都（为我）出力，我的敌人则失去自己的福分……（此处缺损 8—9 个字符）在八（条河流）之间，那里有我的草场和耕地。色楞格、鄂尔浑、土拉等八（条河流）使我愉快。在那里，在 qarɣa 和 burɣu 两条河之间，我居住着和游牧着。**Ba**：төрт бұрыштағы бүтін (халық):күш берер жауым:бөлек жоқ болды:екі аралығы жылуым (жылы қонысым)ат жайлауым:Сегіз Селеңгі:Орхон Туыл:Себен:Телдү:Қараға:Бұрұғұ:ол жерімді（接下页）

5：我的夏季牧场北临于都斤北面，西达铁兹河上游东边的 qańuy 和 künüy（河）。我的坐落在里面的牧场是于都斤，南面……翁金（onγï）……属于（人民的）可汗的地方的南端近阿尔金山（altun yïš），西端 kögmän，东端 költi (?)。①

（续上页）суымды қонар көшермін. **Me**：dört taraftaki halklar … verir. Düşmanım ... yok ol...ikisinin arasında ormanlarım, tarlalarım [bulunmaktadır). Sekiz [kollu]70 Selenge, Orhun, Tola / Tuul, Sebin, Teledü, Karaga, Burgu. Ben, bu topraklarımda ve bu sularım (boyunca)/bu bölgede konar；göçerim. **Z**：以及所有四方的人民都出力，我的敌人失去了自己的福分，在八（条河流）之间，那里有我的草场和耕地。色楞格、鄂尔浑、土拉等八（条河流）使我愉快。在那里，在 qarγa 和 burγu 两条河之间，我居住着并游牧着。**E**：dört bucaktaki halklar hizmetimdedir. Düşmanım Bölök yok oldu. Ötüken yurdu ile Tegres yurdu, (bu) ikisinin arasındaki vadilerim (ve) tarlalarım sekiz (kollu) Selenge, Orhon, Tula, Sevin, Teledü, Karaga (ve) Burgu. Bu topraklarım (üzerinde) (ve) ırmaklarım (boyunca) konup göçerim. **Sa**：[дүниенің] төрт бұрышының халкы күш-куатын берер, [ойы] бөлек жауым болмады. Жайлар жайлауым, егін алкабым сегіз Селеңгі, Орхон, Тоғла суы (дария бойы), Телдү, Қарға, Борғу ол жерлермен, сулармен көшіп-конып жүрдім. **H**：四方的人民（为我）出力，我的敌人没有（上天赐福的）份。……八（河）之间是我的牲畜和耕地。八色愣格河、鄂尔浑河、土拉河让我欢喜。我在 qarγa、burγu 这两条河之间居住和游牧。**Ö**：dört bucaktaki halk bana kulluk eder. Düşmanım Bölük yok oldu. Ötüken ve Tegres bölgelerinin arasında topraklarım, otlağım, tarlam, sekiz kollu Selenge, Orkun, Togla, Sevin, Teledü, Karaga ve Burgu (ırmakları?) yer alır. (Bu) toprakların arasında konar göçerim.

① **K**：In my summer residence, on the western end of the northern slopes of Ötükän, to the east of the upper reaches of the Täz (river) I settle and wander further (nomadize). Upon my wish Onγï from the Ötükän land went on campaign. “Follow with the army and gather the people!” -[I said?]. “Defend the southern frontier at ... the western frontier at the Altun mountain, (and) the eastern frontier at the Kögmän!” **Kl**：我的夏牧场在于都斤山坡西端，Tez 河上游以东，我在那里居住和游牧……根据我的意愿 Ongi 从于都斤地区出征，“跟随军队走，集合人民”[我说了?]……的南端，到阿尔泰山的西端，到曲曼山的北端你保卫。**T**：My summer pastures are the northern (slopes) of the Ötüken (mountains). Its western end is the head of the Tez (river), and its eastern (end) is Kanyuy and Künüy ... My private lowlands (meadows) are (in) Ötüken. Its northern (end) is Ongi Tarkan Süy (?), belonging to the hostile tribes and (hostile) kagan；its southern end is Altun yiš (i.e., Altay mountains) its western end is Kögmen (i.e., Tannu-Tuva mountains) and its eastern end is Költi (?). **Ka**：My summer pastures are (located) to the north of Ötükän. Its Western end is the river-head area of the Tez, its eastern (end) is the Qanyuy and the Künüy ...My **** is (situated) Ötükän. Its northern (end) is the Onγï Tar[qan?] Süy, belonging to the people [and Qaγan?] of the enemy. Its southern end is Altun mountains, its western end is the Kögmän mountains, and its eastern end is Költ<i?>. **B**：yayladığım yer Ötükenin kuzey [yüzünün] batı (kk. arka) ucu, Tez irmağının başının doğu (kk. ön) [bölümünde bulunan] Kanyay [ve] Künüy [ırmaklarının]… Ötüken toprağı (yeri) … bodunun kağanına ait güneyde (kk. sağda) [bulunan]（接下页）

6：归属神圣苍天创造的、汗庭的缔造者毗伽可汗的部众共有60个；其中梅禄的首领为：ïnanču baγa tarqan；大梅禄是 toquz bolmïš bilgä 大将军；右翼五百夫长是 külüg oŋï；五百户长的 öz ïnanču 是 uluγ öz ïnanču；①

（续上页）ucu,Altun platosunun batı (kk. arka) ucu, Kögmenin doğusunda (kk. ilerisinde) [bulunan] ucu gölde (?). **G**：在我的夏牧地，在于都斤（山）北坡的西边，直到铁兹河上游以东，我在那里居住并游牧……（此处缺损3—4个字符）。依据我的意愿，onγï 从于都斤（山）地区去出征。"跟随军队（出征）并集合起人民!"（此处缺损6—7个字符）"保卫在……南边的疆界，在金山山林的西边疆界（和）在曲漫（kökmän）山的东边疆界！"（我说？）**Ba**：жайладым:Өтүкен:қойнауы кейінгі ұшы Тез басы өңірден Қанұй:Күнүй:біз екі аралығы қыстауым Өтүкен жері:Оңғы Тархан сүңгілері жау:бүтін (халық)қа...бері қарай ұшы:Алтын:Йыш:кейінгі ұщы:Көгмен:ілгері ұшы Көлүн. **Me**：Yaylağım Ötüken'in kuzey (tarafi) batı ucu, Tes (irmağı) Başı, doğusu Hanuí Gol ve Hünüi Gol (irmakları) ... İç ormanlarım/ asıl ormanlarım Ötüken yeri /Ötüken Bölgesi；Ongi Tarkan Süy, yakın halkın ... kağanınki：Güney ucu Altay Dağları, batı ucu Kögmen (=Tannu-Tuva Dağları), doğu ucu... **Z**：在我的夏牧场，在于都斤（山）北坡的西边，直到铁兹河上游以东，我在那里居住并游牧根据我的意愿，onγi 从于都斤（山）地区出征。"跟随军队并集合人民!保卫在南边的疆界，在金山山林的西边疆界（和）在曲漫山的东边疆界!" **E**：Yaylam Ötüken'in kuzey (bölümlerinin) batı ucu, Tes (Irmağı) kaynağı(ndadır). Doğusu Hanuy (ve) Hünüy ırmakları <...> iç otlağım Ötüken, kuzeyi Ongı Tarkan Süy, düşman halkın kağanı(nınki) güney ucu Altay Dağları, batı ucu Kögmen, doğu ucu Költi(?)'dir. **Sa**：Жайлауым Өтүкен құзының сол жақ ұшы Тез (өзенінің) басы, [онын] онтүстігінде Ханүй, Күнүймен екі арасы кыстауым. Өтүкен жерінің алдыңгы жағында Табғач қорғаны (Ұлы кабырға). [Ол] Сүй жауымыздың халкының кағандығы (ның жері]. Оның бергі жағындағы ұшы Алтын жынысы (Алтай тауы). Оның солтүстік жағының ұшы Көгмен (Саян тауы). Шығыс шекара Көлөн [көлі]. Бұл жерде... (5 эріп өшкен). **H**：我的夏牧场在于都斤北坡的西面、铁兹河源的东面，我在此居住和游牧……按照我的意愿，onγï 从于都斤地区出征了。"跟随军队，召集人民。"我说……保卫从……的南边到金山树林的西边，从曲漫山的东端（到北端的地区）。**Ö**：Yaylam Ötüken'in kuzey tarafları, batı ucu ise Tez başı, doğusu Kanyuy ve Künüy (ırmakları) ... içerideki otlağım Ötüken, kuzeyi Ongı ... halka, hakana ait olanlar güney ucu ... Kögmen'in doğu ucu Költi (?).

① **K**：My Heavenly-born El-etmiš Bilgä-qan had the tribes living inside (the country) subjected. The head of the inner buyurugs was Inanču-baγa-tarqan, and there were nine grand buyuruqs (alltogether)：Bilgä Tay-säñün-totoq, head of five hundred (warriors)；Külüg Oŋi-Öz-Ïnanču, head of five hundred (warriors)；Uluγ Öz-Ïnanču. **Kl**：我天生的建国英明可汗命令征服（所有）内属的人民、内属梅录的首领是 ïnanču Baγa 达干，大梅录共有九个，Bilgä Tay 将军都督是五百人长 Külüg Oŋi-Öz-Ïnanču，五百人长 Uluγ Öz-Ïnanču。**T**：(The number of) the court people of my Khan, the Heaven-born and State-Founder, is sixty. The head of the court buyruks is Inanču Baga Tarkan. The Grand Buyruk is Tokuz-bolmïš Bilge Tay-Sengün. The Ongï is Külüg Ongi, head of five hundred (soldiers). The Öz Inanču is Ulug（接下页）

7：uruŋu 百夫长是 uluγ uruŋu；突利斯匐的儿子是千夫长 töliš külüg ärän；达头匐（tarduš bäglär）的儿子是千夫长 tarduš külüg ärän；tarduš ïšvara 是五千军长 alp ïšvara 将军；yaγlaqar……①

（续上页）Öz Inanču, head of five hundred (soldiers). **Ka**：I, Täñridä Bolmiš El Etmiš Bilgä Qan have 60 people at my court. The head of the buyruqs is Înanču Baγa Tarqan. The Grand buyruq is Toquz Bolmiš (!) Bilga Tay Säñün. **** is Külüg Oñï, a leader of five hundred (soldiers). The öz ïnanču is Uluγ Înanču, a leader of five hundred (soldiers). **B**：Tengride Bolmuş El Etmiş Bilge kağanım[in] iç bodunu [ve] altmış (?) buyruğu [vardı] [Bunların] başı İnançu Baga Tarkan [idi]. Büyük buyruk dokuz imiş. Bilge Sengün Tay 500 [kişinin] başı, Külüg (=Ünlü) Ongi Öz İnançu 500 [kişinin] başı [idi]. Ulug (=Büyük?) Öz İnançu. **G**：我的登里罗・没密施・颉・翳德密施（可）汗臣服了住在（国）内的人民，内梅禄的首领是伊难珠・莫贺・达干（ïnanču baγa tarqan）。大梅禄共有九个，（他们是：）五百人长毗伽大将军都督（bilgä tay säŋün tutuq），五百人长俱录・翁伊・俄兹・伊难珠（külüg oŋï öz ïnanču）。**Ba**：Тәңірде:болған:Ел Етміш Білге әкем:Ішкі:бүтін (халық)ты:алтпыс Бұйрық басы Ынанчұ Баға тархан Ұлық Бұйрық Тоғыз:болған:Білге:Тай Сеңгүн... тұ...Бес жүз басы Күн Оңғы:Өз Ынанчұ:бес жүз:басы:Ұлық Өз Ынанчұ. **Me**：Tanrı'nın lütfuyla tahta oturmuş, devlet kurmuş Bilge Hanımın kendisine tabi boyların sayısı altmış. İç Buyruk Başı：İnançu Baga Tarkan；Ulu Buyruk (Baş Kumandan)：Tokuz Bolmış Bilge Tay / Büyük* Sengün；Tay . Beş Yüz (kişilik birlik) Başı Külüg Ongi Öz İnançu；Beş Yüz (kişilik kuvvet) Başı Ulu Öz İnançu. **Z**：我的登里罗没密施颉翳德密施可汗征服了住在（国）内的人民，内梅禄的首领是伊难珠莫贺达干（ïnanču baγa tarqan）。大梅禄共有九个：五百人长毗伽大将军都督（bilgä tay sängün tutug）、五百人长俱录翁伊俄兹伊难珠（Külüg Oŋï-Öz-Ïnanču）。**E**：Tengride Bolmış El Etmiş Bilge Kağan'ımın kendisine tâbi boyların sayısı altmış (idi). İç (işlerinden sorumlu) komutan İnançu Baga Tarkan. Büyük komutan Tokuz Bolmış Bilge Tay Sengün <...>. Beş yüz (kişilik kuvvetin) başı Külüg Ongı Öz İnançu, (yine) beş yüz (kişilik kuvvetin) başı Ulug Öz İnançu. **Sa**：Тәңірден жаратылған Ел етуші Білге ханым ішкі (ордалық) халықты карамағына алды. Ншкі бұйрұк (колбасшы) басы Инанчу Баға тархан және тоғыз ұлы бұйрұк жасакталды. Білге Тай-сеңгүн ноян (князь) бес жүздік басы, Күлік (даңкты) ноян Өз-Ынанчу бес жүздік басы, Ұлы Өз-Ынанчу. **H**：登里・没密施・颉・翳德密施可汗使人民内属，其内梅禄的首领为 ïnanču baγa tarqan。大梅禄九个：bolmïš bilgä 大将军、都督、五百户长 Külüg Oŋï-Öz-Ïnanču、五百户长 Uluγ Öz-Ïnanču. **Ö**：İlahi göğün yarattığı Ėlėtmiş Bilge hanıma bağlı olan halkın (sayısı) altmış；İç Buyruk Başı：Inançu Baga Tarkan；içerdeki komutanların başı；Büyük Komutan：Tokuz Bolmış Bilge Tay Seŋün；Sağ cenahtaki beş yüzlük birliğin başı：Külüg Oŋı；Beş yüzlük birliğin başı Öz Inançu'su：Ulug Öz Inançu.

① **K**：Uruñu, head of one hundred warriors；Uluy Uruñu；head of one thousand (warriors) of the Tölis begs' sons, Tölis Külüg Ärän；head of one thousand (warriors) of the Tarduš begs' sons, Tarduš Külüg Ärän；Tarduš-Ïšbariš, head of five hundred warriors；Alp Ïšbara-säñün Yaγlaqar. **Kl**：Urungu. 百人长；Ulug Urungu 托德伯克们的儿子千人长托德的 Külüg Ärän，达头伯克们的儿子千人长 Alp，沙体略将军夜落葛。**T**：The Urungu is Captain Ulug Urungu. (Then come) sons of Tölis begs, majors, famous soldiers, and sons（接下页）

8：……九百夫长是 tuyqun 大达干；buquγ bïŋa ...[①]

（续上页）of Tarduš begs, majors, famous soldiers. The Ïšbaras of the Tarduš are：Ïšbara Sengün Yaglakar, head of five thousand soldiers. **Ka**：The uruñu is Uluγ Uruñu, a leader of one hundred (soldiers). Sons of the Tölis bägs, leaders of the biñ ... soldiers. Sons of the Tarduš bägs, leaders of the biñ, (and) the famous soldiers of the Tarduš. The išbaras is Alp Ïšbara Säñün Yaylaqar, a leader of the five thousand soldiers. **B**：Urungu yüz [kişinin] başı, Ulug (=Büyük?) Urungu, tölüs beylerin oğlu bin [kişinin] başı [idi]. erler, Tarduş beyleri oğlu bin [kişinin] başı [idi]. Tarduş Külüg (?=Ünlü) Eren (?=erler?), işbaralar. Beş bin erin başı Alp İşbara Sengün Yaglakar. **G**：百人长乌鲁赫•俄兹•伊难珠•乌隆古（uluγ özïnanču uruŋu），乌鲁•乌隆古（uluγ uruŋu），千人长突利施（部）诸匐之子突利施•俱录•伊然（tölis külüg ärän），千人长达头（部）诸位匐之子达头俱录伊然（tarduš külüg ärän），五千人长达头•沙钵略施（tarduš ïšbarïš），合•沙钵略•将军•夜落葛（alp išbara säŋün yaγlaqar）…… **Ba**：Ұрыңғы:жүз:басы:Ұлық ҰрыңғыТөлес бектері ұлы:мың басы Төлес Күлік Ерді:Тардұш бектері ұлы мың басы Тардұш Күлік:Ерді:Ышбара бес мың ер:басы Алып Ышбара Сеңгүн Йағлақар. **Me**：Urungu：Yüzbaşı Ulu Urungu；Tölis Beylerinin oğulları Binbaşı(lar)：Tölis'in ünlü erleri；Tarduş Beylerinin oğulları Binbaşı(lar)：Tarduş'un ünlü erleri；Tarduş Işbaralar：Beş Bin Er(lik kuvvet) Başı Işbara Sengün Yaglakar. **Z**：百人长乌鲁赫俄兹•伊难珠•乌隆古（uluγ özïnanču uruŋu）、乌鲁赫•乌降古（uluγ uruŋu）、千人长突利施（部）诸匐之子突利施•俱录•伊然（tölis külüg ärän）、千人长达头（部）诸匐之子达头•俱录•伊然（tarduš külüg ärän）。五千人长达头•沙钵略施（tarduš ïšbarïš）、合•沙钵略•将军•夜落胳（alp išbara säŋün yaγlaqar）。**E**：Urungu (idi). Yüzbaşı Ulug Urungu. Tölis Beylerinin oğulları(ndan) binbaşı Tölis Külüg Eren. Tarduş beylerinin oğulları(ndan) binbaşı Tarduş Külüg Eren (ile) Tarduş ışbaralar. Beş binlik kuvvetin başı Alp Işbara Sengün Yaglakar (idi). **Sa**：Үрұну жүздік басы, Ұлы Үрұну Төлес (сол канат) бектер ұлы мың басы, төлес күлүк ер Тардуш (оң қанат) бектер үлы мың басы, Тардуш (он канат) күлүк ер Тардуш Ышбарыш- бес мың шерік (эскер) басы, Алып Ышбара Сеңгүн жағлақар. **H**：uruŋu 百户长 uluγ uruŋu、突利斯匐的儿子千户长 tölis külüg ärän、达头匐的儿子千户长 tarduš külüg ärän、tarduš ïšbarïš、五千户长 alp išbara säŋün yaγlaqar。**Ö**：Uruŋu'su yüz başı：Ulug Uruŋu；Töliş Beylerin oğlu：Binbaşı Töliş Külüg Eren；Tarduş Beylerin oğlu：Binbaşı Tarduş Külüg Eren；Tarduş Işvaralar：beş bin askerin başı Alp Işvara Seŋün；Yağlakar ...

① **K**：Regiment of the head of nine hundred warriors, the toygan (commander of the khan's residence) Uluγ Tarqan Buquγ. **Kl**：……九百人长 Toyqan 的 uluγ 达干（大营地的长官）Buquγ 的千人队伍。**T**：Tuykun Ulug Tarkan Bukug Binga, head of nine hundred soldiers. **Ka**：////**** is Tuyqun Uluγ Tarqan biña, a leader of nine hundred soldiers. **B**：... dokuz yüz erin başı Tuykun Ulug (?=Büyük) Tarkan Bukug [idi]. Öncü (?). **G**：（此处约缺损 50 个字符）……九百人长托依汗•乌鲁赫•达干•卜古赫（toyqan Uluγ Tarqan Buquγ）的队伍。**Ba**：...ған тоғыз жүз ер:басы:Тойхан:Ұлық Тархан Бұқұғ мыңға... **Me**：...Dokuz Yüz Er(lik kuvvet) Başı Toykun Ulug Tarkan Bukug Binga. **Z**：……九百人长托依汗•乌鲁赫•达干•下古赫（toyqan uluγ tarqan buquγ）的队伍。**E**：<...> Dokuz yüz(lük) kuvvetin başı Tuykun Ulug Tarkan Bukug Binga. **Sa**：... (шамамен 50 әріп өшкен) . тоғыз жүз шерік (эскер) басы. Той ханы (ресми рәсім басшысы) ұлы Тархан Бұқұғ мын(дық] басы. **H**：九百户长 toyqan Uluγ Tarqan Buquγ 的队伍。**Ö**：... dokuz yüz er başı：Tuykun Ulug Tarkan；Bukug Bıŋa ...

9：……人民 bïŋa qaγas atačuq 的人民 bïŋa (?)①

北面

1：我尊敬的可汗像……一样统治了国家。……大 čigši、aqïnču alp bilgä čigši... 把乌古斯的人民、六百将军、一万人民收归己有。②

---

① **K**：Regiment of the tribe... regiment of the valiant Atačuq tribe. **Kl**：……部落的千人队伍，英勇的 Atačuq 的部落的千人队伍。**T**：his people (equals to) a bïnga (about one thousand soldiers?)；Kagas Atačuk：his people (equals to) a bïnga. **Ka**：... biña of ****people；biña of Qaγas Atačuq people. **B**：... bodunu. Binga (?=öncü) Kagas Ataçuk bodunu öncü (?)*. **G**：（此处约缺损 20 个字符）部人的队伍，勇敢的阿塔楚克（atačuq）部人的队伍。**Ba**：...бүтін (халық)ы мыңға қағанАтачық бүтін (халық)ы мыңға. **Me**：halkı (kuvveti)：bin kişilik askerî birlik；Kagas Ataçuk；halkı (kuvveti)：bin kişilik birlik. **Z**：……部人的队伍，勇敢的阿塔楚克（atačuq）部人的队伍。**E**：<...> halkı (ile) Bıŋa Kagas Ataçuk('un) halkından süvari(ler geldi). **Sa**：(шамамен 30 әріп өшкен) ... халқының мындығы, Кағас атачұқ халық мындығы... **H**：……族的队伍，英勇的 atačuq 人的队伍。**Ö**：... halkı Bınga Kagas Ataçuk halkı Bınga (?).

② **K**：My heavenly khan seized a lot of those who went astray (lit. blind) [the head of] five [hundred warriors] ... Qutluγ-Čigši ... The khan conquered the weary Oγuz people, six hundred of (its) säñüns, one tümän of (its) warriors (lit. people). **Kl**：我天生的可汗抓了许多误入歧途的人（词义是瞎子）五[千人长]……Qutluγ-Čigši；qanču Alp Bilgä-čigši……可汗俘获了精疲力尽的乌古斯的人民，六百个（他的）将军和一万个百姓。**T**：My heavenly Khan ruled the land and hold the tribes as tight as the firmly sewn seams (?) ...kutlug čigši, Akinču Alp Bilge Čigši…the han conquered and captured the tired oguz tribes. He won (from them) one hundred generals and ten thousand men (i.e., warriors). **Ka**：My Heaven, my Qan ... state ...-liγ Čigši, Aqïnču Alp Bilgä Čigši captured [six?] hundred generals and ten thousand men. **B**：Tengrim, hanım!...Çigşi, Akınçu (?=[atl1] akıncı) Alp Bilge Çigşi ... Oğuz [bodunu egemenliği altına aldı] ... yüz sengün[ü] [bir] tümen bodun kazandı. **G**：我的天（可）汗捉住了许多走入歧途者（直译："变成盲者"），五百人长……（此处约缺 35 个字符）骨咄禄刺史（qutluγ čigši），汗楚 • 合 • 毗伽 • 刺史（qanču Alp Bilgä-čigši）……（此处约缺损 12 个字符）（可）汗征服了筋疲力尽的乌古斯人民、六百将军和一万人民。**Ba**：Тәңірім әкем:...қан атты Чіксі ақұншы:Алып Білге...қан...Оғыз бүтін (халық)Алты жүз Сөңгүт Бір түмен бүтін (халық)қазтұрғызды (иеленді). **Me**：Tanrım Han'ım...devleti... Ulug Çigşi, Akıncı Alp Bilge Çigşi...Oğuz(ları)... (Onlardan) yüz general ve on bin (kişilik) bir halk kazandı. **Z**：我的天可汗捉住了许多走入歧途者，五百人长、骨咄禄刺史（Qutluγ-Čigši）……汗楚 • 合 • 毗伽 • 刺史（qanču Alp Bilgä-čigši）……可汗征服了精疲力尽的乌古斯人民、六百将军和一万人民。**E**：İlahi (yüce) hanım (?) gibi ülkeye sahip çıktı. Beş? <...> Kutlug Çigşi (ile) Akınçu Alp Bilge Çigşi <...> Kan Aruk? Oğuz halkından altı yüz general (ile) onbin (kişilik) halk(ı) ele geçirdi. **Sa**：Тэнірім ханым темірдей (тәртіппен) ел жасады. Ұйғұр тардуш (он кол) (шамамен 10 әріп өшкен) ... Улы Чігсі Акынчу, Алып Білге чігсі ... (шамамен 14 әріп өшксн) ... хан ұрық оғыздарды карамағына алды. Жүз сеңгүндср, бір түмен (он мын) халыкты иеленді. **H**：我的天可汗抓住叛乱的人，五百（千）户长 Qutluγ-Čigši、qanču Alp Bilgä-čigši……战胜可汗和消瘦的乌古斯人的六百将军、一万人。**Ö**：Efendimiz hanım ... (?) gibi ülkeyi yönetti ... Ulug Çigşi, Akınçu Alp Bilge Çigşi ... Oğuz halkını, altı yüz generali, bir tümen halkı kazandı.

2：我天可汗的骑兵是由九姓达靼、十七阿孜（az）梅禄组成的。toŋra 和 ädä，将军 bïŋa 等人出自回鹘人。当我和我的王子们一起写下这些文字的时候，可汗身边叫 qaγas atačuq 和 bägzäk är čigši、bïla baγa 达干的警卫军首领为了护卫可汗组建了三百人的警卫队。①

---

① **K**：When these letters were written – oh, my khan! (the following) were present：the cavalry (or：notability) of my heavnly khan, the Toquz-Tatars, seventeen Az buyuruqs, the säñüns and the regiment of the Toñra (tribe), the Uyghur people with my tegins, heads of the guards, the valiant Atačuq and Begzik Er-čigši, together with the baya-tarqans and the three hundred guards. **Kl**：当写这些文字时，我的可汗，我天生可汗的官员，九姓鞑靼，十七个阿孜的梅录，将军们，同罗（部落）的千人队伍，回纥人民同我的王子们（一起）近卫军的首领英勇的 Atačuq，Begzik 和达干伯克们，三百个近卫军都出席了。**T**：The cavalry of my heavenly Khan are the Nine-Tatars, the Seventeen-Az；(his) buyruks are (from) the Tongra, Ede and (his) generals and bingas are (from) the Uygur people. When I inscribed this (monument) together with my princes, Kagas Atačuk and Begzeker Buyla Baga Tarkan, the heads of the watching posts, had three hundred watching posts constructed for my Kan. **Ka**：My Heavenly Qan's notables are Toquz-T[atar] … buyruqs ... generals, people of biñ-... When inscribing this (stone) (together) with my princes, [Qayas?-] Atačuq and Bägzäkär Čigši Bila Baya Tarqan, the head(s) of watching men, had three hundred watching men stand for my Qan. **B**：Tengri hanımın atlısı Dokuz-Tatar ... buyruk… sengünler, bin … bodunu, teginlerimle bu yazıtı (kk. bu yazılmışta) hanıma karakol ... Ataçuk Begzeker Çigşi Bila Baga Tarkan [yönetimi altında?] üç yüz karakol yaptırdı. **G**：啊，我的汗，有（这些人）出席：我天（可）汗的骑士（或译为“高贵人士”），九姓鞑靼，十七阿热梅禄（az buyruq），同罗部的将军和队伍，回纥人民及我的诸特勤，当书写这些文字的时候，护卫军首领勇敢的阿塔楚克及别克泽克・艾尔・刺史（begzik er čigši）连同莫贺达干（baγa tarqan）和三千护卫军（以及）…… **Ba**：Тәңірі әкем:аттысы Тоғыз Татар...бұйрық.../Сөңгүт мың/ бүтін(халық)ы тидім:бұ жазарда:әкеме:Торғақ басына...Атачық Бегчекер Чігісі бірлесе Баға тархан үш жүз Торғақ тұрды. **Me**：Tanrı Han'ımın atlıları Dokuz Tatarlar ve On Yedi Azlar(dan oluşuyor). Buyruklar (kumandanlar) … generaller ve binbaşılar (da) Uygur(lardan)dır. Prenslerimle birlikte bu (kitabeyi) yazdığımızda, Han'ım için, Karakollar Başı Kagas Ataçuk ve Begzeker Çigşi Bıla Baga Tarkan, üç yüz nöbetçiyle / askerle nöbet tutu. **Z**：啊，我的可汗，有（这些人）出席：我的天可汗的骑士，九姓鞑靼，十七阿热梅禄，同罗部的将军和队伍，回鹘人民及我的诸特勤，当书写这些文字的时候，护卫军首领勇敢的阿塔楚克乃泽克・艾尔・刺史（bägzik är čigši）连同莫贺达干（baγa tarqan）和三千护卫军。**E**：İlahi (yüce) hanımın atlıları (süvari birliği) Dokuz Tatar(lardan) on yedi, Az(lardan) komutanlar, Tongra(lardan) generaller ve süvari birliğinden (oluşuyordu). Uygur halkından prenslerimle bu (yazıtı) yazdıkları sırada, hanımın muhafız birliğinin başı Kagas Ataçuk, Begzeker Çigşi (ve) Bıla Baga Tarkan (ile birlikte) üç yüz muhafız (yazıtı) ayağa kaldırdı. **Sa**：Тэнірім ханым атты эскері тогыз-татар, он жеті Аз-бұйрық, Тоңыра [тайпасындағы] сеңгүндер мындығы, Оғыз халқымен жасақталды. Бұл бітігте ханымның тұрғақ [әскер] басы Қағас Атачұкбекзат шеріктері (эскерлер) Чігсі Была Бага Тарханның үш жүз Тұрғак колын хаттадым. **H**：我让我的回纥人民的特勤们写这个文字的时候，我的天可汗、高贵的九姓鞑靼、十七阿热的梅禄、同罗将军千户长（出席了）。保卫可汗的近卫军首领英勇的 atačuq 人 bägzik är čigši 和 baγa tarqan 及三百个侍卫守卫了。**Ö**：Efendim, hanım atlılar, Tokuz Tatar (Tokta, Tokuta ?), On yedi Az komutanı, Toŋra Ede, generaller, Bıŋa, Uygur halkı (ile beraberdi). Prenslerimle beraber bunu yazdığım sırada hanımı gündüz devriyelerinin başı Kagas Çuk Begzeker Çigşi, Bıla Baga Tarkan ve üç yüz gündüz devriyesi bekliyordu.

3：我的天可汗之子 bilgä tarduš 大毗伽叶护（uluγ bilgä yavγu）；热的地方（？）幸福……梅禄 az sïpa 大将军（把）人民 toŋra ädä ... baš qay ava baš，三姓葛罗禄，这些是叶户的属民。①

4：我的天可汗之子 bilgä töliš uluγ bilgä čad，幸福……[幸福]udarγan，[梅禄]，čavïš 将军，属民为九姓拔野古。aq baš、qay、ava、basmïl、九姓

---

① **K**：sons of my heavenly khan, Bilgä-tarqan and Qutluγ Bilgä-yabγu, the lords ... the notability of the steppe (or：Isig Yer) ... the Bayarqu people, the Az Aspa Tay-säñün and his people, Baš Qayba[.] from the Toñra (tribe), the Úč-Qarluqs - so many peoples (were). The people of the yabγu. **Kl**：我天生可汗的儿子们毗伽达干，qutluγ Bilge 叶护……沙漠地区的官员……拔野古的人民，阿孜的 Ašpa Tay 将军和他的人民，同罗的 Baš qaybaš，三姓葛罗禄如此多的人（出席了）。（隶属于）叶护的人民。**T**：The son of my heavenly Khan is Bilge Tardus Ulug Bilge Yabgu, His kutlug is Isig (?)... his kutlug is ... his buyruk is Az Sipa Tay Sengün, and his tribes are Tongra, Ede ...-baš, Kay, Aba-baš (?) and the Three-Karluks. This many tribes are the tribes of the Yabgu. **Ka**：My Heaven, my Qan's son is ... (his) ****-uq is the people Az Sipa Tay Säñün. The Toñras, *d(?), ***-ïq baš, the Kay, the Aba-baš, the Three-Qarluqs；these tribes belong to the Yabγu. **B**：Tengrim hanımın oğlu . Az Sıpa Tay sengün bodunu Tongra .. Üç-Karluk onca bodun, Yabgu bodunu. **G**：我天（可）汗之子毗伽达干（bilgä tarqan）和骨咄禄・毗伽・叶护（qutluγ bilgä yabγu）……（此处缺损 2—3 个字符）草原（?原文为 isig yir）贵人……（此处约缺损 2 个字符），拔野古人民，阿热・阿斯帕・大将军（az aspa tay sängün）和其人民，同罗部的巴什・哈依巴什（baš qaybaš），三姓葛罗禄等这许多人民。（属于）叶护的人民。**Ba**：Тәңірім әкем:ұлы... Білге...тасы... ісін...бұйрық Азсып Тай Сеңгүн бүтін(халык)ы:Тоңыра бұйрық...басы:Үш Қарлық бұнша: бүтін (халык):Йабғұ:бүтін(халык)ы. **Me**：Tanrım Han'ımın oğlu Bilge... Kutlug'u İsig(?)… Buyruk'u Az Sıpa Tay Sengün；boyları Tongra(lar), Edeler ... Baş. Kay. Aba-Baş, Üç Karluk... bunca boylar Yabgu boyları. **Z**：我的天可汗之子毗伽，达干（bilgä tarqan）和骨咄禄・毗伽・叶护（qutluγ bilgä yabγu）……草原贵人……拔野古人民，阿热・阿斯帕・大将军（az aspa tay sengün）及其人民，同罗部的巴什・哈依巴什（baš qaybaš），三姓葛罗禄等这么多人民。叶护的人民。**E**：İlahi (yüce) hanımın oğlu Bilge Tarkan Kutlug Bilge Yabgu'dur. <...> Kutlug'u, İsig Yer? Kutlug'u <...> komutanı Az Sıpa Tay Sengün'dür. Halkı Tongra (taraflarında) Baş Kay, Ava Baş (ile) Üç Karluk(lar), bunca boylar yabgunun boyları(dır). **Sa**：Тәнірім ханым ұлы білікгі Тардуш (оң кол) Ұлұғ Білге Жабғу құты Ыстықжер (Гоби даласынын) халқы, секіз — байырку халкы, Аз-Ашпа Тай-сеңгүн халқы, Тоңыра [тайпасы], абык, сак Ай-бас, Үш-қарлұк мұнша халык жабғу халқы. **H**：我的天可汗的儿子 bilgä tarqan qutluγ bilgä yabγu……高贵的 isig yir 人 atlïγï、拔野古人的 az ašpa 大将军、同罗人的 baš qaybaš、三姓葛罗禄这样的人、这样的叶护也来了。**Ö**：Efendimiz hanımızın evladı Bilge Tarduş, Ulug Bilge Yavgu ... sıcak yer (?) saadeti ... komutanı Az Sıpa Tay Seŋün, halkı Toŋra Ede ... Baş Kay Ava Baş, Üç Karluk, bunca (çok) halkı.

达靼等部是 čad 的属民。①

5：写……的，创造……的是[bilgä] qutluγ tarqan säŋün。yaγma alum/lum 的叔父和（？的）两位姐夫告知了（有关）这些部众的族名和荣誉。两位姐夫的名字分别是 qutluγ bilgä säŋün，qutluγ tarqan säŋün。②

---

① **K**：the sons of my heavanly father ... to the people od Čabiš-säñün, the Toquz-Bayarqu subjected again (whom?), the Toquz-Tatar, so many peoples. The people of the čad (šad). **Kl**：我的天生可汗的儿子们……给人民……在 Oduryan（可能是温都尔汗——译者）……čabiš 将军的人民和九姓拔野古（的人民）又一次征服了九姓鞑靼如此多的人民！（隶属于）čad 的人民。**T**：The son of my heavenly Khan is Bilge Tölis Ulug Bilge Šad. His kutlug is … his kutlug is Udurgan, his buyruk is Čabiš Sengün, and his tribes are the Nine-Bayirku, Ak-baš (?), Kay, Aba (?), Basmil (?) and the Nine-Tatars. This many tribes are the tribes of the šad (sic!). **Ka**：My Heaven. my Qan's son is... (his) qutlug is Udurgan ... is the people of Čabiš Säñün. The Nine-Bayirqus, the Aq-baš ... the Basmils, the Nine-Tatars；these tribes belong to the Čad. **B**：Tengrim hanımın oğlu … Udurgun Çabış sengün bodunu Dokuz-Bayırku Ak Baş … Basmıl, Dokuz Tatar onca bodunu Çad (=şad) bodunu. **G**：我天（可）汗之子……（此处约缺损 30 个字符）对人民……（此处缺损 5—6 个字符）奥尔都汗（oduryan）……（此处缺损 3—4 个字符）察必失将军（Čabïš-säñün）的人民，又征服了九姓拔野古……拔悉密、九姓鞑靼这许多人民。（属于）设（šad）的人民。**Ba**：Тәңірім/экем:ұлы/...Ұдырған ...басы Сеңгүн:бүтін (халық)ты:Тоғыз Байырқу:...басы Басмыл:Тоғыз Татар:бұнша: бүтін(халық):Чад:бүтін (халық)ты. **Me**：Tanrım Hanım oğlu… Udurgan, Buyruk'u Çabış Sengün, boyları Dokuz Bayırku**, Ak Baş . Basmış/ Basmıl(lar), Dokuz Tatar bunca boylar Şad boyları. **Z**：我的天可汗之子，对人民……奥尔都汗（oduryan）……察必失将军（Čabïš-säñün）的人民，又征服了九姓拔野古……坊天密、九姓鞑靼这么多人民。设的人民。**E**：İlahi (yüce) hanımın oğlu <...> halkına <...> Udurgan <...> general Çavış'ın halkı, Dokuz Bayırku(lar), Ak–Baş(lar) arasında? Basmıl(lar), Dokuz Tatar(lar), bunca boylar da şadın boyları(dır). **Sa**：Тәнірім ханым ұлы [Білге Төлес (сол кол) Ұлығ Білге] чад күты... (4 эріп ошкен) ... халкы, Одурган бұйрұқтары (кол басшылары) Чабыш-сеңгүн халқы тоғыз-байырку, Қашкар қаласын алды [және] тоғыз-татар мұнша халык чад халқы. **H**：野古达头部 biligä tarqan qutluγ、样磨唐朝粟特部的头领 biligä sügün ozil öŋ irkin. **Ö**：Han efendimizin evladı Bilge Töliş Ulug Bilge Çad, saadeti ... saadeti Udargan, komutanı, Çavış-generali, generali, halkı Tokuz Bayırku, Ak Baş Kay Ava Basmıl, Tokuz Tatar bu kadar(çok) sayıda halk, çad, onların halkı.

② **K**：... he then attacked. He who made this, Bilgä Qutluγ-tarqan-säñün, (has defeated) so many peoples with glory. He sent two (people against) the Yaγma and (A)lum-čisi (or：Lum and Čisi?, Alumči from the Yaγma people). To Qutluγ Bilgä-säñün and Urušu Qutluγ-tarqan-säñün, these two (persons). **Kl**：…他那时进攻了。建造此碑的毗伽骨咄禄达干将军光明正大地（战胜了）！（反对）样磨和（A）Lum-čisi（Lum čisi? 或样磨的 Alumči?）把两个人打发走了。骨咄禄毗伽将军和 Urušu qutluγ 达干将军对（接下页）

6：（他们下令）bayïrqu tarduš bilgä tarqan、qutluγ yaγma、tavgač、粟特人的首领 bilgä 将军 uz/öŋ ėrkin (?)。[①]

（续上页）他们俩（说了）“去……” **T**：... He who inscribed (this) and he who created this is Bilge Kutlug Tarkan Sengün. Those who spelled out (the names of) this many tribes, their names and reputations, are the two brothers-in-law (?), the tax collectors (?) of the Yagma (tribe). Kutlug Bilge Sengün and Kutlug Tarkan Sengün are those two brothers-in-law. **Ka**：... He who inscribed and built this (stone) is ... Qutluγ Tarqan Säñün... two official creditors of the Yaγma ...****ed the reputations and the fame of the peoples. Qutluγ Bilgä Säñün and Qutluγ Tarqan Säñün, these two men are brothers-in-law(?). **B**：[bunu] yazan, bunu hazırlayan …Kutlug Tarkan sengün .. bodunu. Adını, (doğru) yolunu Yagmaların şamanı (?) iki … Kutlug Bilge sengün savaşarak Kutlug Tarkan sengün o iki ... **G**：……（此处约缺损15个字符）那时他进击了。建立此碑的毗伽•骨咄禄•达干•将军（bilgä qutluγ tarqan säŋün）光荣地（战胜）了这许多人民。他派两支（军队）去（征讨）样磨（yaγma）（部）（和）伦木•赤西（lum čisi）。他对骨咄禄•毗伽•将军（qutluγ bilgä säŋün）和乌鲁术•骨咄禄•达干•将军（urušu qutluγ tarqan saŋün）那两人下令说道：“去吧！” **Ba**：...сонда тиді:бұны жаратқаныма...Құтлық Тархан... бүтін(халық)ты атын:жолын:жауымда: Алұм:Чісі екі:йа... Құтлық Білге:Сеңгүн Ұршы Құтлық:Тархан Сеңгүн:ол екі жорық; Me：(bunu) yazan, bunu yapan Bilge Kutlug Tarkan Sengün’(dür). Bunca boyları, onların adları ve sanlarını Yagma boyunun tahsildarı5... Kutlug Bilge Sengün (ve) Urşu Kutlug Tarkan Sengün’(dür) o iki kayın birader! **Z**：……在那里他进击了。建立此碑的毗伽，骨咄禄•达干•将军（bilgä qutluγ tarqan säŋün）光荣地（战胜）了这么名人民。他派两支（军队）去（征讨）样磨部（和）伦木•赤西（lum čisi）。他对骨咄禄•毗伽•将军（qutluγ bilgä säŋün）和乌鲁术•骨咄禄•达干•将军（urušu qutluγ tarqan saŋün）那两人下令说道：“去吧！” **E**：(bunu) yazan, bunu yapan Bilge Kutlug Tarkan Sengün(dür). Bunca boyların adlarını, sanlarını söyleyen (anlatan) hanımın? amca(lar)ı (olan) iki anlatıcı? söyledi (anlattı). Kutlug Bilge Sengün ve Kutlug Tarkan Sengün (adlarındaki) bu iki anlatıcı? **Sa**：... (шамамен 10 эрiп өшiп кеткен) бiтiгiме мұны жаратушы (жазушы) Бiлге Құтлуғ Тархан-сеңгүн [Ол] мұнша халықтың аты жөнiн, жолын (когамда иеленетiн орнын) хаттады. Әлiм, чiгiл ел жүртты (елдi) Құтлұғ Бiлге-ссңгүн, Үршу Құтлұғ Тархан-сеңгүн ол екi жұртты (елдi). **H**：……在那里他们袭击了。为我建造石碑的 bilgä qutluγ tarqan säŋün 向这样的部族 atïn yolïn yaγma、lum čisi 两部出发了。他命令 qutluγ bilgä säŋün、urušu qutluγ tarqan saŋün 说：“你们二人出发。” **Ö**：... yazan, yaratan Bilge Kutlug Tarkan Seŋün bunca halkı, onların şanını, şöhretini. Yagma, Alum, Çisi, iki kayın birader (?) dedi, Kutlug Bilge Seŋün URUŞU Kutlug Tarkan Seŋün, o iki kayın birader (?).

① **K**：he ordered：Go! The Tarduš Bilgä-tarqan and Qutluγ (both from the people) Bayarqu, the heads of the Yaγma, the Chinese, and the Sogdians, Bilgä-säñün, Ozil Öñ-erkin. **Kl**：他命令道。达头的毗伽达干和骨咄禄（俩都是）拔野古（部落人），样磨的首领、中国、粟特的首领毗伽将军，Özill Öng-ärkin。**T**：(Those who) gave the orders are Bayirku Tarduš Bilge Tarkan Kutlug and Bilge Sengün Uzal Öng Erkin, the heads of (the affairs) of the Yagma, Tabgač and Sogdak. **Ka**：gave the orders. Bilgä Tarqan Qutlug of Bay Irqu, Tarduš（接下页）

龟座上的文字

刻写此（石碑）的是 bökä tutam。[①]

六 注释

东面 1 行：Yolluγ 可汗后面的可汗名字是缺失的，克里亚施托尔内（1980：94）认为，这里可以补充为 İstämi/İštämi 可汗。但是我们难以接受在位时间晚于 Bumïn 可汗的 İstämi 可汗之名号出现在 Bumïn 可汗的名号之前这一事实。因此 Yolluγ 可汗以及名号缺失的第二位可汗生活的时代都应该早于 Bumïn 可汗。

东面 2 行 aqïza barmïš：Šinehüü（1975：81）释读为 bodun qïza barmïš "人民死亡了"。克里亚施托尔内（1980：94）释读为 bodunï qïza barmïš "他们的人民大怒、灭亡"。Tekin（1983：812）将这里读作为 qaza bar-，但对此持怀疑态度。他认为，这里出现的词语可能是形容词 qazaq "自由的、解放的、自主的" 词根动词*qaz-，但是这一动词并没有在任何文献中出现过。厄达尔（1991：759）不同意 Tekin 和克里亚施托尔内的观点，厄达尔在讨论了缀接动词的使动态附加成分-(X)z 的 10 个词后认为，回鹘语带使

（续上页）and Biligä Säñün Uzal Öñ Irkin of Yaγma, the head of Tabyač (Tang, China, Chinese) and Soydaq (Sogdiana, Sogdians). **B**：buyurdu. Bayırku Tarduş Bilge Tarkan Kutlug Yagma, Tabgaçlar ve Soğdların başı Bilge Sengün Ozal Öng Erkin. **G**：（来自）拔野古部的达头 • 毗伽 • 达干（bayarqu tarduš bilgä tarqan）和骨咄禄（qutluγ）（以及）样磨、唐朝和粟特胡人的首领，毗伽将军，奥泽勒 • 翁 • 俟斤（ozil öŋ erkin）。**Ba**：...жарылқады: Байырқу:Тардуш:Білге Тархан:...Құтлық:Йағмач:Табғач:Соғдақ басы:Білге Сеңгүн Озұл Шеңіркен. **Me**：Bayırku Tarduş Bilge Tarkan Kutlug ve Yagma-Tabgaç-Sogdak (işleri) Başı Bilge Sengün Uz Öng Erkin. **Z**：拔野古部的达头 •毗伽 •达干（bayarqu tarduš bilgä tarqan）和骨咄禄（以及）样磨、唐朝和粟特胡人的首领，毗伽将军，奥泽勒 • 翁 • 佚斤（ozil öŋ erkin）。**E**：buyruk verdi. Bayırku (ve) Tarduşlarla (ilgili) Bilge Tarkan Kutlug Yagma, Çin (ve) Soğdlarla (ilgili işlerin) başı Bilge Sengün Uzal Öng Erkin'(dir). **Sa**：жарылкады (баскарды). Тардуш қанатының Байырку [тайпасының] Білге Тархан кұты Жағма (Яғма), Табғач Шоғдак басы Білге сенгүн Озұл өн-Еркін. **H**：拔野古达头 bilgä tarqan、幸运的样磨、汉人、粟特人首领 Bilgä-säñün、ozil öŋ erkin。**Ö**：... (?) Bayırku Tarduş Bilge Tarkan, Kutlug Yagma, Tavgaç, Soğdakların başı Bilige Seŋün Uz/Öŋ Erkin (?).

① **K**：He who made this (monument) is Bökä Tutam. **Kl**：此碑的制造者是 Beke Tutam。**Ka**：He who inscribed this (stone) is Bökä Tutam. **B**：bu [yazıtı] hazırlayan Böke Tutam [idi]. **G**：建造此碑者为伯凯 •土塔木（Bökä Tutam）。**Ba**：Бұны:жаратуыма бөге (берік) тұтам. **Me**：Bunu yapan Böke Tutum. **Z**：建造此碑者为伯凯 • 吐塔木（Bökä Tutam）。**E**：Bunu yapan Böke Tutum'(dur). **Sa**：Мұны：жаратушы(жазушы) бөгү бас емін. **H**：为我制作纪念碑的是 Bökä Tutam。**Ö**：Bunu yaratan Böke Tutam.

动态附加成分-(X)z-的动词后不会缀接副动词-A，厄达尔根据这一论证认为，该动词无法读作 aqïza-，这里并不是动词*qaz-“将马拴在某物上，以免它走丢”的副动词形式。Berta（2010：242）指出，只用为数不多的 10 个词语来得出“带使动态附加成分-(X)z-的动词后不会缀接副动词附加成分-A”的结论不免为时过早，如果我们考虑在这一行出现的动词 tökä bar-“倒入”与 aqïza bar-“使……流走了”是一对近义词的话，那么将这一动词读作 aqïza bar-的把握会更高一点。

东面 2 行 tökä barmïš：Tekin（1983：812）认为，将这部分读作 tükä barmïš 不符合语法规则，但未提出其他的读法，他还将其与《希纳乌苏碑》上的 tükäp täzä 做了比较。Berta（2010：242）认为，第一音节的元音不大可能是圆唇高前元音 ü。如果将这个词语看作 tükä-“完成”的副动词形式 tükäp，这不可能是漏写第二音节的辅音-p 的情况，所以也就可以排除读作 tükäp 的可能性。除此之外，如果这里读作 tükäp，那此句可以直译为“在 učuz 湖上用马完了再去了”，这未免有些让人难以理解。相比较来说，此处还是两个近义动词 aqïza-/tök-的可能性较高。

东面 2 行 qadïr、qasar、ävdi、bärsil：这一行 barmïš 之后的词一般被看作为部落名，而且 qadïr、qasar、ävdi、bärsil 四个部落名同样出现在《铁兹碑》北面 4 行中，其中 qasar“葛萨”和 oγuz“乌古斯”很清楚，其他部落名被学者读作为 qadïr（aqadïr）/qadar、bädi/ ävdi/ äbdi、bärsil/ bärsäl/ bäris、yatïz/ aytaz。Aydın（2011：146）认为，qadïr/aqadïr 这个部落名可能与可萨汗国的史籍中出现的 Akatzir 有关。Tekin（1983：835）提出 qadïr 是否与附属铁勒部落的葛达（k’o-ta）有关的看法。对于 qasar，学者们都指出，该部落名与汉文史料中的葛萨有关。Róna–Tas（1983：126）认为，《旧唐书》载九姓回纥部落中的葛萨就是可萨汗国的哈扎尔人。Golden（2005：11）则认为，这里的 qasar 可能是人名。Senga（2000：11）认为，葛萨可能是九姓乌古斯中思结部落族长的姓。

对于 bärsil/ bärsäl/ bäris，克里亚施托尔内（1982：342）指出，在匈奴—保加利亚部落中有 Barsïl 的部落。Golden（1971：151）认为，Bärsil/Barsula 是一个地名或者部落名，应为附属于可萨汗国的一个保加利亚部落。伯希和的收藏品中编号为 1283 的藏文文献中出现过 Par–sil 的部落名（Tezcan 1975：304）。

yatïz 只出现于《塔里亚特碑》。Tekin（1983：835）认为，这个部落名可能是汉文史料中的也咥。Róna–Tas（1983：129）将这一行释读为 bodunï qaza barmïš učuz kök eki atlïγïn tökä barmïš aqadïr qasar abdal bärsil yat az oγuz“扰乱人民把 učuz 的（低贱的）祖先……扰乱两部的长老们后离而远去，aqadïr qasar abdal bärsil yat az oγuz”。

东面 3 行 äčüm apam säkiz on yïl olormïš：塞诺（2000：189）指出，从这段铭文可见，颉・翳德密施・毗伽可汗之先祖的统治始于婆闰可汗之死，即 661 年。此处所载颉・翳德密施・毗伽可汗之先祖统治的 80 年时间不包括（早期回鹘可汗）吐迷度及其子婆闰的统治年间。

东面 3 行 orqun ügüzdä：orqun ügüz，即今蒙古国鄂尔浑河。Ölmez（2018：89）指出，如果按蒙古语发音来读应为 orqon，但以古突厥语形式来读应为 orqun。

东面 4 行 üzä kök täŋri asra yaγïz yėr：意为“上有蓝天，下有褐色的大地”，《塔里亚特碑》西面 3 行也有类似的表达法：üzä kök täŋri ya[rlïqadoq üčün asra y]aγïz yėr [igittük] üčün“由于上有蓝天的恩赐，下有黑土的养育”。《阙特勤碑》东面 1 行也出现过类似的内容：üzä kök täŋri asra yaγïz yėr qïlïntoqda“当上面蓝天，下面褐色大地造成时”（耿世民 2005：120）。

鄂尔浑碑铭具有独特的文学风格。其中值得一提的是铭文所采用的，在西方文学理论中被称为“对照辞格”（antithesis）的文体风格技巧。“把两种对立物或同一物的两个对立面放在一起使它们相互比较，相得益彰，这种修辞格叫对照。”（黎运汉、盛永学 2006：260）鄂尔浑碑铭中规范而反复出现的这类语句都在结构上平行并列、意义上对立。西部裕固语民歌中也有类似的对照辞格：gük deŋer，aq bulïtdïŋ üzeγe to^{h}qdap，xara yer，sarïγ ahltïnnïŋ üzeγe to^{h}qdap，šiji xajïdan kïsï darlap“青天，在白云之上，大地（直译：黑土），在黄金之上，西至哈至出现了人类”（陈宗振 2004：431）；gük deŋgrige pïhrjïqdïγ sarïγ yerge yïltïsdïγ bolurunïŋ dilek bostγo“上天赐福，大地孕育”。

吉罗（1984：141）对蓝天（kök täŋri，即天神）与地神的看法如下：天和地奇怪地结合起来而做出了（有利的）保证。其实这是对地神的高抬，使得地神与蓝天地位（意义）平齐。吉罗（1984：141）认为，《阙特勤碑》东面 1 行“当上面蓝色的天、下面褐色的地造成时”指的是可见的天和物质的地，分别修饰“天”和“地”的形容词为“蓝色”和“褐色”已经证明了这一点。地和天是同时被创造的，或自我形成的；人类是稍后才诞生的。同时，地和天都成了崇拜的对象，它们即是造物者，又是被缔造者。它们主宰了人类的命运。作为国神，它们就负有拯救突厥民族的使命，当突厥人犯罪时就要惩罚他们；当形势变得趋于恶劣时，就突出或砥砺突厥人的一个儿子，并使他成为功德过人的可汗。地神和天神经常是各自行动的，但有时在他们做出决定时又相互帮助，即我们所说的“神圣水土”（吉罗 1984：144）。

东面 5 行 anta bulγadïm anta artattïm：虽然学者们对于这一段的理解大概是一致的：“扰乱了突厥，灭了其国”，但是塞诺（2000：203）认为，先贤为了使其与所发史实相连而致使此处铭文翻译不当。《塔里亚特碑》东面 1 行记载，“yolluγ 可汗……bumïn 可汗，这三位可汗成为统治者，统治达两百年”。塞诺对此指出，这里的两百年与突厥汗国的开创者 bumïn 可汗的统治年代基本相符。如果颉・翳德密施・毗伽可汗不是为了暗示其汗族继承人的地位，就不会提到汗国创始人 bumïn 可汗的名字，及汗国延续两百年的事迹。假如东面 5 行被理解为“扰乱了突厥，灭了其国”，与该处相似矛盾，因此东面 5 行的 RTTDm 不能看作 artat-“破坏”的过去时形式，而是 art-“变大，增加”的使动态过去式形式（the past tense of a factitive）。综上所述，塞诺把这一句翻译为“……我唤起了突厥人民，使之更加伟大。”（... I aroused the Türk people, and made it greater.）塞诺没有指出过 art-的使动态形式，如果 RTTDm 不是 artat-的过去时形式，那只能转写为 artïtdïm。值得一提的是动词 art-的使动态形式是 artur-“使增”（Clauson1972：210），而不是 artït-。因此，塞诺的解释无法成立。Ölmez（2018：90）指出，artat-“破坏”还出现于《阙特勤碑》东面 22 行和《毗伽可汗碑》东面 19 行，另外，在回鹘文献中，它还与意为“破坏”的另一个动词 buz-组成对偶词：buz- artat-。

东面 6 行 [atlï]γïn yumšadï：克里亚施托尔内（1982：343）、耿世民（2005：223）、Bazılhan（2005：143）、Qarjaubay（2012：219）等学者读作 yumšadï “派”。Tekin（1983：813）认为，这是无法接受的。这里的动词 yamaš-应为动词 yama-“参与、参加、加入”的共同态形式，并提出维吾尔语和乌兹别克语的例子：动词 yamaš-“参与、加入、合并”。

我们查阅现代维吾尔语词典，找到了两条 yamaš-的动词：①yamaš-“缝补、补”的共同态（Nadžip 1968：780）；yamaš-“补缀、缝修、缝缮”（包尔汉 1952：616）；yamašmaq“缝补、补”的共同态（《维汉大词典》2006：1216；《维吾尔语详解辞典》1998：Ⅵ 495）。②yamaš-“攀、攀缘、爬”（Nadžip 1968：780）；yamaš-“1. 攀、攀缘、爬；2. 纠缠”（《维汉大词典》2006：1216）；yamaš-“1. 攀缘、爬；2. 纠缠；3. 产生”（《维吾尔语详解辞典》1998：Ⅵ 495）。其中 yamaš-的基本态形式是 yama-“缝补、补”，而另一个动词 yamaš-原型是 yarmaš-“攀、攀缘、爬”，这一动词在察合台文文献中也存在，如：yėtiban tėz taγqa yarmaštuq“到达以后赶紧爬山了”

（间野英二 2006：307）；yarmašmaq “与 yapïšmaq ‘纠缠’ 类似”（Shaw 1878：191）。麻赫默德 • 喀什噶里也记载过两个动词 yamaš-：①yamaš- “帮……补”，ol aŋar ton yamašdï “他给他补衣服了”（《突厥语大词典》2002：Ⅲ73）；②yamaš- “该词是 mayïš-一词的另一种发音，是字母交替了”（《突厥语大词典》2002：Ⅲ187）。麻赫默德 • 喀什噶里对这词条中 mayïš-的解释为 “粘上、赖着不动窝，är yärgä yamašdï 人（由于疲沓而懒惰）站在地上了、沾上了”（《突厥语大词典》2002：Ⅲ186）。

以上所有例子都看不到 Tekin 指出的维吾尔语意为“参与、加入、合并”的动词 yamaš-，因此 Tekin 的解释不成立。Tekin 没有谈到克里亚施托尔内之说无法成立的原因，我们猜测其可能考虑到了鄂尔浑文文献词首的𐰆[W]没有漏写的情况。但碑铭文献中是有一些文字错误的，所以此处可能是词首𐰆[W]漏写的情况，因此本书支持克氏的解释，读作 yumšadï。

东面 6 行 udarγan：Tekin（1983：834）认为，该地名指的是于都斤东部或东南部的一座山脉。现代维吾尔语哈密土语中有 ėdirγan 一词，具有“丘陵、小山脉、小丘”等意，哈密山区有以 ėdirγan 命名的多个地方。

东面 8 行 anta toqtartïm：厄达尔（1991：738）认为，𐰴[q]和𐰭[ŋ]二字母拼法近似，所以被 Šinëhüü 看作𐰴的字母应被看作是字母𐰭[ŋ]的讹写。因此，他把第二个单词读作 toŋtar- “旋转、转变、翻转”，整句释读为 anta toŋtartïm, qanï[m…] anta yoq boltï， türk bodunuγ anta ičgärtim “there I overturned (the Turk state) and [took(?) its] khan, there it was annihilated，there I subdued the Turk nation 在那里，我推翻了（突厥汗国），并[俘获了其]汗，在那里，亡国了，在那里我制服了突厥人民”。该词在鄂尔浑文、回鹘文、婆罗米文文献中均以 töŋtär-的形式出现。Mert（2009：158）的转写中该词的字母不是𐰴[q]，其注释为“可认读但磨损严重”的𐰸[Wq]。厄达尔认为𐰴[q]和𐰭[ŋ]二字母拼法近似，因而读作 toŋtartïm 的看法是无法接受的。

南面 2 行 qalïštï：厄达尔（1991：560）把这一段释读为 beşinç ay üç yegirmikä kalışdı. süŋüşdüm, anta sançdım “在第五个月的第十三天，发生了集体起义（或类似事件），我出战并击溃了他们”，并指出这种译法比 kal-ış-“集体留下”更为准确。Mert（2009：169）认为，这里的 qalïš 是地名，后面的是位格词缀-da。

南面 4 行 turayïn：这一单词 Šinehüü（1975：68）读作 toryan。克里亚施托尔内（1982：349）则读作 turyan，并认为该词是 ėl ėtmiš bilgä qaγan 的名字。这一词后面紧跟着 qaŋïm qanqa ötünti 等词。考虑到这段话是磨延啜的口述，则 turyan 有可能是磨延啜父亲的名字，但这一点没有史料佐证。

因为接下来的文本中，磨延啜就部众推举他为汗一事讲道：qara budun“平民”推举我为可汗，因此 Tekin（1983：814）首次将其确定为一个动词，并认为该词是动词附加成分-Ayïn 的另一种形式{-(I)yIn}。《阙特勤碑》中出现的 boluyïn 一词就有这种变体。片山章雄（1999：169）和 Berta（2010：244）赞同 Tekin 的看法。

南面 5 行 ötükän ėli sizdä ävir tėdi：Šinehüü（1975：68）把𐰋𐰼𐱅𐰃[brtI]释读为 bärdi“给了”（1975：54）。克里亚施托尔内（1980：88）则释读为 bärtti“破坏了”。如果这个单词确实是 bärti 的话，那么之前的词应该是 sizgä。而 ötükän ėli“于都斤人民”也应该是 ötükän ėlin“把于都斤人民”。Tekin（1983：814）把这一词译为 ėvir tėdi，即“说：你管理（国事）”。本书认为，Tekin 的释读更为准确。

南面 5 行 sinlägdä küč qara bodun tėmiš sin sizdä küč qara suv ärmiš：Mert（2009：171）认为，人称代词 siz 在《阙特勤碑》《毗伽可汗碑》《希纳乌苏碑》中均拼写为𐰾𐰃𐰕/𐰾𐰃𐰔[sIz]，而表示事物不存在的构成形容词的附加成分-siz 均拼写为𐰾𐰔[sz]，在此出现的词可能是由《突厥语大词典》和《福乐智慧》中出现的 äsän“平安、安然”一词构成的相互对立的两个形容词：äsänligdä 和 äsänsizdä。他还指出，第一句谓动词 tėmiš 的第一个字母𐱅[T]处于褪色消失状态，因此这个字母也可以读作𐰼[r]，即 ärmiš。据此释读，本句包含对照修辞格：äsänligdä küč qara bodun ärmiš äsänsizdä küč qara suv ärmiš“平安助长人民的力量，人民动乱时其力量如洪水般（强大）”。

Tekin（1983：815）认为，该词的结构是古代汉语“寝”ts’in>sin“坟墓”+lAg。Ölmez（2018：95）指出，根据附加成分+lag 的构词特点，可以将 yaylaγ 和 qïšlaγ 等词与之进行对比。关于这一词的解读，学者们持不同意见，如：Šinehüü（1975：91）释读为 sin äligdä“你在国家”。克里亚施托尔内（1980：94）释读为 äsinligdä“如果权力在手”。片山章雄（1999：171）将 Tekin 解读 sin 的这一词和克氏解读的 älig 结合在一起，提出 sin äligdä“坟墓在你手里”的读法。

西面 4 行 ïlaγïm tarïγlaγïm：Šinehüü（1975：69）认为，西面 4 行中的 ïlγïm“集合”是动词 ïlγï-缀接第一人称附加成分构成的谓语，紧跟着谓语 ïlγï-来的是下一个句子。克里亚施托尔内（1980：92）认为，ïlγï 指的是“马群”。Tekin（1983：818）则反对这种说法，因为表示“一群马”的词是 yïlqï，并非 ïlγï。Tekin 把 ïlγam tarïγlaγïm 译作“我的土地、我的田园”，并认为这是一种对偶词。säkiz säläŋä、orqun、säbin、tälädü 等均指属于可汗的领地。从后面的句子可知，上述都是河流及各属地的名称。Tekin（1983：818）把单词 ïlγï 与鞑靼语中的 yïlγa“河谷”、维吾尔语中的 jïlγa“凹谷”结合起来，认为这一词是由喀拉汗王朝文献中的动词 ïl-“钩，挂；下，降”（《突厥语大词典》2002：Ⅰ182）派生的。为了证明此说，Tekin 举了以下几个例子，吉尔吉斯语 ïldïy“底部”；卡尔卡尔帕可语 ïldïy“凹地，凹坑”；楚瓦什语 yĭlĭm“河边的洼地、草坪”；土库曼语 yïlïm“悬崖”。厄达尔（1991：378）沿袭此说，并提出 ïlγa“河谷”这一词在一些现代蒙古方言当中仍然存在。虽然 ïlγa 的词根——《突厥语大词典》中的动词 ïl-派生出的单词在现代突厥语中仍存在，但这不足以证明这个词在比《突厥语大词典》早 320 年前成文的《塔里亚特碑》中也出现过。Ölmez（2018：109）提出，这里的词组是 ï tarïγ 缀接附加成分+laγ 的形式，同时提出 tarïγlaγ 是现代乌古斯语支语言中 tarla 一词的古老形式。Bold（2000：195）把这一词组释读成 ïlaγïm tarïγlaγïm“我的田地”。

从词组的组合方式来看，与单词 tarïγlaγ 一同组成对偶词的单词读作 ïlaγ 确实合乎规则。把这一对偶词译作“我的田地”说明对偶词当中的两个词为同义词。tarïγlaγ 的意思无疑是“田地”，所以根据此说法 ïlaγ 也应指“田地”。在鄂尔浑碑铭中 ï 一般有“树木，灌木，森林”（Tekin 2003：244）等意，回鹘文写本中则出现“田地”（Clauson 1972：1）之意。Alyılmaz 认为，鄂尔浑文 yïš“树林”一词是由 ï/（y）ï（树木）后加复数后缀+š 而来的（Şen 2008：103）。若此说法成立，那么 ïlag 也是由表示树木的词根 ï 后缀接“之地方，之故土”之意的构名词后缀+lAg (-lA+g) 而来的。因此，ïlaγ 可理解为“树林之地”，ïlaγ 跟 tarïγlaγ 合并成词组 ïlaγïm tarïγlaγïm，表示“属于我的土地和地区”之意。

西面 4 行 säkiz säläŋä：克里亚施托尔内（1980：94）认为，säkiz säliŋa 应该位处南图瓦共和国。Qarjaubay（2012：227）认为，色楞格河是由八条支流汇合而成的，分别是：hanuy、künüy、ider、delger mörön、terkin özeni(čulut γol)、arıg、äg、ür，八色楞格应该就是指这八条支流。säkiz säläŋä 可以与拉施特所记载的 säkiz mürän 等同起来。拉施特提到斡亦剌惕（Oyirat）时说，“这些斡亦剌惕部落的禹儿惕（yurt）和驻地为八河（säkiz mürän）。在古代，秃马惕（tumat）部住在这些河流沿岸。诸河从这个地区流出，[然后]汇成一条名叫谦（käm）的河，谦河又流入昂可沐涟（anqara mürän）。这些河流的名称为：kökä mürän、on mürän、qara mürän、uq mürän、jürčä mürän、čaγan mürän”（拉施特 1985：192）。

西面 4 行 sävi[n] tälädü qaraγa burγu：克里亚施托尔内（1980：94）

指出，burγu、qarγa 应该是如今位于图瓦共和国东北的 qaxïm（burγu）、qarγï 这两个地方。Tekin（1983：818）认为，其应读作 qaraγa，而非 qarγa；qaraγa 是今天的 haraa（haraa γol），säbin、tälädü、qaraγa、burγu 都是河流名。Qarjaubay（2012：227）认为，tälädü、qaraγa、burγu 这三条河流就是现在蒙古国北部的 qarγa、borγo、eröö 这三条河流。tälädü 这个地名后来演变成了 eröö，这里土地肥沃，适合种植农作物。回鹘人在距今 1300 年前便在这里繁衍生息，并且给这里取名为 tarïγlaγïm（即田园之意）。

西面 5 行 qa[ńu]y künüy bz：Šinehüü（1975：70）𐰖𐰆𐰨𐰴[qnčwy]把这一单词释读为 qunčuy “公主”，这显然是错误的。这一词的准确转写形式应该是 q(a)nčuy，但是回鹘语中没有与此对应的单词。克里亚施托尔内（1980：90）把这段读作 qon(a)r köč(ür) b(ä)n。Tekin（1983：819）认为，这种读法也不正确，因为磨延啜在谈论其牧场的 öŋdüni “东端”，所以紧跟在 öŋdüni 后面的这些词指的应该是地名。Tekin（1983：819）指出，Šinehüü 读作𐰨[nč]的字母串有可能是𐰪[ń]，因为这两个字母的写法近似。若此说成立，那么 qańuy 一词相当于今天的哈努伊河。哈努伊河在于都斤东部，künüy 河可能是今天的 huni（Hünüy/hüniiyn）河。这两条河流也是汇入色楞格河的两条支流，这两条河流的名称在蒙古国境内保存至今。

西面 5 行 ič ïlaγïm：Šinehüü（1975：70）释读为 ič alγïm “我们参与了”，把第二个词当作动词谓语。克里亚施托尔内（1980：90）则把此词释读为 čalγïm “我的目标，我的梦想”。动词 čal-在《高昌馆来文》和《巴布尔诗集》中曾以 baš čal- “叩头”的形式出现过（米热古丽•黑力力、阿卜拉江•玉苏普 2017：18），但动词 čalγïm 中由动词构成名词的后缀-γï 仍难以解释。Tekin（1983：819）把 ič ïlγam 译作 “我的牧地（草地）”。首次刊布这一铭文的 Šinehüü（1975：70）的录文中𐰢𐰍𐰞[Lγm]前面有𐰲𐰃[Ič]，根据其录文被毁的部分应该在此字母串之前。Bold（2000：195）的录文中𐰢𐰍𐰞[Lγm]前面的部分已毁。片山章雄（1999：170）、Berta（2010：246）的换写中字母串[lγm]前面也有省略号表示此处缺失。Mert（2009：177）的录文中𐰢𐰍𐰞𐰲[člγm]四个字母都标示为“正在褪色消失的字母”。因此，无法更进一步解释字母串𐰢𐰍𐰞[lγm]。

西面 5 行 ötükän yiri onγï tarqan süy：Šinehüü（1975：69）的录文中，这段最后一词作𐰃𐰽𐰘[ySI]，并释读为 yiši “（于都斤）平原”。克里亚施托尔内（1980：90）则把这一词释读为 yiri “（于都斤）之地”。Tekin（1983：819）认为，iç ılagım ötüken 为一句，这句后面的单词为方位词 ir（即“北”）的 y 化形式，在后面的铭文中叙述的也是“里面的牧场”的南、西、东面。

这样看来，Tekin 的说法是比较准确的。Šinehüü（1975：70）把这一词译作 onγï tarqan süy “onγï tarqan 的军队”，克氏（1980：90）把其中的第二个词转写为𐱃𐰞[TL]，并释读 atla(ndï) sü iy “根据我的意愿 oŋï 从于都斤地区出征，跟随军队走，集合人民”。Tekin（1983：819）认为，克氏的这种说法有误，磨延啜在此段中谈论的是其牧场的边界，所以这里的词很有可能是地名，并提出最后一词可能是蒙古语中的 süy “财礼”。Qarjaubay（2012：229）将 oŋï 之后的词读作 talqym，并且将这个词语和蒙古语 talkik、哈萨克语 talqanday “碾成粉末，消灭”联系在了一起。他认为，古人将土块碾成细小的粉末之后，用这些粉末做成土坯，再用土坯垒成城堡，因此用 talqym 来形容这些细小的粉末堆积而成的城堡，talqym 之后出现的 süy 一词指当时的中原政权隋朝。虽然隋朝被唐朝取代了，但是生活在草原上的游牧民族还是将中原王朝称为隋；而 talqym süy 则指汉武帝命人在终南山以北建造的防御工事。Qarjaubay 的这些观点并没有确切的依据，因此难以接受。

西面 5 行 yaγï bodun[qï]：克里亚施托尔内（1980：92）在录文中将𐰖𐰃𐰍𐰉𐰆𐰓𐰣释读为 yïγ bodun “集合人民”。Tekin（1982：820）认为，这应纠正为 yaγï bodunqï “敌人的，可汗的”。

西面 5 行 költi：Qarjaubay（2012：229）读作 kölün，并认为这是位于现今中俄边境的 kölön nor 河。

西面 6 行 buyruq：厄达尔（1991：231）对于这个词语的构词作出了以下解释：其词根是动词 buyur-“命某人做某事”，缀接构名词附加成分-(O)k 派生出 buyruq。词根 buyur-在回鹘文献中没有出现过，这不禁让我们对这个解释产生怀疑。但是正如厄达尔（2017：9）所指出的那样，“buyur-在古突厥语中被 yarlïqa-所取代，但仍然留存于西伯利亚以外的所有突厥语”，这一点足以消除这些疑惑。

从鄂尔浑碑铭起，出现了 buyruq 的记载。Dobrovıts（2011：12）根据汉文以及鄂尔浑文的文献，对于这个官职的具体职权得出了这样的结论：buyruq 属于贵族阶层，因此并没有分配具体事务。但是他们需要完成可汗交给他们的任务，战时参加战斗，在向唐朝派遣的使团中担任使团长的职务，可以说他们是可汗的亲信。他们在可汗身边完成了各项任务之后，首先做了地方官员，之后成了一方诸侯，可以说是相当自在的。在《塔里亚特碑》有 altmïš ič buyruq、toquz uluγ buyruq 的记载。toquz uluγ buyruq 可能是当时的九姓回鹘的可汗向九姓乌古斯派遣的地方长官。ič buyruq 可能是指留在朝廷的中央官员。根据《苏吉碑》上的记载，ügä 手下会有一名

buyruq，而根据《哈喇巴拉哈逊碑文》记载，每个皇后手下会有一名 buyruq，也就是说后宫中也有 buyruq 这个官职存在。

在不同的汉文文献中，buyruq 分别记载为：梅禄、密六、媚禄、密录、媚录。关于"梅禄"一词，根据伯恩什达姆（1997：154）的引用可知，梅里奥兰斯基认为，"从词源上看，它的意思是'受可汗命令的人'，就像是'总管'。人民就是这样称呼某些部队的受可汗管辖的长官（有时也想可让他们独立）、可汗的地方长官和同一类人的"。梅禄也可能是匐中充当特殊法官的那一部分人，他们多数也是出身于统治阶层。伯恩什达姆认为，根据《阙特勤碑》中的记载，可以看出，对梅禄首先强调的是"英明"，要求他们"正直"（更确切地说是通过他们要求人民忠于可汗），可汗通过梅禄创建法庭和法律。

西面 6 行 baγa：Hamilton（1997：198）认为该词与粟特文 vγ"上帝，上天"有关。Tezcan（1978：68）则认为 baγa 与 baqa"青蛙"有关。该词在《毗伽可汗碑》和《暾欲谷碑》中分别出现过一次。baγa 一般只与封号 tarqan 搭配使用，如 baγa tarqan，学界一致认为 baγa 具有"小的，下一级的"等意思。该词在后期的回鹘文写本中没有出现过，可能与该词是外来借词有关。现代喀尔喀蒙古语中 baγa 一词具有"小的，下一级的"等意；梵语有 pāka"小动物，动物崽子"一词。Menges（1968：168）认为，baγa 是古伊朗语借词，如同 šad、bäg。Doerfer（1963：213）认为，baγa 源自蒙古语，虽然现代蒙古语中有 baγa 一词，但该词在古蒙古语文献中没有记载。裕固语中的 boγa、paγa 借自蒙古语，该词与卡尔梅克语单词 pāka"动物崽子"，汉语和朝鲜语中的"pak 朴""小，下等"一词相关。根据罗新（2009：119）的引用可知，陈三平认为"莫贺"（baγa/ βγ）是粟特语，意为"神"。

西面 6 行 tarqan：蒲立本（1962：91）认为，该封号源自古匈奴语中的*dån-γwaγ。Gabain（2004：52）则认为该词的结构应为 tar+han，其中的词缀+han 对应 burχan、täŋrikän、ötüken、yätikän 等词中的后缀+χAn。古匈牙利的部落名 tarjan 来自可萨语中的 tarqan"长官"。Eberhard（1945：323）认为该词可能与动词 tar-"种植，耕作"有关。Doerfer（1965：460）则反对此说，并提出虽不能确认柔然人曾用过该封号，但可以假设该封号的起源与柔然人有关：柔然语*darχan"特权"＜蒙古语 darkan 和突厥语 tarχan。罗新（2009：116）对 tarqan 做了较为详细的研究，列出鄂尔浑碑铭中出现 tarqan 的短语，认为 tarqan 都出现在一组名号的末尾，tarqan 在名号制度形式的演化过程中早已沉淀凝固，成为某种具有通称意义的官职名称。中国史籍证实，柔然时期已经有了 tarqan，而且当时 tarqan 已经脱离了美称之原始意义，演化成较为稳定的官称。

西面 6 行 toquz bolmïš：克里亚施托尔内（1980：93）将词组 toquz bolmïš 与之前的 uluγ buyruq “大梅禄” 两个词结合在一起，译作 “大梅禄共有九个”。Tekin（1983：820）并不认同此说，他认为封有 uluγ buyruq 爵号的梅禄的名字都是被一一提及的，所以其提出 toquz bolmïš 为人名的说法是正确的。

西面 6 行 bilgä tay säŋün oŋï：克里亚施托尔内（1980：93）转写为 bilgä tay säŋün tutuq 的这一段在 Šinehüü（1975：71）的转写中是 bilgä tay säŋün oŋï。克里亚施托尔内（1980：83）认为 bilgä tay säŋün tutuq bėš yüz baši 是一个词组，并译作 “bilgä tay 将军都督是五百长”。Tekin（1983：820）则反对，认为封有 tay säŋün “大将军” 和 tutuq “都督” 等大官号的梅禄不可能只带五百余兵卒，所以他认同 Šinehüü 的 oŋï 这一读法。

西面 7 行 ïšvaras：Clauson（1972：257）指出，前人根据该词末尾的词缀 s 提出该词借自东伊朗语的看法，并认为该词先由梵语传到吐火罗语，后经吐火罗语传至回鹘语。Ölmez（2018：170）认为，该词原为梵语 īśvara。

西面 9 行 qaγas atačuq：意为 “侍卫长”。厄达尔（2013：196）认为，人名 qaγas atačuq 可能源于契丹语词。Qarjaubay（2012：229）将第一个词语与哈萨克语 qaγïs “保护”，蒙古语 qağats “防护” 做了比较。qaγas 这个词语在回鹘文《乌古斯可汗传说》（Bang&Arat 1936：36）中被记载为 iris qaγas，而在《高昌馆杂字》（胡振华、黄润华 1984：55）中则是 iris qaγas “慷慨”。Ligeti（1966：160）将这个词语与蒙古语中的 qaγas “一半、一半” 联系在一起。Bang&Arat（1936：36）认为，名词 qaγas 是由动词 qaq- “敲，钉” 派生的。但如果确实这样，那么在动词后的后缀-a-就无法解释。所以本书认为，qaγas 由回鹘语动词 qaqï- “愤怒，生气” 派生的可能性较高。

北面 1 行 tk[m tėg] ėlig t[utdï]：Šinehüü（1975：71）把录文中的𐱅𐰢𐰼[tmr]释读为 tämir“铁”。克里亚施托尔内（1980：93）则将录文中的𐱅𐰚𐰢[tkm]释读为 täkim “很，十分”。但是回鹘语中表示 “很，十分” 的词语是 tälim，而非 täkim。Tekin（1983：821）认为，若克氏的录文是对的，那么这一词应该读作 t(i)k(i)m，译作 “缝接，线脚”，但是只有在 t(i)k(i)m 后面加后置词 täg 时才有此意。克氏把 täg 和后面的 lig 连读为 täglig，并译作 “误入歧途”。第四个单词在 Šinehüü（1975：71）的录文是𐱃𐱃𐰣[TwTN]。Tekin 不认同他的说法，并将其读作 tutun。Šinehüü 把之后的单词读作 birti。克氏（1980：93）把最后两个词读作 tuttï beš “抓了五（千夫长）”。Tekin（1983：821）则认为，这个单词应该是 äbirti，意为 “管理”。

北面 2 行 bägzäk är čigši bïla baγa tarqan：Šinehüü（1975：75）将磨延啜臣工的爵号读作 begzek er čigši bïla baγa tarqan。克里亚施托尔内（1980：91）则读作 bägzäki-är ïigši bïla b(a)γ(a) t(a)rq(a)n。Tekin（1983：822）读作 bägzäki-är čigši bïla b(a)γ(a) t(a)rq(a)n“bägzäk 和达干伯克们”。学术界一致认为，此爵号的第一个单词是 bäg，但是 zkr 在史料中未曾出现过，无法考证其意。克氏把 bïla 译作“一起，一同”。Tekin 则认为，这可能是 buyla 的另一种写法。这里的第一个词 bägzäk 可以与《葛啜王子碑》2 行的 bäzgäk yaγlaqar qan“bäzgäk 药罗葛可汗”比较，芮跋辞、吴国圣与张铁山等学者译作“虐疾”，Alyılmaz 译作“威赫”，白玉冬译作“生畏”，森安孝夫推测为“故？”或“值得哀悼的”，包文胜认为这可能是人名（包文胜 2019：107）。本书认为，《塔里亚特碑》的𐰋𐰏𐰔𐰚𐰼 [bgzkr]可能也是𐰋𐰔𐰏𐰚𐰼 [bzgkr]=bäzgäk är 的讹写，鄂尔浑碑铭在刻写过程中出现过不少字母错位、词语讹写等错误。例如，《阙特勤碑》东北面 4 行第四个单词 boltï 误写为𐰉𐰆𐰞𐰃𐱃 [BwLIT]，该词可读作 bulït / bolït 等。从这里的语境来看，包文胜认为 bägzäk<bäzgäk 应为人名的看法是成立的。

北面 2 行 turγaq turdï：除 Tekin 之外的所有学者一致将作为谓语的这一词读作 turdï。Tekin（1983：822）认为，其应该读作 tur(ut)di“使建造，使建立”，是因为该动词在此需要使动态附加成分，在碑铭文献词中重复的/td/只写其中一个字母，如𐱃𐰃𐱃𐰢[tItm] (ė)ti(t)dim。Tekin 将 turγaq 理解为“警卫”，turγaq tur(ut)dï 为“组建了警卫队”。厄达尔（1991：392）不同意 Tekin 的看法，并认为 Tekin 因其无根据的假设而误认为此处的 turdï 读作 turutdï，但是古突厥语 tur-的使动态形式应为 tur-γur-，而非 turut-。turγaq bašï 就像 sü bašï、bïŋa bašï 一样，是个军事单位，turγaq 意为“日巡队”，厄达尔把整个句子释读为：kanıma turgak başı k1g1s ataçuk bäg zkr çigşi bıla baga tarkan üç yüz turgak turdı “there was the lord KGS ata，commander of the day sentries，the district magistrate zkr，the tarkan bila baga and three hundred day sentries waiting on my king 日巡队的首领 KGS ataçuk 匐，治安官 zkr 匐，tarkan bıla baga 和三百天的哨兵等待着我的可汗”。

北面 3 行 az sïpa tay säŋün：Šinehüü（1975：76）把这一词组读作 az aš apa tay säŋün。克里亚施托尔内（1980：93）读作 az ašpa tay säŋün，并译作“出自 az 部的 ašpa tay 将军”。Tekin（1983：823）认为，由于回鹘语中不存在 šp 辅音丛，因此克氏的读法有问题，并指出该人名应该读作 sïpa。sïpa 可能与《突厥语大词典》里意为“快两岁的马驹”的单词 sïp（《突厥语大词典》2002：Ⅰ340）有关。

北面 3 行 ïq baš qay ava：Šinehüü（1975：77）和克里亚施托尔内（1980：93）分别读作 aq baš aqï ay babaš 和 baş qaybaş，克氏把这个词组与其前面的单词 toŋrada 一起译作“toŋra 部的 qaybaš”。Tekin（1983：824）则认为这一字母串不是人名，而是族名。根据他的说法，第三个单词应该被读作 qay，指 qay 部。此后的字母串 bbaš 可以读作 ava baš。ava 是麻赫默德·喀什噶里提到过的乌古斯部之一（《突厥语大词典》2002：Ⅰ62）。

Qarjaubay（2012：231）在列出出现⋈这个字母的八座石碑之后，论述学术界对于这个字不同的见解：Bang、Malov、Tekin 读作 baš，吉罗读作-ča/čä，Amanjolov 读作-rt，Kızlasov 读作-sï/si。Clauson（1962：78）认为，《暾欲谷碑》26 行以及叶尼塞碑文中出现的双斧状的字母读作 baš 是很明显的错误，这可能不是一个复合字母，而是雕刻者或者摘抄者在雕刻或者摘抄过程中出现了错误。如果是这样，它有两种读音的可能性，一种是 lïk，另一种是 pïk。Mert（2012：150）则指出，baš 这个词语在三处是用这一字母表示的，而在其余的 15 处是用ϒↄ[BŠ]表示的。Qarjaubay（2012：231）指出，将这个字母读作 as/ïs 或者 sa/sï 符合古突厥语的规则，于是他认为《塔里亚特碑》中的⋈ↄDɦ⋈读作 saq ajbas，将ϒDɦ⋈ɦ 读作 qas qajas 是也有可能的。他将 qas 理解为“玉石”，于是他将其与麻赫默德·喀什噶里记载的 qara qayas、sarïγ qayas 两个地名做了比较，猜测出现在 saq ajbas 和 saq qajas 两个词语中的⋈也可能是一种祭祀或祈福时会用到的符号，为了佐证，他指出《borburγasun 碑》中的 baš tutmïš 正是这样的祭祀专用词语。

北面 4 行 čavïš：čavïš 是军事用语，意为“首席参谋，首长”。麻赫默德·喀什噶里记载：čavuš“战时整饬阵容，休战时阻止士兵欺压百姓的长官”（《突厥语大词典》2002：Ⅰ386）。Vambery（1867：130）认为，该词源自具有“大声呼叫，声音，名望”等意的词 čav，因为长官需要用响亮的声音大声宣布可汗的命令。Şirin User（2006：225）则认为该词应由动词 čap-“奔跑”缀接词缀-š 而成。后来在乌古斯语中动词 čap-多出了一个辅音 r，就如 sep->serp-，kutgar->kurtgar-等。Doerfer（1967：35）认为，该词来自具有“名声，名望”之意的名词 čab，即 čab+I-Xš > čabïš。虽在回鹘文写本中尚未发现动词 čabï-，但可推断 čavïk-（Erdal 1991：494）、čavlan-、čavlaš-（Erdal1991：576）等动词跟该动词有联系。

北面 4 行 bayïrqu：Kamalov（1993：6）在探讨《塔里亚特碑》北面中有关拔野古部的记载时总结道：“拔野古部多次反抗药罗葛部的统治，药罗葛部曾两度平定拔野古部，其中第二次发生在其对蒙古语部族——九姓达靼部的征服过程中。这部分拔野古部跟其他诸部一起，直到该碑文所立

753 年为止，活跃在西域。”而 Kamalov 所谈的拔野古部第一次被平定一事出自克里亚施托尔内对石碑北面 3 行铭文的释读中。根据 Tekin、Šinähüü、片山章雄、Mert、Ölmez 等人的研究指出，此段铭文中的单词应为 buyruqi，而非克里亚施托尔内提出的 bayïrqu bodunï。但拔野古部跟九姓达靼部被征服一事出自石碑北面 4 行中。

747 年，回鹘汗国第一位可汗骨咄禄・毗伽・阙・怀仁可汗卒。其子登里罗・没迷施・颉・翳德密施・毗伽可汗，即磨延啜可汗继父位，但这引发乌古斯诸部反叛。参与这次叛乱的主要是八姓乌古斯，即除以药罗葛部为首的回鹘部众外的九姓乌古斯部众。叛军在大毗伽都督的率领下与磨延啜可汗率领的回鹘军连战三年，并于 749 年被平定。此次内战为期三年，最终以磨延啜可汗为首的回鹘军消灭叛军主力而告终。此战使九姓回鹘诸部再次被统一。《希纳乌苏碑》并未提及此次叛乱的导因。因此，兰司铁（1913：51）认为，大毗伽都督于 747 年被回鹘可汗封为叶护一事是这项研究中的关键问题，因为叶护作为爵号独属太子一人，因此先贤推论大毗伽获封叶护表明他具有太子身份，极有可能为骨咄禄・毗伽・阙可汗的长子。若此说成立，此次内乱就成了骨咄禄・毗伽・阙可汗长子和次子之间的争位之战。但 Kamalov（1993：8）则指出，获封叶护并不足以证明大毗伽都督为骨咄禄・毗伽・阙可汗之子。因为，在回鹘汗国时期非汗族出身，但立大功者亦可获此封号。比如，回鹘牟羽可汗曾封其可敦长兄——仆固部人、唐朝著名将军仆固怀恩之子——为叶护。

Czeglédy（1973：265）指出大毗伽都督与回鹘可汗之子颉・翳德密施交战时曾获拔野古部兵援。《希纳乌苏碑》和汉文文献中的记载证实了拔野古部在八姓乌古斯叛党中的领导地位。敦煌出土的一份吐蕃文文书（编号：伯希和 1283，对此文书详细的研究参见森安孝夫 2020：314—332）亦佐证此点。这份吐蕃文文书出自回鹘可汗的五名使者之手，并由回鹘文译成吐蕃文。这些回鹘使者主要负责在邻国搜集军事情报。这封文书提到拔野古部是九姓乌古斯当中唯一一个与回鹘为敌的部族，并透露他们当时跟拔悉密部一同留居于别失八里一带。此外，在有关回鹘汗国初期内战的汉文史料亦载，拔野古部跟拔悉密部一起反抗回鹘可汗。综合上述可见，拔野古部在回鹘内战中扮演了重要角色。

综合回鹘汗国建国前后的相关汉文史料可得，拔野古部为组建回鹘汗国付出了重要力量。后突厥汗国建立之后，九姓乌古斯同盟中的诸部分道扬镳，各居一方。其中一部分为突厥所迫迁至甘肃归属唐朝，但 727 年因跟唐军不和而再归漠北。另一部分则留居漠北草原继续和突厥为敌，但后来其中一部分部众出走降唐，并被安置在鄂尔多斯一带。直到后突厥汗国将近尾声之时，九姓乌古斯诸部才重归故地，恢复了昔日同盟。后突厥汗国时期，九姓乌古斯诸部始终是汗国最主要的不稳定因素。以药罗葛部为首的回鹘诸部迁入甘肃后不得不易主，投奔拔野古部门下。值得注意的是，后突厥汗国可汗默啜是被拔野古部所杀。因此，在这段时期由于拔野古部在回鹘反突厥阵营中扮演主导角色，而提升了自己在九姓乌古斯同盟中的地位。以药罗葛部为首的回鹘诸部回到漠北后，因反突厥的共同目标而继续跟拔野古部保持和睦关系。后突厥汗国灭后，以药罗葛部为首的回鹘诸部建立了回鹘汗国。但拔野古部不愿接受药罗葛部领导。在此背景下发生了八姓乌古斯诸部的叛乱。而拔野古部是此次叛乱的主谋。叛乱被平定后，一部分叛党降服于回鹘可汗，而另一部分则西奔葛罗禄。可以推测，这部分投奔葛罗禄的部众亦包括拔野古部。754—755 年，拔野古部联手葛罗禄、拔悉密、突骑施等部再次发难，但均被回鹘所败。至此，回鹘可汗最终平定国内不稳定因素。此后，拔野古部无法东山再起。

北面 4 行 aq baš [qay ava] basmïl：Qarjaubay（2012：234）将这里的词读作 saq ajbas，并且将其当作塞种人的名称，他的这一看法是不被认可的。克里亚施托尔内（1980：93）读作 qayra basmïš，并将其与前文中出现的 toquz bayarqu 联系在一起，得到了“征服了九姓拔野古”的译句。Tekin（1983：824）根据 Šinehüü 和克里亚施托尔内的录文，认为这里的字母应该是𐰴𐰖𐰺𐰀𐰉𐰽𐰢𐰽[qYRABSmS]，因为𐰽[S]和𐰞[l]相像，最后的字母也可以读作[l]，因此他将其读作部落名 basmïl。

北面 5 行 yaɣma alum/lum ėčisi: 前辈学者均将此处的𐰖𐰍𐰢𐰀[YGmA]转写成 yaɣma，并一致认为 yaɣma 指部落名“样磨”。从北面 5 行的铭文可知，此碑是由 qutluq tarqan sänŋün 亲自撰写的。后面的铭文提及的则是族名和历史事件的来源。Aydın（2013：18）认为，根据上下文内容的连贯性可推导出该单词应读作 ayïɣma，即“讲述者，告知者”之意。笔者考虑到以下问题对 Aydın 的说法产生疑惑：北面 5 行中出现的𐰖𐰍𐰢𐰀[YGmA]同样也在北面 6 行出现过，而北面 6 行的词很显然是部落名 Yaɣma“样磨”，那么北面 5 行的𐰖𐰍𐰢𐰀[YGmA]读作 ayïɣma，而北面 6 行的𐰖𐰍𐰢𐰀[YGmA]读作 Yaɣma 的可能性不大，因为铭文作者不大可能将不同的两个词在同一处用相同的写法刻写。因此该处的𐰖𐰍𐰢𐰀[YGmA]应看作 Yaɣma，即部落名“样磨”。

《塔里亚特碑》北面 6 行记录了此次远征后臣服于回鹘可汗的属部头领拔野古、样磨、桃花石（Tavɣač）和粟特部族长之名。733—756 年，碑中提到的两位回鹘将领四处征战。部族名 Yaɣma“样磨”最早出现在《塔里亚特碑》中（Klyaštorniy1988：278）。波斯语地理学著作《世界境域志》和《记述的装饰》中也曾提到“样磨”这一族名。《世界境域志》指出 Yaγma 部下属部落众多。九姓乌古斯以西、葛罗禄以东的所有部族均为样磨所臣服。分布在东部天山，库车、焉耆北部，库车河支流流域的样磨人曾一度控制喀什噶尔一带。10 世纪时，统治样磨人的部落与统治九姓乌古斯人的部落为同族，样磨人的一些属部与九姓乌古斯的属部混居。《记述的装饰》中记载的内容属于 8 世纪中期，书中提到：“样磨人是一些富有的人，他们有大量的马群，住在中国左面距离一个月路程的地方……”（王小甫 2016：580）这两部史料都记载了样磨人与寄蔑（Kimäk）人之间连绵不断的战事，并指出他们均属于西突厥汗国。《世界境域志》中提到样磨人主要分布在东部天山、西域北部和西部等地的时间，这与两位回鹘将领对样磨人的远征时间大体一致。《塔里亚特碑》西面 6 行中提到了此次远征的方向和所征服的部族分别为：拔野古、样磨、桃花石、粟特。这些部众分布在天山东部的高山和牧场、山脚下的城郭以及塔里木盆地绿洲地区。

片山章雄（1999：170）将此处释读为 yaγma alumčïsi “样磨人的两个官方收债人”。Šinehüü（1975：78）认为 čiši 是 čigši 的讹写。克里亚施托尔内（1980：93）提出，这句话也可以理解为“出自样磨的(A)lumči”，他把 LWmičISI 读作 lum čiši，并认为该词是由吐火罗语单词 lun 和汉语“刺史”合并而成的。lum čiši 的具体含义还不清楚，其中的 čiši 有可能是汉文官名“刺史”的音译，是中原王朝赐封给边境小政权首领的封号。据汉文史料记载，中原王朝控制下的焉耆地区的汉文名字为“龙”。鄂尔浑文写本中的吐火罗文借词 lum 在汉文文献中讹写为“龙”。克里亚施托尔内（1988：279）指出，汉语焉耆在梵语中为 agni。焉耆与高昌、龟兹并列为古丝绸之路上的重镇，是当时实力较强的城邦之一。4 世纪的汉文史料曾记载过吐火罗人在焉耆建立的龙王朝。630—640 年，焉耆在与高昌之间的战争中失利，不久成了唐朝的附庸。661 年，唐高宗下诏在焉耆设立都督府管辖之。但焉耆都督府之下未设立其他郡县等行政单位，所以焉耆统治者的曾用封号“刺史”得以保留。吐蕃侵占时期，唐高宗上元年间（674—676），唐朝廷声称 661 年的诏书仍有效。根据新旧唐书中的记载可知，直到天宝末年，焉耆一直臣属于唐朝。由于安史之乱削弱了唐朝国力，8 世纪中期吐蕃侵占了河西走廊，而留在高昌一带的唐军与吐蕃孤军奋战。回鹘汗国也参与了唐朝和吐蕃之间的军事冲突，并抓紧时机占据了东部天山地区。回鹘军队占据了焉耆，并援助唐军抵抗吐蕃军队。丝路北部的驿站和城郭尽被回鹘所据。回鹘人的这些远征活动在《塔里亚特碑》中得以记录。从 756 年至 8 世纪末，回鹘人在东亚的历史舞台上是一个重要角色，吐蕃人崛起后在准噶尔盆地和塔里木盆地与回鹘争雄，双方战事频繁。

Tekin（1983：824）认为，alumči 是回鹘语 alïmčï“税务官”的圆唇化形式。若此说成立，那么 yaγma alumčisi 可以被理解为“样磨部的税务官”。但他又强调虽然早期的碑文中这种元音的圆唇化现象很少见，但也不能以此而排除这种可能性的存在。Berta（2010：258）对 alwmčï 的看法与其他学者有所不同，他在探讨匈牙利阿尔帕德王朝的缔造者阿尔帕德大公（Árpád）之父 Almuš 和与此相近的伏尔加保加利亚汗国可汗 Almïš 时，指出 Almuš 在中世纪希腊语文献中的形式是 Almuč(i)，而 Almïš 的原型 *Alïmïš 可能是由动词*alï-“被吸引”缀接名动词附加成分-mïš 构成的，意为“带领人们的人，开国的人”，Almuč(i)中的 č>š 也可能是匈牙利语中发生的音变。他根据 Almuč(i)一词推测该处的 alwmčï 可能指的是“带领人们的萨满”，Berta 以问号标示这一观点需要进一步考证。Aydın（2013：19）认为，𐰱𐰃𐰽𐰃:𐰞𐰆𐰢［LWm: Ič/čISI］不能被理解为 alumčisi“税务官”，因为这种译法不符合此行的内容。

Aydın（2013：20）认为，𐰞𐰆𐰢［LWm］是由于刻写者的笔误或者因为碑文长期受风蚀而变成了𐰞𐰆𐰢。字母𐰞［L］和 𐰴［q］，𐰆［w］和𐰣［N］本身就很相似，所以这个词又可以被看作𐰴𐰣𐰢［qNm］的讹写，那么该词可以读作 qanïm，即“我的可汗”。但是从铭文的保存情况来看，Aydın 提出的由于风蚀或笔误导致该词由𐰴𐰣𐰢［qNm］变成𐰞𐰆𐰢［LWm］的形式一说是无法立足的。究其原因，第一，Mert 的录文中𐰞𐰆𐰢三个字母标示为“可清楚认读的字母”；第二，字母𐰣［N］和𐰆［w］颇似，但是由于风蚀导致𐰞［l］变𐰴［q］的可能性不是很大；第三，qanïm“我的可汗”这么重要的词语也大不可能会有误写的情况，因为刻完后当事人应该会反复核查，显然不允许这样重要的词语出现误写，因此笔误说也不成立。综上所述，Aydın 的这种推测有待商榷。

若把𐰱𐰃𐰽𐰃:𐰞𐰆𐰢［LWm: Ič/čISI］中的冒号视作单词间的分隔符号，那 lum/alum: čiši/čisi 这两个单词就很难释读。若根据 Šinehüü（1975：78）的意见，把第二个单词视作 čigši“刺史，地方行政长官”的讹写，即该词中的辅音 g 脱落导致čISI 这种写法，那么 lum/alum 可作为人名，后面的单词则可以被看作 lum/alum 其人的爵号。Aydın（2013：19）提出了第二种可能性，即第二个单词也可以读作 ečisi，那么该词可译作“长兄”或“叔父”。要此说成立，需要先解决该词的首音到底是 ä 还是 e。在叶尼塞碑文中 ä 和 e 两个音分别由两个不同的字母拼写。叶尼塞碑文中该词被拼写为𐰲𐰃𐰢 [čIm] äčim，出现在 10 个不同文本中。若 Aydın 此说成立，则𐰱𐰃𐰽𐰃［Ič/čISI］可转写为 ečisi，译作“长兄，叔父”。由于此行中提及的人物为一名长者，所以可取“叔父”之说。

综上所述，YGmA 是部落名 yaγma“样磨”，LWm 是人名 lum/alum，ičISI 是 ečisi“叔父”，该处可读作 yaγma lum/alum äčisi“样磨人 lum/alum 的叔父”。

北面 5 行 ėki yur tėdi：该段 Šinehüü（1975：78）读作 eki yor tidi，克里亚施托尔内（1980：78）则释读为 eki yorïtdï“派了两个人”。由于其最后两个字母为X h[td]，克里亚施托尔内的读法是错误的。不过 Šinehüü 和克里亚施托尔内都认为这里有一个动词 yor-。与此不同的是，Tekin（1983：824）认为，由于这段碑文记载的是部族名称，ЧΓD[YWR]应该是一个名词，这个词应当转写为 yur“妹夫”。《阙特勤碑》中以 oŋ totoq yurčïn“王都督的妹夫”（Tekin 1988：17）的形式出现的 yur 一词中附加成分-č 应该是表爱后缀，就如 ata—atač。

Aydın（2013：20）提到的第一个ЧΓD[YWR]在片山章雄（1999：170）、Mert（2009：187）等学者拓片中均未出现，他也没有指出他在释读时依据的是哪一张照片。因此，本书在此沿袭片山章雄和 Mert 的录文 y#...

Aydın（2013：20）认为，YwR 在同一行内出现两处，所以在刻写过程中不可能两次都漏写了字母 č。这个词如果被读作 yor/yur，那么很难解释其含义。但是，假设该词词首还有一个元音 a，那该词就可读作 ayur，即“口述者”。此行中的内容在交代与铭文内容的口述者有关的信息，因此可以断定该词是动词 ay-派生出来的名词。派生结构类似于该词的形容词和名词有 tilär、ot öčüri、säwär、učar、közünür 等。Aydın（2013：20）还提出，ayur 一词仅出现该石碑当中，并专指当时社会的一种职业，即说书人，应看作 Hepax legomenon（文献中只出现一次的）名词。厄达尔（2017：296）指出，早期回鹘文文献中相比于分词词缀，-Ur/-mAz 更多地作为限定动词的词缀，分词的用法不仅仅是修饰表示施事者的中心语，并表示动词既无明确亦无隐含主语，因而无论中心语或分词都不需要指称施事者的领属性人称后缀。

由此可见-Ur 构成形动词，而不能构成名词。仅在该碑铭中出现的一例词语的释读问题上我们很难赞同 Aydın 的看法。再说这里的问题不是 yur 后面漏写字母 č，而是该词是《阙特勤碑》中出现的 yurč 没有缀接表爱、指小的附加成分-č 的原形 yur。所以，本书在此问题上沿袭 Tekin 的解释。

北面 5 行 qutluγ tarqan säŋün：克里亚施托尔内（1985：145）指出，这里所谈的 qutluγ tarqan säŋün 与北面 3 行的 bilgä tarqan 是同一人，即移地健牟羽可汗，塞诺（2000：190）也赞同此说。

第三章 《铁兹碑》

一 碑铭概况

《铁兹碑》最早由 Vladimirtsov 发现。他于 1915 年在蒙古国西北部铁兹河流域发现此碑，并进行了初步的转写和翻译工作。但其成果未能公开发表。1976 年，苏维埃蒙古文化探险队借助当地土著向导们的帮助，在铁兹河左岸 noγon tolγoy 高地边上再次找到了该碑。由于石碑位置靠近铁兹河，故被命名为《铁兹碑》。石碑是一座四方形的淡红色石块，四面均有铭文，石碑上部蚀损严重。该碑由 Kubsugul（Hovsgöl）县博物馆运至乌兰巴托，现存在蒙古科学院历史学研究中心。

《铁兹碑》底部长 0.86 米，侧面宽分别为 0.32 米和 0.22 米。石碑侧面磨平，刻有线条。每一个线条为一行，石碑四面较宽的正反面各有 6 行，宽度较短的两个侧面各有 5 行。每行铭文高度为 3.5—4 厘米。刻写风格和拼写规则近似于《塔里亚特碑》和《希纳乌苏碑》等石碑。《铁兹碑》底部的印章类似于《塔里亚特碑》底部的石龟像和《希纳乌苏碑》上的氏族标记。

《铁兹碑》西面底部铭文蚀损严重，南面上部铭文也是如此。《铁兹碑》仅有 22 行铭文能认读，其余部分受损严重，已无法辨认。同时，这 22 行的保存情况也不佳，其中一大半辨认难度大，很多字母模糊不清。总之，石碑有 1/4—1/3 的部分基本无法认读。这无疑增加了研究难度。

二 研究概述

Qarjaubay 最早发表了《铁兹碑》（Tesiin gerelt hošöö. *Studia Linguae et Litterarum Instituti Lingue et Litterarum Academiae Mongolica* 13，1978，117–124）一文，对碑铭进行录文、拉丁文和西里尔文转写，并把铭文翻译成了哈萨克语、蒙古语和俄语。为了让铭文翻译更加准确和全面，他把铭文词汇跟哈萨克、蒙古语里的同根词汇一一进行了比较。

后来 Šinehüü 发表关于碑文的研究成果《新发现的鄂尔浑—色楞格如尼文碑铭》(Orhon–Selengijn runi biçgijn şine dursgal，*Studia Arheologica* 8/1, 1980)，做了铭文的录文、转写和翻译工作。

克里亚施托尔内于 1980 年发表《铁尔痕碑》(Tesinskaya Stela, *Sovyetskaya Tyurkologiya*，1983/6，1983：76–90) 一文，作为其研究的"初稿"(predvaritel' naya publikatsiya)。紧接着于 1982 年又发表了第二篇文章《回鹘牟羽可汗的铁兹碑》(The Tes Inscription of the Uighur Bögü Qaghan, *Acta Orientalia Academiae Scientiarum Hungaricae*，39，1984：137–156)。克氏在两篇文章中系统介绍了《铁兹碑》的出土过程，并把铭文内容与回鹘汗国的历史发展相结合进行考证。文章最后附有铭文的转写、换写和翻译等成果。

Tekin 在其《铁兹碑碑文的九条注释》(Nine Notes on the Tes Inscription, *Acta Orientalia Academiae Scientiarum Hungaricae*，42，1988：111–118) 中，虽未对铭文全文进行研究，但对既有研究中存在的问题进行了重要补正。学界普遍接受了他的相关观点。

杨富学在《古代突厥文"台斯碑"译释》(《语言与翻译》1994 年第 4 期) 中，首先以汉文对碑铭的出土和相关的研究概况进行介绍，之后对碑铭原文进行拉丁字母转写、汉译和疏证。

大泽孝曾对石碑进行实物考察，在其《铁兹碑》(Tes Inscription. eds.: Moriyasu, T., -Ochir, A., *Provisional Report of Researches on Historical Sites and Inscriptions in Mongolia from 1996 to 1998*. Osaka: The Society of Central Eurasian Studies, 1999) 一文中对铭文全文进行换写、转写和英文、日文翻译，也做了一些重要的注释。

Berta 在其专著《聆听吾等之言——突厥、回鹘碑铭校勘研究》(Szavaimat jól halljátok…, A Türk és Ujgur rovásírásos emlékek kritikai kiadása. Szeged: Jate, 2004) 中，对《铁兹碑》进行了换写、转写和翻译。与此同时，他还一一对比了其他学者的转写、换写和翻译。其研究方法与《希纳乌苏碑》的研究如出一辙。

耿世民在林幹主编的《突厥史》(内蒙古人民出版社 1988 年版) 和林幹、高子厚主编的《回纥史》(内蒙古人民出版社 1994 年版) 中发表过该碑铭的汉语译文。耿世民在其专著《古代突厥文碑铭研究》(中央民族大学出版社 2005 年版) 中，以文献学的角度对铁兹碑进行研究。他的主要研究包括对碑铭的研究概况、对碑铭的拉丁文转写、对碑铭的汉文翻译、对碑铭的简单注释等内容。

Mert 也对石碑进行过实物考察。其著作《于都斤时期回鹘碑铭：铁兹、塔里亚特、希纳乌苏》（*Ötüken Uygur Dönemi Yazıtlarından Tes Tariat Şine Usu*，Ankara: Belen，2009），不但包括铭文的录文、转写、换写和土耳其语翻译，还附上了石碑全清照片，这包括因受损严重而无法认读的部分。在其录文中用不同颜色分别标记能清晰认读，模糊不清，完全不能认读的铭文字句。

张铁山的《古代突厥如尼文"铁兹碑"再研究》（载《突厥与哈萨克语文学研究》，中央民族大学出版社 2010 年版）一文首先对碑铭的出土和研究概况进行介绍，之后对碑铭原文进行拉丁字母换写、拉丁文转写、汉译和注释，并在此基础上探讨相关词语注释问题。

Aydın 在其《回鹘汗国碑铭》（*Uygur Kağanlığı Yazıtları*. Konya: Kömen, 2011）中概述了《铁兹碑》的情况后，做了录文、拉丁字母转写和土耳其文译文，并在脚注中列举了不同研究者的解读。

洪勇明在《回纥汗国古突厥文碑铭考释》（世界图书出版公司 2012 年版）中对铁兹碑的研究是比较系统的，包括：第一节，介绍碑铭的出土地点和状态，确认碑铭作者和竖立时间，解释碑铭读写顺序；第二节，对碑铭的研究情况进行概括；第三节，对碑铭进行拉丁字母转写；第四、五节，主要对碑铭汉语翻译及其词语进行注疏论证；最后一节，对 7 世纪回纥内九族的分裂、牟羽可汗的尊号与战功、脱离回纥联盟的乌古斯、康居地的裴奇内格、hasar 和 qasar 等历史问题进行论述。

洪勇明《古突厥文献西域史料辑录》（世界图书出版公司 2014 年版）中对铁兹碑的历史事件以史料摘录、史料分析方法进行研究。主要研究内容包括布祖克和乌乔克西迁、白霫和可萨西迁康地等。

Ölmez 在其专著《回鹘汗国碑铭》（*Uygur Hakanlığı Yazıtları*. Ankara: BilgeSu，2018）中的研究能代表此领域最新成果。他在专著中对石碑的发现、既有研究、铭文内容、语言风格和拼写规则进行了系统的论述。跟前辈学者一样，他也进行了转写、换写和翻译等工作。他在专著中附有克里亚施托尔内复原的鄂尔浑文文本。Ölmez 在专著后记中提出的一些新观点颇有价值。

对于《铁兹碑》的研究还要提到 Şine User、Qarjaubay、Bazılhan、艾尔肯・阿热孜、艾尔汗・阿伊登等学者。以上作者在其关于鄂尔浑碑铭的著作中都有涉及他们对《铁兹碑》的研究成果。

三 碑文内容

《铁兹碑》前文有两处提到颉·翳德密施·毗伽可汗的名字，且后文提到他的死去和他称为“我的叶护”的那个儿子继位。克里亚施托尔内认为，根据《塔里亚特碑》和《希纳乌苏碑》的叙述结构和顺序来看的话，不难发现《铁兹碑》的此段铭文叙述顺序也遵守了先后讲述可汗与可敦的封号，可汗的登基时间和地点，以及登基前发生的事件这样一个叙述顺序。此段记有年代“鸡年”，即 757 年。

《铁兹碑》中内容较丰富的是第 7—18 行的部分。该部分讲述了回鹘汗国立国至牟羽可汗的父亲颉·翳德密施·毗伽可汗的历史。与其他两座碑铭不同的是，《铁兹碑》中没有提及与突厥人之间的战事。此段是《铁兹碑》中破坏程度最严重的部分，也是谈及回鹘人古代史的重要部分。

根据《铁兹碑》的说法，回鹘第一汗国存在了 300 年之久，第二汗国则仅存在了 70 年。回鹘第一汗国当世界被创造时就已出现，于都斤和色楞格流域是其中心。汗国灭亡后回鹘人被其他部落统治百年之久。后来回鹘人复国，但仅存 70 年后因内乱而崩溃。第二汗国的政治中心也是于都斤。此后的 50 年里回鹘人沦为突厥属部。后来阙·毗伽可汗和其子颉·翳德密施·毗伽可汗以于都斤和色楞格流域为中心重建了回鹘汗国。碑铭中的这些内容除了有关突厥汗国的部分之外，其余均属臆测传说，无从考证。

值得注意的是，《希纳乌苏碑》和《塔里亚特碑》的叙事以第一人称为主，而《铁兹碑》的叙事则以第三人称为主。《铁兹碑》的叙述人称情况在碑铭文献中是极其特殊的。

四 碑文转写及录文

西面

....	.1
... . yïl①	.2
.... 𐰀𐰞𐰖....	

① Š, KSG, Y, Ô, G, Ba, E, H, H, ZH: yïl[qa]; B: yılᵒka; Ba: jïlqa; Me:yı; Sa:žyl; Ö: y¹ıl¹.

… …. mšγ[①]… … ….	.3
……………………………………………[illegible]…..	
….aγïnturtï[②] uyγur[③] qanïm tutulmïš[④]: kü…[⑤] … …. [t]aqïγu[⑥] yïl[qa][⑦]	.4
[illegible]………. [illegible]……… .	
…… []iš[⑧]: qanïm yašï[⑨]: tägip učdï[⑩]: oγlï[⑪]: yavγum[⑫]: qaγan boltï[⑬]:	.5
….. [illegible] …… .	
……. olortï[⑭] oγlï[⑮]: tarduš[⑯]: yavγu[⑰]: töliš[⑱] čad[⑲]: olortï[⑳]: qanïm[㉑]: ėl[㉒] [tutmïš][㉓] ..	.6
….: [illegible]…	

① KSG, Y, G, H, ZH: mïš aγ[ïnturtï], Sa: myš aγ; Ba: mïš.

② Š: arïtï; Sa: yγ anta yrta; B: agınɒırɒı; Ş:–.

③ B: uygwr.

④ Š: tutmïš; KSG, Y, G, H, Ş: tut(t)ukda; G, Sa: tutmïs; B: tut(t)wk°δa; Ba: tuttulmïš.

⑤ Š: tukun; Sa: küsgü.

⑥ B: takıgw. Sa: ud. Me: ...ıgu.

⑦ Š, Ô, Sa: yïl; B: yıl°ka

⑧ Š, Sa, Ba: –. Ô, ZH: [x]–mış. B: et°miş. Me: ...s. KSG, G, B, E, H, Ö: ėl ėtmiş.

⑨ KSG, Y, Ô, G, H: yasï.

⑩ B: uç°δı.

⑪ Ba: oγulï.

⑫ Š, KSG, Y, Ô, G, Ba, Me, Sa, H, ZH: yabγum; B: yaβgwm; Ş: yabgu.

⑬ Sa, B: boldı.

⑭ Š: arïtï; KSG, Ô, Me, Ş, ZH: olurtï; B: olorɒı.

⑮ Ba: oγulï.

⑯ Sa: tardyš; B:tarδwş.

⑰ Š, KSG, Y, Ô, G, Me, H, Ş, ZH: yabγu; B: yaβgw.

⑱ Sa, Ba: töles; B: tẅlẅs.

⑲ B: çaδ; Ba: šad.

⑳ KSG, Ô, Me, Ş, ZH: olurtï; B: olorɒı.

㉑ Ba: aqanïm.

㉒ Š: äl; E:ėli, H ,ZH: il.

㉓ Ş: olurtï; KSG, Ş: tutm[ış]... B: tut°mw. Ba, Ş, E:... G, Sa: tutmïs.

北面

....① [t]äŋri② qïlïntoqda③: uyγur④: qaγan olormïš⑤: bökä⑥ uluγ⑦ q[aγan ärmiš]⑧	. 1
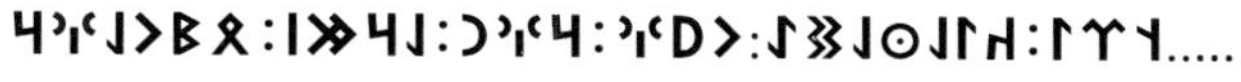	
.... olormïš⑨ anïŋ⑩ ėli⑪: üč yüz: yïl: ėl⑫ tutmïš⑬: ančïp⑭ boduni⑮: bardï⑯	.2

...... mïš⑰: boz oq⑱ bašïn: aqïza: učuz⑲ kölikä⑳ atlïγïn㉑: tökä㉒ barmïš㉓	.3
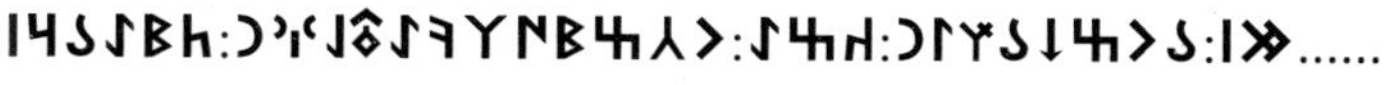	

① E: [yėr].

② Š: onra. R, KSG, Sa: öŋrä. B:öŋrä. Ş:...ŋrä.

③ Š, R, KSG, Y, Ô, G, Ba, Me, H, ZH:qïlïntuqda; B: kılındwk°δa; Sa: qysynta yda; Ş: kılıntukta.

④ B: uygwr.

⑤ KSG, Ô, Me, Ş, ZH: olurmïš; B: olormwş; Ba: olurmuš; G, Sa, H: olurmïs.

⑥ Š, R: čik; KSG: bükü; B: bökẅ; Ş: böke; G, Ba, H, ZH: bökü; Te, Y, Ô, Me, E: bök; Sa: ök.

⑦ B: ulwg.

⑧ Š, Ô, Ba, Sa, Me:–; H: irmiš.

⑨ KSG, Ô, Me, Ş, ZH: olurmïš; B: olormwş; G, Sa, H: olurmïs; Ba: olurmuš.

⑩ Š: anin; KSG:bïŋ; Ba: bïŋ (anïŋ).

⑪ Š: ili.

⑫ Š: äl, H, ZH: il.

⑬ B: tutomwş; G, Sa, H: tutmïs; Ba: tutmuš.

⑭ B: anĵıp.

⑮ KSG: bodunï; B: boδwnı.

⑯ Š, R, Ô, Me, ZH: –; KSG: bar[dï]; Ş, G, Sa: barmïs; B: barδı.

⑰ B: mş; G, H: mis.

⑱ Š, R, KSG, G, Ba, H:buzuq; B:bwzwk.

⑲ Š: uč az; B:uçwz.

⑳ Š: kök äkä; R: kök ėki; KSG, G, H: kül eki; Sa: külüki.

㉑ ZH: $t^1l^1\gamma n^1$.

㉒ Š, KSG, G, Ba, H: tükä; Sa: ötükä.

㉓ KSG: bar[mïš]; B:barmış; G, Sa: barmïs.

......①. bärsil②: qadïr③ qasar: anta④: barmïš⑤: ol bodunum⑥ käŋkäräsdä⑦	.4
........𐰋𐰼𐰾𐰠:𐰴𐰺:𐰴𐰽𐰺:𐰦𐰀𐰉𐰺𐰢𐰾:𐰆𐰞:𐰉𐰆𐰣𐰑:𐰚𐰭𐰚𐰼𐰾𐰓𐰀	
.... [öŋ]rä⑧ tavgačqa⑨: bazlanmïš⑩: uyγur⑪: qaγan: ...oq⑫: olormïš⑬ yėtmiš⑭: yïl ärmiš⑮	.5
........𐰼𐰀:𐱃𐰉𐰍𐰲𐰴𐰀:𐰉𐰔𐰠𐰣𐰢𐰽:𐰆𐰖𐰍𐰆𐰺:𐰴𐰍𐰣:..𐰸:𐰆𐰞𐰺𐰢𐰾:𐰘𐱅𐰢𐰾 :𐰖𐰃𐰞𐰼𐰢𐰾	

东面

…………da⑯ täŋridä: [bolmïš⑰ ėl: ėtmiš⑱:] uyγur⑲: qaγan: olor[mïš]⑳	.1
....𐰑𐰀𐱅𐰭𐰼𐰓𐰀:.........𐰆𐰖𐰍𐰆𐰺:𐰴𐰍𐰣:𐰆𐰞𐰺𐰢𐰾	

---

① Š: äbir; KSG, Sa, ZH: bä]di. Ô: äbdi. B, Ba:...di. G, H: badï. Me: [eb]di. E: evdi.

② Š: äl; Ş, Ö:b²rs²l²; Sa: bers il; Ba: beril.

③ R: aqadïr; B: kaδır.

④ B: anda.

⑤ G, Sa: barmïs.

⑥ Š, R, KSG, G, Ba, Sa, H, Ô, ZH: bodunïm; B: boδwnwm.

⑦ KSG, G: käŋ kärišdi; B: käŋkäräş°δä; Sa: keŋ kiriste; H: käŋ käräšdä, ZH: käŋ kärišdi.

⑧ R: …ra. Me:...re.

⑨ Š, R, KSG, Ô, Me, Ş, ZH: tabγačqa; B: taβgaçka.

⑩ KSG: qïza sïnmïš.

⑪ B: uygwr.

⑫ Š, Ô, Ba, Sa, E, ZH: toq. KSG:on yıl. B:tok. G: on yïl. Me:..ok.

⑬ Š, KSG, Ô, Me, Ş:olurmış; B:olormwŞ; G: olurmïs.

⑭ Š: jetmiš; B:yet°miş; H: yitmiš, ZH: yätmiš.

⑮ KSG:er[miş]; Sa: ermis; H: irmiš.

⑯ Š: atadï. B:...δa.

⑰ Š, Ô, Ba, Me, ZH: –; B: bolmwş.

⑱ Š, Ô, Ba, Me, ZH: –; B: et°miş; Sa: etmis.

⑲ B: uygwr.

⑳ KSG, Y, G, H: olur[mïš]; Ô, Me, Ş, ZH: olurmïš; B: olormwş; Ba: olurmuš; Sa: olurmys.

……[1] ärmiš: qaγan [...] ėki[2] ärmiš[3]: anta[4] adïn[5]: ödkünč[6] qaγan ärmi[š][7]	.2
...𐰼𐰢𐱁:𐰴𐰍𐰣:...𐰚𐰃𐰼𐰢𐱁:𐰦𐰀𐰑𐰣:𐰇𐰓𐰚𐰨:𐰴𐰍𐰣:𐰼𐰢𐱁	
……[8] üčün[9] otuz[10] tatar[11] [… ėl][12] tut[dï][13]: ančïp[14]: yašï[15] tägdi[16]	.3
.......𐰇𐰲𐰤:𐰆𐱃𐰕:𐱃𐱃𐰺.........𐱃𐱃𐰑𐰃:𐰨𐰯:𐰖𐱁𐰃𐱅𐰏𐰓𐰃	
…… tä[ŋ]ridä[17]: bolmïš[18] ėl[19]: ėtmi[š[20] bilgä][21] qaγanïm[22] olortï[23]: ėl[24] tutdï[25]	.4
.....𐱅𐰭𐰼𐰓𐰀:𐰉𐰆𐰞𐰢𐱁:𐰠:𐱅𐰢𐰃.........𐰴𐰍𐰣𐰢:𐰆𐰞𐰺𐱃𐰃:𐰠:𐱃𐰆𐱃𐰑𐰃	

① Ô, Ba, ZH: qaγan.
② Š: äki. Sa, Ba: ...ki. ZH: iki.
③ Sa: ermis.
④ B: anda.
⑤ KSG, G, Sa, H: antadan; B: aδın.
⑥ KSG, G, H: öd känč; B: öδkẅnĵ; Sa: ödkünči.
⑦ B:ärmiş; H: irmiš; Sa: ermis.
⑧ Ô: ün. Me:...n.
⑨ B:üçẅn.
⑩ B:otwz.
⑪ Š, KSG, Ş, ZH: –; B: tut°δı.
⑫ Š, Ô, Ba, Me:–; Sa: bodunyn, ZH: il.
⑬ Ô:///–dı.
⑭ Š: ančïr; B:anĵıp.
⑮ KSG, Ô:yası.
⑯ B:tägδi.
⑰ Š: –; B: täŋriδä.
⑱ B: bolmwş; Sa: bolmys; Ba: bolmuš.
⑲ Š: äl; ZH: il.
⑳ Š: ätmiš; B:et°miş; Sa: etmis; ZH: itmiš.
㉑ Š, KSG, G, Sa, Me, H:–.
㉒ B: kaganım.
㉓ Š: oluranti; KSG, Y, Ô, G, Ba, Sa, Me, Ş, H, ZH: olurtï; B: olorˁı.
㉔ Š: äl; H: il.
㉕ B:tut°δı.

……… [qaɣanïm[1]:] bilgäsin[2] üčün[3]: öŋrä: kün tuɣsïqdaqï[4] bodun[5]	.5
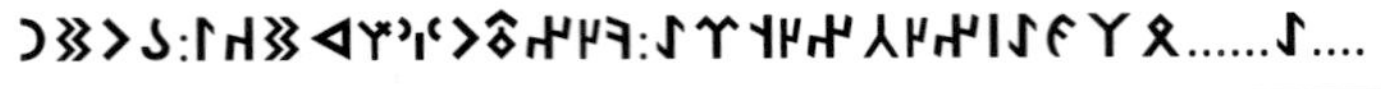	
…………bulaqïɣ[6]: ïya[7]: basïp[8] olor[tï][9] ……[10]: yėrig[11] ..[12]	.6
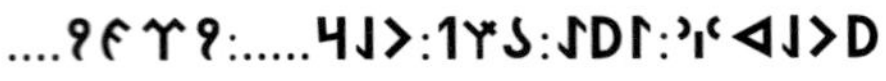	

南面

………[13] kül[14]: bäg[15]: ……[16] ……[17] …	.1

………….[18] qasar[19] qurïɣ[20]: qontï[21]: čït: tikdi[22] örgin[23]: yaratdï[24] yaylad[ï][25]	.2

① Ô, Ba, Me, ZH:–.

② KSG, Y, G, Sa, H: bälgüsin; Ba: bilgüsin.

③ B: üçẅn.

④ Š: tuɣsïqdaqu; KSG, Y, G, Me, Ş, H, ZH: toɣsïqdaqï; B: twgᵒsıkᵒδakı.

⑤ B: boδwn; Ba: budun.

⑥ Š, Sa, Y, E, Ö: yolluɣ. KSG: ...[b]ol qïɣ. Ô, G, Ba, H, ZH: bulaqïɣ. Me: ulakıg. B:yollwg.

⑦ Š: ijasi; KSG, Sa: aya.

⑧ KSG, Sa: bašï.

⑨ Š, Te: olurmïš; KSG, Y, G, H: olur[t]mïš; Ô, Sa, Ba, Ş, ZH: olurtï; B: olorδı; Me: olur...

⑩ Ô: ançıp; Sa: süŋüz.

⑪ KSG, Y, G, H, B, Ş: –.

⑫ Š: järsibi. Ô, ZH: yäg(ät)di. Ba: jeg. Me: ye....di. Sa: keče tay bilge.

⑬ Š: qaɣanï; Sa: uluɣ qaɣan; ZH: bɣ üčün.

⑭ Š: kil; KSG, Ş: kül; B: kẅl; Ô, E: köl.

⑮ Sa: bilge.

⑯ Š: bignir. Me: b...r. Y, G, Z, E, H, Z, Ö: bilgä.

⑰ KSG, Y, G, Z, E, H, Z, Ö: qaɣan.

⑱ KSG, Sa, Me: ...zig. B: ...zg. Y: tazig. TE, G, Ô, E, ZH: täzig. Ba: dezig. H: tizig.

⑲ Š: qasïr; Sa, Ba: qašar.

⑳ Ş: qorïɣ; B: kwrwg; G, Sa, Ba, H, ZH: qoruɣ; Me: kuurıg.

㉑ Ş: quntï; B: kondı.

㉒ B: tikᵒδi.

㉓ B: örgẅn; Sa: örügin; Ba: örügen.

㉔ B: yaratᵒδı.

㉕ Ô: –; B: yaylaδı.

[illegible]	
…lsr ① ilgärü②: qontï③: bälgüsin④ bitigin⑤: bo⑥: urdï⑦: bo⑧: yaratdï⑨:	.3
[illegible]	
……⑩ toquz⑪ buyruq⑫ […] γqw⑬ uyγurïm⑭ TY⑮	.4
[illegible]	

五 汉语译文

西面

1: ………………………

2: ………年……………⑯

3: ………………………⑰

---

① Š: al asir; R: ėl sir; KSG, Y, E: ėlser; Ô, G, Ba, H, ZH: älsär; Sa: el esir.

② B: ilgärẅ; Ş: älgärü.

③ Š: qunti; B: kondı.

④ Š: biligüsin; B: bälgẅsẅn.

⑤ Š: bitigüsin.

⑥ Š, KSG, Y, Ô, G, Ba, Sa, Me, H, Ş, ZH: bu.

⑦ B: urᴅı; Ş: urdı; Sa, E: urtı.

⑧ KSG, Ô, Me, Ba, Sa, Ş, ZH: bu.

⑨ Ş: bujrutdï; B: yaratᵒδı.

⑩ Š, Sa: ...toquz ... čigši… KSG, Y, G, H: ...lig…ar. B: ...lg. Me: ...ok. E: …lig.

⑪ B: tokwz.

⑫ Š: bujruqï; B: buyrwk.

⑬ Š, Ba: γï. Ô:–. B: ...gwk. Me: agı. Sa: yγ. E: -ğuk.

⑭ KSG, Ş: uyγurïm; Ô, Sa, Ba, Me: uygurmïš; B: uygwrwm; E: uygurum.

⑮ Š: altï aj; KSG, Y, G, Ba, E, H, ZH: tay; Sa: tay bilge tutuq.

⑯ **Y**：在……年…… **B**：yılında... **G**：于（猪）年…… **Ba**：жылға... **ZH**：……于（某）年…… **Sa**： ... жыл (43 әріп өшіп кеткен)... **E**： <...> yılında <...> **H**： ……年……

⑰ **KSG**: was elevated [on the felt throne, i.e. was enthroned]... **Y**：登上了（毡制宝座）…… **G**：被拥立登位（为可汗）（此处缺损 40—42 个字符）。**ZH**：……使其即位了……

4：……使其即位了，回鹘可汗被抓走了……在鸡年（745 年）①

5：……我的（可）汗年迈逝世了；其子（我的）叶护，成了可汗。②

6：……在位。其子成了达头叶护（tarduš yavγu）和突利失设（töliš čad）。我的可汗统治人民。③

---

① **KSG**：was elevated [as above]. When my Uighur Qaghan ruled [over the el] ... in the year of hen ... **Y**：登极。当我的回鹘可汗御临这个国家时……在鸡年…… **Ô**：They lifted him (i.e. They set him up on the throne). I heard that my Uyγur Qan was caught. ... In the year of hen ... **B**：... [tahta] çıkardı uygur hanım [devleti elinde] tuttuğu zaman ... Tavuk yılında ... **G**：即位为（可汗）。当我回纥（可）汗统治时……（此处缺损 7—8 个字符）于鸡年……（此处缺损 5—6 个字符）**Ba**：көтерілді Ұйғыр ханым тұтып ұстаған:...к/тау/ықжыл...**Me**：...yükseltildi. Uygur kağanım tutulmuş ...tavuk yılında (MS 745)... **ZH**：……使其即位了。我回纥汗继位了……于鸡年…… **Sa**：онда жырақта ұйғұр ханымды көтерген тышқан, сиыр жылы... **E**：<...> göğe yükseltti. Uygur hanım tutulmuş <...> Tavuk yılında (745) <...> **H**：……使登上，当我的回纥可汗统治的时候，鸡年…… **Ö**：... Uygur hanım tutulmuş ... tavuk yılında.

② **KSG**：My El-etmiš died, [his soul] flew away. His son, my Yabghu, became Qaghan. **Y**：……我的磨延啜可汗驾崩，[灵魂]逝去。他的儿子，我的叶护成了可汗。**Ô**：My ...-miš Qan suffered great damages and he flew away (i.e. he died). His son, my Yabγu became Qaγan. **B**：... El etmiş hanım [ölüm] yaşına erişip öldü (kk. uçtu). Oğlu, benim yabgum, kağan oldu. **G**：我的颉・翳德密施（可）汗年迈逝世了（直译：飞去了），其子叶护成为可汗。**Ba**：... әкем：жасы тие ұшды:ұлы：йабғұм：қаған болды. **Me**：.Kağanım öldü, oğlu yabgum kağan oldu. **ZH**：……我……密施汗年迈而仙逝了（直译“飞去了”）。其子我之叶护成了可汗。**Sa**：ханым жасы келіп [жаны] ұшты. Ұлы жабғу қаған болды. **E**：El Etmiş hanımın yaşı tamam olup öldü. Oğlu yabgum, kağan oldu. **H**：……我的可汗 il itmiš 去世了。他的儿子，我的叶护成为可汗。**Ö**：... hanımın yaşı ilerleyip vefat etti；oğlu Yavgum, hakan oldu.

③ **KSG**：... sat [on the throne]. [Of] his sons [one] became the Yabghu of the Tarduš, [the other became] the Šad of the Tölis. My Qaghan ruled the el [or：My Qaghan El Tutmiš]. **Ô**：He sat on the throne. His sons succeeded to the throne of Tarduš Yabγu and Tölis Čad. My Qan ... realm ... **Y**：……登上宝座，他的一个儿子成了达头部（Tarduš）的叶护，另一个成了突利部（Töliš）的设（šad）。我的可汗统治着该部。**B**：... [tahta] oturdu. Oğulları tarduş yabgu ve tölüs şad olarak tahta oturdular. Hanım eli tutmuş. **G**：即位。其子成为达头（部的）的叶护。（另一子）成为突利施（部的）设。我的（可）汗统治人民。**Ba**：отырды ұлы Тардұш:ЙабғұТөлес Шад:отырды:әкем:Ел... **Me**：tahta oturdu. (Onun) oğlu Tarduşlara yabgu ve Tölislere şad oldu. Kağanım halk(ı) ... **ZH**：……（他）登上了汗位。其子成了达头（tarduš）的叶护（yabγu）和突利失（toliš）的设（čad）。我汗颉咄登密施（il tutmiš）…… **Sa**：отырды. Ұлы тардуш жабғуы төлес шады болып отырды [2]. Елін орнатты. **E**：<...> tahta oturdu. Oğulları, Tarduş Yabgu (ve) Tölis Şad (olarak) görev aldı. Kağanımın yurdu <...> **H**：他坐了（ ）年，他的儿子做了达头部的叶护、突利斯部的设。我的可汗统治国家。**Ö**：... tahtta kaldı. Oğlu Tarduş Yavgu Tölişlere Çad oldu. Hanımın yönettiği ...

北面

1：……[蓝天]初创时回鹘可汗登上汗位。他是（像）巨龙一样伟大的可汗。①

2：……即位了。他的世系统治其国家三百年。之后，其人民去了。②

3：使 boz oq 部落首领流走了，而把他的骑兵（手下）沉到了卑贱之湖。③

---

① **KSG**：They sat on the throne. For three hundred years they ruled over many [lit. thousand] els. Then, their people perished. **R**：... yönetti. O hükümdarlığın işini 300 yıl yönetti, o halkı ... **Ô**：I heard that they reigned. I heard that they ruled over their realm (or the people) for three hundred years. (or I heard that this realm lasted three hundred years.) So the people ...**Y**：……先前……当……来时……回鹘可汗在位，他们是至高无尚、伟大的圣君。**B**：Doğuda (kk. ileriye doğru) -yaratıldıktan sonra- uygur kağanları hüküm sürmüşler. Bök[ü] büyük kağan imiş. **G**：……当……上天造成时，回纥诸可汗登位。他们都是睿智、伟大的可汗。**Ba**：Тәңірі:қылынғанында (жаратылғанда):Ұйғыр қаған:отырған:Бөкү Ұлық қаған. **Me**：Gök yüzü yaratıldığında Uygur kağanı tahta oturmuş. (O) yüce ve ulu kağan [imiş]. **ZH**：……当上天造成时，回纥可汗登了位。（他们）是睿智的、伟大的可汗。**Sa**：... сонра қысында ағаш арасында (орманда) қағандыққа отырды (қаған көтерді). Қуатты ұлы қаған. **E**：<...> yer (ve) gök yaratıldığında Uygur kağanı tahta oturmuş. (O) yüce (ve) büyük kağan imiş. **H**：天形成时，回纥可汗登上汗位，他是伟大、睿智的可汗。**Ö**：... [mavi gök] yaratıldığında Uygur hakanı tahta çıkmış. Ejderha (gibi) yüce bir hakan [imiş].

② **KSG**：They sat on the throne. For three hundred years they ruled over many [lit. thousand] els. Then, their people perished. **R**：... yönetti. O hükümdarlığın işini 300 yıl yönetti, o halkı ... **Ô**：I heard that they reigned. I heard that they ruled over their realm (or the people) for three hundred years. (or I heard that this realm lasted three hundred years.) So the people ... **Y**：他们在位达 300 余年，征服了众多部落。后来，他们的部众衰亡了。**B**：... hüküm sürmüşler. Eli üç yüz yıl el olarak tutmuşlar. Sonra bodunu gitti. **G**：他们在位达 300 余年，征服了众多部落。后来，他们的部众衰亡了。**Ba**：отырған:мың ? (оның):Елі үш жүз жыл:Ел тұтқан:сөйтіп:бүтін (халық)ы:барды. **Me**：tahta oturmuş. Onun devleti üç yüz yıl yaşamış. Ondan sonra halkı... **ZH**：……即位了。他们统治其国家三百年。之后，其人民…… **Sa**：... [таққа] отырды. Оның елі үш жүз жыл елдік құрды [3]. Сөйтіп халқы дәурен кешті. **E**：<...> tahta oturmuş. Onun yurdu, üç yüz yıl yurt tutmuş, sonra halkı gitti. **H**：他坐上了……他统治他的国家有三百年，就这样他的人民离去了。**Ö**：... tahtta kalmış. Onun hanedanı 300 yıl ülkeyi yönetmiş. [İşte onun] öylelikle halkı [gitti].

③ **KSG**：... Revolted by the instigations of the leaders of the Buzuq [their people?] perished, [their people?] perished because of the incitements of the petty Kül and of the Distinguished Two. **R**：Buzuq (“bozuk”) başını dağıtarak, Uçuz (“ucuz”) kökünü (atasını), iki boy başını dağıtarak gitmişler... **Ô**：I heard that they were ... I heard that having let the leader of the Boz-Oqs raid, he had poured into the Lake Učuz with his (i.e. Boz-Oq’s) cavalry. **Y**：……让 bozoq 部落的酋长突然袭击。他们把敌人赶入 učuz 湖。**B**：... [uygur kağanı] Bozok (Buzok) başını Uçuz gölüne sevk edip (kk. akıtıp), atlısını [kaçakların ardına]（接下页）

4：……bärsil、qadïr 和可萨离开了这里。我的人民在 käŋkäräs……①
5：……以前服从唐朝。回鹘可汗……统治了。七十年……②

（续上页）dökmüş. **G**：……了……由于布祖克（buzuq）首领的不满，小阙（učuz kül）和两位贵人一起完了。**Ba**：ған:Бұзұқ басының өте:Ұчұз Көл:ге:аттысын:түгей (түгел) барған. **Me**：Boz-Ok liderine hücum ederek atlısıyla (onu) Uçuz Göle döküvermiş. **ZH**：……突袭 boz oq 的首领，与骑兵一起到达了 učuz 湖。**Sa**：ған. Бозок [4] басшылары каза тапты. Даңқтылары мен атактылары өтінішке барды (жанын қалдыруға). **E**：<...> Boz Ok(ların) liderini hücum ettirip (düşmanı) Uçuz Gölüne atlarıyla (birlikte) döküvermiş. **H**：……把 buzuq 的首领惹恼，把 učuz kül 两位贵人都走了。**Ö**：... Bozokların başına akın ettirip Uçuz Gölüne atlarıyla beraber döküvermiş.

① **KSG**：Bedi Bersil and Qadir Qasar then perished. That people of mine widely quarreled with each other. **R**：Ebir/İbir halkı, Aqadir Qasar oradan gitmiş. Orada halkım Kengereşte... **Ô**：I heard that tribes of Äbdi, Bärsil, Qadir and Qasar went away from there. Those people of mine, in the land of Käñgäräs. **Y**：Bedi Bersil 和 Qadir Qasar 后来灭亡了。我的人民在 Käng käräsdä 闹起内讧。**B**：... Bedi (Ebdi?) Bersil, Kadır ve Kasar [kavimleri] (o zaman) oradan gitmişler. Bodunum Kengkereşte (Kengereşten). **G**：……之后，伯狄白晢（badi bärsil）和哈狄尔曷萨（qadir qasar）走掉了……我的人民长期（直译：广泛地）互相敌对了。**Ba**：ды:Берiл:Қадыр:Қашыр:сонда барған:ол бүтін (халық)ым:Кеңгересде. **Me**：Ebdi Bersil (ve) Kadır Kasar o zaman varmış (ve) (benim) o halkım Kengeresde. **ZH**：……bädi、bärsil、qadïr 和 qasar 离开了这里。我的人民广泛地敌对了。**Sa**：... Беді, беріш елі, кыдыр, қасыр онда барды [5]. Ол халқым Кең кірісте... **E**：<...> Evdi, Bersil, Kadır (Akatzir(ler)?) (ve) Kasar(lar) o anda ulaşmış, bu boylarım Kengereste. **H**：……Bedi Bersil 和 qadir qasar 在那里走了，我的那些人民相互斗争。**Ö**：... heybetli Kasar oradan ayrılmış. O, halkını Kengereste.

② **KSG**：Earlier, they rose against the Tabghach, but they were annihilated. [Then] the Uighur Qaghans sat on the throne for ten years, [then] seventy years more. **R**：Çinde barış içindeydiler. Uygur kağanı hoşnutlukla hüküm sürmüş, yetmiş yıl .imiş. **Ô**：I heard that formerly they (i.e. Uyγur Qaγans) were reconciled to China. I heard that they reigned satisfactorily for seventy years. **Y**：……先前，他们曾臣属于桃花石（Tabiat，即中国）。该回的可汗当政十年，那时他已年迈七十。**B**：Doğuda Tabgaça bağımlı olmuş. Uygur kağan(ları) memnun hüküm sürmüş(ler) (kk. [tahtta] oturmuşlar) ve yetmiş yıl ... imiş(ler). **G**：从前，他们与唐朝（tabγac）和好……（之后），回纥可汗登位统治了十年，（之后又统治了）七十年。**Ba**：Табғачқа:өштешкен еді:Ұйғыр:қаған:он жыл:отырған:жетпіс:жыл екен. **Me**：Çine bağımlı olmuş Uygur Kağan(lar)ı ...-ok(ta) oturmuş. (Bu durum) yetmiş yıl sürmüş. **ZH**：……以前（他们）服从中国。回纥可汗满足地统治了七十年。**Sa**：... Соңыра табғачка (қытайға) байланган Ұйғур қаған ток өмір сүрді. Жетпіс жыл өтті. **E**：<...> Doğuda Çine tâbi olmuş. Uygur kağanı tok (bir biçimde) tahta oturalı yetmiş yıl olmuş. **H**：……以前内属于唐朝，后来回纥可汗登基十年，又统治了七十年。**Ö**：... [önceden] Çine bağlı imiş. Uygur Hakanı ... tahtta oturmuş. Yetmiş yıl imiş.

东面

1：……登里罗·没迷施·颉·翳德密施（生于天上的、治国的）回鹘可汗即位了。[①]

2：……可汗……是两个。另外（一个）是假冒可汗。[②]

3：……因为……三十姓达靼……（他）统治了……如此衰老了。[③]

4：……我的登里罗·没迷施·颉·翳德密施·毗伽可汗登位，统治了

---

① **KSG：** El etmiš born by the Heaven sat [on the throne] as the Uighur Qaghan. **Ô：** I heard that in Täñridä ... Uyγur Qaγan sat on the throne ... **Y：** 天生的磨延啜登基而为回鹘可汗。**B：** ... Tengride Bolmuş El Etmiş Uygur kağanı hüküm sürmüş (kk. [tahta] oturmuş)de. **G：** 登里罗·没密施·颉·翳德密施（täŋrida bolmïš el etmiš）登位为回纥可汗。**Ba：** де Тәңіріде ... Ұйғыр қаған:отырған. **Me：** ...Tanrıdan olmuş / Tanrının lütfuyla kağan olmuş… Uygur Kağanı tahta oturmuş. **ZH：** ……登里罗……成为了回纥可汗。**Sa：** ... орманда. Тәңірден болған (жаратылған) елді ел етуші ұйғұр қаған көтерді. **E：** <...>–da Tengride Bolmış El Etmiş Uygur Kağan tahta oturmuş <...>. **H：** ……täŋrida bolmïš el etmiš 回纥可汗登上汗位。**Ö：** ... göğün yarattığı Ėlėtmiş Uygur hakan tahta çıkmış.

② **KSG：** was. The Qaghan ... were two (?). Then Öd Känč became the Qaghan. **Ô：** I heard that he was a Qaγan. I heard that Qaγan ... was two. I heard that distinct from him (i.e. from the real one), there was a fake Qaγan. **Y：** ……这样，可汗……成了两个，其中一个是假可汗。**B：** ... imiş Kağan ... iki imiş. Sonra başkası [da] sahte kağan imiş. **G：** ……了，可汗……（此处缺损 3—4 个字符）有了两个（?）……之后，移地健（öd känč）成为了可汗。**Ba：** /қаған /еді:қаған ... екен:сонда айрықша:қайсарлы қаған екен. **Me：** ...kağan . iki imiş. Ayrıca (bunlardan biri) sahte kağan? imiş ….. kağan imiş. **ZH：** ……（他）是可汗。可汗成了两个。与他不同，他是假可汗。**Sa：** ... болды. Қаған … болды. Ол жақтан Өдүкенчі қаған болды. **E：** <...> imiş. Kağan <...> iki imiş. Bundan başka (onlardan biri) sahte kağan imiş <...> **H：** ……是可汗……二位是……从那以后，是 öd känč 可汗。**Ö：** ... imiş. Hakan ... iki imiş. Bundan başka ödkünç (?) hakan imiş.

③ **KSG：** ... for the sake of... thirty years ... [he] ruled over the el. Then he died. **Ô：** ... for the sake of ... He ***ed ... of the thirty [Tatar tribes]. Then he suffered great damages. **Y：** 为了……三十年……他统治着这个国家，其后仙逝。**B：** için otuz ... el tuttu. Böylece [ölüm] yaşına erişti. **G：** ……由于原因，三十（此处缺损 3—5 个字符）（他）统治了国家。之后，他年迈（去世）了。**Ba：** үшін Отыз:/Татар/... Ел:тұтды:сөйтіп:жасы тиді. **Me：** için (Kağan) Otuz Tatarları... hâkimiyeti altına aldı. Daha sonra öldü. **ZH：** ……因为……三十……（他）统治了……之后，他年迈了（去世了）。**Sa：** ... үшін отыз татар халқын тұтты. Сөйтіп жасы келіп өтті. **E：** <...> için Otuz Tatar(lar) <...> yurdu tuttu (düzenledi). Ondan sonra yaşı tamam oldu (öldü). **H：** 因为……原因，三十岁就统治国家。就这样，岁数达到了。**Ö：** ... için Otuz Tatarlar [... ülkeyi] yönetti, öylelikle yaşlandı.

人民。①

5：……因其（我的可汗的）智慧，前方（东方）日出的人民……②

6：……他踏上并统治了 bulaq 部落的……土地……③

南面

1：……阙匐，毗伽可汗……④

---

① **KSG**：My Heavenly born El Etmiš Qaghan sat on the throne；he ruled over the el. **Ô**：My Täñridä Bolmiš El Etmiš [Bilgä] Qaγan sat on the throne. He ruled over the realm. **Y**：我的天生的磨延啜在位统治着这个国家。**B**：[...] Tengride Bolmuş El Etmiş Bilge kağanım hüküm sürdü (kk. [tahta] oturdu) Eli tuttu. **G**：我的登里罗・没密施・颉・翳德密施可汗登位，（并）统治了国家。**Ba**：Тәңіріде болған:/Ел Етміш Білге:қа/ғаным:отырды:Ел тұтды. **Me**：...Tanrının tayin ettiği / Tanrının lütfuyla kağan olan, deviet kurmuş... kağanım tahta oturdu. Halkı yönetti. **ZH**：……我的登里罗・没密施・颉・翳德密施・毗伽可汗（täŋridä bolmïš il itmiš bilgä qaγan）登位，统治了国家。**Sa**：... Тәнірден болған (жаратылған) елді ел етуші қағаным [такка] отырды. Ел. **E**：<...> Tengride Bolmış El Etmiş Bilge Kağanım tahta oturdu, yurdu tuttu (düzenledi). **H**：我的 Täñridä Bolmiš il itmiš 可汗就登基，统治国家。**Ö**：... gökten olmuş Ėlėtmiş Bilge Hakanım tahta çıktı, ülkeyi yönetti.

② **KSG**：my ... Qaghan for the [glory] of his sign [campaigned] against the peoples living in front, in the direction of the sun-rise. **Ô**：... because of his being wise, ... the people of the front, that is in the direction where sun is born. **Y**：……我的……可汗为了他的英明的（荣誉），对前方太阳升起之地的居民进行征伐。**B**：[...] kağanım bilge olduğu için, doğuda (kk. ileriye) gün doğusundaki bodun. **G**：……由于他的标志，一直到居住在日出之方的人民（都归属了）…… **Ba**：... білгісі үшін:өңірге:күн тумысындағы бүтін (халық):... **Me**：... a ...(kağanım) bilge olduğu için doğudaki / gün doğusundaki halkları... **ZH**：……因其智慧，前方日出的人民…… **Sa**：... қағаным белгісі үшін ілгерідегі күн шығыстағы халық... **E**：<...> kağanım bilge olduğu için doğuda güneşin doğduğu yerdeki halklar <...> **H**：因为我的可汗把他的符号……对东边的人民…… **Ö**：... [hakanım] bilge olduğu için doğuda gün doğusundaki halk.

③ **KSG**：Praising him they let him sit [on the throne] as the head [of the el]... **Ô**：He ruled (over them) suppressing Bulaq tribes, ... then he improved the places of ... **Y**：……yolluγ 可汗统治征服了（所有臣民）…… **B**：Yollug [altında bulunanları] basarak hüküm sürdü... **G**：……他征服了某落部……（此处缺损 18—20 个字符）**Ba**：Бұлақты Айа:басы:отырды ... жерді иги ... **Me**：...ya baskı altına alıp (bağımlı kılarak) hüküm sürmüş... **ZH**：……他镇压了谋（bulaq）部落，实行了统治。之后，他使……地方安稳…… **Sa**：Әз-Жоллуғ ([7] басшылыкка көтерілді (отырды). Сүнүз жерін кеше (кешіп өтіп)...тұтты... **E**：Yollug Kağan (tebaasını) bağımlı kılarak hüküm sürdü. <...> yeri <...> **H**：……征服 bulaq 部族…… **Ö**：... basıp hüküm sürdü ... toprakları ...

④ **KSG**：... Kül Bäg Bilgä Qaghan... **Ô**：... China... köl bäg ... **Y**：……阙・匐・毗伽可汗…… **B**：... Köl Beg Bilge kağan... **G**：阙匐毗伽可汗（kül bäg bilgä qaγan）…… **Ba**：... Күл:Бек ... **Me**：...Köl Beg... **ZH**：……因为……阙・匐・毗伽可汗（kul bäg bilgä qaγan）…… **Sa**：(36 әріп өшіп кеткен)...Ұлы қағаным Күл-білге... **E**：<...> Köl Beg Bilge Kagan <...> **H**：kül bäg bilgä 可汗…… **Ö**：... Kül Bey, Bilge Hakan.

2：……可萨人居住了西边。（他）扎篱笆，建了牙帐，度过了夏天①。

3：……居住了东边，这是他令人刻写建造的印记和碑文……②

4：……九个梅禄……我的回鹘……③

---

① **KSG**：he settled in Qasar Qorugh, he put up fences, built his camp, and spent the summer [there]. **R**：Qasar batıya yerleşti, çit çevirttim, karargahımı inşa ettim, yazı geçirdim. **Ô**：He settled down at (the river-head area of) Tez, west of the Qasar tribe. He erected the stockade and established his throne. He spent the whole summer (here). **Y**：……他驻跸于台斯河葛萨（Qasar）的西面，构筑城塞，修建王宫，（在那里）度过了夏天。**B**：... Tez [bölgesi]ne, Kasar Koruga yerleşti, çit dikti, karargah kurdu, yazı [burada] geçirdi. **G**：……他驻跸于铁兹河源和曷萨堡（qasar qoruγ），并在那里建筑了围墙，建立了汗庭，度过了夏天。**Ba**：...Қасыр Қорық:Құнты чыт (құрылыс) тікті:ордасын жаратты жайлады ... **Me**：Kasarın batısında yerleşti, çit dikti, taht kurdu ve yazı (orada) geçirdi. **Z**：……他安营在铁兹河和 qasar 堡，（在那里）筑起了围墙，建立了汗廷，度过了夏天。**Sa**：... Берік ққорған қондырды (тұрғызды), чыт тікті (орнатты), өрүгін тұрғызды, жайлады. **E**：<...> Tes (Irmağının) (kaynağına?), Kasarın batısına yerleşti. Çit dikti, tahtını kurdurdu, yazı (orada) geçirdi. **H**：……他在铁兹河的 qasar qoruγ 住下，立起围墙，建造汗庭，度夏。**Ö**：... Kasarların batısına yerleşti, sınırlarını çizdi, tahtını kurdu, yazı geçirdi.

② **KSG**：he settled in the East at Elser (?) and made this sign of his and this writing of his carved and erected. **R**：...El Sir doğuya yerleşti. Bengi taşı, yazıtı buraya yazdırmayı emretti". **Ô**：... the Älsär (tribe?), he settled down in the East. He inscribed this sign of him and erected this inscription of him. **Y**：……他又在东方的 Elser（?）驻扎下来，竖起此碑，刻上他的笔迹。**B**：Doğuya (kk. ileriye doğru) yerleşti. Damgasını, yazısını, bunu kazdı, bunu hazırladı. **G**：他驻跸于东方，在艾勒萨尔（elser?），他令人刻写建造了印记和碑文。**Ba**：Елсірер ?:ілгері: Құнты:білгісін:бітігін бұ:ұрды:бұ жаратты. **Me**：...doğuya kondu ve damgasını, bengü taşını bu(rada) yazdırdı, bu(rada) yarattı. **ZH**：……älsär（？），他住在了东方，刻写、建造了他的印记和他的碑文。**Sa**：... Ел есіірі (тағы) [10] ілгері [көшіп] конды. Белгісін (ел танбасы) бұнда ұрды (кашады), бұнда жаратты. **E**：<...> Elser? (kişi adı?) doğuya yerleşti. Damgasını ve yazıtını bu (kişi) hâkketti ve bu (kişi) meydana getirdi. **H**：在……ilsär 的东方住下，把王苻敕令在此打下，并制成石碑。**Ö**：... doğusuna yerleşti, nişanını, yazıtlarını bu koydu, yarattı ...

③ **KSG**：the Nine Commanders (buyuruq) ... my Uighurs, Tay. **Ô**：... I heard that ... the nine buyruqs, his ... was Uyγurs. Tay. **Y**：九宰相（buyuruq）……我的回的，Tay… **B**：...? dokuz buyruk uygurum? **G**：……九梅禄（此处缺损 4—5 个字符）我的回纥（人民），大(tay) …… **Ba**：... Тоғыз бұйрық ... ұйғарылған (ұйысқан?):Тай ... **Me**：... Tokuz Buyruk...Uygurmuş. Tay. **ZH**：……九梅录……回纥人，大（tay）…… **Sa**：... тоғыз...чігсі … тоғыз бұйрық. біріктік [13] Тай-Білге-тұтық... **E**：<...>–li <...> dokuz komutan <...>–guk Uygurum. Tay <...> **H**：……九梅禄……回纥大…… **Ö**：.... dokuz komutan ... Uygur ...

六 注释

西面4行 aɣïntur-：关于土库曼人让自己的王坐在白毡子上进行登基典礼的问题，在阿布尔哈齐（Abul-Ghazi）的《土库曼世系》（Shajara-i Tärakimä）中记载：oɣuz näslindin vä buzuq oɣlanlarïndïn bir kišini padišah qïlɣaylar，ikki kišini kötärmägäylär“乌古斯人以及buzuq部落的人中只选一位来继承王位，不会同时让两个人继承王位”（Kononov 1958：37）。Grønbech（1942：29）根据《库曼语汇集》中的 mäŋi tavɣa aɣïndïrdï 得出 aɣïn-有“升高”的意思。大泽孝（1999：162）认为，此动词的第二个元音为 ï，但回鹘语中的使动态附加成分不是-tïr，而是-tur，因此此说无法成立。Ölmez（2018：65）指出，词根 aɣ-表示“提升，上浮”，aɣtur-表示“提高”等意思。

西面4行 tutulmïš：是大泽孝（1999：162）首次提出，应将 tutulmïš 理解为“被抓获，被俘虏”，整句可以理解为“可汗被敌人抓获了”，因为这里残缺情况比较严重，所以我们对于整段所要表达的具体内容还知之甚少。

西面4行 [t]aqïɣu yïl[qa]：克里亚施托尔内（1985：144）认为这里的鸡属相年应该是指公元757年，但是大泽孝（1999：162）指出，如果可以确定立下这尊石碑的年份是公元754年，那么这个鸡属相年应指公元745年才对。张铁山（2010：256）参考《资治通鉴》中的记载，认为745年怀仁可汗骨力裴罗的卒年与鸡年相对应。芮跋辞（2011：66）根据 Berta 解读的西面5行铭文 ėl ėtmiš qanïm yasï tägip učdï“我的颉•翳德密施（可）汗年迈逝世了”，认为此碑文应在760—761年所立，《铁兹碑》西面4行铭文“鸡年”（757年）说明该碑在颉•翳德密施•毗伽可汗（ėl ėtmiš bilgä qaɣan）时期所立。

西面5行 iš：在 Šinehüü（1980：39）的录文中这里有字母𐰞[I]，克里亚施托尔内（1985：142）的录文中则是𐰠𐱅𐰢𐰾[ltms]。大泽孝（1999：163）指出，这里的残缺情况比较严重，甚至还有一个难以认读的𐰾 [s]。他还指出，因为句子中的动词后缀使用的是过去时附加成分-ti，所以这个词语应该在可汗之前，是用来修饰可汗的形容词。

西面5行 yašï tägip učdï：克里亚施托尔内（1985：145）将这个词组释为“死亡，牺牲”。大泽孝（1999：163）将第一个词读作 yas“死亡，破坏，损害，伤害”（Clauson 1972：973），并译作“他遭受到了损失（损坏，破坏）”。麻赫默德•喀什噶里曾记载两个词：“1. yas 损失，害处：anïŋ tälim yasï tägdi 他吃了很多亏；2. yas 死亡，夭亡，乌古斯语。anïŋ oɣlï yas boldï 他的儿子死了”（《突厥语大词典》2002：III154），也提到了代表死亡的 yas 是乌古斯语。Ölmez（2018：65）认为，这里的 yas 就是表示死亡的词语。

西面 6 行 olortï：相对于克里亚施托尔内（1985：142）读作𐰞[L]，大泽孝（1999：163）则更倾向于将它读作𐰋[b]，并且认为如果这个词语是 bartï“去了”，那么动词 bar-后面的附加成分不应该是-ti，应该是-di 才合理。大泽孝又考虑到这里的𐰋[b]比在本石碑上其他处出现的𐰋[b]略小，最终还是接受了克里亚施托尔内的读法。克里亚施托尔内（1985：152）、杨富学（1994：23）、大泽孝（1999：159）、Mert（2009：125）、耿世民（2005：221）等学者将第二个元音读作-u-；Berta（2010：228）、Aydın（2011：33）、Ölmez（2018：60）等学者则将其读作-o-。但是婆罗米文回鹘文献能够帮助我们认读该词中的元音。这个词在婆罗米文文献中写作 olor-，因为婆罗米文 o 和 u 是明确区分的，我们根据婆罗米文文献的形式可以确定该词的古突厥语形式为 olor-。

西面 6 行 oγlï tarduš yavγu töliš čad olortï：虽然这里的 oγlï“儿子”是单数形式，但由于碑铭文献中人称和数范畴的使用并不十分严格（厄达尔 2017：242），也可以理解为复数概念。在这里需要提到的是，可汗有 yavγu 和 čad 两个儿子。克里亚施托尔内（1985：145）提出，这一内容可以和《希纳乌苏碑》东面 7 行的内容相互佐证。

北面 1 行 bökä uluγ q[aγan ärmiš]：第一个单词在 Šinehüü（1980：38）的录文中写作𐰜𐰲[čkü]，读作 čik。Qarjaubay（1978：124）认为这个词语指的是一种官职。Šinehüü（1980：41）则认为 čik 指的是族名。Róna–Tas（1986：57）沿袭 Šinehüü 之释读，并根据《希纳乌苏碑》指出，750 年向鞠部发动的远征对于稳定回鹘汗国的统治至关重要；《铁兹碑》中的这一记载与回鹘汗国的立国有关。回鹘头领占领东部之后当选可汗，随后就发动了对鞠部可汗的远征。因此 1—4 行铭文谈及的内容应发生在 750 年之前。但是𐰜𐰲[čkü]只能读作 čök 或者 čük，而不能读作 čik。因此上述两种读法有待商榷。克里亚施托尔内（1985：142）认为，其第一个字母应是𐰋[b]而非𐰲[č]，并提出读音应该是 b(ü)kü，意为“有识之士”（Klyaštorniy 1985：152）。Tekin（1989：391）认为这里不能读作 b(ü)kü，因为𐰜[kü]并非 kü，而是 ök/ük，况且回鹘语表示“有识之士”的词是 bögü，而不是 bükü。假设克里亚施托尔内读法是正确的，那么𐰜 𐰋[bkü]会有三种读法：bök、bük、(ä) bük。而回鹘语没有与 bük、(ä) bük 相应的词汇，那么该词应当是《突厥语大词典》中的“bök：玩游戏时羊髀石正面朝下”（Dankoff 1984：500），吉尔吉斯语中的 bök“高地”一词。若此推理成立，那么这一词组或可译作“伟大的大可汗”。麻赫默德·喀什噶里记载，bökä“龙，恶魔。这个词在谚语中是这样的：yäti bašlïγ yėl bökä‘七个头的凶龙’。如同牙巴库人把最年长者称之 bökä budrač 一样，也用这个称号称呼有些英雄们”(《突厥语大词典》2002：Ⅲ222)。我们根据这个信息找到了《塔里亚特碑》龟座上的文字 bonï yaratïγma bökä tutam“此碑的制造者是 bökä tutam”和《阙利啜碑》东面 17 行的 alpï bökäsi“勇敢，伟大”。综上所述，可以认为这个词语应该解读为 bökä。

北面 2 行 anïŋ ėli üč yüz yïl ėl tutmïš：克里亚施托尔内（1985：152）把第二个词读作𐰉𐰭[Bŋ]，即 bïŋ，并将这段释读为：bïŋ ėli üč yüz yil ėl tutmïš，但是这种释读不符合语法规则。因为从 üč yüz “三百”一词前面的 ėli “其国”一词可看出，ėli 前面应该有一个定语。Šinehüü（1980：38）的换写中有𐰣𐰭[Nŋ]，鄂尔浑文𐰉 [B]在《铁兹碑》的形式与𐰣[N]的形式神似，可以猜测克里亚施托尔内解读的时候把𐰣 [N]字母读成[B]的可能性较大。因此我们认为这个词应读作 anïŋ。

跟《塔里亚特碑》东面 1 行一样，此处的铭文也在讲述突厥、回鹘部的简史。《铁兹碑》北面 2 行中的三百年在《塔里亚特碑》中记为两百年。Róna–Tas（1986：58）认为，两百年（前）的事件应与第一突厥汗国之建立相关，而三百年前的事情则跟乌诺古尔和保加利亚部的西迁有关。这《铁兹碑》北面 5 行的铭文中出现的“七十年”跟回鹘人在 680—750 年间隶属于第二突厥汗国的历史相关。

北面 2 行 ančïp bodunï bardï：Berta（2010：233）认为，这里的动词短语 bodunï bar-“（他的）人民去了”指的是回鹘可汗原先的属民脱离可汗的统治。

北面 3 行 boz oq bašïn aqïza učuz kölikä atlïγïn tökä barmïš：Róna–Tas（1986：128）译作“扰乱 buzuq 的各部长老把 učuz（低贱的）祖先……扰乱两部的长老们后离而远去”，并认为 buzuq 或许跟《乌古斯汗传》中的 buzuq 部落有关。乌古斯汗传中与之相对的另一个部落为 üč oq。此处铭文中有 wčz 的形式出现，应该是 üč、az 或 učuz。učuz 一词有“被毁灭的，被用尽的，低贱的”等意。对 učuz 之后的词有以下不同读法：Šinehüü（1980：41）读作 kök äkä；Róna–Tas（1983：128）读作 kök ėki；克里亚施托尔内（1985：152）读作 kül eki；Qarjaubay（2012：219）读作 külüki。Tekin（1989：392）首次认为，考虑到后面的动词 tök-“倾倒，流入”，可以读作 kölkä，后来的学者都接受了此说。

Bozoq 作为部落名出现于回鹘文《乌古斯传说》：oŋ yaqta boz oqlar olturdï“bozoq 部的人们坐在右方”（耿世民 1980：28）。关于 bozoq 在阿布尔哈齐（Abul-Ghazi）的《土库曼世系》（Shajara-i Tärakimä）中有更详细的记载，taqï oγlanlarïγa aytdï siz üč oγlïŋïz üčün altun yaynï tapïp kältürdiŋiz，taqï anï buzup üläštiŋiz, sizlärniŋ atïŋïz buzuq bolsun sizlärdin bolγan oγlanlarnï häm ta qïyamätγäčä buzuq tėsunlar“你们三个找来了金箭，折成三段平分（折成三份各得其一），（所以）以后直到世界末日，就让（世人）称你们和你们的子嗣为 buzuq 吧。”（Kononov 1958：28）《阙特勤碑》中称西突厥为 on oq“十支箭”。根据以上的历史记载，我们可以推出这个词语应该解读为 boz oq 而不是 buzuq。

克里亚施托尔内（1985：152）认为，动词 qïza 可以理解为“反抗，造反”，也就是敌人在政治方面已经做出了反抗。Tekin（1989：392）首次对这句话的释读做了修正。他认为，在 boz oq bašïn“boz oq 部落的首领”后应该有及物动词，所以𐰴𐰔𐰀[qzA]应该读作 aqïza。Tekin 虽然将《塔里亚特碑》东面 2 行中的相同文字读作 qaza barmïš.... tükä barmïš，但是也提出这里的 aqïza ...tökä 应该表示“使袭击……倒入”的意思。

克里亚施托尔内的错误读法是由 Tekin 纠正的，之后的学者均接受了 Tekin 的看法。考虑到这两座碑文中的这一部分有相同的文字，那么 Tekin 对《铁兹碑》进行的修正对《塔里亚特碑》同样有效。虽然学界对于这个句子的读法大致相同，但是理解不太一样。Tekin（1989：392）、大泽孝（1999：160）、Aydın（2011：34）、杨福学（1994：23）、Ölmez（2018：60）等学者均把这个句子中的动词 aqïza 译作“让 bozoq 部落的首领袭击”，但是如果这里用到的是使动态动词 aqïza“使其袭击”，那后面的 učuz kölkä atlïγïn tökä barmïš“将骑兵倒入了 učuz 湖”难以得出合理解释。因为 boz oq baš 缀接的是第三人称从属附加成分和宾格附加成分，所以这里不能像 Mert（2009：128）那样译作“突袭 boz oq 的首领”。Qarjaubay（2012：219）的译文“boz oq 首领死了”也不可取，因为我们无法用阿拉伯语借词 qaza“死亡”来释读这里的词语。反而 Berta（2010：232）译作“使 boz oq 的头漂流”更贴近这个动词的原意。

把《塔里亚特碑》中的该词读作 aqïza-的学者们对该段铭文的译释（Mert 的“袭击到了”；Aydın 的“镇压了民众”；Ölmez 的“让其袭击了”等）也因为上述原因不符合 aqïza-的原意。Berta 也将这个词译作“使……漂流了”，Tekin 进行修正后，得出动短语 tökä bar-。此后接受此说的学者们都将此段译作“使其倒入了”。

动词 aqïz-最早出现于察合台语《Abušqa 词典》中：aqïz-“使流淌”（Kaçalın 2010：891），aqïz-是动词 aq-“流”的使动态形式。aq-的另一种使动态形式 aqït-出现于以下文献中：《阙特勤碑》（北面 8 行）kül tėgin bäg bašlayu aqït(t)ïmïz“我们在阙特勤和匐的指挥下派出了一个突击队”；《暾欲谷碑》（第一座石碑北面 11 行）tün aqïtdïmïz“夜间征伐了”；摩尼教文献 buyanlığ taluy ögüz akıtıp“向美德的大海流动”；佛教文献 kan ögüz akıtar“他们导致血流成河”（Clauson 1972：82）；喀拉汗王朝文献 aqïttï“让流，使淌。täŋri aqïn aqïttï 真主让发洪水了；ol suv aqïttï 他让水流了；bäg aqïnčï aqïttï 伯克派出了突击队去迎敌”（《突厥语大词典》2002：Ⅰ230）。

动词 aqïz-的“攻击，袭击”之意是由其原义“使流淌”扩展后得到的。Berta（2010：233）将 bwzwk başın aqıza uçwz kölke atlıγın töke barmış 这句译为“让 boz oq 的头领在 učuz 湖漂流了，让他的骑兵（被俘虏的）去跟踪他了”。aqıza barmış uç[uz köl]ke atlıγın töke barmış 则译为“流走了，把骑兵倒入了 učuz 湖”。虽然在这里 Berta 用的是动词 aqïza- 的直译，但是“boz oq（人名）的头领漂流了”这一解释难以成立。因为我们可以从 aqïza-和 učwz 这两个词语的词序清楚地看到，“boz oq（人名）的头领漂流了”是第一个行为动作。而“把骑兵倒入了 učuz 湖里”是第二个行为动作。Berta 的错误在于，将第二个动词的处所状语用到了第一个动词中。Berta 还将动词短语 atlıγın töke barmış 译作“（逃犯）之后让骑兵追踪了（直译：将骑兵也倒入了湖里）”，这更是不能成立的，因为 Berta 对补充的内容“在逃犯之后”未提供其补充原因。而他对《塔里亚特碑》中出现的句子 uç[uz köl]ke atlıγın töke barmış 做的翻译“把骑兵倒入了 učuz 湖”可以接受。

对于这个存在诸多争议的句子，我们的意见如下：在鄂尔浑碑铭中有诸多修辞手法，特别是比喻、象征比较多。例如：yašï tägip učdï “寿终正寝”；subča yügürti qanïŋ“血像水一样流出来”（《阙特勤碑》东面 24 行）；süŋüküŋ tayča yatdï“尸体堆积如山”（《阙特勤碑》东面 24 行）。因此，这里也可以理解为是用了修辞手法的句子。

这两句中的 buzuq 出现于麻赫默德·喀什噶里的词典：buzuq“破的，坏的：buzuq äv‘破房屋’。破烂的，倒塌了的任何东西都可用 buzuq 这个词”（《突厥语大词典》2002：Ⅰ397）。该词在现代维吾尔语中具有“坏的；淫荡的；心术不好的，居心不良的，坏分子，贱人”等义。

至于 atlïγ“骑兵”，在《希纳乌苏碑》东面 5 行中可以看到这一词：tay bilgä totoq yavlaqïn üčün bir ėki atlïγ yavlaqïn üčün qara bodunum öltüŋ“因为大毗伽都督的卑鄙，因为一两个首领的卑鄙，我的普通人民，你们遂遭死亡和苦痛”。

我们以现代维吾尔语中的 buzuq 的引申义“居心不良的，坏分子，乱臣贼子”来理解第一个词语的话，那么这句话就是在说：“贼子的首领流淌了，即被消灭了。他的骑兵（手下）倒入 učuz 湖，即贼子的手下倒到了卑贱之湖。”这样一来，这个句子中与水有关的两个动词 aqïz-“使流淌”和 tök-“倒入”是为了表示“敌人被消灭干净了（完全消灭了）”而使用的。在现代维吾尔语中 tök-还有 yüzini tök-“丢脸”的用法，同样动词 aq-也有 yüzi ėqip kät-“丢尽了脸（直译：使脸流淌）”这样的引申用法。因此，可以认为，为了表示“完全消灭”的意思，《铁兹碑》以及《塔里亚特碑》铭文中使用了 aqïz-（使流淌）及 tök-（倒入）两个动词的引申意义。这种解释比把 aqïz-和 tök-分别译作“使……流走”和“倒入”更为合理。

而 učuz 一词则在文献中很常见：鄂尔浑碑铭 yuyka erkeli toplağalı uçuz ermiş “把薄的东西穿透是容易的”；回鹘文文献 közümde idi uçuz yénik boldi“在我看来变得不值”，men takı uçuz bolğaymen“我将受到不尊重”（Clauson1972：32）；喀拉汗王朝文献 učuz“微不足道的，廉价的”，učuz näŋ“廉价品。把卑贱的人也称作 učuz。bäg anï učuzladï‘伯克欺辱了他’”（《突厥语大词典》2002： Ⅰ61）。

本书认为，被学者们读作 učuz kölkä 的这个词语并不是具体地名，而是为羞辱敌人以“卑贱者之湖”的象征意义而使用的不定词组 učuz kölikä“向卑贱之湖”，作动词短语 tökä bar-“倒入”的处所状语。此处 Šinehüü、Róna-Tas 读作 kök äki；克里亚施托尔内、耿世民、洪勇民读作 kül eki；Qarjaubay 读作 külüki。本书认为应读作 učuz kölikä，učuz 和 köl 是领属关系的两个名词。

如上述，buzuq 在现代维吾尔语里的引申意义为“坏人”。若这种基于引申意义的推理难以接受的话，那我们可以推测另一种可能：如果 boz oq 也像 on oq 一样理解为部落名，那么应该以其引申意义理解该句铭文中的关键词。也就是“boz oq 部落的首领流淌了，即消灭了，他的骑兵倒到了 učuz 湖，即贼子的骑兵沉到了卑贱之湖”。

在《塔里亚特碑》中的这句虽然与《铁兹碑》的句子稍微有所不同，但是二者毋庸置疑地是同一个句子。此句之后在两座碑文中同样出现的部落名也证明这一点。克里亚施托尔内（1982：341）等学者对《塔里亚特碑》行首的词语进行了补充并读作[bodu]nï ，而行末的字母ↄ[N] 也表示着这一行前面的词语有参照《铁兹碑》中的 buzuq bašïn 来补充的可能性。依此而论，我们将两座碑文中均相同的这个句子译作“使卑贱的（或 boz oq 部落）首领流走了，而他的骑兵被沉到了卑贱之湖”。

北面 4 行　bäirsil qadïr qasar anta barmïš：《铁兹碑》和《塔里亚特碑》两座碑文虽有残缺，但可根据其铭文在一定程度上补全这些残缺不全的内容。因此我们可以断言，《铁兹碑》中的部落名 qadïr qasar 部的出现早于《铁兹碑》南面 2 行中所提及的西部的可萨部，也可以知道可萨部在回鹘汗国的地位如何。

《铁兹碑》北面 3—4 行与《塔里亚特碑》东面 2 行铭文之间的相似性关系显而易见。

《铁兹碑》北面 3—4 行：... mïš boz oq bašïn aqïza učuz kölkä atlïγïn tökä barmïš... bäirsil qadïr qasar anta barmïš.

《塔里亚特碑》东面 2 行：aqïza barmïš uč[uz kö]lkä atlïγïn tökä barmïš qadïr qasar ävdi bärsil yatïz oγuz.

有些学者提出回鹘和可萨同源，甚至有可能同族。这种观点最早由 Dunlop 提出，他在自己的著作中专设一章探讨了这一问题。虽然他自己也发现，从语言学角度来讲这种观点有不少缺陷，但他认为这些问题可以忽略不计（Róna–Tas 1983：130）。Minorsky（1958：175）反对这一观点，认为其依据不充分。Golden（1980：55）在其著作中引述 Dunlop 的观点予以驳斥。Róna–Tas（1983：130）则认为，需要在提出更多反对意见和证据前指出的是，根据以下记载可证明可萨人和回鹘人为同族关系：回鹘人曾有可萨部，在汉文文献中葛萨部族名和可萨（qasar）部族名很近似。回鹘部落当中葛萨部位居第六。Róna–Tas（1986：130）表示完全同意把《铁兹碑》中的族名读成 qasar。《铁兹碑》有关回鹘建国初期时的可萨部之分布范围的记载非常重要，这表明可萨部在回鹘汗国的建立过程中起了很重要的作用。就如部分可萨部离开可萨汗国加入匈牙利人一样，可萨部有一部分加入了回鹘汗国。可萨部从可萨汗国来到漠北草原加入回鹘汗国的原因或许与 737 年可萨汗国与阿拉伯统帅马尔万之间的著名战役有关。此战阿拉伯人战胜了可萨汗国军队。

桂宝丽（2009：29）在探讨可萨族源的文章中提到可萨起源回鹘一说，在比较汉文史籍中的记载和《希纳乌苏碑》和《铁兹碑》中的记载后，认为碑文中的 qasar 人应该生活在铁兹河上游的东边，即今天蒙古国库古尔省的南部地区；碑文中的 qasar 人与活跃在北部高加索的可萨很难画上等号。但是这个 qasar 人正好可以对应新旧两《唐书》中记载的“葛萨”。回鹘可汗把汗延迁移到于都斤之前一度在葛萨氏的西边设立牙帐，这说明葛萨氏与回鹘可汗的药罗葛氏可能有比较密切的关系。

Róna–Tas（1986：129）又认为，铭文中出现的族名 aqadïr qasar 前面的铭文可能是 ėbir el、(elt) ėbir eli、(s) ibirel，也就是说第一个字母是 ė。《铁兹碑》北面 4 行部落名后出现 anta barmïš“在那儿走开了”一句，在此说的明显是上述部落的迁移。

北面 4 行 ol bodunum käŋkäräsdä：克里亚施托尔内（1985：154）根据 Kononov 的著作将 käŋ 理解为“敌视，仇视”。Tekin（1985：393）则指出，表示“敌视，仇视”的词语不是 käŋ，而是 käk malice“恶意”（Clauson 1972：707）。克里亚施托尔内参考的是 Kononov 的著作，而 Kononov 是根据《阙特勤碑》东面 6 行的 käŋşür-/kiŋşür-这两个动词而推测出 käŋ 有“仇视，敌视”等意思的。而 Tekin（1989：393）认为，kikšür-（Clauson1972：714）是动词 kik-“教唆”的使动态形式。Tekin（1989：393）对 käŋkäräs 进行纠正后认为，这可能是阿勒泰、突骑施和回鹘部落交界处的一处地名，在《阙特勤碑》东面 39 行可以看到 käŋäräs 一词，käŋkäräs 是《阙特勤碑》出现的 käŋäräs 一词的一种变体。Malov（1951：41）认为这应该是部落名称。在现代维吾尔语和其他好几种突厥语中有辅音 ŋ 之后增加 g/k 的现象，例如 toŋuz > toŋγuz/toŋguz、müŋüz>müŋgüz、maŋa>maŋγa、yaŋaq>yaŋγaq 等。再说 käŋkäräs 后面出现的附加成分-dä 一般表示位格，从这一点出发也可以推测出这个词语应该表示地名。Amanjolov（2006：112）将这个词读作 kenger，并认为这应该是汇入锡尔河流的 Sarısu 河的古老支流。他还猜测 käŋäräs 也可能是该河流周围地域的名称，并指出了以-s 结尾的一些河流名称：talas、künäs、baqanas、tekäs。大泽孝（2010：111）猜测这可能是吐火罗语借词的梵文形式：<*kank–a+ras = ras < ragas。

东面 2 行 ödkünč qaγan ärmi[š]：克里亚施托尔内（1985：155）认为，读作 öd känč 的一词应该是某位回鹘可汗的名字，而 öd känč 和 idi känč 是牟羽可汗登基前的曾用名。Tekin（1989：391）则认为，字母串𐰇𐰓𐰚𐰨[Ẅdknč] 读作 ödkünč“虚假，乌有”更合理。ödkünč 这一名词是由动词 ödkün-派生的。动词 ödkün-虽然在回鹘写本中没有出现过，但在《福乐智慧》中出现过两次。Arat（1979：366）将其读作 ötgünç，而 Tekin（1989：394）则认为应读作 ötkünč，因为察合台语中的动词 öykün-“模仿”正是从 ötkünč 的词根动词 ödkün-演变而来的，喀拉汗王朝文献写作 ötkünč 显然是 ödkünč 中的第一个音节末尾的辅音 d 受后音节中的辅音 k 的同化而成。因此，ödkünč qaγan 应被理解为“冒牌可汗”。Tekin（1989：395）还猜测此处指的应该是葛勒可汗（köl bilgä）的长子大毗伽都督（tay bilgä tutuq）。大毗伽都督曾受其父所赐的叶护之头衔，他死前一直策动反对磨延啜可汗的活动。若这段译为“于是有了两位可汗，其中有一位是冒牌的”，那么可以说明大毗伽都督在 747 年自立为可汗。这样回鹘汗国就出现了两位可汗的局面。厄达尔认同（1991：277）Tekin 对此句子的理解，并译作“他是一个假可汗，有别于真可汗”。

Qarjaubay 和 Mirsultan 对 ödkünč 一词的看法也值得注意。Qarjaubay（2012：205）把该词读作 ödkünči，并按哈萨克语的 Өдүкенчі“过客，过渡的”理解。Mirsultan 没参考 Qarjaubay 的著作，但提出了类似的看法。她将这个词语与在 Radlov 的词典以及现代维吾尔语中的 ötkünçi“过渡的”联系在一起，认为不应该把这个词语理解为 ötkünč qaγan“假冒的可汗”，而是应该理解为“过客，暂时的可汗”更为准确。因为据她的看法，古代如果要继承汗位的王子年幼，那么会由他的叔父暂摄朝政。等到王子长大成人后，摄政的王公再将朝政归还他。所以这里提到的应该就是暂时为幼年可汗代管朝政的王叔（Mirsultan 2013：76）。虽然这一说法在逻辑上说得通，但《铁兹碑》所讲述的这些历史时期没有出现这种摄政的暂时性可汗，所以本书沿袭 Tekin 的译法。

东面 3 行 üčün otuz tatar：大泽孝（1999：165）提出，最前面能辨认的文字...ün 可能是在它之前的某个词语的宾格附加成分。从后置词 üčün 可以看出，此前应该存在表某种因果关系的一个词。在 Šinehüü（1980：39)、克里亚施托尔内（1985：142）的录文中，otuz 之后的分隔符号后面没有任何字符。大泽孝（199:165）提到，在分隔符号之后还有一个无法读取的字母。在此之后，则可以看到字母𐱃 [T]和𐰺[r]的残片。据此他在这里做了补充作 tatar。

东面 6 行 bulaqïγ：这一词组克里亚施托尔内（1985：153）读作[b]ol qïγ，但未能解释其意；Šinehüü（1980：41）和 Qarjaubay（2012：205）读作𐰖𐰆𐰞𐰞𐰍[YwLLγ]；Tekin（1989：396）根据 Šinehüü 的录文提出，读作 yolluγ 更为合理。但是在《阙特勤碑》东南面、《毗伽可汗碑》西南面、《塔里亚特碑》东面 1 行出现的人名 yolluγ 均拼写为𐰖𐰆𐰞𐰍[YwLγ]，因此 Tekin 的此说值得怀疑。Mert（2009：132）把这一词拼写为𐰆 𐰞 𐰴 𐰍 [wLq^{ï}γ]，并释读为 ulaqïγ“向……”大泽孝（1999：166）认为，这一行首字母的下半部分是半圆形状的，所以可以看作是𐰉[B]字母的残片。虽然说克里亚施托尔内（1985：142）猜测这里的第四个字母是𐰴[-^{ï}q]，但是不见这里存在相应的三角形的轮廓，反而有形似字母𐰀[A]的一部分的竖线。因此大泽孝（1999：166）将这个词读作 bulaqïγ，并且将 bulaq 与《世界境域志》中所提到的“样磨人的氏族 blaq<bulaq”部落对应。此外他还猜测这也可能是《新唐书》

第 217 卷中记载的葛罗禄部落三大属部之一。大泽孝还提到这一内容可能跟回鹘与葛罗禄之间的战争有关。本书沿袭大泽孝之说。

东面 6 行 ïya basïp：克里亚施托尔内（1985：153）读作 aya bašï，并译为“赞美他成为头领”。Tekin（1989：396）认为，克氏对这一段的释读存在一些可疑之处，因为 aya-并不是副动词形式，而是 “赞美”之意的一个动词词根。动词 aya-的原意为“敬重”，紧跟而来的 bašï 则没有定语修饰。克氏释读为 aya 的词在 Šinehüü（1980：38）的录文中作 ıys，读作“iyasi”。Qarjaubay（1978：123）原先把 yolluγ iyasi 译作“yolluğ 的继承者”，而近期的著作中（2012：205）译作“žolluγ 当了头领”。Šinehüü（1980：41）则译作“其主人”。Tekin（1989：396）认为，这一词应是“占据，侵占”之意的动词 iy-的副动词形式。克里亚施托尔内读作 bašï 的词 Šinehüü（1980：41）和 Qarjaubay（1978：123）换写为𐰉𐰽𐰯 [BSp]，读作 b(a)s(ï)p。这种读法似乎更为准确。因为在回鹘语中，动词 iy-和动词 bas-一般组成对偶词一起出现。若此观点成立，那么这段铭文可以翻译为“征服四方，并统治之”。

东面 6 行 olor[tï]：这个词语是被大泽孝（1999：166）首次修正并读出来的，在他的拓本中可以清楚地看到字母串[wLRT]，克里亚施托尔内（1985：152）则将这个词语释读为 olurtmïš“让他坐在王位上”。大泽孝（1999：166）指出，如果这里提到的是 yolluγ 可汗，那么克里亚施托尔内的观点明显是不对的，因为 yolluγ 可汗生活的年代比石碑竖立起的年代早了不少。所以在这里只能用过去式来补齐残缺部分，将其读作 olor[tï]。

东面 6 行 yėrig：大泽孝（1999：166）认为，在这个词语之前有字母[z]的残片，而这个词语后面的部分比较难以识别。大泽孝对于这个词语本身倾向于这一段的字母更像 d，所以他将这个词语读作 yg[t]di，并读作 yägät-“变得更好”。因为其余的部分受损严重，所以他认为无法确切地理解这一部分的内容。Šinehüü（1980：38）则表示，在这个词语之后能识别出字母 b、e。而 Mert（2009：132）的录文只记载了最后的字母 di，其余的均没有记载。

南面 1 行 kül bäg：这一行磨损严重，我们可以在 Qarjaubay 和 Šinehüü 对这一行进行的录文中看到在一些在其他学者的录文中未出现的字符：Qarjaubay（1978：118）：...ü... bwbŋ... qγnI kẅlbIgnIr ... Šinehüü（1980：38）：qγnI：kẅlbIgnIr. Qarjaubay（2002：204）近期的著作中这一行则拼写为𐰆𐰞𐰍:𐰴𐰍𐰣:𐰚𐰇𐰠𐰋𐰃𐰏𐰤𐰃𐰼[wLγ qγN kẅlbIgnIr]，释读为 uluγ qaγan kül bilgä“伟大的可汗阙・毗伽”，但是没有说出其依据。在大泽孝（1999：166）和 Mert（2009：136）的录文中则没有 Qarjaubay 和 Šinehüü 的录文中所出现的以上

字符组，也难以辨别克里亚施托尔内读作 bilgä qaγan 的词。

南面 2 行 qasar qurïγ qontï：克里亚施托尔内（1984：155）认为，这一段第二个词读作 qoruγ，是“被卫护之地”之意的名词，qasar qoruγ 是回鹘可汗西营之名，而图瓦共和国境内的博尔巴金古城就是碑铭中所记载的回鹘汗国西部夏季都城 Qasar-Qurug，这座城池的使用年代为 750—760 年。宋国栋（2018：63）进一步推测，如果此说无误，博尔巴金古城当建于磨延啜时期。由于遗址的文化层较薄，没有发现供暖系统，所以发掘者猜测这座城仅供夏天居住，且持续使用的时间较短。本书认为，这里的第二个词读作 qurï“西”+宾格附加成分-IG 更有说服力。动词 qon-“居住，安排”一般与名词的位格附加成分-DA 搭配：...da qon-“在……居住”；但此《暾欲谷碑》中也出现过该动词与名词的宾格附加成分-IG 搭配的例子。如：《暾欲谷碑》南面 10 行中 türk bodunuγ ötüken yerkä bän özüm bilgä toñuquq ötükän yėrig qonmïš täyin äšidip“当听到（我让）（突厥可汗）、突厥人民来到了于都斤地方，我自己谋臣暾欲谷住在于都斤地方后”（耿世民 2005：98）。这段铭文中与动词 qon-搭配的名词 yär 也是像此处的 qurïγ qon-一样与宾格附加成分-IG 搭配。

南面 3 行 lsr：克里亚施托尔内（1985：155）认为这是一个地名，或许是牟羽可汗至今仍没有揭晓的东部军营的名称。大泽孝（1999：167）认为，在这个词语之前有分隔符，所以可以尝试着把它读作 älsär。这个词语是紧接着 qasar 一词出现的，因此 älsär 也有可能是一个部落名称。大泽孝将其与《土库曼世系》（Shajara-i Tärakimä）中所提到的属于 salur 部落的氏族名称 erser（应纠正为 ersarı，如：ersarï ḥälqïnïŋ onbėgi“esrarï 人民的甲长”/ersarï yaḥšïlarï“ersarï 部落的士绅”）做了比较，并认为 älsär 可能是氏族名称 erser 的讹写。但是考虑到回鹘语中没有出现 r 和 l 交替的现象，可以排除此说。

Róna–Tas（1986：128）将其读作 ėl sir，并认为这是位于东部的一个部落之名，这里出现的是副词 ilgärü“前方，东方”，但该部落具体指哪个部落尚不清楚。从该段铭文可得出，可汗在铁兹河上游源头处，也就是在东边的可萨部到西边的 el sir 部间建立其牙帐。

第四章　鄂尔浑文回鹘碑铭词汇对比

从鄂尔浑文回鹘碑铭的发现到解读并在学术界公认为止已经过了将近100年的历史。以回鹘学这一名称来不断进行研究的这一领域在上百年的研究过程当中各方面都取得了丰硕的研究成果，并且开始探讨一些新的研究之路。

为了进一步厘清鄂尔浑文回鹘碑铭词汇的历史演变过程，本章主要将鄂尔浑文回鹘碑铭文献中的词语与其在各历史语言阶段的形式进行对比。在鄂尔浑文回鹘碑铭中一共有447个词语，通过进行系统的研究，可以知道其中的239个词语在回鹘文、哈卡尼亚文、察合台文等之中也会出现。这些词在维吾尔语、乌兹别克语、西部裕固语、撒拉语、哈卡斯语、雅库特语等当今语言中经历了语音、语义方面的变化而逐渐发展演变，为维吾尔语历史比较研究提供了重要的资料。

通过研究鄂尔浑文回鹘碑铭词汇的历史演变，能够在某种程度上认识到回鹘语词汇历史演变特点。因此，该研究有助于更深入地了解回鹘语词汇的演变特征。

adïn: 之后; 回: adïn “另外的; 另一个; 不同的” TT III 164, KP 7, 3–4, U III 35, 19, H II 18, 60; 喀: adïn “另外的” DLT. I 104, KB 6, 132; 雅: atïn “另外” TSa.28。

aqïz-: 使流淌; 察：aqïz- San. 44v. 25; 维—哈: eqiz- “使流淌”。

al-: 拿; 《占卜书》al- “拿” ÏrkB 58; 回:al- “拿” Chuas. 137; al- “得到” M I 19, 15, TT III 3–4; “拿” TT IV 6, 44, TT IV 12, 51–2;喀: al- “拿” DLT. I 227; 维: al- UTİL I 172; 乌: ol- ÖTİL I 16; 裕: al- XBY 475; 撒: al- SLY 9; 图: al-; 哈: al- HTS 34; 阿: äl- ESTY I 127; 雅: ïl- ESTY 127。

alp: 英雄，勇敢的; 回: alp “英雄” TT II 6; alp “大勇” TT III 19, KP 23, 8, TT VI 347, TT V 20, 8, TT I 78, 84, USp. 36, I, III, 4; 喀: alp “勇敢

的” DLT. I 56, KB 691, 277; 维: alp “高” UTİL I 51; 乌: “英雄，战士” ÖTİL I 75; 哈: alïp ESTY I 139; 阿: alïp ATS 24; 雅: alïp YRS 87。

altï: 六; 维: alti“六”;乌: olti ÖTS 104; 裕: a^hldï XBY 476; 撒: altï SLY 10; 图: aldï TW 7; 哈: altï HTS 40; 阿: altï ATS 25; 雅: alta TSa.10。

altïn: 下方; 回: altïn“下方”U I 10, 1–2, U II 25, 18, TT V 6, 41, Suv. 133, 16 a, TT VII 40, 11–12, USp. 15, 5–6, TT VII 37; 高: 6, Ligeti 127; 喀: altïn “下面” DLT. I 147, KB 137, 186; 维—罗: altïn HZU 50;裕: a^hldïn XBY 476;图: aldïn TW 7; 哈: alt HTS 40; 阿: alt ATS 23; 雅: alïn YakRS 39。

altmïš: 六十; 回: altmïš“六十”TT VIII L. 6, 7, USp. 6, 6, 57, 5, 75, II, TT VIII 9, 11–13; 喀: altmïš“六十”KB 366; 维: atmïš UTİL I 23; 乌: oltmïš ÖTİL 105; 裕: a^hldon XBY 476;图: aldan TT 6; 哈: alton HTS 40; 阿: altan ATS 24; 雅: alta uon “六十”TSa.11。

altun: 金; 回: altun “金”M I 26, 29, U I 6, 14, TT VIII G. 64, KP 43, 2, U III 68, 12, TT I 70; 高: altun“金”Ligeti 129; 喀: altun“黄金”DLT. I 162, KB 213; 维: altun UTİL I 159; 乌: oltin ÖTS 105; 裕: a^hldïn XBY 476; 撒: altun SLY 10; 图: aldïn TT 7; 哈: altïn HTS 40; 阿: ATS altïn 25; 雅: altan TSa.24。

ančïp: 如此，那样; 回: ïnčïp“这样，之后”M I 16, 13–15, U I 6, 4, TT VIII 40, 19, KP 15, I, 24, 4, ïnčïp“但是”TT I 79。

ančola-: 赠送; 回: ančola-“献给，赠送”TT V B 125。

anta: 从那边，在那边; 回: anta“在那儿，在那时”TT II 10, U I 6, 9, TT VIII A. 46, TT V 10, 96, U II 23, 17, Suv. 625, 10–11, TT VIII L. 33–4, TT VII 21; 喀: anda: “在那儿”DLT I 170; 乌: unda ÖTG 92; 裕: anda XBY 475; 撒: anda SLY 9; 图: anda TW 8; 哈: anda HTS 43; 阿: anda ATS 26; 雅: antax“在那里，向那里”YakRS 273。

apa: 祖先; 喀: apa“祖先”KB 219, 1386, 1732, 1922, 1958; 维: apa“母亲”UTİL I 5; 维—哈 apa“姐姐”; 乌: opa“姐姐”ÖTS 104; 裕: ava“父亲”XBY 478; 撒: aba “父亲”SLY 8; 图: ava “母亲”TW 13; 哈: aba “父亲”HTS 24; 阿: aba “父母”ATS 1。

ara: “中间”; 回: ara “中间”M I 36, 6–7, M II 30, II, TT III 22, TT VIII G. I—, H. 5, 9, U III 13, 6–7, U II 81, 69–70, TT I 160, USp. 88, 43, H I 22–3; 喀: ara“中间”DLT I 118, KB 1483, 177; 维: ara UTİL 53; 乌: ora ÖTİL 1–132; 裕: ara“中”I 478; 撒: ara“中，中间”SLY 10; 图: ara TuvRS 65; 哈: ara“中间，附近”HTS 46 ; 阿: ara ATS 27。

arqar: 地名；喀: arqa r "羚羊" DLT I 159, I 214；维: arqar"盘羊" UTİL I 71;裕: arGar, arqar"羚羊"XBY 478;阿: arqar"羚羊"ATS 28。

artat-: 驱散，破坏；回: artat-"破坏"Chuas. 107–8, KP 72, 7–8, TT IV 6, 49, TT V 14, Suv. 134, 20, TT I 64–5；喀: artat-"破坏"DLT I 344, KB 2284, 4076；维—哈: arda-"破坏"HZU 37；哈: ardat-"破坏，驳斥"HTS 48 ；阿: artat-"伤害；破坏"ATS 28。

asra: 下面；回: asra "下面"Chuas. 42–4, M III 7, 11–12, TT III 3,TT II 17, 68–9, USp. 101, 8, TT I 7–8, USp. 98, 21–2；喀: asra "alt" DLT I 170;哈: azïra"多余的"HTS 61；阿: ajira"以后"ATS 22。

aš-: 穿越；回: aš-"翻越"TT I 47；维: aš-"增加；翻越"UTİL 123；乌: ošmok "增加；翻越"ÖTİL I 172；裕: a^{h}s-"越过，超越"XBY 476；阿: aš-"超越，落下"。

ašnuqï: 之前的，先遣队；回: ašnuqï "之前的"TT V 26, 108, TT VII 30, 1-2, TT I 150；喀: ašnuqï"之前的"KB 793。

at I: 名誉，名字；回: at"名字"M I 25, 2, M I 26, 27–8, KP 7, 1, U I 29, 16, Suv. 444, 5, TT VII 29, 10, TT I 43, 146, H II 22, 16；喀: at"名字" DLT I 108, KB 6,62;维: at UTİL I 13；乌: od ÖTS 107；裕: at XBY 474；撒: ad SLY 8；图: at TW 12；哈: at HTS 54；阿: at ATS 30；雅: aat Tsa.2。

at II: 马；喀: at"马"DLT I 48；维: at UTİL I 12；乌: ot ÖTS 107；裕: a^{h}t XBY 476；撒: at SLY 8；图: a't TW 12；哈: at HTS 54；阿: at ATS 30；雅: at Tsa.2。

ata-: 任命；称呼；回:ata-"称呼"M I 9, 8, TT III 97, U IV 46, 47–8, Suv. 190, 12, TT I 116；喀: ata-"称呼"DLT. III 343, KB 748, 985；维: ata-"称呼；奉献"UTİL 1–26。

ay: 月亮；回: ay"月亮"TT VI 62, VIII O. 6；喀: ay"月亮"DLT I 112；维: ay UTİL I 205；乌: ay ÖTS 103；裕: ay XBY 477；撒: ay SLY 13；图: ay TW 13；哈: ay HTS 56；阿: ay ATS 30；雅: ïy Tsa.20。

ay-: 说话；回: ay-"说话"M III 23, 5, M I 10, 13, M I 34, 10–13, TT II 8, 51, M II 5, 7 , TT III 162, KP 13, 1–6, TT VI 265–6, VII 12, 5, 36, 1；喀: ay-"说话"DLT I 235, KB37, 267；维: ėyt- UTİL V 138；乌: ayt- ÖTS 13；裕: ay-"告状"XBY 477 ;图: ayït- TW 14；哈: ayt-HTS 59；阿: ayt- ATS 30；雅: ïy- YakRS 522。

ayït-: 使恐吓；回: ayït-"说话"M I 19, II；喀: ayït-"说话"DLT I 289, KB 507, 623,859；维: ėyt- UTİLV138；乌: ayt- ÖTS 13；裕: ayt-"问"XBY 477 ;

图: ayït- TW 14; 哈: ayt- HTS 59; 阿: ayt- ATS 32; 雅: et- Tsa. 246。

az: 少; 回: az“少”TT II 6, 30, M I 35, 4, KP 55, 5, TT I 82–3, H II 18, 64, USp. 22, 49; 喀: az“少”DLT I 109, KB 172, 305–6, 734, 866, 4580; 维: az UTİL I 92; 裕: az XBY 478; 撒: az SLY 11; 图: az TW 14。

äčü: 祖先; 喀: äčä“姐姐”DLT I 117; 维: Ø ača“姐姐”ZGT 34;裕: iji“嫂子”TDAA 71; 撒: aze“姐姐”ZGT 35; 阿: eje“姐姐，大姨”TDAA 70; 雅: ejiy “姐姐，大年龄的妇女”TDAA 70。

äŋ: 最; 回: äŋ “最，首个”M I 14, 6, TT VIII A. 48, TT V 20, 2, Suv. 348, 6, TT VII 40, 143, TT VIII L. 33, TT VII 14, 4; 维: äŋ UTİL I 290; 乌: äŋ ZGT 436; 裕: yiŋ, eŋ ZGT 437;图: äŋ ZGT 437。

är: 男，士兵; 回: är “人; 男人”TT II 10, 91–2, TT VIII D. 20, USp. 13, 4; 喀: är“男人”DLT I 50, KB 3005, 2138; 维: är UTİL I 246; 乌: är ZGT 438; 裕: ärän ZGT 439; 撒: er kiš ZGT 439; 图: är ZGT 439; 哈: är HTS 124; 阿: är ATS 83。

är-: 是; 喀: ärdi“是”DLT I 222; 维: i-“是”。

äv: 牙帐; 回: äv“房”TT I–V; 喀: äv“房子”DLT I 81; 维: öy UTİL III 859; 乌: öy ZGT 452; 裕: yü ZGT 453; 撒: oy ZGT 453; 图: uy ZGT 453; 阿: ev “房，帐篷”ATS 199。

ba-: 捆绑; 回: ba-“拴”Chuas. 235–6; M III 22, 12–13, M I 19, 1–2, KP 80, 1–2, U II 69, 1–5, U III 83, 2, TT VII 29, 22; 喀: ba-“拴”DLT III 339, KB 964,542, 741, 1456, 1496, 1588; 维: baγla- UTİL I 382; 乌: boγla- ÖTS 34; 裕: bala- XBY 486; 撒: baγla- SLY 27; 图: bagla- TuvRS 82; 哈: pagla- ŠS; 雅: bïalaa- YakRS 90。

balïq: 城; 回: balïq “城”(ETY II 65), M III 20, 10, M I 32, 11, U III 29, 12, U IV 8, 26, TT VII 34, 5; 喀: balïq“城”DLT I 491; 高: balïq“城”Ligeti, p. 138, R IV 1166; 维—哈: bazar-vėlïq“市场”; 裕: balïq“墙”XBY 486。

bar-: 去，到达; 回: bar-“去”Chuas. 85, M I 7, 17, TT III 72–73, TT V 8, 58, KP 10, 5–6; 喀: bar-“去”DLT II 6, KB, 163, 375; 维: bar- UTİL I 340 ; 乌: bor- ÖTS 33; 裕: bar- XBY 487; 撒: bar- SLY 26; 图: bar- TW 16; 哈: par- HTS 384; 阿: bar- ATS 34; 雅: bar- Tsa. 98。

barča: 全部; 回: barča“全部”M I 17, 2, T II 16, 46, III 125, U I 10, 3, U III 28, 5, TT I 115, TT VII 23, 6; 喀: barča“全部，所有”DLT I 543, KB 5, 266; 维: barče UTİL I 341; 乌: borča ÖTS 25; 裕: barja“暂且”XBY 487; 哈: parča HTS 348。

barïm: 财产; 回: barïm“财产”M. I 15, 4–5, U II 76, 2, TT VII 34, 3–4。

barq “家产”;回: barq“家产”Chuas. 235, TT II 8, 41–2, M I 14, 8–10, TT III 137–8, TT IX 62, TT V 10, 84, VI 61, 63, USp. 98, 14; 喀: barq“房产”DLT I 453, KB 4536, 4545, 4727; 维: öy vaq“家产”UTİL V 863。

bars: 虎; 回: bars“虎”TT IX 114, U III 63, 4–5, Suv. 609, 17, P.N. TT IV, 20, TT VII 4; 喀: bars“虎”DLT I 449; 维: yolwas UTİL VI 608; 乌: yulbars ÖTİL V 278; 裕: bars XBY 487; 撒: bas SLY 26; 图: par TW 130; 阿: bar ATS 35。

bas-: 突袭; 回: bas-“压”TT III 121, M II, 11, 12, TT II 17, 72–5, TT V 12, 120, TT VI 254–5, USp. 21, 10–11, TT I 97–8; 喀: bas-“压服，侵袭”DLT II 12, KB 217, 284, 965,1053; 维: bas- UTİL I 346; 乌: bos- ÖTS 33; 裕: bas- XBY 487; 撒: bas- SLY 26; 图: bas- TW 17; 哈: pas- HTS 350; 阿: bas-ATS 35; 雅: bas-“拉，拔”YakRS 65。

baš: 头，领袖; 回: baš“头”Chuas. 125–6, M I 5, 13, TT II 8, 67, USp. 104, 12–13, TT VIII H. 7, TT V 20, 10, TT VII 27, 12, TT VIII M. 26, USp. 2, 7; 喀: baš“头”DLT III 207, KB 166, 45, 422, 300, 220, 391; 维: baš UTİL I 351; 乌: boš ÖTS 33; 裕: baš XBY 487; 撒: baš SLY 26; 图: baš TW 17; 哈: pas HTS 350; 阿: baš ATS 35; 雅: bas Tsa.27。

bat-: 落; 回: bat-“落”TT VI 195, U III 44, 2, TT IV, 15, TT VIII K. 5, TT I 40, USp. 28, 45; 喀: bat-“落”DLT II 428, KB 1072; 维: pat- UTİL I 605; 维—哈: bat-; 乌: bot - ÖTS 241; 裕: ba^{h}t-“失去，遗失，躲藏”XBY 486; 图: bat- TW18; 哈: pat-“插入，落”HTS 353 ; 阿: bat- “进入，落入，落居”ATS 36; 雅: bat-“拉，拔；驱赶”YakRS 66。

bay: 富人; 回: bay“富人”TT VI 024, Suv. 192, 5, USp. 102b. 7, TT VII 33, 3; 喀: bay “富人”DLT III 216, KB 407; 维: bay UTİL I 406; 乌: boy ÖTİL I 300; 裕: bay XBY 487;图: bay TW 18; 哈: pay HTS 354; 阿: bay ATS 36; 雅: baay Tsa 311。

bäg: 匐; 回: bäg“匐”M II 9, 4, TT V 26, 104–5, U III 41, 7, TT X 133, U III 85, 6, TT I 36, TT I 108, TT VII 12, 7–8, 34, 10–11; 喀: beg“匐”DLT III 212, KB 216; 维: bäg UTİL I 437; 乌: bäg ZGT 59; 裕: peγ “头目” XBY 492; 图: beg TW 19; 哈: pek ŠS 78; 阿: biy ATS 41; 雅: bi“老人”StachM 61。

bälgü: 标记; 回: bälgü“标记”M I 24, 10–11, M II 7, 3–4, M III 39, 1–3, U I 8, 14–15, TT VI 190, TT I 79; 喀: bälgü“标记”DLT I 557, KB 1864, 5791, 180, 4284; 维: bälgä“记号，标记；标志，标识”UTİL I 441; 乌: bälgi ZGT 60。

bältir: 汇合处; 回: bältir"交接点，汇合处"KP 70, 5; o.o. U IV 8, H I 114, TT VII 42, 5; 喀: bäldir"山的汇合处"DLT I 456; 维—哈: bälčir"山的汇合处"; 图: bäldir"路口；河水的汇合处"TW 114。

bän: 我; 回: män"我"U IV 48, 86; 喀: män"我"DLT I 441; 维: män UTİL III 145; 乌: män ÖTS 85; 裕: män XBY 495 ; 撒: men SLY 33; 图: men TW 114; 哈: men HakRS 107; 阿: men ATS 133; 雅: min Tsa. 31。

bėčin: 猴; 回: bėčin"猴"U II 31, 53, U IV 28, 10; 喀: bėčin"猴"DLT I 532。

bėr-: 给; 回: bėr-"给"M I 12, 2, TT III 176, KP 7, 4, KP 13, 1–2; 喀: bėr-"给"DLT III 250, KB 37, 314; 维: bär- UTİL I 425; 乌: ber- ÖTS 29; 裕: ber- XBY 489; 撒: ber- SLY 24; 图: ber- TW 20; 哈: pir- HakRS 150; 阿: ber- ATS 38; 雅: bier- Tsa 291。

bėrü: 南面; 回: beri"之后"M I 11, 17–18, M II 5, 8, M I 30 24–5, TT IV 4, U II 21, USp. 22, 39; 喀: berü"这边"DLT I 294, 23, KB 84, 106, 486, 923; 维: bėri"以来"UTİL I 525; 乌: bėri"以来"ÖTİL I 233。

bėš: 五; 喀: bėš"五"DLT III 172; 维: beš UTİL I 434; 乌: beš ÖTS 29; 裕: bes XBY 489; 撒: beš SLY 24; 图: beš TW 21; 哈: pis HakRS151; 阿: beš ATS 38; 雅: bies Tsa 32。

biŋ: 千; 回: miŋ"千"TT II 8, 57; 喀: miŋ"千"DLT III 492, KB 112, 284–5;维: miŋ UTİL III 308; 乌: miŋ ÖTS 86; 裕: mėŋ XBY 494; 撒: miŋ SLY 33; 图: muŋ TW 117; 哈: muŋ HakRS 110; 阿: miŋ ATS 136。

bilgä: 智慧; 回: bilgä"智慧"M I 23, 3, TT III 32, M III 34, 6–7, KP 74, 2, 74, 4–6, Kuan. 129, 130, TT I 106–7; 喀: bilgä"智慧"DLT I 557, KB 158, 191, 263, 1678; 雅: bilgä"智慧"Tsa 35。

bir: 一; 回: bir "一"TT II 8, 55–6; 喀: bir"一"DLT III 442, KB 339; 维: bir UTİL I 547; 乌: bir ÖTS 244; 裕: bir XBY 488; 撒: bir SLY 24; 图: bir TW 23; 哈: pir HakRS 152; 阿: bir ATS 41; 雅: biir Tsa 36。

birlä: 同……一起; 回: birlä"同……一起"TT II 6, 1, TT IV 5, 15, TT V 8, 57, TT VII 42, 1; 喀: birlä"同……一起"DLT I 561, KB 2722; 维: bilän UTİL I 582; 乌: bilän ÖRL 71; 裕: bïlä XBY 487;图: bile TW 23; 哈: minän HakRS。

biti-: 写; 回: biti-"写"M I 28, 22, Suv. 447, 17; 喀: biti-"写"DLT II 165, KB 114, 258, 1342, 465, 475; 维: püt- UTİL I 761;裕: pït- ZGT 181。

bitig: 碑文; 回: bitig"文书"TT IV 14, 68; 喀: bitig"文书"I 499, KB

755, 2218, 258, 4048; 维: pütük“文书，书”UTİL I 762;裕: pitig YJU 97。

bo: 这; 回: bu“这”TT III 26, 104; 喀: bu“这”DLT III 286;维: bu UTİL I 488; 乌: bu ÖTS34; 裕: bu ZGT 57; 撒: bu SLY 29; 图: bu TW 24; 哈: bu ŠS 81; 阿: bu ATS 44; 雅: bu Tsa. 42。

bodun: 人民; 回: bodun“人民”TT II 6, 10, KP 3, 6, TT X 170, TT VI 302, TT X 51–2, USp. 14, 6; 喀: bodun“人民”DLT III 169, KB 34, 194, 291。

bol-: 成为; 回: bol-“成为；发生”M I 8, 5–6, TT V 26, 109–10; 喀: bol-“发生，成为”DLT I 446, KB 66, 113, 116, 119, 131; 维: bol- UTİL I 475; 乌: bol- ÖTS 36; 裕: bol- ZGT 53; 撒: vol- ZGT 53; 图: bol- TW 24; 哈: pol- HTS 373; 阿: bol- ATS 42。

bošnul-: 摆脱; 回: bošun-“解开”M I 28, 23; 喀: bošan-“被解开，松开，离开”DLT II 200; 维: bošan-“轻松；分娩”UTİL 464; 乌: bošan-“分娩”ÖTİL 1423; 裕: bosa-; 撒: bošlan-“轻松”SLY 28。

böke: 龙; 喀: böke“龙，恶魔”DLT III 314, KB 3545。

buluŋ: 角落; 回: buluŋ“角落”Chuas. II-12, TT VIII A. I, U I 12, 6–7, IV 20, 251, TT VII 15, U III 65, 4-5, TT I 142-3; 高: Ligeti 146 R IV 1375; 喀: buluŋ“角落，角”DLT III 506; 维: buluŋ UTİL I 508。

buyruq: 梅禄; 回: buyruq“梅禄”M II 12, 6, U IV 28, 23–4, TT VIII A. 12, U III 44, 4, USp. 97, 30, USp. 91, 1–2, TT I 64; 喀: buyruq “梅禄”I 378; 维: buyruq“命令”UTİL I 510。

čaq: 刚好; 喀: čaq“正好，恰好”DLT I 434。

čavïš: 首长；喀: čavuš“战时整饬阵容，休战时阻止士兵欺压百姓的官长”DLT 1477; 维一哈 čavuš“首长”HZU II 210。

čärig: 士兵; 回: čerig“士兵”U II 69, 5, Suv. 409, 11, USp. 53, TT I 39; 喀: čerig “战线，部队”DLT I 504; 维: čėrik UTİL V 736; 乌: čėrik ZGT 188; 裕: jerïγ ZGT 189; 撒: čirih ZGT 189; 图: čirik ZGT 189;阿: čerü“部队，士兵”ATS 71。

čït: 篱笆; 喀: čit“篱笆，用芦苇或荆筑的篱笆”；LDT I 420;维: čit ZGT 192; 乌: čit ZGT 192。

ėgil: 民众; 回: ėgil“民众”M III II, M III 36, Kuan. 126–7, 128。

ėki: 二; 回: ėki “二”M I 12, 15, III 16, 3, TT III 159; 喀: ėki “二”DLT I 131;维: ikki UTİL VI 302; 乌: ikki ZGT 86; 裕: šigï ZGT 87; 撒: igi ZGT 87; 图: eki ZGT 87; 哈: ïqï HTS 215; 阿: eki ATS 80; 雅: ikki SED 18。

ėl: 国，国家; 回: ėl“国”TT II 6, 17, TT III 60–1, U I 10, M II 5, 16,TT

VIII A. 31, TT IV 10, 20–1; 维: äl UTİL I 291; 乌: äl ZGT 432; 阿: el“人民，部落”ALT 80。

ėlig: 五十; 回: ėlig “五十”Suv. 133, 17, TT VIII L; 喀: elig “五十”DLT I 98;维: ällik UTİL I 297; 乌: ellik ZGT 432; 裕: beson ZGT 433; 撒: elli ZGT 433; 图: bešen ZGT 433; 哈: hollïɣ HTS 185; 阿: bejen ATS 38。

ėr-: 到达; 回: ėr-“到达”M I 14。

ėš: 同伴; 回: ėš “同伴，朋友”Chuas. 197–8, TT VIII B. 4, U IV 44, TT VII 40, 83–5, TT IV 6, 21, KP 53, 4–5, TT I 48; 喀: ėš“同伴，伙伴，朋友”DLT I 65, KB 49, 75, 165, 500, 1694, 2254, 3784; 维: äš“胎盘”UTİL I 275。

ėt-: 组织，组成; 回: ėt-“组织”Chuas. 228-9, M I 14, 4–50, TT IV 6, 45–6, IV 35, 290, VII 28, 35; 喀: ėt-“做”DLT I 231, KB 64, 146, 303, 474; 维: ät-“做”UTİL I 231; 乌: ät- ÖTS 271; 裕: et- XBY 480; 图: et-“组织”TW 71; 哈: it- HTS 230; 阿: et- ATS 80。

ïd-: 派遣; 回: ïd-“派遣”M III 17, 1–3, Chuas. 241, TT II 6, 16–17, M I 13, 20, U III 29, 2–3, U IV 8, 38, USp. 9, 3, 24, 14; 喀: ïd-“派遣”DLT III 595, KB 34, 93, 750; 图: ït- “释放，放走”TW 180; 哈: ïs-“派遣”HTS 208; 阿: ïy-“派遣，派出”ATS 90; 雅: ïït-“派出”SED 53。

ïdoq: 吉祥，神圣; 回: ïdoq“吉祥”TT III 18, 20, M III 35, 9, 14, Suv. 349, 3, USp. 43, 8; 喀: idoq“神圣”DLT I 89, KB 343, 354, 1335; 裕: ïzïq, yuzuq, yüzük “神圣”YJU 43; 图: ïduq TW 85; 雅: ïtïq“神圣”Tsa 172。

ïnɣaru: 此后; 回: ïnaru“……之后”M I 35, M III 25, U IV 16, 156,U II 11, 10–11, TT VIII A. 46, KP 37, 4–5 , Suv. 28, II, 45, USp. 88, 23, 107; 维: nėri“那边”ZGT 149;裕: narï ZGT 149。

ït: 狗; 回: ït “狗”M III 45, U II 31, 52, TT IV 8, 58; 喀: ït “狗”DLT I 49, KB 5379; 维: it UTİL VI 153; 乌: it ZGT 92; 裕: ïšt ZGT 93; 撒: id ZGT 93; 图: ït ZGT 93; 哈: ït HTS 230; 阿: iyt ATS 91; 雅: ït SED 52。

ïy-: 侵占; 回: ïy-“侵占”TT II 17, T VI 254, Suv. 607, 14–15。

ič: 里边的; 回: ič“里面的”TT III 115, KP 39, 5, TT I 18, H I 67; 喀: ič“内，物体的内部”DLT I 49, KB 329, 4425; 维: ič UTİL VI 172; 乌: ič ZGT 40; 裕: iš ZGT 41; 撒: iš ZGT 41; 图: iš ZGT 41。

ičik-: 归属; 喀: ičik-“归附”DLT I 259。

ičgär-: 征服; 回: ičgär-“征服”TT VI 311; 喀: ičgär-“使进入”DLT I 302。

ičrä: 在内; 回: ičrä “在内”Chuas. 14–16; 喀: ičrä “在内”KB 3522; 维: ičrä UTİL VI 181; 乌: ičrä ÖTG 78。

igit-: 养育; 回: igit-“养育”M III 14, 3, TT VIII E. 8, TT IV 8, 56, KP 72, 3, U II 76, 4, USp. 88, 28, TT I 159, 161, 205; 喀: igit-“培育”DLT I 285, KB 1097, 3549; 雅: iit-“养育”Tsa 32。

ilgärü:向前;回: ilgerü“前方”M I 26, 26–7; 维: ilgiri“从前，从先”UTİL VI 337; 乌: ilgiri“从前，从先”ZGT 88; 撒: ili“从前”ZGT 89。

ilk: 先，先前; 回: ilk“先前”Chuas. 116–7, M II 35, 17, TT III 43, U II 7, Ï, H II 22, USp. 55, 20; 喀: ilk“先，先前，从前”DLT 160。

isig: 热; 回: isig“热”M I 10, 8–9, TT IV 8, 63–4, U III 4, 2, U III 14, TT VIII. 10; 喀: isig“热”DLT I 98, KB 829, 522, 1854, 3726, 4620; 维: ïssïq UTİL VI 243; 乌: ïssïq ZGT 92; 裕: ïʰsïγ ZGT 93; 撒: issi ZGT 93; 图: izih ZGT 93; 哈: ïzïg HTS 233; 阿: izü ATS 91。

iš: 事; 回: iš“事”M I 17, 2, TT III 80, TT II 16, 44–5, TT III 68, M III 34, 2, U I 34, 17, TT V 20, 9, TT I 64–5, TT VII 35, 15, TT I 51, 72, 73, H I 75; 喀: iš“事，事情”DLT I 65, KB 161, 1038; 维: iš UTİL VI 264; 乌: iš ÖTS 61; 裕: is ZGT 93; 撒: iš ZGT 93; 图: iš TW 90;阿: iš ATS 90。

käč-: 穿越; 回: käč-“穿越”Suv. 623, 1–2, Hüen-ts. 2021–2; 喀: käč-“涉，过，逝”DLT II 4, KB 231, 361, 1583, 693, 954, 194, 178; 维: käč- “涉，经过，穿过”UTİL IV 526; 乌: kėč- ÖTS 68; 裕: geš- ZGT 115; 撒: goš-; 图: keš- TW 100; 哈: kis- HTS 251; 阿: keč- ATS 103。

käl-: 来; 回: käl-“来”TT III 106; 喀: käl-“来”DLT II 33, KB 110, 259, 273; 维: käl- UTİL IV 548; 乌: käl- ÖTS 67; 裕: gel- ZGT 113; 撒: gel- ZGT 113; 图: kel- TW 99; 哈: kil- HTS 243; 阿: kel- ATS 104; 雅: kel- Tsa 95。

kälir-: 带来，带到; 回: kelir-, kelür-“带来”Chuas. 226–7, M III 23, 10–11 ,U I 6, 13, U III 12, 14, KP 22, 6–7, Kuan. 76, TT VI 62; 维: keltür- UTİL IV 548; 乌: keltir- ÖTS 216; 图: keldir- TW 99; 哈: keldir- HTS 243; 阿: keldir- ATS 104。

käntü: 自己; 回: kentü“自己”TT VIII A. 18, KP 10, 1, TT I 40, USp. 104, 3–4; 喀: kendü“自己”DLT I 547, KB 2400, 5811, 970。

käz-: 沿着; 回: käz-“游历，游览”TT III 60–1, Hüen-ts. 93–4, U III 20, 5 ; 喀: käz-“游历，游览，周游”DLT II 12, KB 747, 79; 维: käz-“漫游”ZGT 114; 乌: käz- ZGT 114;撒: gez- ZGT 115; 图: gez- ZGT 115; 哈: kees- HTS 240。

kėdin: 西; 回: kėdin“西……之后”M I 21, 2, Chr. M III 48, TT VI 83–5, 291; Suv. 466, 5–10, KP 13, 7, TT VI 94–5, TT I 6, 142–3, USp. 109, 8–10;

喀: kėdin “……之后”DLT II 142, KB 18, 45,192; 维: kėyin UTİL IV 745; 乌: kėyinÖTS 132; 哈: kizin “背面”HTS 253; 阿: kėyin “背面”ATS 113。

kėsre:“……之后；后面；西面”; 回: kėsre “之后”Chuas. 172。

kir-: 进入; 回: kir-“进入”U I 6, 11, KP 4, 1, U II 26, 3, TT VII 6, 4, USp. 77, 14; 喀: kir-“进入”DLT II 9, KB 26, 620, 626, 1052;维: kir- UTİL IV 763; 乌: kir- ÖTS 87; 裕: kir- XBY 513; 撒: kir- ZGT 108; 图: hir- TuvRS 477; 哈: kir- ŠS 51; 阿: kir- ATS 112; 雅: kir- Tsa 159。

köč-: 迁移; 喀: köč-“迁移，转移，徒”DLT II 4, KB 4814, 6112; 维: köč- UTİL IV 627; 乌: köč- ZGT 116; 裕: gö^{h}ur- ZGT 117; 图: göš - ZGT 117; 哈: kös- HTS 269; 阿: köč- 120。

kök: 蓝色; 回: kök“蓝色”TT III 129, M II 7, 17, U I 8, 13, KP 57, 2, TT VII 40, 11–12, U II 37, 53–4, KP 38, 1–2, Suv. 347, 8, TT V 26, 85–8, TT I 23; 喀: kök“蓝色”DLT III 182, KB 3, 1002; 维: kök“蓝色”UTİL IV 659; 乌: kök“蓝，蓝色；天，天空”ÖTS 73; 裕: gök, gük ZGT 115; 撒: göx; 图: kök TW 107; 哈: kök HTS 261; 阿: kök“绿地，绿色；蓝色”ATS 121; 雅: küöx Tsa 184。

köl: 湖; 回: köl“湖”TT V 6, 47, Suv. 600, 5, TT I 215–216, USp. 55, 20; 喀: köl “湖”DLT III 185; 维: köl UTİL IV 685; 乌: köl ÖTS 73; 裕: köl ZGT 117; 撒: gol ZGT 117; 图: höl TW 82; 哈: köl HTS 262; 阿: köl ATS 121; 雅: küöl Tsa. 99。

kömür: 煤; 回: kömür“煤”M III 28, 6; 喀: kömür“煤”KB 3837, 3951; 维: kömür UTİL IV 687; 乌: kömir ZGT 116; 裕: kömïr ZGT 117; 撒: komur ZGT 117; 图: kömür ZGT 117; 哈: kömïr HTS 264; 阿: kömür ATS 121。

kör-: 看，看见; 回: kör-“看”M I 6, 2, Chuas. 312, TT IX 14, KP 1, 3, H I 33, TT I 16, TT VII 29, 1; 喀: kör-“看，看见”DLT II 9, KB 248, 239; 维: kör- UTİL IV 634; 乌: kör- ÖTS 74; 裕: gör- ZGT 119; 撒: gor- ZGT 119; 图: kör- TW 107; 哈: kör- HTS 267; 阿: kör- ATS 122; 雅: kör- SED 22。

küč: 力量; 回: küč“力量”TT III 170, KP 37, 2, TT VII 25, 18, TT I 64–5; küč “力量，力气；压力，暴”DLT III 166, KB 247, 380, 600, 656, 848; 维: küč“力量”UTİL IV 696; 乌: küč ÖTS 72; 裕: gu^{h}š, kuš ZGT 121; 撒: guš ZGT 121; 图: küšTW 111; 哈: küs“力量”HTS 280; 阿: küč“力量”ATS 128; 雅: küüs“力量”Tsa 102。

kü<d>-: 等; 回: küd-“等，等待”M II 6, 10, U IV 10, 42; 喀: küt-“等待”KB 1050; 维: küt- ZGT 122。

külüg: 有名的；回：külüg“著名的”M II 8, 17；喀：külüg“有名的”KB 1797, 4525;哈：külük“勤奋的，能干的，聪明的”HTS 276。

kün: 日，太阳；kün“太阳”M I 21, 4, TT III 49, TT V 10, 88-9；喀：kün“太阳，日”DLT II 442; I 463, KB 191, 78;维：kün UTİL IV 710；乌：kün ÖTS 72；裕：qun ZGT 121；撒：gun ZGT 121；图：hün TW 84；哈：kün HTS 276；阿：kün ATS 128；雅：kün Tsa 103。

küŋ: 女奴；回：küŋ“女奴”TT VI 64, TT IV 8, 10, U II 87；喀：küŋ“丫鬟”DLT III 489；维—哈 küŋ“丫鬟”。

küz: 秋；回：küz“秋”USp. 1, 4；喀：küz “秋”DLT I 428；维：küz UTİL IV 704；乌：küz ÖTS 271；裕：guz ZGT 123；撒：guz ZGT 123；图：küs TW 111；哈：küs HTS 280；阿：küs ATS 130；雅：kühün Tsa 185。

laγzïn: 猪；回：laγzïn“猪”KP 3, 1–3。

män: 我；喀：män“我”DLT I 443；维：män UTİL III 145；乌：men ÖTS 139；裕：men ZGT 139；撒：men ZGT 139；图：men TW 114；哈：min HTS 296；阿：men ATS 133；雅：min Tsa 31。

oγul: 儿子；回：oγul“儿子”M I 14, 12–14, TT III 19, U I 5, 4, TT VII, VIII, KP 11, 6, TT VII 40, 142, T V 12, 127, TT I 154–5, TT VII 27, 8, TT VII 23, 2, H II 12, 87；喀：oγul“男孩，儿子”DLT I 101；维：oγul UTİL III 655；乌：oγïl ÖTS 199；裕：oγul ZGT 161；撒：oγul ZGT 161；图：ool TW 122；哈：oγul HTS 323；阿：uul ATS 195；雅：uol Tsa 204。

ol: 他，它；回：ol“他，它”Chuas. I 6–7, M I 8, 10–12, TT III 63, TT II 16, U I 6, 4, TT IV 12–44, KP 26, 4–6；喀：ol“他，它，她”DLT I 53, KB 19, 291, 7, 138；维：u ZGT 294；裕：gol, ol ZGT 295；撒：u ZGT 295；图：ol TW 121；哈：ol HTS 320；阿：ol ATS 139；雅：ol Tsa 204。

olor-: 坐下，即位；回：olor-“即位”TT II 8, 68, Chuas. 257, M I 33, 5, M II II, 12–13, TT VIII B. 16, U II 26, 6, KP 65, I, TT V 8, 64, 12, 128,U III 28 13, USp. 55, 24, TT I 120；喀：oltur-“坐，就坐”DLT I 299; KB 420, 577, 620–2, 765, 956, 597；维：oltur- UTİL III 679；乌：otir- ÖTS 198；裕：oltur- ZGT 297；撒：oltur- ZGT 297；图：oltur- TW 121；哈：oltur- HakRS 123；阿：otïr- ATS 141；雅：oltur- TSa. 36。

on: 十；回：on“十”Chuas. 42；高：on“十”Ligeti 187；喀：on“十”DLT I 68, KB 132, 998；维：on UTİL III 681；乌：on ÖTS 196；裕：on ZGT 155；撒：on ZGT 155；图：on TW 121；哈：on HTS 322；阿：on ATS 138；雅：uon Tsa 205。

orto: 中间; 回: orto“中间”M III 10, 12–13, TT V 6, 20, KP 70, 4–5, TT V 8, 55, Hüen-ts. 1765, 1864, TT VII 35, 4–5, TT VIII L. 38; 喀: orto“中，中间”DLT I 167, KB 2083, 2087, 5562; 维: orta UTİL III 626; 乌: orta ÖTS 197; 裕: orta ZGT 159; 撒: odda ZGT 155; 图: orta TW 123; 哈: orta“正确的; 恰好”HTS 327; 阿: orto ATS 141。

otuz: 三十; 回: ottuz“三十”M III 25, 4, TT VIII 18; 喀: ottuz“三十”DLT I 193; 维: ottuz UTİL III 613; 乌: ottiz ESTY Ï 489; 裕: otus YJU 83; 撒: odtus ZGT 159; 哈: ottïs HTS 329; 阿: odus ATS 138; 雅: otut Tsa 207。

öl-: 死; 回: öl-“死”M I 9, 5 etc., Man. TT II 16, 17, H I 102, USp. 12, 2; 喀: öl- “死”DLT I 299, KB 244; 维: öl- UTİL III 849; 乌: öl- ÖTS 196; 裕: yül- ZGT 447; 撒: ul- ZGT 447; 图: öl- TT 126; 哈: öl- HTS 335; 阿: öl- ATS 143; 雅: öl- “淹没，隐没”Tsa 28。

öŋdün: 东面; 回: öŋdün“东面，前面”M III 48, I , TT VI 83–5, Suv. 466, 5–10, KP 13, 7, U III 73, 15–16, TT I 6, USp. 15, 2; 高: “东面”Ligeti 189; 喀: öŋdün “前面”DLT I 156: KB 8, 63, 2370, 5675。

öŋrä: 在前面，在前方; 回: öŋrä“在前面”T 7, Chuas. 162–3, U II 23, 13–14。

örgin: 王座; 回: örgin“王座”TT II 8, 68, M III 35, 18, TT IV 12, 54–5, TT V 6, 31。

ötrü 为此; 回: ötrü“……之后；因此”Chuas. 165, 170, M III 20, 8, TT II 8, 53, M I 8, 19, U I 6, 9, U II 9, 28–9, TT VIII I. 7。

ötün-: 恳求，请求; 回: ötün-“恳求”TT II 10, 81, TT IX 54, U I 6, 15–16, KP 4, 7, 5, 3, U III 35, 32, U II 16, 21–2, U II 79, 52, TT IV 4, 14; 喀: ötün-“申请，请求”DLT I 268, KB 529, 791; 维: ötün- UTİL III 797; 乌: Ötin- ÖTS 198。

öz: 自己; 回: öz“自己”TT V 28, 121, TT VII 42, 8; 喀: öz“自己”DLT I 64; 维: öz UTİL III 101; 乌: öz ÖTS 194; 裕: üz ZGT 453; 撒: iz ZGT 453; 图: ös TW 129;阿: ös ATS 144; 雅: üöz YakRS 455。

qaɣan: 可汗; 回: qagan “可汗”TT VII 40; 喀: ḥaqan “可汗”DLT III 215; 维: xan ZTG 80; 乌: xan ZGT 80; 裕: xan ZGT 81; 撒: xan ZGT 81; 图: xaan ZGT 81;阿: qaan ATS 92。

qal-: 留下; 回: qal-“留”M III 13, 6–7, TT III 46, KP 7, 5–6, TT V 26 93; 喀: qal- “落后，消失”DLT II 32, KB 108, 180, 269, 3702; 维 qal- UTİL IV

130; 乌: qal- ÖTS 210; 裕: Gal- ZGT 387; 撒: qal- ZGT 387; 图: qal- TW 94; 哈: qal- ŠS 40; 阿: qal- ATS 94; 雅: xaal- Tsa 140。

qamïš: 芦苇; 回: qamïš "芦苇"U III 20, 10, H I 185; 高: qamïš"芦苇"Ligeti 161; 喀: qamïš"芦苇"DLT I 479; 维: qomuš UTİL IV 291; 乌: Qamič ESTY V 249; 裕: Gamuš ZGT 413; 撒: Gamuš ZGT 413; 哈: qamïš ESTY V 249; 阿: qamïš ESTY V 249; 雅: xomus TSa 141。

qaŋ: 父亲; 回: qaŋ"父亲"M I 10, 3, M III 24, 9, U II 21, 3, TT VII 35。

qara: 民众; 回: qara"黑; 民众"TT II 8, 69, U III 27, 3, TTX 170, TT VII 28, 43, 29, 6, 33, 19,USp. 61, 3; 喀: qara"黑"DLT III 221–2, KB 22, 77, 250, 256, 5675, 6219, 3949; 维: qara UTİL IV 40; 乌: qora ÖTS 211; 裕: qara ZGT 393; 撒: qara ZGT 393; 图: qara TW 95; 哈: hara HTS 147; 阿: qara ATS 97; 雅: xara Tsa 144。

qarγu: 哨所; 回: qarγu"烽火台"H I 56–7; 喀: qarγu"烽火台"DLT I 582, KB 178, 179, 271, 493; 维—哈 qaγa"烽火台"。

qatïl-: 参与; 回: qatïl-"参与"M I 21, 3–5, TT IV 6, 35–6, Suv. 133, 14–15, TT V 8, 51-2; 喀: qatïl-"搀和, 合"DLT II 168, KB 9, 461, 709, 1040, 1304, 4354, 5928。

qatun: 可敦; 回: qatun"可敦"U II 22, 1, U III 27, TT VIII 40, 144, TT X 162–3, 307, TT VII 29, 12; 喀: qatun"可敦, 夫人"DLT I 533; 维: xotun"女人"UTİL V 855; 乌: xotin ÖTS 169; 裕: qatïn"贵妇"TDAA 246; 雅: xotun TDAA 247。

qavïš-: 会合; 回: qavïš-"结合, 会合"KP 52, 6, U III 33, 16, TT X 486, U II 10, 20, TT VII 32, 11–12; 喀: qavuš-"结合"DLT II 138; 维—哈 qovuš-"结合"。

qazγan-: 取得, 赢得; 回: qazγan-"获得"U II 34, 13, U III 81, 13, Kuan. 77; 喀: qazγan- "取得, 赢得, 得到"DLT II 363, KB 189, 2714, 3666, 3923; 维:qazan- UTİL IV 97; 乌: qozon- ÖTS 209。

qïl-: 做; 回: qïl-"做"Chuas. 53, KP 2, 1, U III 53, 4, H I 4, 8; 喀: qïl-"做"DLT II 25; 维: qïl- UTİL IV 444; 乌: qïl- ÖTS 38; 裕: qïl- ZGT 403; 图: qïl- TW 100。

qïlïnč: 行为; 回: qïlïnč"行为; 性情"TT II 6, 31–2, TT IX 96, TT III 11, KP 2, 1, 3, 7, 12, 3, U III 42, 2: 89, 17, Suv. 7, 11; 喀: qïlïnč"行为, 性格, 性情"DLT III 511, KB 42, 105, 149, 181, 340。

qïšla-: 过冬; 喀: qïšla-"过冬, 越冬"DLT III 409; 维: qïšla- UTİL IV

435; 乌: qïšla-; 哈: hïsta HTS 177; 阿: qïšta- ATS 110。

qïyïn: 惩罚; 回: qïyïn"惩罚"U II 26, 14, U III 56, 7, TT VI 10–11, 255, TT VII 22, 15 , USp 78, 16; 喀: qïyïn"惩罚"KB 893, 6140, 3818, 5548。

qïz: 姑娘; 回: qïz"姑娘"TT VII 46; 喀: qïz"姑娘"DLT I 427; 维: qïz UTİL IV 401; 乌: qïz TDAA 80; 裕: qïs TDAA 80; 撒: qïz"少女"TDAA 80; 图: qïs TDAA 81; 哈: qïs TDAA 81; 阿: ks TDAA 81; 雅: qïs TDAA 81。

qod-: 放下; 回: qod-"放"TT III 64–5, TT VIII D. 18–19, KP 76, 3, TT X 259, Hüen-ts. 92, H I 88, 161, TT VII 6, 8–13; 喀: qod-"放置，弃置，放到一边"DLT II 45, 25, KB 222, 925, 1080, 1130, 2003, 258, 755, 1231, 1354; 维: qoy- UTİL IV 299; 乌: qoy- ÖTS 215; 裕: qoz- YJU 60; 撒: Goy- ZGT 419; 图: qut- TuvRS 216; 哈: hos- HakRS 289; 阿: qoy- ATS 118。

qoduz: 妇女; 喀: qoduz "妇女"DLT I 474。

qon-: 定居; 回: qon-"定居"KP 80, 4, TT I 216; 喀: qon-"落，栖"DLT III 1256; 维: qon-"降落; 住宿，过夜"UTİL IV 294; 乌: qon-"降落"ÖTS 216; 裕: qon-"降落"ZGT 413;图: qon-"降落"TW 80; 哈: hon-"降落"HTS 186; 阿: qon-"降落"ATS 116; 雅: xon-"过夜"YakRS 497。

qoń: 羊; 回: qoyn"羊"KP 3, 1, U II 80, 60, TT IV 8, 55, Suv. 4, 11, TT VIII P. 5, M III 33, 2, USp. 36, 2, H I 42, 138; 喀: qoy"羊"DLT. III 193, (argu) qon DLT. III 191; 维: qoy UTİL IV 294; 乌: qoy ÖTS 215; 裕: Goy ZGT 419; 撒: Goy ZGT 419; 图: hoy TT 81; 哈: hoy HTS 192; 阿: qoy ATS 118; 雅: xooy Tsa 165。

qudï: 下方; 回: qudï"下面，下方"TT III 20, KP 61, 5–6, U III 31, 8, TT X 311, 498, TT VIII A. 4, USp. 98, 2–2; 喀: qudï"下面"DLT III 304, KB 72, 119, 1055;乌: quyï ÖTS 311; 裕: quzï TDS-Li 330; 图: qudu"下方，低的"TDS-Li 329; 雅: hotu- "北方"TDS-Li 331。

qul: 奴隶; 回: qul"奴隶"U II 87, 51, TT VI 64; 喀: qul"奴隶"DLT I 438, KB 28, 152, 235; 维: qul UTİL IV 339; 乌: qul ÖTS 213; 裕: qul YJU 60;图: qul TW 109; 哈: qul ŠS 57; 阿: qul ATS 124。

qut: 福气，神圣; 回: qut"神圣"TT VII 42, 4, USp. 88, 24, M III 10, 6,TT III 66, M II 12,3–6, U I 5, 1, TT IV 12, 51–2, U IV 10, 51, TT I 40, TT VII 4, 10, 18; 喀: qut "福气，亲福"DLT I 420, KB 109, 456;维: qut UTİL IV 306; 图: qut "talih" TW 110; 哈: qut ŠS 58; 阿: qut"力量，力气"ATS 126; 雅: qut"灵魂，命"YakRS 194。

qutluγ: 有福气的; 回: qutluγ"有福气的"TT II 10, 87–8, M III 29, 2, TT

III 140, U III 75, 13, U II 36, 47, TT VII 28, 17, TT VII 1, 6, 8; 喀: qutluγ"有福气的"DLT I 606, KB 4386;维: qutluq UTİL IV 308; 乌: qutluγ ÖTS 214。

quvrat-: 使集合; 回: quvrat- 使集合"KP 71, Kuan. 42。

saqïn-: 想; 回: saqïn-"想，考虑"Chuas. 293–4, M I 10, 19, TT III 137, U III 14, 13, TT VIII D. 16, U II 9, TT V 22, 21, USp. 97, 25, TT I 141; 喀: saqïn-"防备，提防"DLT II 217, KB 100, 517, 1112, 4334; 维: seγin-"想念，怀念"ZGT 218; 乌: soγin-"想念"ÖTS 131; 裕: saGin-"想念"ZGT 219; 撒: saγïn-"想念"ZGT 219; 图: saγin-"想念"TuvRS 361; 哈: seγin-"想念"HTS 402; 阿: seγin-"想念"ATS 94。

sanč-: 刺入; 回:sanč-"扎入，刺入"U II 78, KP 57, 5–6, U II 86, 48, TT VIII I. 4; 喀: sanč-"刺，戳"DLT III 572, KB 139, 2329, 262; 维: sanč- ZGT 212; 乌: senč- ZGT 211; 裕: sanj- ZGT 213;图: šanjï- ZGT 213。

sansïz: 无数的; 回: sansïz"无数的"M I 10, 4, TT VIII 102, KP Ï, 5, TT VI 431; 喀: sansïz"无数的"KB 21; 维: sansïz UTİL II 435; 乌: sonsïz ÖTS 130。

saš-: 惊恐; 乌: šoš-"惊奇，惊讶"。

säkiz: 八; 喀: säkiz"八"DLT I 473; 维: säkkiz UTİL III 483; 乌: säkkiz ÖTS 122; 裕: saGïs ZGT 229; 撒: sekis ZGT 229; 图: ses TW 138; 哈: sïgïs HTS 432; 阿: segis ATS 151; 雅: aγïs Tsa 233。

sän: 你; 回: sän"你"M III 23, 6, KP 54, 4, U III 53, 7, TT I 17, TT VII 30, 2; 喀: sän"你"DLT I 442, KB 33, 194; 维: sän UTİL II 492; 乌: sen ÖTS 126; 裕: sen ZGT 231; 撒: sen ZGT 231; 图: sen TW 137; 哈: sin HTS 435 ; 阿: sen ATS 152; 雅: en Tsa 234。

sïq-: 挤; 回: sïq-"挤"TT V 10, 95, H II 10, 72; 喀: sïq-"挤"DLT II 23; 维: sïq- ZGT 222; 乌: sïq- ZGT 222; 裕: sïq azïx- ZGT 223; 撒: sïx- ZGT 223; 哈: hïs- HTS 176。

sïŋar: 成对物的一个; 回: sïŋar"边；一半"M III 9, 4 , TT VIII 60, TT IX 90, U II 29, 19–21, U III 29, 2–3, Kuan. 2, 189, 218, TT VII 29, 9; 喀: sïŋar "单只的；边，旁边"DLT III 558, KB 5538, 1786, 4401; 维: sïŋar"成对物的一个"ZGT 220; 乌: sïŋar"成对物的一个"ZGT 220; 裕: sïŋar"成对物的一个"ZGT 221; 撒: sïŋïr"一半"ZGT 221; 阿: sïŋar"一半"ATS 154; 雅: aŋar"一半"TDS_ Li 410。

siz: 您; 回: siz"您"M I 19, 15, M III 9; 喀: siz"您"DLT I 484; 维: siz UTİL II 688; 乌: siz ÖTS 127; 裕: siz YJU 101。

suv: 水，河；回: suv“水，河”T II 8, 41–2, M III 10, 11, TT III 55, KP 17, 4, KP 44, 1, TT VII 1, 19；喀: suw“水”DLT. III 178；维: su ZGT 226；乌: suv ZGT 226；裕: su ZGT 227；撒: su ZGT 227；图: suv ZGT 227；哈: suγ“水，河”HTS 454；阿: suu ATS 159。

sü: 兵；回: sü“士兵”TT VII 36, 15–16；喀: sü“士兵”DLT III 289。

süŋüš: 战争；回: süŋüš “战争”M III 19, 11-13；喀: süŋüš“战争”DLT III 365。

süŋüš-: 作战；回: süŋüš-“作战”Chuas. 165；喀: süŋüš- “互相用剑刺”DLT III 538。

sür-: 驱赶；回: sür-“驱赶”TT V 10, 86；喀: sür-“驱，赶，驱逐”DLT II 7, KB 437, 2312；维: sür-“挪，移；驱赶”ZGT 238；撒: sür-“扫除”ZGT 239。

taγ: 山；喀: taγ“山”DLT III 209;维: taγ UTİL V 54；乌: toγ ÖTS 151；裕: taγ ZGT 253；撒: daγ ZGT 253；图: daγ TW 51；哈: taγ HTS 470；阿: tuu ATS 187；雅: tïa YakRS 417。

taqï: 再有；回: taqï“再，还”TT III 92, U I 9, 9, TT VII 9, 12–13；喀: taqï“再，还”DLT III 3, KB 122, 111；维: texi“还”ZGT 255；裕: da^{h}qï“还”ZGT 255；撒: daγï“还”ZGT 255；图: daa“还”TW 50。

taqïγu: 鸡；回: taqïγu“鸡”TT IV 8, 55–6；高: taqïγu“鸡”Ligeti 257；喀: taqïgu “鸡”DLT I 583；维: toxu ZGT 262；乌: tawuk ZGT 262；裕: da^{h}Gaγï ZGT 263；撒: tox ZGT 263；图: dagaa TW 51;阿: taqaa ATS 165。

tapïγ: 服侍；回: tapïγ “服务” TT V 28, 126, Suv. 29, 8–9, KP 50, 4–5, TT I 1；喀: tapïγ“服务”DLT I 483, KB 97, 101, 840, 841, 4232。

tapa: 朝向；回: tapa“朝向”KP 25, 2–3, U II 23, 11, 24, 3, U III 36, 17, TT I 77, 98；喀: tapa“斥责”DLT III 298, KB 889, 578, 5446。

tarïγlaγ: 耕地；回: tarïγlaγ“耕地”Hüen-ts. 30, note 1870, l. 20；喀: tarïγlaγ “耕地”DLT I 646, KB 1393, 4733, 5248；哈: tarïγlaγ HTS 482。

taš I: 石头；回: taš“石头”U I 7, 16, TT VI 11, H I 172, USp. 15, 2；喀: taš“石头”DLT III 207, KB 212, 830；维: taš ZGT 250；乌: taš ZGT 250；裕: das ZGT 251；撒: daš ZGT 251；图: taš TW 53；哈: tas HTS 484；阿: tïš ATS 113；雅: tas Tsa 66。

taš II: 外面；回: taš“外面”M I 16, 5–6, TT IX 90, M III 40, 5–7, U II 80, 66, TT VI 187, H I 150；喀: taš“外面”DLT III 207, KB 3823, 6622, 2213, 217, 219, 384;维: taš ZGT 250；乌: taš ÖTS 35；裕: da^{h}s ZGT 251；撒: dašï ZGT 251；图: taštïqï TW 53；哈: tas HTS 484；阿: tïš ATS 113；雅: tas Tsa 66。

tašɣar-: 派出; 回: tašɣar-"使远离"TT VI 343, qïz tašɣarsar TT VII 39, 6。

tašïq-: 出外; 回: tašïq-"出外"M II 11, 20, M III 29, 13, U II 76, 3, tašïq-"出去，出外"DLT II 160; 维: tašqïr- UTİL V 49。

tavar: 财产; 回: tavar"财产"U II 86, 41, U III 81, 14, Hüen-ts. 2026; 高: tavar "缎子"Ligeti 261; 喀: tavar"货，货物，牲畜和财物"DLT I 469, KB 485, 1112, 1786, 3982, 4372, 6079; 维: tavar"缎子"UTİL V 92; 乌: tovar"缎子"ÖTS 149; 裕: tavar"缎子"YJU 109;阿: tabar"缎子"ATS 164; 雅: tavar"缎子"Tsa. 181。

tavïšɣan: 兔; 回: tavïšɣan"兔"USp. 86, 87, 108, TT VIII P.1, 36, H I 25, 89, 116; 高: tavïšɣan"兔"Ligeti 261; 喀: tavïšɣan"兔"DLT I 666; 维: tošqan UTİL V 245;裕: do^{h}sGan ZGT 269; 撒: došïn ZGT 269。

täg-: 接触; 回: täg-"接触，碰到"M I 7, 19, M II 11, 12, KP 33, 7–8, TT VII 28, 47, USp. 78, 5–9; 喀: täg-"接触，碰到"DLT II 19, KB 103, 2679, 263, 713; 维: täg- UTİL V 165; 乌: täg- ÖTS 145; 裕: teg- YJU 114; 撒: deɣ- ZGT 27; 图: däg- TT 54; 哈: teg- ŠS 112; 阿: tiy- ATS 178; 雅: tiiy- Tsa 281。

tägi:……为止; 回: tägi"……为止"Chuas. 86–7, TT II 8, 40, TT III 65, U I 8, 13–14, TT VIII E. 44, TT X 5, TT VII 26, 4, USp. 13, 16; 喀: tägi"……为止"DLT III 237, KB 24, 4714。

täŋri: 天，上天; 回: täŋri"上天"Chuas. 162–3, TT I 144; 喀: täŋri"上苍"DLT III 514, KB 44, 92, 6176; 维: täŋri UTİL V 172; 乌: täŋri ÖTS 137; 裕: deŋer ZGT 281;图: teŋri TT 54; 哈: tïgïr HTS 499; 阿: teŋeri ATS 174; 雅: taŋara Tsa 260。

täz-: 逃走; 回: täz-"逃走"M I 7, 11, TT VIII C. 15, U III 8, 3, TT I 48; 喀: täz- "逃脱，逃散"DLT II 10; 维: täz-"遗弃"ZGT 286; 乌: täz-"遗弃"ZGT 286; 图: dez-"遗弃"ZGT 286。

tėgin: 王子; 回: tėgin"王子"TT IV 20; 喀: tėgin"王子"DLT I 539, KB 4068。

tėr-聚集，集合: 回: tėr-"聚集"TT VI 259, USp. 69, 2–3; 喀: tėr-"收集"DLT III 251, KB 114, 719, 1119, 1674, 6079; 维: ter- ZGT 282; 乌: ter- ZGT 282; 裕: ter- ZGT 283; 撒: ter- ZGT 283。

tïl: 间谍; 回: tïl"舌头; 奸细"TT III 108, U I 14, 2, KP 12, 2, U III 33, 22, Hüen-ts. 2151, H I 79, TT I 10, TT VII 27, 3; 喀: tïl"舌头，奸细"DLT III 184; 维: til"舌头"ZGT 256; 乌: til ZGT 256; 裕: dïl ZGT 256;图: dïl ZGT 256; 哈: til"舌头; 语言; 信息"HTS 500; 阿: til ATS 178。

tirig: 活的; 回: tirig“活的”Chuas. 55–6, TT V 26, 110, U III 41, 4, TT X 47-8; 喀: tirig“活的”DLT I 502, KB 21, 237, 378, 5633; 维: tirik ZGT 260; 乌: tirek ZGT 260; 裕: dïrïγ ZGT 261; 撒: diri ZGT 261; 图: tirig TW 58; 哈: tirig ŠS 114; 阿: tirü ATS 178。

toqï-: 打，袭击; 回: toqï-“打，袭击”U II 61, 18, U III 15, 5, TT VI 82, KP 2, 4-5, TT IV 10, 7, U II 26, 14, TT VII 26, 13–14, H I 45–6, TT VII 41, 23; 喀: toqï-“打，敲；织；受”DLT III 366, KB 233。

toquz: 九; 喀: toquz“九”DLT 1 437; 维: toqquz UTİL II 257; 乌: toqqiz ÖTS 156; 裕: to^{h}Gïs ZGT 271; 撒: doqus ZGT 271; 图: tos TT 159; 哈: doγïs HTS 511; 阿: togus ATS 179; 雅: toγus Tsa 71。

toš: 泉; 回: toš“泉”TT V, p. 15。

törö: 法制; 回: törö“法制”Chuas. 74–5, TT II 10, 90–1, TT III 136, TT VIII D. 8, KP 9, 1-2, TT IV 10, 17, U II 10, 19–20, TT V 10, 114, Suv. 133, 15, 136, 18, TT X 500, etc., törü toqu TT VI 231, TT I 89, USp. 98, 3; 喀: törö“规则，惯例”DLT III 305, KB 103, 219, 252, 800, 2490, 2111; 维: töre“贵族”UTİL II 357; 图: töre“法制”TT 160; 哈: töre“首长”ŠS 117;雅: töröö“法制”YakRS 117。

tört: 四; 喀: tört“四”DLT 1 445; 维: töt UTİL II 353; 乌: tört ÖTS 155; 裕: diört ZGT 289; 撒: diod ZGT 289; 图: dört ZGT 289; 哈: tört HTS 523; 阿: tört ATS 184; 雅: tüört Tsa 73。

tuγ: 旗; 喀: tuγ“旗”DLT III 175; 维: tuγ ZGT 274; 乌: tuγ ZGT 274; 哈: tuγ HTS 526。

tuγsïq: 东面; 回: tuγsïq“东面”M III 9, 1; 喀: tuγsïq“东面”DLT I 604。

tuγur-: 诞生; 回: tuγur-“诞生”TT VII 27, 13, H 1 118; 喀: tuγur-“诞生”DLT II 105, KB 4575;维: tuγ- UTİL II 338; 乌: tuγ- ÖTS 154; 裕: duγ- ZGT 275; 图: doγ- ZGT 275; 哈: tuγ- HTS 526; 阿: tuγ- ATS 189。

tur-: 站立; 回: tur-“站立”TT III 135, U I 6, 9, TT IV 12, 42, TT I 24; 喀: tur- “站，起”DLT II 6, KB 49, 100, 486, 538, 541, 1296; 维: tur- UTİL II 324; 乌: tur- ZGT 273; 裕: tur- YJU 125; 图: dur- ZGT 273; 哈: tur- HTS 528; 阿: tur- ATS 186; 雅: tur- Tsa 74。

turγur-: 释放，放开; 回: turγur-“放开”TT III 126, U I 20, 14–15, KP 20, 4, 66, 2, TT IV 6, 46, U III 83, 19; 喀: turγur-“使疲乏”DLT II 177; 维: turγuz-“使停止”UTİL II 322; 图: turγus- TuvRS 424; 哈: turγïs-“放置；抬起”HTS 528 ; 阿: turγus-“举起，抬起”ATS 186。

tutul-: 被抓; 回: tutul-"被抓"USp. 45, 12; 喀: tutul-"被捉住"DLT II 167;维: tutul- ZGT 274; 乌: tutul- ZGT 274; 裕: tutul- ZGT 275; 撒: dudun- ZGT 275;哈: tudïl- HTS 525; 阿: tudul- ATS 185。

tükä-: 结束, 完毕; 回: tükä-"完毕"TT V 22, 35, KP 27, 4, TT VII 21, 5, T VIII L; 喀: tükä-"结束，够"DLT III 368, KB 114, 976, 1047, 1050; 维: tügä- ZGT 290; 乌: tügä- ÖTS 152; 裕: tügä- ZGT 191; 哈: tügät- HTS 532; 阿: tügän- ATS 188。

tümän: 万; 喀: tümän"万"DLT I 522; 维: tümän UTİL V 407; 乌: tümen ZGT 292; 裕: tümin YJU 124; 图: tümen TW 162; 哈: tübän"万，无数"HTS 531; 阿: tümän"数量多的"ATS 189; 雅: tümän"非常，很"YakRS 412。

tüš-: 住进，驻扎; 回: tüš-"返回; 回来"M I 9, 13–14, M II II, 9, U I 8, 16–17, KP 8, 1, U II 4, 8, III 33, 14, TT X 311, 358, TM IV 253, 55, TT I 170–1, TT VII 27, 16, H I 116; 喀: tüš-"遇到，迎面来，相遇"DLT II 16, KB 489, 520, 586, 807; 维: čüš- "下落，降落"ZGT 200; 乌: tüš- ZGT 200; 裕: tus- ZGT 201;图: tüj- TW 64; 哈: tüs- HTS 535; 阿: tüš- ATS 190。

uč-: 去世; 回: uč-"飞; 去世"TT IV 8, 57, TTK I 23, USp. 22, 53–4, 喀: uč- "飞"DLT I 221, KB 23, 74, 231, 803, 334; 维: uč- UTİL III 704; 乌: uč- ZGT 298; 裕: uhk- ZGT 299; 撒: uš- ZGT 299; 图: ušua- ZGT 299; 哈: učuh- HTS 537; 阿: uč- ALT 191。

ud-: 追，追赶; 回: ud-"追"TT II 8, 63, USp 77, 14; 喀: uḍ-"睡觉"DLT I 118, KB 571, 2710, 5444, 5202。

ur-: 放置; 回: ur-"放置，放"TT II 8, 67, Chuas 88–9, M I 36, 3, M III 37, 6, U I 7, 4–5, KP 34, 3, U II 9, 12, 39, 86–7, Suv 21, 12, 129, 8, TT V 10, 109, KP 17, 6, TT VIII L. 13; 喀: ur-"放，搁，落下，打"DLT I 123, KB 252, 350, 86, 13; 维: ur- "打"ZGT 298; 乌: ur- ZGT 298; 裕: ur- YJU 130; 撒: vur- ZGT 299;哈: ur- "倒，流"HTS 541; 阿: ur-"倒; 撒; 装满"ATS 194。

urï: 男子; 回: urï"男子"Chuas. 116–17, U II 20, 20, Suv. 597, 23, TT VII 28, 18, H II 18, 65; 喀: urï"男子"DLT I 119, KB 3832。

utru: 对面; 回: utru"对面"TT II 6, 6, U II 26, 17, U III 63, 6–7, U IV 22, 283, TT I 96, 112,175, USp. 2, 4; 喀: utru"对面"DLT I 170, KB 18, 137, 193; 维: uttur UTİL III 701;裕: u^{h}ldur ZGT 301;图: udur TDS-Li 515; 哈: udur HTS 538; 阿: udur-todür"面对面"ATS 192。

üč: 三; 喀: üč"三"DLT I 49; 维: üč UTİL III 865; 乌: üč ÖTS 160; 裕:

üš ZGT 455; 撒: üj ZGT 455; 图: üš TT 169; 哈: üš HTS 551; 阿: üč ATS 196; 雅: üs Tsa 285。

üčün: 为了; 回: üčün"为了"M III 6, 7, TT II 6, 7, TT III 96, KP 4, 5, KP 8, 5, TT V 24, 69, USp. 5, 3; 喀: üčün"为了，为"DLT I 104, KB 40,197, 304; 维: üčün UTİL 3 873; 乌: üčün ÖTS 161; 图: üjün TDS-Li 529; 哈: üčün HTS 547; 阿: učun ATS 191; 雅: ihin TSa 285。

ügüz: 河; 回: ügüz"河，河流"TT III 90, U II 15, TT V 15, 16, Suv. 529, 3, USp. 89, II, TT I 35; 高: ügüz"河"Ligeti 189; 喀: ügüz"河"DLT I 59, KB 1735, 2243。

üküš: 多; 回: üküš"多"TT III 21, M III 31, H I 65; 喀: üküš"多"DLT I 62; KB 160, 44, 1034, 1112, 76。

ürk-: 惊慌; 回: ürk-"惊慌"U II 29, 17, U III 55, 3, TT VII 40; 喀: ürk-"惊慌"DLT III 420; 维: ürkü- ZGT 456; 乌: ürki- ZGT 456; 裕: $ö^{h}$rk- ZGT 457;阿: ürkü- "怕，惊慌"ATS 198。

üzä: 上；回: üzä "之上，以上"M I 21, 3–4, M II 5, 8, TT III 28–9, KP 46, 2–3, U II 40, 107–8, KP 12, 2, TT VIII A. 2, U I 29, 6–7, TT VIII Ï. 20, TT I 51, H I 65–6, USp. 13, 3; 喀: üzä"之上"DLT I 66, 17, KB 42, 127, 79, 302, 382, 709; 裕: üze YJU 132; 阿: üze"全"ATS 199。

yadaγ: 步兵; 喀: yadag"徒步，步行"DLT III 28, KB 1734, 2370, 3831; 维: yayaγ"步行"ZGT 332; 乌: yayaγ ZGT 332; 裕: yazaγZGT 333;图: jadaγ "步行" ZGT 333; Hak.čazaγ HTS 88。

yaγïz: 棕色; 回: yagïz"棕色"U IV 48, 91, TT VII 40, 13, Suv. 530, I, TT I 4; 喀: yagïz"棕色，介于红与黑之间的一种颜色"DLT III 10, KB 3, 64, 68。

yaqa: 边境; yaqa"边界"Hüen-ts. 1935-6; 喀: yaqa"领子"DLT III 30, KB 2377;维: yaqa ZGT 334; 乌: yaqa ZGT 334;撒: yixa ZGT 335;哈: čaγa HTS 72; 阿: jaqa ATS 49。

yan: 边; 回: yan"边"TT X 446, TT VII 19, 11, USp. 30, 9; 喀: yan"边"DLT III 219;维: yan UTİL VI 506; 乌: yan ÖTS 48; 裕: yan ZGT 327; 撒: yanï ZGT 327; 图: čan TW 33; 哈: čan HTS 78; 阿: jan ATS 52。

yana: 还; 回: yana "还，再，重新"M I 7, 3, M I 18, 6, U I 6, 2, U IV 50, 128, TT X 17, 358, TT IV 4, 5, TT VIII L. 16, 46; 喀: yana"又，再"DLT III 32, KB 171, 234, 341; 维: yänä ZGT 352; 乌: yänä ZGT 352; 裕: ene ZGT 353。

yaŋïl-: 犯错误; 回: yaŋïl-"犯错误"TT VII 25, 18, U II 77, 16–17; 喀: yaŋïl- "搞错误，弄错误"DLT III 555, 14, KB 198, 360, 641; 维: yaŋïl- UTİL

VI 731; 阿: jaŋïl- ATS 52。

yara-: 顺利；有益，中意；回: yara-"中意"TT IX 109, KP 26, 8, TT V 28, 126, USp. 92, 5–6; 喀: yara-"适用，中意"DLT III 117, KB 484–5, 751; 维: yara- ZGT 327; 乌: yara- ZGT 327; 裕: yara- ZGT 328; 撒: yaraš- ZGT 328; 哈: yara- HTS 80; 阿: jaran- ATS 54。

yarat-: 建造；回: yarat-"建造"M I 14, 4–5, TT III 32, TT VI 80, Hüen-ts. 1832, USp. 94, 6, USp. 3, 13, 16, 21, 107, 15, 108, 16; 喀: yarat-"创造，弄合适；编造，捏造"DLT II 461, KB 126, 127, 381, 3; 维: yarat- UTİL VI 427; 乌: yarat- ÖTS 192; 裕: yarat-"赞成"YJU 37; 哈: čarat-"准许，许可"HTS 80 ; 阿: jarat- ATS 54。

yarlïqa-: 下令；回: yarlïqa- "下令，命令"TT II 8, 69, 10, 80, TT III 131, M II 8, 15–16, TT III 109, U I 5, 3, KP 4, 4, TT VIII H. 6, U III 68, 25, TT IV 12, 36; 喀: yarlïqa-"下令"397, 896, 959, 5835。

yaruq: 光明；回: yaruq"光明"M I 10, 7, Man. TT III 133, TT V 6, 49, 8, 79, TT VIII I. 8, TT V 4, 6, U II 37, 55, USp. 23, 7, Suv. 137, 10, TT I 27, H I 86; 喀: yaruq"光明"DLT III 17, *KB* 12, 22, 5222; 维: yoruq UTİL VI 588; 乌: yarïq ZGT 344;撒: yarux ZGT 345; 图: čïrïq TuvRS 344; 哈: čarïh HTS 82; 阿: jarïq ATS 54。

yasï: 扁；喀: yasï"扁"DLT III 29, KB 6033;维: yėsi ZGT 386 ; 乌: yėsi ZGT 386; 裕: yėsmax ZGT 387。

yaš: 年岁；回: yaš"年岁"U I 10, 1–2, TT V 28, 124, TM IV 252, 4, U II 49, 20–1, TT I 56 , H I 65, TT VII 17, 22; 喀: yaš"年岁"DLT III 218, KB 80, 176, 261, 293, 348; 维: yaš UTİL VI 452; 乌: yaš ÖTS 49; 裕: yaš ZGT 333; 撒: yaš ZGT 333; 图: čaš TW 35; 哈: čas HTS 83; 阿: čaš ATS 55; 雅: saas TSa 298。

yavlaq: 恶事；回: yavlaq"恶事"M I 5, 10, TT II 16, 22, III 149, IX 47, M III 44, 4, KP 30, 2–3, U III 60, 7, IV 22, 285, TT VIII A. 31, U IV 8, 8, TT X 362, U IV 34, 67, TT I 39; 喀: yavlaq"恶事"DLT III 57, KB 1179, 2692, 3591, 1534–7, 4651。

yay: 夏，夏季；回: yay"夏"TT VI 324–5; 喀: yay "夏"DLT III 218, KB 367; 维: yaz UTİL VI 443; 乌: yaz ÖTS 74; 裕: yi"春"YJU 34; 撒: yi ZGT 335; 图: čas"春"TuvRS 521; 哈: čas"春"HTS 84; 阿: jas"春"ATS 55; 雅: saas"春"TSa 24。

yayla-: 过夏；喀: yayla-"过夏"DLT III 426; 维: yayla- UTİL VI 535;

哈: čayla- HTS 87; 阿: jayla- ATS 57。

yaylaγ: 草原; 回: yaylaγ"草原"TT VI 84; 喀: yaylaγ"草原"DLT III 63; 维: yaylaq UTİL VI 535; 乌: yaylaq ZGT334; 图: yaylaq ZGT 335; 哈: yaylaq HTS 87; 阿: jaylu ATS 57。

yaz-: 犯错误; 回: yaz-"犯错误"TT V 10, 208, U II 77, 16–17, TT VII 25, 18–19; 喀: yaz-"搞错了，弄错了"DLT III 80, KB 20, 600, 2175, 2514–15; 裕: yaz-"犯罪"YJU 34;阿: jas-"搞错"ATS 55。

yazuqluγ: 犯罪的; 回: yazuqluγ "罪犯" M III 12, 19, TT IV 14, 65, Kuan. 26; 喀: yazuqluγ"有罪的"DLT III 67, KB 324; 哈: čazïγ"罪"HTS 89; 阿: jazïq"罪"ATS 57。

yämä: 还; 回: yämä"还"M I 7, 1, 84, TT IX 58, TT VIII7, TT VII 42, 1; 喀: yämä"还"DLT III 435, 19, KB 665, 1640, 9; 维: yänä"还"UTİL VI 577; 乌: yänä "还"ÖTS 192。

yėgän: 侄子; 维: jiyän ZGT 100; 乌: jiyänZGT 100; 裕: jiγän ZGT 101; 图: jeyin ZGT 101; 哈: čeen HTS 90; 阿: jeen ATS 58。

yėgirmi: 二十; 喀: yėgirmi"二十"DLT III 64; 维: yigirmä UTİL VI 770; 乌: yigirme ÖTS 62; 裕: yïγïrmï ZGT 339; 撒: yigirme ZGT 339; 图: jïrbe ZGT 339; 哈: čibïrgï HTS 97; 阿: jirme ATS 63; 雅: süürbe TSa 304。

yėr: 地; 回: yėr"地"M I 14, 4, TT III 59, 72, TT VIII A. 29, KP. 5, 8, TT I 12, TT VII 29, 4–5, H I 138–9; 喀: yėr"地"DLT III 194, KB 64, 237, 1383; 维: yär UTİL VI 541; 乌: yär ÖTS 46; 裕: yer ZGT 353; 撒: yer ZGT 353; 图: jer ZGT 353; 哈: čïr HTS 101; 阿: jer ATS 59; 雅: sir TSa 274。

yėt-: 到达; 回: yėt-"到达"KP 37, 1, U II 88, 79, U III 71, 6, T V 8, 67–8, USp. 43, 5, TT VII 25, 18; 喀: yėt-"到达"DLT II 314, KB 722, 2401; 维: yät-UTİL VI 540; 乌: yet- ÖTS 47; 裕: ye^{h}t- ZGT 353; 撒: yet- ZGT 353; 图: jet- ZGT 353; 哈: čit- HTS 102; 阿: jet- ATS 60; 雅: sit- TSa 289。

yėti: 七; 喀: yėti"七"DLT III 33;维: yätti UTİL VI 537; 乌: yetti ÖTS 47; 裕: yidï ZGT 353; 撒: yiji ZGT 353; 图: čedi TW 37; 哈: čïttï HTS 102; 阿: jeti ATS 60; 雅: setti TSa 300。

yėtmiš: 七; 回: yėtmiš"七十"M I 20, 15, USp. 74, 2; 维: yėtmiš UTİL VI 541; 乌: yėtmiš ÖTS 47; 裕: yidon ZGT 353; 撒: yexmiš ZGT 353; 图: yėtmiš TuvRS 524; 哈: čiton HTS 103; 阿: jeten ATS 60; 雅: setteon uon TSa 303。

yïl: 年; 回: yïl "年"M I 10, 4–5, KP 13, 6, TT VI 62; 喀: yïl"年"DLT III

5KB 131, 214; 维: yïl UTİL VI 773; 乌: yïl ÖTS 62; 裕: yïl ZGT 339; 撒: yïl ZGT 339; 图: jïl TW 41; 哈: čïl HTS 92; 阿: jïl ATS 61; 雅: sïl TSa 304。

yïlan: 蛇; 回: yïlan"蛇"KP 38, 3, U II 31, 54, U II 100, 4, TT VII 27, H I 109; 喀: yïlan"蛇"DLT III 4;维: yïlan UTİL VI 774; 乌: ïlan ÖTS 402; 裕: yïlan ZGT 340; 撒: yïlen ZGT 340; 图: yïlan TW 40; 哈: yïlan HTS 92; 阿: jïlan ATS 61。

yïlla-: 过年; 喀: yïlla-"过年"347; 维: yïlla- UTİL VI 773。

yïlqï: 马群; 喀: yïlqï"马群"KB 2042; 维: yïlqa UTİL VI 779; 乌: yïlqa ÖTS 62; 图: čïlgï TW 41; 哈: čïlɣï HTS 93; 阿: jïlgï ATS 61; 雅: sïlgï YakRS 357。

yïš: 森林; 喀: yïš"高原，高地"DLT III 4。

yit-: 丢; 回: yit-"丢"Suv 615, 14-15; 喀: yit-"丢"DLT II 460, KB 129, 890, 1062, 1178; 维: yüt- UTİL VI 748; 乌: yüt- ZGT 854;哈: čït- HTS 103。

yoq: 没有; 回: yoq "没有"M I 8, 7-9, TT II 17, 80, M III 35, 10, TT IV 12, 56, TT X 321, TT I 81, USp. 5, 3; 喀: yoq"没有，无"DLT III 195, KB 734; 维: yoq UTİL VI 597; 乌: yoq ÖTS 64; 裕: yoq ZGT 347; 撒: yox ZGT 347; 图: čoq TT 45; 哈: čoh HTS 105; 阿: joq ATS 63; 雅: soux Tsa 305。

yoluq-: 碰见; 维: yoluq- ZGT 344; 乌: yolqïš- ZGT 344; 裕: yoluq- ZGT 345。

yorï-: 出征; 回: yorï-"行走"M I 17, 2, TT III 97, TT VIII B. 3, U II 24, 2, TT VI 324, T I 105; 喀: yorï-"走，行"DLT III 118, KB 17, 131, 137, 179, 234, 238, 293, 434, 2114, 4094, 348; 维: yürü- ZGT 354; 乌: yürü- ZGT 354; 裕: yor- ZGT 355; 撒: yur- ZGT 355; 图: čoru- TT 46; 哈: čör- HTS 110; 阿: jür- ATS 67; 雅: suor- ESTY VII 224。

yul: 泉; 回: yul"泉" Suv 529, 4, TT VIII I. 15; 喀: yul "泉"DLT III 3; 哈: čul"河流"HTS 111。

yüz: 百; 回: yüz"百"Chuas I 12, M I 12, 15–16, KP 22, 8, TT I 165; 喀: yüz "百"DLT III 194, KB 270, 100, 81, 15; 维: yüz UTİL VI 664; 乌: yüz ÖTS 188; 裕: yüz ZGT 354; 撒: yüz ZGT 354; 图: jüz ZGT 354; 哈: čüs HTS 115; 阿: jüs ATS 67; 雅: süüs TSa 309。

第五章　鄂尔浑文回鹘碑铭的词汇结构

一　静词转静词的词缀

1. +(X)čUK

+(X)čUK 是比较少见的词缀，由+čU+K 演变而来（Brockelmann 1954：95; Räsänen 1957：93；Erdal 1991：106；Hamilton 1998：249）。

atačuq “人名” <ata “父亲”（Doerfer 1965：69；Clauson 1972：59）。

（1）bïŋa qaγas **atačuq** bodunï bïŋa

人民 bïŋa qaγas atačuq 的人民 bïŋa（希-西 9）。

（2）turγaq bašï [qaγas] **atačuq** bägzäk är čigši bïla baγa tarqan üč yüz turγaq turdï

可汗身边叫 qaγas atačuq 和 bägzäk är čigši、bïla baγa 达干的警卫军首领为了护卫可汗组建了三百人的警卫队（塔-北 2）。

2. +(A)n

+An 是较古老的、比较少见的复数词缀（Brockelmann 1954: 128; Räsänen 1957: 54; Nadeljaev 1969: 650; Erdal 1991: 91; Hamilton 1998: 255; Tekin 2000: 85, 103; Erdal 2004: 158）。冯•加班（2004：53）指出，+an/+än 表示亲密、强化（少用，或为古代多数词尾）。Tekin（2000：103）也指出，该词缀是复数词缀，其应该对应于蒙古语词缀-n。Clauson（2007：190）指出，该复数词缀很古老，从 11 世纪起就丢失其复数功能。厄达尔（1991：91）指出，+(A)n 是非能产的一个复数词缀；碑铭文献中出现的 ärän “男人们”，oγlan “儿子们，小孩们” 等词在回鹘文献中出现缀接复数词缀+lAr 的形式：äränlär，oγlanlar。

ärän “男人们，士兵（复数）” <är “男人”（Räsänen 1957: 54; 1969: 46; Gabain 2004: 53; Erdal 1991:91; Röhrborn 1998: 409; Tekin 2000: 103）。

（1）**ärän** qarluq tapa

男子（兵人）向葛罗禄……（希-南 1）

（2）bïŋ bašï tölüš külüg **ärän**

突利斯匐的儿子是千夫长 töliš külüg ärän（塔-西 7）。

（3）bïŋ bašï tarduš külüg **ärän**

千夫长 tarduš külüg ärän（塔-西 7）。

bodun“人民” < *bōd̲u“部族”（Clauson 1972: 306; Dankoff 1985: 75; Erdal 1991: 92; 2004: 158; Tekin 2000: 85）；参照古突厥语 bod“部落，部族”（Tekin 1995: 107）。

（4）anta qalmiši **bodun** on uyγur toquz oγuz: üzä yüz yïl olorup

在那里留下来的人们在作为民众的十姓回鹘及九姓乌古斯之上统治一百年（希-北 3）。

（5）toquz oγuz **bodun**umïn tėrü quvratï altïm

我召集了我的九姓乌古斯人民（希-北 5）。

（6）üč tuγluγ türük **bodun**

三纛突厥人民（希-北 8）。

（7）türük **bodun** anta ïnγaru yoq boltï

突厥人民从此以后消亡了（希-北 10）。

（8）qara **bodun** qïlïnč

普通百姓行为（希-北 12）。

（9）qulum küŋüm **bodun**uγ täŋri yėr ayu bėrti

天神、地祇对我的男仆、女婢和百姓（希-东 1）。

（10）qara ėgil **bodun**uγ yoq qïlmadïm

我没有抹杀普通民众（希-东 2）。

（11）käntü **bodun**num tėdim

我说道：“你们是我自己的人民啊!”（希-东 2）

（12）qara **bodun**um öltüŋ

我的普通人民，你们遂遭死亡（希-东 5）。

（13）sïŋaru **bodun** ičikdi

一半人民服属（于我）（希-东 6）。

（14）sïŋarï **bodun** ...qa kirti

（另）一半人民逃入……了（希-东 7）。

（15）tarduš töliš **bodun**qa bėrtim

派他们（统治）达头（部）和突利施（部）人民（希-东 7）。

（16）čik **bodun**uγ bïŋam sürä kälti
我的前锋将鞠（族）人民驱赶来了（希-南 2）。
（17）čik **bodun**qa totoq at bėrtim
我给鞠（族）人民任命了都督（希-南 2）。
（18）käntü **bodun** kirtim
我进入……自己的人民（希-南 8）。
（19）küŋüm qulum **bodun**uγ täŋri yėr anta ayu bėrti
地祇在那里把人民赐给我当我的奴婢（希-南 9）。
（20）anta **bodun** ičikdi
在那里，人民服属（于我）了（希-南 10）。
（21）**bodun**uγ quut
……把人民福气（希-西 4）。
（22）üč tuγluγ türk **bodun**qa
向三纛突厥人民（塔-东 7）。
（23）türk **bodun**uγ anta ičgärtim
我使突厥人民归顺了（塔-东 8）。
（24）qara **bodun** turayïn qaŋïm qanqa ötünti
人民向我的父汗请求（塔-南 4）。
（25）sinlägdä küč qara **bodun** tėmiš
从（先祖）陵墓那里（得到）力量的人民说（塔-南 5）。
（26）qara **bodun** turayïn qaγanatadï
人民来到我的牙帐，（把我）拥立为可汗（塔-南 5）。
（27）öŋrä kün tuγsïqdaqï **bodun** kėsrä ay tuγsïqdaqï bodun
东方太阳升起之地的人民直到西方月亮升起之地的人民（塔-西 3）。
（28）tört buluŋdaqï **bodun** [iš k]üč bėrür
四方人民均（为我）出力（塔-西 4）。
（29）**bodun**[qï] qaγanγï bėrigärü učï
属于（人民的）可汗的地方的南端（塔-西 5）。
（30）ičräki **bodun**ï altmïš
部众共有 60 个（塔-西 6）。
（31）**bodun**ï: bïŋa qaγas atačuq **bodun**ï bïŋa
人民 bïŋa qaγas atačuq 的人民 bïŋa（塔-西 9）。
（32）oγuz [bodun alt]ï yüz säŋüt bir tümän **bodun** qazγantï
把乌古斯的人民，六百将军，一万人民收归己有（塔-北 1）。

（33）bonča **bodun** yavγu: **bodunï**
这些是叶户的属民（塔-北 3）。
（34）čavïš säŋün **bodunï** toquz bayïrqu
čavïš 将军，属民为九姓拔野古（塔-北 4）。
（35）bonča **bodun** čad **bodunï**
这些人名是 čad 的属民（塔-北 4）。
（36）**bodun**ï bardï
其人民去了（铁-北 2）。
（37）ol **bodun**um käŋkäräsdä
我的人民在 käŋkäräs（铁-北 4）。
（38）öŋrä kün tuγsïqdaqï **bodun**
前方（东方）日出的人民（铁-东 5）。

3.+GU

+GU 构成性质名词（Räsänen 1957: 84-85; Nadeljaev 1969: 650; 李增祥、买提热依木、张铁山 1999: 166; Tekin 2000: 133; Erdal 2004: 160）。冯•加班（2004：54）指出，该词缀一般构成名词和形容词，比较少见。Erdal（1991：93）。对+AGU 进行针对性讨论，并认为该词缀表“共同”义，加在静词后面，共有三种形式：（1）加在数词后面。（2）加在形容词后面并且表示形容词的复数意义。（3）加在其他名词后面，跟宾格词缀一起使用，如：andaγuγ käčürdäči“遣送他人者”；还可与工具格一起使用，如：qamaγun (qamaγ+aγu+n)。

bälgü“标记，记号”<*bel；楚瓦什语 pallĭ“标记”<伏尔加保加尔语 belüw+i“墓碑”< *belig < *bel+ig（Räsänen 1969: 69; Clauson 1972: 340; Taş 2009: 38）。

（1）**bälgü**min bitigimin anta yaratïtdïm
我令人在那里制作了我的印记和碑文（希-东 8）。
（2）bitigimin **bälgü**min anta yasï taš qa yaratïtdïm
我已使人将我的碑文和印记刻于扁平的石板之上（希-东 9）。
（3）bitigimin **bälgü**min bonta yasï taš qa yaratïtdïm
我已使人将我的碑文和印记刻于扁平的石板上（塔-西 2）。
（4）**bälgü**sin bitigin bo urdï
这是他令人刻写建造的印记和碑文（铁-南 3）。

4. +(U)t

+(U)t 是外来的复数词缀，其作用已不再有效（Gabain 2004：55）。厄达尔（1991：78）将这一词缀记作+(X)t，并指出古突厥语附属词缀+(X)t也出现于蒙古语和粟特语当中。厄达尔推测该词缀应源自粟特语，因为有足够的证据表明其伊朗语根源。此外《布谷特碑》是突厥人所立的最早的碑铭之一，而该碑语言为粟特语，而且含有不少+t 构成的复数名词。N. Sims Williams（1985：159）指出："附属词缀°t-/°t 处于构形和构词形式之间。"这也可以用鄂尔浑文碑铭中诸如+(X)t 等例子证实。早期的碑铭中该词缀附加在以/n/结尾的词干后；而由于该词缀的添加，结尾的辅音/n/会脱落，如tegin>tegit。厄达尔（2004：158；2017：164）认为，从有证可查的用于普通名词的例子来看，这个元音的音值是无法准确确定的。Taŋut 人（鄂尔浑文碑铭中两次提及）在唐朝被称为"党项"，他认为+(U)t 是加在第一个音节"党"上的，若此为突厥人的称法，则元音可定为/U/；如果汉语"党项"的原文为蒙古语（复数词缀+Ud 在蒙古语极为能产），则蒙古语的/U/与突厥语的/X/对应。

常见的单词 säŋün"将军"也被该词缀所修饰：toq(u)z buyruq b[e]š s(ä)ŋüt q(a)ra bod(u)n tur(a)y(ï)n..."九个 buyruq，五个将军和普通百姓站起来（在他面前）"。汤姆森（1896：149）用具有相同含义的汉文词语来解释该词，此处可知至少该词未必带着复数词缀/t/。如果《塔里亚特碑》南 4 行中的补读[b]e[š]成立，那么说明词缀/t/可修饰数词，而突厥语中的缀接复数词缀的静词不会修饰数词，这也许能进一步证明该词缀的外语起源说。这也帮助我们理解在后世文书当中已经缀加/t/的名词后面又缀加+lAr 等复数词缀的情况。

säŋüt"将军的复数形式"。

（1）bėš **säŋüt** qara bodun turayïn qaŋïm qanqa ötünti

五将军和人民向我的父汗请求（塔-南 4）。

（2）oγuz [bodun alt]ï yüz **säŋüt** bir tümän bodun qazγantï

把乌古斯的人民，六百将军，一万人民收归己有（塔-北 1）。

（3）[toŋra äd]ä **säŋüt** bïŋ[a uyγur] bodunï

toŋra 和 ädä，将军 bïŋa 等人出自回鹘人（塔-北 2）。

tarqat"达干的复数形式"。

（4）ïšvaras **tarqat** anta ančoladïm

我在那里赐予了始波罗和达干（希-南 2）。

tegit"王子的复数形式"。

（5）**tėgiti**min bo bitidökdä

我的王子们一起写下这些文字的时候（塔-北 2）。

5. +GAn

+GAn 较少见。厄达尔（1991：85）指出，该词缀构成植物和动物名，类似于蒙古语词缀+GanA。他还举出意为“金雀花”的突厥语植物名 qaraγan 与蒙古语形式 qaraγanda 的例子。

tavïšγan “兔子” < *tavïš “声音”。Brockelmann（1954：53）认为，该词的词根是动词 tavuš-“跑，跳”。鲍培（1927：115）和 Räsänen（1969：453）注意到，突厥语 tabïšγan 与蒙古语 taulai“兔子”有关。兰司铁（1951：103）认为，tabïšγan 词根为动词 tabïš-“跑”。Doerfer（1965：966）沿袭兰司铁的观点。Clauson（1972：447）认为，该词由动词转静词词缀-gan 构成，且于 8 世纪前借入契丹语。厄达尔（1991：88）指出，被看作词缀的动词 tabïš-在古突厥语并未出现；该词的词根应为 tavïš“声音”。

tavïšγan yïl bėšinč ayqa tėgi

兔年五月（希-东 8）。

6. +kAn

冯·加班（2004：52）指出，+xan 也有较少见的为+qan、+kän 等形式，构成作为称号的名词。厄达尔（1991：76）指出，+kAn 构成神圣的名字、尊称等词。Tekin（2000：81）指出，该词缀构成专用名词和官号。

ötükän “于都斤”< ötüg“祈祷”（Clauson1972：51；Erdal 1991：199）。Radlov（1897：165）还认为，ötükän 一词来自回鹘语动词 ötü-，其意为“被选中的”。Bang（1980：18）认为，这个词的结构应该被分解为 ötü+kän 的形式，意为“经行之山”，类似于回鹘文写本中的词语 täŋrikän 的构词结构。ötükän 由动词 öt-“路过，穿过”而来，所以 ötükän 应为“穿过的地方”。厄达尔（1991：77）则认为，ötükän < ötüg“祈祷”+kAn 的这种结构跟 qadïrqan 一词的结构同属一类。Hamilton（1998：197）把这一词分解为 ötüg（祈祷）+qan。Roux（2011：111）认为 ötükän 一词源自“祈祷，劝告”之意的 öt 一词，ötükän 则具有山林之意。

（1）**ötükän** irin qïšladïm

我在于都斤山南侧过冬（希-东 7）。

（2）**ötükän**tä bän

在于都斤我（希-南 4）。

（3）**ötükän** ėli tägräs ėli ėkin ara orqun ügüzdä

在于都斤和 tägräs 两地间，在鄂尔浑河流域（塔-东 3）。

（4）**ötükän** ėli sizdä ävir tėdi

于都斤的土地已归你所有了，您称汗，统治国家吧（塔-南 5）。

（5）**ötükän** ortos[ïnt]a a[s öŋ]üz baš qan ïdoq baš kėdinin örgin bonta ėtitdim

我令人在于都斤（山）当中、as öŋüz baš 和 qan ïdoq baš 的西面建立了汗庭（牙帐）（塔-南 6）。

（6）ulu yïlqa **ötükän** ortosınta as öŋüz b... ïdoq baš kėdinintä yayladïm

龙年，我在于都斤（山）间，as öŋüz 和 ïdoq baš 的西面度过了夏天（塔-西 2）。

（7）**ötükän** kėdin učïnta täz bašïnta örgin [anta ėtitdim]

我令人在于都斤西面、铁兹河上游我令人在那里建了牙帐（塔-西 1）。

（8）yaylaγïm **ötükän** quzï kėdin učï täz bašï

我的夏季牧场北临于都斤北面，西达铁兹河（塔-西 5）。

（9）ič ïlaγïm **ötükän**

我的坐落在里面的牧场是于都斤（塔-西 5）。

7. +lAg

词缀+lAG 由常见的静转动词词缀+lA-与动词转静词的词缀-(X)G 构成。冯•加班（2004：53）在“来自名词的体词”章节下提到了该词缀。+lAG 构成一些抽象名词和动物名词（Brockelmann 1954：118；Nadeljaev 1969：656；李增祥、买提热依木、张铁山 1999：173；Erdal 1991：108）。

sinläg“墓地”<sin“坟墓”<汉语“寝”ts’in（Clauson1972：832；Tekin 1983：815）。

（1）**sinläg**dä küč qara bodun tėmiš

从（先祖）陵墓那里（得到）力量的人民说（塔-南 5）。

tarïγlaγ“耕地”<tarïγ“种子，谷物”（Dankoff 1985：541；Erdal 1991：108）。Clauson（1972：541）认为，该词是由动词*tarïγla-加动词转静词的词缀-γ 构成的。厄达尔（1991：108）反对此说，并指出 tarïγ“谷物”当中没有派生词（派生词缀）+lA-，而 tarïγ 跟 tarïγ+laγ 有着直接的关联。

（2）ïlaγïm **tarïγlaγ**ïm säkiz säläŋä orqun toγla

我的土地、草场和农田，有八个支流的色楞格河、鄂尔浑河、toγla（塔-西 4）。

yaylaγ“夏季牙帐”<yay“夏，夏天”（Clauson 1972：981；Erdal 1991：109）。

（3）**yaylaγ**ïm ötükän quzï kėdin učï täz bašï

我的夏季牧场北临于都斤北面，西达铁兹河（塔-西 5）。

yaylaγ 和 kïšlaγ 不应该与 yaylïq“夏季牧场”/qïšlïq“冬季牧场”相混淆：yaylïq/qïšlïq 是住宅区的一部分，而后 yaylaγ/qïšlaγ 是属于游牧生活（Erdal 1991：127）。

8. +lXG

+lXG 是回鹘语中最能产的词缀。+lXG 一般构成名词，同时也可以构成形容词。由+lXg 构成的形容词表示词干所指事物所具有或与其有关的性质和特征（Brockelmann 1954: 121; Räsänen 1957: 105, Nadeljaev 1969: 656; 李增祥、买提热依木、张铁山 1999:173; Erdal 2004: 149; Tekin 2000: 84）。冯•加班（2004：53）指出，+l°g，+l°γ 多用于派生形容词。

厄达尔（1991：139）指出，+lXG 在回鹘文献中没有区分词缀末的 k/g，但是阿拉伯字母文献中有区分 K/G 之别。厄达尔（2017：154）还指出，+lXG 在鄂尔浑碑铭中的意思是“拥有词基所指”，但在回鹘语这个词缀用途很广，可以指示籍贯、材料、同位或隐喻，还可以支配一些非常复杂的结构。

atlïγ“骑兵”<at“马”（Clauson 1972: 23; Räsänen 1969: 30; Doerfer 1965, II 4–5）。

（1）yazuqluγ **atlïγ**[ïγ]

将有罪的首领……（希-东 2）

（2）bir ėki **atlïγ** yavlaqïn üčün qara bodunum öltüŋ

因为一两个首领的卑鄙，我的普通人民，你们遂遭死亡（希-东 5）。

（3）uč[uz kö]lkä **atlïγ**ïn tökä barmïš

征战，骑着骏骁马（追讨）至 učuz 湖边（塔-东 2）。

（4）**atlïγ**ïn yumšadï

（他）派了骑兵（塔-东 6）。

（5）täŋri qanïm **atlïγ**ï

我天可汗的骑兵（塔-北 2）。

kädimlig<kädim“衣服”（Brockelmann 1954: 124; Räsänen 1957: 133; 1969: 246; Clauson 1972: 704; Erdal 1991: 294; Tekin 2000: 93）。

（6）bėš yüz **kädimlig** yadaγ bir ėki sašïp käldi

五百名轻装步兵产生了恐惧，而来到（希-南 9）。

qutluγ<qut“福，福气，幸福”（Doerfer 1967: III 551; Clauson 1972: 601; Dankoff 1985: 149; Erdal 1991: 144）。

（7）täŋrim qanïm oγlï bilgä [tarduš uluγ bilgä yavγu **qut]luγ**ï isig yėr **qutluγ**ï

我的天可汗其子 bilgä tarduš大毗伽叶护（uluγ bilgä yavγu）；热的地方（？）幸福……（塔-北 3）

（8）täŋrim qanïm oγlï [bilgä töliš uluγ bilgä čad **qutl]uγ**ï [...**qutluγ**]ï udarγan

我的天可汗其子 bilgä töliš uluγ bilgä čad，幸福……[幸福]udarγan（塔-北 4）。

（9）bitigmä bonï yaratïγma [bilgä] **qutluγ** tarqan säŋün

写……的，创造……的是[bilgä] qutluγ tarqan säŋün（塔-北 5）。

tuγluγ< tuγ (Clauson 1972: 467; Tekin 1995: 111, 180).

（10）üč **tuγluγ** türk bodun

对三纛突厥人民（希-北 8）。

（11）üč **tuγluγ** türk bodunuγ

把三纛突厥人民（希-西 7）。

（12）üč **tuγluγ** türk bodunqa yėtinč ay tört yėgirmikä

于七月十四日向三纛突厥人民（塔-东 7）。

yazuqluγ“犯罪的”< *yāz-“弄错，犯错误”（Clauson 1972: 985; Doerfer 1975: 161; Erdal 1991: 256; Dankoff 1985: 220; Tekin 2000: 92）；参照土库曼语 yāz-“偏离”（Tekin 1995: 117）。

（13）**yazuqluγ** atlïγ[ïγ] ..... [täŋ]ri tuta bėrti

将有罪的首领……（上）天捉给了（我）（希-东 2）。

yolluγ<yol“路”（Räsänen 1969: 205; Clauson 1972: 925）。

（14）**yolluγ** qaγan

yolluγ 可汗（塔-东 1）。

9. +lXK

+lXK 是个相当常见的词缀，从最早的文献到诸现代语言，一直保持着充分的构词能力。这一时间段里，它的各种功能似乎没有发生过显著的变化。该词缀附加在形容词上，可以构成具有词根所指性质和特征的抽象名词与表示抽象概念的名词（Brockelmann 1954: 121; Räsänen 1957: 105, Nadeljaev 1969: 657; 李增祥、买提热依木、张铁山 1999:173; Erdal 2004:

147; Tekin 2000: 85）。冯·加班（2004：53）指出，+l° q，+l° k 派生具体的、抽象的名词及形容词。

厄达尔（1991：121）指出，在大多数用古突厥文写成的回鹘文献中，舌前音 k 和 g 是不区分的，舌后音 q 和 γ 也只有零星不一致的区别。以婆罗米文和摩尼文文献一般并不区分其有声和无声软腭音的功能。在一篇用吐蕃文书写的回鹘文献中，K 和 G 在词语中明确区分，但其例都不是在词尾。词缀+lXG 和+lXK 在任何情况下都不能通过上下文来区分，因为上下文可能是不确定的。尽管如此，尝试总是有必要的。+lXK 形式可以分为几个语义类。有时，不同类型中的派生词由同一个词干构成。这时候带+lXK 结构的所有类型都有共同的“意图，指示”相关因素。

厄达尔（1991：122—130）解析古突厥语词缀+lXK 的语义类别如下：（A）形容词和副词派生自表示未来时间的词素，这方面似乎有这样的依据：bïŋ yïllïq tümän künlük bitigimin bälgümin anta yassï tašqa yaratïttïm“我在那里将我千年万日（永存）的书文和标记刻记于扁石上”（《希纳乌苏碑》东 9 行）。《塔里亚特碑》西面 2 行也有同样的句子。还要注意+lXg 和+lXk 在回鹘语中都有较高的能产性。（B1）表示一个任务或者某种形态已分配、将分配或者本应当分配给某人，这种类型相关的证据也同样源自鄂尔浑碑铭。（B2）充当某种作用或者效力于某种目的的不仅是人，如麻赫默德·喀什噶里在上文引用的那一段里所言，“表示处所名词或放置物品的地方”，还可表示（放置的）物品或者对象。如果+lXk 的这一类型如同适用于目标物一样适用于人类，那么在动物身上也应该是适用的。（B3）表示抽象意义的+lXK 形式通常来自形容词，而在古突厥语中，任何功能的+lXK 都很少缀加于形容词后。在古突厥语中，每个形容词甚或是名词都可表抽象意义，在这种抽象用法中，词素通常被以一个指问题中所带性质的持有者的所有格词缀标记。除了这些之外，古突厥人显然没有太多表示抽象无标记持有者的用法。它们可能无法构想出荷马时代希腊人那样纯粹的思想，或者可能同其他语言一样具有汉语“语言群组”的类型特征，即抽象意义和形容词意义只用一种形式表示。最后一个假设在我看来更具可能性，也就是说，汉语影响范围之外的喀拉汗突厥人使用抽象表达形式相当常见，尽管他们的文献年代正好处于回鹘语文献的中期，并且回鹘人也很难说比喀拉汗人更“远古”。（C1）+lXK 从最早的文献开始都具有能产性，且构成一些僵化词素的领域，换言之构成某种（包括农业）活动的地方名称。这一特点为学者们所熟知，时至今日也很有代表性。（C2）最后，qanlïq“王国”（《占卜书》LXIII）和 otačïlïq“治病之处”（M I 27, 33）

两个词定义其词干名词所指行为的范畴和意义的权威性。这种类型如今依然具有能产性。（D）在一个表示“意味着……”的+lXk 形式中，词干涉及或者至少映射到人。大多数例子都是修饰名词的，其证实又比较早。bäglik 一方面是一个希望成为伯克或者以此为目的的人；另一方面，从此意义上来说，bäglik 是为了伯克而准备或者供其使用的东西，即已经成为伯克的人使用的东西。

+lXk 与+lXg 之间有着非常重要的区别：前者有一些相当明确的限定语功能，后者则根本没有实际意义；前者比后者更倾向于词汇化，在形态学上的通用性差得多。

厄达尔（2017：151—152）还指出，由+lXk 派生的词具有多种意义和功能（很多现代突厥语也是如此），而且已经在不同的程度上词汇化，不过这些词都有“用途、功能”这一一般关系意义。由+lXk 派生的形容词和副词指向未来，在表示时长的词根的基础上派生；由+lXk 派生的形容词表示指定（或即将指定）给人或其他事物的身份、用途或功能；由+lXk 派生的名词表示存放词根所表之物或该物丰足之地。

yïllïq“周年的”<yïl“年”（Clauson 1972: 925; Erdal 1991: 122）。

（1）biŋ **yïllïq** tümän künlük bitigimin bälgümün anta yasï tašqa yaratïtdïm

我在那儿已使人将我千年万日之碑文和印记刻于扁平的石板之上（希-东 9）。

（2）biŋ **yïllïq** tümän künlük bitigimin bälgümin bonta yasï tašqa yaratïtdïm

我在这儿已使人将我千年万日之碑文和印记刻于扁平的石板之上（塔-西 2）。

künlük“周日的”< kün“日”（Clauson 1972: 732; Erdal 1991: 122）。

（3）biŋ yïllïq tümän **künlük** bitigimin

千年万日之碑文（希-东 9）（塔-西 2）。

10. +mAn

回鹘语中的少许词汇中，+mAn 出现在名词和形容词之后，并指示与词干内容之间的相似。

kögmän<kök“蓝色”（Clauson 1972: 710; Tekin 1995: 50）。该地名在铭文《阙特勤碑》和《毗伽可汗碑》中各出现三次，在《暾欲谷碑》中则出现两次。厄达尔（1991：73）推测该地临近黠戛斯部的属地。应指出的是，蒙古高原北部的一个地名不大可能跟摩尼教宗教神话当中的地名相关。

（1）qïrqïz qanï **kögmän** irintä

黠戛斯可汗在曲漫（山）南侧（希-东 11）。

（2）kėdin učï **kögmän** iligärü učï költi

西端 kögmän，东端 költi（?）（塔-西 5）。

二　动词转静词的词缀

1. -(X)g

-(X)G 是回鹘语最能产的词缀。-(X)G 可以构成表示与词根所指动作有关的事物的抽象名词、具体名词、地理名词和形容词（Brockelmann 1954: 101; Räsänen 1957:122; Nadeljaev 1969: 651; 李增祥、买提热依木、张铁山 1999:171; Tekin 2000: 90; Erdal 2004:153）。冯•加班（2004：63）指出，-°γ/-°g 可以派生以下类型的词汇：及物动词的结果、不及物动词的结果、主动词的名词及其他。厄达尔（1991：172）指出，-(X)G 与-(O)K 很难区分，其原因是古代突厥语中词末辅音/G/和/K/本身就没有区分。但两者结构中的元音和辅音有所不同，构词功能也有所不同，所以两者应该分开讨论。厄达尔（2017：158）还指出，-(X)G 是最常见的动转名词词缀，它可以通过派生或复合构成新的词缀，有时可以产生屈折用法；史前时期-(X)G 甚至更为常见和能产。

bitig“碑文”< biti-“写”（Brockelmann 1954: 102; Räsänen 1969: 77; Clauson 1972: 303; Dankoff 1985: 74; Erdal 1991: 184; Tekin 2000: 90）。

（1）bälgümün **bitig**imin anta yaratïtdïm

我令人在那里制作了我的印记和碑文（希-东 8）。

（2）**bitig**imin bälgümin anta yasï taš qa yaratïtdïm

我已使人将我的碑文和印记刻于扁平的石板之上（希-东 9）。

（3）bonča **bitig**ig

……把这么多的碑文……（希-南附 1—2）。

（4）**bitig**imin bälgümin bonta yasï taš qa yaratïtdïm

我已使人将我的碑文和印记刻于扁平的石板上（塔-西 2）。

（5）bälgüsin **bitig**in bo urdï

这是他令人刻写建造的印记和碑文（铁-南 3）。

tarïγ“谷物”< tarï-“种；播种”（Brockelmann 1954: 101; Räsänen 1969: 464; Clauson 1972: 537; Dankoff 1985: 179; Erdal 1991: 206）。

（6）ïlaγïm **tarïγ**laγïm säkiz säläŋä orqun toγla

我的土地、草场和农田，有八个支流的色楞格河、鄂尔浑河、toγla

（塔-西 4）。

tirig < *tir-（Brockelmann 1954: 101; Räsänen 1969: 481; Clauson 1972: 543; Dankoff 1985: 191; Erdal 1991: 208; Tekin 2000: 90; 1995: 53）.

（7）[qar]luq **tirig**i bar[ï]p türgėškä k…

……残存的葛罗禄去了突骑施处（希-西 1）。

yadaγ < *yaḏa-；参照蒙古语 yada-“累，疲劳；苦于，难于，难能，难以；用尽，使尽”（《蒙汉词典》1976：1363）。

（8）bėš yüz kädimlig **yadaγ** bir ėki sašïp käldi

五百名轻装步兵产生了恐惧，而来到（希-南 9）。

2. -(O)k

-(O)K 附加在动词上构成表示抽象意义的名词（Brockelmann 1954: 109; Räsänen 1957: 132; Nadeljaev 1969: 660; Erdal 1991: 224; 李增祥、买提热依木、张铁山 1999:171; Tekin 2000: 92）。冯•加班（2004：67）指出，-q/-k/-uq/-ük 与以-°γ 结尾的词之间的作用范围区分不清楚，一部分有被动之意，表示行为的结果，多用做形容词。

buyruq“命令”< buyur- “嘱咐，命令”（Brockelmann 1954: 110; Doerfer 1965: 362 ; Räsänen 1969: 87; Clauson 1972: 387; Dankoff 1985: 82; Erdal 1991: 231; Tekin 2000: 92）。

（1）toquz **buyruq** [b]ė[š] seŋüt qara bodun turayïn qaŋïm qanqa ötünti

九梅禄、五将军和人民向我的父汗请求（塔-南 4）。

（2）altmïš ič **buyruq** bašï ïnanču baγa tarqan uluγ buyruq toquz bolmïš bilgä tay säŋün

其内梅禄的首领为：ïnanču baγa tarqan；大梅禄是 toquz bolmïš bilgä 大将军（塔-西 6）。

（3）täŋri qanïm atlïγï toquz tatar yėti yėgirmi az **buyruq**

我天可汗的骑兵是由九姓达靼，十七阿热（az）梅禄组成的（塔-北 2）。

（4）**buyruq**ï az sïpa tay säŋün

……梅禄 az sïpa 大将军（塔-北 3）。

ïdoq<ïd-“派遣”（Clauson 1972: 46; Doerfer 1963: 230; Tekin 1995: 175; 2000: 95）。

（5）türük ėliŋä altï otuz yašïma **ïdoq**

在我 26 岁（739 年）时吉祥……在那时裴罗……（希-北 4）。

（6）[as] öŋüz bašïnta **ïdoq** baš kėdin[in]tä yavaš toquš bältirintä [anta] yayladïm

……在 as öŋüz 山峰，在 ïdoq 山峰之西，在 yavaš 与 toquš 的结合处，在那里，我度过了夏天（希-东 9）。

（7）tašdïntan üč qarluq üč **ïdoq** TTI tür[gėš] …

从外部，三姓葛罗禄，三姓 ïdoq……突骑施……（希-南 4）

（8）qan **ïdoq** baš kėdinin örgin bonta ėtiṭdim

as öŋüz baš 和 qan ïdoq baš 的西面建立了汗庭（牙帐）（塔-南 6）。

（9）**ïdoq** baš kėdinintä yayladïm

ïdoq baš 的西面度过了夏天（塔-西 2）。

yaruq < yāru-“发亮，明亮”（Brockelmann 1954: 110; Clauson 1972: 962; Dankoff 1985: 216; Erdal 1991: 255; Tekin 2000: 92）。

（10）kėčä **yaruq** batar ärkli süŋüšdüm

月落时，我战斗了（希-东 1）。

yazuq“罪”< *yāz-“弄错，犯错误”（Clauson 1972: 985; Doerfer 1975: 161; Erdal 1991: 256; Dankoff 1985: 220; Tekin 2000: 92）；参照土库曼语 yāz-“偏离”（Tekin 1995: 117）。

（11）**yazuq**luγ atlïγ[ïγ] ..... [täŋ]ri tuta bėrti

将有罪的首领……（上）天捉给了（我）（希-东 2）。

3. -(X)m

-(X)m 所构成的名词指及物动词的宾语和不及物动词的主语，有时也构成表示性质的名词（Brockelmann 1954: 124; Räsänen 1957: 133; Nadeljaev 1969: 657; Tekin 2000: 93）。厄达尔（1991：290）指出，-(X)m 一般用于构成双音节的名词，单音节的只有两个例子（ye-m 和 tamïzïm）。厄达尔（2017：158）还指出，-(X)m 派生词在《突厥语大词典》以及少量晚期回鹘文献中用作计量单位。

kädim“衣服”<käd-“穿”（Brockelmann 1954: 124; Räsänen 1957: 133; 1969: 246; Clauson 1972: 704; Erdal 1991: 294; Tekin 2000: 93）。

bėš yüz **kädim**lig yadaγ bir ėki sašïp käldi

五百名轻装步兵产生了恐惧，而来到（希-南 9）。

4. -Xn

-Xn 构成指行为动作结果的名词（Brockelmann 1954: 128; Räsänen 1957: 138; Nadeljaev 1969: 658; Tekin2000: 93）。冯 • 加班（2004：66）

指出，该词缀比较少见，有时也构成形容词。厄达尔（1991：300）指出，-Xn 派生及物动词的施事名词，也派生不及物动词的受事名词，从而与我们所称“作格”相吻合。这是比较常见的词缀。Clauson（2007：193）认为，该词缀功能不明确，11 世纪及其后逐渐变得能产。

qïyïn 通常表示“惩罚”。但可数的 qïyïn 可表示“殴打”。厄达尔（1991：305）认为，该词不能跟 qïdïg、kidit- 等词相提并论，因为当时的古突厥语中还没有出现 d 被 y 取代的情况。该词应该是源自 qïy- 或 qïyï-。

ävin barqïn yïlqïïsïn [y]ulïmadïm **qïyïn** aydïm

我没有掠夺他们的住房和马群，我惩罚（他们）（希-东 2）。

5. -(X)nč

-(X)nč 是动转静词的能产词缀（Brockelmann 1954: 130; Räsänen 1957: 117; Nadeljaev 1969: 659; Hamilton 1998: 255b; 李增祥、买提热依木、张铁山 1999: 178; Tekin 2000: 93）。冯 •加班（2004：66）指出，其有-°nč；-°nču/-nčü 两个同义形式，它们经常相互从同一动词词干构成之；有时不知动词词干本身，仅知自反形式-n-。厄达尔（1991：275）指出，在几个例子当中，名词性词语表示不及物动词的主语，在两个封号中则表示间接宾语。这种结构由双音节和一些单音节组成。

qïlïnč“行为”<qïl-“做，干”（Brockelmann 1954: 130; Räsänen 1957: 118; Clauson 1972: 623; Dankoff 1985:136; Erdal 1991: 276）。qïlïnč“行为，行动，动作，事”应跟动词 qïl-“做，把一件事变成另一件事”联想在一起，反而动词 qïlïn-“长大；表现得像……使做某事，为……做某事”没有太大关联。qïlïnč 当中的辅音/n/根据-(X)nč 的类推被证明是正确的，而不是根据其词源。

（1）qara bodun **qïlïnč** … k[üsk]ü yïl[qa] ...

普通百姓行为……鼠年（希-北 12）。

ödkünč“假冒的”< *ödkü-“模仿，仿效”；参照 ötkün-“模仿”< *ödkü-n，ötkür-“模仿”<*ödkü-r-（Clauson 1972: 52; Dankoff 1985: 50; Erdal 1991: 277）。

（2）anta adïn **ödkünč** qaγan ärmi[š]

另外（一个）是假冒可汗（铁-北 2）。

6. -(X)nčU

-(X)nčU 是比较少见的动转静词的词缀（Nadeljaev 1969: 659; Erdal 1991: 285; Hamilton 1998: 255; Tekin 2000: 94; Gabain 2004: 66）。厄达尔

（2017：158）指出，-(X)nč 和-(X)nčU 是两个不同的词缀，虽然混用现象早已出现，但是两者不存在语音或形态音位交替的关系。-(X)nč 一般缀接于以/n/收尾的动词，这可能源于此类动词接-Xš 的形式（以后有[nš]>[nč]演变）。但这种关联很难见于-(X)nčU。例如，ïnanč 和 ïnanču 两者都与 ïnan-"相信，信奉"有关，并且都表示统治者所信奉的对象。跟 ïnanč 有关的很多例子都跟封号有关，而带有 ïnanču 的大部分例子则跟专有名词有关，这说明 ïnanču 比 ïnanč 更为古老。专有名称通常更古老，并且经常因语言的特定变化而被省略。用 ïnanč 代替 ïnanču 并不是语音上的缩短，而且-(X)nčU 形式通常也不会缩短。相比 ïnanču，就如 inal 源自词干*ina-，但是 inanč 源自 ïnan-。-(X)nč 形式通常与-°n 动词有关。

ïnanču "官号" <*ïna- "信，信任，相信"；参照图瓦语 ïna- "同意，赞成，答应"（Räsänen 1969: 165; Clauson 1972: 187; Dankoff 1985: 34; Erdal 1991: 277）。

ič buyruq bašï **ïnanču** baγa tarqan uluγ buyruq toquz bolmïš bilgä tay säŋün oŋï bėš yüz bašï külüg oŋï öz **ïnanču** bėš yüz bašï uluγ öz **ïnanču**

其中梅禄的首领为：ïnanču baγa tarqan；大梅禄是 toquz bolmïš bilgä 大将军；右翼五百夫长是 külüg oŋï；五百户长的 öz ïnanču 是 uluγ öz ïnanču（塔-西 6）。

7. -Xš

-Xš 缀接于抽象动词，派生作及物动词主语的名词（Brockelmann 1954: 138; Räsänen 1957: 117; Nadeljaev 1969: 663; Erdal 1991: 262; Hamilton 1998: 258; 李增祥、买提热依木、张铁山 1999:180; Tekin 2000: 94; Gabain 2004: 68）。厄达尔（1991：270）指出，-Xš 构成关于战争与争斗有关的一些词，如 süŋüš "战争"、uruš "战争" 等。-Xš 构成的静词也可以作及物动词的宾语，如üküš"多"是证明此说的最好例子（Erdal 1991：267）。

čavïš "首长" < čap- "奔跑"（Clauson 1972: 399; Doerfer 11967:35; Şirin User 2006:225）。

（1）bu[yruqï] **čavïš** säŋün bodunï toquz bayïrqu

[梅禄]čavïš 将军，属民为九姓拔野古（塔-北 4）。

qamïš "芦苇"< qam-"摇动，往下扔"（Räsänen 1969: 230; Clauson 1972: 628）。

（2）ėrtiš ügüzüg arqar bašï tušï anta är **qamïš** altïn anta s...p kėčdim

额尔齐斯河、arqar-baš 河源及 är qamïš 的下方。十一月十八日，我遭

遇了……（希-南 1）

süŋüš“战争”<*süŋ-“刺，刺杀”；参照雅库特语 üŋ-“用头撞” < *süŋ-（Clauson 1972: 834; Dankoff 1985: 171; Erdal 1991: 270, 567）。

（3）ėkinti **süŋüš** [äŋ il]ki ay altï yaŋïqa T...

打第二仗于正月初六（日）……（希-北 9）

（4）**süŋüš**dä tutup on är ïdtïm

在战斗中俘获（敌人），（从中）派遣十人（希-东 4）。

üküš“多” < *ük-“增多，增加”；参照《突厥语大词典》ükil“多” < *ük-“增多，增加”（Clauson 1972: 118; Erdal 1991: 481）。

（5）**üküš**i säläŋä qudï bardï

他们的多数沿着色楞格（河）向下方去（希-东 4）。

8. -(X)z

-(X)z 是回鹘语中非能产的词缀（Brockelmann 1954: 142; Räsänen 1957: 142; Nadeljaev 1969: 668; Hamilton 1998: 259; Tekin 2000:94）。冯 • 加班（2004：68）指出，该词缀几乎不再有派生能力，其派生词也用作形容词。厄达尔（1991：323）指出，-(X)z 通常缀接及物动词构成行为动作的承受者，缀接不及物动词构成行为动作的发出者。

qoduz“没有丈夫的女人，寡妇”>qod-“抛弃，离开”（Erdal 1991: 326; Tekin 1994: 49; Aydın 2007: 79）。

（1）yïlqïsïn barïmïn qïzïn **qoduz**ïn kälürtüm

我掳走他们的家畜、财产、姑娘、妇女（希-东 3）。

učuz“容易的；没有价值的”> uč-“飞翔”，并有比喻之意（Clauson 1972: 32; Dankoff 1985: 52; Erdal 1991: 449）。

（2）**učuz** kölkä atlïγïn tökä barmïš

把他的骑兵（手下）扔到了 učuz 湖（塔-东 2，铁-北 3）。

yaγïz“褐色，黑色” < yaγ-“下，降（雨）”（Räsänen 1969: 178; Clauson 1972: 909）。

（3）üzä kök täŋri yarlïqadoq üčün asra **yaγïz** yėr [igittük] üčün

由于上有蓝天的恩赐，下有黑土的养育（塔-西 3）。

9. -GA

-GA 是比较少见的词缀（Brockelmann 1954: 102; Räsänen 1957: 124; Nadeljaev 1969: 651；李增祥、买提热依木、张铁山 1999:183; Tekin 2000:

91; Gabain 2004: 63）。厄达尔（1991：376）指出，-GA 缀接及物动词和不及物动词，派生做主语的静词和客体名词。厄达尔（2017：158）还指出，由-GA 派生的静词是指称或修饰词基动词的主语，-GA 原来可能与-GAy 有关。

bilgä“智慧”< bil-“知道，懂”（Brockelmann 1954: 102; Räsänen 1957: 124; Doerfer 1965: 418; Clauson1972: 340; Dankoff 1985: 72; Erdal 1991: 376; Hamilton 1998: 176; Tekin 2000: 91）。

（1）täŋri[dä b]olmïš ėl ėtmiš **bilgä** qaγan b[än]

我是登里罗・没迷施・颉・翳德密施・毗伽可汗（生于天上的、治国的、英明可汗）（希-北 1）。

（2）tay **bilgä** totoquγ

将大毗伽都督（希-北 11）。

（3）tay **bilgä** totoq yavlaqïn üčün bir ėki atlïγ yavlaqïn üčün qara bodunum öltüŋ

因为大毗伽都督的卑鄙，因为一两个首领的卑鄙，我的普通人民，你们遂遭死亡（希-东 5）。

（4）qatun yėgäni öz **bilgä** büńi

可敦的侄子 öz bilgä büńi（希-西 8）。

（5）täŋridä bolmïš ėl ėtmiš **bilgä** qa[γa]n atadï ėl**bilgä** qatun atadï

（把我）封为神圣苍天创造的、汗庭的缔造者毗伽可汗（täŋridä bolmïš ėl ėtmiš bilgä qaγan），把我的妻子封为 ėlbilgä 可敦（塔-南 6）。

（6）täŋridä bolmïš ėl ėtmiš **bilgä** qaγan ėlbilgä qatun qaγan atïγ qatun atïγ atanïp ötükän kėdin učïnta täz bašïnta örgin [anta ėtitdim čït] anta yaratïtdïm

获得神圣苍天创造的、汗庭的缔造者毗伽可汗和颉・毗伽（ėlbilgä）可敦的爵号之后，于都斤西面、铁兹河上游我令人在那里建了牙帐（塔-西 1）。

（7）täŋridä bolmïš ėl ėtmiš **bilgä** qanïm ičräki bodunï altmïš ič buyruq bašï ïnanču baγa tarqan uluγ buyruq toquz bolmïš **bilgä** tay säŋün oŋï bėš yüz bašï külüg oŋï öz ïnanču bėš yüz bašï uluγ öz ïnanču

归属神圣苍天创造的、汗庭的缔造者毗伽可汗的部众共有 60 个；其中梅禄的首领为：ïnanču baγa tarqan；大梅禄是 toquz bolmïš bilgä 大将军；右翼五百夫长是 külüg oŋï；五百户长的 öz ïnanču 是 uluγ öz ïnanču（塔-西 6）。

（8）aqïnču alp **bilgä** čigši

aqïnču alp **bilgä** čigši（塔-北 1）。

（9）täŋrim qanïm oγlï **bilgä** [tarduš uluγ**bilgä** yavγu
我的天可汗其子 bilgä tarduš 大毗伽叶护（塔-北 3）。
（10）täŋrim qanïm oγlï [**bilgä** töliš uluγ **bilgä** čad
我的天可汗其子 bilgä töliš uluγ bilgä čad（塔-北 3）。
（11）qutluγ **bilgä** säŋün
qutluγ **bilgä** säŋün（塔-北 5）。
（12）bayïrqu tarduš **bilgä** tarqan
bayïrqu tarduš **bilgä** tarqan（塔-北 6）。
（13）soγdaq bašï **bilgä** säŋün ozu[l] öŋ ėrkin
粟特人的首领 bilgä 将军 uz/öŋ ėrkin（塔-北 6）。
（14）**bilgä**sin üčün öŋrä kün tuγsïqdaqï bodun
因其（我的可汗的）智慧，前方（东方）日出的人民（铁-东 5）。

10. -GAK

词缀-GAK 附加在词根上可以派生表示器具、事物或所处的名词，也可以派生表示动作结果或类似意义的名词（Brockelmann 1954: 104; Räsänen 1957: 125; Nadeljaev 1969: 653; 李增祥、买提热依木、张铁山 1999:184）。冯·加班（2004：64）指出，-γaq/-gäk/-γuγ/güg，也有以 q 起首和以 γ 结尾的形式；-k° g“惯常的行为者”（γ°q 和 q°γ 可能是具有不同意义的不同派生词）。厄达尔（1991：391）指出，该词缀有以下三种作用：派生施事名词、器具名称和疾病名称，其中后两个有语义限制。第一种和第三种用法与人有关。因派生器具词的-GUK 和-GUč 可能源自-GU，所以-GAK 或许源自施动性词缀-GA。这也能解释-GAK 为何能派生器具名词和施事名词。

turγaq“警卫队”< tur-“站，立；起来”（Brockelmann 1954: 104; Räsänen 1957: 125; Doerfer 1965: 477; Clauson 1972: 539; Erdal 1991: 392）。

bodunï tėgitimin bo bitidökdä qanïma **turγaq** bašï [qaγas] atačuk bägzäk är čigši bïla baγa tarqan üč yüz **turγaq** turdï

当我和我的王子们一起写下这些文字的时候，可汗身边叫 qaγas atačuq 和 bägzäk är čigši、bïla baγa 达干的警卫军首领为了护卫可汗组建了三百人的警卫队（塔-北 2）。

11. -GU

-GU 派生表示行为者的体词，如抽象名词、工具名称等，也常常派生形容词（Brockelmann 1954: 106; Räsänen 1957: 128; Nadeljaev 1969: 654; Hamilton 1998: 252; 李增祥、买提热依木、张铁山 1999:183; Tekin 2000: 91）。冯·加班（2004：64）指出，该词缀表示通常、必须之意；当该词缀缀接于动词、形容词，用作修饰语出现在名词前时，表示“通过有关体词可以或应该做什么，或者习惯于做些什么；可以做该有关体词所表示的行为或习惯于做”（Gabain 2004：107）。在碑铭中，偶尔用于表示应该及目的之意。其派生词做形容词、名词及体词谓语。

taqïγu“鸡”< *taq“拟声词”。Doerfer（1963：441-444）提出，taqïγu源于拟声词，他注意到该词最早的形式出现于碑铭文献中，如 taqïγu，但据他的理解，该词也可以转写成 taqaγu 或者更准确的是转写成 taqaγo。Clauson（1972：468）认为，taqïγu 是古老的动物名，该词的附加成分是-γu。鲍培（1974：138）认为，鞑靼语 tavïq=蒙古语 takiya<*taqïγa=满语 čoqo=鄂伦春语 čeko。力提甫·托乎提（2004：506）认为，该词是由拟声词 taq 演变过来的，并提出吐鲁番方言的动词 taqla- 值得学者们关注。

（1）**taqïγu** yïlqa...

在鸡年……（希-北 10，希-西 4）

（2）**taqïγu** yïlqa yorïdïm

鸡年我向他用兵了（塔-南 2）。

12. -mA

-mA 是动词转静词的词缀，其功能与 -(X)m 相同，但不常见（Brockelmann 1954: 125; Räsänen 1957: 133; Nadeljaev 1969: 657; Tekin 2000: 93; Gabain 2004: 65）。厄达尔（1991：316）指出，-mA 的派生词用作静词或作定语，并表示不及物动词的主语和及物动词的宾语。一般缀接到简单动词词干和一些衍生词干后。来自不及物动词的派生词比从及物动词派生出来的词少得多。

yėlmä“一次侦查巡逻”< yėl-“小跑或漫步”（Clauson 1972: 372; Berta 1995: 10; Ölmez 2018: 156）。

（1）**yėlmä** äri kälti

前锋回来了（希-东 6）。

（2）**yėlmä**sin ėš yėriŋärü ïdmïš **yėlmä**sin mäŋin är anta basmïš

他差遣前锋到其同盟者处。我的部下在那里袭击了（敌人）的前锋（希-东 12）。

三 静词转动词的词缀

1. +A-

+A-是回鹘语中较能产的派生动词附加成分（Brockelmann 1954: 213; Räsänen 1957: 144; Nadeljaev 1969: 650; 李增祥、买提热依木、张铁山 1999:206; Gabain 2004: 59）。Tekin（2000：87）指出，+A-构成不及物动词。厄达尔（1991：428）指出，在古突厥语由名词构成动词的附加成分中，+A-的频率排第二。

ata-“称呼，召唤；指定；起名” ＜at“名字，名气”（Brockelmann 1954: 213; Räsänen 1969: 30; Clauson 1972: 42; Dankoff 1985: 15; Erdal 1991: 418; Tekin 2000: 87）。

（1）yavγu **ata**dï

任命为叶护（希-北 12）。

（2）anta yavγu **ata**dï

在那里，赋予叶护的爵位（塔-南 5）。

（3）qara bodun turayïn qaγan **ata**dï

人民来到我的牙帐，（把我）拥立为可汗（塔-南 6）。

（4）täŋridä bolmïš ėl ėtmiš bilgä qaγan **ata**dï

（把我）封为神圣苍天创造的、汗庭的缔造者毗伽可汗（塔-南 6）。

（5）ėlbilgä qatun **ata**dï

把我的妻子封为 ėlbilgä 可敦（塔-南 6）。

2. +(A)d-

+(A)d-用于派生不及物动词（Räsänen 1957: 144–5; Nadeljaev 1969: 650; Hamilton 1998: 249; 李增祥、买提热依木、张铁山 1999:207; Tekin 2000: 87）。冯•加班（2004：59）指出，该词缀具有“成为……使成为……”（与+at-不同，后者为来自体词的动词+a-再加使动态-t-的动词）的含义。Tekin（2000：87）引用 Clauson（1972：16）的观点指出，该词缀缀接元音结尾的词时以+d-，缀接辅音尾的词时以-Ad-的形式出现。厄达尔（1991：485）指出，该结构的词干既可以是单音节的，也可以是双音节的；几乎所有的双音节词干在其第二音节中均以辅音/X/结尾，只有 yagï+d-和 yuvga+d-是词干以元音结尾的例子；该词缀常带有与+U-相同的含义。

yaγïd-“成为或变为敌对” <yaγï“敌人”（Clauson 1972: 903; Dankoff 1985: 209; Erdal 1991: 450）。

（1）**yaγïd**a bošuna bošnuldum

（我）摆脱敌人而安心了（希-东 7）。

（2）yämä yaramatïn **yaγïd**[u är]miš

由于再次诸事不顺而成了敌人（希-东 10）。

（3）basmïl **yaγïd**ïp ävimärü bardï

拔悉密与我为敌（希-南 4）。

3. +(X)K-

+(X)K-可以由名词派生不及物动词，表示具有作为主体的名词所表现出来的性质，或表示主体间的各种变化和状态（Brockelmann 1954：218；Nadeljaev 1969: 660; Hamilton 1998：252；李增祥、买提热依木、张铁山 1999：208; Gabain 2004：60）。厄达尔（1991：497—98）指出，词缀+(X)K-可出现在元音和辅音之后；以词缀+(X)K 结尾的动词及其词根一般是一个或两个音节；词缀+(X)K-和-(X)K-之间在形式、含义、语素结构的分布和泛时形式的元音等方面存在一定程度的相似性。+(X)K-的副动词和泛时形式的元音通常情况下为/A/，如 tašïqar。

ičik-“上交，进入，投降”< ič“里面”（Räsänen 1969: 168; Clauson 1972: 25）。该动词尤其指“向一个异族统治者表示臣服（变成其属部）”。

（1）yana **ičik** ölmäči yitmäči sän tėdim

倘若重新服属（于我），你们将不会遂遭死亡（希-东 5）。

（2）sïŋarï bodun **ičik**di

一半人民服属（希-东 7）。

（3）anta bodun **ičik**di

在那里人民服属了（希-南 10）。

（4）anta **ičik**di

在那里服属了（塔-南 10）。

tašïq-（出走，走出去）< taš “外面”（Clauson 1972: 562; Erdal 1991: 496）。

（5）tuγ **tašïq**ar ärkli

当帅旗正要出征时（希-东 5）。

（6）siz **tašïq**ïŋ

你们发动吧！（希-东 10）。

（7）män **tašïq**ïqayïn tėmiš

“我要出动！”他说（希-东 10）。

（8）oγuz türük **tašïq**mïš

乌古斯人和突厥人与其脱离（希-南 8）。

yoluq-“在路上遇见”< yol“路”（Clauson 1972: 924; Erdal 1991: 497）。

（9）**yoluq**dum

我遭遇了……（希-南 1）

4. +(X)(r)KA-

+(X)(r)KA-派生带有一种感情的动词（Brockelmann1954: 222; Räsänen 1957: 146, 149; Erdal 1991: 458; Tekin 2000:88, 89; Gabain 2004:60）。

yarlïqa-“对同情一个怜悯的人感到同情并采取行动或向他们礼貌地说话”< yarlïγqa- < yarlïγ“敕旨，敕命”（Räsänen 1957 146; Clauson 1972: 968; Erdal 1991: 462; Tekin 2000: 88）。

üzä kök täŋri **yarlïqa**doq üčün asra y]aγïz yėr [igittük] üčün

由于上有蓝天的恩赐，下有黑土的养育（塔-西 3）。

5. +GAr-

+GAr-并不常用，一般派生及物动词（Brockelmann 1954: 217; Räsänen 1957: 146; Nadeljaev 1969: 653; 李增祥、买提热依木、张铁山 1999:209; Tekin 2000: 88; Gabain 2004: 59）。Hamilton（2011：255）认为，+gAr-具有“添加，向，朝”之意，该词缀与动词 qar-“某种事物中添加另一种事物，增长，增多”有关。厄达尔（1991：742）指出，由于+GAr-没有这种变异体，所以可推测这种结构中的语素间有着更为密切的联系。至于软腭音间的差异，如果古突厥语中清浊音位对立/k/: /g/真实存在的话，那位于辅音之后时这种对立就显得很弱。这种足够真实和一目了然的关系能让人理解+GAr-的结构，也就是+GAr-是+(X)K-后缀接-Ar-而构成的。+GAr-派生的动词跟-Ar-和-Ur-构成的动词是相一致的，其语法理据也是相同的。可看出自从早期文书开始此结构的软腭音逐渐变为浊音。例如，在鄂尔浑碑文中 ičgär- 和 tašγar-分别用 g 和 γ 来进行拼写的。但该浊音的出现应不会太早。哈卡尼亚文献中的 čïqar-是从 tašγar-演变而来的，而且这一结构在如今有些突厥语当中依然存在。但是，突厥语族语言都已经不存在 tašγar-一词。

ičgär-“把某物引入其他东西，征服，征服（比喻之意）”<ič“里面”（1991：743）。辅音/g/由在 Clauson（1972：25）提及的一个婆罗米文和三个鲁尼文示例所证明。在语义上跟其另一个派生词 ičik-“进入，投降，屈服（也

就是外国统治者）”，频繁出现的 ičgärü 的意思为“向内，内部，里面”。

（1）**ičgär**ip yana yorïdïm

将[他们]附属[我]之后，我再次进军（希-北 7）。

（2）anï **ičgär**mädim

我不让他们进来（希-南 4）。

（3）türk bodunuγ anta **ičgär**tim

我使突厥人民归顺了（塔-东 8）。

（4）**ičgär**ip igdir bölük

归顺……igdir 部（塔-南 3）。

tašγar-“带出来，给出去，离开”< taš “外面”（Clauson 1972: 562; Erdal 1991: 744）。

（5）čikig **tašγar**ïŋ tėmiš

你们快让鞠（族）发动吧！（希-东 10）。

6. +lA-

回鹘语中最常用的附加成分+lA-是由静词派生动词的词缀（Brockelmann 1954: 219; Nadeljaev 1969: 656; 李增祥、买提热依木、张铁山 1999: 211; Erdal 1991: 429; Tekin 2000: 88; Gabain 2004: 60），其派生功能是加在静词后面，可以构成名词所表达的时间正成为现实的动词。

ančola-“赐予”<ančo“礼物，奖励”；回鹘文文献中该词的意思为“向上级献礼；向神灵献祭等”（Clauson 1972: 175; Erdal 1991: 430）。

（1）ïšvaras tarqat anta **ančola**dïm

我在那里赐予了始波罗和达干（希-南 2）。

qïšla-“过冬；去冬季住处”< qïš“冬天”（Clauson 1972: 673; Erdal 1991: 439）。

（2）ötükän irin **qïšla**dïm

我在于都斤山南侧过冬（希-东 7）。

yaqala-“划定边界”< yaqa“边界，边缘”（Clauson 1972: 898; Erdal 1991: 450）。

（3）yaqa anta **yaqala**dïm

我在那里划定了边界（希-东 8）（希-南 2）。

yayla-“过夏”< yay“夏天，夏”（Clauson 1972: 982; Erdal 1991: 450）。

（4）yay anta **yayla**dïm

我在那里过了夏（希-东 8）。

（5）yavaš toquš bältirintä [anta] **yayla**dïm

在 yavaš 与 toquš 的结合处，在那里，我度过了夏天（希-东 9）。

（6）tėz bašï čïtïmïn **yayla**dïm

我以铁兹河源的篱笆地过夏（希-南 2）。

（7）bars yïlqa yïlan yïlqa ėki yïl **yayla**dïm

虎年、蛇年两年我（在此）度过了夏季（塔-西 1—2）。

（8）ulu yïlqa ötükän ortosınta as öŋüz ïdoq baš kėdinintä **yayla**dïm

龙年，我在于都斤（山）间，as öŋüz 的西面度过了夏天（塔-西 2）。

（9）örgin yaratdï **yayla**d[ï]

建了牙帐，度过了夏天（铁-南 2）。

yïlla-“越年，过年”< yïl“年”（Clauson 1972: 919; Erdal 1991: 452）。

（10）taqïγu yïl[qa] yorïdïm **yïlla**dïm

鸡年我出征了，（在那）度过了一年（塔-南 2）。

7. +lAn-

词缀+lAn-是由静词转动词的+lA-和动词转动词的-(X)n-合并而成的。+lAn-派生不及物动词（Räsänen 1957: 148; Erdal 1991: 509–10）。

bazlan-“归属”< baz“和平的”（Clauson 1972: 388; Räsänen 1969: 66; Erdal 1991: 511）

[öŋ]rä tavgačqa **bazlan**mïš

……以前服从唐朝（铁-北 5）。

四　动词转动词的词缀

1. -(X)l-

-(X)l-是自反或被动或中性式词缀（Brockelmann 1954: 201; Räsänen 1957: 160; Nadeljaev 1969: 656; 李增祥、买提热依木、张铁山 1999: 205; Tekin 2000: 95; Gabain 2004: 73）。Tekin（2000：95）指出，-(X)l-是表示被动态的词缀。Clauson（2007：196）还指出，该词缀一直非常能产。厄达尔（1991：651）指出，古突厥语中-(X)l-与-tXl-和-sXk-一样，都是表示被动的词缀。

qatïl-“跟某物相混合；介入某人的行动，与他发生冲突”< qat-“与（某物）混合或添加；与（某人）建立联系”（Clauson 1972: 601; Erdal 1991: 662）。

（1）üč birküdä qan süsi birlä **qatïl**tïm

üč birkü，我与我（父）汗的军队相会在一起（希-北 7）。

（2）anta **qatïl**mïš

在那里会合了（希-南 8）。

tėril-“组合，组装”<tėr-“聚集，集合”（Clauson 1972: 547）。

（3）kün [quvran]mïš tün **tėril**miš [bükg]ükdä säkiz oγuz toquz tatar qalmadoq

日落晚霞之时 bükgük 地方，八姓乌古斯、九姓达靼势力消灭殆尽（希-东 1）。

（4）tayγan költä **tėril**iltim

（我的军队）集合在 tay γ an 湖（希-南 3）。

（5）**tėril**ip

集合起来（希-南 12）。

tutul-“被捉住，被停住”< tut-“抓住”（Clauson 1972: 456; Dankoff 1985: 202; Erdal 1991: 680）。

（6）uyγur qanïm **tutul**mïš

回鹘可汗被抓走了（铁-西 4）。

2. -(X)n-

-(X)n-参与构成反身动词、被动词、主动词（Brockelmann 1954: 203; Räsänen 1957: 161; Nadeljaev 1969: 659; Erdal1991: 584; 李增祥、买提热依木、张铁山 1999: 206; Tekin 2000: 95; Gabain 2004: 74）。

atan-“被称呼，被召唤，被看作，被授予很高爵位”< at“名字，名气”。Clauson（1972：61）仅凭《占卜书》LV 中的例子，就把该动词的诸多含义之一确定为“成名，闻名”。然而厄达尔（1991：590）指出，那个例子翻译成“他被授予了一个很高的爵位”才更合适。

（1）**atan**tïm

……我获得了（塔-东 5）。

（2）qaγan atanïp qatun **atan**ïp ötükän ortos[ïnt]a a[s öŋ]üz baš qan ïdoq baš kėdinin örgin bonta ėtitdim

成为可汗和可敦后，我令人在于都斤（山）当中、as öŋüz baš 和 qan ïdoq baš 的西面建立了汗庭（牙帐）（塔-南 6）。

（3）ėlbilgä qatun atïγ **atan**ïp

ėlbilgä 可敦的爵号（塔-西 1）。

ėtin-“让自己准备好”<ėt-“做，干”< *ët-（Clauson 1972: 61; Dankoff 1985: 29; Erdal 1991: 600）。在古突厥语中，该词通常完全是作为对偶动词的部分出现，要么与 yarat-ïn-，要么与 timä-n-形成对偶。在《文殊师利真实名经》143 行出现 ėtin- yaratïn-。

（4）ėlimin törömin ėtintim

我建立了我的国家和秩序（塔-西 3）。

qazɣan-“获得，取得，赢得”< *qazɣa-; 参照 qazɣanč“利润，收益”<*qazɣa-nč（Clauson 1972: 683; Erdal 1991: 604）。在回鹘语和喀拉汗突厥语文献中十分常见。它没有已知的词干，但其意义显然是很普通的。

（5）oɣuz [bodun alt]ï yüz säŋüt bir tümän bodun **qazɣan**tï

乌古斯的人民，六百将军，一万人民收归己有（塔-北 1）。

qïlïn-“（1）以某种方式表现，表现得像……（2）让自己成为……形成，产生”<qïl-“做，干”（Brockelmann 1954: 203; Clauson 1972: 623; Dankoff 1985: 136; Erdal 1991: 605; Tekin 2000: 95）。qïlïn-有几个支配-gAlI 的例子，表示“准备，出发去做”。

（6）täŋri **qïlïn**toqda uyɣur qaɣan olormïš

[蓝天]初创时回鹘可汗登上汗位（铁-北 1）。

ötün-“向上级（国王、主人、精神领袖等）献礼”< *öt-; 参照 ötüg“请求，恳求”< *öt-üg（Clauson 1972: 62a; Erdal 1991: 611; Tekin 2000: 96）。部分回鹘文献（Uigurica I 6,12）也指“供品”。《文殊师利真实名经》中出现对偶动词 aya- ötün-。常见的 ötüg“祈求，请求”可以确定与其同源。Clauson 提到蒙古语词 öči-无法与其相联系，因为其同源词应该是 öti-。不过，ötün-似乎很有可能来自 öt-“通过，穿过”。“让自己穿过”应该很有可能是表示这个诉求的一个自我贬低的表达，其他动词中的-(X)n-也会将词义转入抽象隐喻领域。参照摩尼教文献 ïnča tep ötti（Erdal 1991: 611）。

（7）qara bodun turayïn qaŋïm qanqa ötünti

人民向我的父汗请求（塔-南 4）。

saqïn-“思考，联想，打算” <saq-“数”<*sāq-（Brockelmann 1954: 203; Clauson 1972: 812; Dankoff 1985: 151; Erdal 1991: 612; Tekin 2000: 96）。在以上文献中很常见，但是 saq-却很少见（Clauson 1972: 804）。saqïš 是个同源词，而 saqïnč 和 saqïnoq（“谨慎的，深思熟虑的”，《福乐智慧》中出现 47 次，却未见于别处）来自 saqïn-。由于缺乏 saq-这一词根，它和 saqïn-之间的任何语义差异都很难理解。-(X)n 的缀加可能是为了强调思考是一个人体内部的过程这一事实。

（8）üč qarluq yavlaq **saqïn**ïp täzä bardï

三姓葛罗禄心怀恶意地逃走了（希-北 11，塔-南 3）。

3. -(X)š-

-(X)š-表示一个主体协助另一个主体完成某一动作；动作主体互为客体的交互；若干个主体在同一时间内共同完成某一动作（Brockelmann 1954: 204; Räsänen 1957: 163; Nadeljaev 1969: 663; 李增祥、买提热依木、张铁山 1999: 205; Tekin 2000: 96）。冯·加班（2004：75）认为，-š-表示相互及经常之意，常位于在“来自动词的动词”一节中论及的附加成分之后；交互之意在于一方之主动及另一方之被动；-š-也用来表示强调指出一人互换及与此同时另一人被互换之意；双方也都可以是主动的参与者。厄达尔（1991：579）指出，所有-(X)š-构成的动词的确有两个或多个主体在争夺或合作。当-(X)š-构成的动词表示动作仅相互完成时，-(X)š-的含义就难以探知。例如在 qalïš-中仅有共同含义（collective meaning）。

qalïš-“跳动，跳跃；惊动；蔓延”<**qalï-**“蹦跳，跳跃”（Clauson 1972: 624; Erdal 1991: 560; Ölmez 2018: 93）。

（1）bėšinč ay üč yėgirmikä **qalïš**dï

五月十三日叛变了（塔-南 2）。

qavïš-“聚在一起，团聚”< *qavï-；参照回鹘文 qavïr-“召集，征召”< *qavï-r-（Clauson 1972: 588; Dankoff 1985: 134; Erdal 1991: 560; Hamilton 1998: 191）。

（2）**qavïš**alïm tėmiš

“（与你们）会合！”他说（希-东 11）。

（3）**qavïš**a kälti

他们合在一起来了（希-西 6）。

süŋüš-“作战，打仗”< *süŋ-“刺杀”，参照雅库特语 üŋ-“用角顶，抵”< *süŋ-，回鹘语 süŋüg“刺刀”< *süŋ-üg, süŋüš“战争”< *süŋ-üš（Clauson 1972: 834; Dankoff 1985: 171; Erdal 1991: 567）。这无疑是跟铭文当中的 süŋüg 和动名词 süŋ-üš 有关系。考虑到战斗是双方之间的相互行为，词根的存在是十分可疑的。就如《突厥语大词典》中出现的那样，词根或许是 süŋ-。使动词形式 süŋdür-；ördäk kamışka süŋdi“鸭子躲藏在苇塘里了”；同样，任何一种东西进入另一种东西也这样说，例如一个人撞进了另一个人的房子（麻赫默德·喀什噶里 2002 III: 382; Dankoff 1984: 351）。

（4）kėčä yaruq batar ärkli **süŋüš**düm

月落时，我战斗了（希-东 1）。

（5）ėki yaŋïqa kün tuɣuru **süŋüš**düm
初二，日出时分我战斗了（希-东 1）。
（6）törtünč ay toquz yaŋïqa **süŋüš**düm
在四月九日，我交战，刺杀了（希-东 3）。
（7）bėšinč ay toquz otuzqa **süŋüš**düm
五月二十九日我交战了（希-东 4）。
（8）qasuy käzü**süŋüš**düm
qasuy（河）和敌人交战（希-东 6）。
（9）altïnč ay bir otuzqa **süŋüš**düm
六月二十一日我（和他们）交战（希-南 5）。
（10）**süŋüš**düm
交战了（塔-南 1，塔-南 3）。

4. -(X)t-

-(X)t-用作强制、被动式（Brockelmann 1954: 207; Räsänen 1957: 155; Nadeljaev 1969: 663; Erdal 1991: 760; 李增祥、买提热依木、张铁山 1999: 203; Tekin 2000: 96; Gabain 2004:75）。

artat-“驱散，破坏”< arta-“变质，被破坏”（Clauson 1972: 208; Dankoff 1985: 13; Erdal 1991: 763; Tekin 2000: 96）。

（1）yïlan yïlqa türük ėlin anta bulɣadïm anta **artat**dïm
蛇年，我侵扰了突厥故地，灭了其国（塔-东 5）。

ayït- “让说” < ay- “说，讲，叙述”（Brockelmann 1954: 208; Clauson 1972: 268; Dankoff 1985:17; Erdal 1991: 763; Tekin 2000: 96）。与其他来自以辅音结尾词干的-Vt-形派生词不同，ayït-的第二个元音在《福乐智慧》中总是在以元音开头的后缀之前会脱落。厄达尔（1991：763）认为，由此可知，其词干是*ayï-< ayX-*。ayït- ~ ayt-通常表示“询问”，在带与格的用法中开始需要提到。这在鄂尔浑碑铭中非常普遍。厄达尔（1991：764）指出，Clauson 把《毗伽可汗碑》东面 41 行中的读法 ayïtayïn（而不是 ańïtayïn）可能是正确的。Şirin User（2009：121）认为，该动词并不是出自具有“说话，讲话”之意的动词 ayït-，而是出自“恐吓，吓唬”之意的动词 ańït->ayït-。鄂尔浑碑铭中只用一个字母϶[ń]来表示 ny 并不足以说明当时这个音[ń]没有发生变化。

（2）ol yïl küzün ilgärüyorïdïm tatarïɣ **ayït**dïm
那年秋天，我向东进军。我让达靼（族）提心吊胆（希-东 8）。

ėtit-：“竖立某物”。厄达尔（1991：772）指出，在《希纳乌苏碑》和《塔里亚特碑》中出现 örgin… etitdim 的三种情况下，这两个文献都是相关的，另外也显示出一些重叠的主题事物和措辞。回鹘语文献和《突厥语大辞典》均有含义相同的 et-dür-，而摩尼教文本中则有 et-ür-。

（3）[t]äz baš̈ï:nta qasar qurïdïn örgin anta **ėtit**dim

在铁兹河源，在 qasar 之西，我令人在那里建了牙帐（希-东 8）。

（4）orquun balïqlïɣ bältirintä ėl örginin anta örgipän **ėtit**dim

在鄂尔浑（河）和 balïqlïɣ（河）的结合处，我建政治国于彼（希-南 10）。

（5）a[s öŋ]üz baš qan ïdoq baš kėdinin örgin bonta **ėtit**dim

as öŋüz baš 和 qan ïdoq baš 的西面建立了汗庭（牙帐）（塔-南 6）。

quvra-t-“收集，集合”< quvra-“聚集”（Clauson 1972: 582; Erdal 1991: 779），其词根 quvra-是不及物动词。

（6）toquz oɣuz bodunumïn tėrü **quvrat**ï altïm

我召集了我的九姓乌古斯人民（希-北 5）。

toqï-t-：“让某物被打，被敲打” < toḳı-“打，敲”（Clauson 1972: 467; Dankoff 1985: 195; Erdal 1991: 789; Hamilton 1998: 225）。Clauson（1972：467）翻译为“被打进（土地）”，但是翻译成“被砍”或者“被切”似乎也是有可能的。至少在《塔里亚特碑》西面 2 行中，也发现了与 toqïtdïm 一起使用的同样物体。Clauson（1972：467）引用的回鹘文献中的例子具有“被击倒”的被动含义，另一个表示被动含义的例子引用在 taral-下面带-(X)l-的动词中，但它表示“被棍子击倒”。

（7）čït anta **toqït**dïm

令人在那里扎篱笆（希-东 8；希-东 9）。

（8）čït bonta **toqït**dïm

令人在这里扎篱笆（塔-西 2）。

（9）tolqu tašqa **toqït**dïm

我令刻在一整块石头上（塔-西 3）。

yapït-“让……建立”<yap-“做”（Clauson 1972: 872; Erdal 1991: 793）。

（10）soɣdaq tavgačqa säläŋädä bay balïq **yapït**ï bėrtim

我令（人）在色楞格河畔，为粟特人和唐人建造了富贵城（希-西 5）。

yarat-“创造，安排，使进入某种状态”< yara-“有用，管用，适合某事”（Brockelmann 1954: 208; Clauson 1972: 959; Dankoff 1985: 216; Erdal 1991: 793; Hamilton 1998: 233）。

（11）bonï **yarat**ïγma [bilgä] qutluγ tarqan säŋün

建造……的是[bilgä] qutluγ tarqan säŋün（塔-北 5）。

（12）bonï **yarat**ïγma bökä tutam

刻写此（石碑）的是 bökä tutam（塔-龟座）。

（13）čït tikdi örgin **yarat**dï

（他）扎篱笆，建了牙帐（铁-南 2）。

（14）bälgüsin bitigin bo urdï bo **yarat**dï

这是他令人刻写建造的印记和碑文（铁-南 3）。

yaratït-“使某物直立，使合适”< yarat-“创造，安排，使进入某种状态”（Clauson 1972: 961; Erdal 1991: 793）。在《希纳乌苏碑》中的例子中，分别以 örgin（王位）、bälgü（记号）和 bitig（文书）作为其客体。这个动词也在《塔里亚特碑》西面 1、2、3 行中以存在同一个客体（但绝不是同一个词），即“两个铭文”得以证明。它们都“以同一个君主的名义进行叙述”。yaratït-是唯一一个-(X)t-词缀加在以辅音结尾的多音节词干后的词（不同于 r-），也是唯一一个在多余两个音节词中以完整形式出现的词。其他文献则用 yarat-dur-表示这个含义。

（15）bälgümün bitigimin anta **yaratït**dïm

我令人在那里制作了我的印记和碑文（希-东 8）。

（16）örgin anta **yaratït**dïm

我令人在那里建了牙帐（希-东 9）。

（17）yasï tašqa **yaratït**dïm

我已使人将刻于扁平的石板之上（希-东 10；塔-西 3）。

（18）örgin anta **yaratït**dïm

在那里建了牙帐（塔-西 1）。

（19）örgin bonta **yaratït**dïm

我令人在这里建了牙帐（塔-西 2）。

5. -Xz-

-Xz-是一种不太常用的强制式附加成分（Brockelmann 1954: 209; Räsänen 1957: 154; Nadeljaev 1969: 668; 李增祥、买提热依木、张铁山 1999: 204; Tekin 2000: 97; Gabain 2004:76）。Tekin（2000：96）认为，-Xz-在元音和辅音上都与-Ur-不同，古突厥语中没有以 z 音代替 r、以 U 音代替 X（或反之）的共识性规则。对此说法，厄达尔（1991：759）认为，这在目前的情况下似乎很难想象，因为这两种结构的分布几乎相同。厄达尔（1991：

759）还指出，所有被证实的带有-Xz-词缀的动词都是双音节词，因为它们的词干都是以辅音结尾的。-Xz-是个非显性词缀，其原形可能是-(X)z-。用-(X)z-词缀的动词的词干至少在共时上比较简单。尽管-(U)r也被看作-tUr-中的第二因素，但通常优先使用前者。带-Xz-词缀动词的副动词和不定过去式所加的元音通常是/U/，僵化的副词在这里似乎不会出现。

aq-ïz-“使流淌”<aq“流淌”（Clauson 1972: 82）。

（1）**aqïz**a barmïš uč[uz kö]lkä atlïγïn tökäbarmïš

征战，骑着骏骁马（追讨）至 učuz 湖边（塔-东 2）。

（2）boz oq bašïn **aqïza** učuz kölkä atlïγïn tökä barmïš

boz oq 部落首领被消灭了，而他的骑兵（手下）被倒到了卑贱之湖（铁-北 3）。

6. -GUr-

-GUr-是使动态词缀，但不是由-(X)K-和-Ur-合并而成的（Brockelmann 1954: 207; Räsänen 1957: 157; Nadeljaev 1969: 655; 李增祥、买提热依木、张铁山 1999: 209; Erdal 1991: 748; Tekin 2000: 95; Gabain 2004:73）。

turγur-“释放，原谅而释放”< tur-“站，立；起来；待”（Brockelmann 1954: 207; Clauson 1972: 541; Dankoff 1985: 200; Erdal 1991: 754）。

turγuru qodtum

我原谅并释放他们了（希-东 2）。

7. -Ur-

-Ur-参与构成使动态；所有带-(U)r-的动词都是双音节的（Brockelmann 1954: 207; Räsänen 1957: 154; Tekin 2000: 97; Gabain 2004:74）。厄达尔（1991: 710）指出，当它缀接在(C)VCVC-形式的词根后，词根中的第二个元音会被前者所同化。

käčür-“致使通过，帮助或使渡过” < käč-“穿过；度过”（Brockelmann 1954: 207; Räsänen 1957: 154; Clauson 1972: 698; Dankoff 1985: 99; Erdal 1991: 715）。

（1）toγurγuγ **käčür**ü

……让越过 toγurγu（希-南 12）。

kälür-“带来”<käl-“来”（Clauson 1972: 719; Erdal 1991: 716）。厄达尔（1991：716）认为应该考虑 käl-在其副词和泛时形式当中拥有一个元音

i，该词的原始词根或许是*käli-。

（2）yïlqïsïn barïmïn qïzïn **qoduz**ïn kälürtüm

我掳走他们的家畜、财产、姑娘、妇女（希-东 3）。

（3）qara yotulqan käčip **kälir**ti

渡过 qara yotalqan 带来了（希-南 3）。

附录一　符号说明与略语表

1. 符号说明

[] 完全破损字词的推测复原
... 转写中完全破损的字符
（）补充说明的词语

2. 文献缩略

希：《希纳乌苏碑》
塔：《塔里亚特碑》
铁：《铁兹碑》
东：东面
南：南面
南附：南面附属文
西：西面
北：北面

3. 参考文献的缩略

A: Aydarov 1971
ATS: Naskali & Duranlı 1997
B: Berta 2010
Ba: Bazılhan 2005
BYD: 白玉冬 2012
C: Clauson 1972
Chuas: Le Coq, A 1911
DLT: Mähmud Qäšγärïy 2008
DS: *Derleme Sözlüğü* (1963—1982)

E: Aydın 2011.
ESTY: Sevortjan 1974—1980
G (1994): 耿世民 1994
G: 耿世民 2005
H I: Rachmati 1930
H II: Rachmati 1932
H: 洪勇民 2012
HakRS: Baskakov 1953
HTS: Arıkoğlu 1935
HZU: Muhäbbät Qasim 2014
IrkB: Orkun 1936—1941
K: Klyaštorniy 1982
Ka：Katayama 1999
KB: Arat 1947
KSG: Klyaštorniy 1984
Kl：克里亚施托尔内 1981
KP: Pelliot 1914
Kuan: Tekin 1960
Ligeti: Ligeti 1966
M I: Le Coq 1912
M II: Le Coq 1919
M III: Le Coq 1922
M: Malov 1959
Me: Mert 2009
Mo (1999): Moriyasu 1999
Mo：Moriyasu & Suzuki & Saito &Tamura & Bai Yudong 2009
O: Orkun 1941
Ô: Ôsawa 1999
Ö: Ölmez 2018
ÖTS: Tulum 1993
R: Róna–Tas 1983
Ra: Ramstedt 1913
Sa: Qarjaubay 2011
SED: Straughn 2006

SLY: 林莲云、韩建业 1992
ŠS: Gaševa 1995
Suv: Malov & Radlov 1913
Ş: Şirin User 2009
T: Tekin 1982
TDAA: Li, Yongšong 1998
TDS-Li: Li, Yongšong 2004
Te: Tekin 1989
TSa: Vasiliev1995
TT I: Bang & Gabain, *Türkische Turfan-Texte* I. 1929
TT II: Bang & Gabain, *Türkische Turfan-Texte* II. 1930
TT III: Bang & Gabain, *Türkische Turfan-Texte* III. 1930
TT IV: Bang & Gabain, *Türkische Turfan-Texte* IV. 1930
TT V: Bang & Gabain, *Türkische Turfan-Texte* V. 1931
TT VI: Bang & Gabain & Rahmati, *Türkische Turfan-Texte* VI. 1934
TT VII: Rahmati, *Türkische Turfan-Texte* VII. 1937
TT VIII: Gabain, *Türkische Turfan-Texte* VIII. 1952
TT IX: Gabain & Winter, *Türkische Turfan-Texte* IX, 1956
TT X: Gabain, *Türkische Turfan-Texte* X. 1958
TW: Ölmez 2005
TuvRS: Tenišev 1968
U I: Müller 1908
U II: Müller 1911
U III: Müller 1922
U IV: Gabain 1933
USp: Radlof 1928
UTİL: *Hazirqi Zaman Uyγur Tilining izahliq Luγiti* 1990—1998
XBY: 陈宗振 2004
Y: 杨福学 1994
YakRS: Pekarskiy 1958
YJU: Malov 1957
Z: 张铁山 2009
ZGT: 陈宗振、努尔别克等 1990
ZH: 张铁山 2010

高：高昌馆杂字

4. 语言文字名称

阿：阿尔泰语（一种西伯利亚突厥语）
察：察合台文献
哈：哈卡斯语
回：回鹘文献
喀：喀拉汗王朝文献
撒：撒拉语
图：图瓦语
维：现代维吾尔语
维—哈：现代维吾尔语哈密土语
维—罗：现代维吾尔语罗布方言
乌：乌兹别克语
雅：雅库特语
裕：西部裕固语

附录二　鄂尔浑文回鹘碑铭词汇索引

1. 该词汇索引包括鄂尔浑文回鹘碑铭中出现的 447 个词汇。
2. 词汇按照字母顺序排列。
3. 词汇分了三栏。从左到右分别为回鹘语转写、汉译、出处。
4. 动词一律以零形式为主，不包括任何形态变化。

词汇索引

ačïɣ altïr	湖名	a. költä 希-东 6
adïn	之后	anta a. ödkünč qaɣan ärmi[š]铁-北 2
aɣuluɣ	地名	yarïš a. ara 希-西 6
al-	拿	anï a.-ɣïl tėdi 塔-东 6；tėrü quvratï a.-tïm 希-北 5；anta a.-tïm 希-北 10；tavarïn a.-ïp ävin yu'ïp barmïš 希-南 5
alp	英雄	a. ïšvara säŋün 塔-西 7；aqïnču a. bilgä čigši 塔-北 1
altï	六	a. yüz 塔-北 1；a. otuz 希-北 4；a.希-北 9，希-西 4；a. yėgirmikä 希-西 7
altïn	下方，下面	är qamïš a. anta 希-南 1
altmïš	六十	bilgä qanïm ičräki bodunï a. ič buyruq bašï 塔-西 6
altun	金	a. yïš 塔-西 5
alum	专有名词	a. äčisi ėki yur tėdi 塔-北 5
ančïp	如此，那样	a.bars yïlqa čik tapa yorïdïm 希-东 7；a.ol yïl küzün ilgärü yorïdïm 希-东 8；a.kälti ėki qïzïn 希-西 4；a.bodunï bardï 铁-北 2；a. yašï tägdi 铁-东 3
ančola-	赠送，献给	a.-dïm 希-南 2
anï	把他	a. ičgärmädim 希-南 4；a. alɣïl tėdi 塔-东 6

anï	河流名	a. olormïš 希-东 10
anïŋ	他的	a. ėli üč yüz yïl ėl tutmïš 铁-北 2
anta	从那边，在那边，在那时	a. ėli 希-北 2；a. qalmiši bodun 希-北 3；a. altïm 希-北 10；a. ïnγaru yoq boltï 希-北 10；a. kėsrä taqïγu yïlqa 希-北 10；a. kėsrä qaŋïm qaγan učdï 希-北 12；a. bükgükkä yėtdim 希-东 1；a. sanč- 希-东 1，希-东 2，希-东 4，希-东 6，希-东 7，S5，S7，S9，W6，塔-南 1，塔-南 3；a. udu yorïdïm 希-东 7；a. yana tüš- 希-东 7，希-南 2，希-南 10，W1；a. ėtitdim 希-东 8，塔-西 1；čït a. toqïtdïm 希-东 8，希-东 9；a. yayla-希-东 8，希-东 9；a. yaratït- 希-东 8，希-东 9，塔-西 1；yaqa a. yaqala-希-东 8，希-南 2；a. yasï tašqa 希-东 9；a. basmïš 希-东 12；a. är qamïš 希-南 1；a. s...p käčdim 希-南 1；a. toqïdïm 希-南 2；a. ančoladïm 希-南 2；a. k^2s^2 är kälti 希-南 2；a. ïdtïm 希-南 3；a. ötrü 希-南 5；a. ėrtim 希-南 6；a. yana yorïp tüšdüm 希-南 7；a·yėtdim 希-南 8；a. qatïlmïš 希-南 8；a. bäglär 希-南 8；a. ayu bėrdi 希-南 9；a. bodun ičikdi 希-南 10；a. örgipän ėtitdim 希-南 10；a. yaqaγaru basmïš 希-西 2；a. olorup äviŋä ïdtïm 希-西 3；türük ėlin a. bulγadïm 塔-东 5；a· artatdïm 塔-东 5；a. yorïγur 塔-东 6；a. toqtartïm 塔-东 8；a. yoq boltï 塔-东 8；a. ičgärtim 塔-东 8；a. yana 塔-东 8；qanïn a. tutdum 塔-南 1；a. kėsrä ït yïlqa 塔-南 3；a. ičikdi 塔-南 4；a . yavγu 塔-南 5；a. kėsrä küsgü yïlqa 塔-南 5；a. barmïš 铁-北 4；a. adïn ödkünč qaγan ärmiš 铁-东 2
apa	祖宗	a. atï bar tėdi 塔-南 4；äčüm a.+m säkiz on yïl olormïš 塔-东 3
aq	部落名？	a. baš 塔-北 4
aqïnču	人名	a. alp bilgä čigši 塔-北 1

aqïz-	使流淌	a.-a učuz kölkä atlïγïn tökä barmïš 铁-北 3；a.-a barmïš 塔-东 2
ara	中间	äkin a. olormïš 希-北 2；yarïš aγuluγ a.希-西 6；yėtük bašïnta a.希-西 6；äkin a. orqun ügüzdä 塔-东 3；äkin a. ïlaγïm 塔-西 4
arqar	地名	a. bašï tušï anta 希-南 1
artat-	驱散，破坏	a.-dïm 塔-东 5
as	河流名	ortosınta. a. öŋüz 塔-西 2
asra	下面	a. yaγïz yėr yana 塔-东 4；a. yaγïz yėr igittük üčün 塔-西 3
aš-	穿越	qara qum a.-miš 希-北 8；qara qum a.-mïš 塔-东 7
ašnuqï	之前的，先前的	a. tavγačdaqï oγuz tür^{u}k tašïqmïš 希-南 8
at	名誉，名字	yavγu šad a. bėrtim 希-东 7；čik bodunqa totoq a. bėrtim 希-南 2；äčü apa a.+ï bar tėdi 塔-南 4；a.+ïn yolïn 塔-北 5；qaγan a.+ïγ 塔-西 1；qatun a.+ïγ 塔-西 1
at	马	bamïš a.+ï ol Twm 希-南附 1；a.+ïmïn üzä 塔-东 4
ata-	任命，称呼	yavγu a.-dï 希-北 12；anta yavγu a.-dï 塔-南 5；qaγan a.-dï 塔-南 6；bilgä qaγan a.-dï 塔-南 6；ėlbilgä qatun a.-dï 塔-南 6
atačuq	专有名词	qaγas a.塔-西 9
atan-	被任命，被称呼	a.-tïm 塔-东 5；qaγan a.-ïp 塔-南 6；qatun a.-ïp 塔-南 6；qatun atïγ a.-ïp 塔-西 1
atlïγ	马兵，骑兵	yazuqluγ a.+ïγ ...希-东 2；bir ėki a. üčün qara bodunum öltüŋ 希-东 5；a. yavlaqïn üčün 希-东 5；uč[uz kö]lkä a.+ ïn tökä barmïš 塔-东 1，铁-北 3；a.+ïn yumšadï 塔-东 6；täŋri qanïm a.+ï 塔-北 2
ava	专有名词	baš qay a. baš 塔-北 3；aq baš qay a. basmïl 塔-北 4
ay	月亮	äŋ ilki a. altï yaŋïqa 希-北 9；kėčä a.batar 希-东 1；törtünč a. toquz yaŋïqa süŋüšdüm 希-东 3；bėšinč a. udu kälti 希-东 3；bėšinč a. toquz otuzqa süŋüšdüm 希-东 4；ėki a. küdtüm 希-东 5；säkizinč

ay	月亮	a. bir yaŋïqa sü yorïyïn tėdim 希-东 5；säkizinč a. 希-东 6；ol a. bėš yėgirmikä 希-东 6；ėkinti a. tört yėgirmikä 希-东 7；bėšinč a.+qa 希-东 9；bir yėgirminč a. Säkiz 希-南 1；altïnč a. bir otuzqa süŋüšdüm 希-南 5；säkizinč a. bän udï yorïdïm 希-南 6；a.bir otuzqa altï yaŋïqa tüšdüm 希-南 7；bir yėgirminč a.希-南 11；säkizinč a. üč yaŋıqa 希-西 1；onunč a. ėki yaŋïqa 希-西 2；ėkinti a. altï yaŋïqa 希-西 4；ėkinti a. altï yėgirmikä 希-西 7；yėtinč a. tört yėgirmikä 塔-东 7；bėšinč a.塔-南 2；a. tuγsïqdaqï bodun 塔-西 3
ay-	说	yėr a.-u bėr- 希-东 2；qïyïn a.-dïm 希-东 2；a.-u kälti 希-南 3；anta a.-u [b]ėrti 希-南 9
ayït-	使恐吓	tatarïγ a.-dïm 希-东 8
ay tuγsïq	西	a. t.+daqï bodun 塔-西 3
az	少	a. är ïdtïm 希-东 11
az	专有名词	a. buyruq 塔-北 2；a. sïpa tay säŋün 塔-北 3
äčü	祖先	ä. +m apam säkiz on yïl olormïš 塔-东 3；ä. apa atï bar tėdi 塔-南 4
äčisi	叔父	ä. ėki yur tėdi 塔-北 5
ädä	专有名词	toŋra ä.塔-北 2，N3
äŋ	最	ä. ilki ay altï yaŋïqa 希-北 9
är	男；士兵	süŋüšdä tutup on ä. ïdtïm 希-东 4；yėlmä ä.+i kälti 希-东 6；qïrqïz tapa ä. ïdmïš 希-东 10；az ä. ïdtïm 希-东 11；yälmäsin mäniŋ ä. anta basmïš 希-东 12；ä. käl-希-南 1，S2，S3；anta ä. qamïš 希-南 1；ä. anta ïdtïm 希-南 3；ä. ïdmïš 希-南 4；bėš biŋ ä. bašï alp ïšvara säŋün 塔-西 7；toquz yüz ä. bašï tuyqun uluγ tarqan 塔-西 8
är-	是，发生（助动词）	suvï säläŋä ä.-miš 希-北 2；ä.-miš barmïš 希-北 2；ä.-miš ürüŋ 希-北 10；ä.-miš yälmäsin 希-北 12；qara suv ä.-miš 塔-南 5；bökä uluγ qaγan ä.-miš

är-	是，发生（助动词）	铁-北 1；yätmiš yïl ä.-miš 铁-北 5；ėki ä.-miš 铁-东 2；ödkünč qaγan ä.-miš 铁-东 2
ärän	男士，士兵（复数）	ä. qarluq tapa 希-南 1；bïŋ bašï tölüš külüg ä.塔-西 7；bïŋ bašï tarduš külüg ä.塔-西 7
ärkli	当……时候，是	kėčä ay batar ä. süŋüšdüm 希-东 1；tuγ tašïqar ä. yėlmä äri kälti 希-东 5
ärsägün	地名	ä.+tä yula költä qodtum 希-南 6
äv	牙帐，帐篷	ä.+in barqïn yïlqïsïn [y]ulïmadïm 希-东 2；basmïl yaγïdïp ä.+imärü bardï 希-南 4；ä.+in yulïp barmïš 希-南 5；ä.+imä tüšdüm 希-南 5；ä.+imin ärsägüntä 希-南 6；ä.+i on kün öŋrä ürküp barmïš 希-南 7；ä.+iŋä ïdtïm 希-西 3；ä.+im 希-西 4；ä.+imä ėkinti ay altï yaŋïqa tüšdüm 希-西 4
ävdi	专有名词	ä. bärsil 塔-东 2，铁-北 4
ävdigüči	召集人	ä. 希-南 3
[ävir-]	统治	ä. tėdi 塔-南 5
ba-	拴，捆绑	b.-mïš atï ol Twm 希-南附 1
baγa	官名	ïnanču b. tarqan 塔-西 6；bïla b. tarqan 塔-北 2
balïq	城	bay b. yapïtï bėrtim 希-西 5
balïqlïγ	专有名词	orqun b. bältirintä ėl örginin anta örgipän ėtitdim 希-南 10
bar-	去，到达	ärmiš b.-miš 希-北 2；täzä b.-dï 希-北 11，塔-南 3；qodup b.-dïm kälmädi 希-东 2；üküši säläŋä qudï b.-dï 希-东 4；ävimärü b.-dï 希-南 4；ävin yulïp b.-mïš 希-南 5；yėrin tapa b.-dï 希-南 6；ürküp b.-mïš 希-南 7；tirigi b.-ïp 希-西 1；onunč ay ėki yaŋïqa b.-dïm 希-西 2；täzip b.-mïš 希-西 3；aqïza b.-mïš 塔-东 2；atlïγïn tökä b.-mïš 塔-东 2；yïl b.-mïš 塔-东 4；b. tėdi 塔-南 5；ančïp bodunï b.-dï 铁-北 2；tökä b.-mïš 铁-北 3；anta b.-mïš 铁-北 4
barča	全部，所有	b. tükäp täzä 希-南附（1）1
barïm	财产	yïlqïsïn b.+ïn qïzïn qoduzïn kälürtüm 希-东 3
barq	财产	ävin b.+ïn yïlqïsïn [y]ulïmadïm 希-东 2

bars	虎	b. yïlqa čik tapa yorïdïm 希-东 7；b. yïlqa yïlan yïlqa ėki yïl yayladïm 塔-西 1
bas-	突袭，袭击	anta b.-mïš 希-东 12；ïya b.-ïp olortï 铁-东 6
basmïl	族名（拔悉密）	b. yaγïdïp ävimärü bardï 希-南 4；b.+ïγ 希-南 7；b.希-南 12；b. qarluq yoq boltï 希-西 2；b. Toquz tatar 塔-北 4
baš	头，领袖，顶，峰	b.+ï ïdtï 希-北 6；b.+ïnta üč birküdä 希-北 7；šïp b.-ïŋa tägi čärig ėtdim 希-东 3；šïp b.-ïn: körä kälti 希-东 4; yaγïn b.+ï yorïγu kälti 希-东 6; käyrä b.+ï 希-东 6；täz b.+ïnta 希-东 8；ötükän yïš b.+ïnta 希-东 9；as öŋüz b.+ïnta 希-东 9；ïduq b.希-东 9；totoq b.+ïn 希-东 11；arqar b.+ï tošïnta 希-南 1；täz b.+ï čïtïmïn yayladïm 希-南 2；sü b.+ï bän 希-南附（2）1；yėtük b.+ïnta ara 希-西 6；as öŋüz b. 塔-南 6; b. kėdinin örgin 塔-南 6; täz b.+ïnta örgin 塔-西 1；ïdoq b. kėdinintä yayladïm 塔-西 2；täz bašï: öŋdüni 塔-西 5；ič buyruq b.+ï 塔-西 6；bėš yüz b.+ï külüg oŋï öz ïnanču 塔-西 6；bėš yüz b.+ï uluγ öz ïnanču 塔-西 6；uruŋu yüz b.+ï 塔-西 7；bïŋ b.+ï töliš külüg ärän 塔-西 7；bïŋ b.+ï tarduš külüg ärän 塔-西 7; bėš bïŋ är b.+ï alp ïšvara säŋün 塔-西 7；toquz yüz är b.+ï tuyqun uluγ tarqan 塔-西 8；turγaq b.+ï 塔-北 2；b. qay ava baš 塔-北 3；aq b. qay ava basmïl 塔-北 4；soγdaq b.+ï biligä säŋün ozu[l] öŋ ėrkin 塔-北 6；boz oq b.+ïn aqïza učuz kölitä atlïγïn tökä barmïš 铁-北 3
bat-	落	kėčä ay b.-ar ärkli süŋüšdüm 希-东 1
bay balïq	富贵城	b. b. yapïtï bėrtim 希-西 5
bayïrqu	族名（拔野古）	toquz b.塔-北 4；b. tarduš bilgä tarqan 塔-北 6
bazlan-	归属	tavγačqa b.- mïš 铁-北 5
bäg	匐	toquz oγuz b.+läri kälti 希-东 10；ürüŋ b.+ig 希-东 10；anta b.+lär 希-南 8；bo b 希-西 4，塔-

bäg	匐	南 3；töliš b.+lär oɣlï biŋ bašï töliš külüg ärän 塔-西 7；tarduš b.+lär oɣlï biŋ bašï tarduš külüg ärän 塔-西 7；kül b.铁-南 1
bägzäk är	专有名词	b. čigši 塔-北 2
bälgü	标记，记号	b.+min bitigimin anta yaratïtdïm 希-东 8; bitigimin b.+min anta yasï tašqa yaratïtdïm 希-东 9；bitigimin b.+min bonta yasï tašqa yaratïtdïm 塔-西 2；b.+sin bitigin bo urdï 铁-南 3
bältir	汇合处	yavaš toquš b. yayladïm 希-东 9；orqun balïqlïɣ b.+intä ėl örginin anta örgipän ėtitdim 希-南 10
bän	我	b. säläŋä käčä udu yorïdïm 希-南 4；ičrä b. bulɣayïn tėmiš 希-南 4；b. udu yorïdïm 希-南 6；b. utru yorïdïm 希-南 3；sü bašï b.希-南附（2）1；b. säläŋä käčä udu yorïdïm 希-东 4; qonar köčär b. 塔-西 4
bėčin	猴	b. yïlqa yorïdïm 塔-南 1
bėr-	给	yėr ayu b.-ti 希-东 2，希-南 9；tuta b.-ti qara ėgil 希-东 2；yičä išig küčüg b.-gil tėdim 希-东 5；ėki oɣluma yavɣu šad at b.-tim 希-东 7；tarduš töliš bodunqa b.-tim 希-东 7；tapïɣ b.-ti 希-西 5；bay balïq yapïtï b.-tim 希-西 5; küč b.-ür yaɣïm 塔-西 4
bėri	南	b.+gärü učï altun yïš kėdin učï 塔-西 5；yïlun qol b.+din sïŋar 希-东 3
bėš	五	ol ay b. yėgirmikä 希-东 6；b. yėgirmikä 希-南 3；b. yüz kädimlig 希-南 9；b. yüz bašï külüg oŋï 塔-西 6; öz ïnanču b. yüz bašï uluɣ öz ïnanču 塔-西 6；b. biŋ är bašï 塔-西 7
bėšinč	第五	b. ay udu kälti 希-东 3；b. ay toquz otuzqa süŋüšdüm 希-东 4；b. ayqa 希-东 9；b. ay üč yėgirmikä qalïšdï 塔-南 2
bïla	官名	b. baɣa tarqan 塔-北 2

bïŋ	千	b. yïllïq tümän künlük 希-东 9，b. yunt qalmïš 希-西 9，塔-西 2；b. bašï töliš külüg ärän 塔-西 7；b. bašï tarduš külüg ärän 塔-西 7；bėš b. är bašï alp ïšvara säŋün 塔-西 7
bïŋa	先锋	öŋrä b. bašï ïḍtï 希-北 6；totoq bašïn čik tapa b. ïdtïm 希-东 11；čik bodunuγ b.+m sürä kälti 希-南 2；b. yorïdïm 塔-东 6；buquγ b.塔-西 8；bodunï b. qaγas 塔-西 9；bodunï b.塔-西 9
bilgä	智慧	b. qaγan bän 希-北 1；tay b. totoquγ 希-北 11；tay b. totoq 希-东 5；öz b.希-西 8；b. qaγan atadï 塔-南 6；ėl b. qatun atadï 塔-南 6；ėl ėtmiš b. qaγan 塔-西 1；ėl b. qatun qaγan 塔-西 1；ėl ėtmiš b. qanïm 塔-西 6；b. tay säŋün 塔-西 6；alp b. čigši 塔-北 1；b. tarduš 塔-北 3；b. yavγu 塔-北 3；b. töliš uluγ bilgä čad 塔-北 4；qutluγ b. säŋün 塔-北 5；bayïrqu tarduš b. tarqan 塔-北 6；b. säŋün 塔-北 6；b.+sin üčün 铁-东 5
bir	一	b. yaŋïqa 希-东 1；b. ėki atlïγ yavlaqïn üčün 希-东 5；säkizinč ay b. yaŋïqa sü yorïyïn tėdim 希-东 5；b. yėgirminč ay säkiz yėgirmikä yoluqdum 希-南 1；altïnč ay b. otuzqa süŋüšdüm 希-南 5；b. otuzqa qarluquγ 希-南 7；b. yėgirmi 希-南 8；b.希-南 9；b. ėki sašïp kälti 希-南 9；b. yėgirminč ay 希-南 11；b. täzä 希-西 3；b. otuzqa 希-西 6；b. tümän bodun qazγantï 塔-北 1
birkü	地名	üč b.+dä qan süsi birlä qatïldïm 希-北 7；üč b.+dä tatar birlä qata toqïdïm 希-东 6
birlä	同……一起	qan süsi b. qatïldïm 希-北 7；qatï b. toqïdïm 希-东 6
biti-	写	b.-dökdä 塔-北 2；b.-gmä bonï yaratïγma 塔-北 5
bitig	碑文	bälgümin b.+imin anta yaratïtdïm 希-东 8；b.+imin bälgümin anta 希-东 9；bonča b.+ig 希-南附（1）2；b.+imin bälgümin 塔-西 2；bälgüsin b.+in bo urdï 铁-南 3

bo	这	b. bäg 希-西 4; b. bitidöktä 塔-北 2; b.+nï yaratïγma 塔-北 5；b. +nï yaratïγma bökä tutam 塔-龟座；bitigin b. urdï 铁-南 3；b. yaratdï 铁-南 3
bodun	人民	anta qalmiši b.希-北 3；toquz oγuz b.+umïn 希-北 5；türük b.希-北 8；türük b. anta ïnγaru yoq boltï 希-北 10；qara b. qïlïnč 希-北 12；qulum küŋüm b.+uγ täŋri 希-东 1；qara ėgil b.+uγ yoq qïlmadïm 希-东 2；käntü b.+num tėdim 希-东 2；qara b.+um öltüŋ 希-东 5; sïŋaru b. ičikdi 希-东 6; sïŋarï b. ...qa kirti 希-东 7; tarduš töliš b.+qa bėrtim 希-东 7；čik b.+uγ bïŋam sürä kälti 希-南 2；čik b.+qa totoq at bėrtim 希-南 2；käntü b. kirtim 希-南 8；küŋüm qulum b.+uγ täŋri yėr anta ayu bėrti 希-南 9；anta b. ičikdi 希-南 10；ki b.希-西 3；b.+uγ quut 希-西 4; üč tuγluγ türk b.+qa 塔-东 7; türk b.+uγ anta ičgärtim 塔-东 8；säŋüt qara b. turayïn 塔-南 4; küč qara b. tėmiš 塔-南 5; qara b. turuyïn 塔-南 5; öŋrä kün tuγsïqdaqï b.塔-西 3；kėsrä ay tuγsïqdaqï b.塔-西 3; tört buluŋdaqï b.塔-西 4; b.+qï 塔-西 5；ičräki b.+ï 塔-西 6；b.+ï bïŋa qaγas 塔-西 9；oγuz b.塔-北 1；bir tümän b.塔-北 1；uγγur b.+ï 塔-北 2；b.+ï toŋra ädä 塔-北 3；bonča b.yavγu b.+ï 塔-北 3; b.+ï toquz bayïrqu 塔-北 4; bonča b.塔-北 4; čad b.+ï 塔-北 4；bonča b.+uγ 塔-北 5；b.+ï bardï 铁-北 2；ol b.+um käŋäräsdä 铁-北 4；kün tuγsïqdaqï b.铁-东 5
bol-	成为、是	ïnγaru yoq b.-tï 希-北 10；b.-tï 希-南 3；yaγï b.-tï 希-南 5；yoq b.-tï 希-西 2，塔-东 8，塔-西 4; yičä b.-tï 希-西 5；anta yoq b.-tï 希-西 8；qan b.-tï 希-西 9，塔-东 9；qaγan b.-tï 铁-西 5
bolču	河流名	b. ügüzdä üč qarluqïγ 希-南 1
bolmïš	专有名词	täŋridä b.-mïš ėl ėtmiš bilgä qaγan bän 希-北 1; qan b. -miš 希-北 9；täŋridä b.-mïš ėl ėtmiš bilgä

bolmïš	专有名词	qa[γa]n 希-西 1，希-南 6，塔-南 6，塔-西 1，塔-西 6；toquz b.-mïš bilgä tay säŋün 塔-西 6；täŋridä b. -mïš ėl ėtmiš uyγur qaγan 铁-东 1；täŋridä b.-mïš ėl ėtmiš bilgä qaγanïm 铁-东 4
bonča	这么多	b. bitigig 希-南附（1）2；b. bodun 塔-北 3，塔-北 4；b. bodunuγ 塔-北 5
bonta	在这里，在这时	b. ėtitdim 塔-南 6；b. yaratïtdïm 塔-西 2；čït b. toqïtdïm 塔-西 2；bälgümin b.塔-西 2
bošnul-	摆脱	yaγïda bošuna b.-dum 希-东 7
bošun-	摆脱，安定的喘口气	yaγïda b.-a bošnuldum 希-东 7
boyla	裴罗（官名）	anta b. yana tüšdi 希-北 4
boz oq	部落名	b. bašïn aqïza učuz kölkä atlïγïn tökä barmïš 铁-北 3
bökä	龙（伟大）	b. tutam 塔-龟座；b. uluγ qaγan ärmiš 铁-北 1
bölük	专有名词	ičgärip igdir b.塔-南 3; yaγïm b. yoq boltï 塔-西 4
buquγ	专有名词	b. bïŋa 塔-西 8
bulaq	专有名词	b.ïγ 铁-东 6
bulγa-	制造纷争，纠纷	ičrä bän b.-yïn tėmiš 希-南 4；anta b.-dïm 塔-东 5
buluq	地名	qara b.+uγ anï olormïš 希-东 10；qara b.希-南 11
buluŋ	角落	tört b.+daqï bodun iš küč bėrür 塔-西 4
bumïn	专有名词	b. qaγan üč qaγan olormïš 塔-东 1
burγu	地名	b.+da yėtdim 希-东 3；b. ol 塔-西 4
buyruq	梅禄	toquz b.塔-南 4，铁-南 4；ič b.塔-西 6；uluγ b. 塔-西 6；az b.塔-北 2；b.+ï az sïpa 塔-北 3；b.+ï čavïš säŋün 塔-北 4
bükgük	地名	b.+kä yėtdim 希-东 1；b.+dä säkiz oγuz 希-东 1
büńi (?)	?	öz bilgä b.希-西 8
čad	设（官名）	bilgä töliš uluγ bilgä č.塔-北 4；č. bodunï 塔-北 4；töliš č. olortï 铁-西 6
čaq	刚好，正好	č. ėlig yïl olormiš 希-北 4
čavïš	首长	buyruqï č. säŋün 塔-北 4
čärig	士兵	šïp bašïŋa tägi č. ėtdim 希-东 3；učï säläŋäkä tägi č. ėtdi 希-东 4

čït	篱笆	č. anta toqïtdïm 希-东 8，希-东 9；č.+ïmïn yayladïm 希-南 2；anta ėtitdim č.塔-西 1；č. bonta toqïtdïm 塔-西 2；č. tikdi 铁-南 2
čigil	专有名词	č. totoq 希-南 11
čigši	刺使（官名）	uluγ č.塔-北 1；aqïnču alp bilgä č.塔-北 1；bägzäk är č.塔-北 2
čik	鞠（族名）	č. tapa yorïdïm 希-东 7；č.+ig tašγarïŋ tėmiš 希-东 10；č. tapa bïŋa ïdtïm 希-东 11；č. bodunuγ bïŋam sürä kälti 希-南 2；č. bodunqa totoq at bėrtim 希-南 2
ėgil	民众	qara ė. bodunuγ yoq qïlmadïm 希-东 2
ėki	两	ė.+n ara olormïš 希-北 2；ė. yaŋïqa kün toγuru süŋüšdüm 希-东 1；bir ė. atlïγ yavlaqïn üčün 希-东 5；ė. ay küdtüm 希-东 5；ė. yaŋïqa ačïγ altïr költä 希-东 6；ė. oγluma yavγu šad at bėrtim 希-东 7；bir ė. sašïp kälti 希-南 9；onunč ay ė. yaŋïqa bardïm 希-西 2；ė. qïzïn tapïγ bėrti 希-西 4；ė. yüz yïl olormïš 塔-东 1；ė.+n ara orqun ügüzdä 塔-东 3；ė. yïl yayladïm 塔-西 1；ė.+n ara ïlaγïm 塔-西 4；ė. yur tėdi 塔-北 5；ol ėki: yur 塔-北 5；qaγan ėki ärmiš 铁-东 2
ėkinti	第二	ė. süŋüš 希-北 9；ė. ay tört yėgirmikä kämdä toqïdïm 希-东 7；ė. ay altï yaŋïqa tüšdüm 希-西 4；ė. ay altï yėgirmikä 希-西 7；ė.塔-南 1
ėl	国，国家	ötükän ė.+i 希-北 2；tägräs ė.+i ėkin ara olormïš 希-北 2；ė.+i 希-北 2；türük ė.+iŋä 希-北 4；ė. örginin anta örgipän ėtitdim 希-北 10；ötükän ė.+i tägräs ė.+i 塔-东 3，塔-西 4；türük ė.+in anta bulγadïm ötükän 塔-东 5；ė.+i sizdä ävir tėdi 塔-南 5；ė.+imin törömin 塔-西 3；tėg ė.+ig 塔-北 1；qanïm ė. tutmïš 塔-北 6，铁-西 6；anïŋ ė.+i üč yüz yïl ėl tutmïš 铁-北 2；ė. ėtmiš 铁-东 1，铁-东 4；ė. tutdï 铁-东 3，铁-东 4

ėlbilgä	官名（可汗之妻）	ė. qatun atadï 塔-南 6；ė. qatun 塔-西 1
ėl ėtmiš	专有名词	ė. ė. bilgä qaγan bän 希-北 1；ė. ė. bilgä qaγan atadï 塔-南 6；ė. ė. bilgä qaγan 塔-西 1；ė. ė. bilgä qanïm ičräki bodunï altmïš 塔-西 6；täŋridä bolmïš ė. ė. uyγur qaγan olormïš 铁-东 1；täŋridä bolmïš ė. ė. bilgä qaγanïm olortï 铁-东 4
ėlig	五十	čaq ė. yïl olormïš 希-北 4
ėr-	到达	ė.-tim 希-北 8；yičä ė.-tim 希-东 3；anta ė.-tim 希-南 6
ėrkin	专有名词	soγdaq bašï bilgä säŋün ozu[l] öŋ ė.塔-北 6
ėrtiš	额尔齐斯河	ė. ügüzüg 希-南 1
ėš	同伴，同盟者	ė.+i yėr tapa az är ïdtïm 希-东 11；yälmäsin ė. yėriŋärü ïdmïš 希-东 12；qarluq ė.+iŋä kälmädük tėdi 希-南 1
ėt-	组织，派遣	šïp bašïŋa tägi čärig ė.-dim 希-东 3；učï säläŋäkä tägi čärig ė.-di 希-东 4
ėtin-	被组织	ėlimin törömin ė-tim 塔-西 3
ėtit-	使修筑	örgin anta ė.-dim 希-东 8，塔-西 1；anta örgipän ė.-dim 希-南 10；örgin bonta ė.-dim 塔-南 6
ėvdigüči	召集人	ė. är anta ïdtïm 希-南 3
ïd-	派遣	on är ï.-tïm 希-东 4；qïrqïz tapa är ï.-mïš 希-东 10；čik öŋrä bïŋa bašï ï.-tï 希-北 6；tapa bïŋa ï.-tïm 希-东 11；az är ï.-tïm 希-东 11；yälmäsin ėš yėriŋärü ï.-mïš 希-东 12；är anta ï.-tïm 希-南 3；är ï.-mïš 希-南 4；äviŋä ï.-tïm 希-西 3
ïdoq	吉祥，神圣	yašïma ï.希-北 4；üč ï.希-南 4；ï. baš 希-东 9；üč ïdoq 希-南 4；qan ï. baš kėdinin örgin bonta ėtiṭdim 塔-南 6；ï. baš kėdinintä yayladïm 塔-西 2
ïlaγ	草原	ï.+ïm tarïγlaγïm 塔-西 4；ič ï.+ïm 塔-西 5
ïnanču	专有名词	ï. baγa tarqan 塔-西 6；öz ï.塔-西 6；uluγ öz ï.塔-西 6

ïnγaru	此后，从那时起	ï. yoq boltï 希-北 10
ïšvara	专有名词	ï.+s tarqat anta ančoladïm 希-南 2；tarduš ï.+s 塔-西 7；ï. säŋün 塔-西 7
ït	狗	ï. yïlqa 塔-南 3
ïy-	侵占	ï.-a basïp olortï 铁-东 6
ič	中间的	i. ïlaγïm 塔-西 5；i. buyruq bašï 塔-西 6
ičik-	归属	yana i. ölmäči yitmäči sän tėdim 希-东 5；sïŋarï bodun i.-di 希-东 7；　anta bodun i.-di 希-南 10；anta i.-di 塔-南 10
ičgär-	征服	i.-ip yana yorïdïm 希-北 7；anï i.-mädim 希-南 4；anta i.-tim 塔-东 8；i.-ip igdir bölük 塔-南 3
ičrä	在内，在里面	i. bän bulγayïn tėmiš 希-南 4；i.+ki bodunï altmïš 塔-西 6
ičüy	河流名	i. käčip 希-南 5
igdir	部落名	i. bölük 塔-南 3
igit-	养育	i.-tük üčün ėlimin törömin ėtintim 塔-西 3
ilgärü	向前	i. yorïdïm 希-东 8；kögmän i. učï költi 塔-西 5 [iligärü]；i. qontï 铁-南 3
ilki	最先的	äŋ i. ay altï yaŋïqa 希-北 9
ir	南	ötükän i.+in qïšladïm 希-东 7；kögmän i.+intä 希-东 11
irlün	地名	i.+tä talaqamanta yėtdim 希-南 8
isig	热	i. yėr qutluγï 塔-北 3
iš	事	yičä i.+ig küčüg bėrgil tėdim 希-东 5；i. küč bėrür 塔-西 4
käč-	穿越，渡过，	ičüy k.-ip 希-南 5;bän säläŋä k.- ä udu yorïdïm 希-东 4
käčür-	使穿越	toγurγuγ k.-ü 希-南 12
kädimlig	轻装铠甲的	bėš yüz k. yadaγ bir ėki sašïp käldi 希-南 9
käl-	来	udu k.-iŋ tėdim 希-东 2；qodup bardïm k.-mädi 希-东 2；bėšinč ay udu k.-ti 希-东 3；qalmatï k.-ti 希-东 3；kärgün saqïšïn šïp bašïn yürä k.-ti 希-东 4；

käl-	来	k.-mädi 希-东 5；yėlmä äri k.-ti 希-东 6; yaγï k.-ir tė- 希-东 6，希-南 3；yaγïn bašï yorïyu k.-ti 希-东 6；toquz oγuz bägläri k.-ti 希-东 10；är k.-ti 希-南 1，希-南 3；qarluq ėšiŋä k.-mädük tėdi 希-南 1；bïŋam sürä k.-ti 希-南 2；anta är k.-ti 希-南 2；ayu k.-ti 希-南 3；bir ėki sašïp k.-ti 希-南 9；k.-ti 希-西 1；ančïp k.-ti 希-西 4；qavïša k.-ti 希-西 6
kälir-	带来，带到	yïlqïsïn barïmïn qïzïn qoduzun k.-tüm 希-东 3; qara yotulqan k.-ti 希-南 3
käm	河流名	k.+dä toqïdïm 希-东 7；k.希-南 1
käntü	自己	k. bodunum tėdim 希-东 2；k. bodun kirtim 希-南 8
käŋkäräs	地名	k.+dä öŋrä tavγačqa bazlanmïš 铁-北 5
kärgü	地名	k.+n saqïšïn šïp bašïn yürä kälti 希-东 4
käyrä	地名	k.+dä öŋdün 希-北 6; k. bašïnta üč birküdä qan süsi birlä qatïldïm 希-北 7; k. bašï üč birküdä ta 塔-东 6
käz-	沿着	qasuy k.-ü süŋüšdüm 希-东 6
käč-	穿越	k.-dim 希-南 1；k.-ip kälirti 希-南 3
kėčä	夜晚	k. ay batar ärkli süŋüšdüm 希-东 1
kėdin	西	säläŋä k.希-东 3；ïdoq baš k.+ intä 希-东 9，塔-西 2；qan ïdoq baš k.+in 塔-南 6；ötükän k. učïnta 塔-西 1；k. učï 塔-西 5
kėsrä	之后，后面，西面	anta k. taqïyu yïlqa 希-北 10；anta k. qaŋïm qaγan učdï 希-北 12；bän anta k. ït yïlqa 塔-南 3；anta k. küsgü yïlqa 塔-南 5；k. ay tuγsïqdaqï bodun 塔-西 3
kir-	进入	qurïya on oqqa k.-ti 希-北 11，塔-南 4; sïŋarï bodun k.-ti 希-南 7；k.-tim 希-南 8；täzip k.-ti 希-南 10
köč-	迁移	qonar k.-är bän 塔-西 4
kögmän	山名	k. irintä 希-东 11；k. iligärü učï költi 塔-西 5
kök	蓝色	üzä k. täŋri 塔-东 4，塔-西 3
köl	湖	čïγïltïr k.+tä qasuy käzü süŋüšdüm 希-东 6; qazluq k.+tä 希-南 2；tayγan k.+tä tėriltim 希-南 3；yula k.+tä qodtum 希-南 6

költi	地名	kögmän iligärü učï k.希-西 5
kömür	煤，地名	k. taγda 希-北 8，塔-东 7
kör budaqalï	地名	k. b.da qavïšalïm tėmiš 希-东 10
kör-	看	k. tėdim 希-东 11；k.-ti 希-南 3；kärgün saqïšïn šïp bašïn k.- ä kälti 希-东 4
küč	力量	yičä išig k.+üg bėrgil tėdim 希-东 5；k. qara bodun tėmiš 塔-南 5；k. qara suv ärmiš 塔-南 5；iš k. bėrür 塔-西 4
kü<d>-	等	ėki ay k.-tüm 希-东 5
kügür	地名	k.+dä 希-北 8
kül	阙（官名）	k. bilgä qaγan 希-北 5；k. bäg 铁-南 1
külüg	有名的，官名	bėš yüz bašï k. oŋï 塔-西 6；töliš bäglär oγlï biŋ bašï töliš k. ärän 塔-西 7；tarduš bäglär oγlï biŋ bašï tarduš k. ärän 塔-西 7
kün	日，天，太阳	k. quvranmïš 希-东 1；ėki yaŋïqa k. tuγuru süŋüšdüm 希-东 1；on k. öŋrä ürküp barmïš 希-南 7；öŋrä k. tuγsïqdaqï bodun 铁-东 5；öŋrä k. tuγsïqdaqï bodun 塔-西 3
künlük	天的	tümän k. bitigimin bälgümin anta yasï tašqa yaratïtdïm 希-东 9；tümän k. bitigimin bälgümin bonta yasï tašqa yaratïtdïm 塔-西 2
künüy	地名	qa[ńu]y k.塔-西 5
küŋ	女奴	qulum k.+üm bodunuγ täŋri yėr ayu bėrti 希-东 1；k.+üm qulum bodunuγ täŋri yėr anta ayu bėrti 希-南 9
küsgü	老鼠	k. yïlqa 希-北 12，塔-南 5
küz	秋	ol yïl k.+ün ilgärü yorïdïm 希-东 8
laγzïn	猪	l. yïlqa toqïdïm 希-北 11；l. yïlqa toquz tatar 塔-南 4

män	我	yälmäsin m. är anta basmïš 希-东 12；m.+iŋ süm üč 希-南 9；m. tašïqayïn tėmiš 希-东 10
oγul	儿子	ėki o.+ma yavγu šad at bėrtim 希-东 7；o.+ïn qotdum 希-西 3；töliš bäglär o.+ï 塔-西 7；tarduš bäglär o.+ï 塔-西 7；qanïm o.+ï 塔-北 3，塔-北 4；oγlï yavγum qaγan boltï 铁-西 5；o.+ï tarduš yavγu töliš čad olortï 铁-西 6
oγuz	乌古斯	toquz o. üzä yüz yïl olorup 希-北 3；toquz o. bodunumïn tėrü quvratï altïm 希-北 5；säkiz o.希-东 1；säkiz o. toquz ta 塔-北 1；toquz o. bägläri kälti 希-东 10；o. türü tašïqmïš 希-南 8；o.塔-东 2；o. bodun altï yüz säŋüt 塔-北 1
ol	他，那	o. ay 希-东 6；o.希-东 8，希-南附（1）1，希-西 5；o. yïl küzün ilgärü yorïdïm 希-东 8；o. ėki 塔-北 5；o. yėrimin suvumïn qonar köčär män 塔-西 4；o. bodunum 铁-北 4
olor-	即位，坐下	ėkin ara o.-mïš 希-北 2；üzä yüz yïl o.-up 希-北 3；ėlig yïl o.-mïš 希-北 4；anï o.-mïš 希-东 10；anta o.-up äviŋä ïdtïm 希-西 3；o.-tum 希-西 3；taqïγu yïlqa o.-tum 希-西 4；üč qaγan o.-mïš 塔-东 1；ėki yüz yïl o.-mïš 塔-东 1；säkiz on yïl o.-mïš 塔-东 3；miš yïl o.-mïš 塔-东 4；o.-tï 铁-西 6，铁-北 2；töliš čad o.-tï 铁-西 6；uyγur qaγan o.-mïš 铁-北 1；oq o.-mïš 铁-北 5；uyγur qaγan o.-mïš 铁-东 1；qaγanïm o.-tï 铁-东 4；ïya basïp o.-tï 铁-东 6
on	十	o. är ïdtïm 希-东 4；o. kün öŋrä ürküp barmïš 希-南 7；säkiz o. yïl olormïš 塔-东 3
onunč	第十	o. ay ėki yaŋïqa bardïm 希-西 2
on oq	十箭部落	qurïya o. +qa kir-希-北 11，塔-南 3
on uyγur	十姓回鹘	o. u.希-北 3
oŋï	官名	ötükän yiri o.塔-西 5；toquz bolmïš bilgä tay säŋün o.塔-西 6；külüg o.塔-西 6

orqun	鄂尔浑	o. balïqlïγ bältirintä ėl örginin anta örgipän ėtitdim 希-南 10；o. Ügüzdä 塔-东 3；o.塔-西 4
orto	中间	ötükän o.+sïnta 塔-南 6；ötükän o.+sïnta 塔-西 2
otuz	三十	altï o. yašïma ïdoq qut 希-北 4；bėšinč ay toquz o.+qa süŋüšdüm 希-东 4；altïnč ay bir o.+qa süŋüšdüm 希-南 5； bir o.+qa qarluγuγ 希-南 7；bir o.+qa 希-西 6；säkiz o. yašïma 塔-东 5；o. tatar 铁-东 3
ozmïš	乌苏米施（人名）	o. tėgin qan bol-希-北 9，塔-东 9；o. tėgin udarγanta yorïγur tėdi 塔-东 6
ozul	专有名词	o. öŋ ėrkin 塔-北 6
ödkünč	假冒	ö. qaγan ärmiš 铁-东 2
öl-	死	qara bodunum ö.-tüŋ 希-东 5；yana ičik ö.-mäči yitmäči sän tėdim 希-东 5
öŋ	专有名词	soγdaq bašï biligä säŋün ozu[l] ö. ėrkin 塔-北 6
öŋdün	东	ö.+i qańuy künüy …塔-西 5；ö. …希-北 6,希-南 11
öŋrä	前面，东面	ö. biŋa bašï ïdtï 希-北 6；on kün ö. ürküp barmïš 希-南 7； ö. kün tuγsïqdaqï bodun 塔-西 3；ö. kün tuγsïqdaqï bodun 铁-东 5
öŋüz	地名	as ö. bašïnta 希-东 9；as ö. baš 塔-南 6；as ö.塔-西 2
örgi-	建造	ėl örginin anta ö.-pän ėtitdim 希-南 10
örgin	王座	ö. anta ėtitdim 希-东 8，塔-西 1；ö. anta yaratïtdïm 希-东 9；ėl ö.+in anta örgipän ėtitdim 希-南 10；ö. bonta ėtitdim 塔-南 6；ö. bonta yaratïtdïm 塔-西 2；ö. yaratdï 铁-南 2
ötrü	为此	anta ö. türgėš qarluγuγ 希-南 5
ötükän	于都斤	ö.希-北 2，希-东 11，塔-西 4；ö. irin qïšladïm 希-东 7；ö. yiš bašïnta 希-东 9；ö.+tä bän 希-南 4；ö. ėli 塔-东 3；ö. ėli sizdä ävir tėdi 塔-南 5；ö. ortosïnta 塔-南 6，塔-西 2；ö. kėdin 塔-西 1；yaylaγïm ö. quzï 塔-西 5；ič ïlaγïm ö. yiri oŋï 塔-西 5

ötün-	恳求，请求	qaŋïm qanqa ö.-ti 塔-南 4
öz	自己	ö.+ümin öŋrä bïŋa baši ïdtï 希-北 6；ö. bilgä büńi 希-西 8；ö. ïnanču 塔-西 6
qadïr	部落名？	q. qasar ävdi 塔-东 2；q. qasar anta barmïš 铁-北 4
qaγan	可汗	bilgä q. bän 希-北 1；türük q. čaq ėlig yïl olormiš 希-北 4；qaŋïm kül bilgä q.希-北 5；qaŋïm q. učdï 希-北 12；yolluγ q.塔-东 1；bumïn q. üč qaγan olormïš 塔-东 1；üč q. olormïš 塔-东 1；q. atadï 塔-南 5；bilgä q. atadï 塔-南 6；q. atanïp 塔-南 6；bilgä q.塔-西 1；q. atïγ 塔-西 1；oγlï yavγum q. boltï 铁-西 5；uyγur q. olormïš 铁-北 1，东 1；bökä uluγ q. ėrmiš 铁-北 1；q. ėki ėrmiš 铁-东 2；ödkünč q. ėrmiš 铁-东 2；q.+ïm olortï 铁-东 4
qaγas	专有名词	q. atačuq 塔-西 9，塔-北 2
qal-	留下	anta q.-miši bodun 希-北 3；q.-madoq ėki yaŋïqa kün tuγuru süŋüšdüm 希-东 1；säkiz oγuz toquz tatar q.-matï kälti 希-东 3；biŋ yunt q.-mïš 希-西 9；tümän qoń q.-mïš 希-西 9
qalïš-	跳动，跳跃；惊动	üč yėgirmikä q.-ïšdï 塔-南 2
qamïš	芦苇	q. altïn anta 希-南 1
qan	可汗	q. süsi qatïltïm 希-北 7；q. bolmiš 希-北 9；qïrqïz q.+ï kögmän irintä 希-东 11；q.+ïŋa 希-东 12；q. 希-西 1；tavγač q.+ï qurïya täzip barmïš 希-西 3；q. boltï 塔-东 9；q.+ïn anta tutdum 塔-南 1；qaŋïm q.+qa ötünti 塔-南 4；q. ïdoq baš kėdinin örgin bonta ėtitdim 塔-南 6；bilgä q.+ïm ičräki bodunï altmïš 塔-西 6；täŋrim q.+ïm 塔-北 1；täŋri q.+ïm 塔-北 2；q.+ïma 塔-北 2；q.+ïm oγlï bilgä tarduš 塔-北 3；q.+ïm oγlï bilgä töliš uluγ bilgä čad 塔-北 4；uyγur q.+ïm tutulmïš 铁-西 4；q.+ïm yašï tägip učdï 铁-西 5；q.+ïm ėl tutmïš 铁-西 6

qaŋ	父亲	q.+ïm kül bilgä qaγan 希-北 5；q. qaγan učdï 希-北 12；q.+ïm qanqa ötünti 塔-南 4
qańuy	河流名	q. künüy 塔-西 5
qara	民众	q. bodun qïlïnč 希-北 12；q. ėgil bodunuγ 希-东 2；q. bodunum öltüŋ 希-东 5；q. buluquγ anï olormïš 希-东 10；q. bodun turayïn 塔-南 4；küč q. bodun tėmiš 塔-南 5；küč q. suv ärmiš 塔-南 5；q. bodun turuyïn 塔-南 5
qara	地名	q. qum ašmïš 希-北 8；q. yotulqan käčip kälirti 希-南 3；q. buluq 希-南 11
qaraγa	地名	q. burγu ol 塔-西 4
qarγu	哨所	q.希-南 1
qarluq	葛罗禄	üč q.希-南 4，塔-北 3；üč q. yavlaq saqïnïp täzä bar-希-北 11，塔-南 3；q. ėšiŋä kälmädük tėdi 希-南 1；ärän q. tapa 希-南 1；üč q.+ïγ anta toqïdïm 希-南 1；q. är ïdmïš 希-南 3；türgėš q.+uγ tavarïn 希-南 5；q.+uγ 希-南 7；q. tapa täzip kirti 希-南 10；q.希-南 12，希-西 1；q. yoq boltï 希-西 2
qasar	葛萨	q. qurïdïn örgin anta ėtitdim 希-东 8；qadïr q. anta barmïš 铁-北 4；q. qurïγ qontï 铁-南 2
qasuy	地名	q. käzü süŋüšdüm 希-东 6
qata	数次	q. toqïdïm 希-东 6
qatïl-	参与	qan süsi q.-tïm 希-北 7；anta q.-mïš 希-南 8
qatun	可敦（可汗之妻）	q.+ïn anta altïm 希-北 10；q. yėgäni öz bilgä büńi 希-西 8；ėlbilgä q. atadï 塔-南 6；q. atanïp 塔-南 6；ėlbilgä q.塔-西 1；q. atïγ atanïp 塔-西 1
qavïš-	会合	q.-alïm tėmiš 希-东 11；q.-a kälti 希-西 6
qay	专有名词	baš q. ava baš 塔-北 3，塔-北 4
qazγan-	取得，赢得	q.-tï 塔-北 1
qazluq	湖名	q. költä 希-南 2
qïl-	做	qara ėgil bodunuγ yoq q.-madïm 希-东 2；yazï q.-tïm 希-东 4；yoq q.-mïš 希-西 4

qïlïn-	被创造，被做	täŋri q.-toqda uyγur qaγan olormïš 铁-北 1
qïlïnč	行为	qara bodun q.希-北 12
qïrqïz	黠戛斯	q. tapa är ïdmïš 希-东 10；q. qanï kögmän irintä 希-东 11
qïšla-	过冬	ötükän irin q.-dïm 希-东 7
qïyïn	惩罚	q. aydïm 希-东 2
qïz	姑娘，女孩儿	yïlqïsïn barïmïn q.+ïn qoduzïn kälürtüm 希-东 3；ėki q.+ïn tapïγ bėrti 希-西 4
qod-	放下	q.-up bardïm kälmädi 希-东 2；qïzïn q.-uzïn kälürtüm 希-东 3；turγuru q.-tum 希-东 2；költä q.-tum 希-南 6；oγlïn q.-dum 希-西 3
qoduz	妇女（可汗的可敦之外的妻子）	yïlqïsïn barïmïn qïzïn q.+ïn kälürtüm 希-东 3
qon-	定居	q.-ar köčär bän 塔-西 4；qasar qurïγ q.-tï 铁-南 2；ilgärü q.-tï 铁-南 3
qoń	羊	q. yïlqa yorï- 希-北 9，塔-东 9；tümän q. qalmïš 希-西 9；tümän q.希-南附（2）1；q. yïlqa 希-西 2
qudï	往下，下方	üküši säläŋä q. bardï 希-东 4
qul	奴	q.+um küŋüm bodunuγ täŋri yėr ayu bėrti 希-东 1；küŋüm q.+um bodunuγ täŋri yėr anta ayu bėrti 希-南 9
qum	沙，地名	q. qumuγ ašmiš 希-北 8
qurï	西	q.+ya on oqqa kir- 希-北 11，塔-南 3；qasar q.+dïn örgin anta ėtitdim 希-东 8；q.+ya täzip barmïš 希-西 3；qasar q.+g qontï 铁-南 2
qut	吉祥，神圣	ïdoq q.希-北 4；q. yaratïγ tuγïn ävim 希-西 3；q. 希-西 4；q.+ïŋa yazmayïn tėdi 希-西 5
qutluγ	有福的；官名	q.+ï isig yėr qutluγï 塔-北 3；q.+ï 塔-北 3，塔-北 4；q.+ï udarγan 塔-北 4；q. tarqan säŋün 塔-北 5；q. bilgä säŋün 塔-北 5；q. yaγma 塔-北 6

quvran-	聚集，集合	kün q.-mïš 希-东 1
quvrat-	使集合	tėrü q.-ï altïm 希-北 5
quz	山的北坡	yaylaɣïm ötükän q.+ï 塔-西 5
saqïn-	想	üč qarluq yavlaq s.-ïp täzä bar-希-北 11，塔-南 3
saqïš	地名	kärgün s.+ïn šïp bašïn yürä kälti 希-东 4
sanč-	扎入，刺入	anta s.-dïm 希-东 1，希-东 2，希-东 4，希-东 6，希-南 5，希-南 7，希-南 9，希-西 6，塔-南 1，塔-南 3；s.-dïm 希-东 3，希-南 5，希-南 12；säläŋäkä sïqa s.-dïm 希-东 4；s.-doq yėrdä 希-西 7
saš-	惊恐	bir ėki s.-ïp kälti 希-南 9
säkiz	八	s. oɣuz 希-东 1，希-东 3；bir yėgirminč ay s. yėgirmikä 希-南 1；s. otuz yašïma 塔-东 5；s. säläŋä 塔-西 4
säkiz on	八十	s. o. yïl olormïš 塔-东 3
säkizinč	第八	s. ay bir yaŋïqa sü yorïyïn 希-东 5；s. ay ėki yanïqa 希-东 6；s. ay bän udï yorïdïm 希-南 6；s. ay üč yaŋïqa yor 希-西 1
säläŋä	色楞格	suvï s. ärmiš 希-北 2；s. kėdin 希-东 3；s.+kä tägi čärig ėtdi 希-东 4；s.+kä sïqa sančdïm 希-东 4；üküši s. qudï bardï 希-东 4；bän s. käčä udu yorïdïm 希-东 4；s.+dä bay balïq yapïtï bėrdim 希-西 5；säkiz s.塔-西 4
sän	你	ölmäči yitmäči s. tėdim 希-东 5
säŋün	将军	toquz bolmïš bilgä tay s.塔-西 6；ïšvara s.塔-西 7；az sïpa tay s.塔-北 3；čavïš s.塔-北 4；bilgä qutluɣ tarqan s.塔-北 5；qutluɣ bilgä s.塔-北 5；qutluɣ tarqan s.塔-北 5；soɣdaq bašï bilgä s. ozu[l] öŋ ėrkin 塔-北 6
säŋüt	将军（复数）	bėš s.塔-南 4；altï yüz s.塔-北 1；s.塔-北 2
sävin	河名	s. (…) burɣu ol 塔-西 4
sïq-	挤	säläŋäkä s.-a sančdïm 希-东 4

sïŋar	成对物的一个	yïlun qol bėrdin s. šïp bašïŋa tägi čärig ėtdim 希-东 3；s.+ï bodun ičikdi 希-东 6；s.+ï bodun 希-东 7
sïpa	专有名词	az s. tay säŋün 塔-北 3
sinläg	坟	s.+dä küč qara bodun tėmiš 塔-南 5
sin	坟	s. sizdä küč qara suv ärmiš 塔-南 5
siz	你们	s. tašïqïŋ 希-东 10；ötükän ėli s.+dä ävir tėdi 塔-南 5；sindä s.+dä küč qara suv ärmiš 塔-南 5
soγdaq	粟特	s. tavgačqa säläŋädä bay balïq yapïtï 希-西 5；s. bašï bilgä säŋün ozu[l] öŋ ėrkin 塔-北 6
suv	水，河	s.+ï säläŋä ärmiš 希-北 2；qara s. ärmiš 塔-南 5；ol yėrimin s.+umïn qonar köčär män 塔-西 4
suqaq	地名	s. yulïnta čigil totoq 希-南 11
sü	士兵	s. yorï-希-北 6，希-东 11；qan s.+si [birlä] qatïltïm 希-北 7；s. yorïyïn tėdim 希-东 5；s.+sin anta sančdïm 希-南 7；mäniŋ s.+m üč 希-南 9；s. bašï bän 希-南附（2）1
süŋüš	战争	ėkinti s.希-北 9；s.+dä tutup on är ïdtïm 希-东 4
süŋüš-	作战	s.-düm 塔-南 1，塔-南 3；kėčä yaruq batar ärkli s.-düm 希-东 1；ėki yaŋïqa kün tuγuru s.-düm 希-东 1；törtünč ay toquz yaŋïqa s.-düm 希-东 3；bėšinč ay toquz otuzqa s.-düm 希-东 4；qasuy käzü s.-düm 希-东 6；altïnč ay bir otuzqa s.-düm 希-南 5
sür-	驱赶	bïŋam s.-ä kälti 希-南 2
süy (?)	?	s.塔-西 5
šad	官名	ėki oγluma yavγu š. at bėrtim 希-东 7
šïp bašï	河名	š.b.+ŋa tägi čärig ėtdim 希-东 3；kärgün saqïšïn š. b.+ïn yürä kälti 希-东 4
taγ	山	kömür taγ.+da 希-北 8，塔-东 7；üč ïdoq t. ötükän 希-南 4
taqï	再有	t. ozmïš tėgin qan boltï 塔-东 9
taqïγu	鸡	t. yïlqa 希-北 10，希-西 4；t. yïlqa yorïdïm 塔-南 2

talaqaman	地名	t.+ta yėtdim 希-南 8
tapïɣ	服待，服务	ėki qïzïn t. bėrti 希-西 5
tapa	朝向	čik t. yorïdïm 希-东 7；qïrqïz t. är ïdmïš 希-东 10；čik t. bïŋa ïdtïm 希-东 11；ėši yėr t. az är ïdtïm 希-东 11；ärän qarluq t.希-南 1；yėrin t. bardï 希-南 6；qarluq t. täzip kirti 希-南 10
tarduš	达头（族名）	t. töliš bodunqa bėrtim 希-东 7；bilgä t.塔-北 3；t. bäglär oɣlï bïŋ bašï t. külüg ärän 塔-西 7；t. ïšvaras 塔-西 7；　bayïrqu t. bilgä tarqan 塔-北 6；oɣlï t. yavɣu töliš čad olortï 铁-西 6
tarïɣlaɣ	耕地	ïlaɣïm t.+ïm 塔-西 4
tarqan	达干（官名）	ïnanču baɣa t.塔-西 6；tuyqun uluɣ t.塔-西 8；bïla baɣa t.塔-北 2；bilgä qutluɣ t. säŋün 塔-北 5；qutluɣ t. säŋün 塔-北 5；bayïrqu tarduš bilgä t.塔-北 6
tarqat	达干（复数）	ïšvaras t.希-南 2
taš Ⅰ	石头	yasï t.+qa yaratït-塔-西 3,希-东 9；tolqu t.+qa toqïtdïm 塔-西 3
taš Ⅱ	外面	t.+dïntan 希-南 4；t.+dïntan üč qarluq 希-南 4
tašɣar-	派出	čikig t.-ïŋ tėmiš 希-东 10
tašïq-	出外	tuɣ t.-ar ärkli 希-东 5；siz t.-ïŋ 希-东 10；män t.-ïqayïn tėmiš 希-东 10；oɣuz türük t.-mïš 希-南 8
tatar	达靼	toquz t.希-东 1，塔-南 4，塔-北 2，塔-北 4；toquz t. qalmatï kälti 希-东 3；t. birlä qatï toqïdïm 希-东 6；t.+ïɣ ayïtdïm 希-东 8
tavar	财产	türgėš qarluquɣ t.+ïn alïp ävin yulïp barmïš 希-南 5
tavɣač	唐朝	ašnuqï t.+daqï oɣuz türük tašïqmïš 希-南 8；t. qanï qurïya täzip barmïš 希-西 3；soɣdaq t.+qa 希-西 5；t.塔-北 6；t.+qa bazlanmïš 铁-北 5
tavïšɣan	兔	t. yïl 希-东 8
tay	专有名词	t. bilgä totoquɣ 希-北 11；t. bilgä totoq 希-东 5；toquz bolmïš bilgä t. säŋün 塔-西 6；az sïpa t. säŋün 塔-北 3

tayγan	湖名	t. költä tėriltim 希-南 3
täg-	接触；碰到	t.-ip učdï 铁-西 5；yašï t.-di 铁-东 3
tägi	直到……为止	šïp bašïŋa t. čärig ėtdim 希-东 3；säläŋäkä t. čärig ėtdi 希-东 4
tägräs	地名	t. ėli ėkin ara olormïš 希-北 2；t. ėli 塔-东 3，塔-西 4
tälädü	河名	t. qaraγa burγu ol 塔-西 4
täŋri	上天	t. qïlïntoqta uyγur qaγan olormïš 铁-北 1；t.+dä bolmïš ėl ėtmiš uyγur qaγan olormïš 铁-东 1；t.+dä bolmïš ėl ėtmiš bilgä qaγanïm olortï 铁-东 4；t.+dä bolmïš ėl ėtmiš bilgä qaγan atadï 塔-南 6；t.+dä bolmïš ėl ėtmiš bilgä qaγan 塔-西 1；t.+dä bolmïš ėl ėtmiš bilgä qanïm ičräki t. yėr ayu bėrti 希-东 1；t. yėr anta ayu bėrti 希-南 9；t. tuta bėrdi 希-东 2；t.+dä bolmïš ėl ėtmiš bilgä qaγan bän 希-北 1；bodunï altmïš 塔-西 6；üzä kök t.塔-东 4；üzä kök t. yarlïqaduq üčün 塔-西 3；t.+m qanïm 塔-北 1；t.+m qanïm oγh bilgä tarduš 塔-北 3；t.+m qanïm oγlï bilgä töliš 塔-北 4；t. qanïm 塔-北 2
täz	铁兹（河流名）	t. bašïnta 希-东 8；t. bašï čïtïmïn yayladïm 希-南 2；t. bašïnta örgin anta ėtitdim 塔-西 1；kėdin učï t. bašï 塔-西 5
täz-	逃走	t.-ä bardï 希-北 11，塔-南 3；t.-ip barmïš 希-西 3；t.-ä 希-西 3；tapa t.-ip kirti 希-南 10；barča tükäp t.-ä 希-南附（1）1
tė-	说，讲	käntü bodunum t.-dim 希-东 2；udu käliŋ t.-dim 希-东 2；yana ičik ölmäči yitmäči sän t.-dim 希-东 5；yičä išig küčüg bėrgil t.-dim 希-东 5；sü yorïyïn t.-dim 希-东 5；yaγï t.-di 希-东 6；čikig tašγarïŋ t.-miš 希-东 10；män tašïqayïn t.-miš 希-东 10；qavïšalïm t.-miš 希-东 11；t.-miš 希-东 11，希-

tė-	说，讲	南 4；kör t.-dim 希-东 11；qarluq ėšiŋä kälmädük t.-di 希-南 1；t.-p ayu kälti 希-南 3；ičrä bän bulγayïn t.-miš 希-南 4；yïn t.-miš 希-南 4；t.-miši 希-西 2；yazmayïn t.-di 希-西 5；yaŋïlmayïn t.-di 希-西 5；yorïyur t.-di 塔-东 6；anï alγïl t.-di 塔-东 6；ävir t.-di 塔-南 5；bar t.-di 塔-南 5；küč qara bodun t.-miš 塔-南 5；t.-di 塔-北 5
tėgin	王子	ozmiš t. qan bolmiš 希-北 9；ozmïš t. udarγanta yorïyur tėdi 塔-东 6；t. qan boltï 塔-东 9
tėgit	王子们	uyγur bodunï t.+imin 塔-北 2
tėr-	聚集，集合	t.-ü quvratï altïm 希-北 5
tėril-	组合，组装	tün t.-ilmiš 希-东 1；tayγan költä t.-iltim 希-南 3；t.-ip 希-南 12
tïl	间谍	t. tutmïš 希-东 12
tik-	建造，立起	čït t.-di 铁-南 2
tirig	活的	t.+i barï türgėškä 希-西 1
toγla	河流名	t.塔-西 4
toγurγu	河流名	t.+g käčürü 希-南 12
toqï-	打；袭击	kämdä t.-dïm 希-东 8；altï yaŋïqa t.-dïm 希-北 9；laγzïn yïlqa t.-dïm 希-北 11；qatï t.-dïm 希-东 6；anta t.-dïm 希-南 2；t.-dïm 希-西 3
toqït-	使立起，使制造，使打造	čït anta t.-dïm 希-东 8，希-东 9；čït bonta t.-dïm 塔-西 2；tolqu tašqa t.-dïm 塔-西 3
toqtar-	攻击	anta t.-tïm 塔-东 8
toquš	地名	yavaš t. bältirintä yayladïm 希-东 9
toquz	九	t. tatar 希-东 1，塔-北 4，塔-南 4，塔-北 2；t. oγuz üzä yüz yïl olorup 希-北 3； t. oγuz 希-东 10； t. oγuz bodunumïn tėrü quvratï altïm 希-北 5；törtünč ay t. yaŋïqa süŋüšdüm 希-东 3；t. otuzqa süŋüšdüm 希-东 4；t. yaŋïqa 希-东 11；t. bolmïš bilgä tay säŋün 塔-西 6；t. yüz är bašï 塔-西 8；t. bayïrqu 塔-北 4；t. buyruq 铁-南 4

tolqu	一整块	t. tašqa toqïtdïm 塔-西 3
toŋra	部落名	t. ädä 塔-北 2，塔-北 3
toš	泉	arqar bašï t.+ïnta 希-南 1
totoq	都督（官名）	tay bilgä t.+uγ 希-北 11；tay bilgä t. yavlaqïn üčün 希-东 5；t. bašïn čik tapa bïŋa ïdtïm 希-东 11；t. bėrtim 希-南 2；čigil t.希-南 11
tök-	倒入	atlïγïn t.-ä bar-塔-东 2，铁-北 3
töliš	突利失（部落名）	tarduš t. bodunqa bėrtim 希-东 7；t.希-北 1；t. čad olortï 铁-西 6；t. bäglär oγlï 塔-西 7；bïŋ bašï t. külüg ärän 塔-西 7
törö	法制	ėlimin t.+min ėtintim 塔-西 3
tört	四	ėkinti ay t.yėgirmikä kämdä toqïdïm 希-东 7；t. yėgirmikä 塔-东 7；t. buluŋdaqï bodun iš küč bėrür 塔-西 4
törtünč	第四	t. ay toquz yaŋïqa süŋüšdüm 希-东 3
tuγ	旗	t. tašïqar ärkli yėlmä äri kälti 希-东 5；t.+ïn 希-西 6；qut yaratïγ t.+ïn ävim 希-西 3
tuγluγ	带旗的	üč t. türk bodunqa yėtinč ay tört yėgirmikä 塔-东 7；üč t. türk bodun 希-北 8；üč t. türk bodunuγ 希-西 7
tuγsïq	东	öŋrä kün t.+daqï bodun 铁-东 5； öŋrä kün t.+daqï bodun 塔-西 3；kėsrä ay t.+daqï bodun 塔-西 3
tuγur-	诞生	kün t.-u süŋüšdüm 希-东 1；t.-u sančdïm 希-南 5
tur-	站立	t.-up yėrin tapa bardï 希-南 6；qara bodun t.-ayïn 塔-南 4，塔-南 5；üč yüz turγaq t.-dï 塔-北 2
turγaq	警卫队	t. bašï 塔-北 2；üč yüz t. turdï 塔-北 2
turγur-	释放，放开，原谅而释放	t.-u qodtum 希-东 2
tut-	抓住；统治	t.-dum 希-北 10，希-东 1；yazuqluq atlïγ t.-a bėrti 希-东 2； süŋüšdä t.-up on är ïdtïm 希-东 4；tïl t.-mïš 希-东 12；ėl t.-mïš 铁-西 6，铁-北 2；ėl t.-dï 铁-东 3，铁-东 4；qanïn anta t.-dum 塔-南 2；ėlig t.-dï 塔-北 1

tutam	人名	b. tutam 塔-龟座
tutul-	被抓	t.-ulmïš 铁-西 4
tuyqun	专有名词	t. uluγ tarqan 塔-西 8
tükä-	完	barča t.-p täzä 希南附（1）1
tümän	万	t. künlük bitigimin bälgümin anta yasï tašqa yaratïtdïm 希-东 9；t.希-西 7；t. qoń qalmïš 希-西 9；t. qoń 希-南附（2）1；t.künlük bitigimin bälgümin bonta yasï tašqa yaratïtdïm 塔-西 2；bir t. bodun qazγantï 塔-北 1
tün	夜	t. tėrilmiš 希-东 1
türgėš	突骑施	t.希-南 5；t.+kä 希-西 1
türk	突厥	üč tuγluγ t. bodunuγ 希-西 8；　üč tuγluγ t. bodun 希-北 8；　t. bodun anta ïnγaru yoq boltï 希-北 10；t. bodunuγ anta ičgärtim 塔-东 8；t. qaγan čaq ėlig yïl olormiš 希-北 4；t.ėliŋä altï otuz yašïma ïdoq qut 希-北 4；tavγačdaqï oγuz t. tašïqmïš 希-南 8；t. ėlin anta bulγadïm 塔-东 5；üč tuγluγ t. bodunqa 塔-东 7
tüš-	住进，驻扎	anta yana t.-düm 希-东 7，希-南 2；ävimä t.-düm 希-南 5；anta yana yorïp t.-düm 希-南 7；anta yana t.-üp 希-南 10；anta yana t.-üp 希-西 1；t.-düm 希-西 2；altï yaŋïqa t.-düm 希-西 4
uč	端，尖	u.+ï säläŋäkä tägi čärig ėtdi 希-东 4；kėdin u.+ïnta 塔-西 1；kėdin u.+ï 塔-西 5；　bėrigärü u.+ï 塔-西 5；iligärü u.+ï költi 塔-西 5
uč-	去世	qaŋïm qaγan u.-dï 希-北 12；yašï tägip u.-dï 铁-西 5
učuz köl	湖名	u. k.+ikä atlïγïn tökä bar-　塔-东 2，铁-北 3
ud-	追，追赶	u.-u käliŋ tėdim 希-东 2；bėšinč ay u.-u kälti 希-东 3；bän säläŋä käčä u.-u yorïdïm 希-东 4；anta u.-u yorïdïm 希-东 6；bän u.-u yorïdïm 希-南 6
udarγan	地名	u.+ta yorïγur 塔-东 6
udurγan	地名	u.塔-北 4

ulu	龙	u. yïlqa 希-东 9，塔-西 2
uluγ	伟大	u. buyruq 塔-西 6；bėš yüz bašï u. öz ïnanču 塔-西 6；u. uruŋu 塔-西 7；tuyqun u. tarqan 塔-西 8；u. čigši 塔-北 1；u. bilgä yavγu 塔-北 3；bilgä töliš u. bilgä čad 塔-北 4；bökä u. qaγan ärmiš 铁-北 1
ur-	放置	bitigin bo u.-dï 铁-南 3
uruŋu	官名	u. yüz bašï 塔-西 7；uluγ u.塔-西 7
urušu	专有名词	u. qutluγ tarqan säŋün 塔-北 5
utru	对面	bän u. yorïdïm 希-南 3
uyγur	回鹘	on u.希-北 3；u. bodunï tėgitimin 塔-北 2；u. qanïm tutulmïš 铁-西 4；u. qaγan olor- 铁-北 1，铁-东 1；u. qaγan 铁-北 5
üč	三	ü. tuγluγ türk bodun 希-北 8；ü. tuγluγ türk bodunuγ 希-西 7；ü. qarluq yavlaq saqïnïp täzä bar- 希-北 11，塔-南 3；ü. qarluq 希-南 4，塔-北 3；ü. qarluqïγ anta toqïdïm 希-南 1；ü. birküdä qan süsi birlä qatïldïm 希-北 7；ü. ïdoq ta[g] ötükän 希-南 4；ü.希-南 9；säkizinč ay ü. yaŋïqa yor 希-西 1；ü. qaγan olormïš 塔-东 1；ü. tuγluγ türk bodunqa yėtinč ay tört yėgirmikä 塔-东 7；ü. yėgirmikä qalïšda süŋüšdüm 塔-南 2；ü. qarluq laγzïn yïlqa 塔-南 4；ü. birküdä 希-东 6；ü. yüz yïl ėl tutmïš 铁-北 2；ü. yüz turγaq turdï 塔-北 2
üčün	为了	yavlaqïn ü. bir ėki atlïγ 希-东 5；üzä kök täŋri yarlïqadoq ü.塔-西 3；igidtök ü. ėlimin törömin ėtintim 塔-西 3；ü. otuz tatar ėl tutdï 铁-东 3；bilgäsin ü.铁-东 5
ügüz	河	ü.希-北 3； ėrtiš ü.+üg 希-南 1； bolču ü.+dä üč qarluqïγ anta toqïdïm 希-南 1；yar ü.+dä 希-北 8，塔-东 7；orqun ü.+dä 塔-东 3
üküš	多	ü.+i säläŋä qudï bardï 希-东 4
ürk-	惊慌	ü.-üp barmïš 希-南 7

ürüŋ	白	ü. bägig 希-东 10
üzä	上面	toquz oɣuz ü. yüz yïl olorup 希-北 3；ü. köök täŋri 塔-东 4；ü. kök täŋri yarlïqadoq üčün 塔-西 3
yadaɣ	步兵	bėš yüz kädimlig y. bir ėki sašïp kälti 希-南 9
yaɣï	敌人	y. kälir tėdi 希-东 6; y.+n bašï yorïyu kälti 希-东 6; y. kälir tėp ayu kälti 希-南 3; y. boltï 希-南 6; y.+m yoq boltï 塔-西 4
yaɣïd-	为敌	y.-a bošuna bošnuldum 希-东 7；y.-u ärmiš 希-东 10；basmïl y.-ïp ävimärü bardï 希-南 4
yaɣma	样磨（族名）	y.塔-北 5；qutluɣ y.塔-北 6
yaɣïz	棕色	asra y. yėr 塔-东 4；asra y. yėr 塔-西 3
yaɣlaqar	药罗葛（落名）	y.塔-西 7
yaqa	边境	y. anta yaqaladïm 希-东 8；anta y.+ɣaru basmïš 希-西 2
yaqala-	划定边界	yaqa anta y.-dïm 希-东 8，希-南 2
yan	边	y.+ta 希-南 1
yana	再，又	y. yorïdïm 希-北 7；y. ičik ölmäči yitmäči sän tėdim 希-东 5；anta y. tüšdüm 希-东 7，希-南 2；anta y. yorïp tüšdüm 希-南 7；anta y. tüšüp 希-南 10；y. tüšüp 希-西 1；y.希-北 5，塔-东 4；anta y. 塔-东 8
yaŋï	新月，一个月前十日	altï y.+qa toqïdïm 希-北 9；ėki y.+qa kün tuɣuru süŋüšdüm 希-东 1; toquz y.+qa süŋüšdüm 希-东 3; bir y.+qa sü yorïyïn tėdim 希-东 5；ėki y.+qa 希-东 6; toquz y.+qa 希-东 11; üč y.+qa yor 希-西 1; ėki y.+qa bardïm 希-西 2；altï y.+qa tüšdüm 希-西 4
yaŋïl-	犯错误	y.-mayïn tėdi 希-西 5
yapït-	使建造	bay balïq y.-ï bėrtim 希-西 5
yar	河名	y. ügüzdä 希-北 8，塔-东 7
yara-	有益于；有用	y.希-东 10

yarat-	建造	bonï y.-gma 塔-北 5；bonï y.-gma bökä tutum 塔-龟座；y.-dï 铁-南 2；bo y.-dï 铁-南 3
yaratït-	使造	bälgümin bitigimin anta y.-dïm 希-东 8；örgin anta y.-dïm 希-东 9；yasï tašqa y.-dïm 希-东 10，塔-西 3；anta y.-dïm 塔-西 1；bonta y.-dïm 塔-西 2；yasï tašqa y.-ïdïm 塔-西 3
yaratïγ	创造的	qut y. tuγïn ävim 希-西 3
yarïš	地名	yoγra y.+da süsin anta sančdïm 希-南 7；y. aγuluγ ara 希-西 6
yarlïqa-	下令	üzä kök täŋri y.-doq üčün 塔-西 3
yaruq	光明	kėčä y. batar ärkli süŋüšdüm 希-东 1
yasï	扁	y. tašqa yaratït-希-东 9，塔-西 3
yaš	年岁	altï otuz y.+ïma ïdoq qut 希-北 4；säkiz otuz y.+ma yïlan yïlqa türük ėlin anta bulγadïm 塔-东 5；qanïm y.+ï tägip učdï 铁-西 5；y.+ï tägdi 铁-东 3
yavaš	地名	y. toquš bältirintä yayladïm 希-东 9
yavlaq	恶事	üč qarluq y. saqïnïp täzä bar-希-北 11，塔-南 3；y.+ïn üčün 希-东 5
yavγu	叶护（官名）	ėki oγluma y. šad at bėrtim 希-东 7；y. ata- 希-北 12，塔-南 5；uluγ bilgä y. 塔-北 3；bonča y. 塔-北 3；oγlï tarduš y. töliš čad olor-铁-西 6；oγlï y.+m qaγan boltï 铁-西 5
yay	夏	y. anta yayladïm 希-东 8
yayla-	过夏	yay anta y.-dïm 希-东 8；yavaš toquš bältirintä y.-dïm 希-东 9；čïtïmïn y.-dïm 希-南 2；olortum y.-dïm 希-西 3；ėki yïl y.-dïm 塔-西 2；ïdoq baš kėdinintä y.-dïm 塔-西 2；örgin yarattï y.-dï 铁-南 2
yaylaγ	夏季牙帐	y.+ïm ötükän quzï 塔-西 5
yaz-	犯错误	y.-mayïn tėdi 希-西 5；y.-a qaltïm 希-东 4
yazuqluγ	犯罪的	y. atlïγïγ 希-东 2
yämä	还，又	y.希-东 10
yėgän	侄子	qatun y.+i 希-西 8

yėgirmi	二十	bėš y.+kä käyrä bašï üč birküdä 希-东 6；ėkinti ay tört y.+kä kämdä toqïdïm 希-东 7; bir yėgirminč ay säkiz y.+kä 希-南 1；bėš y.+kä 希-南 3；bir y.希-南 8；bir y.+inč ay y.+kä 希-南 11；ėkinti ay altï y.+kä 希-西 7; tört y.+kä 塔-东 7；üč y.+kä qalïšda süŋüšdüm 塔-南 2；yėti y.塔-北 2
yėgirmi nč	第二十	bir y. ay säkiz yėgirmikä 希-南 1；bir y. ay yėgirmikä 希-南 11
yėlmä	前锋	y. äri kälti 希-东 6；y.+sin ėš yėriŋärü ïdmïš 希-东 12；y.+sin mäŋin är anta basmïš 希-东 12
yėr	地	y. ayu bėrti 希-东 2；ėši y. tapa az är ïdtïm 希-东 11；yėlmäsin ėš y.+iŋärü ïdmïš 希-东 12；y.+in tapa bardï 希-南 6; täŋri y. anta ayu bėrti 希-南 9; y.+dä 希-西 7; asra yaγïz y. 塔-东 4; asra yaγïz y. igidtök üčün 塔-西 3; ol y.+imin suvumïn qonar göčär män 塔-西 4；qutluγï isig y.塔-北 3；y.+ig 铁-东 6
yėt-	到达	[anta bükgök]kä y.-dim 希-东 1；burγuda y.-dim 希-东 3；talaqamanta y.-dim 希-南 8
yėti	七	y. yėgirmi 塔-北 2
yėtinč	第七	y. ay 塔-东 7
yėtmiš	七十	y. yïl ärmiš 铁-北 5
yėtük	地名	y. bašïnta ara 希-西 6
yγrdqn?	—	希-南 6
yïl	年	ulu y.+qa 希-东 9；üzä yüz y. olorup 希-北 3；ėlig y. olormïš 希-北 4; laγzïn y.+qa toqïdïm 希-北 11；küsgü y.希-北 12；ol y. küzün ilgärü yorïdïm 希-东 8；tavïšγan y. bėšinč ayqa 希-东 8；taqïγu y.+qa 希-北 10，铁-西 4；taqïγu y.+qa 希-西 4; qoń y.+qa 希-北 9；bars y.+qa čig tapa yorïdïm 希-东 7；qoń y.+qa yorï- 希-西 2，塔-东 9; taqïγu y.+qa yorïdïm 塔-南 2；ėki yüz y. olormïš 塔-东 1；säkiz on y. olormïš 塔-东 3；y. olormïš 塔-东 4；y. barmïš 塔-

yïl	年	东 4；yïlan y.+qa türük ėlin anta bulγadïm 塔-东 5；ït y.+qa üč qarluγ yavlaq saqïnïp täzä bardï 塔-南 3；laγzïn y.+qa toquz tatar 塔-南 4；küsgü y.+qa sinligdä küč qara bodun tėmiš 塔-南 5；bars y.+qa 塔-西 1；yïlan y.+qa ėki yïl yayladïm 塔-西 1；ėki y. yayladïm 塔-西 1；ulu y.+qa 塔-西 2；üč yüz y. ėl tutmïš 铁-北 2；yėtmiš y. ärmiš 铁-北 5
yïlan	蛇年	y. yïlqa türük ėlin anta bulγadïm 塔-东 5；y. yïlqa ėki yïl yayladïm 塔-西 1
yïllïq	年的	biŋ y.+lïq 希-东 9，塔-西 2
yïlun qol	地名	y. q. bėrdin sïŋar šïp bašïŋa tägi čärig ėtdim 希-东 3
yïlla-	过年，越年	yorïdïm y.-dïm 塔-南 2
yïlqï	马群，畜牧	ävin barqïn y.+sïn yulïmadïm 希-东 2；y.+sïn barïmïn qïzïn qoduzïn kälürtüm 希-东 3
yïš	森林	ötükän y. bašïnta 希-东 9；altun y. kėdin učï 塔-西 5
yičä	重新	y. ėrtim 希-东 2；y. išig küčüg bėrgil tėdim 希-东 5；y. boltï 希-西 5
yir	南	ötükäny.+i 塔-西 5
yit-	丢	y.-diŋ 希-东 5；ölmäči y.-mäči sän tėdim 希-东 5
yoγra	地名	y. yarïšda süsin anta sančdïm 希-南 7
yoq	没有	ïnγaru y. boltï 希-北 10；qara ėgil bodunuγ y. qïlmadïm 希-东 2；qarluq y. boltï 希-西 2；y. qïltïm 希-西 4；anta y. boltï 塔-东 8；yaγïm y. boltï 塔-西 4
yol	名誉	y.+ïn 塔-北 5
yoluq-	碰见，遇见	y.-dum 希-南 1
yolluγ	官名	y. qaγan 塔-东 1
yorï-	出征	sü y.-dï 希-北 6；yana y.-dïm 希-北 7；bän säläŋä udu käčä y.-dïm 希-东 4；sü y.-yïn tėdim 希-东 5；yaγïn bašï y.-yu kälti 希-东 6；anta udu y.-dïm 希-东 6；čik tapa y.-dïm 希-东 7；ilgärü y.-dïm 希-

yorï-	出征	东 8；sü y.-dïm 希-东 11；bän utru y.-dïm 希-南 3；bän udu y.-dïm 希-南 6；anta yana y.-p tüšdüm 希-南 7；bïŋa y.-dïm 塔-东 6；udarɣanta y.-yur 塔-东 6；qoń yïlqa y.-dïm 塔-东 9，希-北 9；taqïɣu yïlqa y.-dïm 塔-南 2
yotulqan	地名	qara y. käčip kälirti 希-南 3
yul	泉	suqaq y.+ïnta čigil totoq 希-南 11
yula	湖名	y. költä qodtum 希-南 6
yulï-	掠夺	ävin barqïn yïlqïsïn y.-madïm 希-东 2；türgėš qarluquɣ tavarïn alïp ävin y.-ïp barmïš 希-南 5
yumša-	派遣	atlïɣïn y.-dï 塔-东 6
yunt	马	biŋ y. qalmïš 希-西 9
yüz	百	toquz oɣuz üzä y. yïl olorup 希-北 3；bėš y. kädimlig yadaɣ bir ėki sašïp kälti 希-南 9；ėki y. yïl olormïš 塔-东 1；bėš y. bašï 塔-西 6，塔-西 6； y. bašï 塔-西 7；toquz y. är bašï 塔-西 8；altï y. säŋüt 塔-北 1；üč y. turɣaq turdï 塔-北 2

参考文献

汉文、维吾尔文文献：

阿不都热西提·亚库甫、耿世民：《鄂尔浑—叶尼塞碑铭语言研究》，新疆大学出版社 1999 年版。

艾尔肯·阿热孜、艾尔汗·阿伊登：《古突厥文碑铭》（维吾尔文），新疆人民出版社 2014 年版。

巴赞：《古突厥社会的历史纪年》，中国藏学出版社 2014 年版。

白玉冬：《希纳乌苏碑译注》，载《西域文史》（第七辑），科学出版社 2012 年版。

白玉冬：《九姓达靼游牧王国史研究（8—11 世纪）》，中国社会科学出版社 2017 年版。

白玉冬：《回鹘碑文所见八世纪中期的九姓达靼（Toquz tater）》，载《元史及民族与边疆研究集刊》（第 21 辑），上海古籍出版社 2009 年版。

包尔汉：《维俄汉词典》，民族出版社 1953 年版。

包文胜：《回鹘葛啜王子身世考——重读故回鹘葛啜王子墓志》，《敦煌研究》2019 年第 2 期。

鲍培著，周建奇、照日格图译：《阿尔泰语言学导论》，内蒙古人民出版社 2004 年版。

伯希和：《畏吾尔残卷中之地名》，载《西域南海史地译丛》（卷五），中华书局 1956 年版。

陈宗振：《西部裕固语研究》，中国民族摄影艺术出版社 2004 年版。

陈宗振、努尔别克等：《中国突厥语族语言词汇集》，民族出版社 1990 年版。

厄达尔著，刘钊译：《古突厥语语法》，民族出版社 2017 年版。

冯·加班著，耿世民译：《古代突厥语语法》，内蒙古教育出版社 2004 年版。

耿世民：《古代突厥文碑铭研究》，中央民族大学出版社 2005 年版。

耿世民:《乌古斯可汗的传说》(维吾尔族古代史诗),新疆人民出版社 1980 年版。

耿世民:《回纥突厥文碑铭译文》,载林幹、高自厚《回纥史》,内蒙古人民出版社 1994 年版。

桂宝丽:《可萨族源诸说考辨》,载《西域文史》,科学出版社 2009 年版。

哈密顿著,耿升译:《九姓乌古斯和十姓回鹘考》,《敦煌学辑刊》1983 年第 4 期,1984 年第 1 期。

哈斯巴特尔:《聚贤之晶——蒙古文 29 品〈金光明经〉跋语及其“舍身饲虎”故事与回鹘文本之比较研究》,博士学位论文,内蒙古大学,2017 年。

洪勇民:《回纥汗国古突厥文碑铭考释》,世界图书出版有限公司 2012 年版。

洪勇民:《古突厥文献西域史料辑录》,世界图书出版有限公司 2014 年版。

胡增益:《满汉词典》,新疆人民出版社 1994 年版。

胡振华、黄润华:《高昌馆杂字》,民族出版社 1984 年版。

吉罗著,耿升译:《东突厥汗国碑铭考释》,新疆社会科学院历史研究所 1984 年版。

柯林・麦克勒斯:《回鹘》,载丹尼斯・塞诺著,蓝琪译《剑桥早期内亚史》,商务印书馆 2021 年版。

克劳森:《早期突厥语的外来成分》,《民族语文研究情报资料集》1983 年第 1 期。

克里亚施托尔内著,伊里千译:《铁尔浑碑》(研究初稿),《民族译丛》1981 年第 5 期。

克里亚施托尔内著,帕尔哈提・吉兰译:《铁兹碑》(维吾尔文),《新疆大学学报》1985 年第 1 期。

克利亚施托尔内著,李佩娟译:《古代突厥鲁尼文碑铭》,黑龙江教育出版社 1991 年版。

拉施特著,余大钧译:《史集》,商务印书馆 1985 年版。

雷选春:《西部裕固语汉语词典》,四川民族出版社 1992 年版。

黎运汉、盛永学:《汉语修辞学》,广东教育出版社 2006 年版。

林莲云、韩建业:《撒拉汉汉撒拉词汇》,四川民族出版社 1992 年版。

力提甫・托乎提:《阿尔泰语言学导论》,山西教育出版社 2004 年版。

李增祥、买提热依木、张铁山:《回鹘文文献语言简志》,新疆大学出版社 1999 年版。

林幹：《突厥与回纥历史论文选集》，中华书局 1987 年版。

刘志宵：《维吾尔族史》（上编），民族出版社 1985 年版。

罗新：《中古北族名号研究》，北京大学出版社 2009 年版。

麻赫默德·喀什噶里：《突厥语大词典》（全三卷），民族出版社 2002 年版。

内蒙古大学蒙语文研究所:《蒙汉词典》,内蒙古人民出版社 1976 年版。

米热古丽•黑力力、阿卜拉江•玉苏普：《高昌馆来文及其翻译简论》，《民族翻译》2017 年第 3 期。

纳斯洛夫：《鄂尔浑—叶尼塞文献的语言》（维吾尔文），新疆人民出版社 2005 年版。

蒲立本著，丁俊译：《安禄山叛乱的背景》，中西书局 2018 年版。

破塔波夫：《古突厥于都斤山新考》，载蔡鸿生《九姓胡与突厥文化》，中华书局 1998 年版。

芮传明：《古突厥碑铭研究》，上海古籍出版社 1998 年版。

森安孝夫著，石晓军译：《丝绸之路与唐帝国》，北京日报出版社 2020 年版。

宋国栋：《回纥城址研究》，博士学位论文，山西大学，2018 年。

吐尔逊·阿尤甫、买提热依木·莎依提：《金光明经》（维吾尔文），新疆人民出版社 2001 年版。

王小甫：《边塞内外》，东方出版社 2016 年版。

夏德：《跋暾欲谷碑》，陈浩译，载《欧亚译丛》，商务印书馆 2017 年版。

新疆维吾尔自治区语言文字委员会：《维汉大词典》，民族出版社 2006 年版。

杨福学：《古代突厥文台斯碑译释》，《语言与翻译》1994 年第 4 期。

伊吾县地名委员会编：《伊吾县地名图志》，1986 年版。

优素甫·哈斯·哈吉甫著，新疆社会科学院民族文学研究所编，《福乐智慧》，民族出版社 1984 年版。

优素甫·哈斯·哈吉甫著，赫关中、张宏超、刘宾译，《福乐智慧》，民族出版社 2003 年版。

张铁山：《突厥语族文献学》，中央民族大学出版社 2005 年版。

张铁山：《古代突厥如尼文〈铁尔痕碑〉研究》，载《突厥语文学研究》，中央民族大学出版社 2009 年版。

张铁山：《古代突厥如尼文铁兹碑再研究》，《突厥与哈萨克语文学研究》，中央民族大学出版社 2010 年版。

外文文献：

Aalto, P. & - Ramstedt, G. J. & GRANÖ, J. G., Materialien zu den alttürkischen Inschriften der Mongolei. *Journal de la Société Finno-Ougrienne* LX/7, 3–91, 1958.

Aalto, P., Iranian Contacts of the Turks in Pre-Islamic Times. L. LIGETI (ed.): *Studia Turcica*. Budapest. 29–37, 1971.

Akimushkin, O. F., *Shakh-Makhmud ibn mirza Fazil Churas. «Khronika» / Krit. tekst, per. s pers, kommentarii, issledovaniye i ukazateli.*Nauka, 1976.

Alimov, R., Koçkor'daki Türgeş Yazıtları. *İstanbul Üniversitesi Sosyal Bilimler Enstitüsü Sosyal Bilimler Dergisi* 2004/1, 13–43, 2004.

Amanjolov, A. S., *Türk Filolojisi ve Yazı Tarihi*. Türkçeye akt.: K. KOÇ. İstanbul: Ötüken, 2006.

Arat, R. R., *Kutadgu Bilig I. Metin*. Ankara: TDK Yayınları, 1947.

Arat, R. R., *Atabetü'l-Hakâyık*. İstanbul: TDK Yayınları, 1951.

Arat, R. R., *Kutadgu Bilig II. Çeviri*. Ankara: TTK Yayınları, 1959.

Arat, R. R., "Über die Orientationsbezeichnungen im Türkischen", in: Denis Sinor (Editor), *Aspect of Altaic Civillzation, Indiana University Uralic and Altaic Series* vol. 23, 1963, pp. 177–195.

Arat, R. R., *Kutadgu Bilig III. İndeks*. yayına haz. Kemal Eraslan, Osman Fikri Sertkaya, Nuri Yüce. İstanbul: TKAE. , 1979.

Arıkoğlu, E., *Örnekli Hakasça-Türkçe Sözlük*, Ankara: Akğaç Yayınları. 2005.

Aydarov, G., *Yazık Orhonskih pamyatnikov drevnetyurkskoy pis'mennosti VIIIveka*. Alma-Ata, 1971.

Aydemir, H., Tocharian ethnotoponyms and ethnohydronyms in Xinjiang; *Dil Araştırmaları*, 2013.

Aydın, E., *Şine Usu Yazıtı*. Çorum: KaraM, 2007.

Aydın, E., *Uygur Kağanlığı Yazıtları*. Konya: Kömen, 2011.

Aydın, E., Tariat Yazıtı'nın Kuzey Yüzünün 5. Satırı Üzerine Yeni Okuma ve Anlamlandırma Önerileri. *Belleten*, 2013.

Bang. W., & Gabain, A. von., *Türkische Turfan Texte* I. Berlin: Verlag Akademie, 1929.

Bang, W., & Rachmati, G. R., *Die Legende von Oghuz Qaghan. Berlin: Verlag der Akademie der Wissenschaften*, Philologisch-Historische. Klasse, 1932.

Bang. W., & Gabain, A. von., *Türkische Turfan Texte* II. Berlin: Verlag Akademie, 1930.

Bang. W., & Gabain, A. von., *Türkische Turfan Texte* III. Berlin: Verlag Akademie, 1930.

Bang. W., & Gabain, A. von., *Türkische Turfan Texte* IV. Berlin: Verlag Akademie, 1930.

Bang. W., & Gabain, A. von., *Türkische Turfan-Texte* V. Berlin: Verlag Akademie, 1931.

Bang, W., *Berlin'deki Macar Enstitüsünden Türkoloji Mektupları* (1925–1934), 1980.

Barthold, W., *Orta Asya, Tarih ve Uygarlık*. Türkçeye çev.: D. A. Batur, İstanbul:TTK Yayınları, 2010.

Barutçu, F. S., Buddha'nın Dört Asil Gerçeği. *Uluslararası Türk Dili Kongresi* 1992. Ankara: TDK Yayınları. 373–423, 1996.

Barutçu Özönder, F. S., Ulaangom Yazıtı Üzerine Düşünceler. *Çağdaş Türklük Araştırmaları Sempozyumu Bildirileri*. 2003, c. 2, 219–231. 2007.

Baskakov, N.A. & İnkijekova-Grekul, & A.İ., *Hakassko-Russkiy Slovar*. Moskva, 1953.

Bazılhan, N., *Köne Türki Bıtıktactarı Men Eskertkıšteri (Orxon, Enisey, Talas)*, Qazaqstan Tarıhı Turalı Türki Derekter 2. tom. Almatı: Dayk-Press, 2005.

Bazin, L., Recherches sur Ies Pariers T'o-Pa (Se siecle apres J.C.), *T'oung Pao*. 39. Leiden, 1950.

Bazin, L., *Les systèmes chronologiques dans le monde turc ancient*. Budapest: Akadémiai Kiadó, 1991.

Bazin, L., Quelques remarques d'Epigraphie Turque ancienne. *Türk Dilleri Araştırmaları* 3, 33–41. 1993.

Bazin, L., Eski Türk Yer Adları Üzerine Notlar. Türkçeye çev.: Z. ÖLMEZ, *Türk Lehçeleri ve Edebiyatı Dergisi* 11, 75–78, 1997.

Berta, Á., Yälmä und biŋa. *«Laut- und Wortgeschichte der Türksprachen»*. *Berlin*. Wiesbaden, 9–16, 1995.

Berta, Á., *Szavaimat jól halljátok..., A Türk és Ujgur rovásírásos emlékek kritikai kiadása*. Szeged: JATEPress, 2004.

Berta, Á., Runik Harfli Eski Türkçe Yazıtlar (VIII. Yüzyıl). Türkçeye çev.: N.Demir, *Türk Edebiyatı Tarihi*, c. 1. İstanbul, 113–121, 2006.

Berta, Á., *Sözlerimi İyi Dinleyin... Türk ve Uygur Runik Yazıtlarının Karşılaştırmalı Yayını*, Çeviren: Emine Yılmaz, Ankara: TDK Yayınları: 1008. 2010.

Bold, L., Taryatın Orhon Biçees, *Orhon Biçgiyn Dursgal II*. Ulanbatar, 2000.

Boodberg, P., T'u-chüeh Türkleri Hakkında Üç Not. Türkçeye çev.: E. B. Özbilen, Türk Dilleri Araştırmaları 102. 111–122, 1996.

Bregel, Y., *An Historical Atlas of Central Asia*. Leiden & Boston: Brill, 2003.

Brockelmann, C., *Osttürkische Grammatik der islamischen Litteratursprachen Mittelasiens*. Leiden: E. J. Brill, 1954.

Chen Hao., Baz Qaghan and the transformation of Toquz Oghuz, Chronica, *Annual of the Institute of History University of Szeged Hungary*. pp.43–50, 2018.

Clauson, S. G., A note on Qapgan. *Journal of the Royal Asiatic Society*. 73–77, 1956.

Clauson, S. G., The Ongin Inscription. *Journal of the Royal Asiatic Society*. 177–192, 1957.

Clauson, S. G., *An Etymological Dictionary of Pre-Thirteenth-Century Turkish*. Oxford: Claren-don, 1972.

Clauson, S. G., *Tonyukuk Abidesi Hakkında Bazı Notlar*. Türkçeye çev.: İ.Enginün. TM 18 (1973-1975), 141–148.

Clauson, S. G., Sekizinci Yüzyıldan Önce Kullanılan Ekler. Çev. Uluhan Özalan. *Dil Araştırmaları Dergisi*. S.1: 185–196, 2007.

Czeglédy, K., Çogay kuzï, Kara kum, Kök öng. *Acta Orientalia Academiae Scientiarum Hungaricae* 15/1-3. 55–69, 1962.

Czeglédy, K., On the Numerical Composition of the Ancient Turkish Tribal Confederation. *Acta Orientalia Academiae Scientiarum Hungaricae* 25. 275–281, 1972.

Czeglédy, K., "Gardizi on the History of Central Asia (746-780 A.D.)",

Acta Orientalia Academiae Scientiarum Hungaricae 27. 257–267, 1973.

Dankoff, R. & Kelly, J., *Maḥmūd al-Kāšγarī: Compendium of the Turkic Dialects (Dīwān Luγāt at-Turk)*. Vol. 1-3. [Vol. 1. 1982; Vol. 2. 1984; Vol. 3. 1985], Duxbury.

Dobrovıts, M., *Göktürk Ve Uygurlar'da Buyruḳ Terimi ve İdari Fonksiyonları*. TDA Belleten, 2011, S. 7–15.

Doerfer, G., *Türkische und mongolische Elemente im Neupersischen*. Vol. 1–4. [Vol. 1. 1963; vol. 2. 1965; vol. 3. 1967; val. 4. 1975.] Wiesbaden.

Eberhard, W., Bir Kaç Eski Türk Ünvanı Hakkında. *Belleten* 9/35. 319–340,1945.

Ecsedy. H., Old Turkic Titles of Chinese Origin: *Acta Orientalia Academiae Scientiarum Hungaricae*. XVIII(1965):1–2, pp.83–91.

Eiji M. (间野英二), ed., *Babur-nama (Vaqayi'), I: Critical Edition based on Four Chaghatay Texts; II: Concordance and Classified Indexes*. Kyoto，2006.

Elias, N. & Ross, D., *A History of the Moghuls of Central Asia Being the Tarikh-i-Rashidi of Mirza Muhammad Haidar, Dughlat*. Curzon, 1898.

Elmalı, M., *Daśakarmapathaavadānamālā Giriş-Metin-Çeviri-Notlar-Dizin-*, T.C. Marmara ara Üniversitesi Yayımlanmamış Doktora Tezi. İstanbul, 2009.

Erdal, M., *Old Turkic Word Formation: A Functional Approach to the Lexicon I-II*, Wiesbaden: Harrassowitz, 1991.

Erdal, M., A Grammar of Old Turkic. Leiden & Boston: Brill, 2004.

Erdal, M., Kıtañ-Türk Dil İlişkileri, *Bengü Beläk Ahmet Bican Ercilasun Armağani* (Editör Bülent Gül), Türk Kültürünü Araştırma Enstitüsü Yayınları: 2013.

Erdal, M., Ongin Yazıtı，*Orhon Yazıtlarının Bulunuşundan 120 Sonra 3.Uluslarası Türkiyat Araştırmaları Sempozyumu Bildiriler Kitabı*. 2010.

Erdal, M., Eski Türk Yazısı Yazmaları ve Gramer Özellikleri, in. *Eski Türkçeden Çağdaş Uygurcaya, Festschrift in honor of Mirsultan Osman on the Occasion of His 85th Birthday*. Kömen, 2015.

Frye, R. N., Some Early Iranian Titles. *Oriens* 15. 352–359, 1962.

Gabain, A. von., *Die uigurische übersetzung der Biographie hüen-ts-angs*. SPAW, 1938: *Briefe der uigurischen hüen-ts-angs Biographie*. SPAW,

1935.

Gabain, A. von., *Uigurica* IV. APAW, 1933.

Gabain, A., Steppe und Stadt im Leben der ältesten Türken. Der Islam 29. 30–62. 1950.

Gabain, A. von., *Türkische Turfan-Texte* VIII. ADAW, No. 7, 1952.

Gabain, A. von., & Winter, W., *Türkische Turfan-Texte* IX. ADAW, No. 2, 1956.

Gabain, A., *Türkische Turfantexte X: das Avadāna des Dämons Āṭavaka, Bear-beitet von Tadeusz Kowalski*. Berlin: Akademie-Verlag, 1959.

Gaševa, G., & Kurpeşko& Akalın, Ş. H., *Şor Sözlüğü*. Adana, 1995.

Golden, P. B., Hazar Dili. *Türk Dili Araştırmaları Yıllığı-Belleten* 1971. 147–157, 1971.

Golden, P. B., Khazar Studies. *An historico-philological inquiry into the origins of the Khazars*. Vol. 1–2. Budapest, 1980.

Golden, P. B., *Türk Halkları Tarihine Giriş*. çev.: O. karatay, Ankara: Karam, 2002.

Golden, P. B., Giriş: Hazarlar. O. Karatay ed. *Hazarlar ve Musevîlik*. Çorum: Karam, 3–21, 2005.

Gömeç, S., Şine-Usu Yazıtı'nda Geçen Yer Adları Üzerine. *Belleten* 64/240. 2000.

Gömeç, S., *Kök Türkçe Yazıtlarda Geçen Yer Adları*. TK 39/453, 25–36, 2001.

Grønbech, K., *Komanisches Wörterbuch. Türkischer Wörtindex zu Codex Cumanicus*. Kopenhagen, 1942.

Gumilëv, L. N., *Eski Türkler*. çev.: D. A. Batur. İstanbul: Selenge, 2002.

Hamilton, J. R., *Le Conte Bouddhique du Bon et du Mauvais Prince enVersion Ouïgoure*. Paris: Éditions Klincksieck, 1971.

Hamilton, J., Nasales İnstables En Turc Khotanais Du Xe Siecle, *Bulletin of the School of Oriental and African Studies*. Vol. 40, No. 3. 1977, 508–521.

Hamilton, J. R., Tokuz Oguz ve On Uygur. çev.: Y. Koç - İ. Birkan. *Türk Dilleri Araştırmaları*. 1997.

Hamilton, J. R., *Budacı İyi ve Kötü Kalpli Prens Masalının Uygurcası Kalyanamkara ve Papamkara*. Çeviren: Ece Korkut, İsmet Birkan, Ankara: Simurg, 1998.

Helimski, E., Samoyedic Loans In Turkic: Check-List Of Etymologies. B. Kellner-Heinkele & M. Stachowski (eds.): *Laut-und Wörtgeschichte der Türksprachen*. Wiesbaden: Harrassowitz, 75–95, 1995.

Henning, W. B., Argi and the "Tokharians". *Bulletin Of The School Of Oriental And African Studies*, 9, 545–571,1938.

Jisl, L., Kül Tegin Anıtınde 1958'de yapılan Arkeoloji Aroştırmclarının sonuçları. Belleten, XXVII/107, 387–410, 1963.

Kamalov, A. K., interpretatsii svedeniy Terhinskoy nadpisi o plemeni bayarku. *İzvestiya MN-AN RK* (Seriya obşestvennıh nauk) 192/6, 6–11, 1993.

Kamalov, A. K., The Moghon Shine Usu Inscription as the Earliest Uighur Historical Annals. *Central Asiatic Journal* 47/1. 77–90, 2003.

Kara, G., & Zieme, P., *Fragmente tantrischer Werke in uigurischer Übersetzung*. Berliner Turfantexte VII. Berlin: Akademie Verlag, 1976.

Kara, G., & Zieme, P., *Die Uigurischen Übersetzung des Guruyogas Tiefer Weg von Saskya Pandita und der Mañjuśrīnāmasagīti*. Berliner Turfantexte VIII. Berlin: Akademie Verlag, 1977.

Katayama, A. (片山章雄), Tariat Inscription. In: *Provisional Report of Researches on Historical Sites and Inscriptions in Mongolia from 1996 to 1998*. Osaka. 168–176,1999.

Klyaštorniy, S. G., Terhinskaya nadpis'. *Sovyetskaya Tyurkologiya* 1980/3. 83–95.

Klyaštorniy, S. G., The Terkhin Inscription. *Acta Orientalia Academiae Scientiarum Hungaricae* 36/1–3. 335–366, 1982.

Klyaštorniy, S. G., Tesinskaya stela (predvaritel'naya publikatsiya), *Sovyetskaya Tyurkologiya*, 1983/6. 1983: 76–90.

Klyaštorniy, S. G., The Tes Inscription of the Bögü Qaghan. *Acta Orientalia Academiae Scientiarum Hungaricae* 39/1. 137–156, 1984.

Klyaštorniy, S. G., Sinkiang and the Kaghans of Ordubalyk Interpretation of the Fourteenth Line of the Terkh Inscriptions. *Acta Orientalia Academiae Scientiarum Hungaricae* 42/2–3. 277–280, 1988.

Klyaštorniy, S. G., Runik Abidelerde Kıpçaklar. çev. E. B. Özbilen. TDA 89, 31–41, 1994.

Kononov, A. N., *Rodoslovnaya Turkmen. Sochineniye Abu-l-gazi, Khana Khivinskogo*. Moskva & Leningrad Izd. AN SSSR, 1958.

Kormušin, I. V., Tyurskiye yeniseyskiye epitafii, Tekstii I isseledovaniya. Moskva, 1997.

Kotwicz, W., Sur les modes d'orientation en Asie Centrale. *Rocznik Orientalistyczny.* 68–91, 1928.

Laszlo, F., Dokuz Oğuzlar ve Göktürkler. çev.: Eren, H., *Belleten* 14/53. 37–43, 1950.

Le Coq, A., Chuastuanift. *Journal of the Royal Asiatic Society.* 1911.

Le Coq, A., *Türkische Manichaica aus Chotscho* I. Berlin: Abhandlungen der Preussischen Akademie der Wissenschaften, 1912.

Le Coq, A., *Türkische Manichaica aus Chotscho* II. Berlin: Abhandlungen der Preussischen Akademie der Wissenschaften, 1919.

Le Coq, A., *Türkische Manichaica aus Chotscho* III. Berlin: Abhandlungen der Preussischen Akademie der Wissenschaften, 1922.

Li, Yongšong. (李容成), *Türk Dillerindeki Akrabalık Adları.* Ankara, 1998.

Li, Yongšong. (李容成), *Türk Dillerinde Sontakılar*. İstanbul, 2004.

Li, Yongšong. (李容成), ON Bıdgẅčır In The 3rd Lıne Of The South Sıde Of The Šine-Usu Inscription. Belleten. 2018.

Li, Yongšong. (李容成), On W..GšNG In The 4th Line of The West Side of The Šine-Usu Inscription, *Acta Orientalia Academiae Scientiarum Hungaricae.* Volume 72 (1), 25–32, 2019.

Ligeti, L., Un vocabulaire sino-ouigour des Ming. Le Kao-tch'ang-kouan yi-chou du Bureau des Traducteurs. *Acta Orientalia Academiae Scientiarum Hungaricae.* Vol. 19. 117–199, 1966.

Malov, S. E., & Radlov, W., *Suvaranaprabhasasutra*. Petersburg, 1913.

Malov, S. E., *Pamyatniki drevnetyurkskoj pis'mennosti, teksty i issledovanija.* Moskva & Leningrad, 1951.

Malov, S. E., *Yazık Jyoltıh Uygurov: Slovar i Grammatika*. Almata, 1957.

Malov, S. E., *Pamjatniki drevnetjurkskoj pis'mennosti Mongolii i Kirgizii.* Moskva & Leningrad: Izdatel'stvo Akademii Nauk SSSR, 1959.

Menges, K. H., *Glossar zu den volkskündlichen Texten aus Sinkiang II.* Wiesbaden, 1943.

Menges, K. H., *Turkic Languages and Peoples. An Introduction to Turkic Studies*. Ural-Altaische Bibliothek:15. Wiesbaden. 1968.

Mert, O., *Ötüken Uygur Dönemi Yazıtlarından Tes Tariat Şine Us*. Ankara: Belen. 2009.

Minorsky, V., A New Book on the Khazars, *Oriens* 11: 2. 122–145, 1958.

Mirsultan, A., Eski Türk Yazıtlarındaki Bazı Kelimelerin Anlamları Üzerine Yeni Teklifler. *TDA Belleten*. 67–79, 2013.

Molnár, Á., Zieme, P., Ein weiterer uigurischer Erntesegen. *Altorientalische Forschungen*. 16/1. 140–152, 1989.

Moriyasu, T. (森安孝夫), "Site and Inscription of Šine-Usu". eds. T. Moriyasu - A. Ochir (The Society of Central Eurasian Studies). In: *Provisional Report of Researches on Historical Sites and Inscriptions in Mongolia from 1996 to 1998*. Osaka. pp. 177–195, 1999.

Moriyasu, T. & Suzuki, K. & Saito, S. & Tamura, T. & Bai, Y., (森安孝夫、铃木宏节、齐藤茂雄、田村健、白玉冬)，"Šine-Usu Inscription from the Uighur Period in Mongolia: Revised Text, Translation and Commentaries". Kobe. *Studies on the Inner Asian Languages*, 24. 1–92, 2009.

Müller, F.W.K., *Uigurica* I. AKPAW, 1908.

Müller, F.W.K., *Uigurica* II. AKPAW, 1911.

Müller, F.W.K., *Uigurica* III. APAW, 1922.

Nadeljaev, V. M. & Nasilov, D. M. & Tenişev, E. R. & Şçerbak, A. M., *Drevnetyurkskiy Slovar*. Leningrad: Akademiya Nauk SSSR İnstitut Yazıkoznaniya, 1969.

Nadžip, Ė. N., (red.). *Ujgursko-Rïusskij slovar*. Moskva, 1968.

Naskali, E. G.,& Duranlı, M., *Altayca Türkçe Sözlük*. Ankara: TDK Yayınları, 1997.

Ögel, B., Şine Usu Yazıtının Tarihî Önemi (Kutluk Bilge Kül Kagan ve Moyunçur). *Belleten* 15/59. 361–379,1951.

Ölmez, M., Eski Türk Yazıtlarında Yabancı Öğeler (2). *Türk Dilleri Araştırmaları* 7. 175–186, 1997.

Ölmez, M., *Tuwinischer Wortschatz Mit Alttürkischen Und Mongolischen Parallelen: Tuvacanin Sözvarlığı - Eski Türkçe Ve Moğolca Denkleriyle* (Veroffentlichungen Der Societas Uralo-Altaica). Harrassowitz Verlag, 2005.

Ölmez, M., *Orhon-Uygur Hanlığı Dönemi Moğolistan'daki Eski Türk Yazıtları, Metin-Çeviri-Sözlük*. Ankara: BilgeSu, 2012.

Ölmez, M., *Uygur Hakanlığı yazıtları*. Ankara: BilgeSu，2018.

Orkun, H. N., *Eski Türk Yazıtları I*. İstanbul: Devlet, 1936.

Orkun, H. N., *Eski Türk Yazıtları IV*. İstanbul: Alâeddin Kıral, 1941.

Orkun, H. N., *Eski Türk Yazıtları Irk Bitig*, I–IV. Istanbul, 1936–1941.

Ôsawa, T. (大泽孝), Tes Inscription. eds.:Moriyasu, T., -Ochir, A., *Provisional Report of Researches on Historical Sites and Inscriptions in Mongolia from 1996 to 1998*. Osaka: The Society of Central Eurasian Studies, 1999.

Pekarskij, E. K., Slovar' jakutskogo jazyka. Vol. 1–3. Petrograd. Reprint, Budapest, 1958.

Pelliot, P., *La Version ouigoure de l'histoiredes princes Kalyānamkara et Pāpamkara*. T'oung Pao. xv.2. 1914.

Poppe, N., *Materialı dlya issledovaniya tungusskogo yazıka, nareçie barguzinskih tungusov*. Leningrad, 1927.

Poppe. N., Remarks on comparative study of the vocabulary of the Altaic languages // *Ural-Altaische Jahrbücher*. Wiesbaden. 1974.

Pulleyblank, E. G., *Lexicon of Reconstructed Pronunciation in Early Middle Chinese, Late Middle Chinese, and Early Mandarin*. Vancouver: UBC, 1991.

Pulleyblank, E. G., The Consonantal System of old Chinese. *Asia Major* (New series) 9/1. 58–144, 1962.

Qarjaubay, S., Tesiin gerelt höşöö. *Studia Linguae et Litterarum Instituti Lingue et Litterarum Academiae Mongolica* 13. 1978,117–124.

Qarjaubay, S., Eski Türkçe Runik Yazıda 'çıt' Sözü Hakkında. *Milletlerarası Ahmed Yesevî Sempozyumu Bildirileri*. Ankara: KB, 49–54, 1992.

Qarjaubay, S., *Köne Türki Jazba Edebi Ülgideri: Orxon muraları*. Qazaq Qoljazbaları, Ekinši tom. Almatı: Elšejire baspası, 2011.

Rachmati G. R., *Zur Huilqunde der Uiguren* I, SPAW, 1930.

Rachmati G. R., *Zur Huilqunde der Uiguren* II, SPAW, 1932.

Rachmati, G. R., *Türkische Turfan-Texte* VII. Berlin, 1937.

Radloff, W., *Die alttürkischen Inschriften der Mongolei*. St.Petersburg, 1895.

Radloff, W., *Die alttürkischen Inschriften der Mongolei*. (Neue Folge). St.Petersburg, 1897.

Radloff, W., *Die alttürkischen Inschriften der Mongolei, die Inschrift des*

Tonyukuk. (Zweite Folge). St.Petersburg, 1899.

Radloff, W., *Uigurische Sprachdenkmäler*. Leningrad, 1928.

Ramstedt, G. J., Zwei uigurische Runeninschriften in der Nord-Mongolei. Helsinki. *Journal de la Société Finno-Ougrienne*. 30/3. 1–63, 1913.

Ramstedt, G. J., *Aufsätze und Vorträge von G. J. Ramstedt. ed. Pentti Aalto*. Helsinki: Journal de la Société Fino-Ougrienne 55. 1951.

Räsänen, M., *Materialien zur Morphologie der türkischen Sprachen*. Studia Orientalia Edidit Societas Orientalis Fennica XXI. Helsinki, 1957.

Räsänen, M., Versuch eines etymologischen Wörterbuchs der Torkspracben, *Lexica Societatis Fenno Ugricae* XVII. Helsinki, 1969.

Rogers, J. D., & Ulambayar, E., & Gallon, M., Urban centres and the emergence of empires in Eastern Inner Asia. *Antiquity* 79. 801-818, 2005.

Röhrborn, K., *Uigurisches Wörterbuch: Sprachmaterial der vorislamischen türkischen Texte aus Zentralasien*. Lieferung I a — agrıg. Wiesbaden: Franz Steiner Verlag, 1977.

Röhrborn, K., *Uigurisches Wörterbuch. Sprachmaterial der vorislamischen türkischen Texte aus Zentralasien*. Wiesbaden: Walter de Gruyter GmbH, 1998.

Röhrborn, K., *Uigurisches Wörterbuch: Sprachmaterial der vorislamischen türkischen Texte aus Zentralasien* - Neubearbeitung -. I. Verben. Band 1: ab- - äzüglä-. Stuttgart: Franz Steiner Verlag, 2010.

Róna-Tas A., & Berta Á., *West Old Turkic. Turkic Loanwords in Hungarian* Part 1: Introduction, A-K. Part 2: L-Z, Conclusions, Apparatus Wiesbaden Harrassowitz, 2011.

Róna-Tas, A., Turkic Writing Systems. In Johanson, L. & Csató, É. Á. (eds.). *The Turkic Languages*. London & New York: Routledge. 126-137, 1998.

Róna-Tas, A., Újabb adatok a kazár népnév történetéhez, *Nyelvtudományi Közlemények* 85. 126–133, 1983.

Roux, J. P., Revue de L'Histore des Religions (Annales du Musée Guimet) Quatre-Vingt-Unième Année, *Tome Cent Soixante et un.Presses Universitaires de France*. Paris 1–24, 199–231, 1962.

Roux, J. P., VII Ve VIII Yüzyıllarda Orhun Türklerinin Dini Ìnanışları, Çev. Aykut kazancıgil, *kutadgubilig 8*. 259–298.

Roux, J. P., Eski Türk Mitolojisi, Çev. Musa Yaşar Sağlamı. Bilge Su, 2011.

Rybatzki, V., Die Toñukuk-Inschrift. Szeged: *Studia Uralo-Altaica*. 1997.

Rybatzki, V., Titles of Türk and Uigur Rulers in the Old Turkic Inscriptions. *Central Asiatic Journal* 44/2. 205–292, 2000.

Rybatzki, V., Some Notes On the Philological and Historical Relitions Between the Terx, Tes and Šine Usu Inscriptions. Belleten. Cilt 59. 61–80, 2011.

Schubert, J., Zum Begriff und zur Lage des 'Ötükän'. *Ural-Altaische Jahrbücher* 35. 213–218, 1964.

Şen, S., Taryat Yazıtının Batı Yüzünde Mγli Ve Mγl işaretleriyle Yazilan Sözcük Nasıl Okunup Anlaşılmalı ?, *Belleten*. 2008. s.99–107.

Senga, T., Dokuz Oguz Problemi ve Hazarların Menşei. çev.: S. Gömeç, *Bilge* 23, 10–14, 2000.

Sertkaya, O. F., Göktürk Tarihinin Meseleleri: Tonyukuk Abidesi Üzerine Üç not: I. Tonyukuk Abidesinin İlk Satırı; II. 'Çölgi (A)z (e)ri mi?-Çöl[l](ü)g iz (e)ri' mi?; III. Tonyukuk Abidesindeki kız koduz Sıfat Tamlaması Üzerine. *Türkiyat Mecmuası* 19 (1977–1979). 165–182.

Sertkaya, O. F., *Göktürk Tarihinin Meseleleri*. Ankara: TAKE, 1995.

Sertkaya, O. F., İnşaat Yüksek Mühendisi Kâzım Mirşan'a Cevap: Öngre bınga başı Adlı Bir Tarihçimiz Var mı?. *Orkun* 64. 26–29, 2003.

Sevortjan, E. v., *Etimologiceskij slovar' tjurkskihjazykov*. Vol. 1–3. [Vol. 1. 1974;vol. 2. 1978; vol. 3. 1980.] Moskva. 1974–1980.

Šinehüü, M., Tariatın orhon biçigiyn şine dursgal. *Studia Arheologica* 6/1. 1975.

Šinehüü, M., Orhon-Selengijn runi biçgijn şine dursgal. *Studia Arheologica* 8/1. 1980.

Sims Williams, N., *The Christian Sogdian Manuscript* C2, 2. Berlin: Akademie-Verlag, 1985.

Sinor, D., The Turkic Title tutuk Rehabilitated. *Turcica et Orientalia, Studies in Honour of Gunnar Jarring on his Eightieth Birthday* 12 October 1987. ed.: U. Ehrensvärd. Swedisch Research Institut in İstanbul. Stockholm, 145–148, 1988.

Sinor, D., Altaica Osloensia, *Proceedings from the 32nd Meeting of the Permanent International Altaistic Conference*. Oslo, June 12–16, 1989, Ed. Bernt Brendemoen. Oslo, 295–300, 1991.

Sinor, D., The Uighur Empire of Mongolia, Ed.: Hans Robert Roemer,

History of the Turkic Peoples in the Pre-Islamic Period. Berlin: Klaus Schwarz Verlag. 187–204, 2000.

Şirin User, H., Eski Türkçede Bazı Unvanların Yapısı Üzerine. *Bilig* 39. 219–238, 2006.

Şirin User, H., Şine Usu Yazıtı'nda Kayıtlı "t(a)t(a)r(ı)g:(a)y(ı)td(ı)m" Cümlesi Üzerine. *International Journal of Central Asian Studies*12. 183–196, 2008.

Şirin User, H., *Eski Türk Yazıtları Söz Varlığı İncelemesi*. Ankara: TDK Yayınları, 2009.

Straughn, C. A., *Sakha-English Dictionary Сахалыы-Англиялыы Тылдьыта*. 2006.

Taş, İ., *Kutdagu Bilig'de Söz Yapımı*, Ankara: TDK Yayınları, 2009.

Tekin, Ş., *Kuanši im Pusar*. Erzurum, 1960.

Tekin, T., The Terkhin Inscription. AOH 37/1–3. 43–86, 1982.

Tekin, T., Kuzey Moğolistan'da Yeni Bir Uygur Anıtı: Taryat (Terhin) Kitabesi.:*Belleten* 46/184. 795–838, 1983.

Tekin, T., *Orhon Yazıtları*. Ankara: TDK Yayınları, 1988.

Tekin, T., Nine Notes on the Tes Inscription. *Erdem* 5/14. 379–388, 1989.

Tekin, T., Tes Yazıtı Hakkında Dokuz Not. Türkçeye çev.: Ü. ÇELİK. Erdem 5/14. 389–398, 1990.

Tekin, T., *Tunyukuk Yazıtı*: Ankara: Simurg. Türk Dilleri Araştırmaları Dizisi: 5, 1994.

Tekin, T., *Türk Dillerinde Birincil Uzun Ünlüler*: Ankara: Simurg. Türk Dilleri Araştırmaları Dizisi: 13, 1995.

Tekin, T., *Tarih Boyunca Türkçenin Yazımı*. Ankara: Simurg,1997.

Tekin, T., *Orhon Türkçesi Grameri*. Ankara: TDK, 2000.

Temir, A., *Moğolların Gizli Tarihi*. Ankara: TTK,1995.

Tenišev, E. R., *Tuwinsko-Russkiy Slowar*, Moskva. 1968.

Tenišev E.R., (otv.red.) *Sravnitel'no-istoricheskaja grammatika tjurkskikh jazykov*. Leksika. Nauka, 2001.

Tezcan, S., Eski Türkçe buyla ve baga Sanları Üzerine, *Belleten*. 53–69, 1977.

Tezcan, S., Über Orchon-Türkisch çugay. in ed.: Erdal M. - Tezcan, S.: *Beläk Bitig. (Sprachstudien für Gerhard Doerfer zum 75. Geburtstag)*. Wiesbaden:

Harrassowitz, 1995.

Thomsen, V., Inscriptions de l'Orkhon déchiffrées. *Mémoires de la Société Finno-Ougrienne* 5, 1–224, 1896.

Thomsen, V., *Orhon Yazıtları Araştırmaları*. Türkçeye çev.: V. Köken. Ankara: TDK Yayınları, 2002.

Toparlı, R. & Vural, H. & Karaaltı, R., *Kıpçak söslüğü*. Ankara: TDK Yayınları, 2007.

Tuna, O. N., köktürk yazıtlarında ölüm kavramı ilgili kelimeler ve kergek bol-deyiminin izahı, *VIII Türk dil kurultayında okunan bilimsel bildiriler*. Ankara, 131–148, 1960.

Tulum, M., *Özbekçe-Türkçe, Türkçe-Özbekçe Sözlüğü*. İstanbul, 1993.

Vámbéry, Ármin., *Ćagataische Sprachstudien: enthaltend grammatikalischen Umriss, Chrestomatie und Wörterbuch der ćagataischen Sprache*. Brockhaus, Leipzig, 1867.

Vásáry, I., *Eski İç Asya'nın Tarihi*. çev.: İ. Doğan. İstanbul: Ötüken, 2007.

Vásáry, I., Käm, An early Samoyed Name of Yenisey. L. Ligeti (ed.): *Studia Turcica*. Budapest, 469–482, 1971.

Vasiliev, Y., *Türkçe Sahaca Sözlük*, Ankara: TDK Yayınları, 1995.

Vladimirtsov, B. Y., Eski Türkçedeki Ötüken Yiş Kelimesi Üzerine, *JTWS*. Cilt: X, Sayı 1. 207–210, 2010.